W0326572

Windows 10

Der verständliche Einstieg

von

Mareile Heiting

Vierfarben

Liebe Leserin, lieber Leser,

»hier so und dann so« – mögen Sie es auch nicht, wenn man Ihnen mal eben auf die Schnelle etwas am Computer zeigt, Sie aber gar keine Gelegenheit haben, zu verstehen, was Sie da gerade eigentlich gemacht haben, geschweige denn, dass Sie es beim nächsten Mal alleine hinbekommen könnten? Dann halten Sie genau das richtige Buch in Händen!

In überschaubaren Etappen eignen Sie sich alle praktischen Anwendungen an, die Windows bietet: E-Mails und Briefe schreiben, im Internet surfen, mit Skype videotelefonieren, Fotos sortieren, bearbeiten und der Familie oder Freunden im Online-Speicher präsentieren – unter der hilfreichen Anleitung von Mareile Heiting probieren Sie alles in Ruhe selbst aus.

Auch Einsteiger, die noch über keine Computerkenntnisse verfügen, müssen sich hier wirklich keine Sorgen machen. Mit ihrer jahrelangen Schulungserfahrung holt unsere Autorin alle am Startpunkt ab und erklärt auch, wie man Windows 10 überhaupt mit Maus, Tastatur oder auch auf einem Tablet bedient. Sie zeigt Ihnen ganz genau, wo sich Ihre Dateien befinden und wie Sie Programme routiniert starten, und sorgt dafür, dass Sie gleich zu Anfang alles richtig machen – von der Programminstallation über die Einrichtung des Startmenüs bis hin zur Absicherung und Wartung Ihres Systems. Schon bald werden Sie erstaunliche Fortschritte machen und auch wissen, was bei Problemen zu tun ist.

Dieses Buch wurde mit größter Sorgfalt geschrieben und hergestellt. Sollten Sie dennoch einmal einen Fehler finden oder inhaltliche Anregungen haben, freue ich mich, wenn Sie mit mir in Kontakt treten. Für Kritik bin ich dabei ebenso offen wie für lobende Worte. Doch nun wünsche ich Ihnen, dass Sie sich im neuen Windows 10 bald heimisch fühlen!

Ihre Isabella Bleissem
Lektorat Vierfarben

isabella.bleissem@vierfarben.de
www.facebook.com/vierfarben

Auf einen Blick

Sie haben Fragen, Wünsche oder Anregungen zum Buch?
Gerne sind wir für Sie da:

Anmerkungen zum Inhalt des Buches: isabella.bleissem@vierfarben.de
Bestellungen und Reklamationen: service@vierfarben.de
Rezensions- und Schulungsexemplare: sophie.herzberg@vierfarben.de

Das vorliegende Werk ist in all seinen Teilen urheberrechtlich geschützt. Alle Rechte vorbehalten, insbesondere das Recht der Übersetzung, des Vortrags, der Reproduktion, der Vervielfältigung auf fotomechanischem oder anderen Wegen und der Speicherung in elektronischen Medien.

Ungeachtet der Sorgfalt, die auf die Erstellung von Text, Abbildungen und Programmen verwendet wurde, können weder Verlag noch Autor, Herausgeber oder Übersetzer für mögliche Fehler und deren Folgen eine juristische Verantwortung oder irgendeine Haftung übernehmen.

Die in diesem Werk wiedergegebenen Gebrauchsnamen, Handelsnamen, Warenbezeichnungen usw. können auch ohne besondere Kennzeichnung Marken sein und als solche den gesetzlichen Bestimmungen unterliegen.

An diesem Buch haben viele mitgewirkt, insbesondere:

Lektorat Isabella Bleissem, Anne Scheibe
Korrektorat Marita Böhm, München
Herstellung Melanie Zinsler
Typografie und Layout Vera Brauner
Einbandgestaltung Eva Schmücker
Coverbilder Fotolia: 61706924 © Sunny Studio
Satz Markus Miller, München
Druck und Bindung Media-Print Informationstechnologie, Paderborn

Gesetzt wurde dieses Buch aus der ITC Charter (10,5 pt/15 pt) in Adobe InDesign.
Und gedruckt wurde es auf mattgestrichenem Bilderdruckpapier (115 g/m²).
Hergestellt in Deutschland.

Bibliografische Information der Deutschen Nationalbibliothek
Die Deutsche Nationalbibliothek verzeichnet diese Publikation in der Deutschen Nationalbibliografie; detaillierte bibliografische Daten sind im Internet über http://dnb.d-nb.de abrufbar.

ISBN 978-3-8421-0216-3

© Vierfarben, Bonn 2017
3. Auflage 2017

Vierfarben ist eine Marke der Rheinwerk Verlag GmbH
Rheinwerkallee 4, 53227 Bonn
www.vierfarben.de

Der Verlagsname Vierfarben spielt an auf den Vierfarbdruck, eine Technik zur Erstellung farbiger Bücher. Der Name steht für die Kunst, die Dinge einfach zu machen, um aus dem Einfachen das Ganze lebendig zur Anschauung zu bringen.

Inhalt

Microsoft Edge

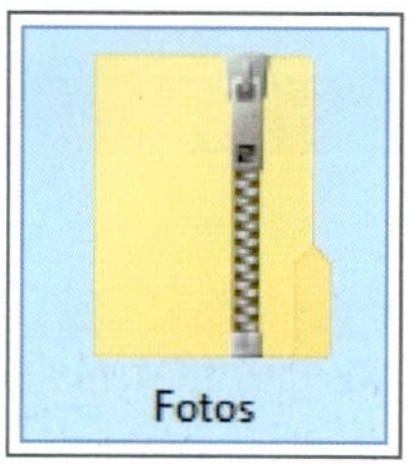
Fotos

Vorwort

Die einen lieben ihren guten alten Desktop-PC oder auch das Notebook, die anderen schwören auf die kleinen praktischen Tablets. Manche Anwender nutzen sogar alle drei Geräte. Mit Windows 8, das im Oktober 2012 erschien, wollte Microsoft auch ein Betriebssystem bieten, das sich auf allen drei Geräten gleichermaßen gut nutzen lässt. Der Versuch, den das Unternehmen mit dem neuen Startbildschirm in Kacheloptik gewagt hatte, stieß bei den Nutzern aber nicht auf Anklang. Mit Windows 8.1, das gerade einmal ein Jahr nach Windows 8 veröffentlicht wurde, versuchte Microsoft die Besitzer von Desktop-PCs und Notebooks wieder etwas zu versöhnen, indem es die Desktop-Oberfläche stärker in den Vordergrund rückte. Auch das Update im April 2014 brachte einige beliebte Funktionen zurück. Der Wunsch nach dem altbewährten Startmenü blieb aber leider unerfüllt.

Auch wenn es anfangs nicht so schien, nahm sich Microsoft die Kritik seiner Kunden aber doch zu Herzen. Denn mit Windows 10, das im Juli 2015 veröffentlicht wurde, war das Startmenü nun endlich wieder zurück. Mit einigen neuen Funktionen kam Microsoft außerdem seiner eigenen Vision, ein einheitliches Betriebssystem für alle Geräte zu schaffen, immer näher. Denn viele der neu hinzugekommenen Anwendungen lassen sich nicht nur wunderbar per Maus und Tastatur bedienen, sondern auch per Fingergesten. Der Weg, den Microsoft mit Windows 10 beschreitet, ist aber noch lange nicht zu Ende. Das Unternehmen bastelt weiterhin fleißig an seinem Betriebssystem. Im November 2015 veröffentlichte es das erste größere Update für Windows 10, auch *Herbst-Update* genannt. Zum ersten Geburtstag folgte Anfang August 2016 die nächste große Aktualisierung, das *Anniversary Update*. Auch mit diesem Update wurden nicht nur Fehler ausgebessert, es kamen erneut Funktionen hinzu.

Mit diesem Buch möchte ich Sie gerne auf Ihrer ersten Entdeckungsreise durch Windows 10 begleiten. Schritt für Schritt zeige ich Ihnen, wie leicht sich das neue Betriebssystem per Maus und Tastatur oder per Fingergesten und Bildschirmtastatur bedienen lässt. Für diejenigen, die das eine oder auch das andere nicht kennen, habe ich im ersten Kapitel ein paar Tipps zur Bedienung zusammengestellt. Hier erfahren Sie auch, wie Sie sich das erste Mal an Ihrem Computer anmelden und das Gerät zu einem späteren Zeitpunkt wieder ausschalten.

Ein wichtiger Stopp unserer Reise gilt natürlich dem Startmenü sowie der Desktop-Oberfläche. Selbst diejenigen unter Ihnen, die bereits mit einer Vorgängerversion von Windows 10 gearbeitet haben, werden hier einiges Neues entdecken. Das gilt auch für das Surfen im Internet. Denn hier bringt Windows 10 ein neues Programm an den Start, den Browser Microsoft Edge. Mit dem Anniversary Update wurde der Browser um ein paar interessante Funktionen erweitert. Themen wie das Versenden von E-Mails, das Ausbessern von kleinen Schönheitsfehlern in Fotos sowie die Sicherung all Ihrer Daten werden bei unserer gemeinsamen Reise aber auch nicht zu kurz kommen. Ein besonderes Augenmerk gilt dabei dem Thema Sicherheit, und hier vor allem dem Datenschutz.

Wie bereits die Vorgängerversionen bringt auch Windows 10 viele interessante Anwendungen, auch *Apps* genannt, mit. Einige davon werde ich Ihnen genauer vorstellen, für alle reicht der Platz in diesem Buch leider nicht aus. So kann ich Ihnen mit diesem Werk nur einen *verständlichen Einstieg* in Windows 10 bieten, wie der Buchtitel zum Ausdruck bringt. Ich würde mich aber freuen, wenn ich Sie mit all den Anleitungen neugierig mache, selbst weiter auf Entdeckungstour zu gehen. Sollten dabei Fragen auftauchen, scheuen Sie sich bitte nicht, sie uns zu stellen.

Hinter dem »uns« steht ein großes Team, denn ein Buch wie dieses entsteht nicht im Alleingang. Vom Korrektorat über das Layout bis hin zu Satz, Druck und Marketing sind viele daran beteiligt. An dieser Stelle möchte ich mich beim gesamten Team des Vierfarben Verlags herzlich für die wunderbare Unterstützung bedanken.

Viel Spaß beim Lesen wünscht Ihnen

Mareile Heiting

Kapitel 1
Schnelleinstieg in Windows 10

Zurück zu den Wurzeln, alles ist wie gehabt? Bei der Berichterstattung über Windows 10 konnte man anfangs diesen Eindruck gewinnen. Doch der Blick auf die neueste Version des Betriebssystems zeigt: Es ist keineswegs nur ein Abklatsch der Vorgängerversionen, und so werden nicht nur Computerneulinge viel in Windows 10 zu entdecken haben. Auch für alte Windows-Hasen hält das Betriebssystem viele spannende Funktionen parat.

Mit diesem Buch möchte ich Sie gerne mitnehmen auf eine Entdeckungsreise durch Windows 10. Schritt für Schritt werde ich Ihnen den Umgang mit dem neuen Betriebssystem näherbringen.

Bei Windows 10 gibt es viel Interessantes zu entdecken.

Ein schneller Blick ein paar Jahre zurück

Der Computermarkt hat sich in den letzten Jahren stark verändert. Die riesigen Bildschirme und sogenannten *Tower* (englische Bezeichnung für Turm) werden immer häufiger durch kleinere und vor allem handlichere Geräte ersetzt. Das Angebot reicht vom klassischen Desktop-PC (Computer in einem Gehäuse mit getrenntem Bildschirm und getrennter Tastatur) über Notebooks bis hin zu den beliebten Tablets.

^ Von Desktop-PCs über Notebooks bis hin zu Tablets – mit und ohne Tastatur – ist alles auf dem Markt vertreten. (Quelle: iStockphoto: pagadesign, Acer, Asus)

Tablets besitzen einen berührungsempfindlichen Bildschirm, auch *Touchscreen* oder *Touchdisplay* genannt, der sich ganz einfach per Finger bedienen lässt. Tastatur und Maus gehören bei diesen Geräten damit der Vergangenheit an. Windows 7 und noch ältere Windows-Versionen waren von vornherein mit all ihren kleinen Schaltflächen nicht darauf ausgelegt, mit dem Finger bedient zu werden.

Mit Windows 8 wollte Microsoft ein Betriebssystem bieten, das für alle Geräte gleichermaßen geeignet ist. Doch die mit Windows 8 eingeführte neue Benutzeroberfläche, der sogenannte *Startbildschirm* mit seiner Kachel-Optik, stieß bei den Anwendern auf wenig Begeisterung. Mit dem Update von Windows 8.1 ruderte Microsoft daher wieder zurück. Wer mit einem Desktop-PC oder einem Notebook arbeitete, kam wieder stärker in den Genuss der altbekannten und bewährten Desktop-Oberfläche, auch einfach *Desktop* genannt. Ganz verschwunden war der Startbildschirm aber auch unter Windows 8.1 nicht. Der ewige Wechsel zwischen den beiden Oberflächen sorgte für Unmut bei den Anwendern. So tüftelte und feilte Microsoft weiter an seinem Betriebssystem. Das Ergebnis dieser Entwicklungsarbeit lautet nicht etwa Windows 8.2 oder Windows 9. Microsoft springt gleich weiter zu Windows 10. Damit will das Unternehmen deutlich machen, dass sich mit dieser Betriebssystem-Version einiges verändert hat. Und damit ist es noch lange nicht genug. Denn gerade mal vier Monate nach dem Erscheinen von Windows 10 im Juli 2015 nahm Microsoft mit dem sogenannten Herbst-Update (manchmal auch November-Update genannt) bereits eine größere Aktualisierung am Betriebssystem vor.

Während der ersten zwölf Monate nach Veröffentlichung von Windows 10 konnte der Anwender noch kostenlos von Windows 7 und Windows 8/8.1 zur Version 10 wechseln. Diese Möglichkeit gibt es seit dem 29. Juli 2016 nicht mehr. Wer nun in den Genuss von Windows 10 kommen möchte, muss das Betriebssystem selbst kaufen und installieren. Auch alle neuen Computer werden zumeist nur noch mit Windows 10 ausgeliefert.

Wenige Tage nach dem ersten Geburtstag von Windows 10 veröffentlichte Microsoft ein weiteres Update, das einige Änderungen für die Nutzung des Betriebssystems mit sich bringt. Dieses sogenannte Anniversary Update (manchmal auch Redstone Update genannt) ist die Basis für alle Anleitungen in diesem Buch. Diejenigen, die von einer älteren Windows-Version auf Windows 10 umsteigen, erhalten im nächsten Abschnitt einen kleinen Vorgeschmack auf die neuen Funktionen, die Windows 10 zu bieten hat.

Diese neuen Funktionen bietet Windows 10

Die wichtigste Neuerung gleich zu Beginn: Mit Windows 10 kehrt das von vielen schmerzlich vermisste Startmenü wieder zurück. Mit dem Startmenü von Windows 7 oder gar älteren Windows-Versionen hat es allerdings nur noch wenig gemein. Die rechte Hälfte des Startmenüs von Windows 10 zieren die bereits vom Startbildschirm von Windows 8 bekannten Kacheln. Diese Kacheln sind groß genug, dass sie bequem mit dem Finger angetippt werden können. Aber auch per Maus lassen sie sich ganz einfach bedienen. Per Klick oder Tipp auf eine solche Kachel starten Sie eine sogenannte *App* oder auch ein *Programm* (siehe den Kasten »Apps und Windows-Anwendungen« auf Seite 14). App ist eine Abkürzung für den englischen Begriff *application*, zu Deutsch: Anwendung. Links von

Das Startmenü ist zurück unter Windows 10.

den Kacheln findet der Anwender seit dem Anniversary Update nun eine Liste mit allen auf dem Computer installierten Anwendungen. Welche Unterschiede es zwischen dem Startmenü eines Desktop-PCs oder Notebooks und einem Tablet gibt, erfahren Sie im Verlauf des Buches.

Apps und Windows-Anwendungen

Unter Windows 10 lassen sich zwei verschiedene Programmarten unterscheiden: Apps und Windows-Anwendungen. Letztere sind die klassischen Programme wie etwa Microsoft Office, die auch schon unter älteren Windows-Versionen verfügbar waren. Die mit Windows 8 eingeführten Apps sind aufgrund ihrer großen Schaltflächen vor allem auf die Bedienung per Finger ausgerichtet. Im Verlauf des Buches werden Sie einige der unter Windows 10 vorinstallierten Apps kennenlernen.

Wie bereits Windows 8.1 prüft auch Windows 10 beim Start, welche Art Gerät zum Einsatz kommt. Handelt es sich um ein Tablet, wird nach dem Einschalten des Geräts direkt das Startmenü eingeblendet. Bei einem Desktop-PC oder Notebook sieht der Anwender als Erstes die Desktop-Oberfläche, auf der er dann das Startmenü aufrufen kann.

∧ Bei einem Desktop-PC und Notebook ist nach dem Start die Desktop-Oberfläche zu sehen.

Auf allen Geräten findet sich am unteren Bildschirmrand die *Taskleiste*. Werfen Sie einen Blick hierauf, entdecken Sie ein paar Symbole, die es in früheren Windows-Versionen noch nicht gab. Über das neu gestaltete Windows-Logo ❶ in der linken unteren Ecke der Taskleiste lässt sich z. B. das bereits erwähnte Startmenü einblenden.

Die Suchfunktion, die Windows 10 an Bord hat, erreichen Sie nun ganz bequem über das Suchfeld ❷ rechts vom Windows-Logo. Auf einem Tablet ist zunächst nur das Symbol ○ zu sehen. Erst ein Tipp hierauf blendet das Suchfeld ein. Geben Sie in das Feld einen Suchbegriff ein, durchsucht Windows 10 nicht nur die Dateien, Ordner, Programme oder auch E-Mails auf Ihrem Computer – auch relevante Webseiten werden dazu durchstöbert. Das Feld dient aber nicht nur den Suchanfragen, Sie können hier zugleich auch die Sprachassistentin Cortana aufrufen. Mit ihrer Hilfe steuern Sie Ihren Computer ganz einfach per Sprache. Wie dies funktioniert und welche neuen Funktionen Cortana durch das Anniversary Update erhalten hat, zeige ich Ihnen ab Seite 392 im Abschnitt »Ihre ganz persönliche Assistentin Cortana«.

< Die Suchfunktion wurde direkt in die Taskleiste integriert.

In Kapitel 2, »Die Desktop-Oberfläche im Einsatz«, stelle ich Ihnen den Desktop mit dem neuen Startmenü und der Taskleiste im Detail vor. Im Abschnitt »Eins, zwei, drei – wie viel Desktop darf es sein?« ab Seite 95 lernen Sie auch das in Windows 10 neu hinzugekommene Konzept des *virtuellen Desktops* kennen: Wer viele Programme gleichzeitig geöffnet hat, kann sich weitere Desktop-Oberflächen einrichten und so die geöffneten Programme besser organisieren. Mit dem Anniversary Update ist es nun außerdem möglich, ein Programm an alle Desktops zu heften.

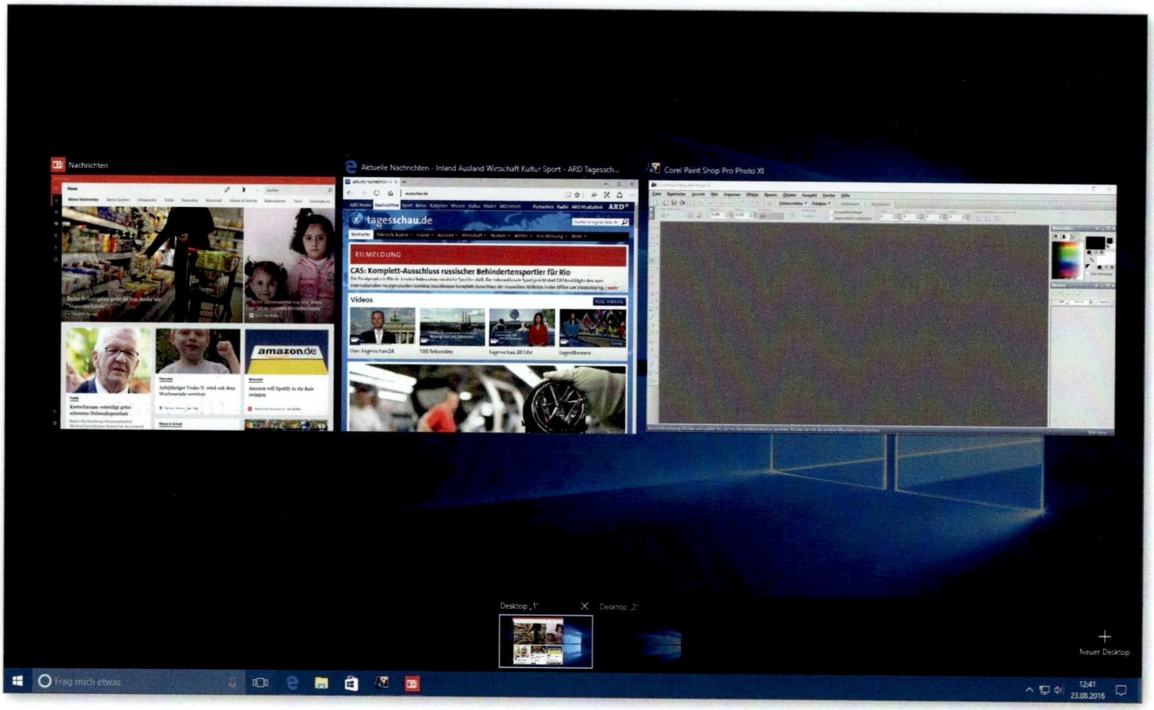

∧ *Unter Windows 10 können Sie mehrere Desktops einrichten.*

Das Programm zum Organisieren, Verwalten und Aufrufen von Dateien und Ordnern, der *Windows-Explorer*, ist nach wie vor Bestandteil von Windows 10. Seit Windows 8 wird er allerdings nur noch kurz *Explorer* genannt. Der Explorer wurde für Windows 10 vor allem optisch aufbereitet. Bereits unter Windows 8 erhielt er ein Menüband, über das Sie alle wichtigen Funktionen schnell erreichen. Wie praktisch damit das Arbeiten ist, zeige ich Ihnen in Kapitel 6, »Der Explorer – mit Dateien und Ordnern umgehen«.

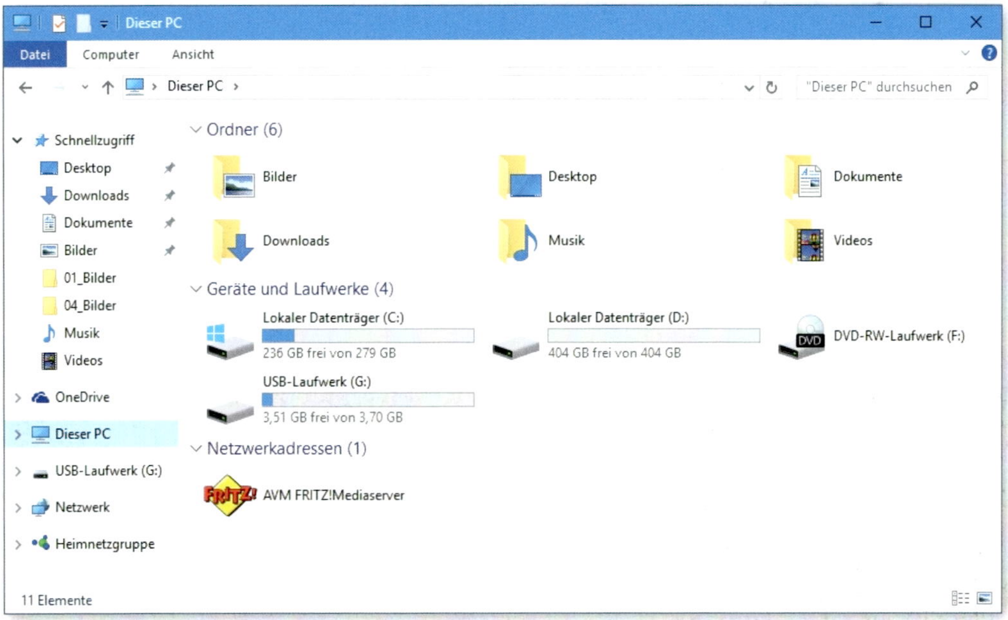

Wollte man in älteren Windows-Versionen beispielsweise den Desktop-Hintergrund durch ein eigenes Foto ersetzen, führte der Weg in die sogenannte *Systemsteuerung*. Hier fanden sich alle Funktionen, die man zum Anpassen des Computers benötigte. Bereits unter Windows 8.1 wurde die Systemsteuerung an vielen Stellen durch einen neuen Dialog, die *PC-Einstellungen*, ersetzt. Auch unter Windows 10 gerät die Systemsteuerung immer stärker in den Hintergrund.

Der Explorer – nun mit neuen Symbolen und Menüband

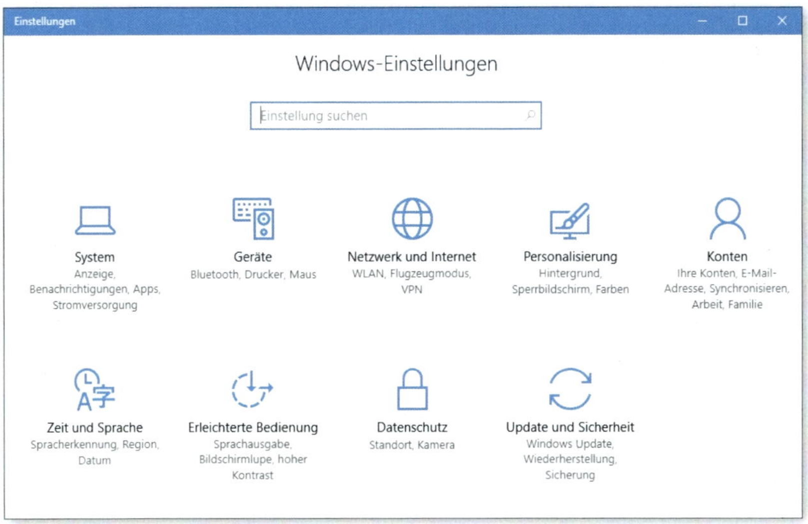

Die »Einstellungen« ersetzen immer mehr die Systemsteuerung.

Möchten Sie beispielsweise ein neues Benutzerkonto einrichten, führt Sie der Weg nun in die PC-Einstellungen, jetzt allerdings nur noch kurz *Einstellungen* oder auch *Windows-Einstellungen* genannt. Diesem Dialog werden Sie immer dann begegnen, wenn Sie den Computer nach Ihren Wünschen einrichten möchten.

Ebenfalls ein Schattendasein führt der Browser *Internet Explorer*. Er existiert zwar noch, doch für Windows 10 bringt Microsoft einen komplett neu entwickelten Browser an den Start: *Microsoft Edge*, kurz auch *Edge* genannt. In Kapitel 4, »Im Internet unterwegs«, werde ich Ihnen Microsoft Edge ausführlich vorstellen. So erfahren Sie z. B., wie Sie Textpassagen auf Webseiten mithilfe der neuen Notizfunktion markieren.

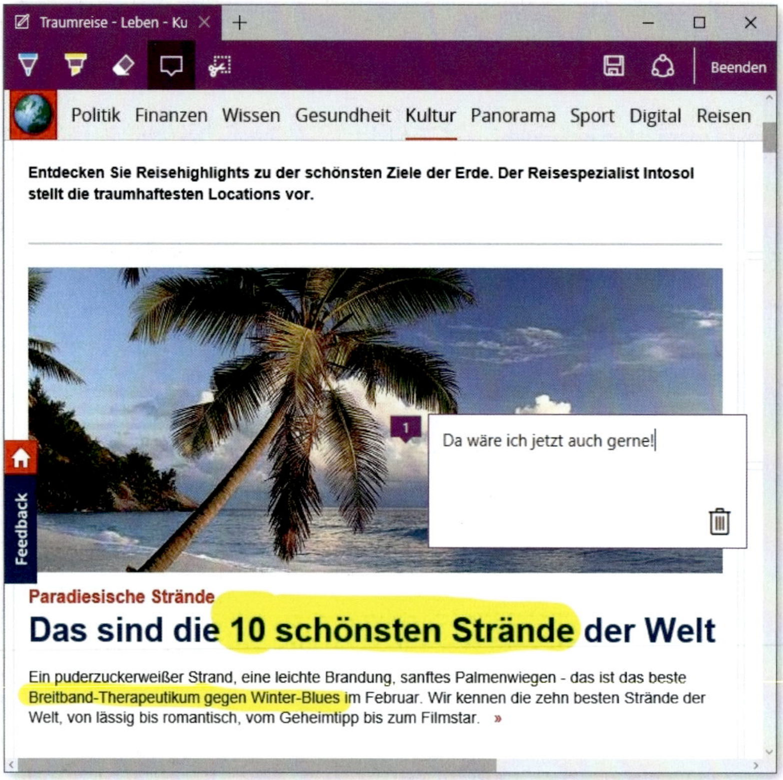

^ *Der Browser Microsoft Edge bringt eine pfiffige Notizfunktion mit.*

Auch an vielen Apps, die bereits Bestandteil von Windows 8.1 waren, hat Microsoft Hand angelegt. So wurde z. B. die *Mail*-App zum Schreiben und Empfangen von E-Mails ebenso überarbeitet wie die *Kontakte*- und die *Kalender*-App. Welche Neuerungen Sie hier erwarten, lesen Sie in Kapitel 5, »E-Mails, Adressen und Termine«.

Internet, E-Mail und Co. sind eine wunderbare Erfindung, aber leider bergen sie auch viele Gefahren, wenn Sie Ihren Computer nicht ordnungsgemäß schützen. In Kapitel 8, »Windows 10 und die Sicherheit«, stelle ich Ihnen die wichtigsten Sicherheitsmechanismen von Windows 10 vor und zeige Ihnen, worauf Sie achten sollten. Dabei gehe ich auch auf das Thema Datenschutz ein. Denn Windows 10 ist vor allem für seine große Datensammelwut kritisiert worden. Viele der Einstellungen lassen sich aber anpassen, sodass das Betriebssystem nicht mehr ganz so häufig nach Hause telefoniert, wie Microsoft es gerne hätte. Die Datenschutzeinstellungen sollten Sie übrigens nach jedem größeren Update, wie etwa dem Anniversary Update, erneut prüfen. Denn es kann durchaus vorkommen, dass Microsoft die Einstellungen auf Standardwerte zurücksetzt.

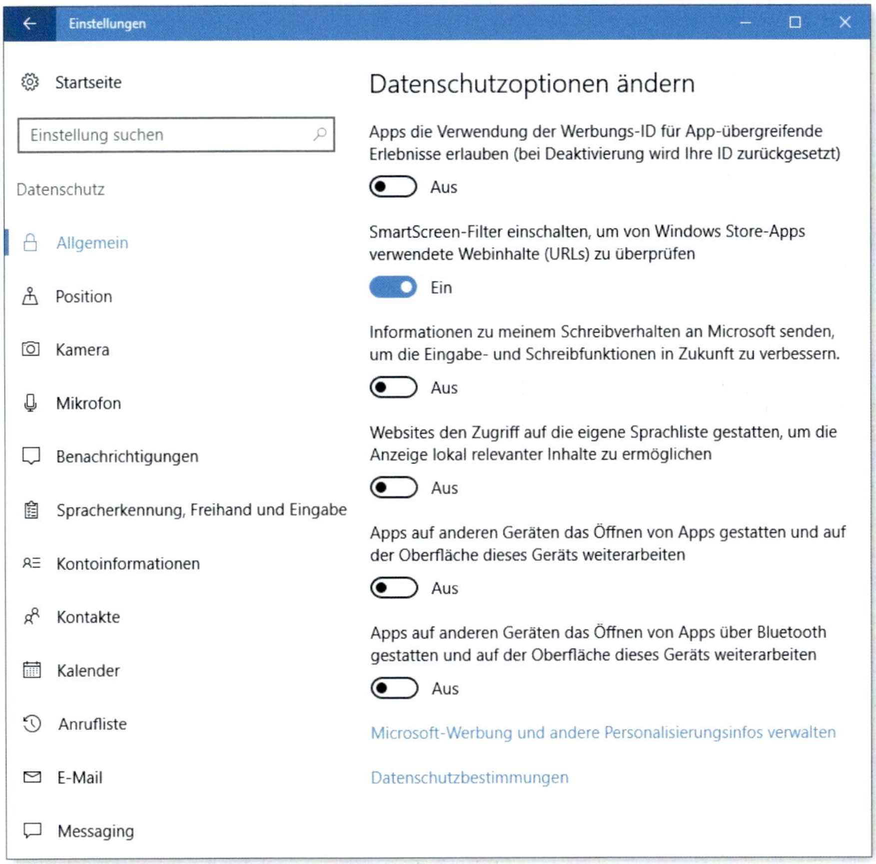

< *Es liegt in Ihrer Hand, welche Daten Windows 10 an Microsoft weiterreicht.*

Windows ist mittlerweile ein so ausgereiftes System, dass Sie eigentlich nicht mit Schwierigkeiten rechnen müssen. Sollte es aber doch einmal zu schwerwiegenden Problemen mit Windows 10 kommen, lässt sich das System seit Windows 8 jederzeit in den ursprünglichen Zustand zurücksetzen. Wie Sie dazu vorgehen müssen, erfahren Sie in Kapitel 10, »Schnelle Hilfe bei Problemen«.

All dies sind nur ein paar der neuen Funktionen von Windows 10, die ich Ihnen im Laufe des Buches vorstellen werde.

Wichtige Begriffe

Die Anleitungen in diesem Buch sind nicht nur für diejenigen gedacht, die von einer älteren Windows-Version auf Windows 10 umsteigen und somit bereits über etwas Erfahrung verfügen. Auch diejenigen unter Ihnen, die noch nie oder ausgesprochen selten mit einem Computer gearbeitet haben, sollen die nötige Hilfestellung erhalten. Damit wir alle quasi die gleiche Sprache sprechen und die Erklärungen für niemanden zum Fachchinesisch werden, werde ich als Nächstes ein paar wichtige Begriffe klären, die Sie für die Bedienung Ihres Computers benötigen.

Desktop-PCs und Notebooks werden klassischerweise per Tastatur und Computermaus bedient, für Notebooks steht außerdem das sogenannte *Touchpad* zur Verfügung. Dabei handelt es sich um eine kleine berührungsempfindliche Fläche. Fahren Sie mit dem Finger über diese Fläche, wird der *Mauszeiger*, der häufig die Form eines Pfeils hat, auf dem Bildschirm bewegt. Nutzen Sie eine Computermaus, erreichen Sie das Gleiche durch Verschieben der Maus auf der Schreibtischfläche. Die exakte Positionierung des Mauszeigers auf einem bestimmten Element auf dem Bildschirm ist sehr wichtig.

Jede Computermaus besitzt zwei Tasten. Auch auf einem Notebook mit Touchpad sind diese beiden Tasten zu finden. Welche Bedeutung diese Tasten haben und wie Sie sie nutzen, erfahren Sie anhand der Tabelle auf den beiden folgenden Seiten.

QuickInfos einblenden

Bewegen Sie den Mauszeiger über den Bildschirm, klappt an manchen Stellen ein kleines Fenster auf. Meist enthält es eine kurze Erklärung zu dem Element, über dem sich der Mauszeiger gerade befindet, oder auch nur dessen Bezeichnung. Diese Fenster werden deshalb auch *QuickInfos* (*quick* bedeutet im Englischen schnell oder kurz) genannt. Auf Touchscreens werden diese Informationen leider nicht eingeblendet.

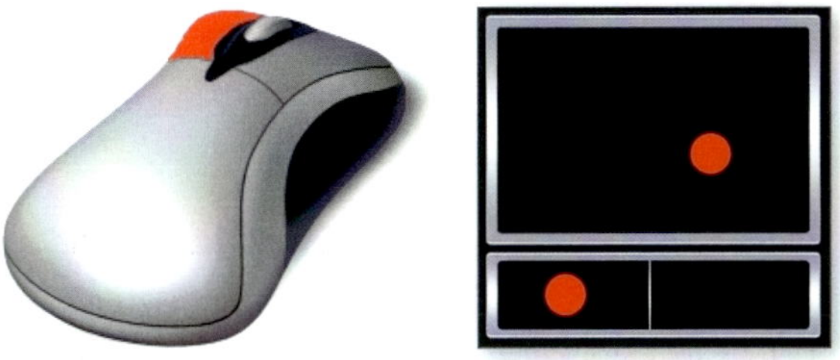

Eine der häufigsten Anweisungen, die Sie per Maus bzw. Touchpad ausführen müssen, lautet »Klicken Sie« oder auch »per Mausklick«. In diesem Fall positionieren Sie den Mauszeiger auf dem entsprechenden Element (beispielsweise auf einem bestimmten Symbol) und drücken dann die linke Maustaste bzw. die linke Taste auf dem Touchpad.

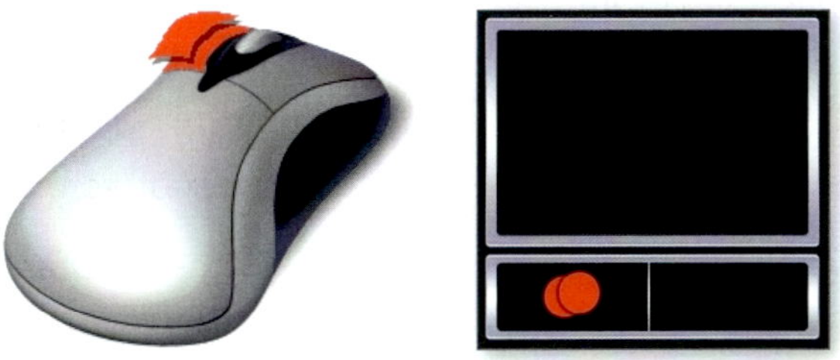

Lautet die Anweisung »Doppelklicken Sie«, zeigen Sie ebenfalls auf das Element und drücken dann zweimal schnell hintereinander die linke Maus- oder Touchpad-Taste.

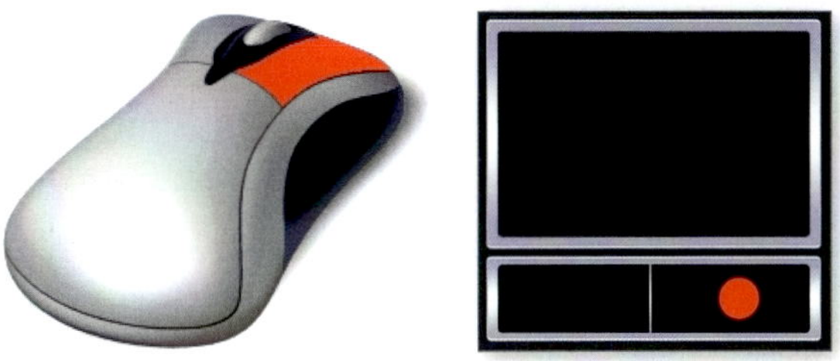

Soll statt der linken die rechte (Maus- oder Touchpad-)Taste gedrückt werden, weise ich Sie extra darauf hin. In diesem Fall erscheint also die Anweisung »Klicken Sie mit der rechten Maustaste« oder auch »Nach einem Rechtsklick«. Mit diesem Mausklick wird ein Kontextmenü auf dem Bildschirm eingeblendet, das spezielle Befehle zum ausgewählten Element bereithält (also zu dem Element, auf dem sich der Mauszeiger gerade befindet).

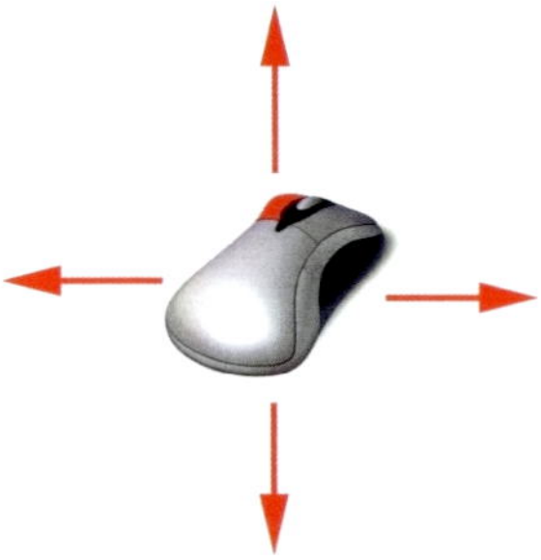

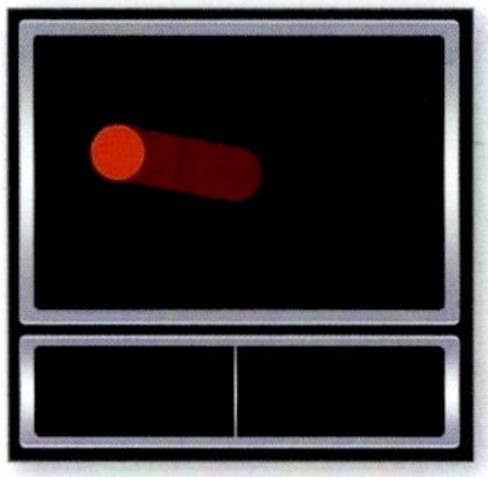

Manchmal müssen Sie ein Element auf dem Bildschirm verschieben. In der Anleitung lautet der entsprechende Hinweis »Ziehen Sie« oder »Verschieben Sie«. Halten Sie in diesem Fall die linke Taste gedrückt, während Sie den Mauszeiger auf dem Bildschirm neu positionieren.

Die Maus- und Touchpad-Bedienung im Überblick

Computermäuse mit Scrollrad

Die meisten Computermäuse besitzen zwischen der linken und der rechten Maustaste noch ein sogenanntes *Scrollrad*, ein kleines Rädchen, das sich vorwärts- und rückwärtsdrehen lässt. Es kommt beispielsweise beim Lesen von Internetseiten oder längeren Texten zum Einsatz und dient zum Blättern im entsprechenden Dokument.

Hat Ihre Maus kein Scrollrad, ist dies aber auch kein Problem. Wann immer das *Scrollen* (zu Deutsch: Blättern) nötig ist, finden Sie am Seitenrand eine sogenannte *Bildlaufleiste*. Wie Sie sich damit durch Dokumente bewegen, lesen Sie im Kasten »Die Bildlaufleiste nutzen« auf Seite 24.

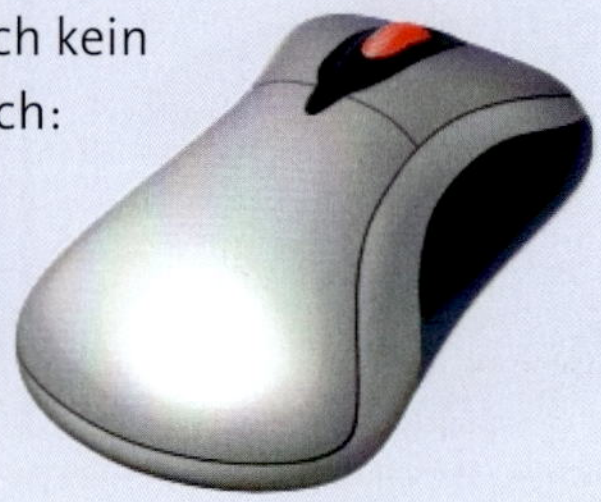

Arbeiten Sie mit einem *Touchscreen*, also einem berührungsempfindlichen Bildschirm, müssen Sie nicht mehr klicken. Stattdessen wird hier getippt oder auch gewischt. Auf einem Touchscreen ist auch kein Mauszeiger mehr zu sehen, denn alle Elemente können direkt mit dem Finger angewählt werden.

Die wichtigsten *Fingergesten*, die Sie kennen sollten, finden Sie in der Übersicht auf der folgenden Seite sowie im Kasten »Bildschirminhalte vergrößern« auf Seite 24.

	»Tippen« bedeutet – wie der Name bereits sagt –, einfach nur, mit dem Finger kurz auf das gewünschte Element zu tippen.
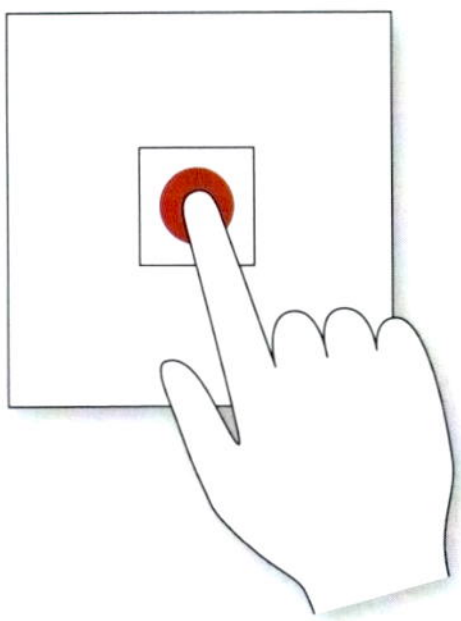 	Soll auf einem Touchscreen ein Kontextmenü eingeblendet werden (siehe auch die Tabelle auf Seite 21 zum Thema Rechtsklick), stehen unter Windows 10 zwei Varianten zur Auswahl: Sie halten den Finger etwas länger (zwei bis drei Sekunden) auf dem Element gedrückt, bis ein Quadrat eingeblendet wird und anschließend das Menü aufklappt. Manchmal ist es aber auch nötig, das Element ein paar Millimeter mit dem Finger nach unten zu ziehen. Welche Variante Sie einsetzen sollten, werde ich Ihnen bei der jeweiligen Gelegenheit sagen. Das längere Drücken wird meist auf der Desktop-Oberfläche eingesetzt, das Verschieben dagegen im Startmenü.
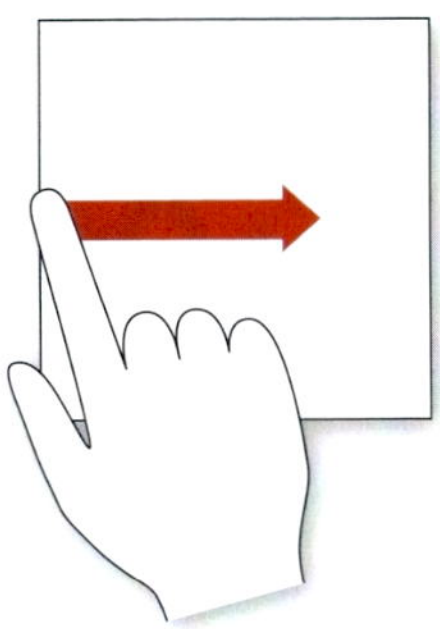	Wenn Sie »wischen« sollen, streichen Sie einfach mit dem Finger in der angegebenen Richtung über den Bildschirm, beispielsweise vom linken Bildschirmrand in Richtung Bildschirmmitte.

Bildschirminhalte vergrößern

Eine tolle Fingergeste ist das *Zoomen*. Dabei drücken Sie zwei Finger leicht auf den Bildschirm und ziehen sie beide gleichzeitig entweder nach außen oder nach innen. Das Ergebnis auf dem Bildschirm: Durch das Auseinanderziehen lässt sich der Bildschirminhalt – beispielsweise der Text einer Internetseite – vergrößern und durch das Zusammenziehen wieder verkleinern.

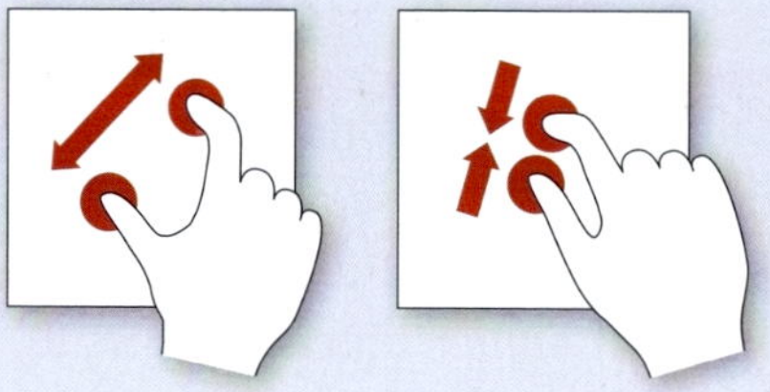

Die Bildlaufleiste nutzen

Positionieren Sie den Mauszeiger auf dem kleinen Schieberegler innerhalb der Leiste, können Sie ihn mit gedrückter linker Maustaste verschieben und so auf einer Seite von oben nach unten (oder mit der Bildlaufleiste am unteren Rand auch von links nach rechts) blättern. Das funktioniert natürlich jeweils auch wieder in die entgegengesetzte Richtung.

Egal, ob Touchscreen oder Maus, eine Tastatur ist für die Bedienung eines Computers unerlässlich, denn ohne sie lässt sich – klarer Fall – kein Text eingeben. Wie Sie eine klassische Tastatur bedienen, muss ich hier sicherlich nicht erklären. Allerdings haben sich in der Fachliteratur mittlerweile unterschiedliche Begriffe für ein und dieselben Tasten eingeschlichen. So spricht der eine etwa von einer *Eingabe-Taste*, bei einem anderen nennt sie sich (fälschlicherweise) *Enter-Taste*, die aber eine davon unterschiedene, eigene Taste auf der Tastatur ist. Damit es auch hier keine Verwirrung gibt, habe ich für Sie eine Übersicht über die wichtigsten Tastennamen, wie ich sie verwende, zusammengestellt.

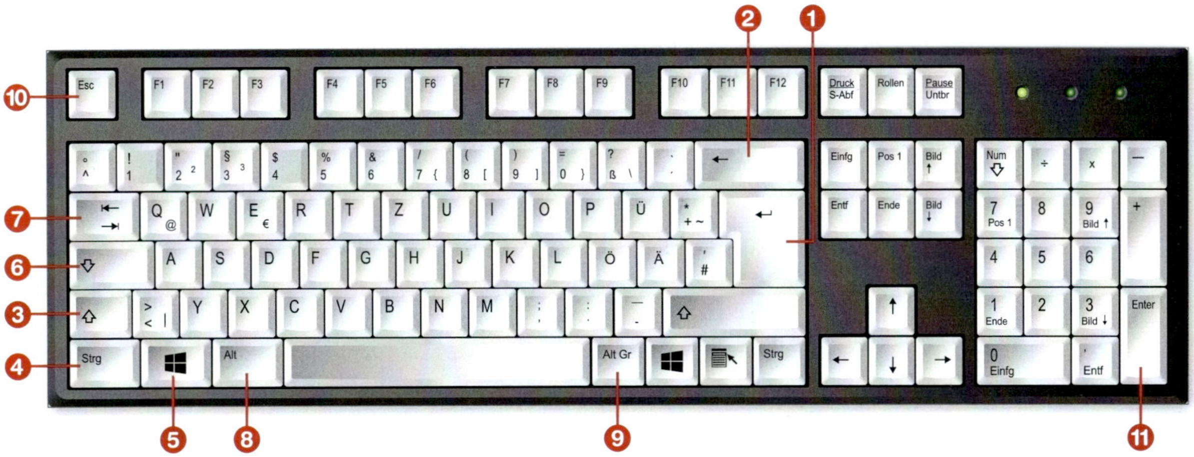

^ *Eine klassische Tastatur im Überblick*

1. Eingabe-Taste (auch *Return-Taste* genannt)
2. Rück-Taste (auch *Backspace-Taste* genannt)
3. Umschalt-Taste (auch *Shift-Taste* genannt)
4. Strg-Taste (auch *Control-Taste* genannt)
5. Windows-Taste
6. Feststell-Taste (auch *Capslock-Taste* genannt)
7. Tabulator-Taste (kurz *Tab-Taste*)
8. Alt-Taste
9. Alt Gr-Taste
10. Escape-Taste
11. Enter-Taste

Nicht ganz so selbstverständlich zu bedienen sind die Bildschirmtastaturen, die bei Tablets zum Einsatz kommen. Sie bringen einige Besonderheiten mit sich, sodass ich ihnen einen eigenen Abschnitt widme.

Die Bildschirmtastatur für Tablets und Co.

Tablets sind ausgesprochen praktisch. Klein, handlich und leicht, sind sie die perfekten Begleiter für unterwegs. Im Gegensatz zu Notebooks oder auch Desktop-PCs haben die meisten Tablets allerdings keine eigene Tastatur. Stattdessen kommt eine *Bildschirmtastatur*, auch *virtuelle Tastatur*, zum Einsatz. Diese Tastatur wird automatisch eingeblendet, sobald Sie in ein Feld tippen, das eine Texteingabe erfordert. Die Bildschirmtastatur enthält zunächst – wie klassische Tastaturen auch – Tasten mit Buchstaben, die Sie einfach nur antippen müssen.

Möchten Sie einen Großbuchstaben verwenden, tippen Sie zuvor auf die Umschalt-Taste ❶. Haben Sie sich vertippt, löschen Sie das zuletzt eingetippte Zeichen über die Rück-Taste ❷. Über die beiden Pfeiltasten ❸ verschieben Sie die Einfügemarke in Texten. Mit der Eingabe-Taste ❹ erzeugen Sie einen neuen Absatz. Möchten Sie Zahlen oder Sonderzeichen eingeben, tippen Sie zunächst auf die Taste &123 ❺.

> *Nach dem Aufruf der Bildschirmtastatur werden alle Buchstaben eingeblendet.*

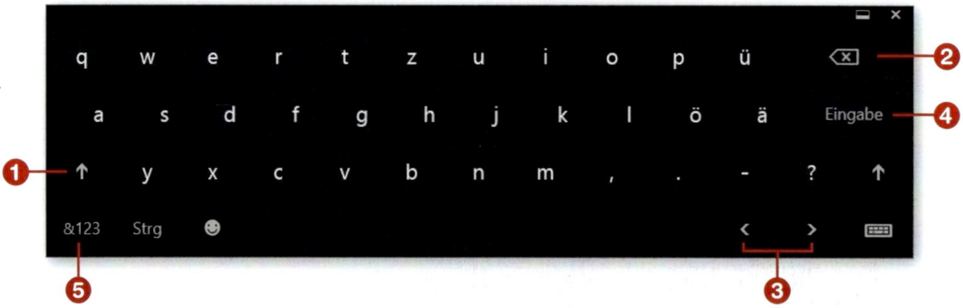

Ist das gewünschte Zeichen in der nächsten Tastaturdarstellung noch nicht dabei, blenden Sie per Fingertipp auf den Pfeil im Kreis ❻ weitere Sonderzeichen ein.

Mit der meist farbig hervorgehobenen Taste &123 ❼ kehren Sie wieder zu den Buchstaben zurück. Niedlich sind auch die *Emoticons*, die Sie über die Taste mit dem Smiley ❽ erreichen. Mithilfe dieser kleinen lachenden oder auch weinenden Gesichter können Sie beispielsweise in E-Mails, den elektronischen Nachrichten, Ihre aktuelle Gemütslage verdeutlichen.

Bildschirmtastatur gezielt einblenden

Die Bildschirmtastatur erscheint bei Ihnen nicht, nachdem Sie in ein Textfeld getippt haben? Keine Sorge, Sie können sie auch gezielt einblenden. Bei vielen Tablets wird hierzu bereits am unteren rechten Bildschirmrand ein kleines Bildschirmtastatur-Symbol angezeigt. Ist dies auf Ihrem Tablet nicht der Fall, können Sie es schnell einblenden. Positionieren Sie hierzu den Finger auf der Taskleiste am unteren Bildschirmrand, und halten Sie ihn etwas länger auf der Leiste gedrückt. Sobald ein kleines Quadrat rund um die Fingerposition eingeblendet wird, heben Sie den Finger vom Bildschirm ab. In dem nun eingeblendeten Menü versehen Sie den Eintrag **Bildschirmtastatur anzeigen (Schaltfläche)** mit einem Häkchen. Nun reicht ein Tipp auf das Symbol der Bildschirmtastatur, und die virtuelle Tastatur klappt auf. Soll die Tastatur wieder ausgeblendet werden, tippen Sie unten rechts auf das Tastatur-Symbol und entfernen in der aufklappenden Liste das Häkchen vor **Bildschirmtastatur anzeigen (Schaltfläche)**.

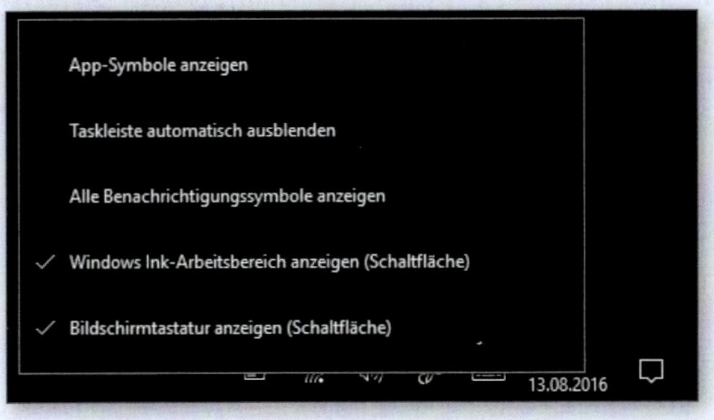

Mit all diesen Informationen zu Maus, Fingergesten und Tastaturbefehlen haben Sie nun das nötige Rüstzeug in der Hand, um endlich mit Windows 10 loszulegen. Viel Spaß dabei!

Windows 10 zum ersten Mal starten

Nach dem theoretischen Blick auf die neuen Funktionen von Windows 10 gehen wir jetzt zum praktischen Teil über. In diesem Abschnitt zeige ich Ihnen die ersten Schritte, die Sie vornehmen müssen, wenn auf Ihrem Computer bereits Windows 10 installiert ist.

Falls noch nicht geschehen, sollten Sie nun Ihren Computer einschalten. Wenn Sie den PC das erste Mal starten – sei es nach einer Neuinstallation von Windows 10 oder auch nach dem Kauf eines neuen Geräts –, müssen Sie zunächst ein paar Einstellungen vornehmen, außer eine andere Person hat dies bereits für Sie erledigt. Keine Sorge, die folgenden Schritte sind schnell ausgeführt und einfach nachzuvollziehen:

1. Als Erstes werden Sie eventuell aufgefordert, die Lizenzbestimmungen zu bestätigen. Sollte dieser Dialog bei Ihnen erscheinen, klicken oder tippen Sie in das Kästchen vor **Ich akzeptiere die Lizenzbedingungen**. Im Kästchen erscheint nun ein Häkchen, und mit einem Klick oder durch Tippen auf **Akzeptieren** fahren Sie fort.

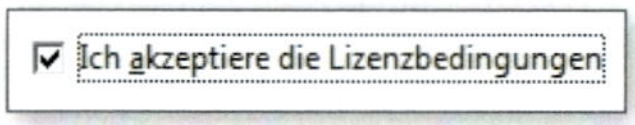

2. Als Nächstes legen Sie das Land respektive die Region und Sprache sowie das richtige Tastaturlayout fest. In den meisten Fällen ist hier bereits **Deutsch** bzw. **Deutschland** voreingestellt, sodass Sie den Dialog mit einem Klick auf **Weiter** bestätigen können.

3. Als Nächstes fordert Windows 10 Sie auf, einige Grundeinstellungen vorzunehmen. All diese Einstellungen, beispielsweise den Umgang mit dem Windows Update, aber auch wichtige Einstellungen zum Thema Datenschutz können Sie später jederzeit wieder ändern.

Wer bereits Erfahrung mit Windows hat, kann über **Einstellungen anpassen** bereits an dieser Stelle Windows 10 nach seinen Wünschen anpassen. Wer sich eher unsicher ist, wählt die Schaltfläche **Express-Einstellungen verwenden** ❶. In diesem Fall sollten Sie unbedingt zu einem späteren Zeitpunkt die Datenschutzeinstellungen anpassen. Informationen hierzu erhalten Sie im Abschnitt »Windows 10 und der Datenschutz« ab Seite 319.

4. Haben Sie sich für die Express-Einstellungen entschieden, möchte Windows 10 im nächsten Dialog **Wem gehört dieser PC?** wissen, ob es sich bei dem Computer um einen Firmen-PC oder Ihren eigenen handelt. Nachdem Sie **Mir** per Mausklick oder Fingertipp markiert haben, geht es **Weiter**.

Als Letztes richten Sie das Benutzerkonto auf Ihrem PC ein. Ihnen stehen zwei verschiedene Arten von Benutzerkonten zur Auswahl:

- ein Microsoft-Konto
- ein lokales Konto

Im Dialog **Ganz Ihrs!** (siehe die Abbildung auf Seite 31) sehen Sie zunächst die Anmeldung mit einem Microsoft-Konto, sprich mit einer E-Mail-Adresse. Dieses Konto benötigen Sie später beispielsweise, wenn Sie im *Windows Store* einkaufen oder Ihre Fotos im Online-Speicher *OneDrive* speichern möchten. Welche Möglichkeiten die Anmeldung mit dem neuen Microsoft-Konto noch bietet und wie Sie dieses Konto auch zu einem späteren Zeitpunkt noch anlegen, erfahren Sie in Kapitel 3, »Ihr ganz persönliches Windows 10«.

i **Das Microsoft-Konto – ein alter Bekannter unter neuem Namen**

Wenn Sie bereits mit einer älteren Windows-Version gearbeitet und einen der *Windows-Live-Essentials-Dienste* (z. B. Windows Live Mail oder auch Windows Family Safety) genutzt haben, besitzen Sie höchstwahrscheinlich bereits ein Microsoft-Konto. Denn dahinter verbirgt sich nichts anderes als die *Windows-Live-ID* – sie hat seit Windows 8 lediglich einen neuen Namen erhalten.

Wenn Sie bereits über ein Microsoft-Konto verfügen, geben Sie im Dialog **Ganz Ihrs!** Ihre E-Mail-Adresse sowie das Kennwort einfach in die entsprechenden Felder ❶ ein. Nach einem Klick oder Tipp auf **Anmelden** haben Sie es damit geschafft, Sie sind erfolgreich am Computer angemeldet.

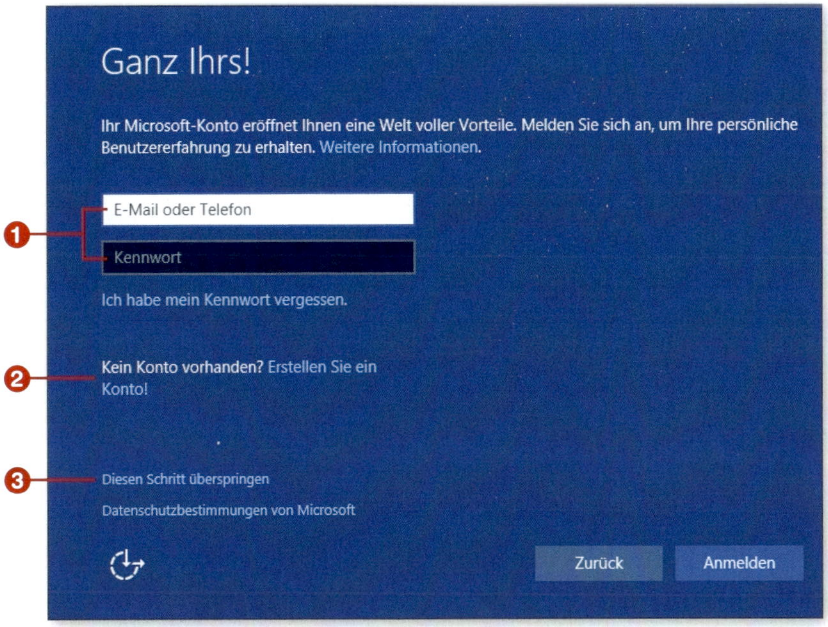

Wenn Sie ein solches Microsoft-Konto erst einrichten müssen, haben Sie hier zwar auch schon die Möglichkeit dazu ❷, Sie sollten sich an dieser Stelle aber zunächst mit einem lokalen Konto anmelden. Es handelt sich hier letztlich um nichts anderes als um das aus früheren Zeiten bekannte klassische Benutzerkonto, das für normale Arbeiten am PC vollkommen ausreichend ist. Sollte Ihr Computer noch nicht mit dem Internet verbunden sein, wird der Dialog **Ganz Ihrs** nicht angezeigt. Sie gelangen in diesem Fall sofort zum Dialog **Konto für diesen PC erstellen** und können gleich mit Schritt 2 der folgenden Anleitung fortfahren.

Um das lokale Benutzerkonto einzurichten, gehen Sie folgendermaßen vor:

1. Klicken oder tippen Sie auf **Diesen Schritt überspringen** ❸.

2. Im Dialog **Konto für diesen PC erstellen** geben Sie in das Feld **Von wem wird dieser PC genutzt?** (❹ auf Seite 32) einen Namen für das Benutzerkonto ein. Das kann beispielsweise Ihr Vorname sein.

3. Denken Sie sich ein Kennwort für das Benutzerkonto aus, und tragen Sie dieses in das Feld **Kennwort** ❺ ein. Wiederholen Sie das Kennwort im Feld **Kennwort erneut eingeben** ❻, um Tippfehler auszuschließen. Anstel-

le von Buchstaben und Ziffern werden auf dem Bildschirm während der Kennworteingabe nur Punkte angezeigt. Dies dient der Sicherheit, damit niemand über Ihre Schultern hinweg das Passwort lesen kann. Möchten Sie dennoch prüfen, ob Sie es korrekt eingegeben haben, klicken Sie auf das Augen-Symbol am rechten Rand des Feldes. Solange Sie die linke Maustaste gedrückt halten, wird das Kennwort im Klartext eingeblendet.

4. Das Kennwort sollte möglichst nicht leicht durch andere Personen zu erraten sein. Mein Tipp: Hinterlegen Sie im Feld **Kennworthinweis** ❼ eine Art Eselsbrücke. Sollten Sie Ihr Kennwort einmal vergessen und bei der Anmeldung ein falsches eingeben, erscheint dieser Hinweis, und das korrekte Kennwort fällt Ihnen – hoffentlich – wieder ein.

5. Nun noch ein Klick auf **Weiter**, und das Benutzerkonto wird vom System eingerichtet.

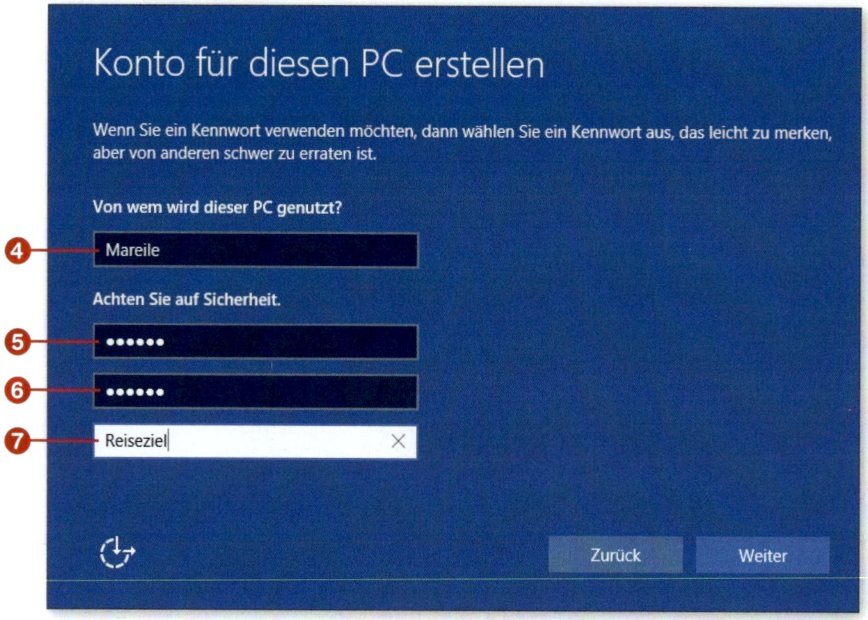

Egal, ob Sie sich für das Microsoft-Konto entschieden oder ein lokales Konto eingerichtet haben: Sie haben es geschafft, das erste Benutzerkonto ist eingerichtet. Bis Sie die Oberfläche von Windows 10 zu Gesicht bekommen, vergeht aber noch ein kurzer Moment. In dieser Zeit richtet das Betriebssystem Ihr Konto ein. Ist alles erledigt, wird endlich die Desktop-Oberfläche von Windows 10 sichtbar. Bevor ich Ihnen im Abschnitt »Der erste Blick auf die Oberfläche« ab Seite 34 die wichtigsten Bestandteile der Oberfläche vorstelle, zeige ich Ihnen im nächsten Abschnitt, wie Sie sich zukünftig mit Ihrem soeben angelegten Benutzerkonto bei Windows 10 anmelden, wenn Sie den Computer gerade eingeschaltet haben.

So melden Sie sich bei Windows 10 an

Wenn Sie den Computer einschalten oder ihn aus dem Ruhezustand aufwecken, sehen Sie zunächst den *Sperrbildschirm*. In den Ruhezustand wechselt der Computer immer dann, wenn längere Zeit keine Eingabe per Tastatur, Maus oder Touchscreen erfolgt ist. Gefällt Ihnen das Bild, das hier eingeblendet wird, nicht, können Sie es natürlich austauschen. Wie das funktioniert, zeige ich Ihnen im Abschnitt »Sperrbildschirm und Benachrichtigungen anpassen« ab Seite 118. Doch zunächst gilt es, sich bei Windows 10 anzumelden.

1. Klicken Sie mit der Maus auf das Bild. Alternativ können Sie auch eine beliebige Taste auf der Tastatur drücken. Falls Sie mit einem Touchscreen arbeiten, fahren Sie mit dem Finger vom unteren Bildschirmrand nach oben. In allen Fällen erscheint anschließend das Fenster mit dem Anmeldedialog (siehe Seite 34).

Klicken oder tippen Sie auf den Sperrbildschirm, um zum Anmeldedialog zu gelangen.

2. Wurden an Ihrem Computer bereits mehrere Benutzerkonten eingerichtet, wählen Sie unten links Ihr Konto per Mausklick aus, oder tippen Sie das Konto mit dem Finger an.

3. Geben Sie Ihr Kennwort ein, und klicken oder tippen Sie auf den Pfeil am rechten Rand des Feldes. Alternativ können Sie auch [↵] auf Ihrer Tastatur drücken.

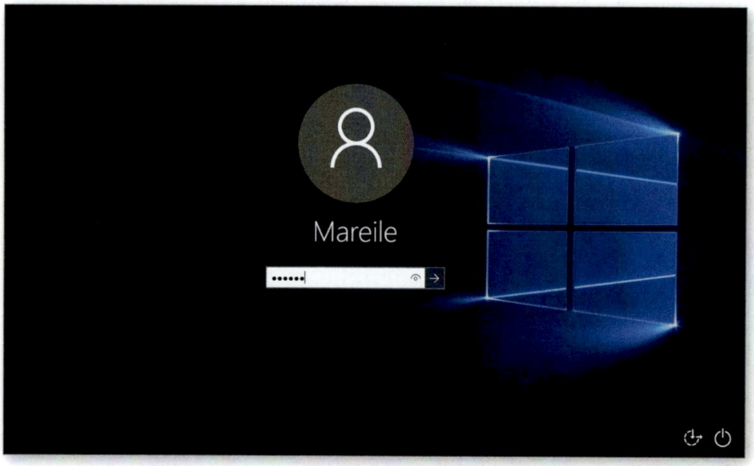

Haben Sie bereits mit einer älteren Windows-Version gearbeitet, wird Ihnen die Oberfläche, die Sie nach dem Start des Computers zu sehen bekommen, bekannt vorkommen. In Kapitel 2, »Die Desktop-Oberfläche im Einsatz«, werde ich Ihnen die Oberfläche im Detail vorstellen. Einen kleinen Vorgeschmack gibt es bereits im nächsten Abschnitt.

Der erste Blick auf die Oberfläche

Haben Sie bereits mit Windows 7 oder einer älteren Windows-Version gearbeitet, kommt Ihnen die Desktop-Oberfläche sicherlich größtenteils bekannt vor. Den Hintergrund des Desktops ziert eine Grafik, die Sie auch austauschen können (siehe dazu den Abschnitt »Ein Desktop nach Ihrem Geschmack« ab Seite 77). Auch das *Papierkorb*-Symbol ist nach wie vor vorhanden. Haben Sie bereits Windows-Anwendungen auf dem Computer installiert, die auf dem Desktop ihre Programmsymbole (auch *Icons* genannt) ablegen, finden Sie auch diese hier wieder.

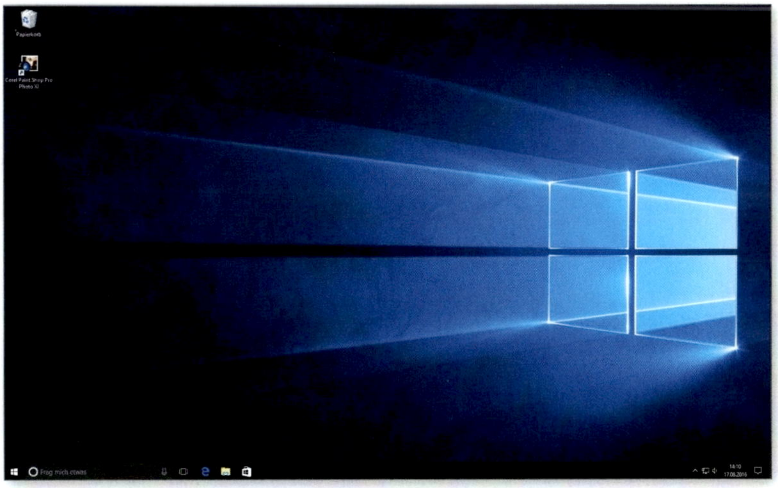

Übersicht über die Desktop-Oberfläche

Arbeiten Sie auf einem Tablet mit Touchscreen, bekommen Sie all das höchstwahrscheinlich nicht zu Gesicht. Welche Besonderheiten Sie hier erwarten, lesen Sie im folgenden Kasten.

Die Besonderheiten des Tablets

Windows 10 erkennt normalerweise automatisch, mit welcher Art von Computer Sie arbeiten. Da der Desktop mit all seinen kleinen Symbolen für die Bedienung per Finger nicht sehr geeignet ist, spielt er bei einem Tablet nur eine untergeordnete Rolle. Das Bild des Desktops ist hier nur ganz dezent im Hintergrund zu sehen, die Desktop-Symbole fehlen ganz. Den Vordergrund nimmt stattdessen das Startmenü ein, das über die gesamte Bildschirmfläche hinweg angezeigt wird. Dieser Modus wird auch *Tabletmodus* genannt. Und noch eine Besonderheit hat das Tablet zu bieten: Sowohl Windows-Anwendungen als auch Apps werden nach dem Start im Vollbildmodus angezeigt, also über den vollen Bildschirm hinweg. Wenn Ihnen diese Darstellung nicht gefällt und Sie auch auf dem Tablet lieber in den Genuss der Desktop-Oberfläche kommen möchten, können Sie den Tabletmodus auch deaktivieren. Tippen Sie hierzu am rechten Rand der Taskleiste auf das Symbol . In der aufklappenden Benachrichtigungsleiste wird nun die Schaltfläche **Tabletmodus** eingeblendet. Mit einem Tipp hierauf schalten Sie den Tabletmodus aus bzw. auch wieder ein. Die Schaltfläche finden Sie übrigens auch auf einem Desktop-PC oder Notebook, sollten Sie einmal ausprobieren wollen, wie sich die Nutzung eines Tablets anfühlt.

Ein Element, das auf jeder Oberfläche zu finden ist, unabhängig davon, ob Sie mit einem Tablet, einem Desktop-PC oder einem Notebook arbeiten, ist die *Taskleiste* am unteren Bildschirmrand. An ihrem rechten Rand befindet sich der *Infobereich*. Auf der linken Seite der Taskleiste ist in Windows 10 das Suchfeld neu hinzugekommen. Über dieses Feld können Sie nicht nur auf Ihrem Computer nach Dateien, Ordnern oder Funktionen suchen, sondern mit dem Suchbegriff auch direkt im Internet stöbern sowie die Sprachassistentin Cortana aufrufen. Bei einem Desktop-PC oder Notebook ist das Suchfeld recht groß und zeigt den Schriftzug **Frag mich etwas**. Bei einem Tablet wird dagegen nur das kleine Symbol eingeblendet. Die Symbole des *Explorers* (Programm zum Verwalten von Dateien und Ordnern), des Browsers *Microsoft Edge* (Programm zum Anzeigen von Webseiten) sowie des *Windows Stores* (zu Deutsch: Geschäft, in dem Sie weitere Apps beziehen können) finden Sie nur bei einem Desktop-PC oder Notebook.

Am äußersten linken Rand der Taskleiste finden Sie das Windows-Logo, über das Sie das Startmenü aufrufen. Bei einem Tablet wird das Startmenü, wie erwähnt, bereits nach dem Start des Geräts eingeblendet. Arbeiten Sie mit einem Desktop-PC oder Notebook, dann überdeckt das aufgeklappte Startmenü nur einen Teil der Desktop-Oberfläche. Nutzen Sie ein Tablet mit Touchscreen, wird das Startmenü dagegen über den gesamten Bildschirm hinweg angezeigt.

Das Startmenü lässt sich in zwei Bereiche aufteilen: In der rechten Hälfte sehen Sie einige Kacheln. Jede Kachel stellt eine Verknüpfung zu einer Anwendung dar. Dabei kann es sich um eine App oder eine Windows-Anwendung handeln. Einige Apps sind bereits vorinstalliert, z. B. *Wetter*, *Mail*, *Nachrichten* oder auch *Groove-Musik*. Wenn Sie Ihr Gerät (Desktop-PC, Notebook oder Tablet) neu erworben haben, kann es sein, dass auch der Gerätehersteller bereits einige Kacheln im Startmenü hinterlegt hat.

Ist Ihr Computer z. B. mit dem Internet verbunden, können Sie beobachten, dass auf einigen Kacheln der Inhalt in kurzen Abständen aktualisiert wird. Diese Kacheln werden auch als *Live-Kacheln* bezeichnet. Selbst wenn Sie nicht aktiv am PC arbeiten, reicht daher ein Blick ins Startmenü, um über neu eingetroffene E-Mails, das aktuelle Wetter oder die neuesten Nachrichten aus aller Welt informiert zu sein. Viele dieser

Anwendungen werden wir im Laufe des Buches noch genauer unter die Lupe nehmen.

Um eine App zu starten, reicht ein Mausklick oder das Antippen der entsprechenden Kachel. Nicht für alle Anwendungen gibt es aber im rechten Bereich eine Kachel. Wird die gewünschte Anwendung hier nicht aufgeführt, ist die Liste links von den Kacheln ❶ Ihre Anlaufstelle.

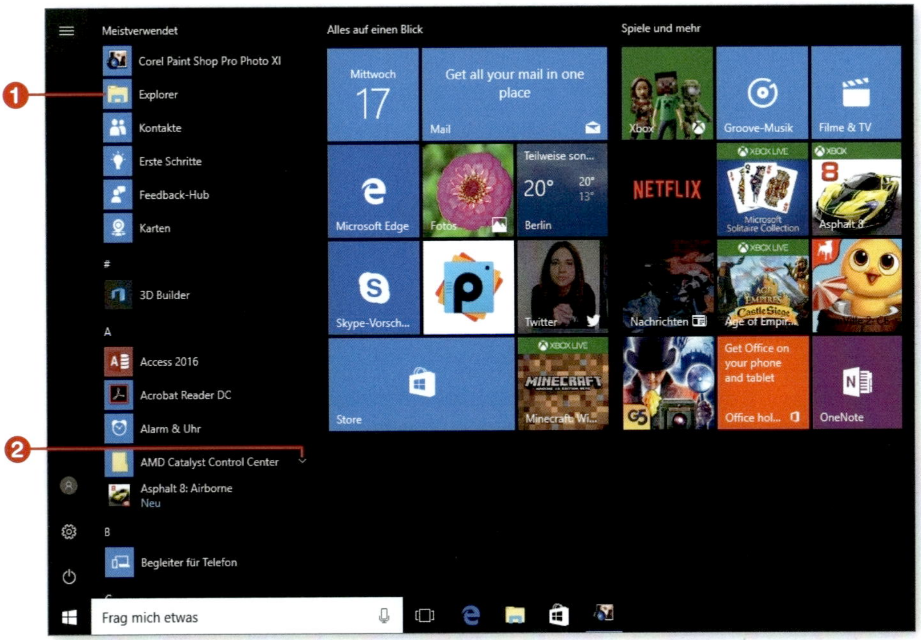

< *Übersicht über das Startmenü eines Desktop-PCs und Notebooks*

Zu Beginn dieser Liste führt Windows 10 die von Ihnen meistverwendeten Windows-Anwendungen und Apps auf. Mit nur einem Klick oder Tipp auf einen der Einträge starten Sie die gewünschte Anwendung. Am rechten Rand mancher dieser Einträge befindet sich ein kleiner Pfeil ❷. Klicken oder tippen Sie hierauf, wird eine Liste eingeblendet. In dieser werden Dateien und Ordner aufgeführt, die Sie häufig mit dieser Anwendung aufgerufen haben. Auch hier reicht wieder ein Klick oder Tipp, und die Anwendung wird direkt mit der ausgewählten Datei oder dem Ordner geöffnet.

Unterhalb der meistverwendeten Programme erhalten Sie eine alphabetisch sortierte Übersicht über alle auf Ihrem Computer installierten Apps und Windows-Anwendungen. Über die Bildlaufleiste am rechten Rand der Liste blättern Sie in der Liste. Auch hier reicht wieder ein Klick oder

Tipp auf den Namen einer Windows-Anwendung oder einer App, um diese zu starten.

Wenn Sie mit einem Tablet mit Touchscreen arbeiten, müssen Sie diese Liste erst mit einem Fingertipp auf das Symbol in der linken oberen Ecke des Startmenüs einblenden. In diesem Fall werden die Kacheln rechts durch die Liste der meistverwendeten Anwendungen sowie eine alphabetisch sortierte Übersicht über alle auf dem Tablet installierten Apps ersetzt. Mit einem Tipp auf das Symbol kehren Sie zur Kachelansicht zurück.

Werfen Sie einen Blick auf den unteren Rand der linken Startmenü-Spalte, finden Sie hier mindestens drei Symbole. Klicken oder tippen Sie oben links im Startmenü auf das Symbol , werden unten jeweils rechts von diesen drei oder auch mehr Symbolen Beschriftungen eingeblendet, die bereits einen Hinweis auf die Funktionen bringen. So schalten Sie über das Symbol ganz unten, wie die Beschriftung **Ein/Aus** bereits vermuten lässt, den Computer wieder aus.

In Kapitel 2, »Die Desktop-Oberfläche im Einsatz«, werden Sie alle hier nur kurz vorgestellten Bestandteile des Startmenüs sowie der Desktop-Oberfläche ausführlich kennenlernen. Doch zuvor werde ich Ihnen zeigen, wie Sie Ihren Computer wieder ausschalten, wenn Sie ihn nicht mehr benötigen.

Den PC wieder ausschalten

Alle Arbeiten am Computer sind beendet, und Sie möchten ihn gerne ausschalten. Unter Windows 8.1 war diese eigentlich einfache Aktion recht komplex und erforderte einige Mausklicks bzw. Wischbewegungen und Fingertipps. Unter Windows 10 hat Microsoft wieder für einen schnellen Weg zum Herunterfahren des PCs gesorgt.

1. Klicken oder tippen Sie am linken Rand der Taskleiste auf das Windows-Logo ❶, um das Startmenü einzublenden. Alternativ können Sie auch ⊞ auf der Tastatur drücken.

2. Am unteren Rand der linken Spalte des Startmenüs finden Sie den Eintrag **Ein/Aus** ❷. Klicken oder tippen Sie auf den Eintrag, klappt ein kleiner Dialog mit den drei Befehlen **Energie sparen**, **Herunterfahren** und **Neu starten** auf. Mit einem Klick oder Tipp auf den Befehl **Herunterfahren** ❸ wird der Computer ausgeschaltet.

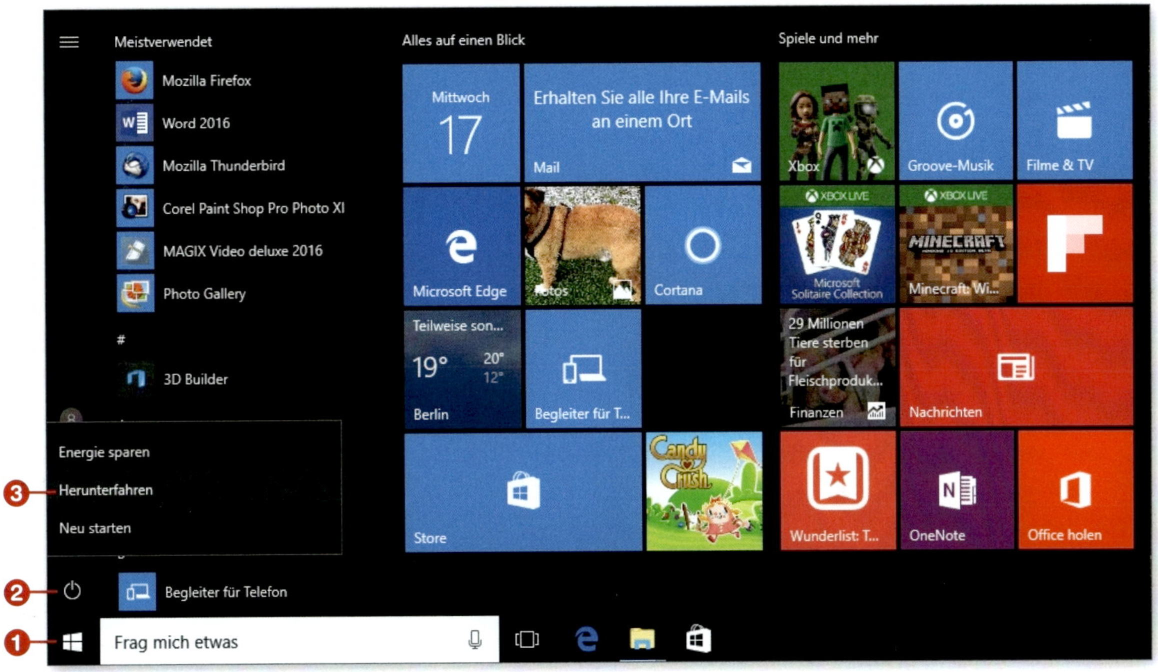

Energie sparen und Neustart

Wählen Sie den Befehl **Energie sparen**, wird der Computer in einen speziellen Energiesparmodus versetzt, in dem er nur wenig Strom verbraucht. Dies ist vor allem für Notebooks und Tablets interessant, um den Akku zu schonen.

Bei einem Neustart wiederum wird der Computer zunächst vollständig heruntergefahren und anschließend sofort wieder gestartet. Dies ist beispielsweise nach der Installation mancher Programme und Windows-Updates nötig, damit die vorgenommenen Einstellungen wirksam werden.

Nicht immer möchte man den Computer vollständig ausschalten; manchmal reicht auch ein Abmelden, etwa wenn ein anderes Familienmitglied unter einem anderen Benutzerkonto weiter am PC arbeiten möchte. Wenn Sie sich nur abmelden möchten, gehen Sie folgendermaßen vor:

1. Rufen Sie wie zuvor beschrieben das Startmenü auf. Klicken oder tippen Sie dann am linken Rand auf das Symbol ❶. Auch hier klappt eine Liste mit Befehlen auf.

2. Wählen Sie per Mausklick oder Fingertipp den Eintrag **Abmelden** ❷ aus. Es wird nun der Sperrbildschirm angezeigt, den Sie bereits vom Anmeldeprozedere her kennen (siehe dazu auch den Abschnitt »So melden Sie sich bei Windows 10 an« ab Seite 33).

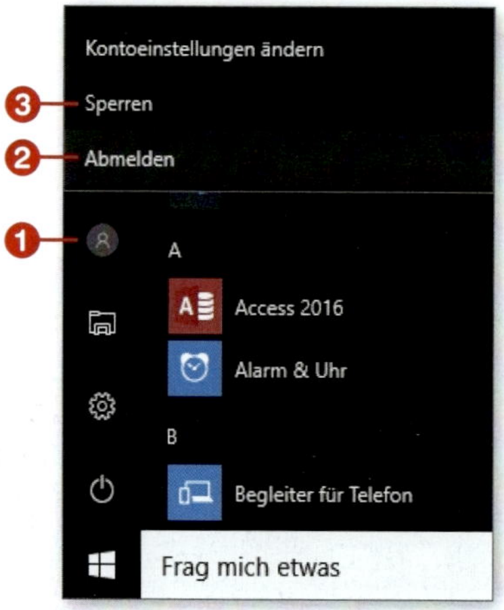

Computer zeitweise sperren

Interessant ist auch der Befehl **Sperren** ❸: In diesem Fall bleiben Sie weiterhin am Computer angemeldet, aber es wird – wie auch beim Abmelden – der Sperrbildschirm eingeblendet. Erst wenn Sie den Sperrbildschirm per Mausklick oder durch eine Wischgeste weggeschoben und Ihr Kennwort eingegeben haben, können Sie weiter am Computer arbeiten. Dies ist vor allem praktisch, wenn Sie kurz den Raum verlassen müssen und verhindern möchten, dass andere Personen in der Zwischenzeit Zugang zu Ihrem Computer erhalten. Wie Sie die **Kontoeinstellungen ändern** – den Befehl hierzu sehen Sie ebenfalls in der Abbildung oben –, um z. B. Ihr Profilbild zu ändern, zeige ich Ihnen in Kapitel 3, »Ihr ganz persönliches Windows 10«.

Kapitel 2
Die Desktop-Oberfläche im Einsatz

Im Abschnitt »Der erste Blick auf die Oberfläche« ab Seite 34 haben Sie bereits einen kurzen Rundflug über die Oberfläche von Windows 10 unternommen. Dabei haben Sie den Desktop selbst kennengelernt, aber auch das in Windows 10 zurückgekehrte Startmenü mit all seinen Kacheln. In diesem Kapitel werde ich Ihnen nun die einzelnen Elemente genauer vorstellen und Ihnen zeigen, wie Sie Windows-Anwendungen und Apps aufrufen und wieder beenden.

^ *Wie die Desktop-Oberfläche aussieht, liegt ganz in Ihren Händen.*

Jeder Anwender hat so seine Lieblingsprogramme, die er möglichst schnell und ohne Umwege erreichen möchte. Ein Hauptaugenmerk dieses Kapitels liegt daher im Einrichten von Desktop-Symbolen sowie Startmenü-Einträgen, sodass Sie blitzschnell von Programm zu Programm gelangen. Wer viel mit dem Computer arbeitet, möchte sich seinen Arbeitsplatz natürlich möglichst schön einrichten. So erfahren Sie in diesem Kapitel auch, wie Sie den Desktop mit eigenen Fotos verzieren.

Übersicht über Desktop, Taskleiste und Startmenü

Im Abschnitt »Der erste Blick auf die Oberfläche« ab Seite 34 habe ich bereits erwähnt, dass es je nach verwendetem Gerät kleine Unterschiede bei der Handhabung der Arbeitsoberfläche gibt. Wer mit einem Tablet arbeitet, bekommt nach dem Start das Startmenü zu Gesicht (siehe auch den Kasten »Die Besonderheiten des Tablets« auf Seite 35). Arbeiten Sie mit einem Desktop-PC oder einem Notebook, wird nach dem Start des Computers dagegen die Desktop-Oberfläche angezeigt. Die größte Fläche des Desktops nimmt ein Hintergrundbild ein. Dieses kann auf jedem Computer anders aussehen. Wie Sie dieses Bild austauschen und durch ein eigenes Foto ersetzen, zeige ich Ihnen im Abschnitt »Ein Desktop nach Ihrem Geschmack« ab Seite 77.

Werfen Sie einen Blick auf das Hintergrundbild des Desktops, werden Sie mindestens ein Symbol entdecken, nämlich den *Papierkorb* ❶, in dem Windows alle gelöschten Dateien und Ordner ablegt (weitere Informationen zum Papierkorb finden Sie ab Seite 252 im Abschnitt »Dateien und Ordner kopieren, verschieben und löschen«). Sobald Sie weitere Programme installieren, kommen auf dem Desktop entsprechend weitere Symbole hinzu. Diese *Desktop-Symbole* stellen Verknüpfungen zu Programmen, Ordnern oder Dateien dar. Ein Doppelklick oder schnelles zweimaliges Tippen auf ein Symbol reicht, um das mit dem Symbol verknüpfte Programm oder den Ordner zu öffnen. Im Abschnitt »Verknüpfungen zu Programmen und Ordnern anlegen« ab Seite 55 erfahren Sie, wie Sie selbst auf dem Desktop Verknüpfungen zu Ordnern und häufig genutzten Programmen einrichten.

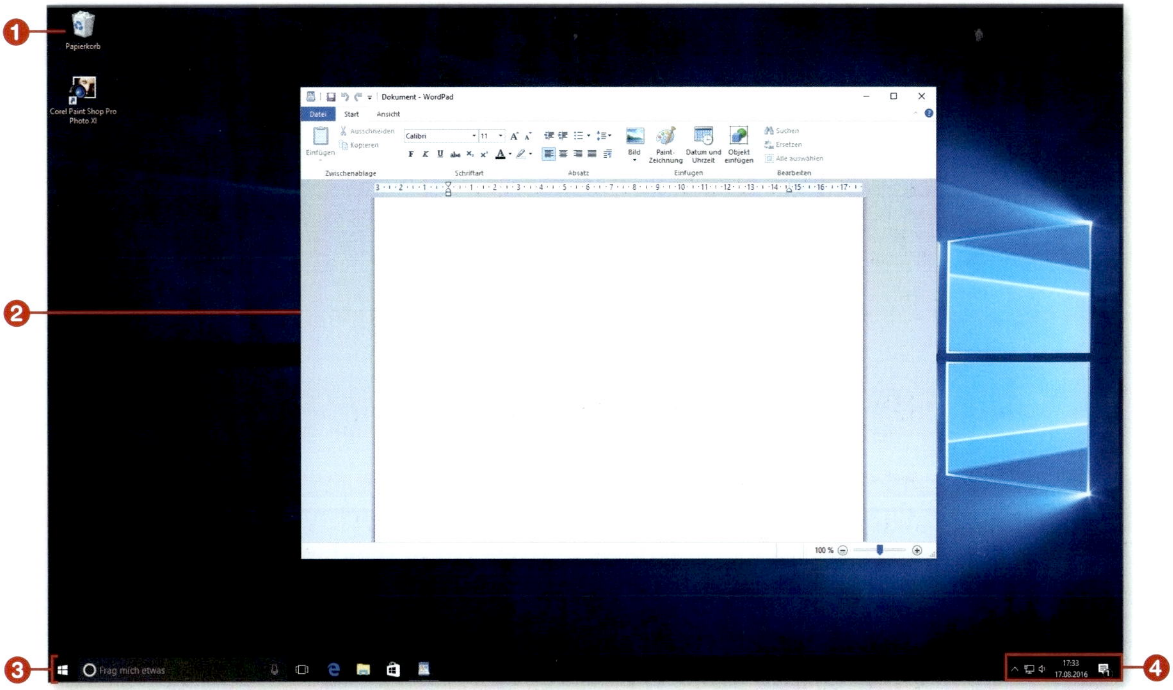

^ *Die Bestandteile des Desktops im Überblick*

Sobald Sie eine Windows-Anwendung oder eine App öffnen ❷, wird das Hintergrundbild des Desktops zumindest teilweise, wenn nicht sogar ganz verdeckt. Immer auf dem Desktop sichtbar bleibt aber die sogenannte *Taskleiste* ❸, die sich am unteren Bildschirmrand befindet. Im Gegensatz zur gerade vorgestellten Desktop-Oberfläche ist die Taskleiste auch auf einem Tablet zu finden. An ihrem rechten Rand werden Informationen ❹ wie Uhrzeit und Datum sowie Symbole eingeblendet. Hierzu zählt z. B. ein Lautsprecher-Symbol, das anzeigt, ob der Ton ein- oder ausgeschaltet ist. Dieser Abschnitt wird daher auch als *Infobereich* bezeichnet.

^ *Die Taskleiste eines Desktop-PCs oder Notebooks*

Werfen Sie einen Blick auf den linken Rand der Taskleiste, sehen Sie die Symbole einiger wichtiger Programme. Dazu zählen z. B. *Microsoft Edge* ❺ (ein Programm zum Anzeigen von Webseiten), der *Explorer* ❻ zur Verwaltung von Dateien und Ordnern sowie der *Store* ❼ (zu Deutsch: Geschäft). Über den Store können Sie weitere Apps beziehen, wie ich Ihnen ausführlich im Abschnitt »Der Windows Store – noch mehr Apps für Sie« ab Seite 379 zeigen werde.

^ *Die Taskleiste eines Tablets*

Links von den Programmsymbolen befindet sich das neu in Windows 10 hinzugekommene Suchfeld (8 auf Seite 43). Bei einem Touchscreen ist statt des Suchfeldes zunächst nur das Symbol 9 zu sehen. Erst nach einem Klick auf dieses Symbol wird das Suchfeld angezeigt. Auf die weiteren Besonderheiten eines Touchscreens gehe ich gleich noch ein. Über das Suchfeld erreichen Sie zwei Funktionen: Zum einen können Sie direkt Ihre Suchanfragen starten, zum anderen stellt das Suchfeld den Startpunkt für die Sprachassistentin Cortana dar. Im Abschnitt »Ihre ganz persönliche Assistentin Cortana« werde ich Ihnen ab Seite 392 die Funktionsweise der Sprachassistentin genauer vorstellen. Mit der Suchfunktion wiederum können Sie Ihren Computer nach Programmen, Dateien oder auch Funktionen durchforsten. Windows 10 sucht aber auch automatisch im Internet nach dem eingetragenen Suchbegriff. Der Suchfunktion werden Sie im Laufe des Buches immer wieder begegnen.

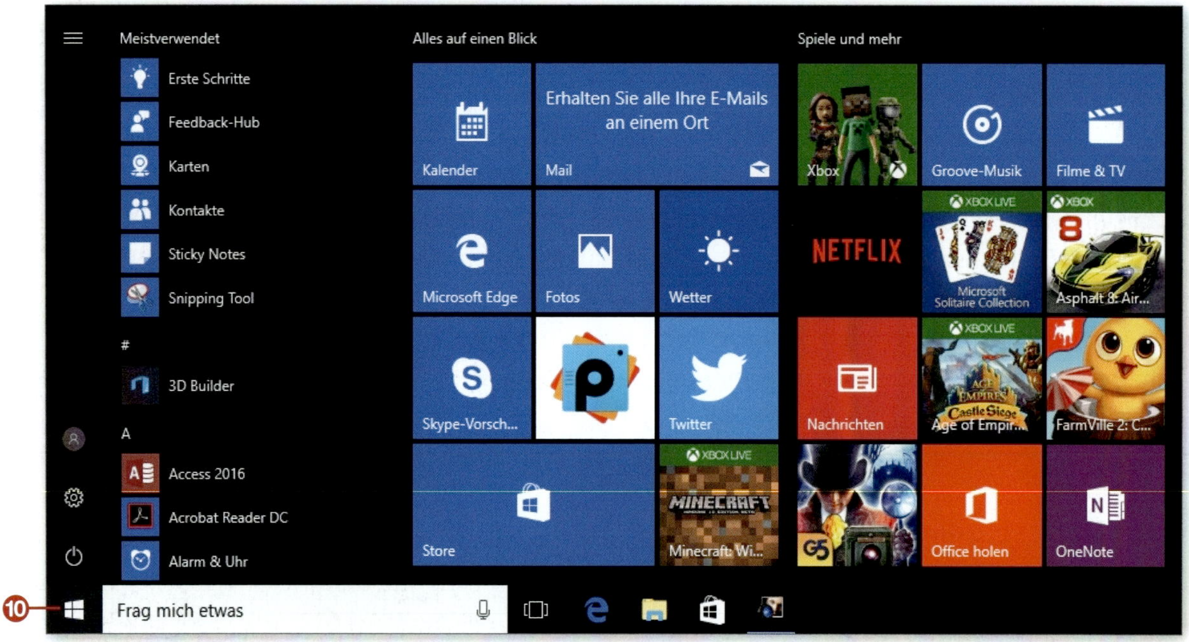

^ *Das Startmenü blenden Sie über das Windows-Logo ein.*

Den linken Rand der Taskleiste ziert das Windows-Logo 10. Auch wenn ich diese Schaltfläche ganz zum Schluss aufführe: Es ist das wichtigste Symbol, das Sie wahrscheinlich am häufigsten nutzen werden, denn über das Windows-Logo rufen Sie das *Startmenü* auf. Das Startmenü ist die Anlaufstelle für all Ihre weiteren Aktionen am Computer, wie etwa das Öffnen von Programmen, Einstellungen oder auch Ordnern.

Wie erwähnt, ist das Startmenü auf einem Tablet bereits nach dem Start des Geräts zu sehen. Arbeiten Sie mit einem Desktop-PC oder Notebook, müssen Sie es dagegen erst einblenden. Das Startmenü klappt auf, sobald Sie auf das Windows-Logo klicken. Alternativ hierzu können Sie auch die [Windows]-Taste auf der Tastatur drücken. Wie Sie bereits kurz im Abschnitt »Der erste Blick auf die Oberfläche« ab Seite 34 sehen konnten, ist das Startmenü in zwei Bereiche aufgeteilt: Die rechte Seite ziert eine Vielzahl von Kacheln, die Einträge in der linken Spalte sind dagegen in Listenform angeordnet. In dieser Liste sind alle auf Ihrem Computer installierten Anwendungen aufgeführt. Arbeiten Sie mit einem Tablet, nimmt der Kachelbereich des Startmenüs den gesamten Bildschirm ein. Tippen Sie oben links auf die Schaltfläche ☰ 11, wird statt der Kacheln die Liste aller Apps eingeblendet (siehe Abbildung auf Seite 46).

∧ *Das Startmenü eines Tablets mit Kacheln …*

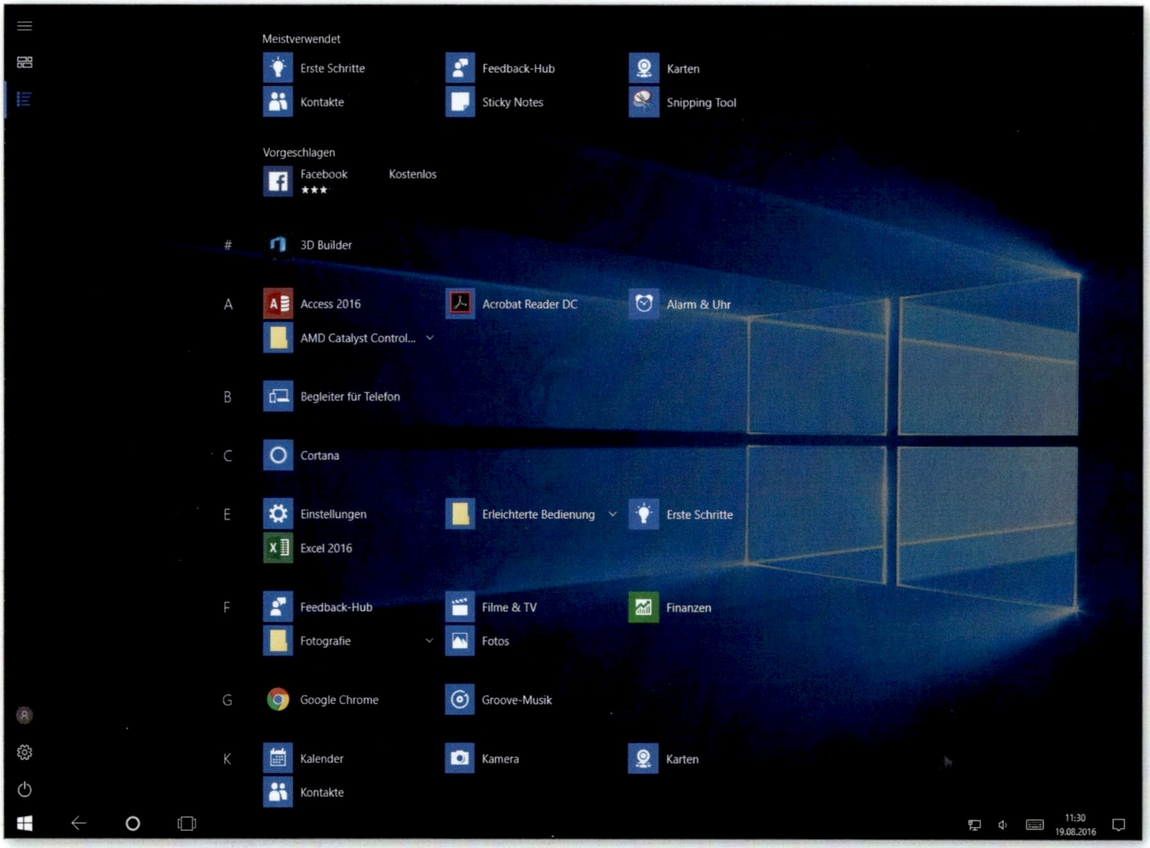

... *und in der Listenansicht »Alle Apps«*

Sowohl über die Kacheln als auch über die Listeneinträge rufen Sie Windows-Anwendungen, Apps, Einstellungen und mehr auf. Wie dies im Einzelnen funktioniert, zeige ich Ihnen im nächsten Abschnitt.

Programme und Apps starten und beenden

Sowohl auf der Desktop-Oberfläche als auch in der Taskleiste sowie im Startmenü finden Sie eine Vielzahl von Verknüpfungen zu Windows-Anwendungen und Apps. Ein Klick oder Tipp auf eines dieser Symbole oder Kacheln reicht, und schon wird die entsprechende Anwendung geöffnet. In diesem Abschnitt stelle ich Ihnen anhand von Beispielen einige dieser Möglichkeiten vor. Sie werden dabei lernen:

- wie Sie die in Windows 10 bereits vorinstallierte *Nachrichten*-App über die entsprechende Kachel im Startmenü öffnen,
- eine Windows-Anwendung, nämlich das Textverarbeitungsprogramm *WordPad*, über die linke Spalte im Startmenü aufzurufen und
- den Explorer über das entsprechende Symbol in der Taskleiste zu starten.

Sind alle drei Anwendungen geöffnet, zeige ich Ihnen, wie Sie schnell zwischen den Anwendungsfenstern wechseln und die Fenster vorübergehend ausblenden. Ganz zum Schluss werden die Anwendungen natürlich auch wieder beendet. Auf einem Desktop-PC oder Notebook ist das Schließen der Anwendungsfenster schnell geschehen, bei einem Tablet ist dagegen ein kleiner Trick notwendig. Doch dazu später mehr, denn bevor eine Anwendung geschlossen werden kann, muss sie natürlich erst geöffnet werden. Los geht es mit der Nachrichten-App.

^ *Die Nachrichten-App rufen Sie per Klick auf die Kachel im Startmenü auf.*

1. Zum Öffnen der Nachrichten-App klicken Sie auf das Windows-Logo am linken Rand der Taskleiste, um zunächst das Startmenü aufzuklappen. Im Falle eines Tablets ist das Startmenü bereits geöffnet.

2. Für die Nachrichten-App finden Sie im rechten Bereich des Startmenüs eine eigene Kachel. Klicken Sie mit der linken Maustaste hierauf, oder tippen Sie die Kachel mit dem Finger an. Es wird die Anwendung »Nachrichten« mit den neuesten Meldungen des Tages geöffnet.

3. Beim ersten Aufruf der App erscheint der Hinweis **Hallo! Willkommen bei MSN Nachrichten**. Sie haben nun die Möglichkeit, Ihre Interessengebiete anzugeben. Wie dies funktioniert, zeige ich Ihnen im Abschnitt »Die Informations-Apps von Windows 10« ab Seite 185 An dieser Stelle können Sie den Hinweis **Überspringen**.

4. Über dem Programmfenster, das nun geöffnet wird, erscheint der nächste Hinweis: **Benachrichtigungen bei wichtigen Nachrichten**. Möchten Sie keinerlei Hinweise auf neue Meldungen erhalten, klicken oder tippen Sie auf **Deaktivieren**. Bestätigen Sie dagegen mit **Ja**, werden Sie im *Info-Center* über neue Meldungen informiert. Weitere Informationen zum Info-Center erhalten Sie unter anderem im Abschnitt »Sicherheit in Windows 10 im Blick« ab Seite 326.

Wenn Sie mit einem Desktop-PC oder einem Notebook arbeiten, nimmt das Fenster der Nachrichten-App nur einen Teil des Bildschirms ein. Bei einem Tablet werden alle Apps dagegen im Vollbildmodus geöffnet, das heißt, sie füllen den gesamten Bildschirm aus. Dies lässt sich nur ändern, indem Sie den Tabletmodus deaktivieren. Weitere Informationen zu diesem Modus erhalten Sie im Kasten »Tabletmodus ein- und ausschalten« auf Seite 90.

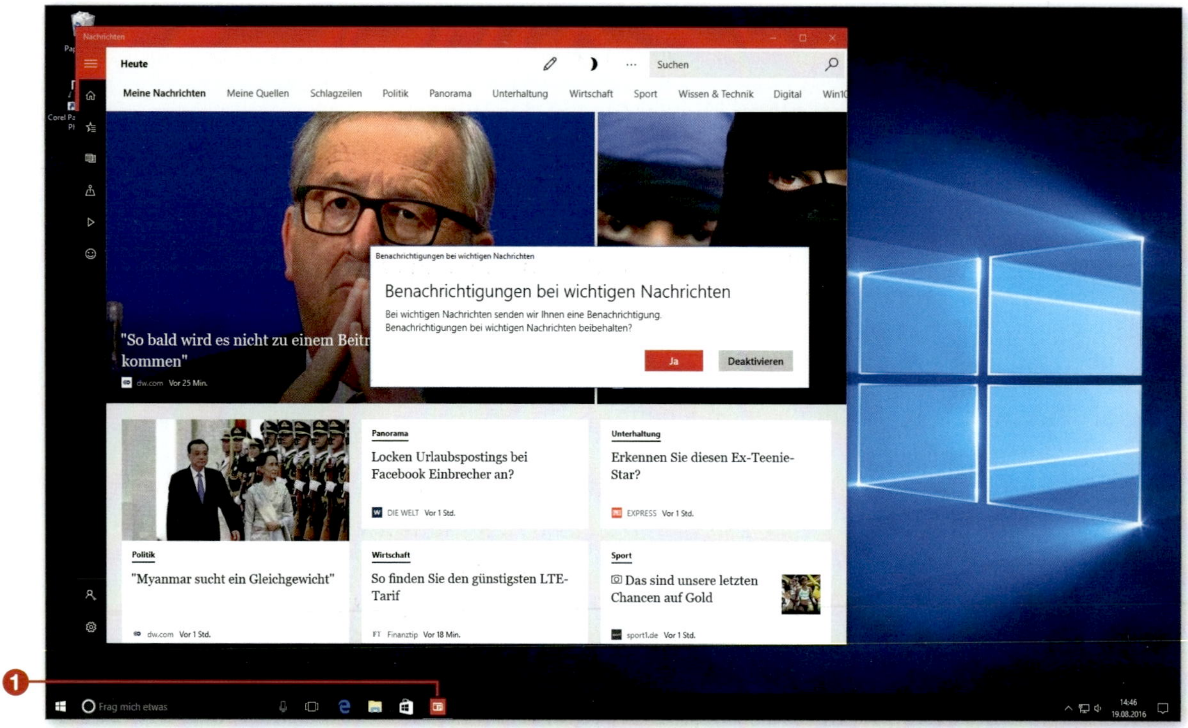

^ *In der Taskleiste finden Sie ein Symbol der geöffneten Nachrichten-App.*

In der Taskleiste wird für die geöffnete App ein Symbol ❶ angezeigt, das leicht grau hervorgehoben und mit einer zarten Linie unterstrichen ist. Ausnahme: Sie arbeiten mit einem Touchscreen. (Lesen Sie in diesem

Fall bitte den Kasten »Für Tablet-Nutzer: App-Symbole auf der Taskleiste einblenden«.) Mit dieser Unterstreichung kennzeichnet Windows 10 geöffnete Anwendungen. Doch dazu gleich noch mehr.

Für Tablet-Nutzer: App-Symbole auf der Taskleiste einblenden

Wann immer Sie eine Windows-Anwendung oder eine App öffnen, wird in der Taskleiste auch ein Symbol für dieses Programm ergänzt. Ausnahme: Wenn Sie mit einem Touchscreen arbeiten, finden Sie für die geöffneten Apps zunächst keinerlei Symbol in der Taskleiste. Möchten Sie hierauf aber nicht verzichten, müssen Sie eine kleine Einstellung ändern: Drücken Sie hierzu mit dem Finger so lange auf die Taskleiste, bis das Quadrat sichtbar wird. Im nun aufklappenden Kontextmenü tippen Sie auf **App-Symbole anzeigen**. Es werden sofort alle Symbole der geöffneten Apps in der Taskleiste eingeblendet. Auch die Schaltfläche des Explorers sowie des Windows Stores sind nun sichtbar.

Zuvor starten Sie das Textverarbeitungsprogramm *WordPad*, das bereits seit vielen Windows-Versionen mit an Bord ist. Für diese Windows-Anwendung steht im rechten Bereich des Startmenüs keine Kachel zur Verfügung. Der Weg zum Aufruf führt deshalb über die linke Spalte des Startmenüs.

1. Blenden Sie per Klick oder Tipp auf das Windows-Logo in der Taskleiste das Startmenü ein.

2. Wird rechts im Bereich der Kacheln keine Verknüpfung für das gewünschte Programm, im Beispiel also WordPad, angezeigt, führt Sie der Weg zum Öffnen der Anwendung über die linke Spalte. In dieser Spalte listet Windows 10 alle auf dem Computer installierten Apps und Windows-Anwendungen auf. Arbeiten Sie mit einem Touchdisplay, tippen Sie oben links auf das Symbol ☰, um die Übersicht über alle Apps zu erhalten.

Die Einträge sind alphabetisch sortiert. Da der Platz in der linken Spalte – bzw. im Falle eines Tablets der App-Übersicht – meist nicht ausreicht, um alle Einträge anzuzeigen, ist nun Blättern angesagt.

3. Bewegen Sie den Mauszeiger auf die linke Spalte, wird an ihrem rechten Rand eine Bildlaufleiste sichtbar. Positionieren Sie den Mauszeiger auf diesem Balken, und ziehen Sie ihn mit gedrückter linker Maustaste nach unten, bis links die Einträge des Buchstabens **W** sichtbar werden.

4. Wenn Sie mit einem Touchdisplay arbeiten, wischen Sie auf dem Bildschirm einfach von unten nach oben, bis Sie zum Buchstaben **W** gelangen.

Manche Anwendungen werden im Startmenü nochmals in einem Ordner zusammengefasst. In diesem Fall finden Sie rechts von einem solchen Ordner einen kleinen Pfeil ❶. Dies gilt auch für unser Beispiel WordPad, das Sie über den Ordner **Windows-Zubehör** erreichen.

5. Klicken oder tippen Sie auf den Eintrag **Windows-Zubehör**. Es klappt eine Unterliste mit weiteren Elementen auf.

6. Nutzen Sie gegebenenfalls wieder die Bildlaufleiste, um in der Liste zu blättern, oder wischen Sie entsprechend über den Bildschirm.

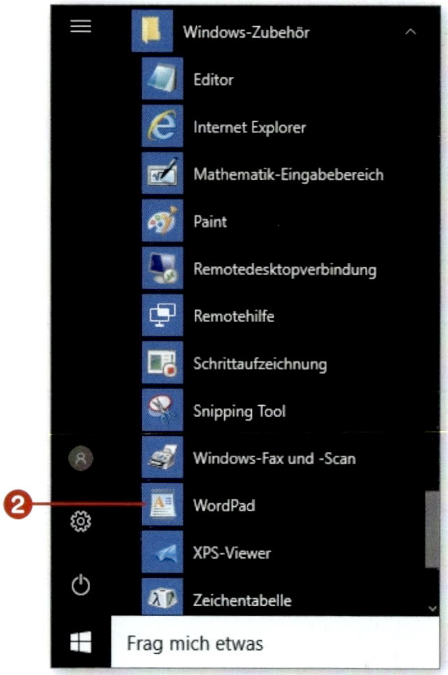

7. Wird der Eintrag **WordPad** ❷ angezeigt, klicken oder tippen Sie darauf. Das Textverarbeitungsprogramm WordPad wird nun geöffnet und das Startmenü automatisch ausgeblendet.

Das Programmfenster von WordPad überdeckt nun teilweise das Fenster der bereits geöffneten Nachrichten-App. Arbeiten Sie mit einem Tablet, wird das Textverarbeitungsprogramm sogar über den vollen Bildschirm hinweg angezeigt. Hier wird zusätzlich auch die virtuelle Tastatur eingeblendet, die Sie zunächst aber mit einem Tipp auf das Kreuz-Symbol in der rechten oberen Ecke der Tastatur ausblenden können. Nun ist auch bei einem Tablet wieder die Taskleiste zu sehen. Für WordPad finden Sie in der Taskleiste jetzt ebenfalls eine Schaltfläche ❸. Wie beim Symbol der Nachrichten-App wird an ihrem unteren Rand eine Linie angezeigt. Außerdem wird die WordPad-Schaltfläche nun leicht grau hervorgehoben. Diese graue Hervorhebung finden Sie nur bei dem Programm, das sich auf dem Bildschirm im Vordergrund befindet.

Blitzschnell in der »Alle Apps«-Liste blättern

Das Blättern in der Liste aller installierten Anwendungen kann durchaus lästig sein, wenn man sich bis zu einem Buchstaben vorarbeiten muss, der sich weit hinten im Alphabet befindet. Wer sich dieses Blättern sparen möchte, klickt oder tippt in der Liste auf einen beliebigen Buchstaben, etwa **A**. Es wird nun lediglich das Alphabet eingeblendet. Wählen Sie mit einem Klick oder Tipp den gewünschten Buchstaben aus, etwa **W**, und schon sehen Sie alle Anwendungen, die mit diesem Buchstaben beginnen.

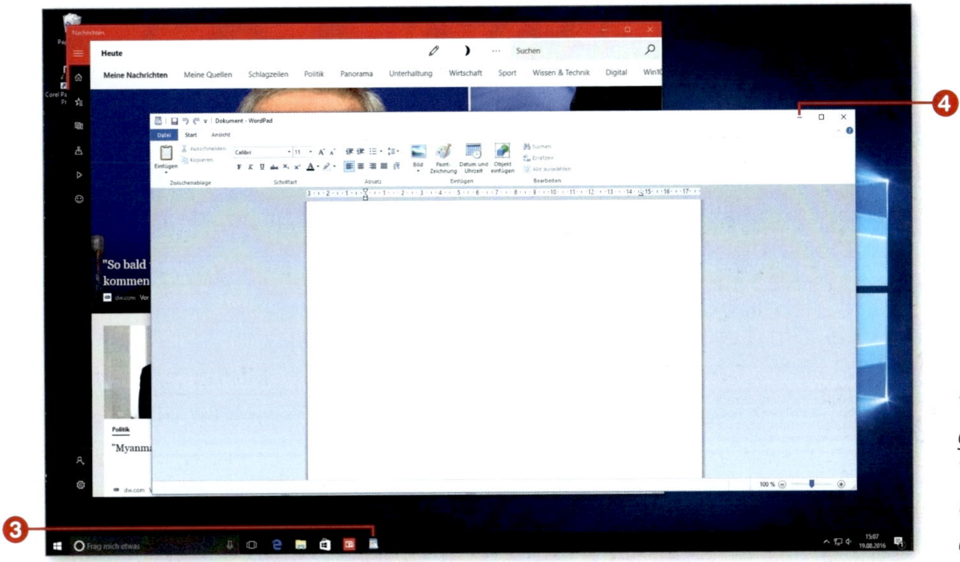

Geöffnete Programme sind in der Taskleiste an der Unterstreichung erkennbar.

Unsere folgende kleine Tour durch die Taskleiste bietet Ihnen die Möglichkeit, sich etwas besser mit ihr vertraut zu machen. Die Schritte 2 bis 4 gelten dabei nur für Desktop-PCs und Notebooks.

1. Klicken oder tippen Sie im geöffneten WordPad-Fenster auf das Symbol **Minimieren** ❹ in der rechten oberen Fensterecke, wird das WordPad-Fenster ausgeblendet.

2. Das Fenster der Nachrichten-App ist nun wieder ganz zu sehen. Die WordPad-Schaltfläche in der Taskleiste (❺ auf Seite 52) bleibt bestehen. Bewegen Sie den Mauszeiger auf diese Schaltfläche, sehen Sie eine kleine Miniaturvorschau des WordPad-Fensters.

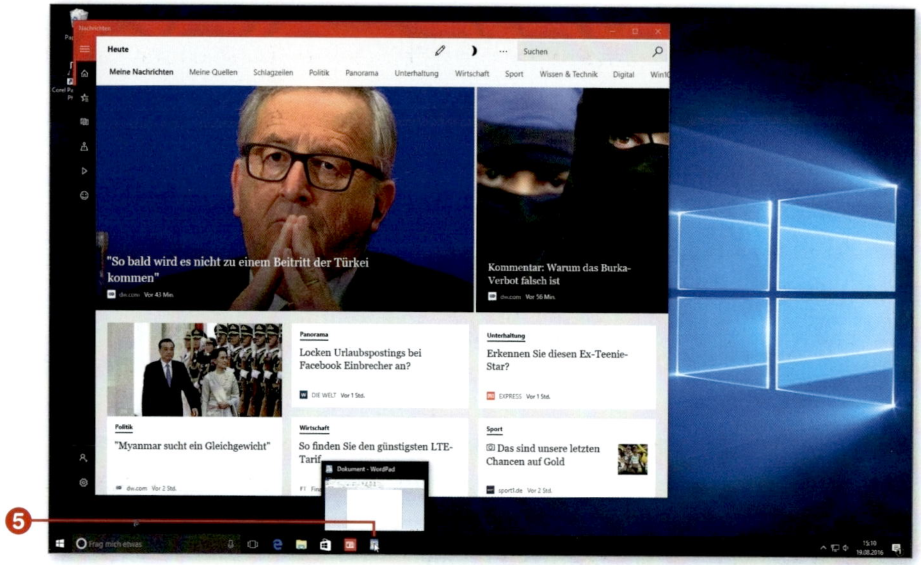

3. Positionieren Sie den Mauszeiger auf dieser Vorschau, wird zusätzlich das Programmfenster wieder in der ursprünglichen Größe eingeblendet. In der Miniaturvorschau selbst erscheint in der rechten oberen Ecke das Schließen-Symbol ❻, über das Sie WordPad jetzt auch beenden könnten. An dieser Stelle verzichten wir aber darauf.

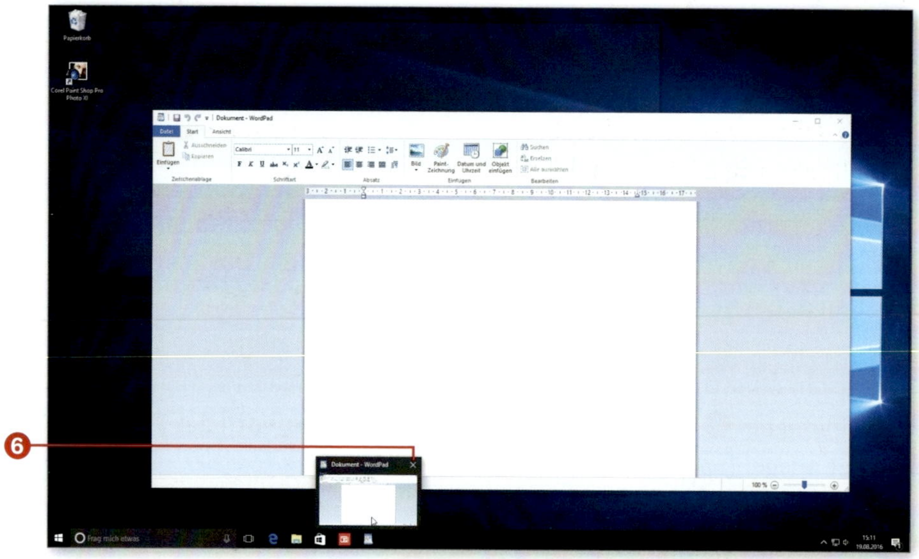

4. Ziehen Sie den Mauszeiger nun in der Taskleiste über die Schaltfläche für den Explorer, wird – vorausgesetzt, Sie haben das Programm

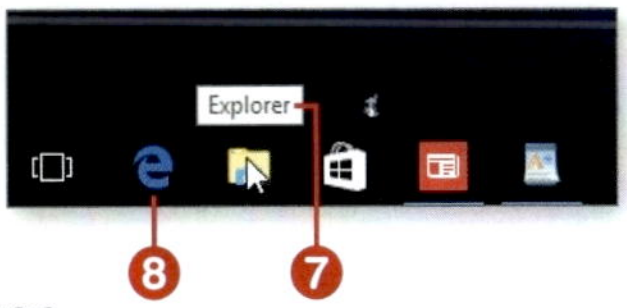

noch nicht geöffnet – lediglich der Programmname in einer sogenannten *QuickInfo* ❼ angezeigt. Das Gleiche gilt für *Microsoft Edge* ❽.

5. Soll wieder das WordPad-Programmfenster auf dem Desktop angezeigt werden, reicht ein Klick oder das Tippen auf die entsprechende Schaltfläche in der Taskleiste.

6. Öffnen Sie per Klick oder Tipp auf die entsprechende Schaltfläche den Explorer. Auch diese Schaltfläche wird in der Taskleiste nun hellgrau hinterlegt.

7. Per Mausklick bzw. Fingertipp auf die drei Schaltflächen von WordPad, Nachrichten-App und Explorer können Sie nun blitzschnell zwischen den geöffneten Anwendungen wechseln und jeweils das gewünschte Programmfenster in den Vordergrund holen.

Wie Sie an diesem kleinen Beispiel gesehen haben, können Sie mithilfe der Taskleiste nicht nur schnell Programme aufrufen, sondern auch alle geöffneten Anwendungen gut im Blick behalten.

Am Ende dieses Abschnitts werde ich Ihnen nun noch zeigen, wie Sie die Nachrichten-App sowie die beiden Windows-Anwendungen wieder beenden. Für das Schließen der geöffneten Anwendungsfenster stehen Ihnen verschiedene Möglichkeiten zur Auswahl:

- Am schnellsten schließen Sie ein Fenster per Klick oder Tipp auf das Schließen-Symbol ☒ in der rechten oberen Ecke.

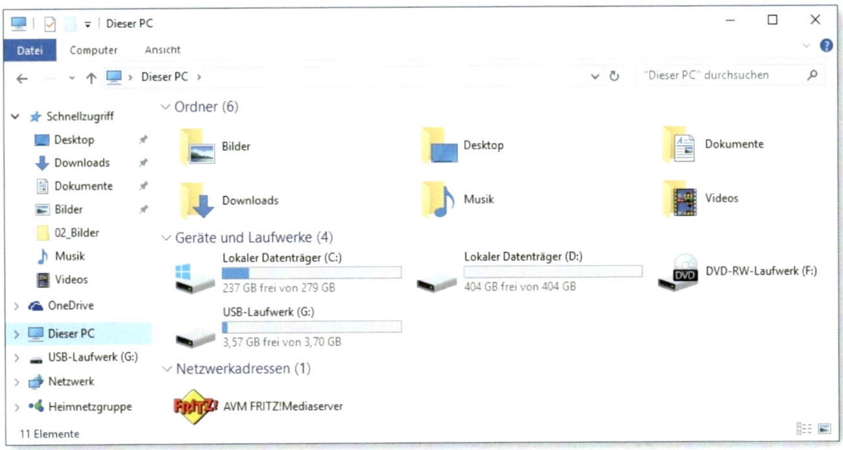

- Die zweite Möglichkeit besteht darin, eine Anwendung über das Vorschaufenster zu schließen.

  Bewegen Sie hierzu den Mauszeiger auf das Symbol der geöffneten Anwendung in der Taskleiste. Sobald die Miniaturvorschau eingeblendet wird, ziehen Sie den Mauszeiger auf diese Vorschau. Über das nun sichtbare Kreuz-Symbol in der rechten oberen Ecke der Vorschau schließen Sie das Fenster der Anwendung.

- Für Tablets steht die vorherige Möglichkeit nicht zur Verfügung. Hinzu kommt, dass Sie zwar im Programmfenster einer Windows-Anwendung, im Beispiel also WordPad, die Schließen-Schaltfläche vorfinden, nicht aber bei einer App wie der Nachrichten-App, wo diese Schaltfläche fehlt. Um auch diese App zu schließen, positionieren Sie den Finger am oberen Bildschirmrand. Ziehen Sie ihn dann nach unten bis zum unteren Bildschirmrand. Ist die App nur noch zur Hälfte sichtbar, nehmen Sie den Finger vom Bildschirm. Die App wird nun geschlossen. Unter Windows 8.1 ließ sich diese Bewegung übrigens noch mit der Maus nachvollziehen. Unter Windows 10 funktioniert dies nicht mehr. Hier verschieben Sie durch die Mausbewegung nur das Fenster der App Richtung unteren Bildschirmrand.

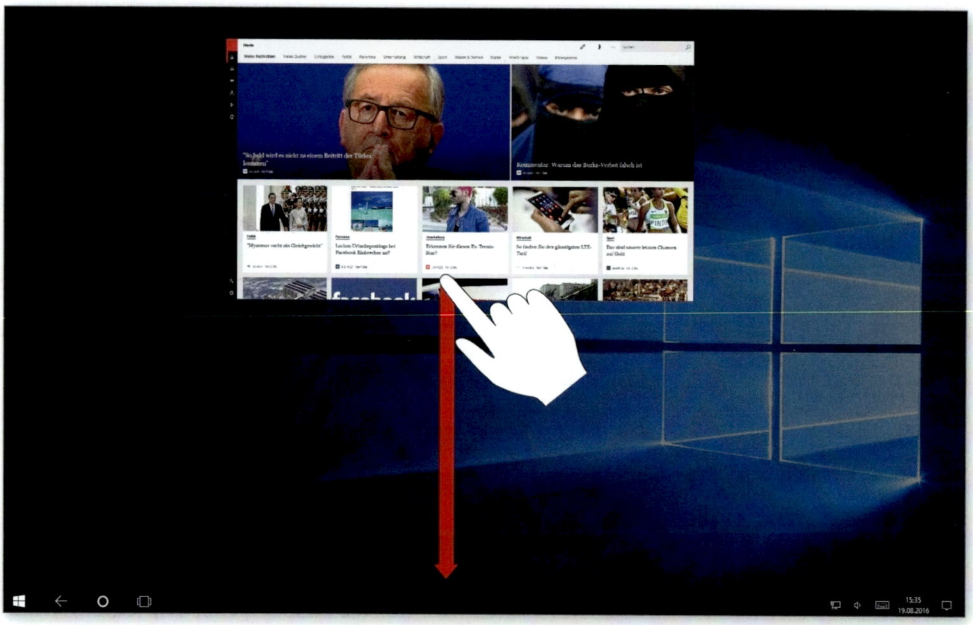

Übersicht über geöffnete Anwendungen einblenden

Speziell bei einem Tablet verliert man schnell den Überblick, welche Anwendungen gerade geöffnet sind. Klicken oder tippen Sie in der Taskleiste auf das Symbol, wird eine Übersicht über alle geöffneten Anwendungsfenster eingeblendet. Arbeiten Sie mit einem Touchdisplay, sehen Sie in der rechten oberen Ecke einer jeden Vorschau die bereits bekannte Schließen-Schaltfläche ✕. Bei einem Desktop-PC oder Notebook wird diese erst eingeblendet, wenn Sie den Mauszeiger auf eine der Vorschauen positionieren. Per Klick oder Tipp auf das Symbol ✕ können Sie die Anwendung nun schließen. Klicken oder tippen Sie dagegen auf die Vorschau selbst, wird das entsprechende Anwendungsfenster in den Vordergrund geholt, und Sie können mit der App oder der Windows-Anwendung arbeiten. Die Schaltfläche wird Ihnen nochmals im Zusammenhang mit den virtuellen Desktops im Abschnitt »Eins, zwei, drei – wie viel Desktop darf es sein?« ab Seite 95 begegnen.

Verknüpfungen zu Programmen und Ordnern anlegen

Egal, mit welcher App oder welchem Programm Sie auch gerade arbeiten mögen, das Startmenü ist von überallher blitzschnell erreichbar. Sie müssen nur die Taste drücken oder auf das Windows-Logo in der Taskleiste klicken bzw. tippen, schon klappt das Startmenü auf. Damit bietet das Startmenü mit seinen Einträgen und Kacheln einen komfortablen Zugriff auf Apps und Windows-Anwendungen. Aber auch der Desktop mit seiner großen Oberfläche bietet viel Platz für Verknüpfungen zu Programmen und Ordnern. Als Nächstes zeige ich Ihnen, wie Sie häufig genutzte Programme und Ordner an das Startmenü heften oder alternativ eine Verknüpfung auf dem Desktop einrichten. Beginnen werde ich mit der Desktop-Oberfläche. Die Anleitungen zur Desktop-Oberfläche stehen allerdings wieder nur Nutzern von Desktop-PCs und Notebooks zur Verfügung. Wer sie auch auf seinem Tablet anwenden möchte, muss zuvor den Tabletmodus deaktivieren, wie im Kasten »Die Besonderheiten des Tablets« auf Seite 35 gezeigt.

Windows 10 legt per Standardeinstellung lediglich das Symbol für den Papierkorb auf dem Desktop ab. Unter Windows XP gab es noch ein weiteres sinnvolles Symbol auf dem Desktop: den *Arbeitsplatz*. Per Doppelklick oder zweimaligen Fingertipp auf dieses Symbol erhielt der Anwender eine Übersicht über alle Laufwerke, Ordner und Dateien seines Computers. Unter Windows Vista wurde der Arbeitsplatz in *Computer* umbenannt, seit Windows 8.1 nennt er sich *Dieser PC*. Wer sich das zugehörige Symbol auf den Desktop zurückholen möchte, geht folgendermaßen vor:

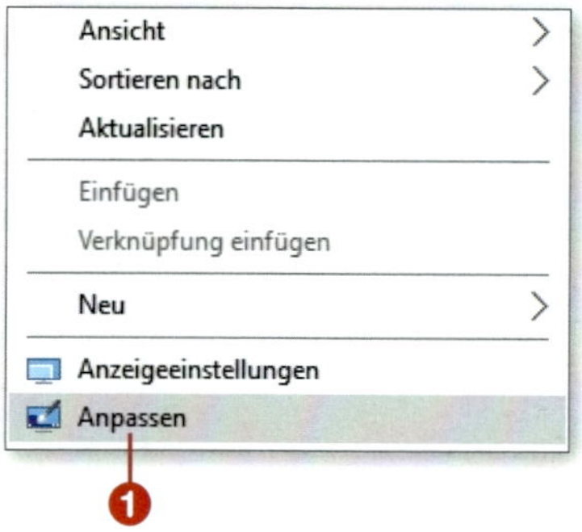

1. Klicken Sie mit der rechten Maustaste auf eine freie Fläche auf dem Desktop-Hintergrund. Frei bedeutet lediglich, dass sich an dieser Stelle kein Desktop-Symbol oder geöffnete Anwendung befinden sollte. Wählen Sie im aufklappenden Kontextmenü **Anpassen** ❶ aus. Um auf einem Touchscreen das Kontextmenü zu öffnen, halten Sie den Finger einen Moment auf dem Desktop-Hintergrund gedrückt, bis ein Quadrat eingeblendet wird.

2. Es wird der Dialog **Einstellungen** mit der Kategorie **Personalisierung** geöffnet. Klicken oder tippen Sie in der linken Spalte des Dialogs auf **Designs** und in der rechten Spalte anschließend auf **Desktopsymboleinstellungen** ❷.

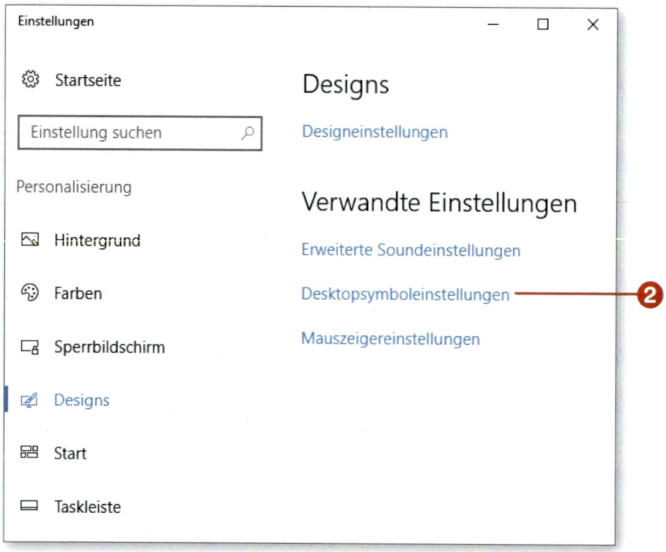

3. Im nächsten Dialog ist im Bereich **Desktopsymbole** der Papierkorb mit einem Häkchen ❸ versehen. Per Mausklick oder Tippen in das jeweilige Kontrollkästchen vor einem Element, etwa **Computer** oder auch **Benutzerdateien**, geben Sie vor, welche weiteren Symbole auf dem Desktop eingeblendet werden sollen. Wählen Sie hier nun **Computer** aus, um das Symbol **Dieser PC** ❹ auf dem Desktop anzuzeigen.

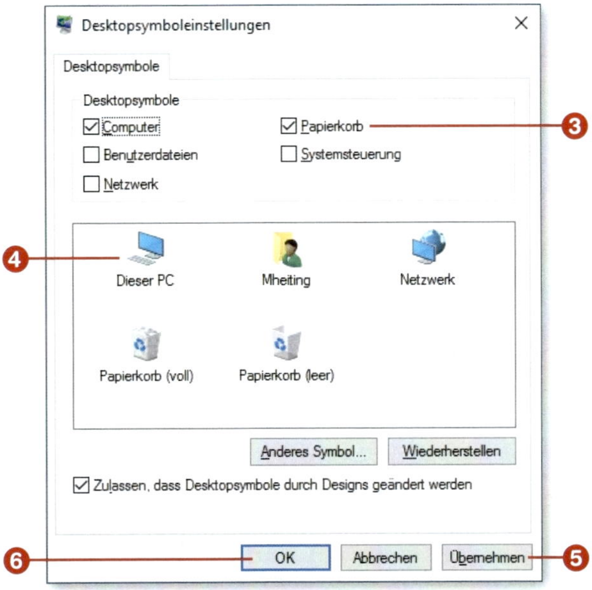

4. Bestätigen Sie Ihre Einstellungen mit **Übernehmen** ❺, und schließen Sie den Dialog mit **OK** ❻.

Standard-Desktop-Symbole und ihre Bedeutung

In Windows 10 lassen sich insgesamt fünf Standard-Desktop-Symbole hinzufügen: **Papierkorb**, **Computer** (sprich **Dieser PC**), **Benutzerdateien**, **Netzwerk** und **Systemsteuerung**. Die Systemsteuerung ist eine der Schaltzentralen zum Einrichten Ihres Computers. Über sie werden Programme deinstalliert, Sie behalten die Sicherheit Ihres Computers im Auge und vieles mehr. Aktivieren Sie **Netzwerk**, erhalten Sie nach einem Doppelklick oder per zweimaligen Fingertipp auf das Symbol eine Übersicht über alle im Netzwerk verfügbaren Computer und Geräte. Die Verknüpfung **Benutzerdateien** führt Sie direkt zu Ihren persönlichen Bibliotheken.

Auf der Desktop-Oberfläche erscheint nun das Symbol **Dieser PC**. Mit einem Doppelklick oder durch schnelles zweimaliges Tippen auf dieses neu hinzugefügte Desktop-Symbol wird der Explorer mit einer Übersicht über alle auf dem Computer verfügbaren Laufwerke, Ordner und mehr geöffnet. Weitere Informationen zum Explorer erhalten Sie in Kapitel 6, »Der Explorer – mit Dateien und Ordnern umgehen«.

Ähnlich wie gerade für den Desktop gezeigt, können Sie auch im Startmenü die Einträge so anordnen, dass Sie wichtige Einstellungen, Programme oder Ordner mit nur einem Mausklick oder Fingertipp erreichen. Per Standardeinstellung ist dies nicht immer so. Bis Windows 7 war es beispielsweise möglich, die Ordner *Dokumente*, *Bilder* oder auch *Musik* direkt über das Startmenü aufzurufen. Unter Windows 10 müssen Sie zunächst den Explorer starten und von dort dann die gewünschten Ordner öffnen. Weitaus schneller geht es, wenn Sie sich diese Ordner wieder im Startmenü direkt anzeigen lassen. Die entsprechende Einstellung nehmen Sie wiederum im Dialog **Einstellungen ▸ Personalisierung** vor.

1. Rufen Sie den Dialog wie zuvor gezeigt per Rechtsklick auf die Desktop-Oberfläche und Klick auf **Anpassen** auf.

2. Klicken oder tippen Sie in der linken Spalte auf **Start** ❶.

In der rechten Spalte legen Sie nun fest, welche Elemente im Startmenü eingeblendet werden sollen. Per Standardeinstellung zeigt Windows 10 Vorschläge für interessante Apps, häufig verwendete sowie zuletzt hinzugefügte Apps an. Ob dies weiterhin gelten soll, bestimmen Sie selbst:

3. Wenn Sie beispielsweise keine Werbung für in Microsofts Augen interessante Apps erhalten möchten, schieben Sie den Schieberegler unter **Gelegentlich Vorschläge im Menü „Start" anzeigen** mit gedrückter linker Maustaste oder per Finger nach links auf **Aus** ❷.

4. Analog deaktivieren Sie, wenn Sie möchten, die Anzeige von **Meistverwendete Apps anzeigen** ❸ sowie **Zuletzt hinzugefügte Apps anzeigen** ❹. Auch hier ziehen Sie die Schieberegler entsprechend nach links. Wenn Sie sich die Elemente weiterhin anzeigen lassen möchten, behalten Sie die Voreinstellung auf **Ein** bei.

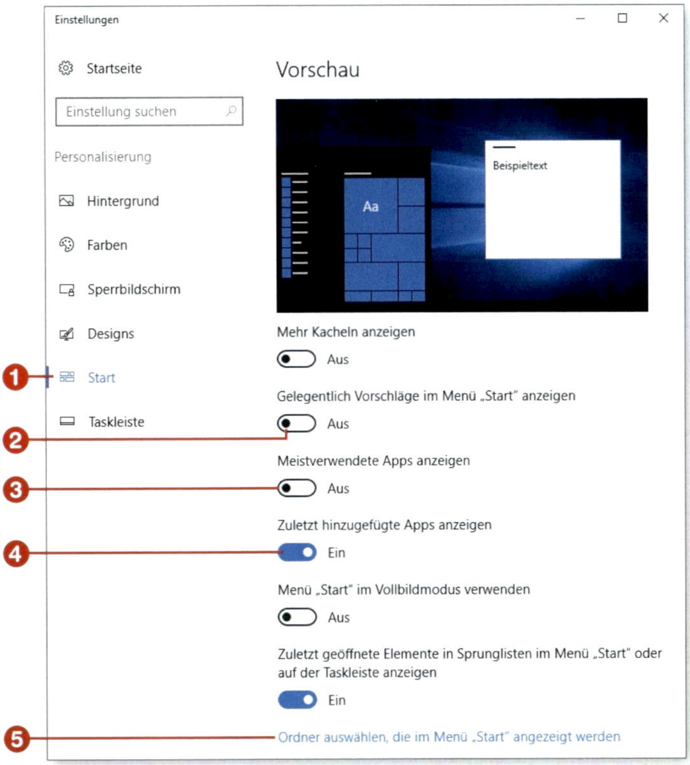

Die deaktivierten Elemente erscheinen nun nicht mehr im Startmenü. Als Nächstes legen Sie fest, dass Einträge wie der Ordner **Dokumente** direkt nach Aufruf des Startmenüs über das Windows-Logo angezeigt werden:

5. Klicken oder tippen Sie auf **Ordner auswählen, die im Menü „Start" angezeigt werden** ❺.

6. In der Liste, die Sie nun zu sehen bekommen, ist der Regler unterhalb von **Einstellungen** (❻ auf Seite 60) bereits rechts auf **Ein** gestellt. Bei einigen Computern gilt dies auch für den Regler des Datei-Explorers, kurz nur Explorer genannt ❼. Die aktivierten Einträge sind beim Aufruf des Startmenüs also sofort erreichbar.

7. Um auch wichtige Ordner wie **Dokumente**, **Bilder** und **Musik** ❽ auf der ersten Ebene des Startmenüs zu verankern, schieben Sie jeweils den Regler nach rechts auf **Ein**.

8. Haben Sie alle gewünschten Elemente aktiviert, schließen Sie den Dialog mit einem Klick auf das Symbol ☒ ❾ oben rechts.

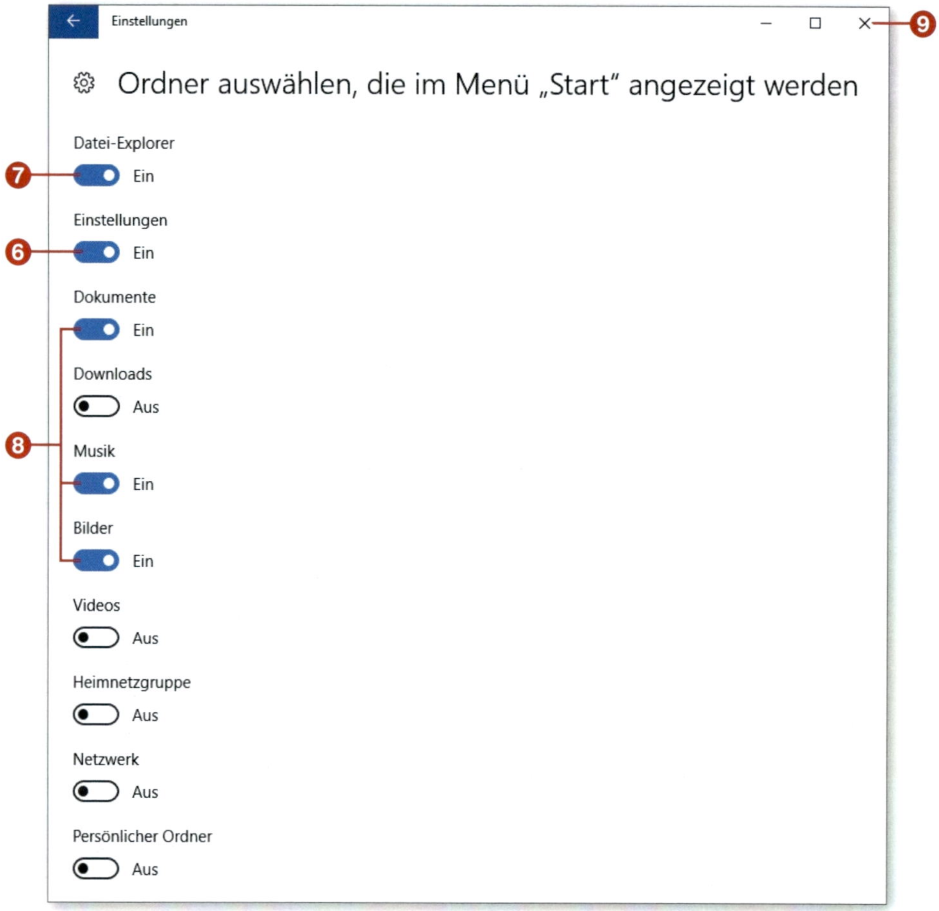

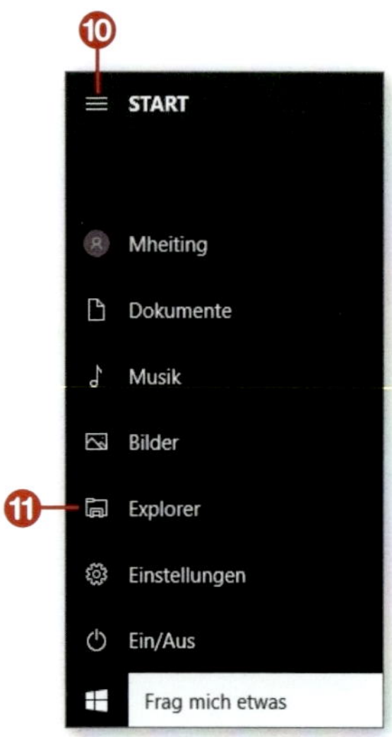

9. Rufen Sie nun das Startmenü per Klick oder Tipp auf das Windows-Logo auf, finden Sie im unteren Bereich alle gerade aus der Liste hinzugefügten Elemente. Klicken oder tippen Sie oben links auf das Symbol ❿, werden zusätzlich die Beschriftungen der Elemente angezeigt. Ein Klick auf den gewünschten Eintrag, etwa **Einstellungen** oder **Explorer** ⓫, reicht, und schon wird der entsprechende Dialog aufgerufen.

Was für Ordner und Einstellungen möglich ist, gilt natürlich auch für Windows-Anwendungen und Apps: Auch diese lassen sich im Startmenü verankern oder mit einem entsprechenden Symbol auf der Desktop-Oberfläche verknüpfen. Für einige Programme gibt es bereits entsprechende Kacheln im Startmenü bzw. Symbole auf der Desktop-Oberfläche. Fehlt hier eine Anwendung, die Sie gerne nutzen, lässt sich das schnell nachrüsten.

Schnellzugriffsmenü aufrufen

Wie bereits unter Windows 8.1 gibt es auch in Windows 10 ein *Schnellzugriffsmenü*, über das Sie blitzschnell wichtige Befehle erreichen. Zum Aufruf klicken Sie einfach mit der rechten Maustaste auf das Windows-Logo am linken Rand der Taskleiste. Alternativ zur Mausbenutzung können Sie auch die Tastenkombination + X drücken. Beim Touchscreen halten Sie den Finger etwas länger auf dem Windows-Logo gedrückt.

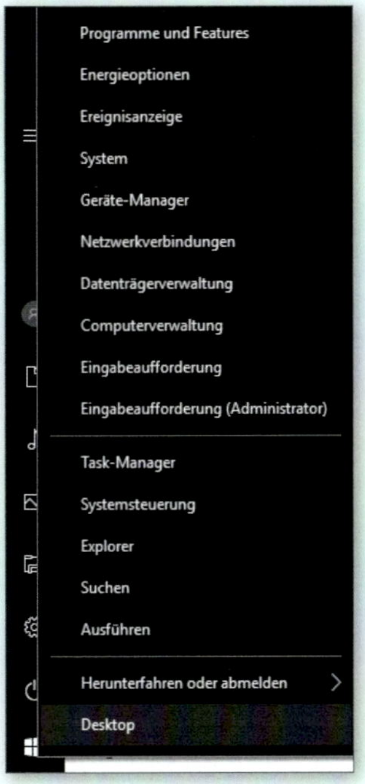

Es klappt nun das Schnellzugriffsmenü auf, das vor allem für Profianwender wichtige Befehle enthält. Mit einem Klick oder Tipp auf **System** werden Ihnen beispielsweise alle Basisinformationen über den Computer angezeigt. Auch die Funktionen **Task-Manager**, **Eingabeaufforderung** (sogar mit Administratorrechten) und **Systemsteuerung** sind in diesem »kleinen Startmenü« zu finden, ebenso ist der Befehl **Herunterfahren oder abmelden** im Menü integriert. Bewegen Sie den Mauszeiger auf den Befehl oder tippen ihn an, klappt ein Untermenü auf, in dem Sie alle wichtigen Befehle zum Ausschalten (sprich **Herunterfahren**), **Neu starten** oder auch **Abmelden** finden.

Am Beispiel des Textverarbeitungsprogramms WordPad zeige ich Ihnen zunächst, wie Sie in der rechten Hälfte des Startmenüs eine Kachel für die Windows-Anwendung anheften. Einen Weg, wie Sie das Programm aufrufen (nämlich über **Start ▸ Windows-Zubehör ▸ WordApp**), haben Sie bereits im vorherigen Abschnitt kennengelernt. Ich werde deshalb an dieser Stelle die Gelegenheit ergreifen und Ihnen das Suchfeld von Windows 10 vorstellen.

1. Klicken Sie in der Taskleiste in das Suchfeld (1 auf Seite 62). Nutzen Sie ein Tablet, blenden Sie das Suchfeld mit einem Tipp auf das Symbol in der Taskleiste ein.

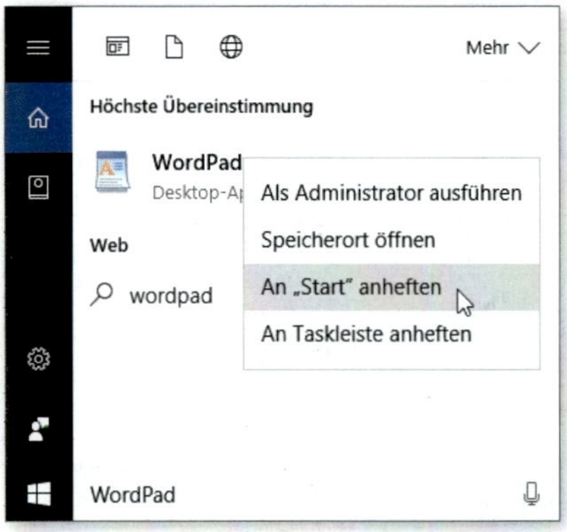

2. Lassen Sie sich von dem aufklappenden Dialog zu Cortana nicht irritieren, sondern geben Sie den Suchbegriff, hier »WordPad«, direkt in das Suchfeld ein. Bereits nach den ersten Buchstaben wird in der Liste der Suchergebnisse, die nun oberhalb des Suchfeldes eingeblendet wird, das gesuchte Programm angezeigt.

3. Sobald der Programmname **WordPad** eingeblendet wird, klicken Sie mit der rechten Maustaste darauf. Bei einem Touchscreen halten Sie den Finger etwas länger auf dem Suchergebnis gedrückt. Im aufklappenden Kontextmenü klicken Sie auf **An „Start" anheften**.

4. Sobald Sie den Befehl ausgewählt haben, wird im Startmenü eine Kachel für WordPad ergänzt.

Programmstart statt Kontextmenü

Wenn Sie zwischen den Schritten 2 und 3 (siehe oben) nach Eingabe des Suchbegriffs versehentlich ↵ gedrückt oder – bei der Bildschirmtastatur – auf **Eingabe** getippt haben, wird automatisch die entsprechende Anwendung – hier also WordPad – gestartet. In diesem Fall beenden Sie das Programm über die **Schließen**-Schaltfläche in der rechten oberen Ecke des Programmfensters und wiederholen die Schritte 1 bis 3.

Windows 10 hat einige interessante Apps an Bord. So können Sie beispielsweise mit der *Mail*-App E-Mails empfangen und versenden, mit der *Fotos*-App Ihre Bildersammlung organisieren und sich mit der *Nachrichten*-App über die neuesten Nachrichten in der Welt informieren. Für die aufgezählten Apps finden Sie jeweils eine Kachel in der rechten Spalte des Startmenüs. Dies gilt aber nicht für alle Apps, die in Windows 10 bereits installiert sind. Die Apps, die noch nicht auf der Startseite des Startmenüs zu finden sind, erreichen Sie im Startmenü über die Liste aller installierten Apps. Am Beispiel der Wecker-App *Alarm & Uhr* zeige ich Ihnen, wie Sie auch für die etwas versteckten Apps eine Kachel im Startmenü anlegen.

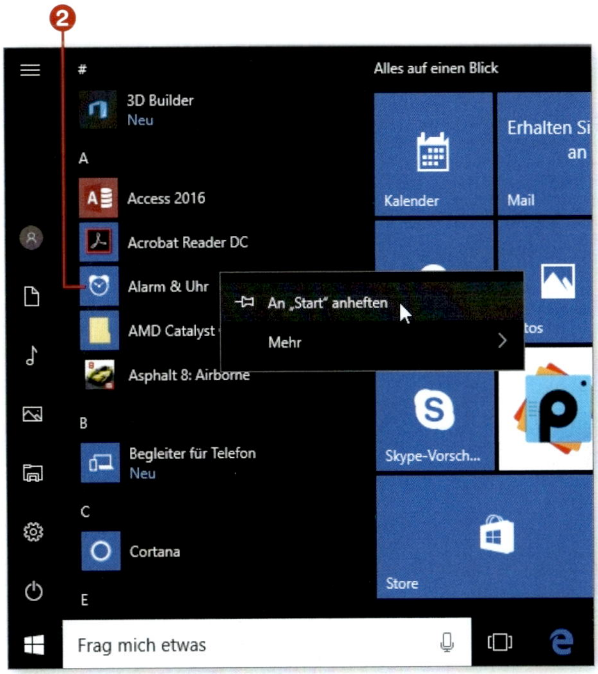

1. Rufen Sie das Startmenü per Klick oder Tipp auf das Windows-Logo auf. Arbeiten Sie mit einem Touchdisplay, tippen Sie auf das Symbol ☰.

2. Klicken Sie mit der rechten Maustaste auf den Eintrag der **Alarm & Uhr**-App ❷. Im aufklappenden Kontextmenü wählen Sie den Befehl **An „Start" anheften**.

Diese zwei Schritte reichen, und schon wird die Kachel der Wecker-App auf der Startseite des Startmenüs angezeigt. Das funktioniert natürlich nicht nur mit Apps, sondern auch mit Programmen, die Sie auf Ihrem Computer installieren. Alle neu hinzugefügten Kacheln werden in Windows 10 übrigens rechts neben oder auch unterhalb der vorhandenen Kacheln ergänzt.

Verzeichnisse an das Startmenü anheften

Neben Programmen lassen sich auch häufig genutzte Verzeichnisse, also Ordner, mit dem Startmenü verknüpfen. Normalerweise führt hier der Weg zum Öffnen über den Explorer, den Sie über die entsprechende Schaltfläche in der Taskleiste starten. Um für einen Ordner eine Kachel im Startmenü anzulegen, klicken Sie im Explorer mit der rechten Maustaste auf das gewünschte Verzeichnis. Nutzen Sie ein Touchdisplay, halten Sie den Finger etwas länger auf das Ordnersymbol gedrückt, bis das Quadrat eingeblendet wird. Im Kontextmenü, das nun aufklappt, finden Sie wieder den Befehl **An „Start" anheften**. Ein Klick oder Tipp hierauf reicht, und schon finden Sie im Startmenü eine entsprechende Kachel. Den Explorer stelle ich Ihnen ausführlich in Kapitel 6, »Der Explorer – mit Dateien und Ordnern umgehen«, vor.

Statt im Startmenü eine Kachel als Verknüpfung zu einer Windows-Anwendung anzulegen, können Sie eine solche Verknüpfung selbstverständlich auch auf dem Desktop einrichten. Bei vielen Programmen geschieht dies sowieso automatisch während der Installation, aber eine Verknüpfung lässt sich auch im Nachhinein noch einrichten.

In unserem Beispiel werden Sie eine Verknüpfung zum beliebten Programm *Windows Media Player*, das zum Abspielen von Musiktiteln dient, auf dem Desktop anlegen (mehr zum Windows Media Player erfahren Sie in Kapitel 7, »Fotos, Videos und Musik«). Die folgenden Schritte richten sich wieder an Nutzer von Desktop-PCs und Notebooks. Bei einem Tablet muss zuvor der Tabletmodus deaktiviert werden, wenn ein Zugriff auf die Desktop-Oberfläche erwünscht ist.

1. Rufen Sie das Startmenü per Klick oder Tipp auf das Windows-Logo in der Taskleiste auf.

2. Blättern Sie in der linken Spalte mit der Liste aller installierten Anwendungen nach unten bis zur gewünschten Windows-Anwendung, hier also bis zum **Windows Media Player**. Auf manchen Computern wird das Programm erst nach einem Klick auf **Windows-Zubehör** angezeigt.

3. Klicken Sie mit der rechten Maustaste auf das Symbol des Windows Media Players, wird ein Kontextmenü eingeblendet. Nutzen Sie einen Touchscreen, drücken Sie mit dem Finger etwas länger auf das Symbol. Klicken Sie im Kontextmenü auf **Mehr ▸ Speicherort öffnen** ❶.

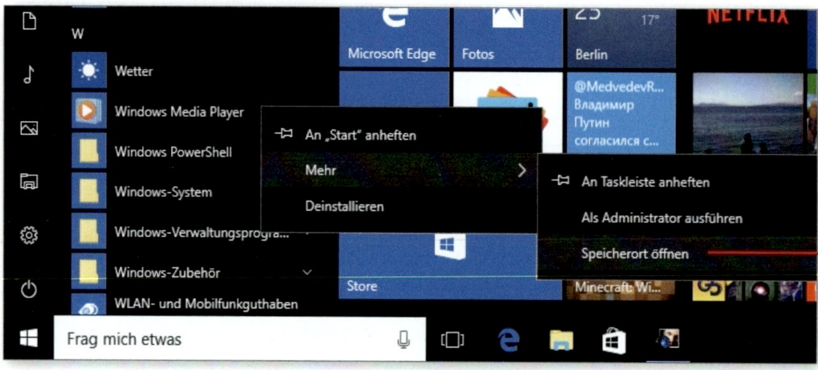

4. Das Programmfenster des Explorers wird wieder eingeblendet. In der rechten Fensterhälfte ist der Eintrag **Windows Media Player** ❷ bereits farbig markiert. Klicken Sie mit der rechten Maustaste darauf. Falls Sie einen Touchscreen nutzen, halten Sie den Finger wieder etwas länger auf dem Eintrag, bis das Quadrat erscheint.

5. Im Kontextmenü wählen Sie nacheinander die Befehle **Senden an** und dann **Desktop (Verknüpfung erstellen)** ❸ aus.

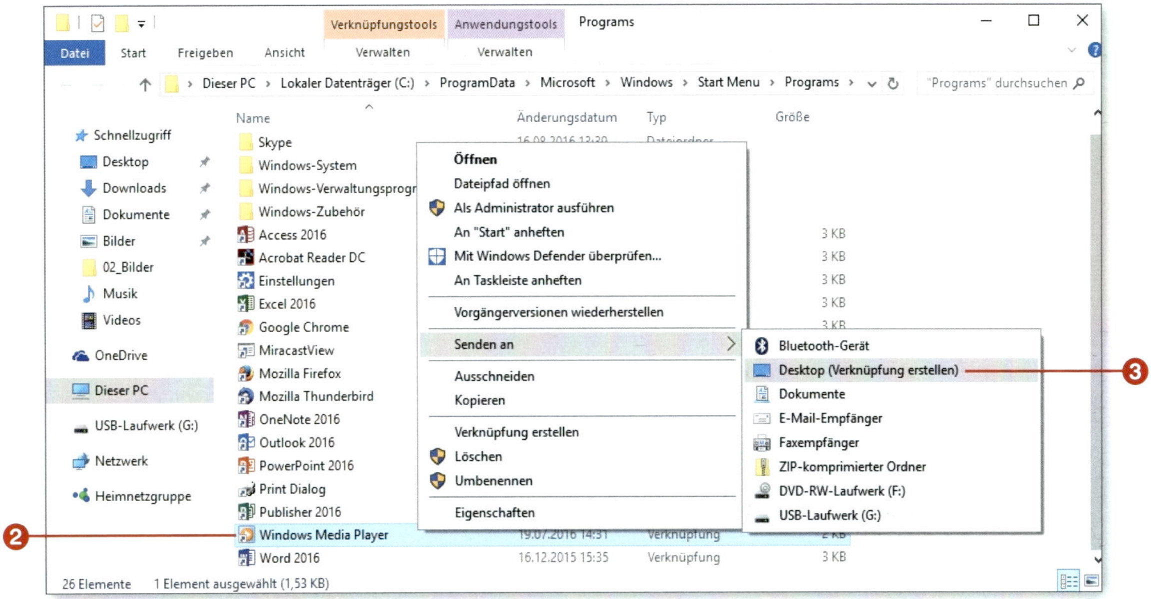

Auf dem Desktop erscheint nun das Symbol für den Windows Media Player. Auf die gleiche Weise können Sie weitere Windows-Anwendungen mit dem Desktop verknüpfen. Der Befehl **Dateipfad öffnen** steht allerdings nur für Windows-Anwendungen zur Verfügung.

Windows-Anwendung suchen

Statt wie hier beschrieben vorzugehen, können Sie die gewünschte Windows-Anwendung natürlich auch über das Suchfeld in der Taskleiste auswählen, wie zuvor auf Seite 61 für das Textverarbeitungsprogramm WordPad gezeigt.

Selbstverständlich können Sie auch eine Verknüpfung zu einem ganz bestimmten Ordner oder auch einer Datei, die Sie immer wieder benötigen, auf dem Desktop anlegen. In unserem Beispiel wollen wir ein Desktop-Symbol für den Ordner *Bilder* auf dem Desktop einrichten. In diesem Verzeichnis werden beispielsweise alle Fotos, die Sie von Ihrer Digitalkamera auf den PC überspielen, abgelegt (siehe dazu auch Kapitel 7, »Fotos, Videos und Musik«).

1. Sollten Sie den Explorer in der Zwischenzeit geschlossen haben, rufen Sie ihn beispielsweise per Mausklick oder durch Tippen auf das Ordnersymbol in der Taskleiste auf.

2. Markieren Sie in der linken Spalte, falls noch nicht geschehen, den Eintrag **Dieser PC** ❶. Klicken Sie mit der rechten Maustaste auf **Bilder** ❷. Auf einem Touchscreen tippen Sie auf **Bilder** und halten den Finger so lange auf dem Eintrag, bis ein Quadrat eingeblendet wird.

3. Sowohl bei der Mausnutzung als auch bei der Fingergeste wird nun ein Kontextmenü eingeblendet, in dem Sie wieder **Senden an** auswählen und anschließend **Desktop (Verknüpfung erstellen)**.

4. Möchten Sie keine weiteren Verknüpfungen auf dem Desktop anlegen, schließen Sie den Explorer mit einem Klick oder durch Tippen auf das Schließen-Symbol ✕ des Programmfensters oben rechts.

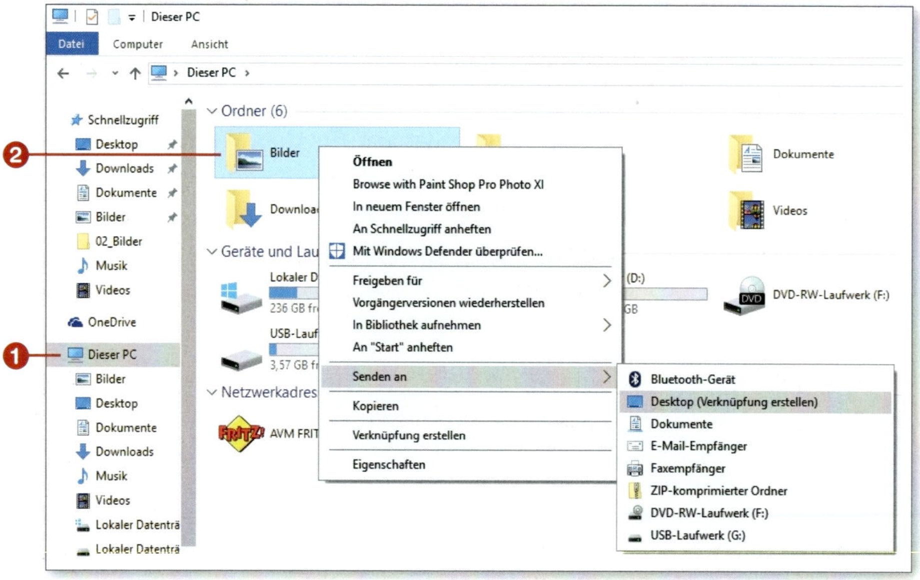

Diese wenigen Schritte reichen bereits aus, um eine Verknüpfung zum gewünschten Ordner auf dem Desktop zu erstellen. Analog können Sie auch Verknüpfungen zu einzelnen Dateien oder Laufwerken anlegen.

Alle Desktop-Symbole können Sie übrigens ganz nach Belieben anordnen. Bewegen Sie hierzu einfach den Mauszeiger auf das betreffende Symbol, und ziehen Sie es mit gedrückter linker Maustaste an die neue

Position. Bei einem Touchscreen verschieben Sie das Element einfach mit dem Finger.

Verknüpfung umbenennen

Unterhalb des Desktop-Symbols erscheint im Falle eines Ordners der Zusatz **Verknüpfung**. Möchten Sie diesen umbenennen, klicken Sie mit der rechten Maustaste darauf bzw. halten den Finger etwas länger auf dem Desktop-Symbol. Wählen Sie im Kontextmenü, das sich dann öffnet, den Befehl **Umbenennen**. Der Text wird blau markiert, und Sie können ihn überschreiben. Durch Drücken der Taste [↵] übernehmen Sie den neuen Namen.

Starrsinnige Desktop-Symbole

Die Desktop-Symbole zeigen sich hartnäckig und springen immer wieder zur alten Position zurück? In diesem Fall müssen Sie nur eine Einstellung ändern: Klicken Sie mit der rechten Maustaste auf eine freie Fläche auf dem Desktop. Bewegen Sie dann den Mauszeiger im Kontextmenü auf **Ansicht**. Ist der Befehl **Symbole automatisch anordnen** mit einem Häkchen versehen, lassen sich die Desktop-Symbole nicht individuell verschieben. Klicken Sie auf den Befehl, um das Häkchen davor zu entfernen und die Funktion entsprechend zu deaktivieren. Nun können Sie die Elemente frei auf dem Desktop positionieren.

Nicht mehr benötigte Desktop-Symbole sind übrigens genauso schnell entfernt, wie Sie sie eingerichtet haben. Gehen Sie dazu wie folgt vor:

1. Klicken Sie mit der rechten Maustaste auf das zu löschende Symbol. Wenn Sie mit einem Touchscreen arbeiten, halten Sie den Finger etwas länger auf dem Symbol, bis das Quadrat eingeblendet wird.

2. Klicken oder tippen Sie im Kontextmenü auf **Löschen**, und schon ist das Desktop-Symbol vom Desktop verschwunden.

Das Startmenü anpassen

Arbeiten Sie mit einem Tablet, wird das Startmenü im Normalfall über den gesamten Bildschirm hinweg angezeigt. Bei einem Desktop-PC oder Notebook ist dies nicht der Fall. Hier nutzt das Startmenü lediglich einen Bruchteil der Bildschirmfläche aus. Wem das Startmenü zu klein ist, der kann es beliebig vergrößern.

1. Öffnen Sie das Startmenü per Klick auf das Windows-Logo ❶ in der Taskleiste.

2. Bewegen Sie den Mauszeiger auf den oberen Rand des Startmenüs. Sobald er die Form eines kleinen weißen Doppelpfeils ❷ annimmt, können Sie den Rand des Startmenüs mit gedrückter linker Maustaste verschieben.

3. Ist die gewünschte Größe erreicht, lassen Sie die Maustaste los.

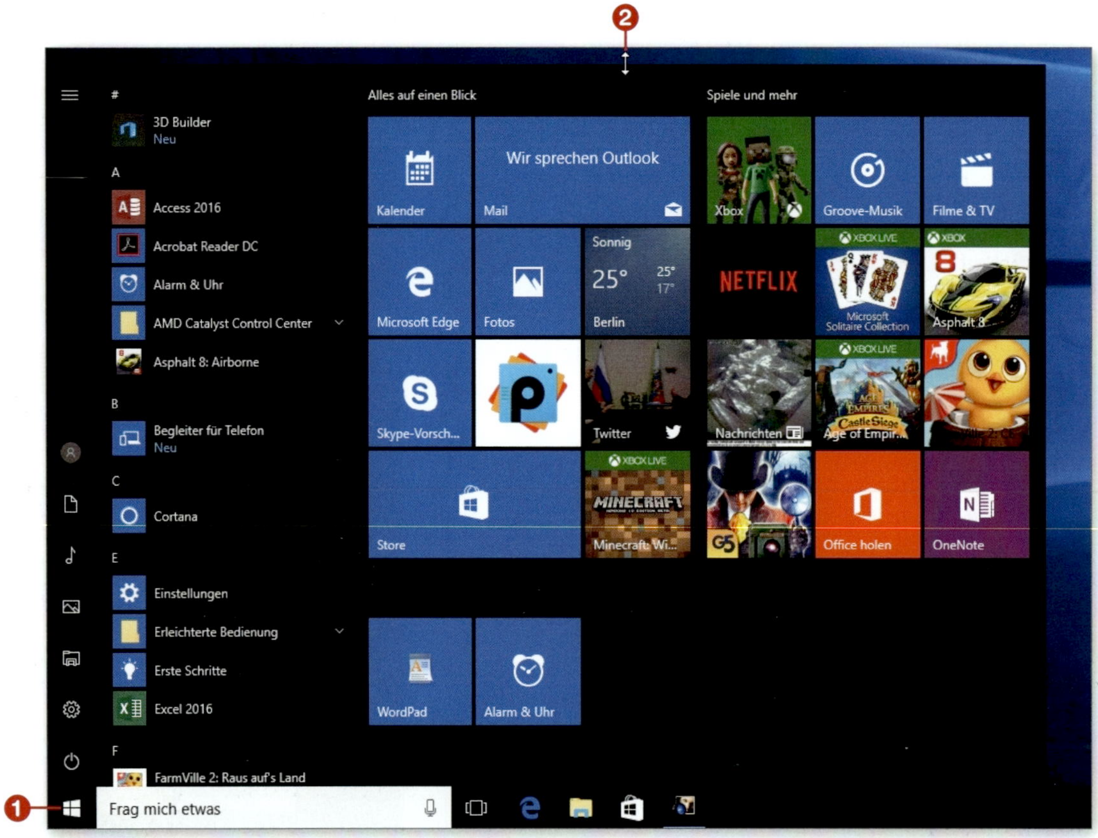

Startmenü im Vollbildmodus anzeigen

Sie möchten gerne, dass das Startmenü den vollen Bildschirm in Anspruch nimmt? In diesem Fall müssen Sie die Größe nicht selbst über die Ränder anpassen. Rufen Sie stattdessen **Start ▸ Einstellungen** auf. Wählen Sie die Kategorie **Personalisierung**, und klicken Sie im folgenden Dialog links auf **Start**. In der rechten Fensterhälfte ziehen Sie den Schieberegler **Menü „Start" im Vollbildmodus verwenden** nach links auf **Ein**. Schließen Sie den Einstellungen-Dialog per Klick auf das Symbol ☒ oben rechts. Wenn Sie nun das Startmenü per Klick auf das Windows-Logo aufrufen, erstreckt sich das Startmenü über den gesamten Bildschirm hinweg. Wie bei einem Tablet sehen Sie in erster Linie die Kacheln des Startmenüs. Die Spalte, in der alle installierten Anwendungen aufgeführt werden, ist dagegen ausgeblendet. Ganz links werden lediglich das Symbol zum Ausschalten des Computers, zum Abmelden am Computer, zum Aufruf der **Einstellungen** sowie die Ordner eingeblendet, die Sie selbst hinzugefügt haben (siehe vorherigen Abschnitt). Um eine Übersicht über alle installierten Apps zu erhalten, klicken Sie oben links auf das Symbol **Alle Apps**. Über das Symbol **Angeheftete Kacheln** gelangen Sie wieder zur Kachelansicht zurück.

Im Laufe der Zeit sammeln sich immer mehr Kacheln im Startmenü. Nicht alle verknüpften Anwendungen benötigt man aber tatsächlich. Um sich besser zurechtzufinden, sollten Sie zwischendurch immer einmal aufräumen und überflüssige Kacheln aus dem Startmenü entfernen. Dies funktioniert ganz einfach. Verwenden Sie eine Maus oder ein Touchpad, gehen Sie folgendermaßen vor:

1. Klicken Sie mit der rechten Maustaste auf die betreffende Kachel.

2. Nach einem Klick auf **Von „Start" lösen** wird die Kachel nicht mehr im Startmenü angezeigt.

3. Arbeiten Sie mit einem Touchscreen, markieren Sie die zu entfernende Kachel, indem Sie den Finger etwas länger auf der Kachel halten. In der rechten oberen Ecke der Kachel wird nun ein kleines Pinnadel-Symbol 3 eingeblendet. Ein Tipp hierauf und die Kachel wird aus dem Startmenü entfernt.

Keine Sorge, die Apps oder Windows-Anwendungen werden dadurch nicht deinstalliert! Benötigen Sie eine Anwendung später doch wieder häufiger, können Sie sie jederzeit wieder an das Startmenü heften, wie im vorherigen Abschnitt auf Seite 63 beschrieben. Wie Sie Apps gänzlich von Ihrem Computer entfernen, erfahren Sie in Kapitel 9, »Nützliche Windows-Anwendungen und Apps«.

Kacheln können nicht nur zum Startmenü hinzugefügt oder wieder davon gelöst werden. Sie können sie auch beliebig platzieren und in Gruppen zusammenfassen.

Die Anordnung der Kacheln im Startmenü folgt einem ganz einfachen Schema: Oben finden Sie die Kacheln der Basis-Apps (also der in Windows 10 vorinstallierten Apps). Darunter werden nacheinander alle Kacheln angefügt, die Sie selbst ergänzen. Wenn hier der Platz für die Anzeige zu eng wird, blendet Windows 10 am rechten Rand des Startmenüs eine Bildlaufleiste ein, über die Sie nach unten blättern. Arbeiten Sie mit einem Touchscreen, führen Sie einfach eine Wischbewegung von unten nach oben und umgekehrt aus, um im Startmenü zu blättern.

Die Kacheln werden zeilen- und spaltenweise angezeigt und lassen sich außerdem in Gruppen zusammenfassen. Per Standardeinstellung teilt Windows 10 die Kacheln in zwei Gruppen auf: Unter dem Titel **Alles auf einen Blick** ❶ finden Sie die Kacheln wichtiger Apps wie etwa *Mail*, *Fotos*, *Wetter* oder auch den *Windows Store*. Rechts davon befindet sich die Gruppe **Spiele und mehr** ❷, in der Windows 10 alles zusammenfasst, was Ihrer Unterhaltung dient. Diese Aufteilung ist aber nicht in Stein gemeißelt und kann jederzeit geändert werden. Das Vorgehen ist denkbar einfach:

- Bewegen Sie den Mauszeiger auf die Kachel, die verschoben werden soll, und ziehen Sie sie mit gedrückter linker Maustaste an die neue Position.
- Wenn Sie mit einem Touchscreen arbeiten, ziehen Sie die Kachel einfach mit dem Finger an die gewünschte Position. Damit sich die Kachel verschieben lässt, müssen Sie sie etwas nach unten ziehen.

Probieren Sie es gleich mit der **Store**-Kachel aus ❸, indem Sie sie in die Gruppe **Spiele und mehr** verschieben. Da Sie über den Store Spiele und mehr beziehen können, ist sie gut in dieser Spalte aufgehoben.

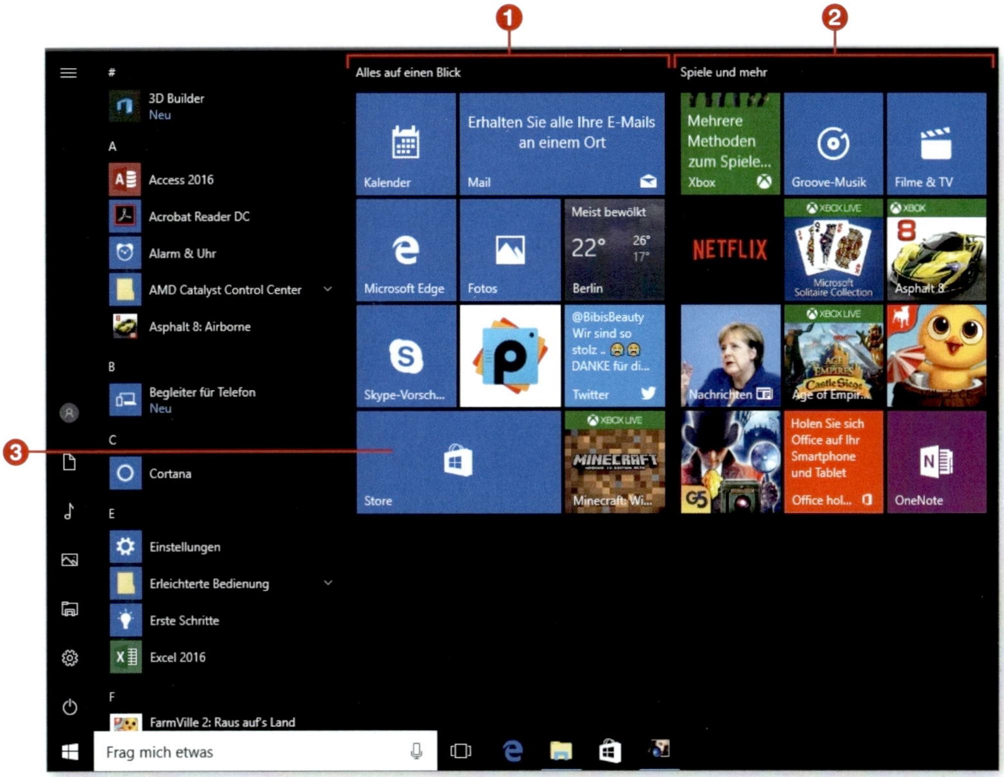

Auf die beschriebene Weise lassen sich alle Kacheln beliebig neu im Startmenü positionieren.

^ Positionieren Sie die Store-Kachel rechts in der Gruppe »Spiele und mehr«.

Durch das Neuplatzieren von Kacheln lässt sich bereits für etwas Ordnung im Startmenü sorgen. Windows 10 bietet aber eine weitere Möglichkeit des Aufräumens an: das bereits erwähnte Zusammenfassen von Kacheln in Gruppen. Die beiden vorhandenen Gruppen lassen sich nicht nur anhand der Titel unterscheiden. Sehen Sie sich die Anordnung der Kacheln etwas genauer an, werden Sie bemerken, dass die Kachelspalten zwischen diesen Gruppen einen größeren Abstand aufweisen als die Kachelspalten innerhalb der Gruppen.

Zusätzlich zu den beiden vorhandenen Gruppen können Sie auch eigene Gruppen anlegen und benennen. Erstellen Sie beispielsweise eine Gruppe mit allen Apps, die Sie zur Verwaltung und Bearbeitung Ihrer Bildersammlung benötigen, oder fassen Sie beliebte Spiele zusammen. Um die Gruppe im Startmenü schnell zu finden, geben Sie ihr am besten einen passenden Namen. Die zu einer Gruppe zusammengefassten Kacheln lassen sich anschließend in einem Rutsch im Startmenü verschieben.

Wie all dies funktioniert, zeige ich Ihnen im Folgenden. Im Beispiel werden Sie zwei Basis-Apps (Wetter und Nachrichten) zu einer Gruppe zusammenfassen, der Sie dann z. B. den Namen »Information« geben. Arbeiten Sie mit einem Desktop-PC oder Notebook, sollten Sie zuvor sicherstellen, dass unterhalb der Spalte **Alles auf einen Blick** noch genügend freier Platz vorhanden ist, um hier weitere Kacheln zu ergänzen. Ist dies noch nicht der Fall, vergrößern Sie das Startmenü, wie ganz zu Beginn dieses Abschnitts auf Seite 68 gezeigt. Nun kann es mit der Gruppierung der zwei Apps weitergehen.

1. Bewegen Sie den Mauszeiger oder Ihren Finger auf die erste Kachel **Wetter**, die der neuen Gruppe angehören soll.

2. Ziehen Sie die **Wetter**-Kachel mit gedrückter linker Maustaste oder mit dem Finger von der bisherigen Position in den leeren Bereich unterhalb der Gruppe **Alles auf einen Blick** ❶. Denken Sie daran, dass Sie bei der Touchbedienung die Kachel zunächst etwas nach unten ziehen müssen, bevor Sie sie verschieben können.

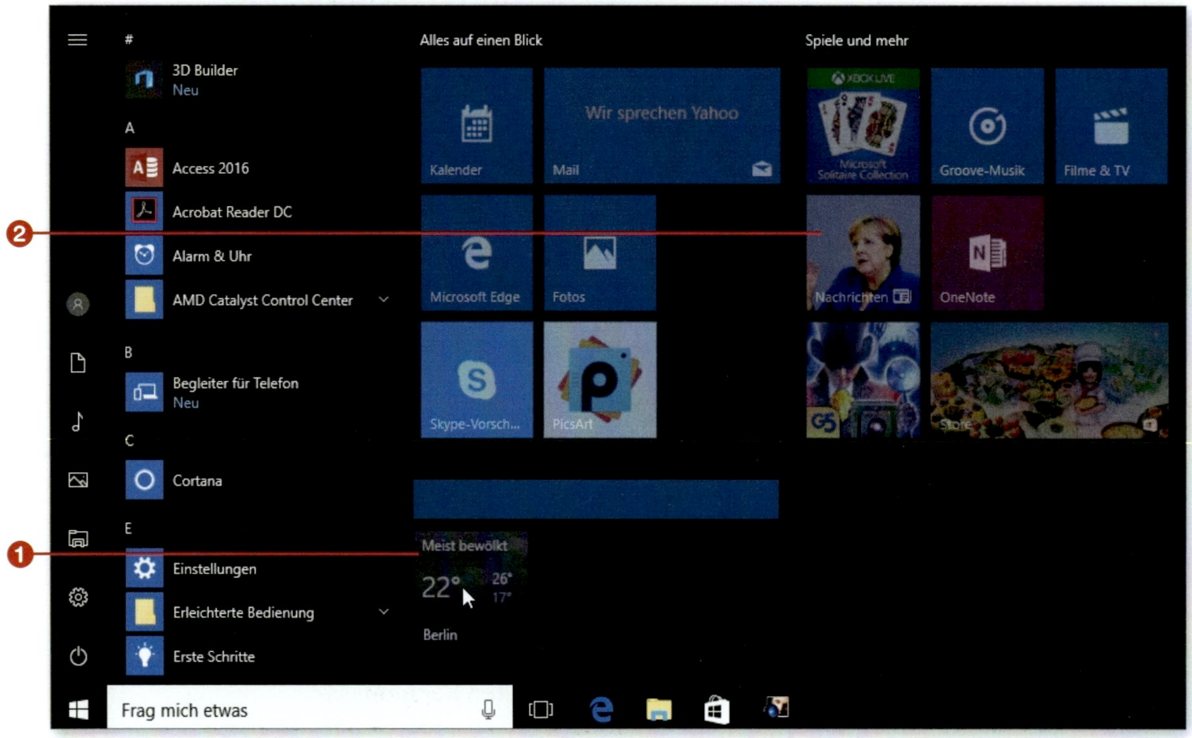

3. Sobald ein Balken eingeblendet wird, lassen Sie die Kachel »fallen«, indem Sie die Maustaste loslassen bzw. den Finger vom Touchscreen nehmen.

Diese drei Schritte reichen bereits aus, um eine neue Gruppe anzulegen. Noch besteht sie lediglich aus einer Kachel; aber das ändert sich schnell.

4. Positionieren Sie nun wie zuvor beschrieben die Kachel **Nachrichten** ❷ rechts von der **Wetter**-Kachel.

5. Wenn Sie möchten, können Sie nun noch weitere Kacheln hinzufügen. Wie viele Kacheln innerhalb einer Spalte bzw. Zeile angezeigt werden können, hängt von der Größe des Startmenüs ab.

Die neue Gruppe unseres Beispiels ist damit vollständig ❸, hat aber noch keinen Namen. Um sie zu benennen, gehen Sie folgendermaßen vor:

6. Bewegen Sie den Mauszeiger auf den Bereich oberhalb der gerade positionierten Kacheln. Über der rechten Kachel wird ein kleines Symbol ▬ ❹ sichtbar. Ein Klick hierauf und es wird ein weißes Feld eingeblendet. Arbeiten Sie mit einem Touchscreen, reicht ein Tipp auf den Schriftzug **Gruppe benennen**, der oberhalb der gerade neu angeordneten Kacheln angezeigt wird.

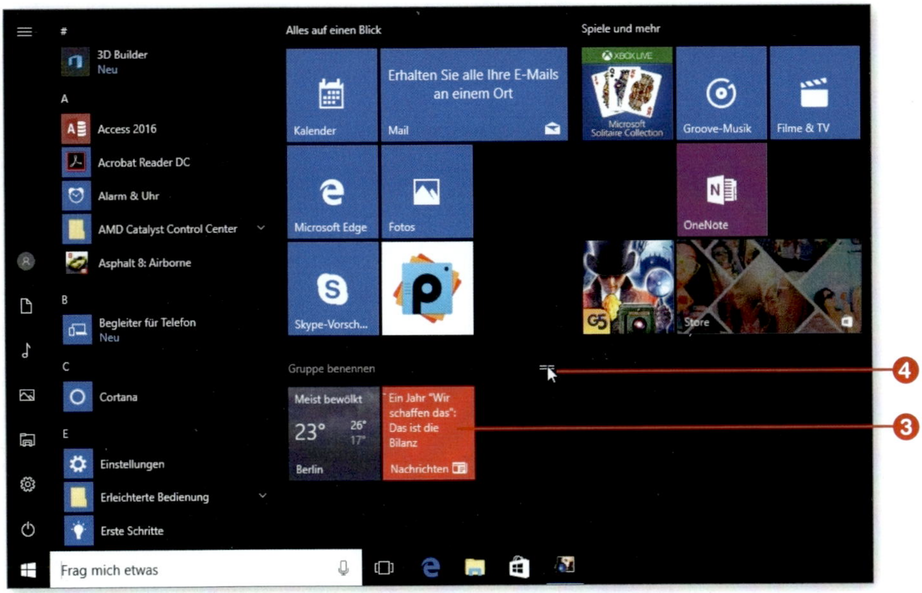

7. Geben Sie anschließend in das weiße Feld die gewünschte Gruppenbezeichnung ein, hier »Information«, und schließen Sie die Eingabe durch Drücken der Taste [↵] ab.

Der Gruppentitel **Information** wird jetzt oberhalb der Gruppe eingeblendet. Wenn Sie möchten, ziehen Sie die Gruppe nun noch an die gewünschte Position im Startmenü. Das Verschieben einer ganzen Gruppe funktioniert genauso wie das einer einzelnen Kachel.

8. Bewegen Sie den Mauszeiger auf den gerade ergänzten Gruppentitel **Information**, und ziehen Sie die Gruppe mit gedrückter linker Maustaste an die gewünschte neue Position, etwa oberhalb der bereits vorhandenen Gruppe **Alles auf einen Blick**. Wenn Sie mit einem Touchscreen arbeiten, müssen Sie die Gruppe wie gewohnt zunächst etwas nach unten ziehen, bevor Sie sie verschieben können.

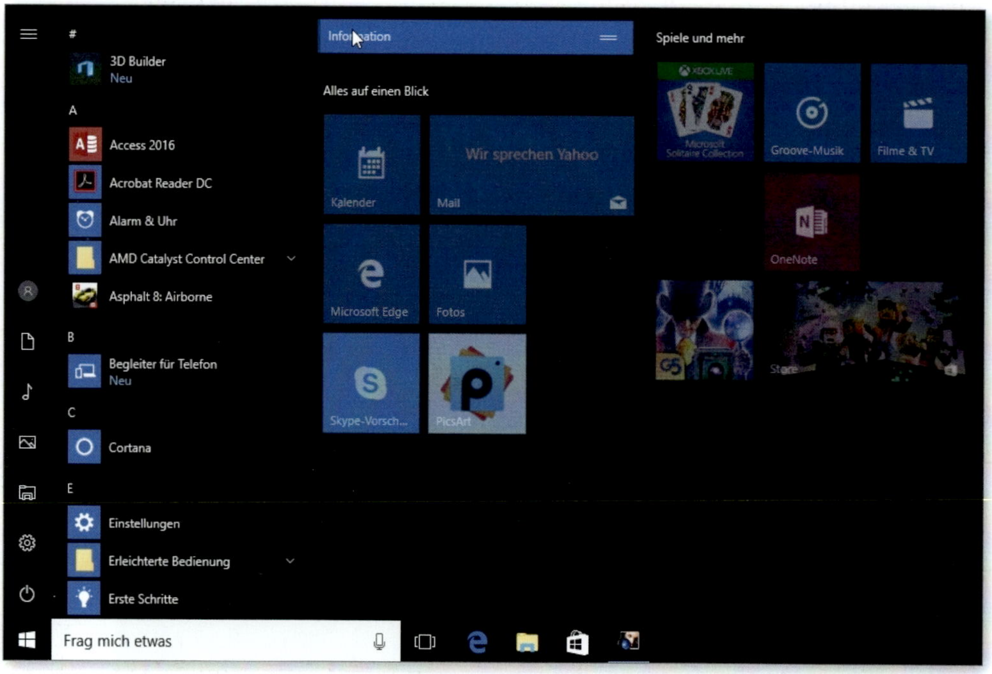

Jede Kachel einer Gruppe lässt sich übrigens nicht nur beliebig innerhalb einer Gruppe neu positionieren, sondern auch einfach in eine andere Gruppe verschieben. Auf diese Art können Sie eine Gruppe auch wieder auflösen. Sobald Sie alle Kacheln aus einer Gruppe entfernt haben, verschwindet auch die Gruppe im Startmenü.

Gruppenbezeichnung entfernen oder ändern

Um den Gruppennamen wieder zu entfernen, wiederholen Sie einfach die Schritte 6 und 7 auf Seite 73 f. Wird in Schritt 7 der Gruppenname eingeblendet, klicken oder tippen Sie auf das kleine Kreuz-Symbol ☒ im Dialog. Der bisherige Titel wird gelöscht. Auf diese Weise können Sie eine Gruppe auch umbenennen, indem Sie anschließend im weißen Feld einfach einen neuen Titel eingeben.

Einige Kacheln sind groß, andere etwas kleiner. Manche Kacheln zeigen immer wieder neue Informationen oder Bilder an, auf anderen dagegen ist immer das gleiche Bild zu sehen. Auch wenn Sie an dieser Darstellung nicht allzu viel ändern können, ein bisschen was geht doch.

Unter Windows 8 standen lediglich zwei Kachelgrößen zur Auswahl – seit Windows 8.1 sind es bereits vier. Wenn Sie die Größe einer Kachel ändern möchten, gehen Sie folgendermaßen vor:

1. Klicken Sie mit der rechten Maustaste auf eine Kachel im Startmenü. Neben der Kachel wird ein Kontextmenü eingeblendet, in dem Sie den Eintrag **Größe ändern** ❶ finden. Klicken Sie hierauf, klappt eine Liste auf, in der die aktuelle Kachelgröße ein Häkchen aufweist.

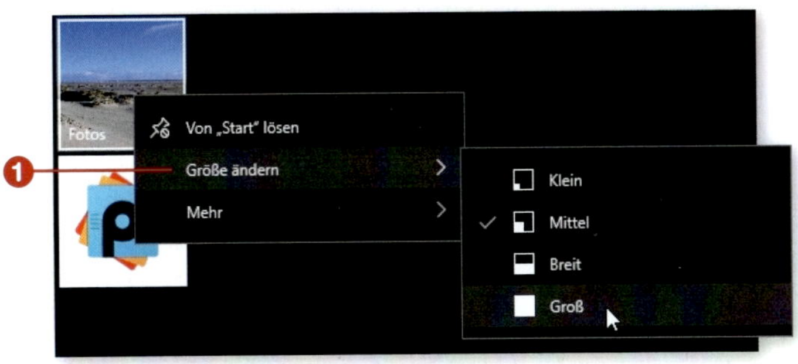

2. Im Falle eines Touchscreens halten Sie den Finger etwas länger auf der Kachel gedrückt. Nach einem kurzen Moment wird in der rechten unteren Ecke der Kachel das Symbol ⋯ ❷ angezeigt. Ein Tipp hierauf und es werden ebenfalls die Kachelgrößen eingeblendet.

3. Mit einem Klicken oder durch Tippen auf den gewünschten Eintrag **Klein**, **Mittel**, **Breit** oder **Groß** verändern Sie die Kachelgröße.

Einige Basis-Apps, z. B. *Nachrichten*, *Wetter* oder auch *Finanzen*, zeigen in ihren Kacheln wechselnde Informationen an. Diese Kacheln werden auch als *Live-Kacheln* bezeichnet. Wenn Sie für eine der Kacheln die Aktualisierungen abstellen möchten, gehen Sie folgendermaßen vor:

1. Wiederholen Sie Schritt 1 bzw. im Falle eines Touchscreens Schritt 2 der vorherigen Anleitung, um das Kontextmenü einzublenden. Mit einem Klick oder durch Tippen auf **Mehr** und dann **Live-Kachel deaktivieren** schalten Sie die Aktualisierungen aus.

2. Sind Sie irgendwann doch einmal wieder an den aktuellen Informationen einer App interessiert, können Sie auf dem gleichen Weg – durch Klicken auf oder Antippen von **Live-Kachel aktivieren** – diese Einstellung wieder rückgängig machen.

Damit sind Sie am Ende des Abschnitts rund um die Optik des Startmenüs angelangt. Vielen Apps, die Sie hier bereits kurz kennengelernt haben, werden Sie im weiteren Verlauf des Buches erneut begegnen. Im nächsten Abschnitt beschäftigen wir uns mit dem Desktop-Hintergrund selbst. Wer möchte, hinterlegt hier beispielsweise ein eigenes Foto.

Apps beenden

Im Eifer des Gefechts kann es schon einmal passieren, dass Sie eine App versehentlich öffnen, obwohl Sie eigentlich nur ihr Kontextmenü einblenden wollten. Das ist aber kein Problem. Beenden Sie die App einfach, wie bereits im Abschnitt »Programme und Apps starten und beenden« ab Seite 46 gezeigt: Positionieren Sie den Mauszeiger am oberen Bildschirmrand, und klicken Sie in der nun sichtbaren Titelleiste auf [X]. Arbeiten Sie mit einem Touchscreen, ziehen Sie den Finger vom oberen Bildschirmrand ganz nach unten.

Ein Desktop nach Ihrem Geschmack

Die größte Fläche des Desktops wird wie bereits erwähnt von einem Hintergrundbild eingenommen. Das angezeigte Bild ist aber nicht unbedingt jedermanns Sache. Wenn Sie möchten, können Sie es durch ein oder auch mehrere eigene Fotos ersetzen und diese sogar als Diashow abspielen lassen. In diesem Fall wird das Bild in regelmäßigen Abständen ausgetauscht.

1. Klicken Sie mit der rechten Maustaste auf eine freie Fläche des Desktop-Hintergrunds. Im aufklappenden Kontextmenü wählen Sie den Befehl **Anpassen**. Der Dialog **Einstellungen ▸ Personalisierung** wird geöffnet. Arbeiten Sie mit einem Tablet, können Sie den Dialog auch über **Start ▸ Einstellungen ▸ Personalisierung** aufrufen.

2. Stellen Sie sicher, dass in der linken Spalte **Hintergrund** ❶ markiert ist.

3. Windows 10 bringt bereits einige Bilder für den Desktop-Hintergrund mit. Diese werden in der rechten Spalte im Bereich **Bild auswählen** ❷ angezeigt. Gefällt Ihnen eines dieser Bilder, wählen Sie es per Mausklick oder Antippen aus. Das Bild erscheint sofort als Desktop-Hintergrund.

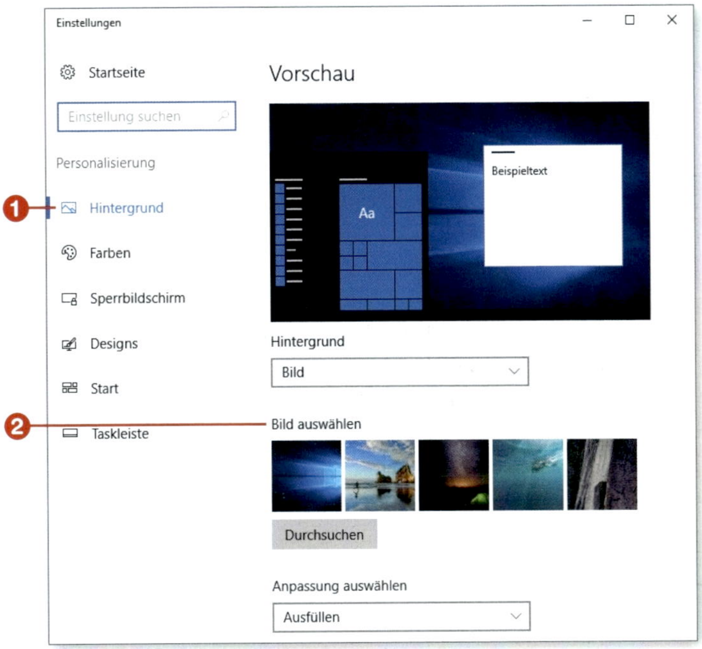

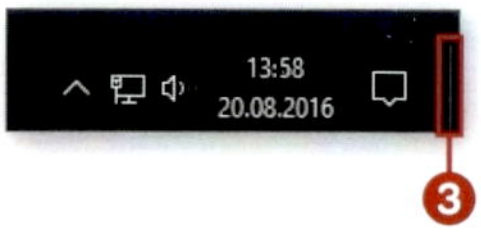

4. Um das ausgewählte Bild in voller Schönheit auf dem Desktop bewundern zu können, klicken oder tippen Sie am äußersten rechten Rand des Infobereichs der Taskleiste, also noch rechts vom Benachrichtigung-Symbol, auf den grauen Balken ❸. Arbeiten Sie mit einem Tablet, tippen Sie stattdessen in der Taskleiste auf das Symbol.

5. Das Dialogfenster **Einstellungen ▸ Personalisierung** wird damit minimiert. Mit einem erneuten Klick oder Tipp auf den grauen Balken bzw. das **Einstellungen**-Symbol in der Taskleiste holen Sie das Fenster wieder in den Vordergrund zurück.

Gefällt Ihnen keines der vorgeschlagenen Bilder, wählen Sie eine Aufnahme aus Ihrer eigenen Fotosammlung. Voraussetzung hierfür ist natürlich, dass Sie bereits eigene Bilder auf dem Computer gespeichert haben. Wie dies funktioniert, zeige ich Ihnen in Kapitel 7, »Fotos, Videos und Musik«. Um ein eigenes Foto auszuwählen, gehen Sie folgendermaßen vor:

1. Klicken oder tippen Sie im Dialog **Einstellungen ▸ Personalisierung** im Bereich **Bild auswählen** auf die Schaltfläche **Durchsuchen**.

2. Im Dialog **Öffnen**, der sich daraufhin öffnet, wird der Inhalt des Ordners **Bilder** ❹ angezeigt. Wenn Sie bereits einen eigenen Bilderordner angelegt haben, öffnen Sie ihn per Doppelklick oder Doppeltipp.

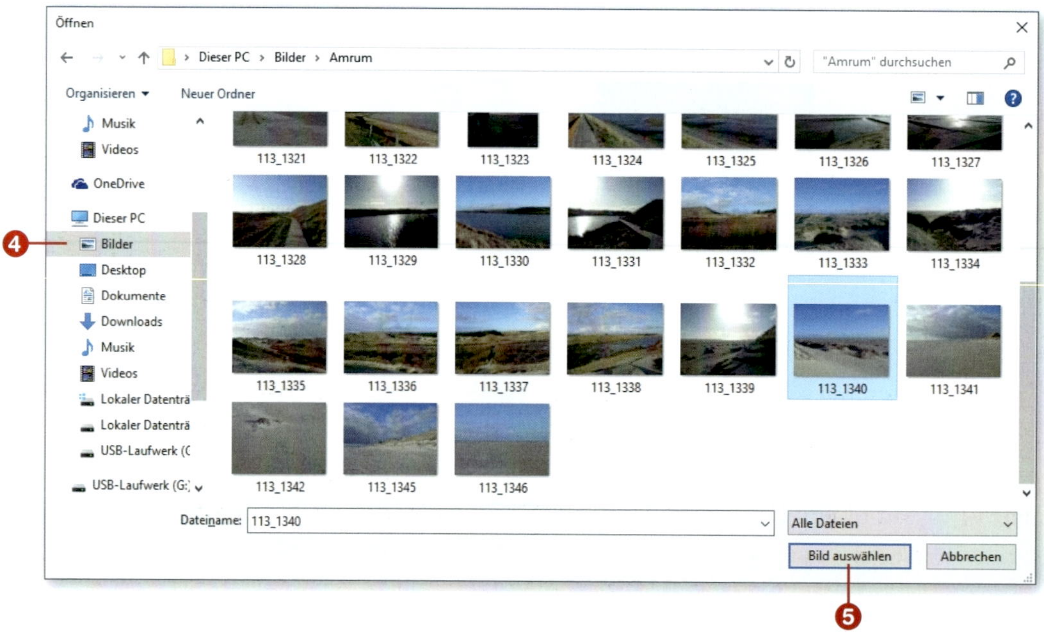

3. Markieren Sie das gewünschte Foto für den Desktop-Hintergrund, und bestätigen Sie Ihre Auswahl mit einem Klick oder Tipp auf **Bild auswählen** ❺. Auch hier wird das Bild sofort wieder auf dem Desktop angezeigt.

Statt ein einzelnes Bild auf der Desktop-Oberfläche anzuzeigen, können Sie auch eine Diashow Ihrer Lieblingsfotos abspielen lassen. Die entsprechende Einstellung nehmen Sie folgendermaßen vor:

1. Stellen Sie sicher, dass im Dialog **Einstellungen ▸ Personalisierung** in der linken Spalte **Hintergrund** markiert ist.

2. Klicken oder tippen Sie nun in der rechten Fensterhälfte auf den Pfeil rechts vom Feld **Hintergrund**. In der aufklappenden Liste markieren Sie den Eintrag **Diashow**.

Per Standardeinstellung wählt Windows 10 den gesamten Ordner *Bilder* für die Diashow aus. Selbstverständlich können Sie die Auswahl aber auch eingrenzen. Eine Einschränkung gibt es allerdings: Sie können nicht einzelne Bilder innerhalb eines Ordners auswählen, sondern nur das gesamte Verzeichnis.

3. Klicken oder tippen Sie unterhalb von **Alben für die Diashow auswählen** auf die Schaltfläche **Durchsuchen**.

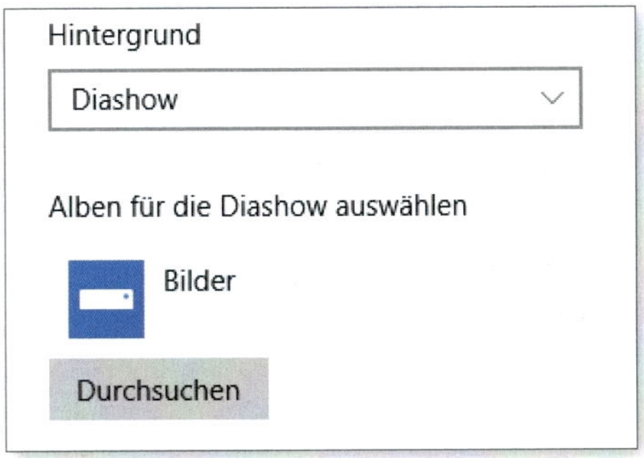

4. Im Dialogfenster **Ordner auswählen**, das nun geöffnet wird, sehen Sie den Inhalt Ihres Bilderordners. Markieren Sie per Mausklick oder Fingertipp den Ordner, in dem sich die gewünschten Bilder für die Diashow befinden. Mit einem Klick oder Tipp auf **Diesen Ordner auswählen** bestätigen Sie die Auswahl.

Zurück im Dialog **Einstellungen ▸ Personalisierung** können Sie noch den zeitlichen Abstand bestimmen, der zwischen der Anzeige der einzelnen Bilder bestehen soll. Den Wert geben Sie im Feld **Bildänderungsintervall** vor. Klicken Sie hierzu auf den Pfeil rechts neben dem Feld, und wählen Sie in der Liste die gewünschte Zeit aus, z. B. **10 Minuten** ❶. Die geänderten Einstellungen werden sofort übernommen. Sollen die Bilder in einer zufälligen Reihenfolge eingeblendet werden, schieben Sie den Regler unterhalb von **Zufällige Wiedergabe** nach rechts auf **Ein** ❷.

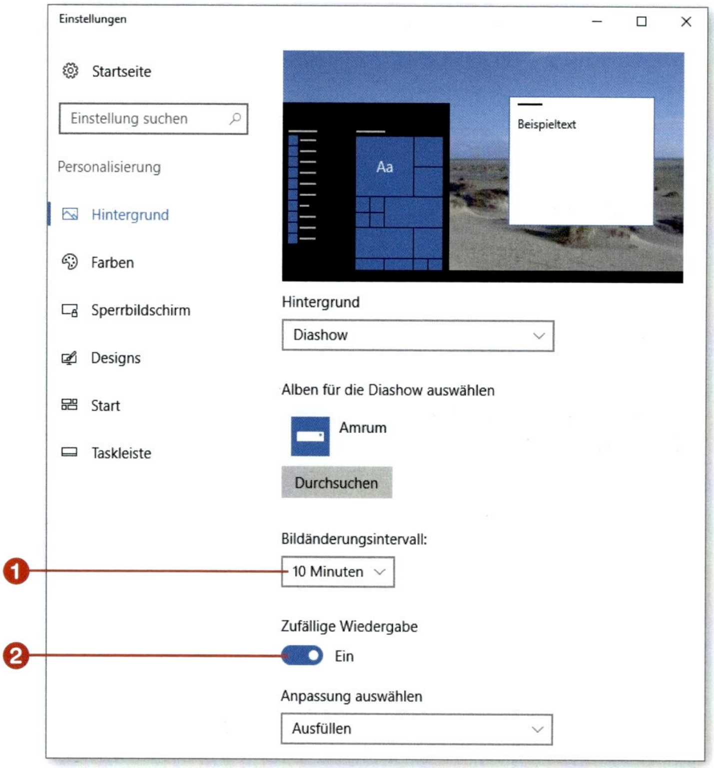

Einfarbigen Desktop-Hintergrund wählen

Ihnen sind die Fotos alle zu bunt für den Desktop-Hintergrund? Ein einfarbiger Hintergrund würde Ihnen bei Weitem besser gefallen? Wählen Sie hierzu im Feld **Hintergrund** einfach **Volltonfarbe** aus. Unterhalb des Feldes werden nun diverse Hintergrundfarben angezeigt. Sobald Sie den gewünschten Farbton anklicken oder antippen, wird die Farbe auch schon für den Desktop-Hintergrund übernommen.

Neben dem Desktop-Hintergrundbild können Sie auch die Farbe des Startmenüs, der Taskleiste sowie der Titelleisten festlegen. Die entsprechenden Einstellungen nehmen Sie im Dialog **Einstellungen ▸ Personalisierung** vor.

1. Klicken oder tippen Sie in der linken Spalte des Dialogs **Einstellungen ▸ Personalisierung** auf **Farben** ❸.

2. Soll Windows 10 automatisch eine Akzentfarbe aus dem Hintergrundbild des Desktops auswählen, muss das Kontrollkästchen links von **Automatisch eine Akzentfarbe aus meinem Hintergrund auswählen** mit einem Häkchen versehen sein.

3. Möchten Sie selbst einen Farbton festlegen, verzichten Sie auf das Häkchen ❹. Markieren Sie stattdessen im Bereich **Akzentfarbe auswählen** ein Farbfeld, um den gewünschten Farbton auszuwählen.

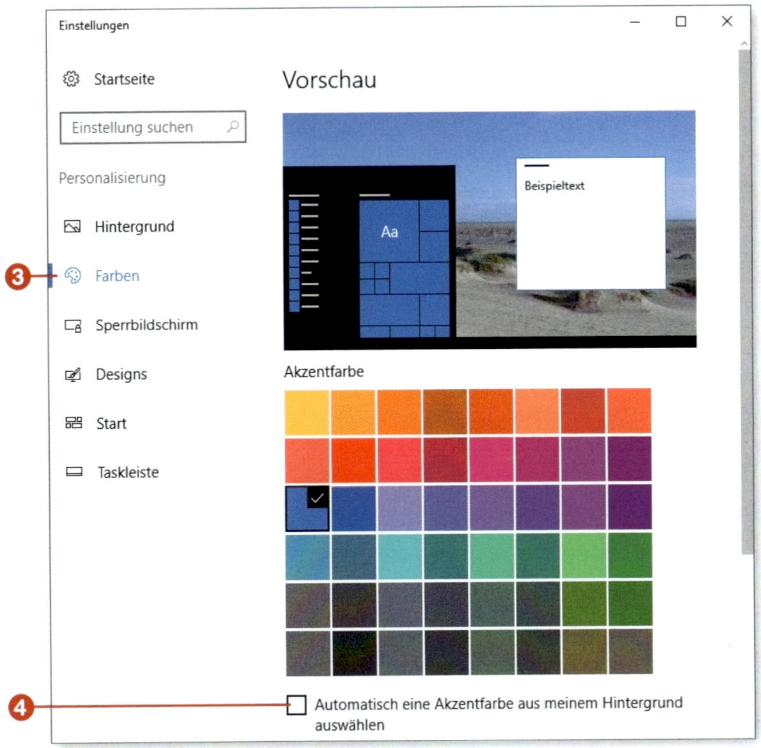

4. Blättern Sie gegebenenfalls mithilfe der Bildlaufleiste oder durch eine Wischbewegung nach unten, um zu den weiteren Einstellungen zu kommen.

5. Wenn Sie das Startmenü öffnen, scheint leicht das Hintergrundbild des Desktops oder eventuell geöffneter Programmfenster hindurch. Auch bei der Taskleiste ist der Hintergrund dezent zu erkennen. Wem diese Transparenz nicht gefällt, der deaktiviert die Funktion einfach. Schieben Sie hierzu den Schieberegler unterhalb von **Menü „Start“, Taskleiste und Info-Center transparent gestalten** nach links auf **Aus**. Auch hier werden die vorgenommenen Einstellungen sofort übernommen.

6. Soll der Farbton auch für die Taskleiste und das Startmenü übernommen werden, ziehen Sie den Schieberegler unterhalb von **Farbe auf Startseite, Taskleiste und im Info-Center anzeigen** nach rechts auf **Ein**. Um die Farbe auch für die Titelleisten von Programmfenstern und Dialogen zu übernehmen, ziehen Sie den Schieberegler unterhalb von **Farbe in der Titelleiste anzeigen** ebenfalls nach rechts auf **Ein**.

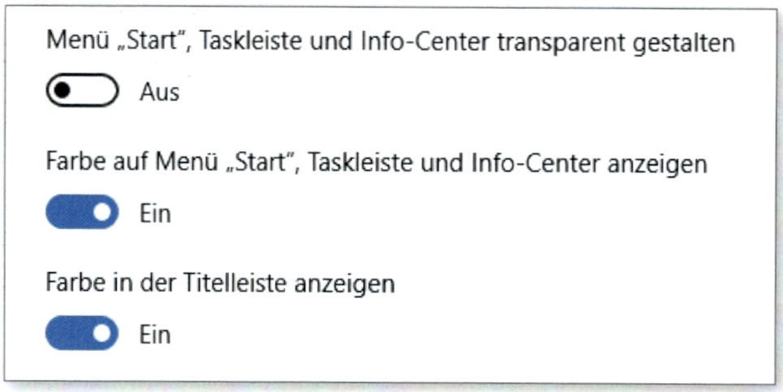

Mit dem Anniversary Update von Windows 10 ist eine weitere Einstellungsmöglichkeit hinzugekommen. Für manche Nutzer ist ein Text auf weißem Hintergrund nur schwer lesbar. Weißer Text auf schwarzem Hintergrund ist meist angenehmer für die Augen.

7. Blättern Sie im Dialog **Einstellungen ▸ Personalisierung** ganz nach unten, gelangen Sie zum Bereich **App-Modus auswählen**. Aktivieren Sie per Mausklick oder Antippen die Option **Dunkel**. Das Ergebnis können Sie sofort prüfen, denn der Dialog erscheint nun mit schwarzem Hintergrund. Empfinden Sie die Einstellung nicht als augenschonender, wählen Sie einfach wieder die Option **Hell** aus.

Haben Sie alle Einstellungen zum gewünschten Erscheinungsbild des Desktops vorgenommen, schließen Sie den Dialog **Einstellungen ▸ Perso-**

nalisierung über das Schließen-Symbol ☒ in der rechten oberen Ecke des Fensters.

Vorgefertigte Designs wählen

Statt selbst das Hintergrundbild sowie die Farbe von Startmenü und Taskleiste festzulegen, können Sie auch auf vorgefertigte Designs zurückgreifen, die beide Punkte vereinen. Klicken oder tippen Sie hierzu im Dialog **Einstellungen ▸ Personalisierung** in der linken Spalte auf **Designs** und in der rechten Spalte anschließend auf **Designeinstellungen**. Im folgenden Dialog **Anpassung** wählen Sie das gewünschte Design einfach per Mausklick oder Fingertipp aus. Sagt Ihnen keines der in Windows 10 integrierten Designs zu, können Sie nach einem Klick oder Fingertipp auf **Weitere Designs online beziehen** (1) zusätzliche Designs kostenlos über das Internet herunterladen. Nach dem erfolgreichen Download klicken oder tippen Sie auf **Öffnen**. Wenn Sie nun wieder einen Blick in den Dialog **Anpassung** werfen, finden Sie das gerade heruntergeladene Design in der Designübersicht. Ein Mausklick oder das Tippen auf ein Design reicht schon, damit es angewendet wird.

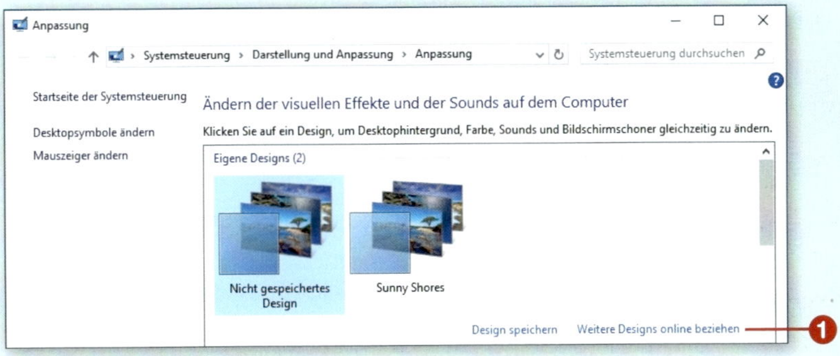

Die Taskleiste in Aktion

Nach einer ausführlichen Tour durch das Startmenü und die Desktop-Oberfläche wenden wir uns nun wieder der Taskleiste zu. Wie Sie die Farbe der Taskleiste ändern können, haben Sie bereits im vorherigen Abschnitt gesehen. In diesem Abschnitt werde ich Ihnen zeigen, wie Sie die Leiste um Verknüpfungen zu Programmen erweitern. Im Gegensatz zum Startmenü ist allerdings der Platz begrenzt, sodass Sie sich in der Taskleiste wirklich auf die wichtigsten Windows-Anwendungen und Apps beschränken sollten. Die ersten Schritte hierfür sind identisch mit denen, die ich Ihnen im Abschnitt »Verknüpfungen zu Programmen und Ordnern anlegen« ab Seite 55 für die Desktop-Symbole der Windows-Anwendungen bereits gezeigt habe:

1. Rufen Sie per Klick oder Tipp auf das Windows-Logo das Startmenü auf. Bei einem Tablet tippen Sie oben links auf das Symbol **Alle Apps**. Blättern Sie in der Liste aller installierten Anwendungen zur gewünschten Windows-Anwendung oder App, und klicken Sie mit der rechten Maustaste auf das Symbol. Es wird nun ein Kontextmenü eingeblendet. Arbeiten Sie mit einem Touchscreen, halten Sie den Finger etwas länger auf der App, bis das Quadrat erscheint.

2. Bewegen Sie den Mauszeiger im Kontextmenü auf **Mehr**, wird der Befehl **An Taskleiste anheften** eingeblendet. Klicken oder tippen Sie darauf.

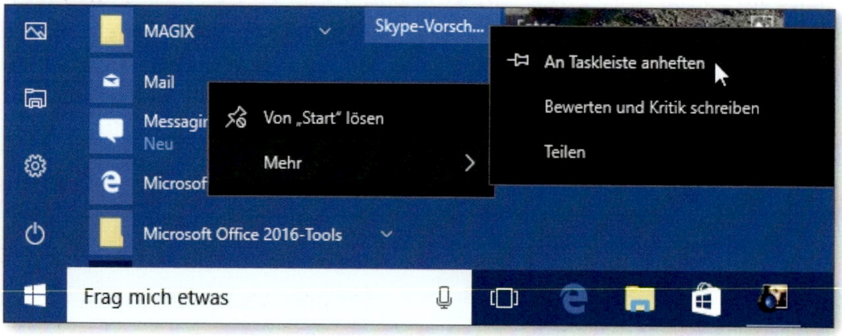

In der Taskleiste finden Sie nun die Schaltfläche zur gerade ausgewählten Windows-Anwendung bzw. App.

Die Reihenfolge aller Schaltflächen auf der Taskleiste können Sie übrigens individuell festlegen. Die Symbole lassen sich ganz leicht mit gedrückter linker Maustaste oder mit dem Finger verschieben.

Wird der Platz in der Taskleiste zu eng, können Sie natürlich jederzeit die zuvor angehefteten Windows-Anwendungen und Apps wieder entfernen. Dies gilt auch für die Symbole, die bereits von Anfang an in der Taskleiste angezeigt werden, wie etwa das des Windows Stores. Um ein Symbol von der Taskleiste zu lösen, gehen Sie wie folgt vor:

1. Klicken Sie mit der rechten Maustaste auf die entsprechende Schaltfläche, oder halten Sie den Finger etwas länger auf dem Symbol gedrückt, bis das Quadrat eingeblendet wird.

2. Im aufklappenden Kontextmenü wählen Sie nun den Befehl **Von Taskleiste lösen** aus.

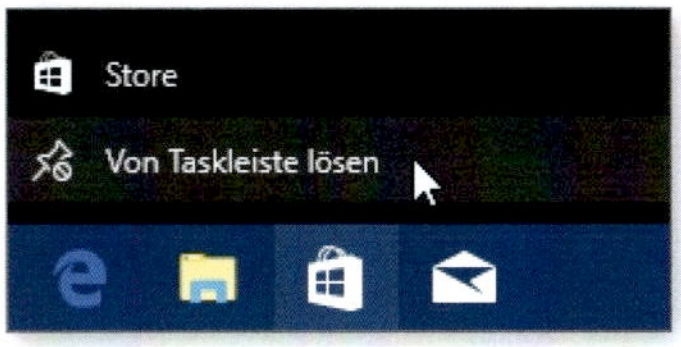

Damit verschwindet die Schaltfläche aus der Taskleiste. Auf die Symbole der aktiven, sprich geöffneten Windows-Anwendungen und Apps hat dies aber keinen Einfluss. Wann immer Sie ein Programm starten, erscheint die entsprechende Schaltfläche wieder in der Taskleiste (sie ist dort dann eben nur nicht verknüpft und verschwindet wieder, sobald Sie das Programm schließen).

Die Schaltflächen in der Taskleiste sind nicht nur für das schnelle Öffnen und Wechseln zwischen bereits geöffneten Programmen praktisch. Seit Windows 7 bieten sie eine weitere nützliche Funktion: die *Sprunglisten*, im Englischen auch *jumplist* genannt. Wer schon mit einer älteren Windows-Version gearbeitet hat, erinnert sich vielleicht an den Eintrag **Zuletzt verwendet** im Startmenü. Das Startmenü existiert in der alten Form ja nun nicht mehr; an die zuletzt mit einem Programm verwendeten Dateien oder im Falle des Browsers Microsoft Edge auch Webseiten kommen Sie dank der Sprunglisten aber trotzdem sehr schnell heran. Die Sprunglisten sind nur für Windows-Anwendungen, nicht für Apps verfügbar.

Bei der Sprungliste handelt es sich letztlich um nichts anderes als um das Kontextmenü einer geöffneten oder an die Taskleiste gehefteten Windows-Anwendung. Entsprechend wird sie mit einem Rechtsklick auf die Schaltfläche des gewünschten Programms geöffnet. Dies funktioniert übrigens auch bei dem Eintrag einer Windows-Anwendung im Startmenü. Arbeiten Sie mit einem Touchscreen, tippen Sie einfach wieder etwas länger mit dem Finger auf die Schaltfläche, bis das Quadrat eingeblendet wird.

In der aufklappenden Sprungliste finden Sie nun einige Befehle. Welche genau, hängt vom ausgewählten Programm ab. Im Falle des Windows Media Players z. B. finden Sie häufig abgespielte Musiktitel, beim Explorer die am häufigsten aufgerufenen Dateien und Ordner. Mit einem Klick oder Tipp auf einen dieser Einträge öffnen Sie die dazugehörige Datei.

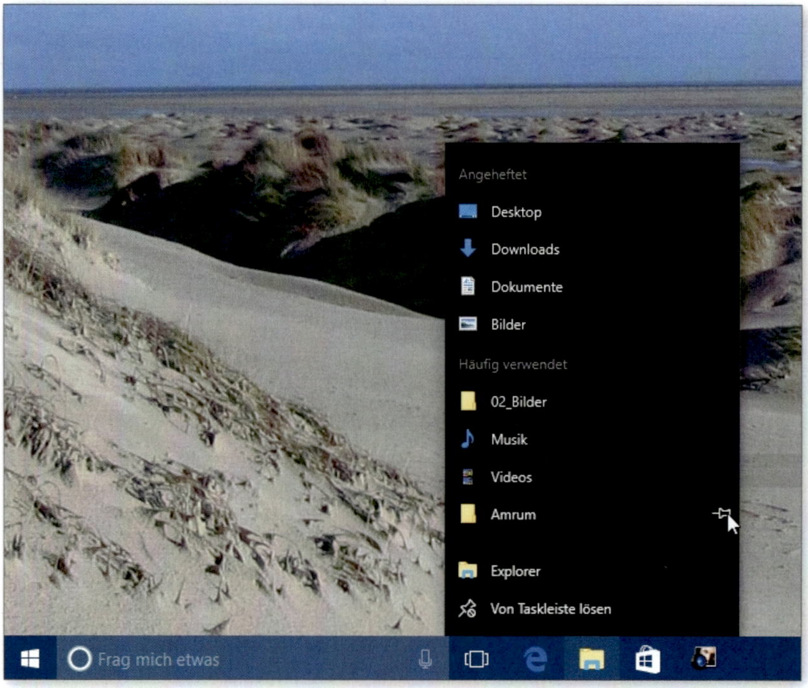

Über Sprunglisten lassen sich häufig genutzte Dateien und Ordner blitzschnell aufrufen.

Nach der Standardeinstellung finden in der Sprungliste die zehn am häufigsten verwendeten Dateien, Ordner etc. Platz. Nutzen Sie eine Datei oder ein Verzeichnis immer wieder, können Sie dieses Element auch fest an die Sprungliste anheften.

1. Rufen Sie die Sprungliste des entsprechenden Programms wie zuvor beschrieben auf.

2. Bewegen Sie den Mauszeiger auf das Element, das Sie an die Sprungliste heften möchten, und klicken Sie auf das nun sichtbare Pinnadel-Symbol rechts neben dem Eintrag. Wenn Sie mit einem Touchscreen arbeiten, tippen Sie das Element wieder etwas länger an, bis das Quadrat erscheint. In dem kleinen Kontextmenü, das nun eingeblendet wird, tippen Sie auf **An diese Liste anheften**.

3. Der soeben ausgewählte Eintrag erscheint in der Sprungliste im Bereich **Angeheftet**. In diesem Bereich finden Sie bereits die Einträge häufig genutzter Ordner wie etwa **Bilder** oder **Dokumente**. Mit einem Klick oder durch Antippen öffnen Sie die entsprechende Webseite, Datei oder den Ordner direkt in der Anwendung.

4. Um ein Element wieder aus der Sprungliste zu entfernen, wiederholen Sie die Schritte 1 und 2. Wenn Sie mit der Maus arbeiten, reicht wieder ein Klick auf das Pinnnadel-Symbol, um das Element aus der Sprungliste zu entfernen. Auf einem Touchscreen wählen Sie stattdessen den Befehl **Von dieser Liste lösen**.

In diesem Abschnitt haben Sie nun alles Wichtige rund um die Schaltflächen der Taskleiste erfahren. Als Nächstes werden wir den Infobereich am rechten Rand der Taskleiste etwas genauer unter die Lupe nehmen.

Die Eigenschaften der Taskleiste anpassen

Wie auch in früheren Windows-Versionen lässt sich die Taskleiste vom unteren Desktop-Rand an einen der beiden Seitenränder schieben. Um die entsprechenden Einstellungen vorzunehmen, klicken Sie mit der rechten Maustaste auf einen freien Bereich der Taskleiste oder drücken so lange mit dem Finger auf einen freien Bereich, bis das bereits bekannte Quadrat eingeblendet wird. Wählen Sie im Kontextmenü dann den Befehl **Einstellungen**. Es wird der Dialog **Einstellungen ▸ Personalisierung ▸ Taskleiste** geöffnet. Blättern Sie hier etwas nach unten. Nach einem Klick oder Tipp auf den Pfeil rechts neben dem Feld **Position der Taskleiste auf dem Bildschirm** bestimmen Sie nun die neue Position. Den Dialog können Sie dann mit einem Klick oder Tipp auf das Symbol ✕ schließen.

Der Infobereich der Taskleiste

Wie der Name bereits sagt, werden im Infobereich der Taskleiste einige wichtige Informationen für Sie zusammengefasst. Das zweite Symbol von rechts zeigt beispielsweise die aktuelle Uhrzeit und das Datum ❶. Nach einem Klick oder Tipp auf das kleine Lautsprecher-Symbol ❷ beeinflussen Sie über den nun sichtbaren Schieberegler die Lautstärke eines abgespielten Musiktitels. Wenn Sie ein mobiles Gerät wie etwa ein Tablet oder Notebook nutzen, wird im Infobereich außerdem ein kleines Batterie-Symbol ❸ angezeigt. Bewegen Sie den

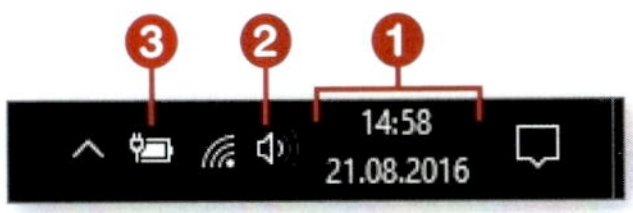

^ Der Infobereich informiert Sie z. B. über die Uhrzeit oder den Ladezustand des Akkus.

Mauszeiger darauf oder tippen es an, sehen Sie auf einen Blick, wie es um den Ladezustand des Akkus bestellt ist (lesen Sie hierzu auch den Kasten »Akkufressenden Apps auf der Spur«).

Akkufressenden Apps auf der Spur

Sie sind mit Ihrem Notebook oder Tablet auf Reisen, und schon nach kurzer Zeit gibt der Akku den Geist auf? Das ist sehr ärgerlich. Das Anniversary Update von Windows 10 bietet Nutzern von mobilen Geräten eine sehr praktische Funktion. Denn nun werden Sie informiert, wenn eine App besonders viel Leistung beansprucht. Wer nicht warten möchte, bis diese Meldung kommt, kann auch selbst prüfen, welche Apps besonders viel Akkuleistung benötigen. Rufen Sie hierzu im Startmenü die **Einstellungen** auf, und wählen Sie die Kategorie **System**. Markieren Sie in der linken Spalte **Akku**, und tippen Sie rechts auf **Akkunutzung nach App**. Befindet sich das Tablet oder Notebook gerade im Akkubetrieb, listet Windows 10 nun alle genutzten Apps auf und zeigt an, wie hoch der Akkuverbrauch dieser Apps ist.

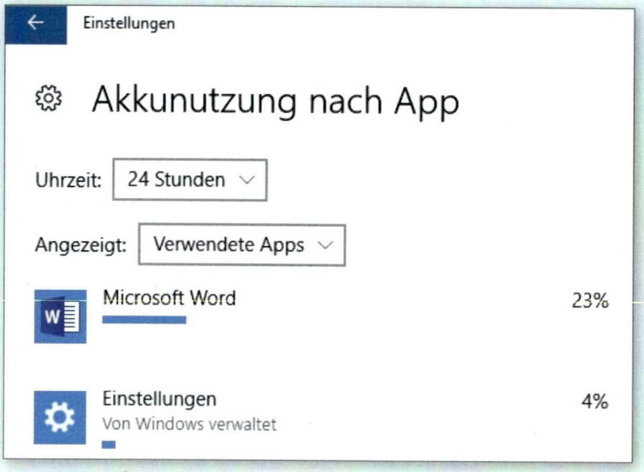

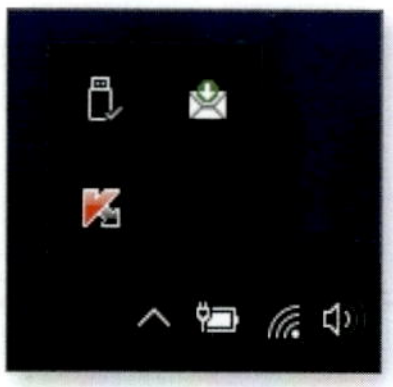

Klicken oder tippen Sie auf den kleinen nach oben weisenden Pfeil, werden weitere Symbole eingeblendet.

Der Infobereich bietet nur beschränkten Platz. Klicken oder tippen Sie auf den nach oben weisenden kleinen Pfeil, werden weitere Symbole eingeblendet. Welche dies im Einzelnen sind, hängt unter anderem von den auf Ihrem Computer installierten Programmen ab. Viele Anwendungen blenden beispielsweise einen kleinen Hinweis ein, wenn eine aktuellere Programmversion (*Update*) verfügbar ist.

Anwender, die bereits mit einer älteren Version von Windows gearbeitet haben, werden im Infobereich das kleine Flaggen-Symbol vermissen. Dieses Symbol zeigte Ihnen, wie es um die Sicherheit Ihres Computers bestellt war. Statt der Flagge finden Sie in Windows 10 nun ein neues Symbol: Ein Klick oder Tipp auf ❶ und am rechten Bildschirmrand klappt eine Leiste auf. Was auch immer Wichtiges auf Ihrem Computer geschieht, in dieser Benachrichtigungsleiste, auch *Info-Center* genannt, finden Sie einen entsprechenden Hinweis darauf. So informiert Windows 10 Sie beispielsweise, wenn ein Update, also eine Aktualisierung einer App, durchgeführt wurde. Oder haben Sie gerade eine externe Festplatte an Ihren Computer angeschlossen? Auch dies zeigt Windows 10 in der Benachrichtigungsleiste an.

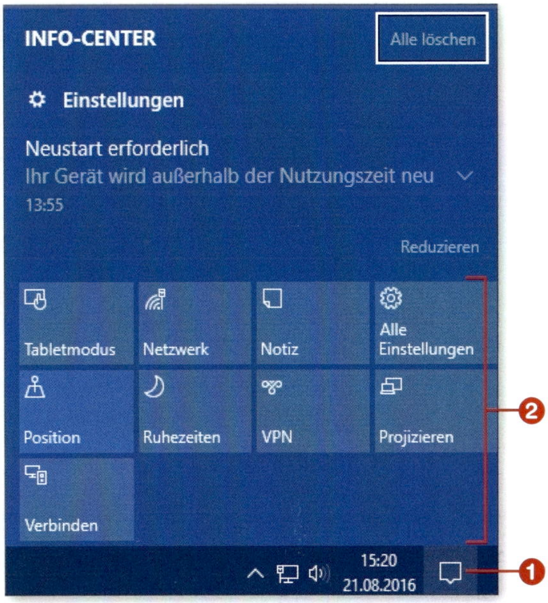

Die Benachrichtigungsleiste informiert Sie über alle wichtigen Aktionen.

Anzahl der Benachrichtigungen ausblenden

Seit dem Anniversary Update informiert Windows 10 Sie nicht nur durch das Symbol, dass neue Benachrichtigungen vorhanden sind. In dem kleinen Symbol wird sogar die Anzahl der neuen Hinweise eingeblendet. Wenn Sie derartige Informationen nicht wünschen, klicken Sie mit der rechten Maustaste auf das Benachrichtigungssymbol und wählen Sie im Kontextmenü den Befehl **Anzahl neuer Benachrichtigungen nicht anzeigen**. Nicht nur im Benachrichtigungssymbol, sondern auch in den Taskleisten-Symbolen von geöffneten Apps wie etwa der Mail-App, wird die Anzahl neu eingegangener Benachrichtigungen angezeigt. Sollen diese Informationen ausgeblendet werden, rufen Sie **Start ▸ Einstellungen ▸ Personalisierung** auf. Markieren Sie in der linken Spalte **Taskleiste**, und blättern Sie in der rechten Fensterhälfte nach unten. Ziehen Sie den Schieberegler unterhalb von **Badges auf Taskleistenschaltflächen anzeigen** nach links auf **Aus**, wird zukünftig nicht mehr die Anzahl der Benachrichtigungen angezeigt.

Am unteren Rand der Benachrichtigungsleiste werden außerdem einige Schaltflächen ❷ eingeblendet, über die Sie schnell bestimmte Akti-

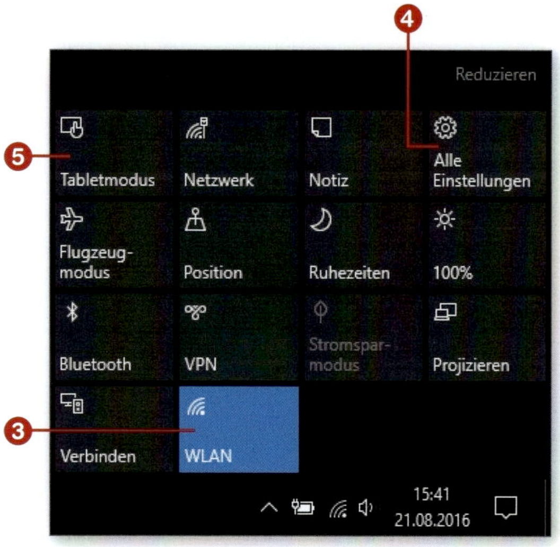

onen ausführen können. Welche Schaltflächen dies sind, hängt vom verwendeten Gerät ab. So finden Sie bei einem Notebook oder Tablet, die über einen WLAN-Adapter zur Verbindung mit einem Funknetz verfügen, die Schaltfläche **WLAN** ❸. Mit nur einem Mausklick oder Fingertipp auf die Schaltfläche lässt sich eine Verbindung zum Funknetz deaktivieren oder wiederherstellen. Dies ist besonders auf Flugreisen praktisch, wenn das WLAN entsprechend ausgeschaltet werden muss. Mehr rund um das Thema WLAN erfahren Sie im Abschnitt »So kommen Sie ins Internet« ab Seite 145.

^ *Auf einem Tablet oder Notebook zeigt die Benachrichtigungsleiste einige Schaltflächen mehr an als auf einem Desktop-PC.*

Die Schaltfläche **Alle Einstellungen** ❹ finden Sie in der Benachrichtigungsleiste bei allen Geräten. Ein Klick oder Tipp hierauf und der Dialog **Einstellungen** wird geöffnet. Über diesen Dialog erreichen Sie alle wichtigen Funktionen, um Ihren Computer Ihren Wünschen entsprechend anzupassen.

+ Tabletmodus ein- und ausschalten

Wie im Verlauf dieses Kapitels schon häufiger erwähnt, werden Apps und Windows-Anwendungen auf einem Gerät mit Touchscreen automatisch im Vollbildmodus, also über den gesamten Bildschirm hinweg angezeigt. Man spricht hierbei auch vom *Tabletmodus*. Über die Schaltfläche **Tabletmodus** ❺, die nach einem Klick auf das Symbol ▢ in der Benachrichtigungsleiste angezeigt wird, können Sie den Tabletmodus nach Belieben ein- und ausschalten. Für den Fall, dass Windows 10 nicht automatisch erkennt, um welche Art von Gerät es sich handelt, können Sie so also auch selbst den Tabletmodus aktivieren. Dies funktioniert nicht nur auf einem Tablet mit Touchscreen. Wer den Tabletmodus einmal auf seinem Desktop-PC oder Notebook ausprobieren möchte, kann ihn ebenfalls über das entsprechende Symbol in der Benachrichtigungsleiste ein- und später auch wieder ausschalten.

Welche Schaltflächen für die sogenannten schnellen Aktionen angezeigt werden sollen und welche nicht, können Sie seit dem Anniversary Update von Windows 10 selbst bestimmen.

1. Rufen Sie **Start ▸ Einstellungen ▸ System** auf. Markieren Sie links **Benachrichtigungen und Aktionen** ❶.

2. In der rechten Fensterhälfte werden Ihnen nun all die Schaltflächen angezeigt, die auf Ihrem Computer nach einem Klick auf das Symbol ▪ im Info-Center zu sehen sind. Klicken oder tippen Sie auf **Schnelle Aktionen hinzu/entfernen** ❷.

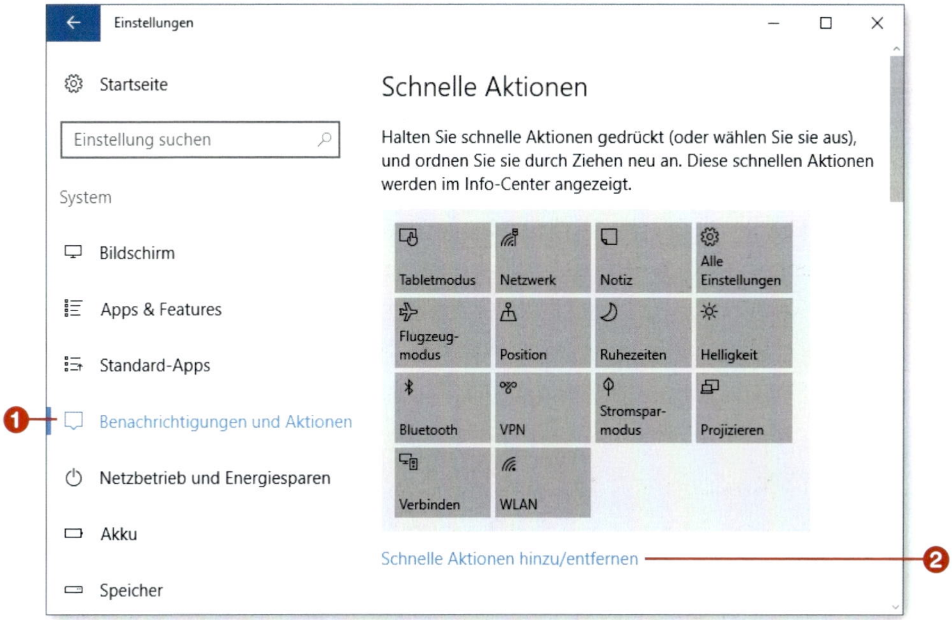

In der folgenden Liste werden alle möglichen Schaltflächen für schnelle Aktionen aufgeführt (siehe die Abbildung auf Seite 92). Zeigt der Schieberegler rechts von einer Aktion auf **Ein**, wird die Schaltfläche im Info-Center eingeblendet. Befindet sich der Regler auf **Aus**, fehlt die Schaltfläche im Info-Center.

3. Bestimmen Sie nun selbst, welche schnellen Aktionen Sie über das Info-Center erreichen möchten, indem Sie den entsprechenden Schieberegler nach rechts auf **Ein** schieben. Benötigen Sie eine Schaltfläche nicht, ziehen Sie den Regler dagegen nach links auf **Aus**.

4. Klicken Sie oben links auf den Pfeil ←, um zum vorherigen Dialog zurückzukehren. Wenn Sie mit einem Tablet arbeiten, gelangen Sie per Tipp auf den Pfeil ← in der Taskleiste zurück.

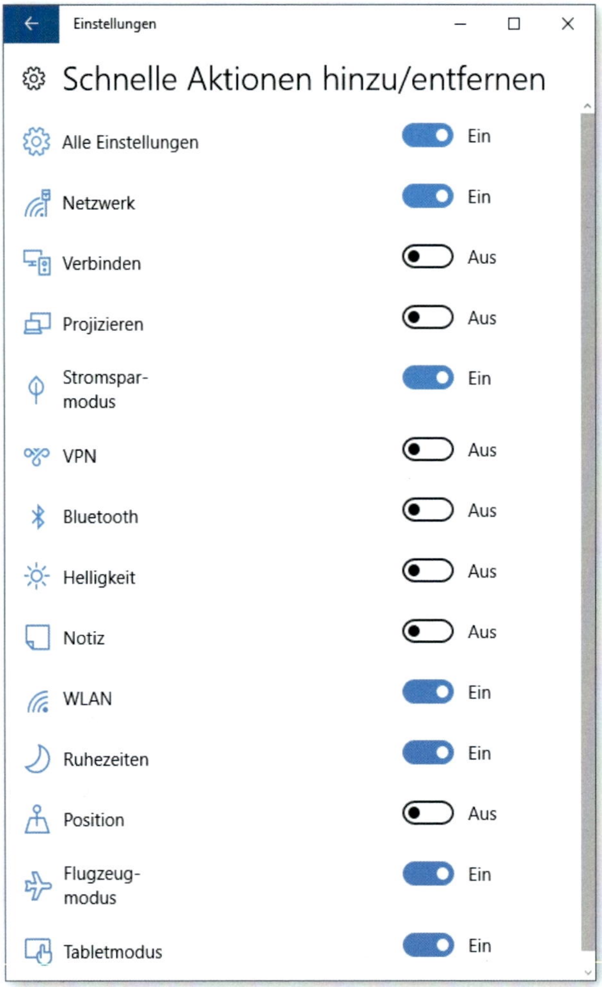

5. Im Bereich **Schnelle Aktionen** werden nur noch die Schaltflächen eingeblendet, die Sie in Schritt 3 selbst festgelegt haben. Die Reihenfolge, in der die Schaltflächen aufgeführt werden, bestimmen Sie ebenfalls selbst. Positionieren Sie hierzu den Mauszeiger auf der zu verschiebenden Schaltfläche, und ziehen Sie ihn mit gedrückter linker Maustaste an die gewünschte neue Position. Lassen Sie dann die Taste los.

Arbeiten Sie mit einem Tablet, verschieben Sie die Schaltfläche einfach mit dem Finger.

6. Manchmal übertreibt es Windows 10 mit den Benachrichtigungen. Blättern Sie im Dialog **Einstellungen** mithilfe der Bildlaufleiste nach unten, haben Sie im Bereich **Benachrichtigungen** die Möglichkeit, die Informationsflut etwas einzudämmen. Möchten Sie über das Info-Center beispielsweise keinerlei Tipps von Windows erhalten, ziehen Sie den Schieberegler unterhalb von **Bei der Nutzung von Windows Tipps, Tricks und Vorschläge erhalten** nach links auf **Aus** ❸.

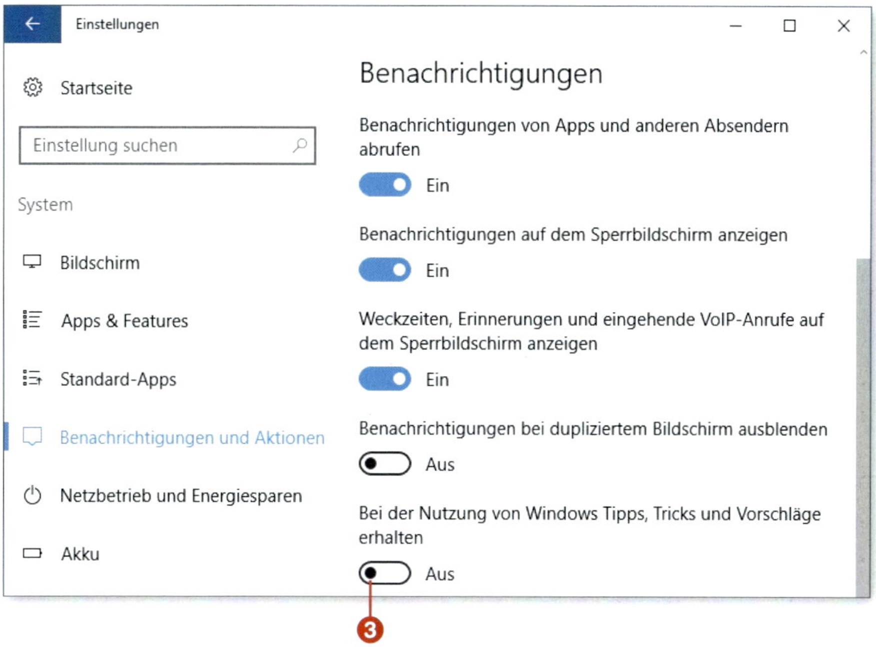

Windows 10 fordert Sie regelmäßig auf, Ihr Feedback zu diversen Anwendungen abzugeben. Sind Ihnen diese Benachrichtigungen im Info-Center lästig, können Sie sie auch unterbinden.

7. Blättern Sie hierzu im Dialog **Einstellungen** weiter nach unten. Im Bereich **Benachrichtigungen dieser Absender abrufen** ziehen Sie den Schieberegler rechts von **Microsoft.WindowsFeedback...** nach links auf **Aus** ❹, wenn Sie keinerlei Benachrichtigungen mehr erhalten möchten.

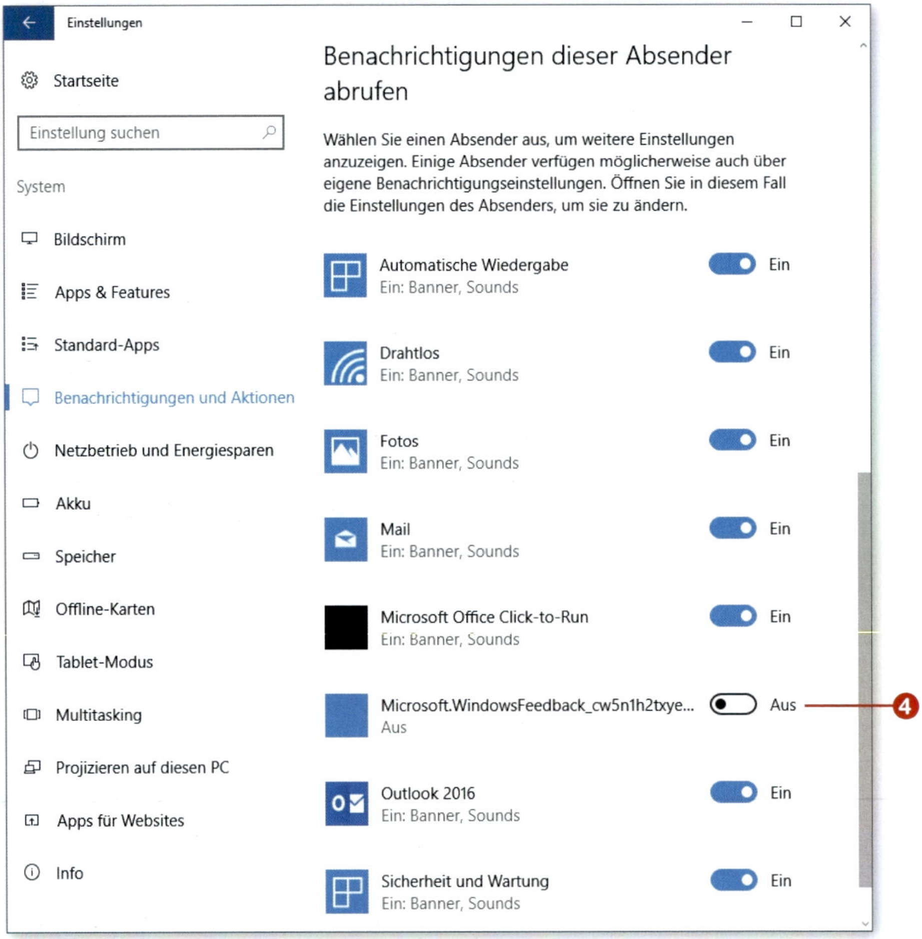

Im Kasten »Wie darf Windows 10 mich informieren« auf Seite 95 zeige ich Ihnen, wie Sie ganz detailliert einstellen können, wie Windows 10 Sie benachrichtigen darf.

Wie darf Windows 10 mich informieren?

Viele Benachrichtigungen von Windows 10 sind durchaus hilfreich. So möchten Sie sicherlich sofort über neu eingetroffene E-Mails informiert werden. Auch Hinweise auf vorgenommene Updates sind wichtig. Doch wie soll die Benachrichtigung genau aussehen? Reicht es Ihnen, wenn Sie lediglich über das Benachrichtigung-Symbol in der Taskleiste informiert werden? Oder soll zusätzlich ein kleines Hinweisfenster, ein sogenanntes Banner, in der rechten unteren Bildschirmecke eingeblendet werden und eventuell sogar ein Ton (auch Sound genannt) auf die neu eingegangene Benachrichtigung aufmerksam machen? Um die gewünschte Benachrichtigungsform auszuwählen, klicken Sie im Dialog **Einstellungen ▸ System ▸ Benachrichtigungen und Aktionen** im Bereich **Benachrichtigungen dieser Absender abrufen** auf den gewünschten Absender, sprich die Anwendung, für die Sie die Einstellungen anpassen möchten. Nutzen Sie zum Schreiben Ihrer E-Mails z. B. die Mail-App (siehe auch Abschnitt »E-Mails verschicken mit der Mail-App« auf Seite 197), finden Sie hier den entsprechenden Absender **Mail**. Im folgenden Dialog können Sie detaillierte Einstellungen zur Art der Benachrichtigung vornehmen. Stört Sie der Ton etwa, der zu hören ist, wenn eine neue E-Mail eintrifft, ziehen Sie den Regler unterhalb von **Bei Eingang einer Benachrichtigung Sound wiedergeben** nach links auf **Aus**. Über die Pfeiltaste oben links ← bzw. im Falle eines Tablets in der Taskleiste gelangen Sie wieder zum vorherigen Dialog zurück.

Eins, zwei, drei – wie viel Desktop darf es sein?

Ob im Startmenü, auf der Taskleiste oder der Desktop-Oberfläche: Platz für Verknüpfungen zu Windows-Anwendungen und Apps gibt es mehr als genug, wie Sie im Verlauf dieses Kapitels bereits sehen konnten. Wenn Sie mehrere Anwendungen gleichzeitig geöffnet haben, kann es aber trotzdem schnell unübersichtlich werden. Für Abhilfe soll hier die Funktion der *virtuellen Desktops* sorgen, die in Windows 10 neu hinzugekommen ist und mit dem Anniversary Update weiter optimiert wurde. Die Funktion ist allerdings nur Desktop-PC- und Notebook-Nutzern vorbehalten. Wer mit einem Tablet arbeitet, muss leider darauf verzichten.

Das Prinzip hinter den virtuellen Desktops ist denkbar einfach: Mit wenigen Mausklicks oder Fingertipps legen Sie sich zusätzlich zur bestehenden Desktop-Oberfläche weitere Arbeitsoberflächen, also Desktops, an. Auf diese Weise können Sie sich getrennte Arbeitsbereiche schaffen. Auf einem etwa öffnen Sie alle Programme, die Sie zum Bearbeiten Ihrer Fotos und Videos benötigen. Ein anderer wiederum bietet Platz für die Programme von Microsoft Office, wie etwa Microsoft Word oder Microsoft Excel. Auch ein Desktop für alle Anwendungen rund um das Internet ist denkbar. Ihrer Fantasie sind hier keine Grenzen gesetzt. Im Folgenden zeige ich Ihnen anhand eines Beispiels, wie Sie solch einen virtuellen Desktop, manchmal auch *Aufgabenansicht* oder *Taskansicht* genannt, anlegen.

1. Starten Sie zunächst zwei beliebige Anwendungen, z. B. die **Nachrichten**-App und die **Groove-Musik**-App. Welche Anwendungen Sie wählen, ist unerheblich. Für das folgende Beispiel ist lediglich wichtig, dass bereits Anwendungen geöffnet sind. Die Symbole der geöffneten Anwendungen sind wie üblich in der Taskleiste zu sehen.

2. Um nun einen neuen Desktop anzulegen, klicken oder tippen Sie in der Taskleiste auf das Taskansicht-Symbol ❶.

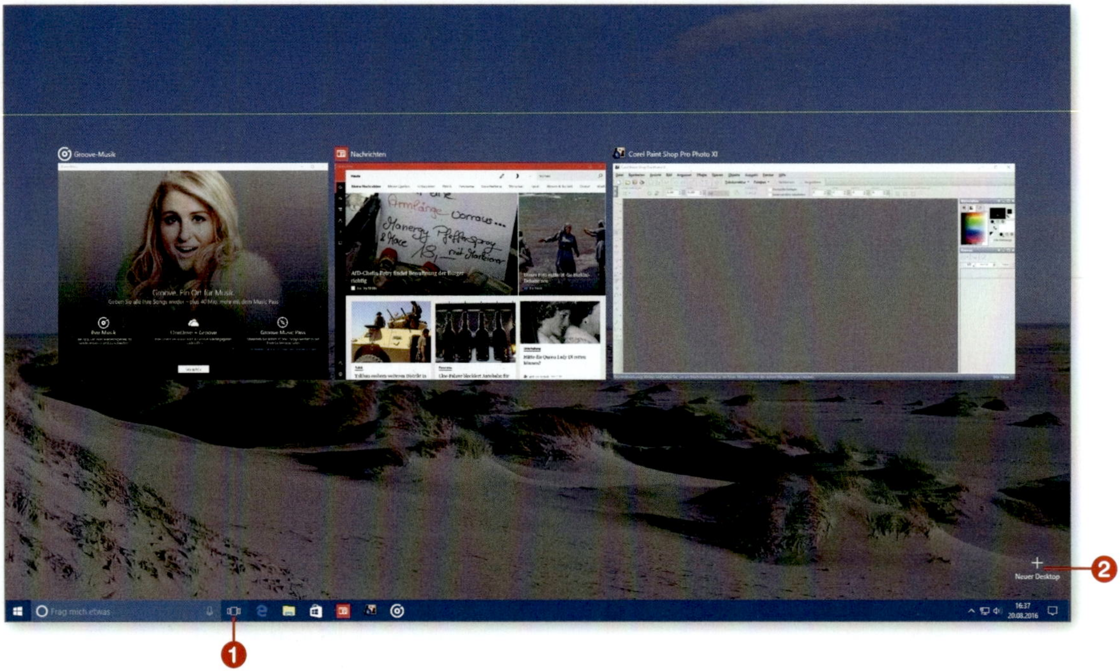

Sie erhalten jetzt eine Übersicht über die bereits geöffneten Anwendungen, im Beispiel also die Nachrichten- und Groove-Musik-App. In den folgenden Abbildungen ist zusätzlich zu diesen Apps noch ein Bildbearbeitungsprogramm zu sehen, mit dem die Screenshots aufgenommen wurden. Die Übersicht haben Sie bereits kurz im Zusammenhang mit dem Beenden von Programmen im Abschnitt »Programme und Apps starten und beenden« ab Seite 46 kennengelernt.

3. Werfen Sie einen Blick in die rechte untere Bildschirmecke, finden Sie die Schaltfläche **Neuer Desktop** ❷. Klicken oder tippen Sie hierauf.

4. Oberhalb der Taskleiste wird nun ein Balken mit zwei Miniaturansichten eingeblendet. Die Vorschau auf der linken Seite trägt die Bezeichnung **Desktop „1“**, die auf der rechten den Titel **Desktop „2“**. Mit einem Klick oder Tipp auf **Desktop „1“** gelangen Sie zu Ihrer ersten, ursprünglichen Desktop-Oberfläche mit den beiden bereits geöffneten Anwendungen.

5. Klicken oder tippen Sie nun in der Taskleiste erneut auf das Symbol **Taskansicht** und danach in der Leiste oberhalb der Taskleiste auf **Desktop „2“**. Jetzt wird die neu angelegte Desktop-Oberfläche eingeblendet.

6. Öffnen Sie hier nun zwei neue Anwendungen, etwa den Browser **Microsoft Edge** und den **Explorer**. Die entsprechenden Symbole finden Sie bereits in der Taskleiste, das Öffnen ist also schnell erledigt. Die Taskleisten-Symbole werden entsprechend mit einer farbigen Unterstreichung versehen, dem Kennzeichen der geöffneten Anwendungen.

7. Rufen Sie per Klick auf das Symbol in der Taskleiste die Taskansicht auf.

8. In der nun sichtbaren Leiste oberhalb der Taskleiste finden Sie wieder die beiden Miniaturansichten **Desktop „1“** und **Desktop „2“**. Bewegen Sie den Mauszeiger auf die Vorschau **Desktop „1“**, werden in der Übersicht oberhalb der Leiste alle in der ersten Desktop-Oberfläche geöffneten Anwendungen angezeigt, im Beispiel also die Nachrichten- und Groove-Musik-App. Analog sehen Sie die Anwendungen der zweiten, also neu angelegten Desktop-Oberfläche, wenn Sie den Mauszeiger entsprechend auf der Vorschau **Desktop „2“** positionieren.

9. Um nun zu einer der beiden Desktop-Oberflächen zu wechseln, reicht ein einfacher Tipp auf die entsprechende Vorschau, also **Desktop „1“** oder **Desktop „2“**.

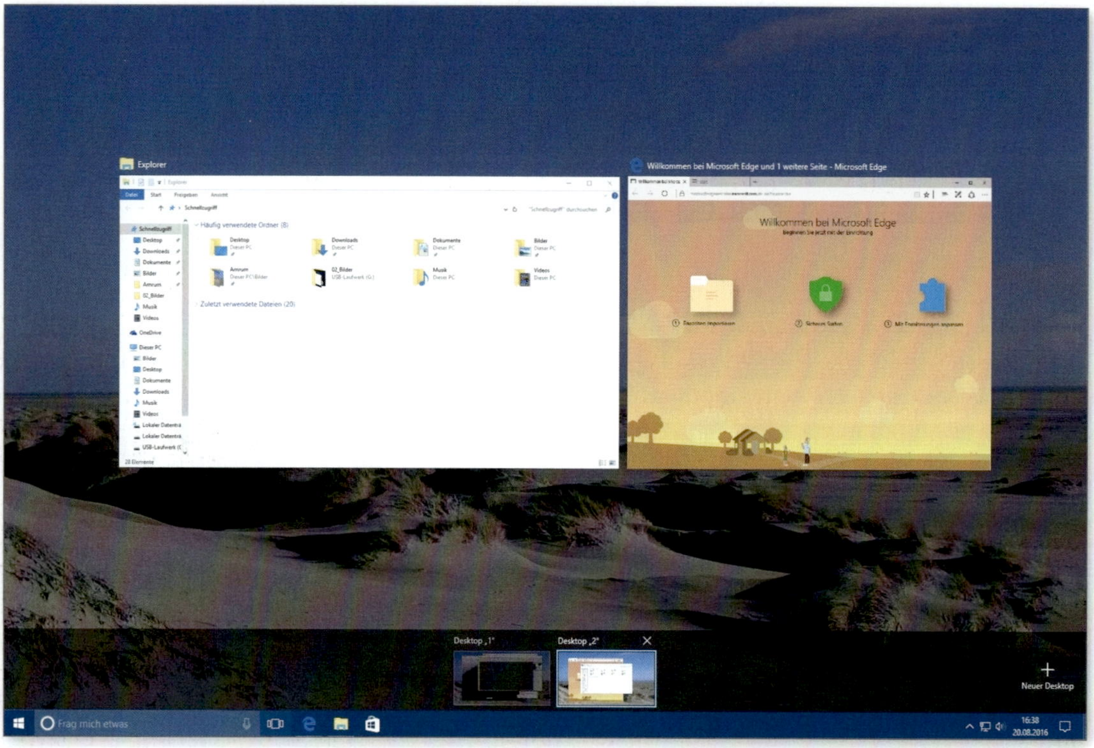

10. Sie können aber auch bereits in der Taskansicht, die per Klick auf das Symbol in der Taskleiste eingeblendet wird, eine Anwendung auswählen. Um etwa zur Nachrichten-App zu gelangen, bewegen Sie den Mauszeiger in der Taskansicht auf **Desktop „1“** und klicken oder tippen dann auf die Vorschau der Nachrichten-App.

11. Wollen Sie anschließend schnell zum Browser Microsoft Edge wechseln, der auf der zweiten Desktop-Oberfläche angezeigt wird, klicken Sie auf das Taskansicht-Symbol , bewegen dann den Mauszeiger auf die Vorschau von **Desktop „2“** und klicken anschließend in der Übersicht auf die Vorschau des Browsers.

Wenn Sie möchten, können Sie sich, wie in den Schritten 2 und 3 gezeigt, beliebig weitere virtuelle Desktops einrichten. Gibt es eine Anwendung, die Sie gerne auf allen Desktops nutzen möchten? Mit dem Anniversary

Update von Windows 10 ist nun auch dies möglich. Im Beispiel soll der Browser Edge auf jeder Desktop-Oberfläche angezeigt werden.

1. Klicken Sie auf das Taskansicht-Symbol ❶. Bewegen Sie den Mauszeiger auf die Vorschau des Desktops, auf der sich das gewünschte Programm aktuell befindet, im Beispiel also **Desktop „2"** ❷.

2. Positionieren Sie den Mauszeiger nun über der gewünschten Anwendung, hier also dem Microsoft Edge, und drücken Sie die rechte Maustaste.

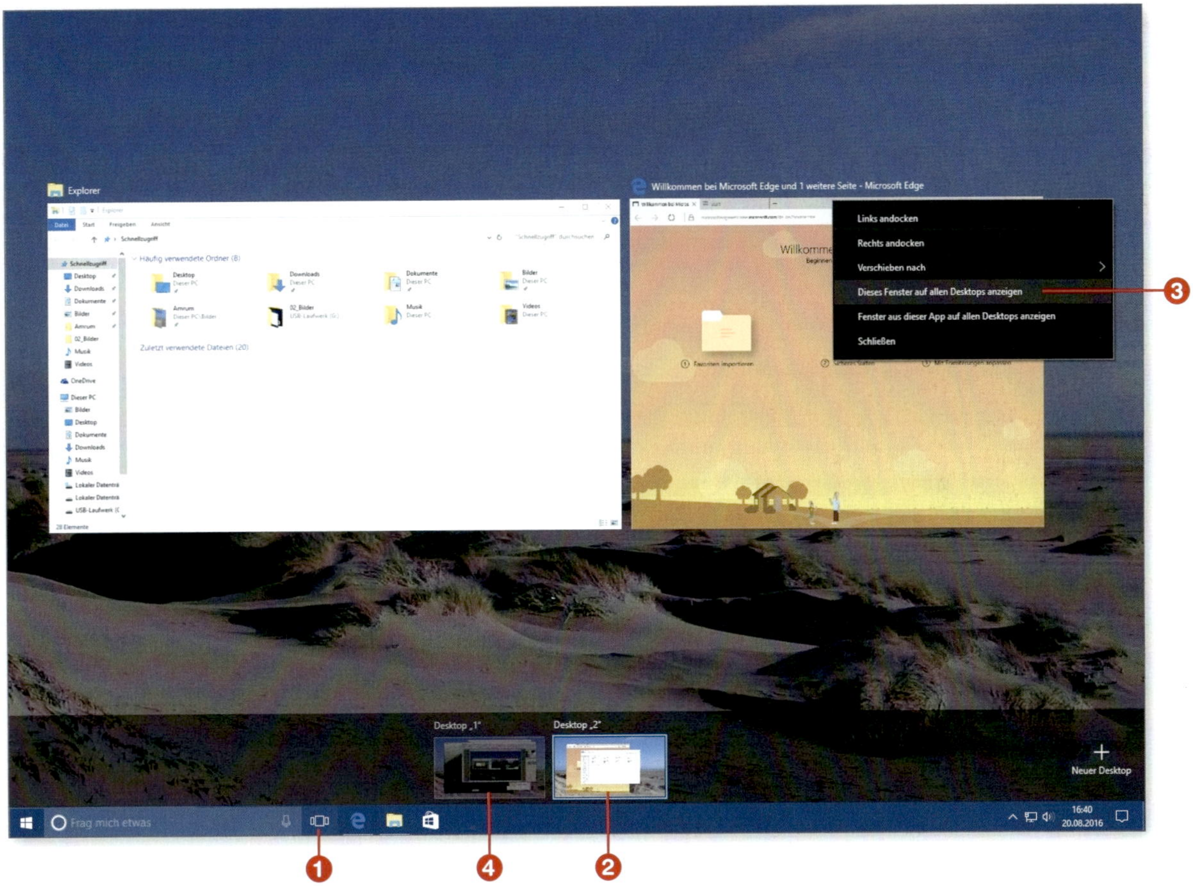

3. Es klappt ein Kontextmenü auf, in dem Sie den Eintrag **Dieses Fenster auf allen Desktops anzeigen** ❸ auswählen.

4. Bewegen Sie den Mauszeiger nun auf die Vorschau **Desktop „1"** ❹, also die Oberfläche, auf der sich der Browser zuvor noch nicht befand. Auch hier wird nun Microsoft Edge angezeigt.

Wenn Sie einen Arbeitsbereich nicht mehr benötigen, entfernen Sie ihn einfach. Ein virtueller Desktop ist ebenso schnell gelöscht, wie er angelegt ist:

1. Klicken Sie in der Taskleiste auf das Symbol **Taskansicht**.

2. Bewegen Sie den Mauszeiger auf die Vorschau des Desktops, den Sie entfernen möchten, etwa **Desktop „2“**.

3. In der rechten oberen Ecke der Vorschau wird nun ein kleines Kreuz-Symbol eingeblendet. Ein Klick hierauf und der virtuelle Desktop wird geschlossen.

In unserem Beispiel wird nun wieder die erste Desktop-Oberfläche angezeigt. In dieser finden Sie zusätzlich zu den Fenstern der Nachrichten- und Groove-Musik-App sowie dem auf allen Oberflächen angezeigten Browser Microsoft Edge auch das in der zweiten Desktop-Oberfläche geöffnete Programm Explorer. Sie müssen also keine Angst haben, dass durch das Schließen eines virtuellen Desktops wichtige Arbeiten am Computer verloren gehen.

In diesem Kapitel haben Sie Ihren Computer schon etwas nach Ihren Bedürfnissen einrichten können. Im nächsten Kapitel erfahren Sie unter anderem, wie Sie weitere Benutzerkonten einrichten, Drucker oder auch Lautsprecher am Computer anschließen und neue Programme installieren.

Kapitel 3
Ihr ganz persönliches Windows 10

Bevor Sie mit der Arbeit am Computer loslegen, melden Sie sich jedes Mal an Ihrem Benutzerkonto an. Als Kontotyp für die erste Anmeldung haben wir ein lokales Benutzerkonto gewählt, bei dem Sie zur Authentifizierung neben Ihrem Benutzernamen ein Kennwort eingeben. Wie diese erste Anmeldung funktioniert, habe ich im Abschnitt »Windows 10 zum ersten Mal starten« ab Seite 27 beschrieben. Statt über ein Kennwort können Sie sich unter Windows 10 aber auch über einen Bildcode oder eine PIN anmelden. Was sich dahinter verbirgt und wie Sie unter Windows 10 weitere Benutzerkonten für sich selbst und Ihre Familienmitglieder anlegen, zeige ich Ihnen nun in diesem Kapitel. Neben dem lokalen Benutzerkonto lernen Sie hier auch das Microsoft-Konto kennen, das Sie beispielsweise benötigen, wenn Sie Ihre Daten im Online-Speicher *OneDrive* sichern möchten.

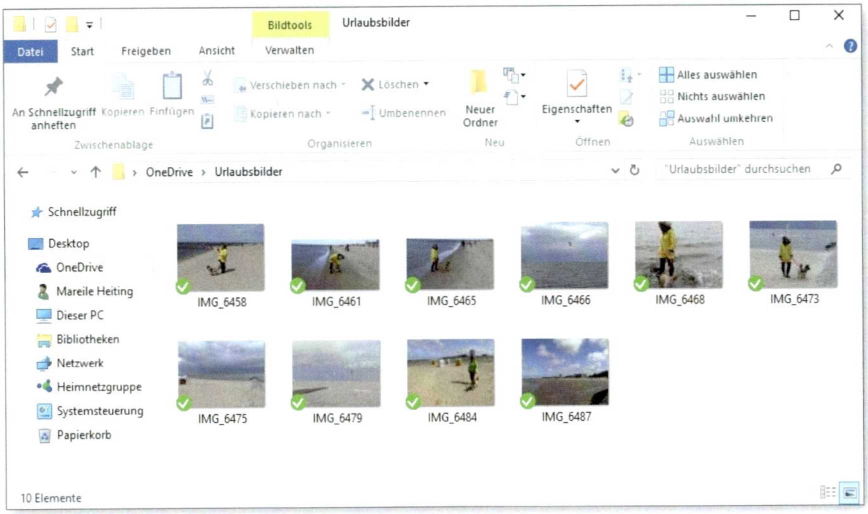

Für den Zugriff auf den Online-Speicher OneDrive benötigen Sie ein Microsoft-Konto.

Im weiteren Verlauf dieses Kapitels erfahren Sie, wie Sie wichtige Windows-Einstellungen wie Schriftgröße, Datum, Uhrzeit etc. ändern. Auch das Anschließen von externen Geräten, also von Druckern und Lautsprechern, sowie die Installation und Deinstallation von Programmen werden Themen dieses Kapitels sein. Als Resultat werden Sie am Ende dieses Kapitels auf Ihr ganz persönlich eingerichtetes Windows 10 blicken können.

Ihr Benutzerkonto anpassen

Mithilfe eines Benutzerkontos wird festgelegt, wer am Computer was vornehmen darf. Damit nicht jeder sofort Zugriff auf Ihre Daten hat, schützen Sie das Benutzerkonto, wie in Kapitel 1, »Schnelleinstieg in Windows 10«, gezeigt, durch ein Kennwort. Erst nach korrekter Eingabe gelangen Sie zum Startbildschirm.

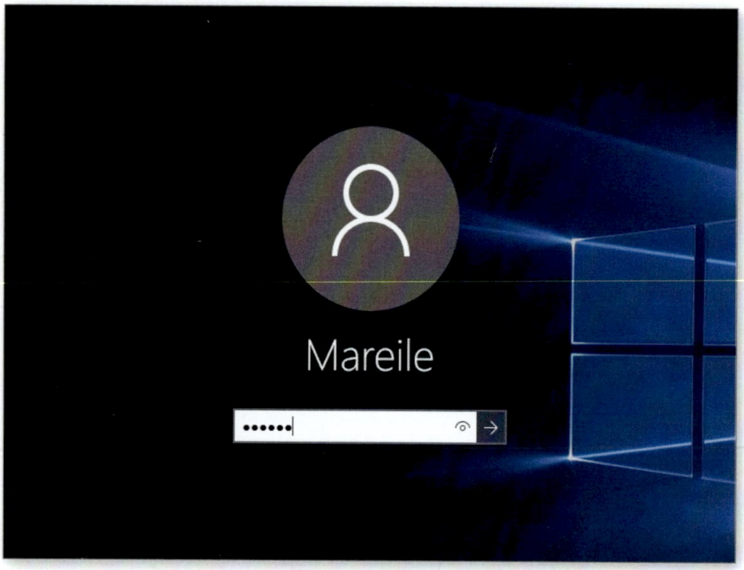

> *Für die Anmeldung am Benutzerkonto ist ein Kennwort nötig.*

Ein sicheres Kennwort sollte möglichst aus einer Kombination von Buchstaben, Zahlen und Sonderzeichen wie § oder ; bestehen. Je komplizierter die Zeichenfolge ist, desto besser. Leider kann man sich ein solches Kennwort meist nur schwer merken. Für Touchscreen-Nutzer ist die Eingabe über die Bildschirmtastatur außerdem recht beschwerlich. Aus diesem Grund bietet Windows 10 zwei weitere Möglichkeiten zum Schutz des Benutzerkontos an: den *Bildcode* und die *PIN* (*persönliche Identifikationsnummer*).

Beim Bildcode wird bei der Anmeldung ein Foto eingeblendet, auf dem Sie in einer von Ihnen vorgegebenen Reihenfolge bestimmte Elemente per Finger oder Maus markieren. Bei der Anmeldung per PIN-Code wird eine ebenfalls von Ihnen festgelegte vierstellige Zeichenfolge abgefragt. Letzteres ist nicht sonderlich sicher, denn die vier Ziffern lassen sich schnell erraten. Aus diesem Grund werde ich auch nicht näher auf den PIN-Code eingehen. Der Bildcode dagegen ist gerade bei Touchscreens eine feine Sache und macht auch bei anderen Computertypen Spaß. Um ihn einzurichten, gehen Sie folgendermaßen vor:

1. Rufen Sie wie gewohnt über das Startmenü die **Einstellungen** ⚙ auf.

2. Im folgenden Dialog wählen Sie per Mausklick oder Antippen die Kategorie **Konten** ❶ aus.

3. Markieren Sie anschließend in der linken Spalte die **Anmeldeoptionen** (❷ auf Seite 104). Klicken oder tippen Sie in der rechten Spalte unterhalb von **Bildcode** auf **Hinzufügen** ❸. Gegebenenfalls müssen Sie im Dialog etwas nach unten blättern, bis der Eintrag **Bildcode** sichtbar wird.

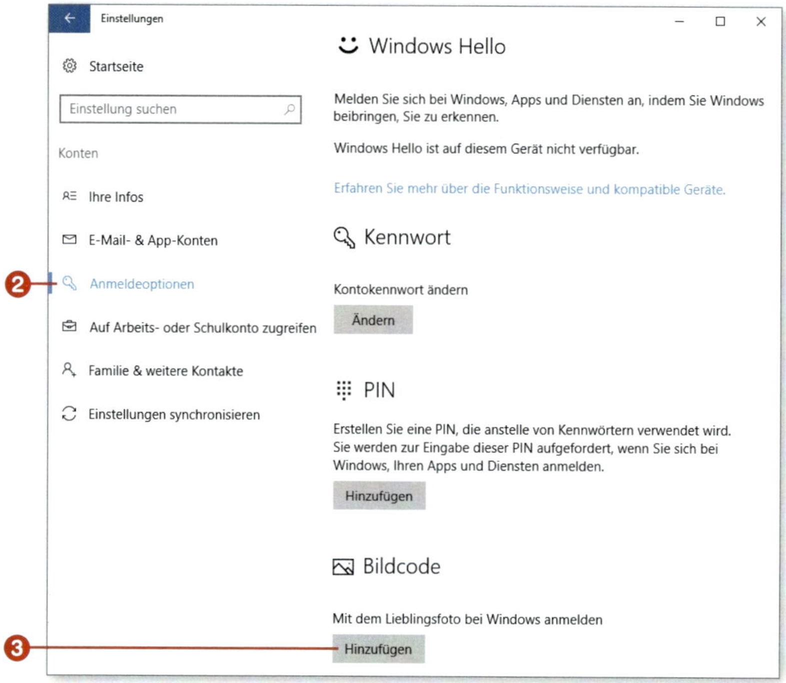

4. Im nächsten Fenster wird Ihr aktuelles Kennwort abgefragt. Die Eingabe bestätigen Sie mit **OK** ❹.

5. Sie erhalten eine kurze Information zum Bildcode, die Sie sich durchlesen sollten, bevor Sie über **Bild auswählen** ❺ ein eigenes Bild festlegen.

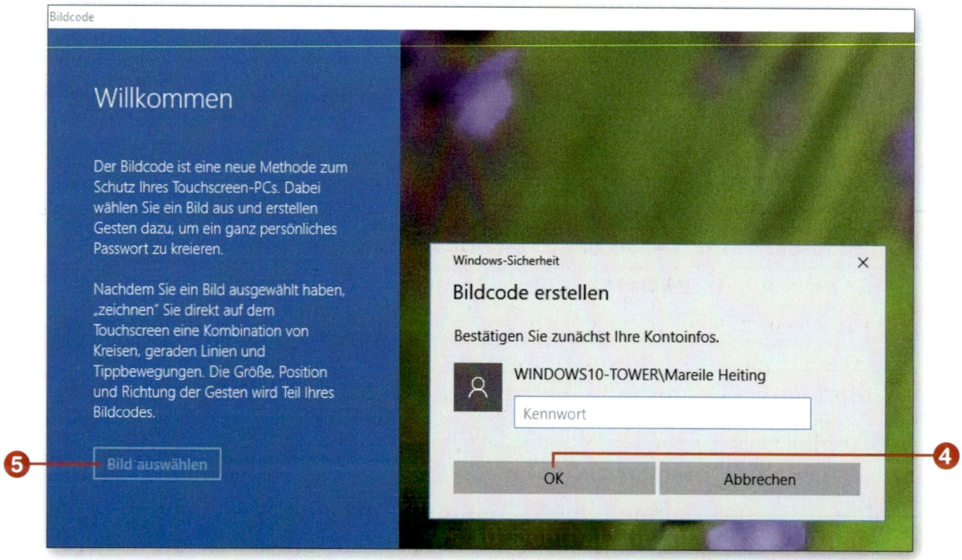

6. Es wird nun der Explorer geöffnet, den Sie ausführlich in Kapitel 6, »Der Explorer – mit Dateien und Ordnern umgehen«, kennenlernen werden. Markieren Sie im Navigationsbereich links den Ordner, in dem sich das Foto befindet, das Sie für den Bildcode verwenden möchten.

7. Markieren Sie das Bild per Mausklick oder durch Antippen. Öffnen Sie es dann mit einem Klick oder durch Tippen auf **Öffnen** ❻.

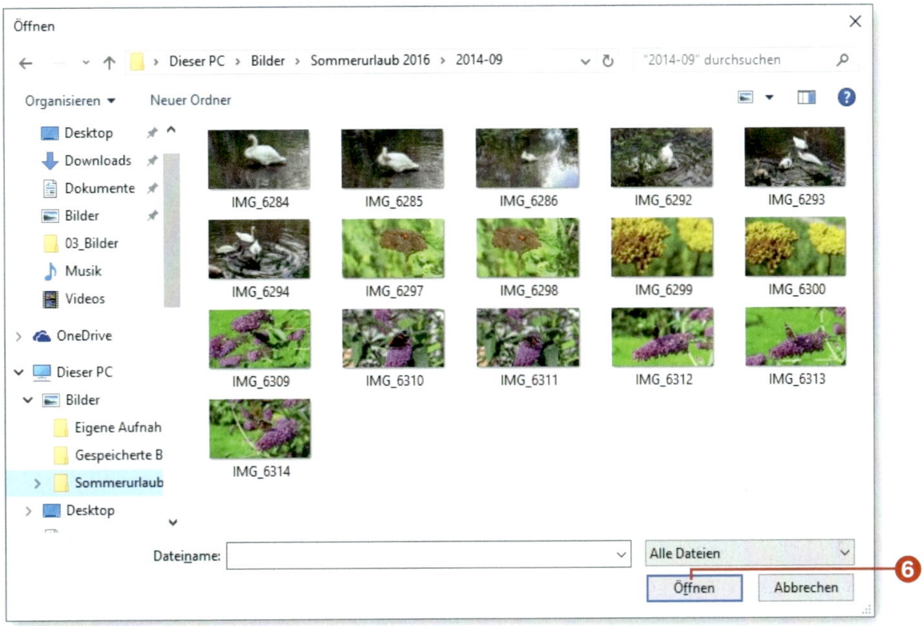

8. Bestätigen Sie die Bildauswahl nochmals mit **Dieses Bild verwenden**.

Die nächsten Schritte sind besonders wichtig, denn mit ihnen legen Sie den eigentlichen Bildcode fest.

9. Markieren Sie, wie am linken Bildschirmrand beschrieben, mit drei Gesten bestimmte Bildbereiche. Bei den Gesten kann es sich um Linien, Kreise oder auch nur um einfaches Antippen oder Anklicken von Bildelementen handeln. In der folgenden Abbildung habe ich beispielsweise zuerst am oberen Rand des Blattes eine leicht gebogene Linie gezogen, habe dann auf einen Punkt des Schmetterlings getippt und bin schließlich an der unscharfen Blüte im Hintergrund entlanggefahren.

10. Sobald Sie die erforderlichen drei Bewegungen auf Ihrem Bild vorgenommen haben, werden Sie aufgefordert, sie zu wiederholen.

11. Haben Sie den Bildcode erfolgreich erstellt, waren die drei Bewegungen also identisch mit den zuvor festgelegten Gesten, schließen Sie den Vorgang mit **Fertig stellen** ab.

Nun wird wieder der Dialog **Konten** angezeigt. Von nun an steht Ihnen die Anmeldung sowohl per Kennwort als auch per Bildcode zur Auswahl. Probieren Sie es doch gleich einmal aus!

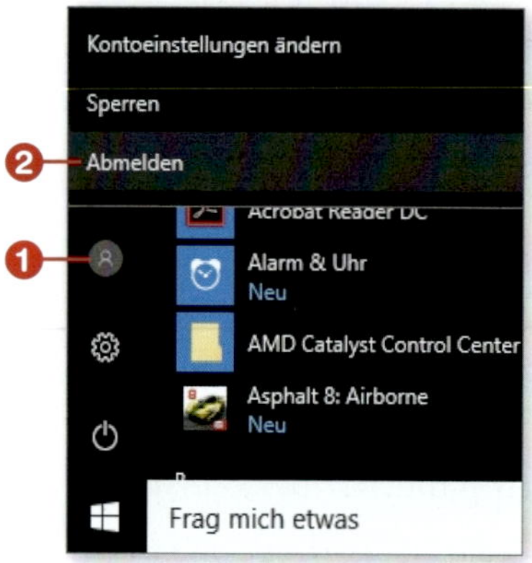

1. Rufen Sie zunächst das Startmenü auf, und klicken oder tippen Sie auf das Symbol Ihres Benutzerkontos ❶ und anschließend auf **Abmelden** ❷.

2. Es wird nun wieder der Sperrbildschirm eingeblendet, den Sie durch Wischen oder per Klick zur Seite schieben.

3. Im Anmeldebildschirm wird jetzt das von Ihnen für den Bildcode ausgewählte Foto angezeigt. Führen Sie die drei Gesten auf dem Bild aus. Dabei ist es wichtig, nicht nur die richtigen Bildelemente zu markieren, sondern auch die korrekte Reihenfolge einzuhalten. Haben Sie versehentlich eine falsche Bewegung ausgeführt, klicken oder tippen Sie links einfach auf **Erneut beginnen** und wiederholen den Vorgang.

Waren die Bewegungen korrekt, meldet Windows 10 Sie erfolgreich am Computer an. Die Anmeldung per Kennwort ist trotz eingerichteten Bildcodes weiterhin möglich. In diesem Fall klicken Sie im Anmeldebildschirm einfach links auf **Anmeldeoptionen** und anschließend auf das Schlüssel-Symbol. Nun können Sie wieder Ihr Kennwort eingeben.

Kennwort regelmäßig ändern

Aus Sicherheitsgründen sollten Sie regelmäßig Ihr Kennwort ändern. Hierzu rufen Sie einfach die Kategorie **Konten** in den **Einstellungen** auf und klicken oder tippen dann im Bereich **Anmeldeoptionen** unter **Kontokennwort ändern** auf **Ändern**. Nachdem Sie das aktuelle Kennwort eingegeben haben, legen Sie ein neues Kennwort fest und folgen den weiteren Anweisungen. Über die Schaltfläche **Ändern** unterhalb von **Bildcode** wählen Sie analog einen neuen Bildcode aus. Möchten Sie ganz auf die Anmeldung per Gesten verzichten, klicken oder tippen Sie in den Anmeldeinformationen auf **Entfernen**.

Sowohl im Anmeldebildschirm als auch im Startmenü wird neben Ihrem Benutzernamen ein kleines Bild mit der Silhouette einer Person angezeigt. Das mausgraue Bild lässt sich leicht durch ein fröhlicheres Foto ersetzen.

1. Rufen Sie wie zuvor beschrieben über das Startmenü den Dialog **Windows-Einstellungen** auf, in dem Sie die Kategorie **Konten** auswählen. Klicken oder tippen Sie dann links auf die Schaltfläche **Ihre Infos** (❶ auf Seite 108), falls diese noch nicht ausgewählt ist.

2. Nach einem Klick oder Fingertipp auf **Suchen** ❷ gelangen Sie wieder zum Explorer mit einer Übersicht über Ihre Bilderordner. Wechseln Sie in das Verzeichnis, in dem sich das gewünschte Foto befindet.

3. Markieren Sie die Aufnahme per Mausklick oder Fingertipp. Nun noch ein Klick oder Tipp auf **Bild auswählen** und schon haben Sie ein neues Profilbild! Sie können es sofort im Startmenü begutachten.

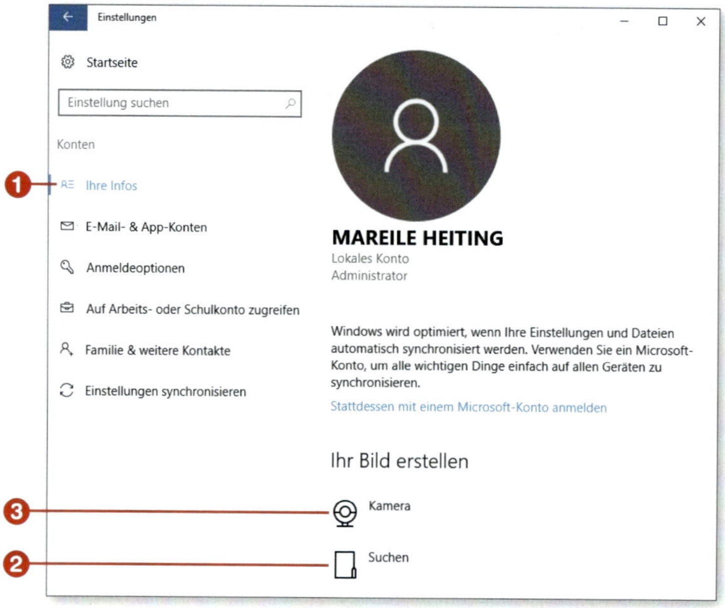

Profilbild direkt per Webcam aufnehmen

Ist an Ihrem Computer eine Webcam angeschlossen, können Sie auch mit dieser Kamera direkt ein Profilbild aufnehmen. Klicken oder tippen Sie in diesem Fall nicht auf **Suchen**, sondern auf das Kamera-Symbol ❸. Windows 10 schaltet automatisch die Kamera ein. Die darauf folgenden Schritte können je nach Kameratyp etwas anders verlaufen. In den meisten Fällen wird aber die *Kamera*-App gestartet, in der Sie auf das kleine Kamera-Symbol am rechten Rand klicken oder tippen, um ein Foto aufzunehmen. Im folgenden Dialog wird auf dem Foto ein Rahmen mit vier Eckpunkten eingeblendet. Diese Punkte können Sie verschieben, um den gewünschten Bildausschnitt selbst festzulegen. Mit **Anwenden** übernehmen Sie das Foto als Profilbild.

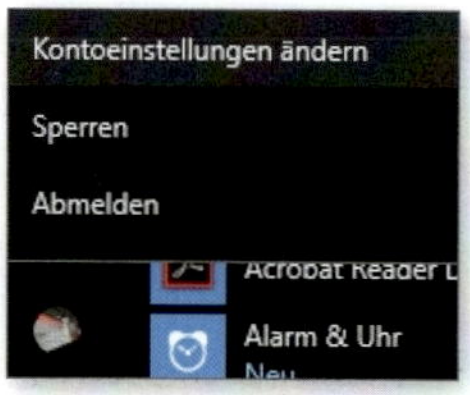

Die Kontoeinstellungen erreichen Sie per Klick auf das Profilbild im Startmenü.

Möchten Sie später einmal das Profilbild austauschen, klicken oder tippen Sie im Startmenü auf das Profilbild und anschließend auf **Kontoeinstellungen ändern**. Es wird automatisch der bereits bekannte **Konten**-Dialog geöffnet, in dem Sie nach einem Klick oder Tippen auf **Durchsuchen** unterhalb von **Ihr Bild** ein neues Foto auswählen.

Im nächsten Abschnitt erfahren Sie, wie Sie das für diverse Apps benötigte Microsoft-Konto einrichten.

Ein Microsoft-Konto einrichten

Das erste Benutzerkonto wird gleich beim ersten Start von Windows 10 angelegt. Arbeiten nicht nur Sie selbst mit dem Computer, sondern auch andere Personen, sollten Sie für jeden Einzelnen ein eigenes Konto einrichten. So bleibt die Privatsphäre eines jeden geschützt, und es gibt keinen Streit über gelöschte Daten oder geänderte Systemeinstellungen.

Aber nicht nur für andere Benutzer des Computers ist ein zusätzliches Konto interessant, sondern auch für Sie selbst. Im Abschnitt »Windows 10 zum ersten Mal starten« ab Seite 27 haben Sie bereits die zwei verschiedenen Kontotypen kennengelernt, zwischen denen bei Windows 10 unterschieden wird: das lokale Benutzerkonto und ein mit einem Microsoft-Konto verknüpftes Benutzerkonto. Möchten Sie beispielsweise über die *Store*-App weitere Apps beziehen, benötigen Sie ein Microsoft-Konto. Wie im ersten Kapitel angekündigt, zeige ich Ihnen nun, wie Sie sich für ein Microsoft-Konto registrieren, falls Sie noch keines besitzen.

In früheren Windows-Versionen führte der Weg zum Einrichten von Benutzerkonten über die Systemsteuerung. Seit Windows 8 ist hierfür nun das Menü **Einstellungen** zuständig.

1. Rufen Sie das Startmenü wie gewohnt auf, und wählen Sie dort die **Einstellungen** aus.

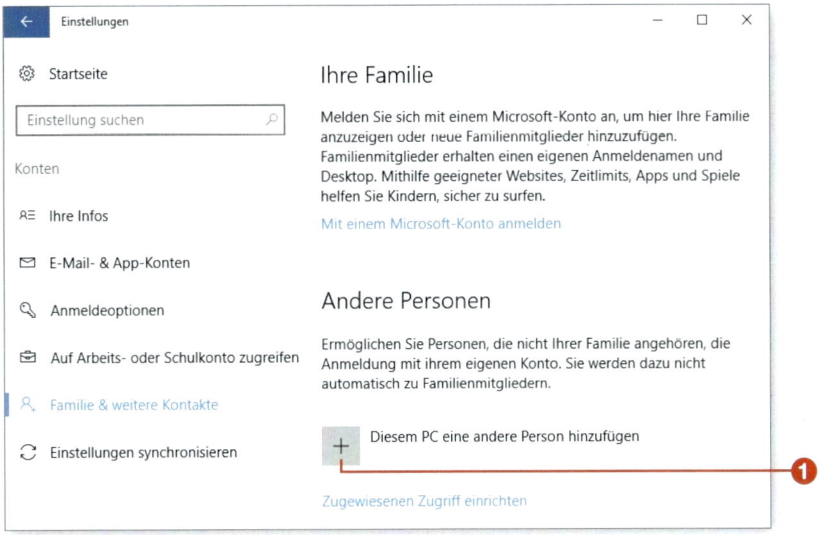

2. Wechseln Sie in die Kategorie **Konten**, und klicken Sie in der linken Spalte auf **Familie und weitere Kontakte**.

3. Klicken oder tippen Sie rechts im Bereich **Andere Personen** nun auf **Diesem PC eine andere Person hinzufügen** (❶ auf Seite 109).

Die nächsten Schritte unterscheiden sich nun je nachdem, ob Sie bereits über eine bei Microsoft registrierte E-Mail-Adresse verfügen oder diese erst neu anlegen müssen.

Benutzerkonto für Familienmitglied hinzufügen

Windows 10 bietet die Möglichkeit, ein Benutzerkonto für ein Familienmitglied anzulegen. Hierfür benötigen Sie zwingend ein Microsoft-Konto mit entsprechender E-Mail-Adresse und Kennwort. Die Auswahl eines Familienkontos ist in erster Linie dann interessant, wenn Sie für ein Kind ein Benutzerkonto einrichten möchten. Denn in diesem Fall können Sie anschließend Zeitlimits festlegen und Websites sowie Programme sperren, die das Kind nicht aufrufen soll. Für alle anderen Nutzer sollten Sie den Weg über den Bereich **Andere Personen** gehen.

Ich beschreibe zunächst, wie Sie sich neu registrieren:

4. Klicken oder tippen Sie auf **Ich kenne die Anmeldeinformationen für diese Person nicht** ❷.

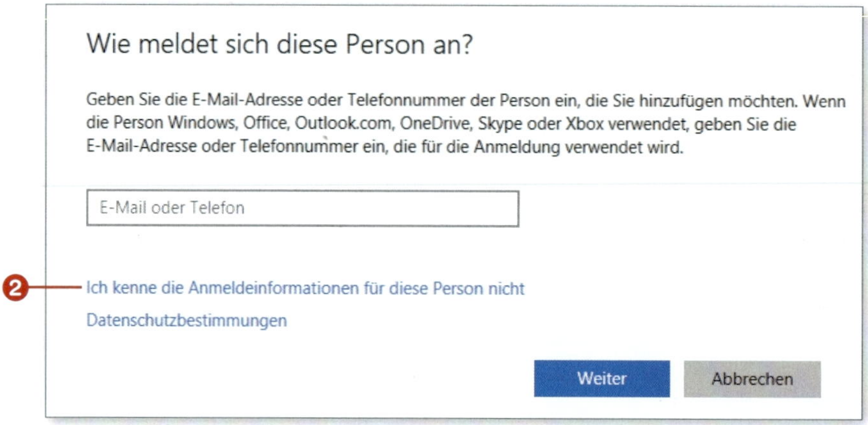

5. Im Dialog **Erstellen Sie Ihr Konto** klicken oder tippen Sie auf **Neue E-Mail-Adresse anfordern** ❸.

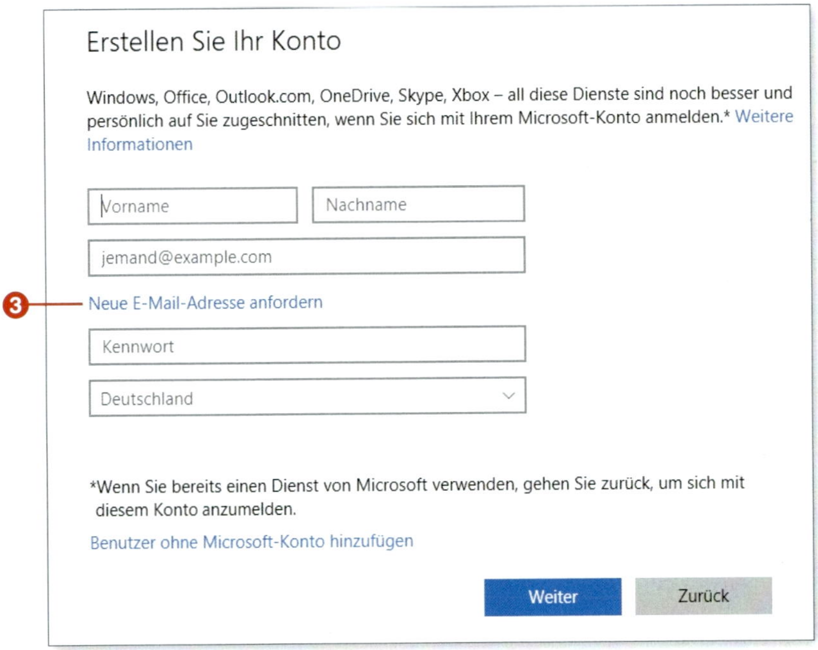

6. Der Dialog **Erstellen Sie Ihr Konto** bleibt weiterhin geöffnet, es ändert sich nur das Feld der E-Mail-Adresse.

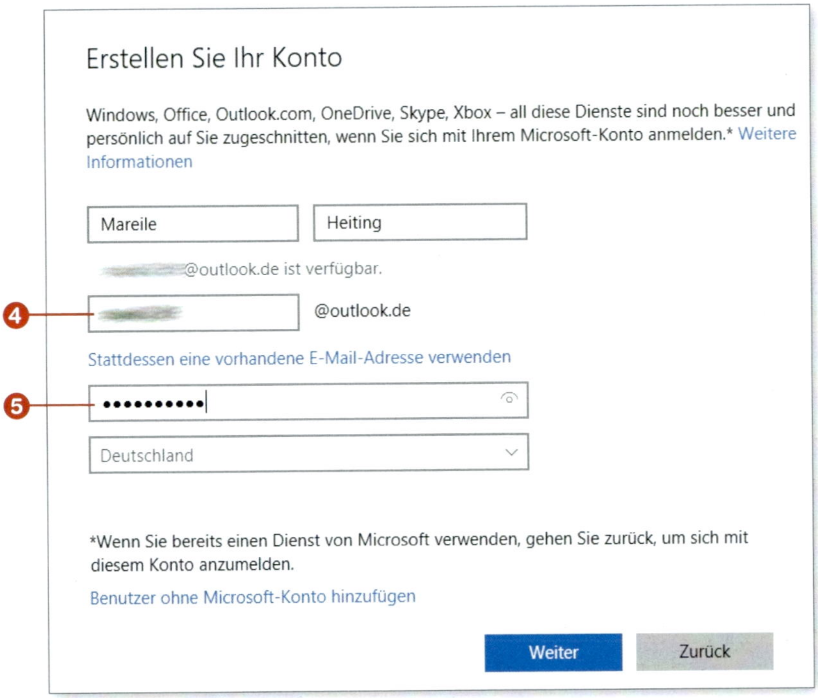

Füllen Sie zunächst die entsprechenden Felder mit Ihrem Vor- und Nachnamen aus. In der nächsten Zeile legen Sie die gewünschte E-Mail-Adresse fest. Tragen Sie hierzu in das linke Feld den Namen ein (❹ auf Seite 111). Rechts davon zeigt Windows bereits den eigenen E-Mail-Dienst **outlook.de** an.

7. Die ausgewählte E-Mail-Adresse wird nun geprüft. Sollte sie bereits vergeben sein, erhalten Sie einen entsprechenden Hinweis. Per Klick auf **Fordern Sie einen verfügbaren Namen an** können Sie sich Vorschläge einholen, welche Adressen Sie stattdessen wählen können. Gefällt Ihnen einer der Vorschläge, markieren Sie ihn einfach per Mausklick. Selbstverständlich können Sie auch einen eigenen neuen Namen ausprobieren. Doppelklicken Sie hierzu in das linke Feld der E-Mail-Adresse ❹, und überschreiben Sie den nun blau markierten Namen.

8. Ergänzen Sie im nächsten Feld ein Kennwort (❺ auf Seite 111), bevor Sie auf **Weiter** klicken oder tippen. Wird der untere Teil des Dialogs nicht angezeigt, blättern Sie mithilfe der Bildlaufleiste oder einer entsprechenden Wischbewegung nach unten.

Mit einem Microsoft-Konto können Sie sich nicht nur bei Windows 10 anmelden, sondern auch zahlreiche Internetdienste wie etwa *OneDrive* nutzen, den Sie in Kapitel 6, »Der Explorer – mit Dateien und Ordnern umgehen«, noch genauer kennenlernen werden. Um das Konto optimal zu schützen, werden auf der nächsten Seite weitere private Daten abgefragt.

9. Ob Sie im nächsten Dialog **Sicherheitsinfos hinzufügen** eine Telefonnummer angeben, ist Ihnen freigestellt. Ich selbst ziehe eine E-Mail-Adresse vor. Um diese angeben zu können, ist ein Klick oder Tipp auf **Stattdessen eine alternative E-Mail-Adresse hinzufügen** ❻ nötig.

10. Geben Sie im Feld **Alternative E-Mail-Adresse** eine bereits vorhandene E-Mail-Adresse bei einem beliebigen E-Mail-Dienst an. Sollten Sie sich einmal nicht anmelden können, weil Sie z. B. das Kennwort vergessen haben, kann Microsoft Ihnen über diese Adresse beim Zurücksetzen des Kennworts behilflich sein. Haben Sie alle Daten eingetragen, klicken oder tippen Sie auf **Weiter**.

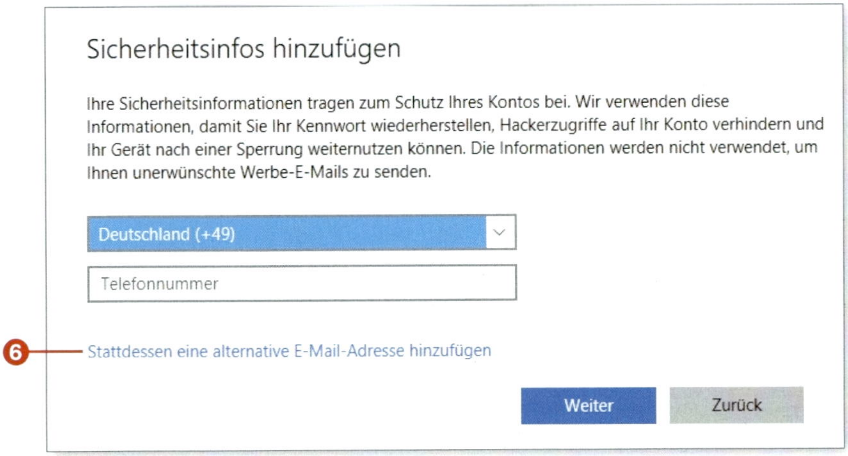

11. Möchten Sie von Microsoft keine Werbung erhalten, entfernen Sie im Dialog **Nur interessante Inhalte anzeigen** die Häkchen in den beiden Kästchen.

12. Zusätzlich können Sie sich nach einem Klick oder Tipp auf den jeweiligen Link den **Microsoft-Servicevertrag** 7 sowie die **Bestimmungen zu Datenschutz und Cookies** 8 durchlesen, bevor Sie Ihre vorherigen Angaben mit **Weiter** bestätigen.

13. Nun noch ein Klick bzw. Tipp auf **Weiter**, anschließend auf **Fertig stellen**, und es ist geschafft!

Das neue Benutzerkonto – in diesem Fall also ein Microsoft-Konto – steht nun für den Benutzer, für den Sie es angelegt haben, bereit. Im Dialog

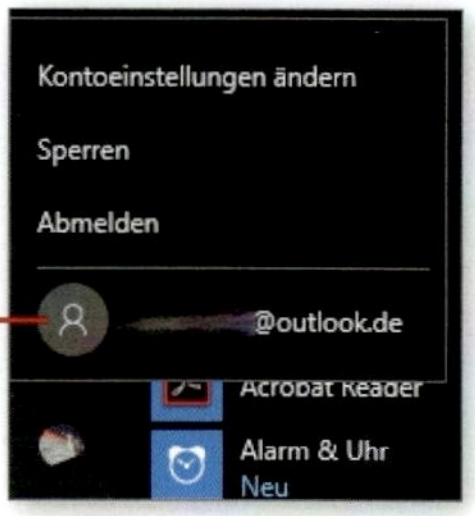

^ *Das neu angelegte Benutzerkonto wird nach einem Klick auf das Profilbild im Startmenü angezeigt.*

Einstellungen, der jetzt wieder angezeigt wird, sehen Sie in der Kategorie **Konten ▸ Familie und weitere Kontakte** im Bereich **Andere Personen** den Namen.

Wenn Sie nun wieder im Startmenü auf Ihr Profilbild klicken oder tippen, wird auch dort dieser neue Benutzer ❾ angezeigt. Wenn Sie das Konto für sich selbst angelegt haben, können Sie per Klick oder Tipp auf den Benutzernamen schnell zu Ihrem Microsoft-Konto wechseln.

Mehr Informationen zum Microsoft-Konto gebe ich Ihnen im Verlauf des Buches immer dann, wenn Sie die Anmeldedaten benötigen, um bestimmte Dienste wie etwa die *Skype*-App zu nutzen. Zunächst aber zurück zum Einrichten weiterer Benutzerkonten.

Weitere Benutzerkonten anlegen

Richten Sie für eine Person, die bereits über eine für Microsoft-Dienste registrierte E-Mail-Adresse verfügt, ein neues Benutzerkonto ein, wiederholen Sie die im vorangegangenen Abschnitt aufgeführten Schritte 1 bis 3: Rufen Sie den Dialog **Windows-Einstellungen** auf, wechseln Sie in die Kategorie **Konten ▸ Familie und weitere Kontakte**, und klicken oder tippen Sie dort auf **Diesem PC eine andere Person hinzufügen** ❶.

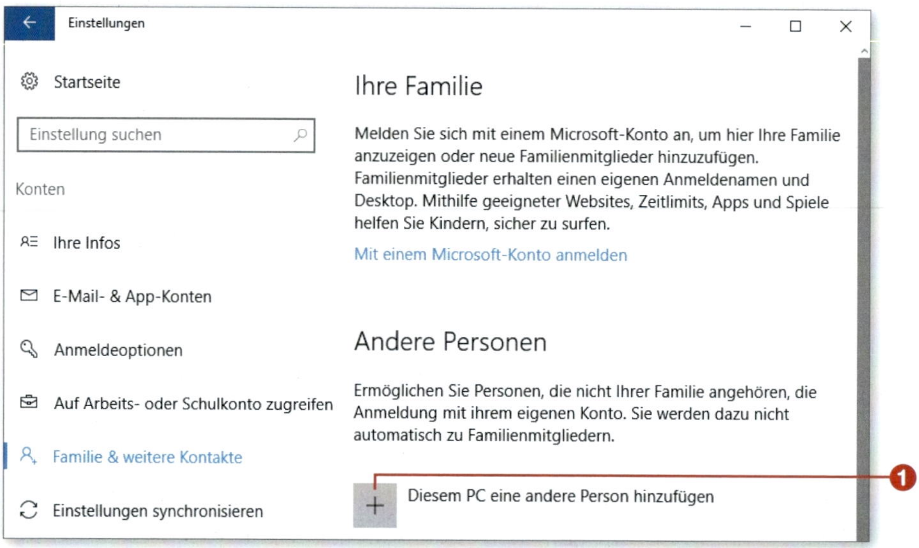

> *Weitere Benutzer fügen Sie über die Kategorie »Konten« hinzu.*

Im nächsten Dialog tragen Sie die registrierte E-Mail-Adresse in das entsprechende Feld ❷ ein. Nach einem Klick oder Fingertipp auf **Weiter** und **Fertig stellen** wird das neue Benutzerkonto eingerichtet.

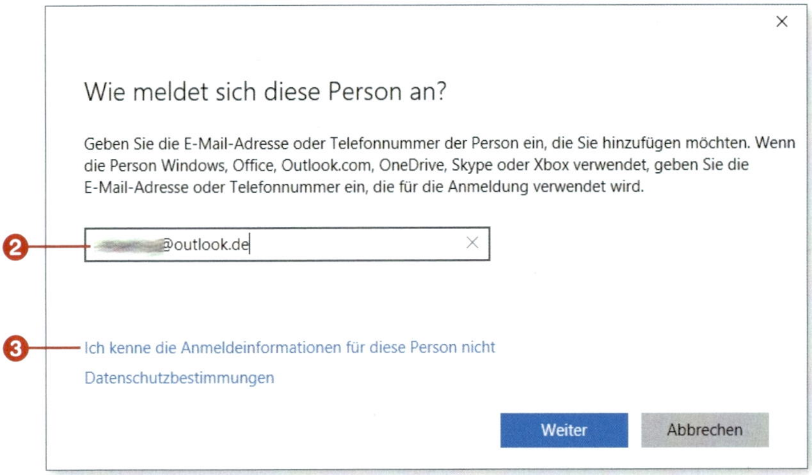

Existiert bereits eine registrierte E-Mail-Adresse, ist das Benutzerkonto schnell eingerichtet.

Auch dieses Konto wird nun im Dialog **Einstellungen** unter **Familie und weitere Kontakte** sowie nach einem Klick auf das Profilbild im Startmenü angezeigt. Meldet sich die Person das erste Mal mit ihrem Microsoft-Konto am Computer an, benötigt Windows 10 einige Minuten für die Konfiguration des Systems, bevor der Anwender am PC loslegen kann.

Zwei Möglichkeiten zur Einrichtung eines zusätzlichen Benutzerkontos haben Sie nun schon kennengelernt. Im ersten Fall wurde eine neue E-Mail-Adresse registriert, im zweiten war diese E-Mail-Adresse bereits vorhanden. Bei beiden handelte es sich um ein mit einem Microsoft-Konto verknüpftes Benutzerkonto. Natürlich können Sie für weitere Benutzer – wie auch schon in früheren Windows-Versionen – auch ein lokales Benutzerkonto einrichten, das nur auf dem vorhandenen Computer gilt. Dies ist vor allem dann interessant, wenn Sie für Kinder ein eigenes Konto auf Ihrem Computer anlegen.

Um ein lokales Konto einzurichten, rufen Sie, wie zuvor beschrieben, im Dialog **Einstellungen** nacheinander **Konten ▸ Familie und weitere Kontakte ▸ Diesem PC eine weitere Person hinzufügen** auf. Klicken oder tippen Sie dann auf **Ich kenne die Anmeldeinformationen für diese Person nicht** ❸. Im Dialog **Erstellen Sie Ihr Konto** klicken oder tippen Sie auf **Benutzer ohne Microsoft-Konto hinzufügen** (❹ in der Abbildung auf Seite 116).

> *Entscheiden Sie sich hier für »Benutzer ohne Microsoft-Konto hinzufügen«.*

Tragen Sie auf der nächsten Seite einen Benutzernamen und ein Kennwort ein. Letzteres wiederholen Sie, und Sie sollten auch einen **Kennworthinweis** ❺ ergänzen, bevor Sie auf **Weiter** klicken oder tippen.

> *Zusätzlich zum Benutzernamen sollten Sie ein Kennwort festlegen.*

Sobald Sie auf **Fertig stellen** klicken oder tippen, wird auch dieses Benutzerkonto angelegt. Wann immer von nun an der Computer eingeschaltet wird, stehen neben dem ganz zu Anfang angelegten Benutzerkonto (im Abschnitt »Windows 10 zum ersten Mal starten« ab Seite 27) auch die neuen Konten zur Auswahl. Das zuletzt aufgerufene Konto wird in der Bildmitte angezeigt, die anderen Konten erreichen Sie über eine Liste links unten.

Zur Anmeldung wählen Sie einfach das gewünschte Benutzerkonto per Mausklick oder durch Tippen aus. Nach Eingabe des Kennworts steht dann der Arbeit am Computer nichts mehr im Wege.

Nachdem Sie nun wissen, wie Sie Benutzerkonten einrichten, möchte ich natürlich auch nicht verschweigen, wie Sie ein Konto wieder entfernen:

1. Rufen Sie das Startmenü auf, und klicken oder tippen Sie auf **Einstellungen ▸ Konten**.
2. Wechseln Sie in die Kategorie **Familie und weitere Kontakte**.
3. Markieren Sie das Benutzerkonto, das gelöscht werden soll, und klicken Sie dann auf **Entfernen** ❶.

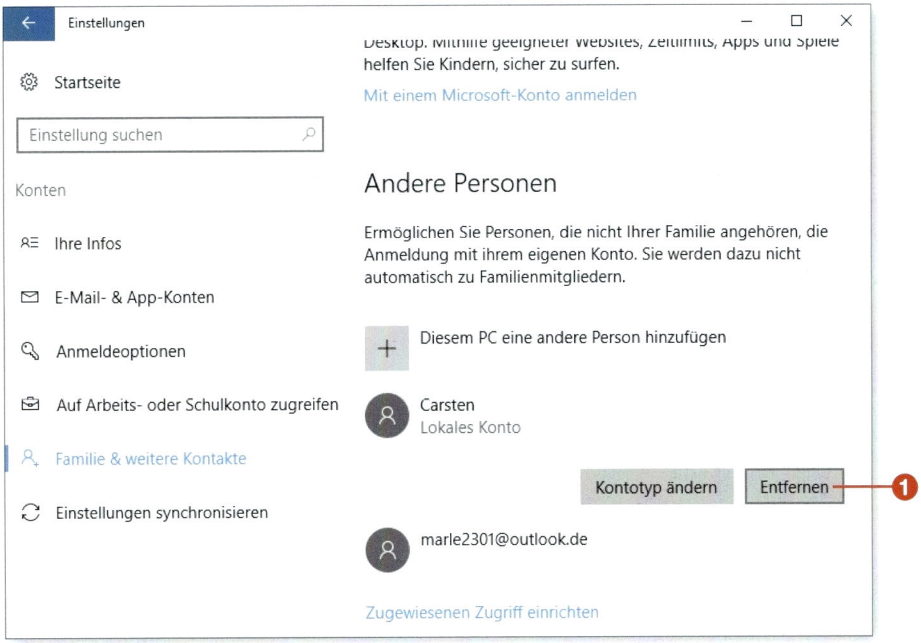

4. Im folgenden Dialog bestätigen Sie mit einem Klick auf **Konto und Daten löschen** ❷, dass alle Dateien des Benutzers auf dem PC gelöscht werden sollen.

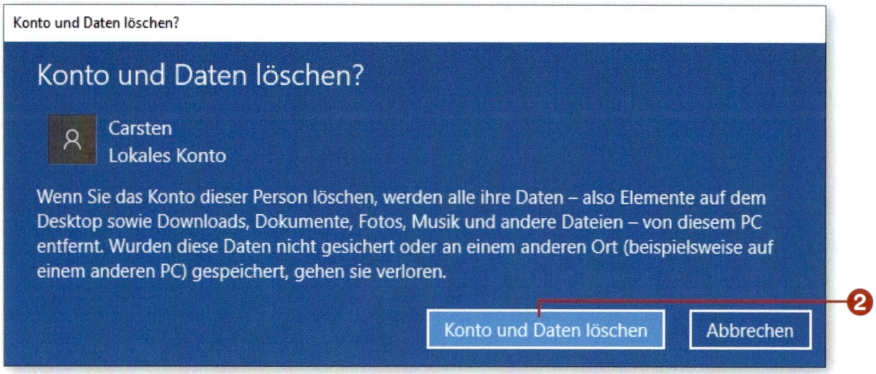

Das Entfernen des Kontos kann einen Moment dauern. Handelt es sich um ein Microsoft-Konto, wird lediglich das Benutzerkonto auf dem Computer entfernt. Das Konto selbst, sprich die E-Mail-Adresse, können Sie weiterhin für Ihre Aktionen bei Microsoft nutzen.

Damit sind wir vorerst mit dem Thema Benutzerkonten am Ende angelangt. In Kapitel 8, »Windows 10 und die Sicherheit«, werde ich es noch einmal kurz aufgreifen, wenn es um die sogenannte *Benutzerkontensteuerung* und die Rechte der jeweiligen Nutzer geht. Doch davon, wie gesagt, später mehr. Als Nächstes werde ich Ihnen zeigen, wie Sie den Sperrbildschirm hübscher gestalten können.

Microsoft-Konto weiterhin nutzen

Selbst wenn Sie das mit dem Microsoft-Konto verknüpfte Benutzerkonto entfernen, können Sie weiterhin mit Apps arbeiten, die ein Microsoft-Konto benötigen. Denn bei jeder App ist es möglich, sich gezielt mit dem Microsoft-Konto anzumelden. Konkret heißt das: Sind Sie am lokalen Benutzerkonto angemeldet, geben Sie nur beim Aufruf einer bestimmten App, die ein Microsoft-Konto benötigt, die E-Mail-Adresse und das Passwort Ihres Microsoft-Kontos an.

Sperrbildschirm und Benachrichtigungen anpassen

Der Sperrbildschirm von Windows 10 erscheint, sobald Sie den PC hochfahren oder ihn längere Zeit nicht nutzen und der Computer somit in den

Energiesparmodus wechselt. Die Bilder, die in der Standardeinstellung nacheinander eingeblendet werden, sind nicht jedermanns Geschmack. Wenn Sie möchten, ersetzen Sie diese Grafiken durch eine eigene Bildauswahl. Hierzu gehen Sie folgendermaßen vor:

1. Rufen Sie das Startmenü auf, und klicken oder tippen Sie hier auf das Symbol **Einstellungen** ⚙.

2. Wählen Sie im Dialog **Windows-Einstellungen** die Kategorie **Personalisierung** ❶ aus.

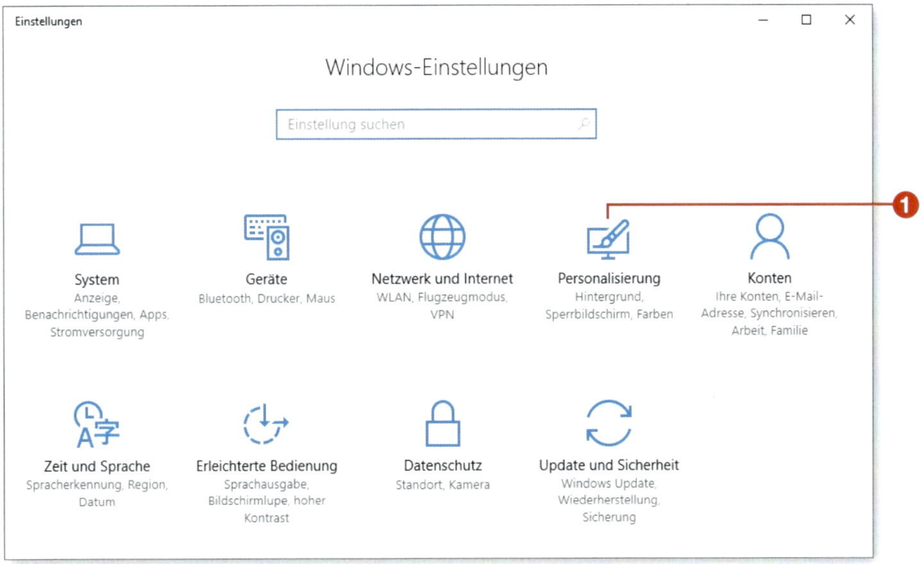

3. Auf der darauf folgenden Seite klicken Sie in der linken Spalte auf **Sperrbildschirm** (❷ auf Seite 120).

4. Im Feld **Hintergrund** ❸ ist per Standardeinstellung **Windows-Blickpunkt** eingestellt. In diesem Fall präsentiert Ihnen Windows 10 immer wieder neue Fotos. Ab und an schleicht sich hier auch eine Werbung für ein Microsoft-Produkt hinein. Wenn Sie es etwas persönlicher mögen und bereits eigene Fotos auf dem Computer gespeichert haben, können Sie selbstverständlich auch ein eigenes Bild für den Sperrbildschirm auswählen. Nach einem Klick oder Tipp auf den Pfeil rechts vom Feld **Hintergrund** wählen Sie in der aufklappenden Liste **Bild**. Wenn Ihnen bereits eines der nun angezeigten Bilder gefällt, markieren Sie es.

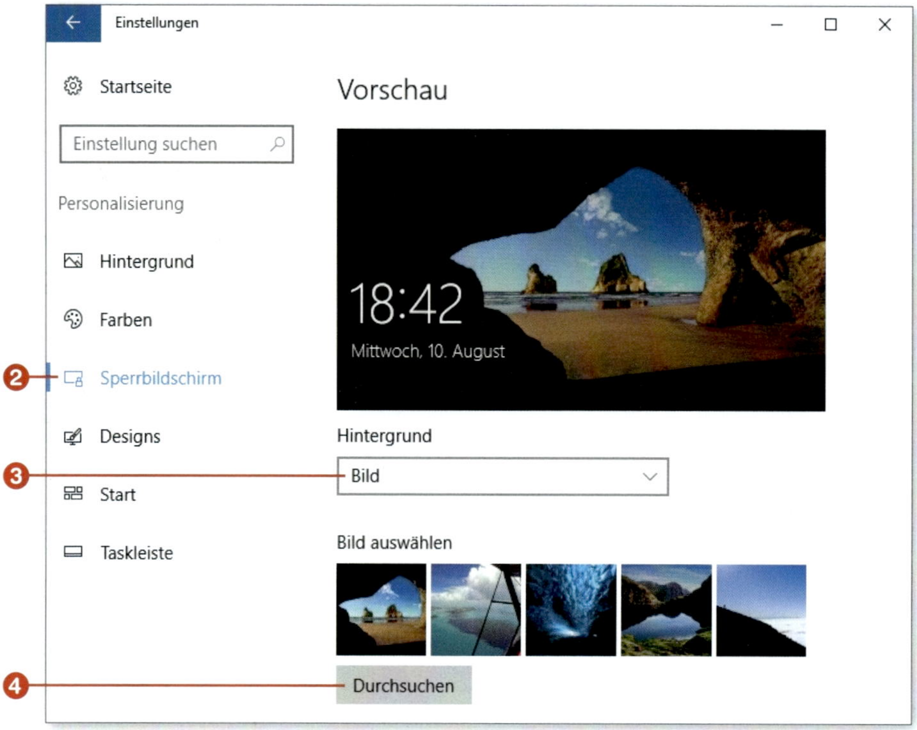

5. Um ein eigenes Bild auszuwählen, klicken oder tippen Sie auf **Durchsuchen** ❹. Windows 10 öffnet nun automatisch die Bibliothek **Bilder**.

6. Falls Sie mehrere Bilderordner angelegt haben, wählen Sie den gewünschten Ordner ❺ per Mausklick aus.

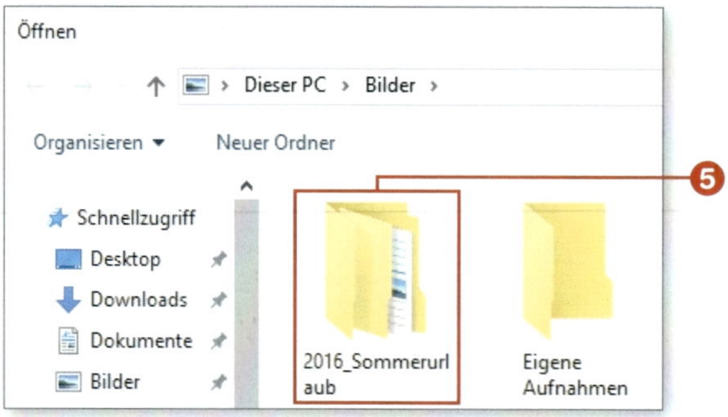

7. Markieren Sie dann das Foto, das zukünftig auf dem Sperrbildschirm zu sehen sein soll, und klicken oder tippen Sie auf **Bild auswählen** ❻. Fertig!

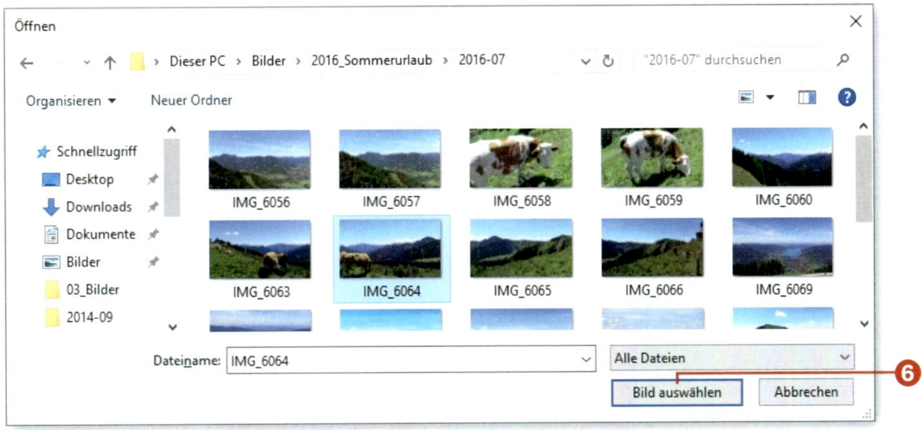

Statt nur ein einzelnes Foto auf dem Sperrbildschirm anzuzeigen, können Sie in Windows 10 auch eine Diashow einblenden lassen.

1. Wählen Sie im Feld **Hintergrund** den Eintrag **Diashow** ❶ aus.

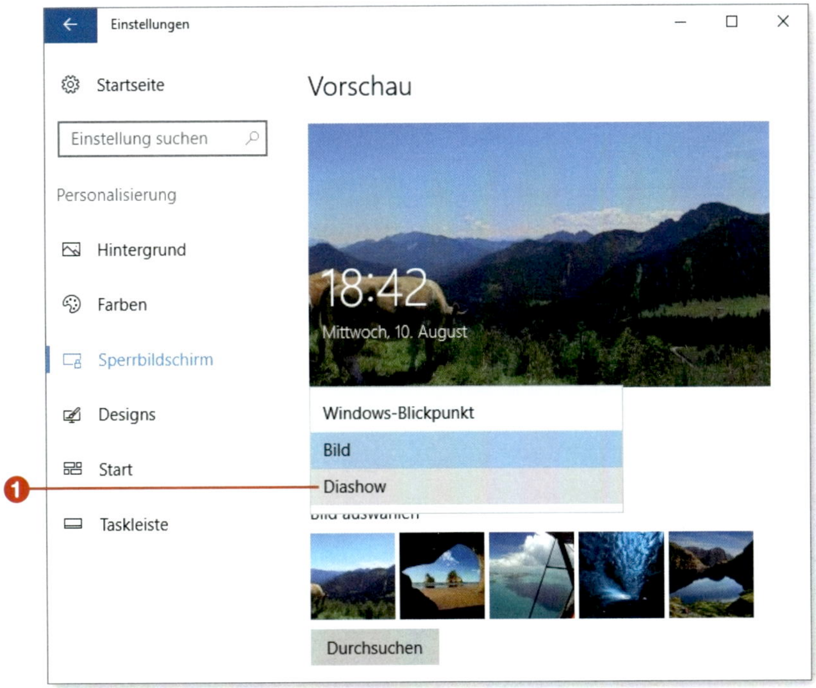

2. Windows 10 wählt automatisch die Bibliothek **Bilder** aus. Möchten Sie lediglich einen Unterordner Ihrer Bildersammlung für die Diashow verwenden, markieren Sie den Eintrag **Bilder** und klicken auf **Entfernen** ❷.

3. Als Nächstes wählen Sie den gewünschten Ordner aus. Klicken Sie hierzu auf **Ordner hinzufügen** ❸. Es wird wieder der Explorer mit einer Übersicht über Ihre *Bilder*-Bibliothek geöffnet.

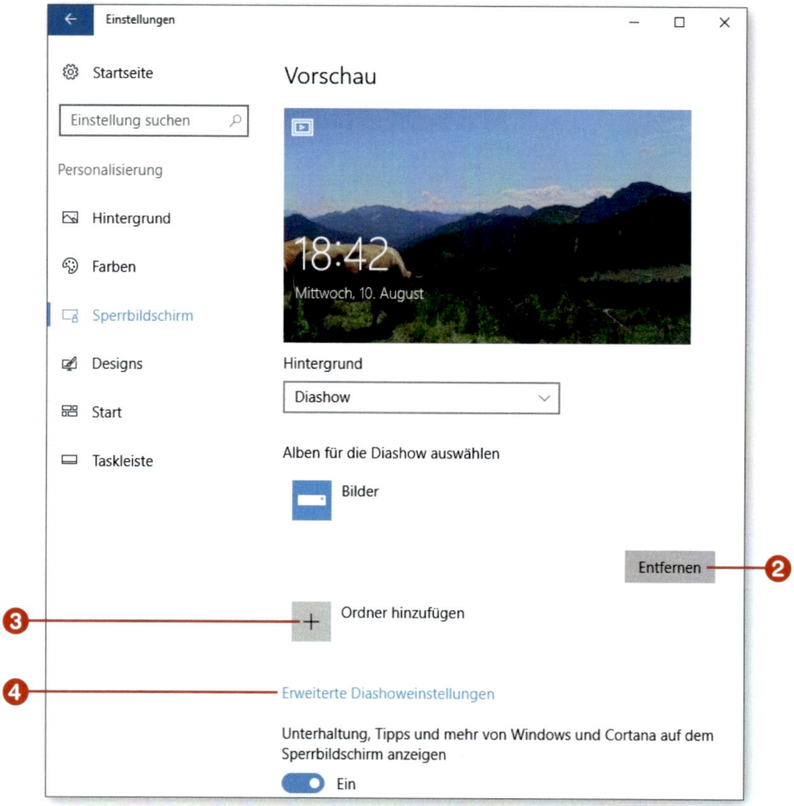

4. Markieren Sie dort den gewünschten Ordner, und bestätigen Sie die Auswahl mit **Diesen Ordner auswählen**.

5. Wenn Sie noch weitere Ordner hinzufügen möchten, wiederholen Sie einfach Schritt 3 und 4.

6. Klicken oder tippen Sie anschließend auf **Erweiterte Diashoweinstellungen** ❹, um weitere Einstellungen für die Diashow vorzunehmen.

7. Da die Anzeige der Diashow durchaus Energie kostet, sollten Sie den Schieberegler unterhalb von **Diashow im Akkumodus wiedergeben** besser auf **Aus** ❺ belassen. Der Akku Ihres Notebooks oder auch Tablets dankt es Ihnen. Diese Einstellung wird Ihnen nur angeboten, wenn Sie mit einem Tablet oder Notebook arbeiten.

8. Wenn die Diashow nicht endlos wiedergegeben werden soll, klicken Sie auf den Pfeil rechts von **Nicht ausschalten** ❻. In der aufklappenden Liste wählen Sie die Zeitspanne aus, über die Ihre Fotos auf dem Bildschirm angezeigt werden sollen, z. B. **30 Minuten** ❼.

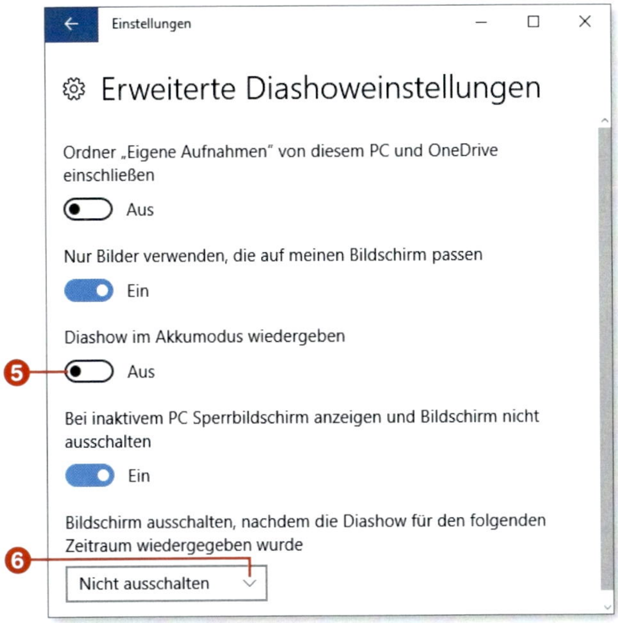

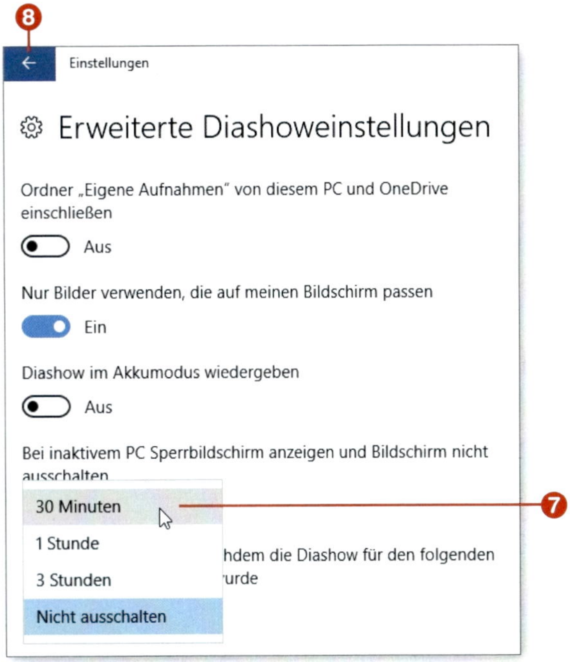

9. Mit einem Klick oder Tipp auf den Pfeil oben links ❽ kehren Sie wieder zum Einstellungsdialog für den Sperrbildschirm zurück.

Arbeiten Sie mehrere Minuten lang nicht mit Ihrem Computer, wird automatisch der Sperrbildschirm aktiviert. Haben Sie die Diashow eingeschaltet, werden nun nacheinander die Fotos Ihrer Bildersammlung auf dem Bildschirm eingeblendet. Ist die Diashow nicht aktiviert, erscheint lediglich das ausgewählte Bild für den Sperrbildschirm. Solange der Sperrbildschirm aktiviert ist, werden alle geöffneten Apps angehalten. Diese Aktionen erfolgen automatisch, sie sind bereits in den Standardeinstellungen festgehalten. Wenn Sie möchten, informiert Windows 10 Sie aber weiterhin beispielsweise über eingehende E-Mails, Nachrichten, im Kalender eingetragene Termine und andere wichtige Dinge.

Wenn Sie allein vor Ihrem Computer sitzen, sind die Benachrichtigungen natürlich praktisch. Was aber, wenn Sie selbst nicht im Zimmer sind und fremde Personen die Hinweise auf eingegangene E-Mails auf dem Sperrbildschirm zu sehen bekommen? Bestimmen Sie selbst, welche Benachrichtigungen Windows 10 auf Ihrem Sperrbildschirm anzeigt:

1. Scrollen Sie im Fenster **Personalisierung ▸ Sperrbildschirm** nach unten.

2. Sind Sie nicht an Tipps und Tricks interessiert, schieben Sie den Regler unterhalb von **Unterhaltung, Tipps und mehr von Windows und Cortana auf dem Sperrbildschirm anzeigen** nach links auf **Aus** ❶.

3. Eine einzige App darf Ihnen ausführliche Statusinformationen auf dem Bildschirm anzeigen. Welche App dies ist, legen Sie nach einem Klick auf das Symbol unter **App zum Anzeigen ausführlicher Statusinfos auswählen** fest ❷.

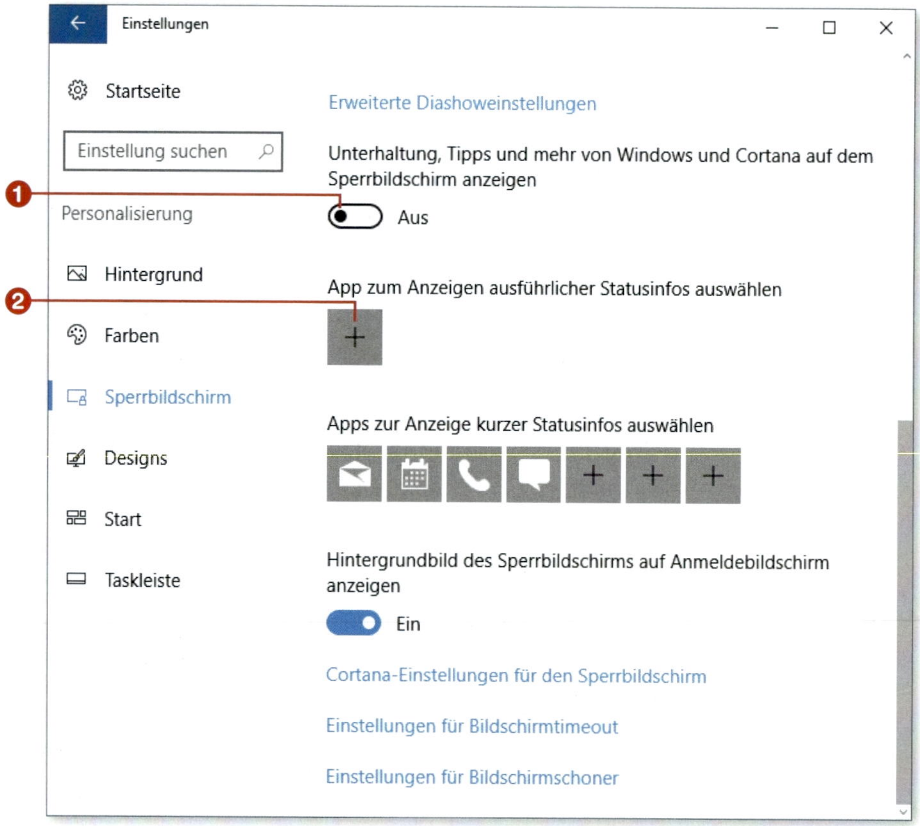

4. In der aufklappenden Liste markieren Sie die gewünschte App. Möchten Sie z. B. an wichtige Termine erinnert werden, klicken oder tippen Sie auf **Kalender** ❸.

5. Wählen Sie analog im Bereich **Apps zur Anzeige kurzer Statusinfos auswählen** die Apps aus, die eine kurze Information auf dem Sperrbildschirm einblenden dürfen.

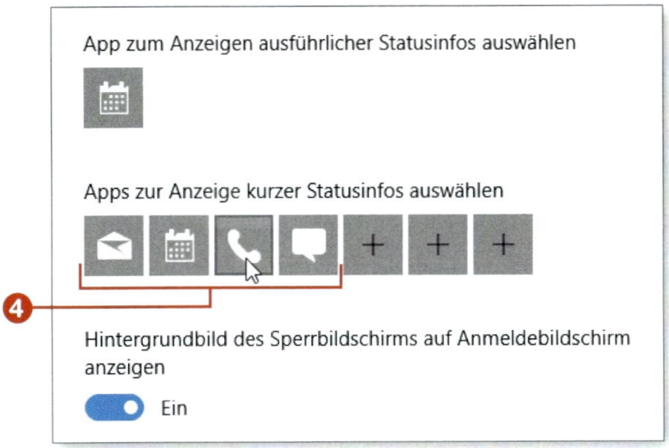

Haben Sie jeweils die gewünschte App ausgewählt, wird das entsprechende App-Symbol angezeigt **4**.

6. Um die automatische Benachrichtigung wieder zu unterbinden, klicken oder tippen Sie auf das Symbol der jeweiligen App, also etwa auf **Telefon**.

7. Die bereits bekannte Liste wird eingeblendet, in der Sie auf **Kein** **5** klicken oder tippen. Nutzen Sie gegebenenfalls die Bildlaufleiste am rechten Rand der Liste, um nach oben zu blättern. Die Auswahl von **Kein** reicht, um keine weiteren Statusmeldungen der ausgewählten App auf dem Sperrbildschirm angezeigt zu bekommen.

Den Sperrbildschirm aktivieren

Wie beschrieben, wird der Sperrbildschirm automatisch eingeblendet, wenn Sie den Computer ein paar Minuten lang nicht nutzen. Sie können aber auch selbst den PC sperren. Rufen Sie hierzu das Startmenü mit einem Klick auf die Taste [Windows] auf. Nach einem Klick oder Tippen auf Ihr Profilbild links oben klicken oder tippen Sie wiederum in der aufklappenden Liste auf **Sperren**. Mithilfe der Tastenkombination [Windows] + [L] gelingt das Sperren sogar noch schneller. Wie Sie den Computer wieder »entsperren«, haben Sie bereits im Abschnitt »So melden Sie sich bei Windows 10 an« ab Seite 33 erfahren.

Damit sind die Einstellungen für den Sperrbildschirm abgeschlossen. Sie können das Fenster **Einstellungen** schließen, indem Sie in der Titelleiste rechts auf das Symbol ☒ klicken. Arbeiten Sie mit einem Touchscreen, wischen Sie mit dem Finger vom oberen bis zum unteren Bildschirmrand.

Wichtige Einstellungen vornehmen: Schriftgröße, Klickgeschwindigkeit und mehr

Können Sie die Texte und den Mauszeiger auf dem Bildschirm gut erkennen? Falls Sie dabei Schwierigkeiten haben, lassen sich diese leicht beheben. Denn sowohl die Schriftgröße als auch die Größe von Desktop-Symbolen oder des Mauszeigers lassen sich anpassen. Somit kann sich jeder sein Windows 10 so einstellen, wie es ihm am besten gefällt – und wie die Arbeit am leichtesten fällt. Legen wir zunächst mit der Maus los. Die Einstellungen erfolgen über die Systemsteuerung, die Sie über verschiedene Wege erreichen:

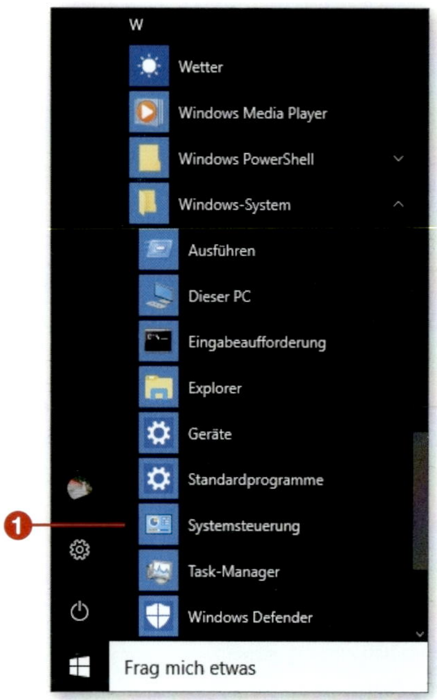

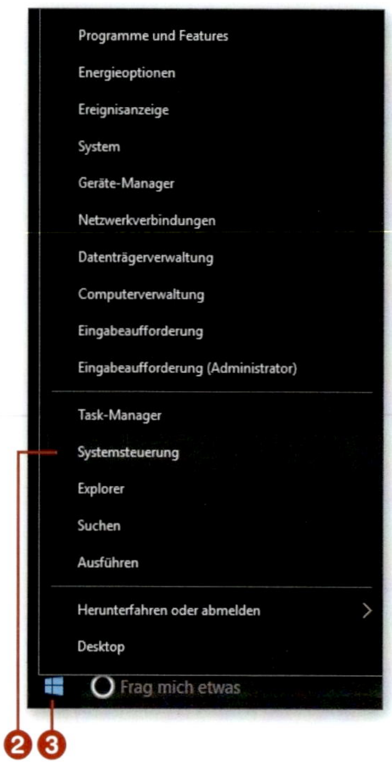

1. Rufen Sie das Startmenü auf, und klicken Sie hier in der Liste aller installierten Apps nacheinander auf **Windows-System ▸ Systemsteuerung** ❶.

Wer eine Tastatur zur Verfügung hat, kann alternativ die Tastenkombination [Win] + [X] drücken und dann im aufklappenden Schnellstartmenü auf **Systemsteuerung** ❷ klicken oder tippen. Das Schnellstartmenü lässt sich auch per rechtem Mausklick auf das Windows-Logo ❸ öffnen.

2. Weiter geht es mit den Einstellungen für die Computermaus. Wählen Sie die Kategorie **Hardware und Sound** ❹ aus. Im nächsten Dialog klicken oder tippen Sie dann im Bereich **Geräte und Drucker** auf **Maus** ❺.

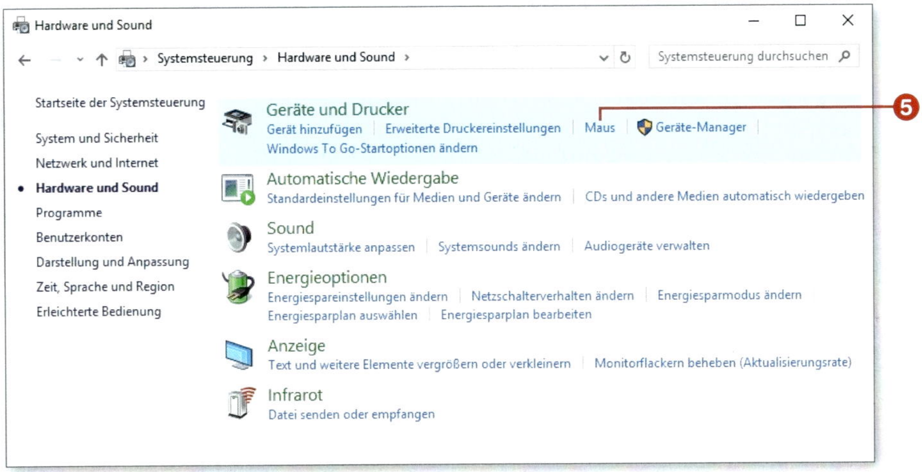

Das Dialogfenster **Eigenschaften von Maus** wird geöffnet. Wenn es Ihnen schwerfällt, den Mauszeiger auf dem Bildschirm zu finden, sollten Sie die Anzeige etwas vergrößern.

3. Wechseln Sie dazu in das Register **Zeiger** ❻. In der Liste **Anpassen** ❼ erhalten Sie eine schöne Übersicht über alle möglichen Formen, die der Mauszeiger annehmen kann, und über deren Bedeutung.

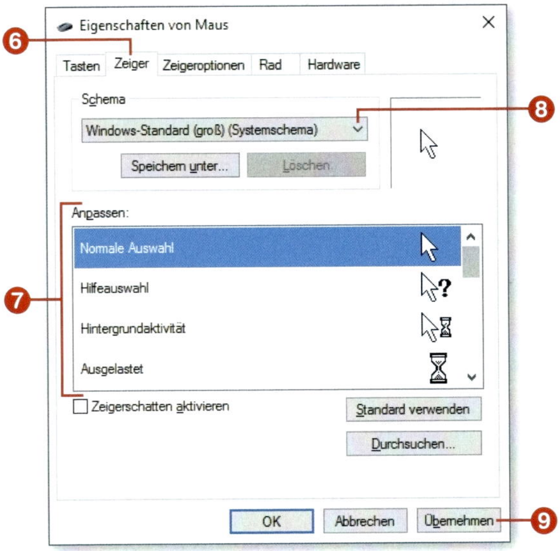

4. Um die Größe des Mauszeigers anzupassen, klicken oder tippen Sie auf den Pfeil rechts neben dem Feld **Schema** (❽ auf Seite 127) Wählen Sie in der aufklappenden Liste eines der Schemen aus. Die Maus-Symbole werden sofort in der Liste **Anpassen** aktualisiert.

5. Sagt Ihnen die neue Größe zu, bestätigen Sie die Auswahl mit einem Klick oder Tipp auf die Schaltfläche **Übernehmen** ❾.

Wer mit der Maus am Computer arbeitet, muss häufig einen sogenannten *Doppelklick* ausführen. Gelingt Ihnen das schnelle zweimalige Drücken der linken Maustaste nicht immer, passen Sie einfach die Geschwindigkeit im Dialog **Eigenschaften von Maus** an.

1. Wechseln Sie in das Register **Tasten** ❶. Im Bereich **Doppelklickgeschwindigkeit** verschieben Sie den Schieberegler ❷ mit gedrückter linker Maustaste etwas nach links in Richtung **Langsam**.

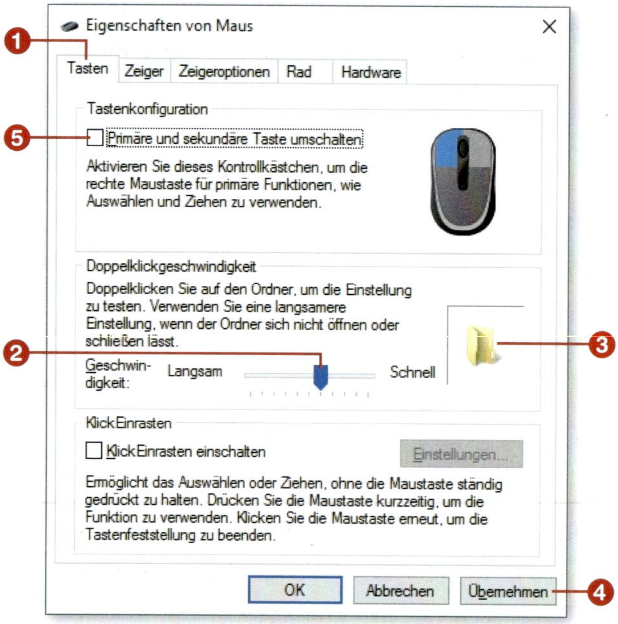

2. Probieren Sie die neue Einstellung aus, indem Sie auf das Ordnersymbol ❸ doppelklicken bzw. -tippen. Öffnet sich der Ordner und schließt sich nach einem erneuten Doppelklick, haben Sie die perfekte Geschwindigkeit für sich eingestellt. Falls sich noch nichts tut, verändern Sie die Geschwindigkeit einfach noch etwas.

3. Auch hier bestätigen Sie die Einstellung wieder mit **Übernehmen** ❹. Beenden Sie den **Eigenschaften**-Dialog mit **OK**. Das Fenster der **Systemsteuerung** schließen Sie mit einem Klick auf das Symbol ✕ oben rechts.

Linkshänder aufgepasst

Noch ein kleiner Trick am Rande für Linkshänder: Versehen Sie im Register **Tasten** das Kontrollkästchen **Primäre und sekundäre Taste umschalten** ❺ per Mausklick mit einem Häkchen, können Sie die Maus zukünftig ganz bequem mit der linken Hand bedienen. Die rechte Maustaste übernimmt nun die Funktion der linken. Um eine App per Mausklick auf die entsprechende Kachel zu starten, drücken Sie also nicht mehr die linke Maustaste, sondern die rechte. Das Öffnen eines Kontextmenüs erfolgt dann umgekehrt durch Drücken der linken Maustaste.

Nicht nur der Mauszeiger ist manchmal schwer zu erkennen, auch Texte sind nicht immer gut lesbar. Aber auch das ist schnell geändert. Die entsprechenden Einstellungen nehmen Sie nicht über die Systemsteuerung vor, sondern über den Dialog **Windows-Einstellungen**.

Bei einigen Tablets mit kleinerem Bildschirm steht die in den folgenden Schritten vorgestellte Funktion allerdings nicht zur Verfügung.

1. Rufen Sie im Startmenü den Eintrag **Einstellungen** auf.

2. Im Dialog **Windows-Einstellungen** wählen Sie die Kategorie **System** aus, die sich links oben befindet.

3. Stellen Sie sicher, dass in der linken Spalte des Dialogfensters **System** die Kategorie **Bildschirm** (❶ auf Seite 130) markiert ist.

4. In der rechten Spalte sehen Sie unterhalb von **Größe von Text, Apps und anderen Elementen ändern** einen Schieberegler ❷, über den Sie die Größe von Texten, Apps und anderen Elementen verändern können. Hierzu ziehen Sie den Regler einfach mit gedrückter linker Maustaste oder dem Finger nach rechts. Bereits während Sie den Regler verschieben, passt Windows die Schriftgröße an. Dies funktioniert aber nicht in allen Apps, wie Sie durch einen Hinweis erfahren.

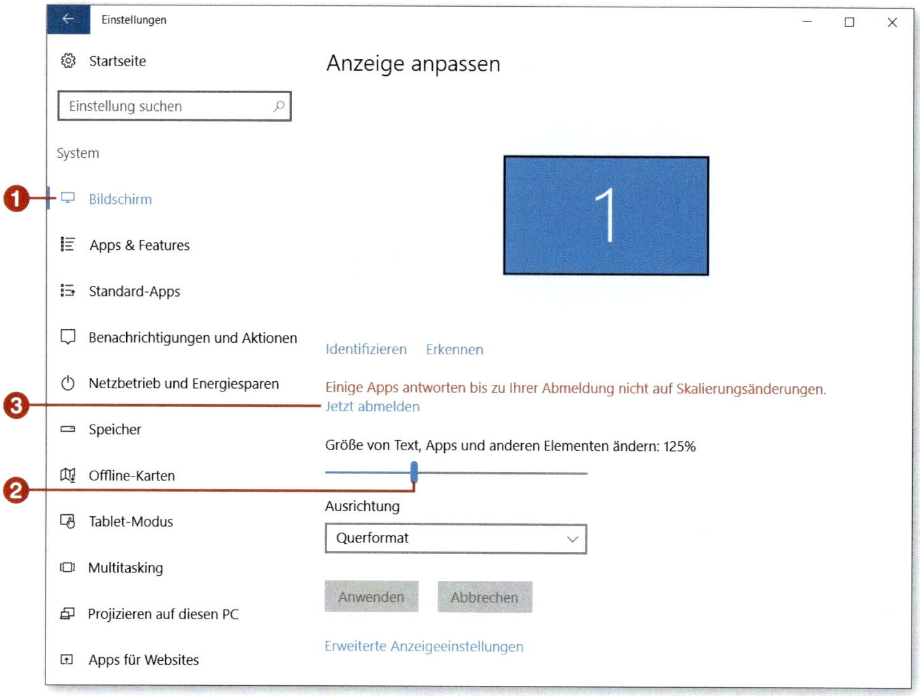

5. Damit die Änderungen überall übernommen werden, ist eine Neuanmeldung am Computer nötig. Klicken oder tippen Sie auf **Jetzt abmelden** ❸, und melden Sie sich anschließend wie gewohnt wieder an.

Für diejenigen Anwender, die stark sehbeeinträchtigt sind, bietet Windows 10 eine bereits aus älteren Versionen bekannte Funktion: die *Bildschirmlupe*.

1. Um die Bildschirmlupe zu aktivieren, rufen Sie ebenfalls im Startmenü das Menü **Einstellungen** auf. Übrigens: Ist bei Ihnen der Dialog **Windows-Einstellungen** noch geöffnet, gelangen Sie über das Pfeil-Symbol ← oben links immer wieder zur übergeordneten Kategorie bis hin zur Startseite der Einstellungen zurück. Von dort können Sie dann bequem zur nächsten gewünschten Kategorie wechseln.

2. Wählen Sie im Dialog **Windows-Einstellungen** die Kategorie **Erleichterte Bedienung** (❹ auf Seite 131) aus.

3. Markieren Sie auf der folgenden Seite in der linken Spalte die **Bildschirmlupe** ❺.

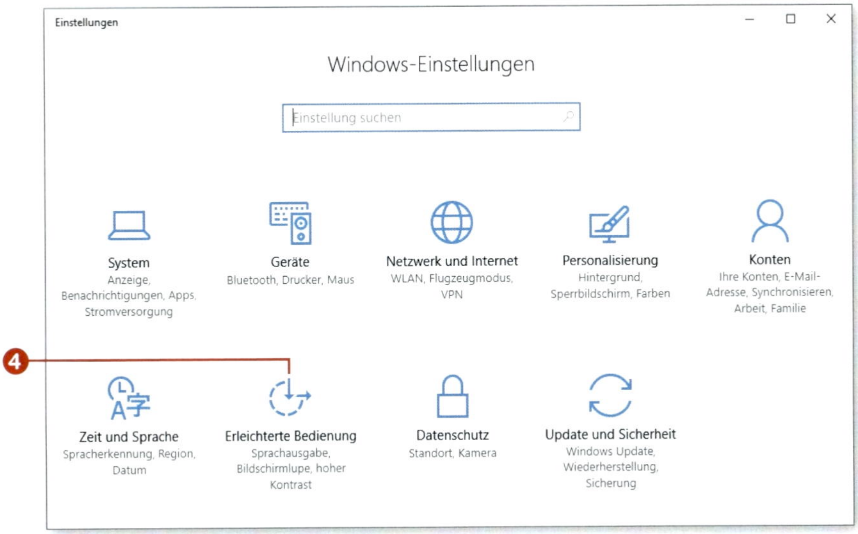

4. Ziehen Sie in der rechten Spalte den Schieberegler unterhalb von **Bildschirmlupe** mit gedrückter linker Maustaste nach rechts ❻. Wenn Sie mit einem Touchscreen arbeiten, führen Sie die Bewegung einfach per Finger aus. Die Bildschirmlupe wird sofort aktiviert.

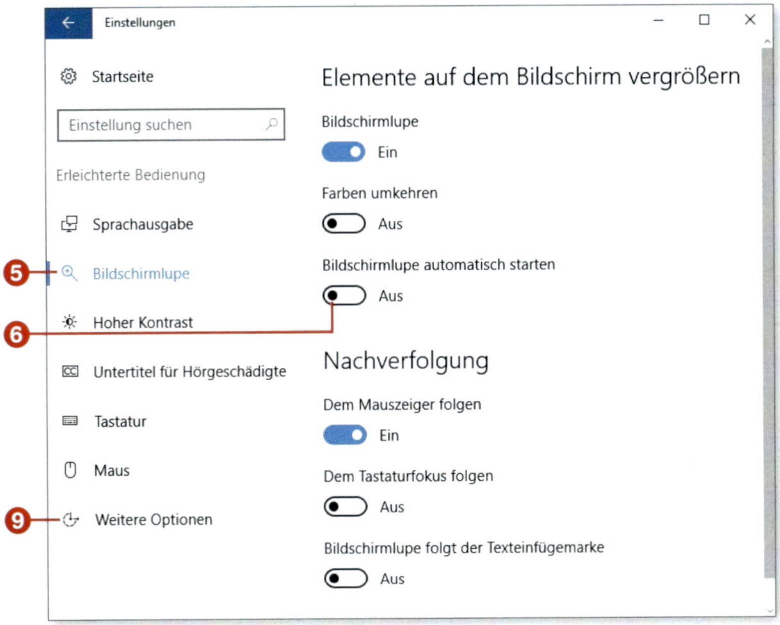

5. Wenn Sie Maus und Tastatur nutzen, bewegen Sie jeweils den Mauszeiger in Richtung Bildschirmränder, um den aktuellen Bildausschnitt, der stark vergrößert angezeigt wird, zu verschieben. Bei einem Touchscreen lässt sich der Ausschnitt jeweils per Finger verschieben.

6. Auf dem Bildschirm wird außerdem eine Lupe eingeblendet. Klicken oder tippen Sie darauf, erscheint die *Bildschirmlupen-Leiste* ❼. Über die hier sichtbaren Plus- und Minus-Symbole können Sie den Bildschirmausschnitt jeweils noch stärker vergrößern oder auch verkleinern.

7. Um die Bildschirmlupe wieder zu deaktivieren, klicken oder tippen Sie auf das Schließen-Symbol ✕ ❽ in der rechten oberen Ecke der Leiste.

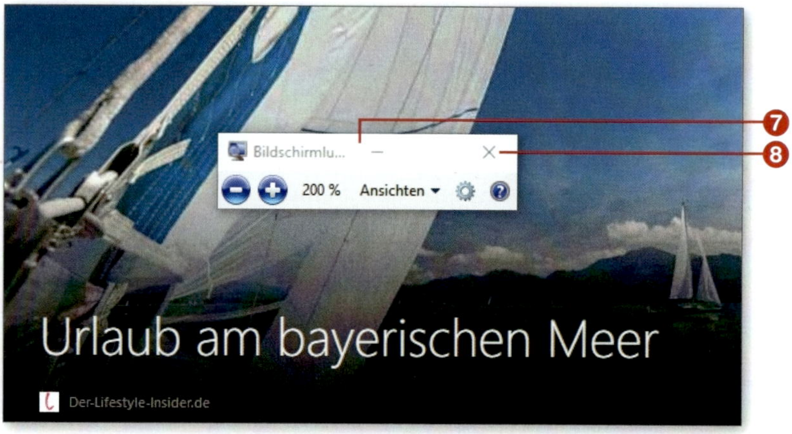

Anzeigedauer von Benachrichtigungen verlängern

Es kommt immer wieder vor, dass Windows Sie über bestimmte Aktionen informiert, etwa wenn ein externes Gerät an den PC angeschlossen wird oder wenn Programmaktualisierungen verfügbar sind. Laut der Standardeinstellung verschwinden diese Benachrichtigungen bereits nach fünf Sekunden. Damit sie Ihnen bei einem Blick aus dem Fenster oder beim Griff zur Kaffeetasse nicht durch die Lappen gehen, sollten Sie die entsprechende Einstellung ändern. Klicken Sie hierzu im Dialog **Erleichterte Bedienung** in der linken Spalte auf **Weitere Optionen** (❾ in der Abbildung auf Seite 131). Nun können Sie rechts im Feld **Benachrichtigungen anzeigen für** einen höheren Wert einstellen.

Damit wollen wir es mit den Anzeigeoptionen unter Windows 10 erst einmal gut sein lassen. Im nächsten Abschnitt stehen die Themen Spracheinstellungen, Datum und Uhrzeit im Mittelpunkt.

Zeitzonen: Windows 10 und seine Ortskenntnisse

Beim allerersten Start von Windows 10 werden bereits Land und Region, Spracheinstellungen sowie das Tastaturlayout festgelegt. Die Uhrzeit synchronisiert das System automatisch über das Internet – eine bestehende Internetverbindung natürlich vorausgesetzt. Damit sollte eigentlich alles in bester Ordnung sein. Im Zeitalter der mobilen Geräte, in dem man gerne mal sein Notebook oder Tablet auf Reisen in ferne Länder mitnimmt, gilt die eingestellte Zeitzone aber womöglich nicht mehr. Möchten Sie eine andere Zeitzone einstellen, gehen Sie folgendermaßen vor:

1. Rufen Sie wieder im Startmenü den Eintrag **Einstellungen** auf. Wählen Sie die Kategorie **Zeit und Sprache** aus.

2. Der Eintrag **Datum und Uhrzeit** ist nun links bereits markiert. Befinden Sie sich mit Ihrem mobilen Gerät gerade auf Reisen in einer anderen Zeitzone, ziehen Sie den Regler unterhalb von **Zeitzone automatisch festlegen** ❶ nach rechts auf **Ein**. Wenn Windows die Zeitzone nun korrekt festlegt, müssen Sie nichts weiter tun.

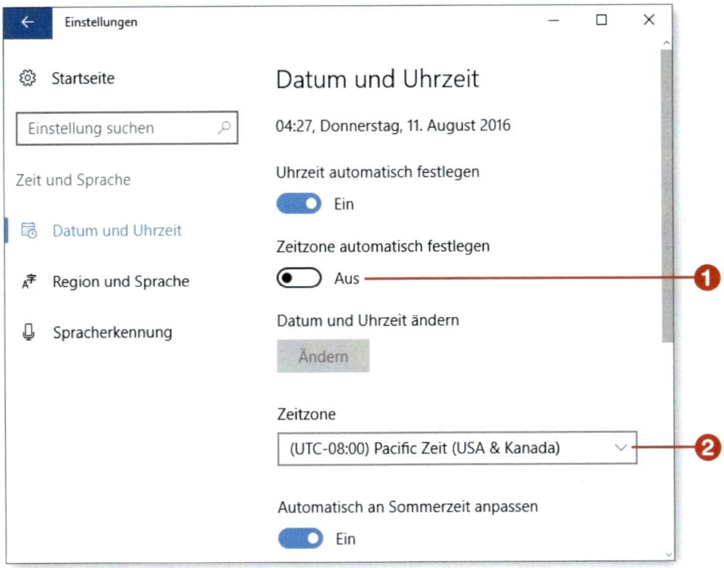

3. Sollte die automatische Erkennung nicht funktionieren, schieben Sie den Regler wieder zurück nach links auf **Aus**. Sie müssen die Zeitzone nun manuell einstellen. Klicken oder tippen Sie auf den Pfeil rechts ne-

ben dem Feld **Zeitzone** ❷. Markieren Sie die Region, in der Sie sich gerade befinden, etwa **(UTC-08:00) Pacific Zeit (USA & Kanada)**, falls Sie an der Westküste von Amerika oder Kanada unterwegs sind. Mithilfe der Bildlaufleiste am rechten Rand blättern Sie in der aufgeklappten Zeitzonen-Liste. Nach der Reise sollten Sie natürlich daran denken, die Zeitzone wieder auf **(UTC + 01:00) Amsterdam, Berlin, Bern, Rom, Stockholm, Wien** einzustellen.

Drucker, Lautsprecher und andere Geräte anschließen

Wer sich einen Computer anschafft, benötigt meist recht schnell noch weitere Geräte. Ein Muss für viele Anwender ist etwa der Drucker, mit dem die Korrespondenz, die letzten Urlaubsbilder oder auch ein interessanter Artikel aus dem Internet zu Papier gebracht werden. Besitzen Sie einen Desktop-PC, zählen Tastatur und Maus normalerweise zum Lieferumfang. Wenn Sie ab und an Musik hören möchten, steht dafür aber die Anschaffung von Lautsprechern an. Neue Bildschirme verfügen meist über einen eingebauten Lautsprecher. Auch in einem Notebook oder Tablet sind diese bereits integriert. Allerdings fehlt bei Letzterem wiederum die Tastatur. Auf Reisen ist dies praktisch und aus Gründen des leichteren Gewichts auch gewollt. Doch wer daheim in den eigenen vier Wänden mit dem Tablet längere Texte tippen muss, sehnt sich bald nach einer »anständigen« Tastatur. All die aufgeführten Geräte und noch mehr lassen sich unter Windows 10 schnell anschließen – sofern natürlich die hierfür nötigen Anschlüsse am Computer verfügbar sind.

Der Anschluss für einen Lautsprecher ist meist gut an der grünen Farbe erkennbar. (Quelle: Laura Schleicher)

Beginnen wir mit dem Gerät, das sich am unproblematischsten am Computer anschließen lässt: dem Lautsprecher. Beim Verbinden des Lautsprecherkabels mit dem Computer hilft häufig ein Farbcode weiter. Das bedeutet, der grüne Stecker gehört auch in die grüne Buchse ❶. Bei manchen Geräten ist der Anschluss auch durch ein Kopfhörer-Symbol gekennzeichnet.

Lautstärke der Systemsounds anpassen

Sobald Sie eine E-Mail erhalten, ertönt ein kurzer Ton. Auch beim Anschließen einer externen Festplatte am Computer ist dies der Fall sowie bei diversen weiteren Aktionen. Wem diese sogenannten *Systemsounds* zu laut bzw. zu leise sind, kann die Lautstärke verändern. Klicken Sie hierzu mit der rechten Maustaste auf das Lautsprecher-Symbol im Infobereich der Taskleiste. Im aufklappenden Kontextmenü wählen Sie den Befehl **Lautstärkemixer öffnen**. Es klappt nun ein größerer Dialog auf, in dem Sie zwei Schieberegler finden. Der Schieberegler **Gerät** ❷ steuert die Lautstärke des Lautsprechers, während Sie mit dem Regler **Anwendungen** ❸ die Lautstärke der Systemsounds einstellen. Mit einem Klick auf das Symbol ☒ schließen Sie den Dialog wieder.

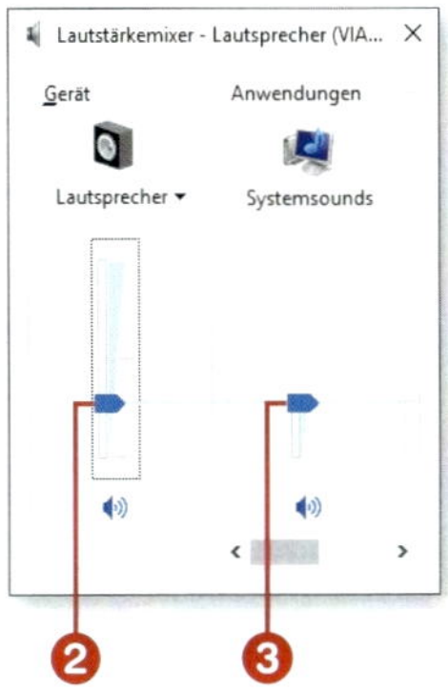

Die meisten Lautsprecher verfügen über eine eigene Stromversorgung und müssen außerdem direkt am Gerät eingeschaltet werden. Ist all dies geschehen, steht einem Hörgenuss eigentlich nichts mehr im Wege. Die Lautstärkeregulierung nehmen Sie am Lautsprecher selbst vor und zusätzlich in Windows 10. Hier stehen mehrere Varianten zur Auswahl:

- Im Infobereich der Taskleiste finden Sie ein kleines Lautsprecher-Symbol ❹. Nach einem Klick oder Tipp auf das Symbol klappt ein Fenster mit Schieberegler auf, über den Sie die Lautstärke einstellen. Mit einem Klick auf das Lautsprecher-Symbol in diesem Fenster ❺ wird der Lautsprecher selbst aktiviert bzw. deaktiviert.

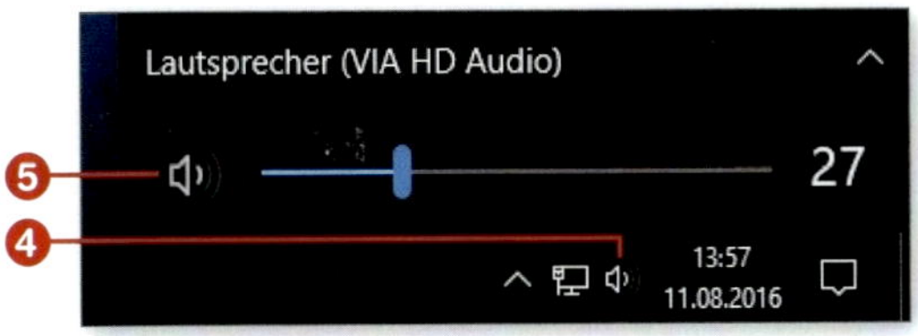

‹ Die Lautstärke lässt sich über den Schieberegler einstellen.

- In vielen Programmen – etwa dem Windows Media Player, den Sie in Kapitel 7, »Fotos, Videos und Musik«, genauer kennenlernen – finden Sie ebenfalls eine Möglichkeit zur Lautstärkeeinstellung ❻.

˅ Viele Programme, hier der Windows Media Player, bieten ebenfalls eine Lautstärkeregulierung an.

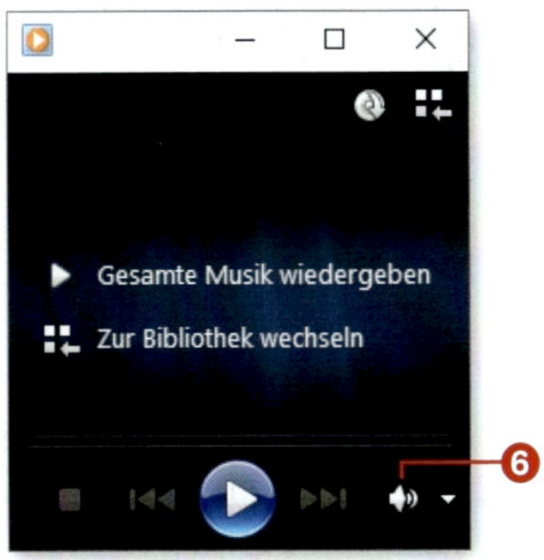

Der nächste Anschluss, den wir unter die Lupe nehmen, ist der *USB-Anschluss*. Jeder Computer – egal, ob Desktop-PC, Notebook

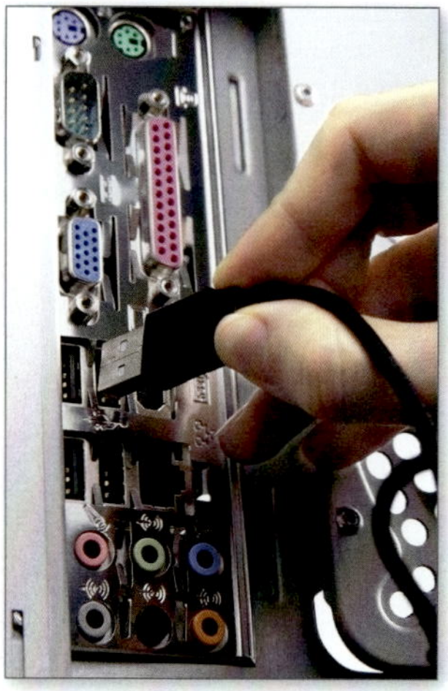

> *Die meisten Drucker werden mittels USB-Kabel mit dem Computer verbunden. (Quelle: iStockphoto, Krzysztof_Kwiatkowski)*

oder Tablet – verfügt heutzutage über mindestens einen, wenn nicht mehrere USB-Anschlüsse. Es versteht sich fast schon von selbst, dass deshalb auch die meisten Geräte wie Drucker, Mäuse, Tastaturen und Digitalkameras diesen Anschluss nutzen. Am Beispiel eines Druckers zeige ich Ihnen nun, wie Windows 10 mit derart angeschlossenen Geräten umgeht und welche Schritte Ihrerseits eventuell noch nötig sind. Verbinden Sie zunächst den Drucker und den Computer mithilfe eines USB-Kabels.

Wenn der Drucker bereits eingeschaltet ist bzw. Sie ihn jetzt einschalten, beginnt Windows 10 automatisch, nach den nötigen Gerätetreibern zu suchen, die zum Betrieb des angeschlossenen externen Geräts nötig sind. Viele Tests haben mittlerweile gezeigt, dass Windows 10 die meisten Drucker automatisch erkennt und die nötigen Treiber installiert. Dieser Vorgang passiert meist so rasch, dass Sie kaum etwas davon mitbekommen. Ob der Drucker erfolgreich eingerichtet wurde, können Sie schnell prüfen:

1. Blenden Sie das Startmenü ein, und klicken oder tippen Sie hier auf **Einstellungen**.

2. Wechseln Sie in die Kategorie **Geräte**. Falls Sie zuvor eine andere Kategorie aufgerufen hatten, gelangen Sie über das Symbol ← zur Kategorienübersicht zurück.

3. Nach einem Klick auf **Angeschlossene Geräte** ❶ in der linken Spalte werden in der rechten Spalte alle an Ihrem Computer angeschlossenen Geräte aufgeführt.

Auch Ihren gerade angeschlossenen Drucker sollten Sie hier nun finden. Ist dies nicht der Fall, probieren Sie folgende Schritte aus:

4. Blättern Sie im Dialog **Einstellungen ▸ Geräte** nach unten bis zum Bereich **Verwandte Einstellungen**. Klicken Sie hier auf **Geräte und Drucker** ❷.

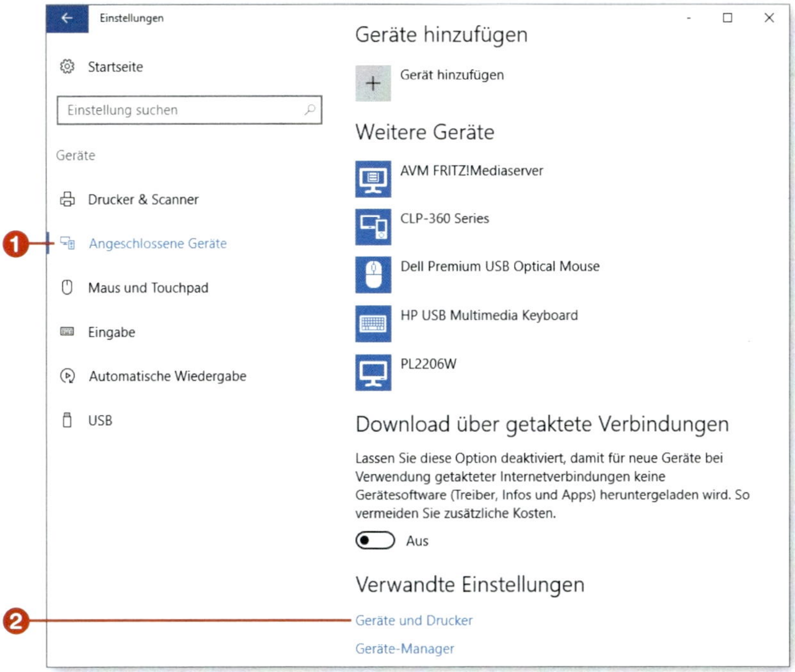

5. Es wird automatisch der Dialog **Systemsteuerung** mit einer Übersicht über alle am Computer angeschlossenen Geräte geöffnet. Wird auch hier Ihr Drucker nicht aufgeführt, klicken oder tippen Sie am oberen Bildschirmrand auf **Drucker hinzufügen** ❸.

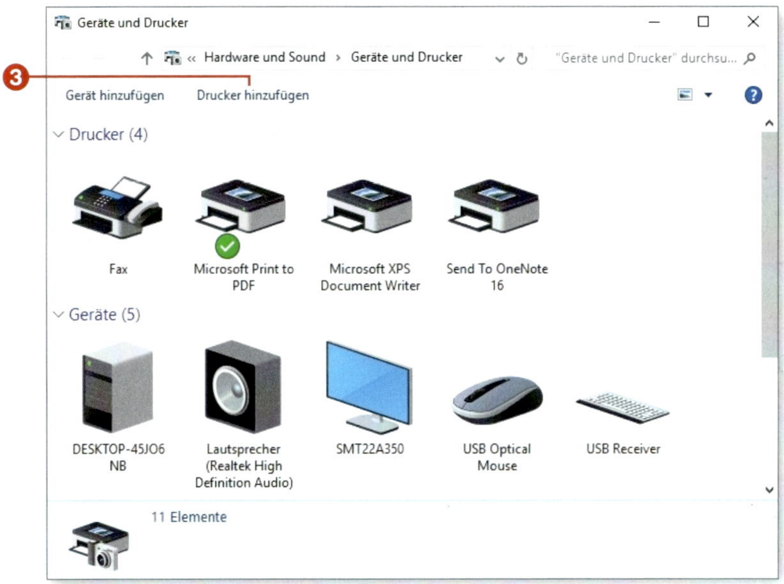

6. Windows 10 beginnt nun, nach allen verfügbaren Druckern zu suchen. Wird der gewünschte Drucker aufgeführt, reicht ein Mausklick oder Fingertipp auf den Namen, um ihn auszuwählen.

7. Wird Windows 10 dagegen nicht fündig ❹, klicken oder tippen Sie auf **Der gewünschte Drucker ist nicht in der Liste enthalten** ❺.

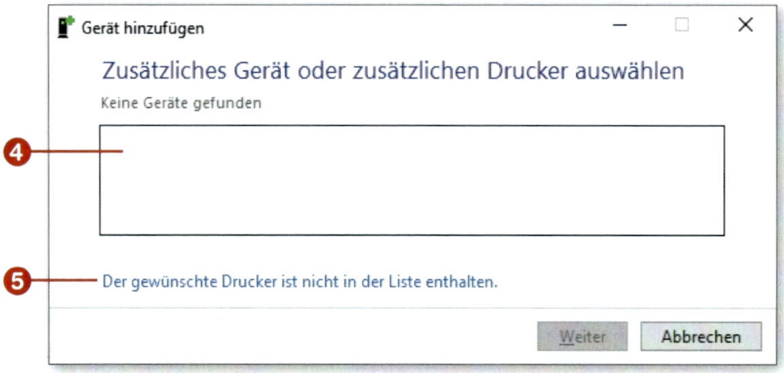

Bis ins letzte Detail lassen sich die weiteren Schritte leider nicht beschreiben, denn jedes Druckermodell ist anders, und jeder Gerätehersteller bringt so seine Eigenheiten mit sich. Ich kann deshalb hier nur sehr allgemein erklären, wie Sie einen Drucker auswählen:

8. Aktivieren Sie im nächsten Dialog die Option **Lokalen Drucker oder Netzwerkdrucker mit manuellen Einstellungen hinzufügen** ❻, und bestätigen Sie mit **Weiter**.

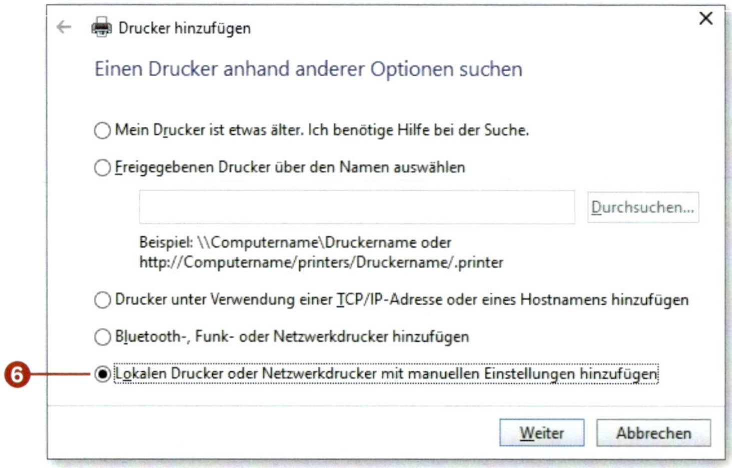

9. Wählen Sie im Feld **Vorhandenen Anschluss verwenden** nach einem Klick oder Tipp auf den Pfeil ❼ den Anschluss aus, über den der Drucker mit dem Computer verbunden ist, in unserem Beispiel also einen USB-Anschluss. Mit einem Klick bzw. Fingertipp auf **Weiter** fahren Sie fort.

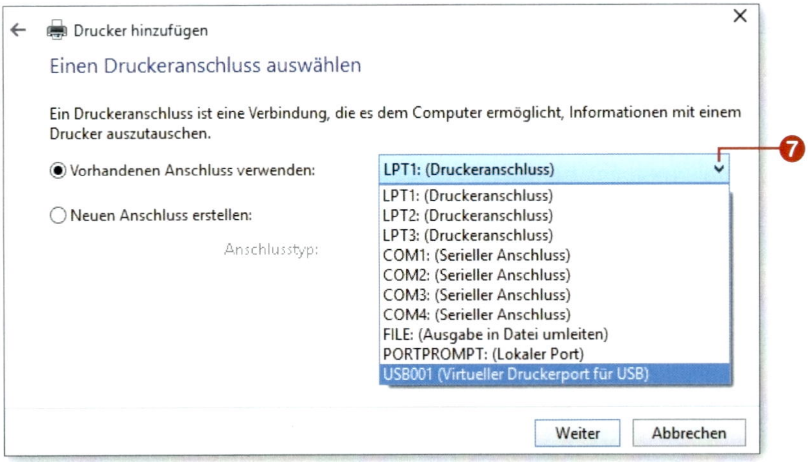

10. Im nächsten Dialog wählen Sie erst links den Druckerhersteller aus und anschließend rechts das Druckermodell. Wird Ihr Gerät nicht aufgeführt, klicken oder tippen Sie auf **Windows Update** ❽. Windows 10 aktualisiert nun die Druckerliste. Hierfür wird eine Internetverbindung benötigt. Haben Sie in der aktualisierten Liste Hersteller und Modell markiert, bestätigen Sie mit **Weiter**.

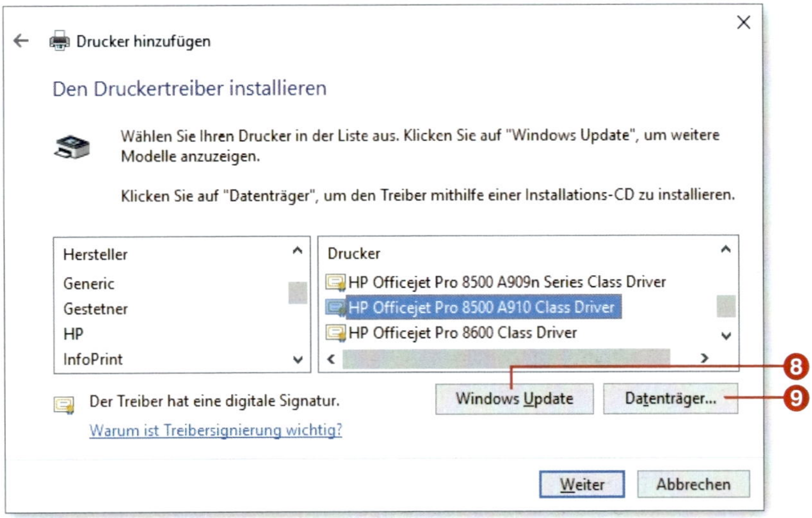

11. Geben Sie einen Namen für den Drucker an, und klicken oder tippen Sie auf **Weiter**. In einigen Fällen meldet sich nun die Benutzerkontensteuerung, die ich Ihnen in Kapitel 8, »Windows 10 und die Sicherheit«, genauer vorstellen werde. Bestätigen Sie gegebenenfalls den Hinweis mit **Ja**.

12. Windows 10 installiert nun die nötigen Druckertreiber. Nach einem Klick auf **Weiter** können Sie den Drucker noch als Standarddrucker festlegen. Dies ist vor allem interessant, wenn Sie mehrere Drucker oder auch ein Faxgerät an Ihrem Computer angeschlossen haben. Das als Standarddrucker gekennzeichnete Gerät wird damit als Erstes in der Liste der Drucker aufgeführt. Mit einem Klick oder Tipp auf **Fertig stellen** schließen Sie die Installation des Druckers ab.

Gerätetreiber per DVD installieren

Wurde zu Ihrem Drucker eine DVD mitgeliefert, können Sie auch diese zur Installation Ihres Geräts verwenden. Klicken oder tippen Sie in diesem Fall nach Schritt 10 auf **Datenträger** (**9** in der Abbildung auf Seite 139), und folgen Sie den weiteren Anweisungen. In manchen Fällen wird die DVD auch automatisch wiedergegeben, und Sie können einfach den Installationsanweisungen des Druckerherstellers folgen.

Wurde der Drucker erfolgreich eingerichtet, wird er nun sowohl in der Übersicht **Geräte und Drucker** in der Systemsteuerung als auch in der Kategorie **Geräte** des Menüs **Einstellungen** angezeigt. Wie Sie aus den verschiedenen Anwendungen heraus drucken können, erfahren Sie im Verlauf des Buches bei der Beschreibung der jeweiligen Anwendung.

Doch zuvor werde ich Ihnen noch eine weitere Anschlussmöglichkeit vorstellen. Viele Computer, speziell Notebooks und Tablets, bieten neben einer USB-Schnittstelle auch die Möglichkeit, ein Gerät mittels *Bluetooth*, also per Funk, am Computer anzuschließen. Wie dies funktioniert, zeige ich Ihnen am Beispiel einer externen Tastatur, die an ein Tablet angeschlossen wird. Bluetooth wird ebenfalls von vielen Smartphones unterstützt, sodass Sie auch diese mit Ihrem Computer synchronisieren können.

Damit ein Gerät, in unserem Beispiel also eine Tastatur, per Bluetooth mit dem Computer verbunden werden kann, muss seine Bluetooth-Funktion eingeschaltet sein, und es muss für andere sichtbar sein – in diesem Fall also für den Computer. Wie Sie dies im Einzelnen für Ihr drahtloses Gerät einstellen, entnehmen Sie bitte dem Benutzerhandbuch, das normalerweise dem Gerät beim Kauf beiliegt. Wenn Sie gleich wie beschrieben die Verbindung zwischen der Tastatur und dem Computer aufbauen, sollte der räumliche Abstand zwischen den beiden Geräten nicht zu groß sein. Die folgenden Schritte nehmen Sie am Windows-10-Computer vor:

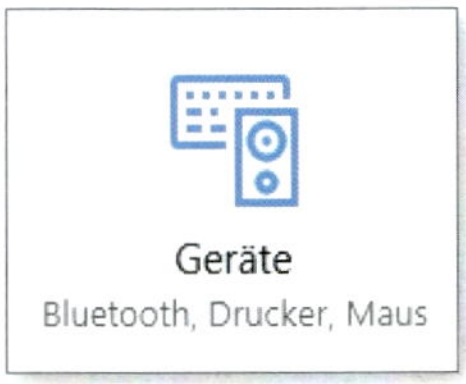

1. Rufen Sie über das Startmenü die **Einstellungen** auf und dort die Kategorie **Geräte**. Klicken oder tippen Sie in der linken Spalte auf **Bluetooth** ❶.

2. Stellen Sie sicher, dass in der rechten Spalte der Schieberegler unter **Bluetooth** auf **Ein** ❷ gestellt ist. Windows 10 sucht nun nach Bluetooth-fähigen Geräten in der Umgebung. Sobald das gewünschte Gerät aufgeführt wird, wählen Sie es aus. Sollten Sie dazu aufgefordert werden, klicken oder tippen Sie auf **Koppeln** ❸.

3. Auf dem Bildschirm wird eine Kennnummer eingeblendet, die Sie nun auf dem Gerät – in unserem Beispiel auf der Tastatur – eingeben.

Beim Anschließen einer Tastatur müssen Sie die Eingabe auf der neu angeschlossenen Tastatur durch Drücken der Taste [↵] bestätigen.

Die Tastatur wird nun in der Geräteliste des Menüs **Einstellungen** aufgeführt und kann wie gewohnt genutzt werden. In diesem Abschnitt haben Sie gelernt, wie Sie wichtige Geräte wie Drucker, Lautsprecher oder auch eine Tastatur an Ihren Computer anschließen. In Kapitel 7, »Fotos, Videos und Musik«, erfahren Sie außerdem, wie Sie eine Digitalkamera an Ihren Computer anschließen und Ihre Fotos auf den PC übertragen.

Programme installieren und wieder entfernen

Windows 10 bringt bereits zahlreiche Apps und Windows-Anwendungen mit. Dennoch werden Sie das eine oder andere Lieblingsprogramm vielleicht vermissen. Zur am häufigsten eingesetzten Software gehört beispielsweise Microsoft Office, das unter anderem die beiden Anwendungen Microsoft Word und Microsoft Excel enthält. Aber auch ein gutes Bildbearbeitungsprogramm oder eine Software, die Sie bei der Steuererklärung unterstützt, wird häufig auf dem Computer nachgerüstet. Die Installation eines solchen Programms ist meist sehr einfach: Legen Sie die Produkt-CD oder -DVD in das entsprechende Laufwerk Ihres Computers ein.

In den meisten Fällen startet sofort die automatische Wiedergabe, und Sie müssen lediglich den Anweisungen auf dem Bildschirm folgen. Ab und an wird sich dabei eventuell die Benutzerkontensteuerung melden, deren Hinweis Sie mit einem Klick auf **Ja** einfach bestätigen.

Installationsdatei manuell starten

Wird die automatische Wiedergabe der CD oder DVD nicht gestartet, klicken oder tippen Sie in der Taskleiste auf das Ordnersymbol des Explorers. Markieren Sie in der linken Spalte das CD-/DVD-Laufwerk (siehe dazu auch Kapitel 6, »Der Explorer – mit Dateien und Ordnern umgehen«). In der rechten Spalte werden nun alle auf dem Datenträger befindlichen Dateien und Ordner angezeigt. Die Installationsdatei – auch *Set-up-Datei* genannt – trägt meist den Namen *Setup.exe* oder auch *Install.exe*. Doppelklicken oder -tippen Sie auf den entsprechenden Dateinamen, beginnt die Installation des Programms, und Sie müssen nur noch den weiteren Anweisungen folgen.

Benötigen Sie ein Programm nicht mehr? Oder wurden vom Computerhersteller Programme auf dem PC installiert, die Sie nicht interessieren? Selbstverständlich können Sie jede Windows-Anwendung auch wieder entfernen. Der Weg führt wieder über die Systemsteuerung.

1. Klicken Sie mit der rechten Maustaste auf das Windows-Logo in der Taskleiste.

2. Im aufklappenden Kontextmenü wählen Sie **Programme und Features** aus ❶.

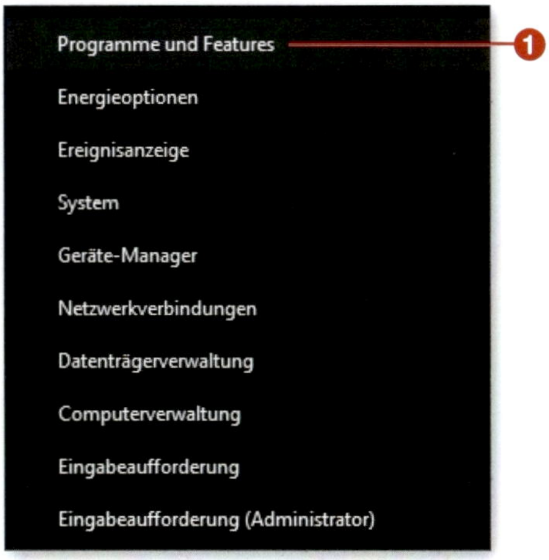

3. Windows 10 zeigt das Fenster **Programme und Features** der Systemsteuerung an und listet alle auf Ihrem Computer installierten Windows-Anwendungen auf. Markieren Sie nun das Programm, das Sie entfernen möchten (❷ auf Seite 144).

4. Oberhalb der Liste wird nun der Befehl **Deinstallieren** ❸ eingeblendet, auf den Sie klicken oder tippen.

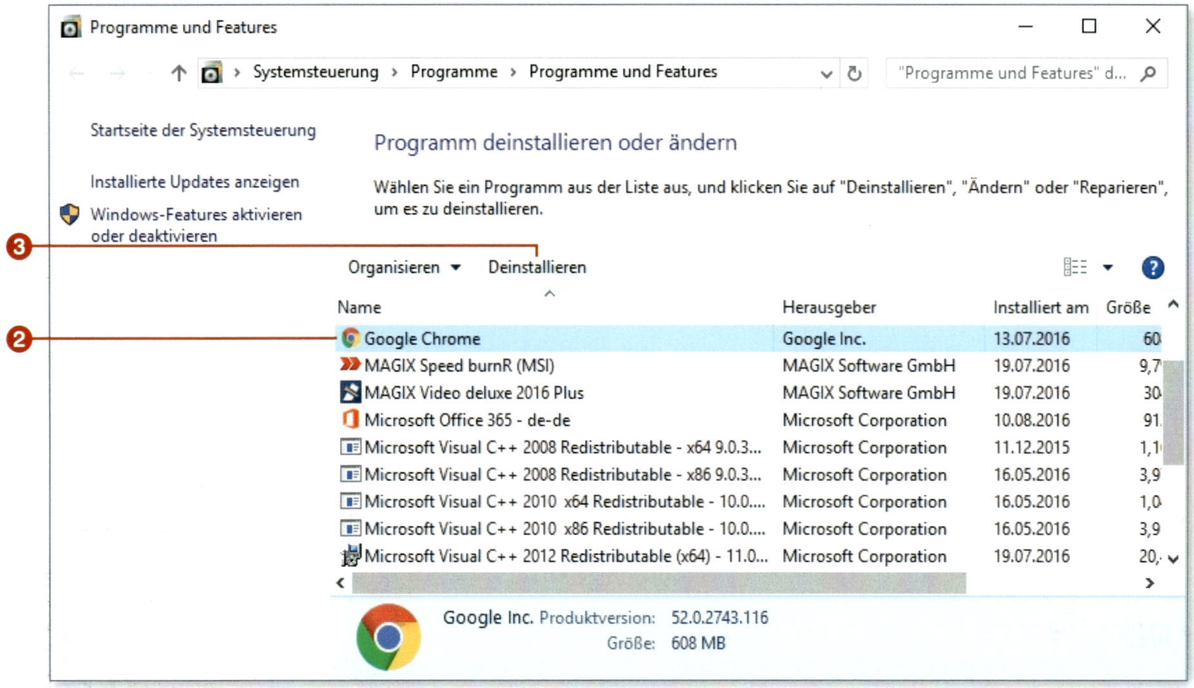

Die nächsten Schritte sind von Anwendung zu Anwendung unterschiedlich und können deshalb an dieser Stelle nicht detailliert beschrieben werden. Das Vorgehen ist aber nicht weiter schwierig. Sie müssen lediglich den weiteren Anweisungen auf dem Bildschirm folgen. Ab und an wird sich auch hier eventuell die Benutzerkontensteuerung melden und eine Bestätigung durch einen Klick oder Tipp auf **Ja** fordern. Bei einigen Programmen ist nach der erfolgreichen Deinstallation ein Neustart von Windows 10 erforderlich.

Nur für Windows-Anwendungen!

Das hier beschriebene Verfahren zum Installieren und Entfernen von Programmen gilt nur für Windows-Anwendungen, die auf der Desktop-Oberfläche basieren. Die Apps dagegen können Sie ausschließlich über den Windows Store erwerben und installieren. Hierfür ist, wie bereits erwähnt, ein Microsoft-Konto nötig. Weitere Informationen hierzu erhalten Sie in Kapitel 9, »Nützliche Windows-Anwendungen und Apps«. Hier erfahren Sie auch, wie Sie Apps deinstallieren.

Kapitel 4

Im Internet unterwegs

Ein Leben ohne Internet ist für viele kaum mehr vorstellbar. Sich informieren, einkaufen, Urlaub buchen oder auch Kontakte pflegen sind nur ein paar der Dinge, die das Internet ermöglicht. Es verbindet Jung und Alt und lässt so manch eine Entfernung winzig klein erscheinen. War der Enkel im fernen Amerika früher unerreichbar, ist er nun dank E-Mail oder Internettelefonie nur noch einen Mausklick entfernt.

Viele Basis-Apps von Windows 10 nutzen das Internet.

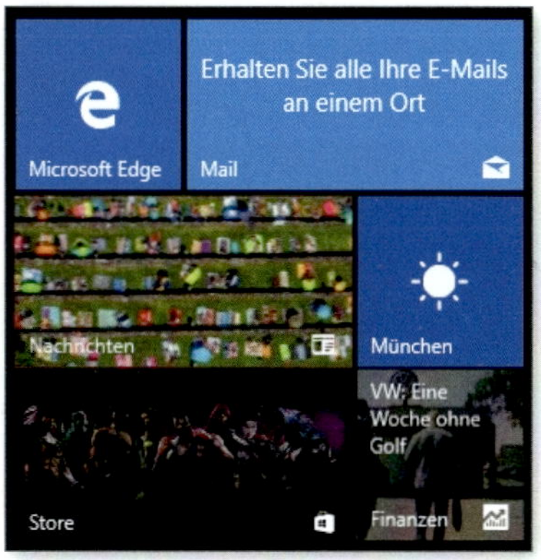

Auch in Windows 10 wird deutlich, welch großen Stellenwert das Internet mittlerweile einnimmt. Über die Hälfte der Basis-Apps greift beispielsweise auf Informationen aus dem Internet zu. In diesem und dem nächsten Kapitel werden wir diese Apps nun genauer unter die Lupe nehmen. Außerdem zeige ich Ihnen, wie Sie mit dem Browser *Microsoft Edge* im Internet surfen, mit der *Mail*-App E-Mails verschicken und vieles mehr. Voraussetzung hierfür ist natürlich, dass Ihr Computer mit dem Internet verbunden ist. Und genau damit fangen wir an.

So kommen Sie ins Internet

Für den Zugang zum Internet benötigen Sie zwei Dinge: einen Internetdienstanbieter sowie die nötige Hardware. Zu den größten Anbietern in Deutschland zählen die Telekom, Vodafone sowie 1&1. In den meisten Fällen erfolgt die Datenübertragung über die Telefonleitung. Einen schnellen Weg mit hoher Datenübertragungsrate bietet ein sogenannter *DSL-Anschluss*. DSL (Abkürzung für *Digital Subscriber Line*) wird in unterschiedlichen Geschwindigkeitsstufen angeboten. Je höher der Wert hinter DSL ist, desto schneller ist auch die Verbindung (etwa DSL 50 für 50.000 Mbit/s).

Die erforderliche Hardware erhalten Sie in den meisten Fällen von Ihrem Internetdienstanbieter. Neben einem *DSL-Modem*, das für die eigentliche Verbindung des Computers mit dem Internet sorgt, benötigen Sie bei älteren Telefonanschlüssen einen *Splitter*. Dieser trennt die Datensignale (Internet), die über die Telefonleitung übertragen werden, von den Telefonsignalen (Sprache). Bei neueren Telefonleitungen entfällt der Splitter, in diesem Fall übernimmt das Modem bereits die Funktion. Als DSL-Modem kommt heutzutage häufig ein *Router* zum Einsatz. Ein bekanntes Beispiel hierfür ist die beliebte FRITZ!Box. Mithilfe eines Routers kann nicht nur ein einzelner Computer mit dem Internet verbunden werden, sondern gleich mehrere.

> *Über die FRITZ!Box von AVM können Sie Computer per Kabel oder Funk mit dem Internet verbinden. (Quelle: AVM)*

Klassischerweise wird ein Computer per Netzwerkkabel an den Router angeschlossen. Alternativ lassen sich die Geräte aber häufig auch per Funk miteinander verbinden. Man spricht in diesem Fall auch von einem *WLAN*. WLAN ist die Abkürzung für *Wireless Local Area Network*, also *kabelloses lokales Netzwerk*. Gerade Notebooks und die neuen Tablets sind häufig bereits mit einem entsprechenden WLAN-Adapter ausgestattet.

Kompetente Hilfe

Das Anschließen der Hardware und das Einrichten eines Routers sind nicht schwer. Normalerweise liegen den Geräten eine gute Dokumentation sowie eine Installations-DVD bei, die bei der Einrichtung des Routers hilft. Wer es sich dennoch nicht selbst zutraut, kann gegen einen Aufpreis bei seinem Internetdienstanbieter auch einen Techniker zur Unterstützung anfordern.

Die Reichweite eines Funknetzwerks ist meist größer als die eigene Wohnung bzw. das Haus. Damit nicht auch Fremde auf Ihr Netzwerk und damit

Ihren PC Zugriff haben, sollten Sie ein WLAN mit einem Kennwort schützen. Dieser Sicherheitsschlüssel wird normalerweise bei der ersten Verbindung des Computers mit dem Router abgefragt. Doch dazu gleich mehr.

^ *Dieses Netzwerk-Symbol zeigt: Der Computer ist mit dem Internet verbunden.*

Für eine Verbindung per Netzwerkkabel reicht es meist aus, das Ethernet-Kabel an die beiden entsprechenden Buchsen am Router und am Computer anzuschließen. Ein paar Sekunden warten und schon steht die Internetverbindung. Mit einem Blick auf den Infobereich der Taskleiste lässt sich dies schnell überprüfen. Sieht das Netzwerk-Symbol ❶ wie in der Abbildung rechts aus, steht dem Surfen im Internet bereits nichts mehr im Wege. Ist dagegen ein weißes X auf roter Fläche zu sehen, ist der Computer noch nicht mit dem Internet verbunden. Da die Internetverbindung bei Tablets im Normalfall über ein WLAN hergestellt wird, beziehen sich die folgenden Schritte nur auf Tastatur- und Mausbedienung.

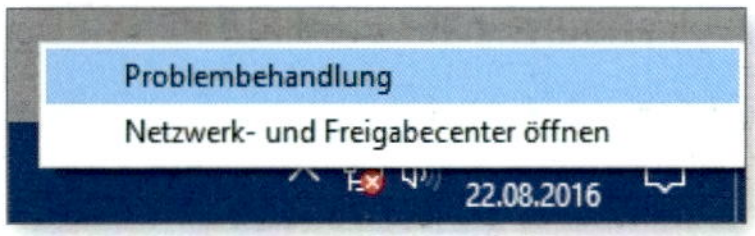

1. Sollte der Computer noch nicht mit dem Internet verbunden sein, klicken Sie mit der rechten Maustaste auf das Netzwerk-Symbol. Im aufklappenden Kontextmenü klicken Sie auf **Problembehandlung**. Windows 10 startet damit die Netzwerkdiagnose.

2. Häufig ist ein nicht korrekt angeschlossenes Netzwerkkabel schuld an der fehlerhaften Verbindung. Prüfen Sie in diesem Fall die Kabelverbindungen, und klicken Sie dann auf **Überprüfen Sie, ob das Problem behoben wurde** ❷.

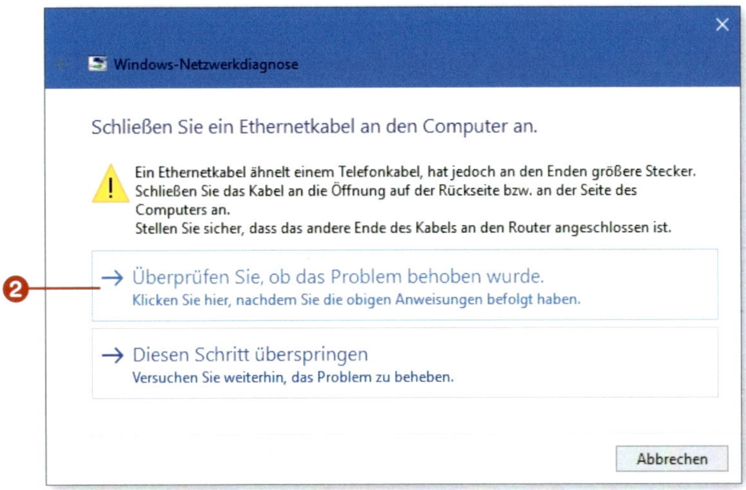

3. Gibt Windows 10 immer noch eine Fehlermeldung aus, sollten Sie den Computer neu starten. Klicken Sie hierzu im Startmenü auf **Ein/Aus** und auf **Neu starten**.

Sollte die automatische Verbindung des Computers mit dem Router nicht klappen, lässt sie sich auch manuell herstellen.

1. Setzen Sie einen Rechtsklick auf das Netzwerk-Symbol, und wählen Sie im Kontextmenü **Netzwerk- und Freigabecenter öffnen**.

2. Im darauf folgenden Dialog **Netzwerk- und Freigabecenter** klicken oder tippen Sie auf **Neue Verbindung oder neues Netzwerk einrichten** ❸.

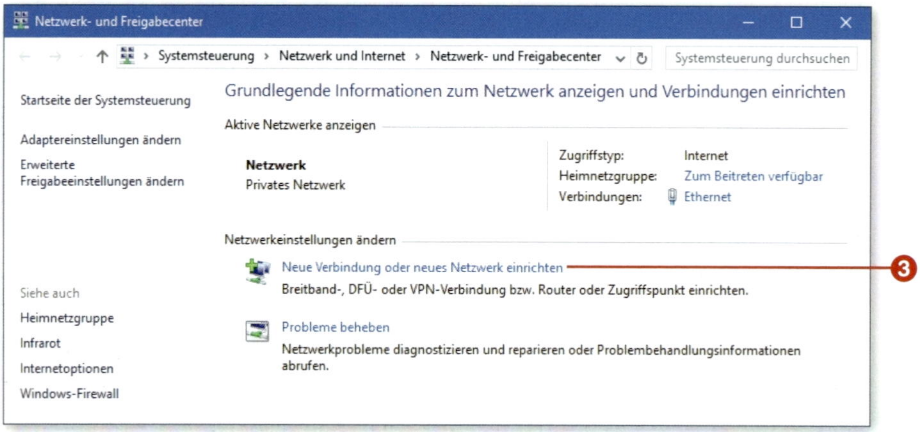

3. Markieren Sie die Verbindungsoption **Verbindung mit dem Internet herstellen**, und bestätigen Sie mit **Weiter**.

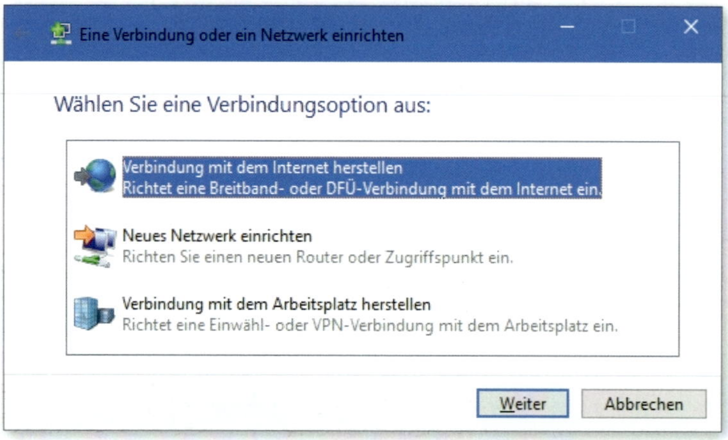

4. Sie werden nun gefragt, wie Sie die Verbindung herstellen möchten. Klicken oder tippen Sie auf **Breitband (PPPoE)**.

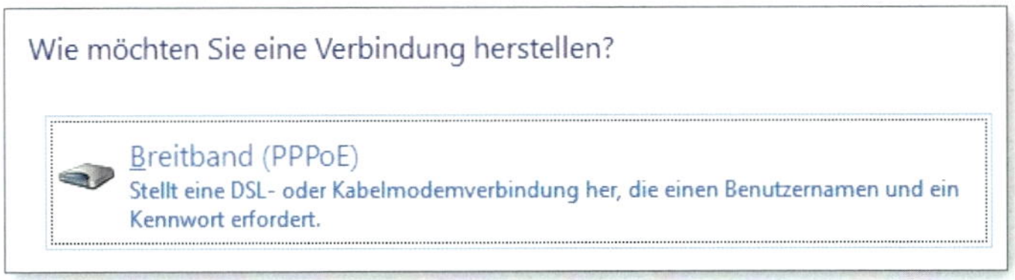

5. Als Nächstes benötigen Sie den Benutzernamen ❹ sowie das Kennwort ❺, das Sie von Ihrem Internetdienstanbieter (ISP, *Internet Service Provider*) erhalten haben. Tragen Sie beides in die entsprechend dafür vorgesehenen Felder ein. Versehen Sie das Kontrollkästchen **Dieses Kennwort speichern** ❻ mit einem Häkchen – dann müssen Sie es nicht mehr erneut eingeben. In das Feld **Verbindungsname** ❼ können Sie eine frei wählbare Bezeichnung für das Netzwerk eintragen. Nutzen auch andere Personen Ihren PC, sollten Sie das Kontrollkästchen **Anderen Benutzern erlauben, diese Verbindung zu verwenden** ❽ aktivieren. Sind Sie derzeit nicht als *Administrator*, sondern als Standardnutzer angemeldet, werden Sie aufgefordert, Ihr Administratorkennwort einzugeben (siehe hierzu auch den Abschnitt »Die Benutzerkontensteuerung: Wer darf was?« ab Seite 345). Anschließend wird wieder der Dialog **Verbindung mit dem Internet herstellen** angezeigt, in dem Sie auf **Verbinden** ❾ klicken oder tippen. Windows 10 stellt nun die Verbindung zum Internet her.

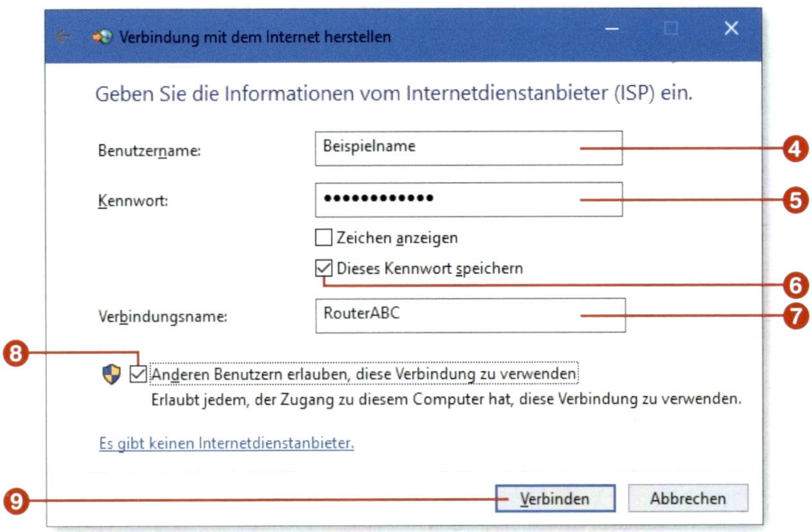

Netzwerkstandort festlegen

Innerhalb eines Netzwerks können Computer untereinander Daten austauschen oder Geräte, wie etwa einen Drucker, teilen. Richten Sie ein Netzwerk zum ersten Mal ein, fragt Windows 10 nach, ob Ihr PC von anderen Geräten innerhalb des Netzwerks gesucht werden darf. Innerhalb der eigenen vier Wände ist dies durchaus praktisch, und Sie können die Frage mit **Ja** beantworten. Befinden Sie sich aber an einem öffentlichen Ort, etwa in einem Hotel, sollten Sie mit **Nein** antworten.

Die bisherigen Schritte bezogen sich ausschließlich auf ein kabelverbundenes Netzwerk. Als Nächstes werde ich das drahtlose Netzwerk vorstellen.

Ist Ihr Computer mit einem WLAN-Adapter ausgestattet, erkennt Windows 10 ein in der näheren Umgebung verfügbares drahtloses Netzwerk automatisch. Dabei kann es sich um Ihr eigenes handeln oder das eines Nachbarn. Befinden Sie sich auf Reisen, möchten Sie eventuell das vom Hotel zur Verfügung gestellte WLAN nutzen. Auch an öffentlichen Orten, wie Flughäfen, finden sich sogenannte *Hotspots*, die Zugang zu einem Funknetz bieten. Unabhängig davon, wo Sie sich gerade befinden – die nächsten Schritte, die Sie vornehmen müssen, sind immer gleich:

1. Klicken oder tippen Sie im Infobereich der Taskleiste auf das kleine Netzwerk-Symbol ❶. Sollte das Symbol bei Ihnen nicht sichtbar sein, klicken oder tippen Sie zuvor auf das kleine Dreieck-Symbol links. In der aufklappenden Liste finden Sie nun auch das Netzwerk-Symbol.

2. Im aufklappenden Menü werden nun alle gefundenen Drahtlosnetzwerke der Umgebung aufgeführt. Die Anzahl der weiß markierten Wellen innerhalb des Netzwerk-Symbols zeigt die Stärke des jeweiligen Funksignals an ❷. Wird unterhalb des Netzwerks, das Sie verwenden möchten, **Verbunden** angezeigt, besteht die Verbindung zum Internet bereits, und Sie können auf die weiteren Schritte verzichten. Steht die Verbindung noch nicht, klicken oder tippen Sie auf den Namen des gewünschten Netzwerks.

3. Um die Verbindung nicht bei jedem Neustart des Computers erneut herstellen zu müssen, sollten Sie das Kontrollkästchen **Automatisch verbinden** per Klicken oder Antippen mit einem Häkchen versehen ❸. Klicken oder tippen Sie dann auf **Verbinden**.

4. Ist Ihr drahtloses Netzwerk mit einem Kennwort geschützt, fordert Windows 10 nun die Eingabe des Netzwerksicherheitsschlüssels ❹. Nach einem Klick oder Tippen auf **Weiter** wird die Verbindung zum Internet hergestellt.

5. Windows 10 fragt Sie eventuell noch, ob Ihr PC von anderen Geräten innerhalb des Netzwerks gefunden werden darf. Befinden Sie sich daheim, können Sie auf **Ja** klicken oder tippen. In einem öffentlichen Netzwerk, also etwa am Flughafen, sollten Sie dagegen **Nein** wählen. Damit verhindern Sie, dass andere Geräte auf die Daten Ihres eigenen Computers zugreifen.

Die Verbindung zum Drahtlosnetzwerk steht nun. In der Verbindungsübersicht (siehe Schritt 2) sollten Sie hinter dem Namen Ihres Netzwerks jetzt die Angabe **Verbunden** sehen. Nutzen Sie das WLAN in einem Hotel oder an einem Hotspot, werden eventuell weitere Zugangsdaten abgefragt, wenn Sie Ihren Browser – also das Programm, mit dem Sie Webseiten öffnen – zum ersten Mal aufrufen.

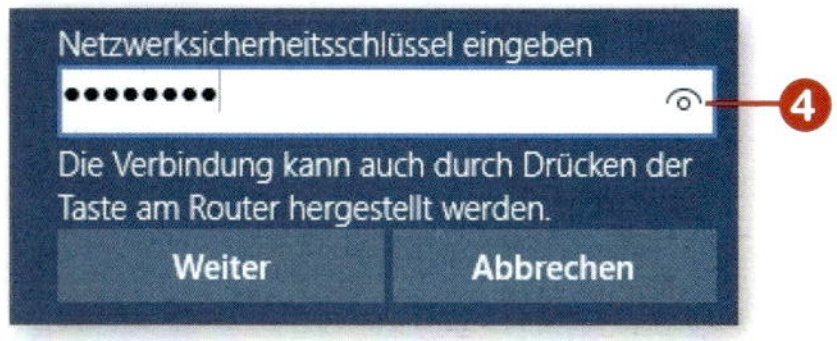

Wenn das WLAN nicht funken will

Ihr Funknetz wird in der Übersicht nicht aufgeführt, oder die Verbindung bricht immer wieder ab? Hierfür kann es mehrere Gründe geben. Der erste ist ganz profan: Prüfen Sie, ob sowohl bei Ihrem Computer als auch beim verwendeten Router das WLAN-Modul eingeschaltet bzw. aktiviert ist. Nähere Informationen hierzu erhalten Sie in den jeweiligen Gerätehandbüchern. Ein anderer wichtiger Faktor bei Drahtlosnetzwerken ist der Standort. Sowohl Betondecken als auch eine hohe Luftfeuchtigkeit können beispielsweise ein WLAN negativ beeinflussen. Befinden sich in der näheren Umgebung weitere WLAN-Router, kann auch der vom Router verwendete Funkkanal die Ursache des Problems sein. Für ein WLAN stehen insgesamt 13 verschiedene Funkkanäle zur Verfügung. Eventuell nutzen mehrere Geräte den gleichen Kanal und blockieren sich damit gegenseitig. Versuchen Sie in diesem Fall, für Ihr Drahtlosnetzwerk einen anderen Funkkanal zu wählen. Auch hierzu erhalten Sie nähere Informationen im Router-Handbuch.

Mit dem Browser Microsoft Edge im Internet surfen

Ist Ihr Computer erfolgreich mit dem Internet verbunden, steht dem Surfen nichts mehr im Wege. Als Programm zum Aufruf von Webseiten bietet Windows 10 den Browser *Microsoft Edge* an. Er ersetzt den mittlerweile doch etwas in die Jahre gekommenen *Internet Explorer*. Noch ist dieser allerdings unter Windows 10 verfügbar. Doch dazu später mehr.

Sie können den Browser über die Kachel im Startmenü ❶ öffnen, das Sie über die [⊞]-Taste oder das Windows-Logo ⊞ aufrufen. Alternativ können Sie Microsoft Edge (kurz auch nur *Edge* genannt) zudem über das Symbol e in der Taskleiste ❷ starten.

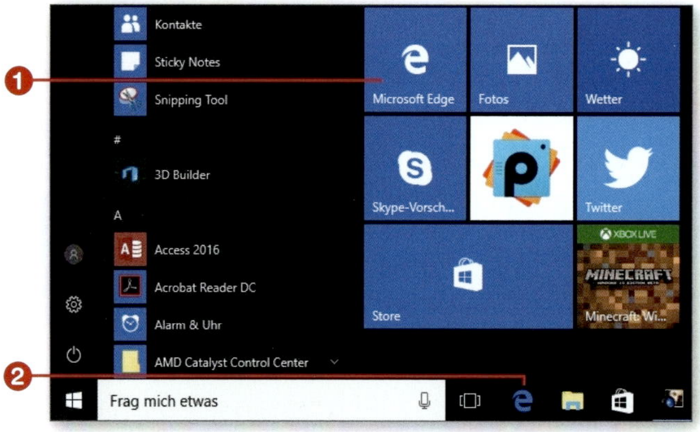

> *Im Startmenü finden Sie eine eigene Kachel für Microsoft Edge.*

Wie alle Windows-10-Apps wurde auch die App Microsoft Edge speziell für die Nutzung auf einem Touchscreen optimiert. Sie lässt sich aber auch wunderbar per Tastatur und Maus bedienen, wie Sie gleich sehen werden. Arbeiten Sie mit einem Tablet, wird der Browser wie bei Apps üblich im Vollbildmodus, sprich über den gesamten Bildschirm hinweg, geöffnet. Bei einem Desktop-PC oder Notebook lässt sich die Fenstergröße dagegen individuell einstellen. Klicken Sie beispielsweise oben rechts auf das Symbol ☐, wird das Fenster ebenfalls im Vollbildmodus angezeigt. Um es wieder zu verkleinern, klicken Sie auf das Symbol ⧉.

Nach dem ersten Start des Browsers heißt Sie Microsoft Edge zunächst willkommen. Diese Seite können Sie mit einem Klick oder Tippen auf das Symbol ☒ rechts vom Titel **Willkommen bei …** ❸ schließen. Sie sehen nun die Seite **Start**, die eine Übersicht über verschiedene Nachrichten anzeigt, die alle von MSN, dem Webportal von Microsoft, zusammengestellt wurden. Wie Sie Ihre Lieblingswebseite als sogenannte *Startseite* einrichten, zeige ich Ihnen im Verlauf dieses Abschnitts.

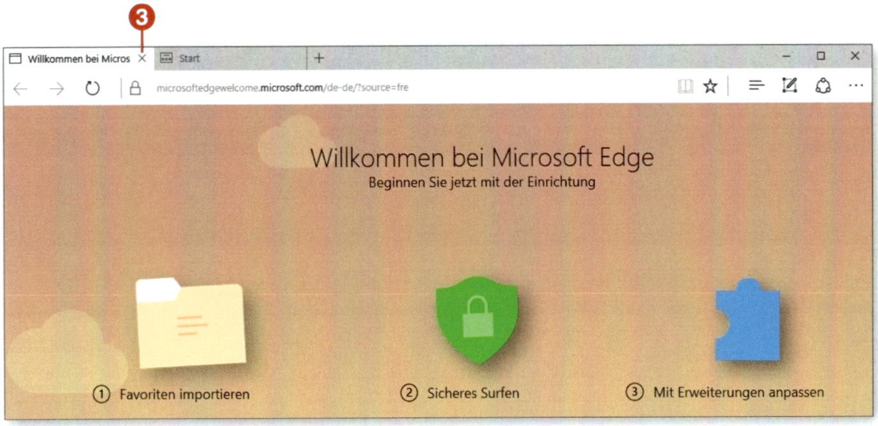

Nach dem ersten Start des Browsers heißt Sie Microsoft Edge willkommen.

Jede Webseite hat einen eigenen Titel. Dieser wird in der linken oberen Ecke des Programmfensters in einem Registerreiter eingeblendet ❹. Der Titel der Internetseite von MSN lautet ganz einfach **Start**.

Eine Internetseite selbst enthält meist mehr Inhalt, als auf dem Bildschirm angezeigt werden kann. Um auf einer Seite zu blättern, wischen Sie mit dem Finger einfach direkt auf der Seite (also nicht vom Bildschirmrand aus) von oben nach unten und umgekehrt. Nutzen Sie eine Maus mit Scrollrad, reicht es, wenn Sie dieses Rädchen drehen. Auch die beiden Pfeiltasten [↑] und [↓] auf der Tastatur lassen sich zum Blättern nutzen. Zu guter Letzt steht Ihnen die Bildlaufleiste ❺ am rechten Bildschirmrand zur Verfügung (den Balken können Sie mit gedrückter Maustaste verschieben).

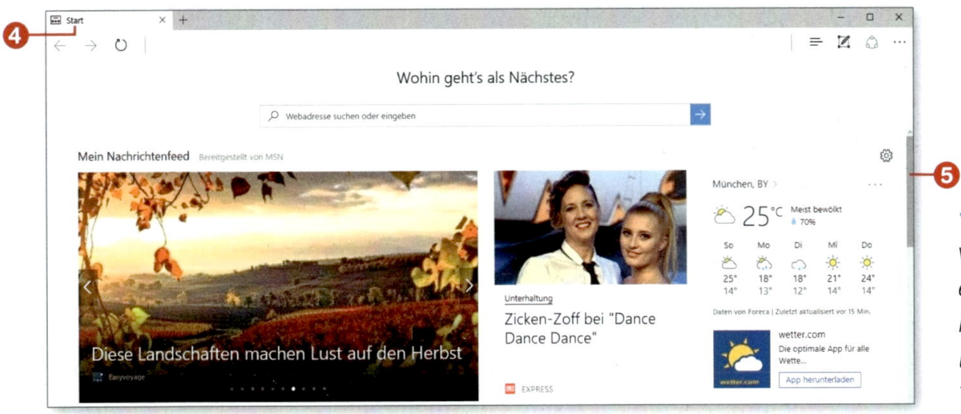

Die Startseite von MSN bietet eine Übersicht über Nachrichten aus den unterschiedlichsten Themenbereichen.

Anzeigengröße verändern

Auf manchen Webseiten ist der Text ausgesprochen klein und kaum lesbar. Um ihn zu vergrößern, ziehen Sie im Falle eines Touchscreens einfach zwei Finger auf dem Bildschirm auseinander, wie im Kasten »Bildschirminhalte vergrößern« auf Seite 24 gezeigt. Zum Verkleinern des Textes ziehen Sie die Finger wieder zusammen. Mit der Tastatur erreichen Sie den gleichen Effekt, indem Sie zum Vergrößern des Textes die Tastenkombination `Strg` + `+` drücken und zum Verkleinern die Kombination `Strg` + `-`. Nutzen Sie eine Maus mit Scrollrad, halten Sie die Taste `Strg` gedrückt, während Sie das Rädchen nach oben oder unten drehen.

Auf Webseiten finden sich häufig sogenannte *Links*, sprich Verknüpfungen zu anderen Webseiten. Arbeiten Sie mit der Maus, erkennen Sie schnell, welcher Text oder auch welches Bild eine Verknüpfung zu einer anderen Seite enthält. Normalerweise weist der Mauszeiger die Form eines Pfeils auf. Nimmt er, während Sie ihn über die Webseite bewegen, die Form einer Hand an, befinden Sie sich auf einem Link. Klicken oder tippen Sie auf die Verknüpfung, gelangen Sie automatisch zur damit verbundenen Webseite. Auf diese Weise springen Sie ganz bequem von einer Seite zur anderen.

Doch was ist zu tun, wenn Sie die Adresse einer bestimmten Website, etwa *www.tagesschau.de*, aufrufen möchten? Zeigt der Browser bei Ihnen die Informationsseite von MSN, finden Sie unterhalb der Überschrift **Wohin geht's als Nächstes?** ein Feld zur Eingabe der Webadresse ❶. Ist dagegen eine andere Internetseite zu sehen, finden Sie das Adressfeld in der Navigationsleiste unterhalb der Titelleiste des Browsers ❷.

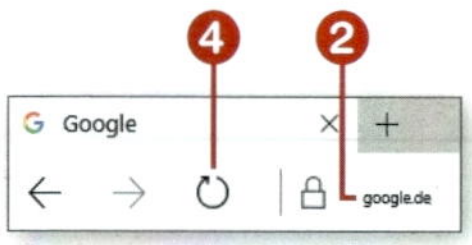

Das Adressfeld finden Sie unterhalb der Titelleiste.

Um eine Webseite aufzurufen, klicken oder tippen Sie in das Suchfeld auf der MSN-Seite bzw. in das Adressfeld. Die dort vorgegebene Webadresse wird farbig markiert. Wenn Sie einen Touchscreen nutzen, klappt zugleich die Bildschirmtastatur auf.

Tippen Sie nun die gewünschte Webadresse ein, etwa »www.tagesschau.de«. Bereits während der Eingabe schlägt Ihnen Windows 10 einige Webadressen vor, die mit der gleichen Buchstabenfolge beginnen. Wird die gewünschte Adresse aufgeführt, können Sie die Eingabe abbrechen und einfach auf den Link ❸ klicken oder tippen.

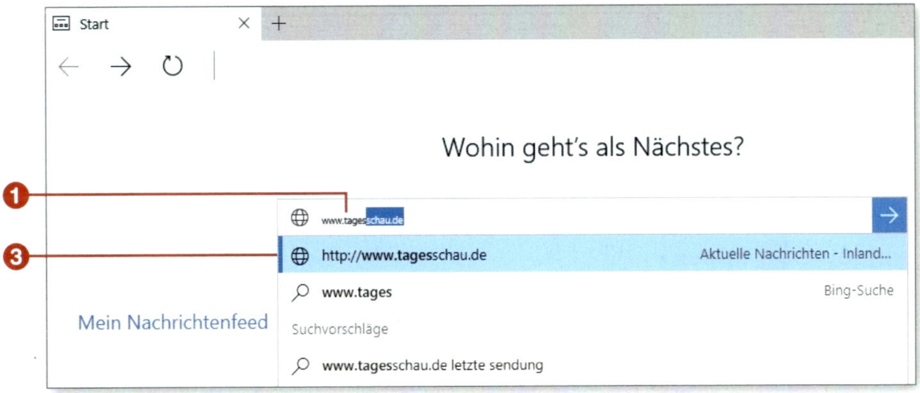

Bereits die Eingabe weniger Buchstaben reicht, um von Windows 10 Vorschläge zu erhalten.

Wenn Sie die gesamte Webadresse tippen müssen, weil keine passenden Vorschläge angeboten werden, schließen Sie die Eingabe durch Drücken der Taste ↵ oder durch Tippen auf **Gehe zu** in der Bildschirmtastatur ab. Die gewünschte Webseite wird nun geladen.

Aufbau einer Webadresse

Jede Webadresse besteht normalerweise aus drei Teilen, die jeweils durch einen Punkt voneinander getrennt werden: Zuerst kommt die Abkürzung *www*, gefolgt vom Namen der Webseite (etwa *tagesschau*), und abschließend eine Länderkennung (beispielsweise *de* für Deutschland oder *at* für Österreich). Sobald Sie im Browser eine Webadresse eingegeben haben, lässt Edge die Abkürzung *www* unter den Tisch fallen und zeigt nur noch den Namen der Seite sowie die Länderkennung an. Übrigens: Wird im Adressfeld die blaue Textmarkierung versehentlich aufgehoben, doppelklicken oder -tippen Sie einfach in das Feld, damit die aktuelle Webadresse wieder markiert wird und Sie sie einfach überschreiben können.

Im Adressfeld wird die Webadresse der gerade angezeigten Webseite eingeblendet. Klicken oder tippen Sie auf die Schaltfläche **Aktualisieren** ↻ (4 auf Seite 154), wird die Webseite neu geladen. Bereitet das Laden der App Edge Schwierigkeiten oder dauert es zu lange (etwa bei einem schwachen Funksignal), können Sie den Ladevorgang über die gleiche Schaltfläche auch abbrechen. In diesem Fall wird die zuvor angezeigte Webseite wieder eingeblendet.

Möchten Sie zu einer bereits besuchten Webseite zurückkehren? Die hierfür nötigen Schaltflächen **Zurück** und **Vorwärts** finden Sie ebenfalls in der Navigationsleiste neben dem Adressfeld. Auf Tablets gelingt das Blättern zwischen bereits besuchten Webseiten übrigens noch schneller: Wischen Sie einfach auf der Seite selbst von rechts nach links oder umgekehrt. Alternativ können Sie dort auch auf das Symbol in der Taskleiste tippen.

Wenn Sie eine Webseite häufiger besuchen, sollten Sie sie in die Liste der Favoriten aufnehmen oder hierfür eine Kachel auf dem Startbildschirm anlegen. Damit sparen Sie sich zukünftig das Eingeben der Webadresse. Das Vorgehen ist denkbar einfach:

1. Rufen Sie die Webadresse wie gerade beschrieben auf. Klicken oder tippen Sie dann auf das Favoriten-Symbol in der Navigationsleiste ❶.

2. In der aufklappenden Liste stellen Sie sicher, dass die Schaltfläche **Favoriten** ❷ aktiviert ist, zu erkennen am blauen Schriftzug.

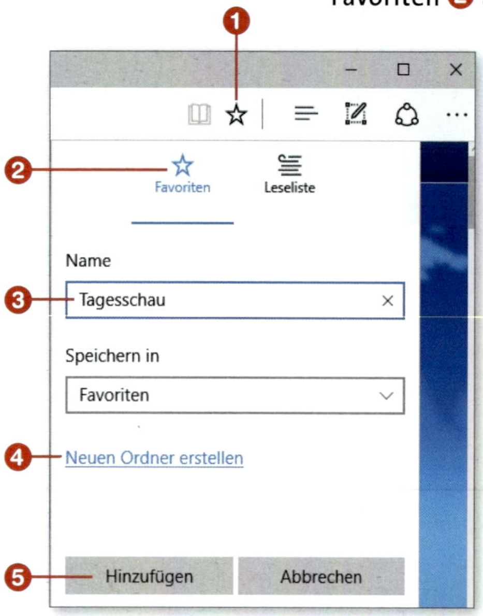

3. Im Feld **Name** können Sie den vorgeschlagenen Titel der Webseite durch eine eigene Bezeichnung ❸ ersetzen. Klicken oder tippen Sie hierzu einfach in das Feld, und überschreiben Sie den blau markierten Text.

Je mehr Webadressen Sie in der Favoritenliste ablegen, desto schwieriger wird es mit der Zeit, die gewünschte Adresse schnell zu finden. Abhilfe verschaffen hier thematisch sortierte Ordner, wie etwa *Information*, *Gesundheit* oder auch *Reisen*.

4. Um einen neuen Ordner zu erstellen, klicken Sie auf die gleichnamige Schaltfläche ❹. Es wird nun ein weiteres Feld **Ordnername** eingeblendet, in das Sie den gewünschten Ordnernamen eintragen, etwa »Information«.

5. Bestätigen Sie Ihre Eingaben mit **Hinzufügen** ❺, wird die Webadresse in die Liste der Favoriten aufgenommen.

Wann immer Sie nun eine Ihrer favorisierten Webseiten aufrufen möchten, klicken Sie in der Navigationsleiste auf das Symbol ❻. Stellen Sie wieder sicher, dass der Eintrag **Favoriten** ❼ markiert ist. Wählen Sie dann die passende Rubrik aus, also etwa **Information**, und klicken oder tippen Sie auf die benötigte Adresse.

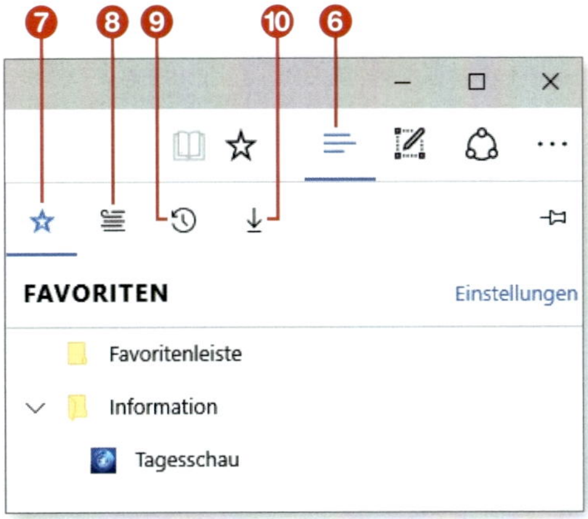

Mithilfe von Rubriken sorgen Sie für mehr Ordnung.

Der Bereich, in den Sie über das Symbol [≡] gelangen, wird auch *Hub* (zu Deutsch: Zentrum) genannt. Per Klick auf die entsprechenden Schaltflächen erreichen Sie hier nicht nur die zuvor als Favoriten gespeicherten Webseiten, sondern auch die **Leseliste** ❽, den **Verlauf** ❾ (also eine Liste über bereits besuchte Seiten) sowie eine Übersicht über alle aus dem Internet heruntergeladenen Dateien, den Bereich **Download** ❿.

Favoriten löschen

Möchten Sie einen Eintrag wieder aus der Favoritenliste löschen, klicken oder tippen Sie ebenfalls auf das Symbol [≡], und wechseln Sie in die Rubrik, in der Sie die Webadresse abgelegt haben. Klicken Sie mit der rechten Maustaste auf den zu löschenden Eintrag. Im Kontextmenü finden Sie nun den Befehl **Löschen**, über den sich die Webadresse aus der Favoritenliste entfernen lässt. Auf einem Touchscreen drücken Sie wieder etwas länger auf den Eintrag, um das Kontextmenü einzublenden.

Wenn Sie die aktuelle Webseite direkt über eine Kachel im Startmenü aufrufen möchten, klicken oder tippen Sie am rechten Rand der Navigationsleiste auf das Symbol [···] ⓫. In der aufklappenden Liste wählen Sie den Eintrag **Diese Seite an „Start" anheften** ⓬. Zukünftig reicht ein Klick auf die entsprechende Kachel im Startmenü, und schon wird die damit verknüpfte Webseite in der Edge-App aufgerufen.

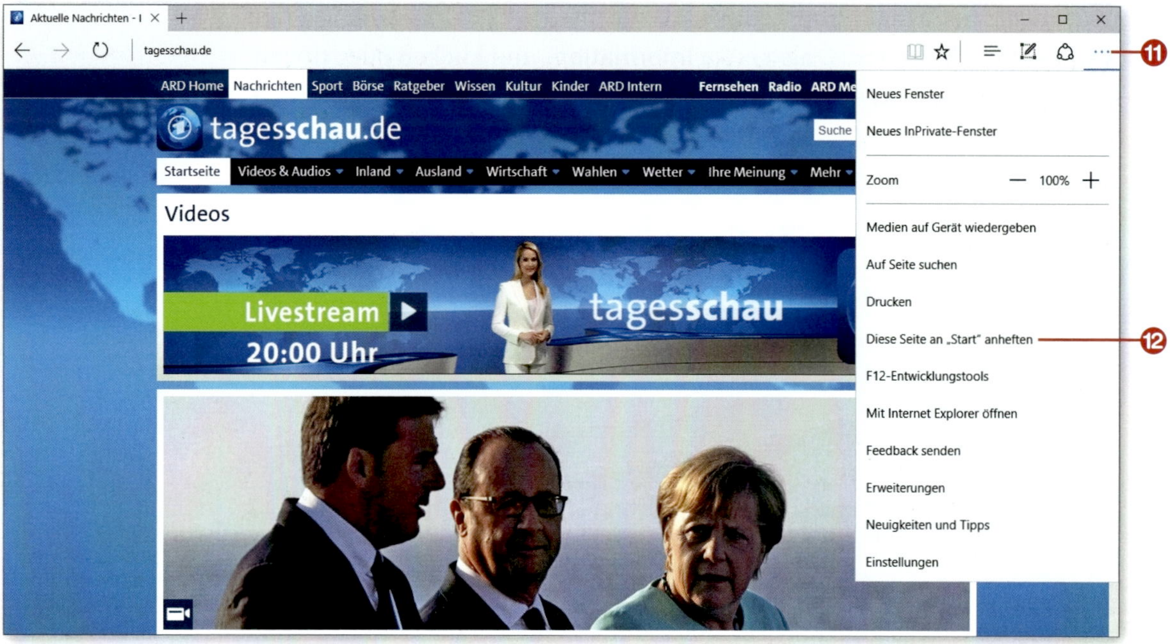

^ Die aktuelle Webadresse kann auch als Kachel an das Startmenü geheftet werden.

Wer bereits mit einer früheren Windows-Version und mit dem Internet Explorer gearbeitet hat, kennt das Prinzip der *Registerkarten*. Mit ihrer Hilfe lassen sich gleich mehrere Webseiten gleichzeitig öffnen. Auch der Browser Edge bietet diese Möglichkeit. Das Prinzip unterscheidet sich nicht sehr von dem beim Internet Explorer, wie Sie gleich sehen werden. Um zusätzlich zur aktuellen Seite (in unserem Fall der Webseite *www.tagesschau.de*) eine weitere Webseite aufzurufen, gehen Sie folgendermaßen vor:

1. Um eine neue Registerkarte zu öffnen, klicken oder tippen Sie auf das kleine Plus-Symbol ❶ rechts neben dem letzten geöffneten Register. Falls Sie lieber mit der Tastatur arbeiten, können Sie auch die Tastenkombination `Strg` + `T` drücken.

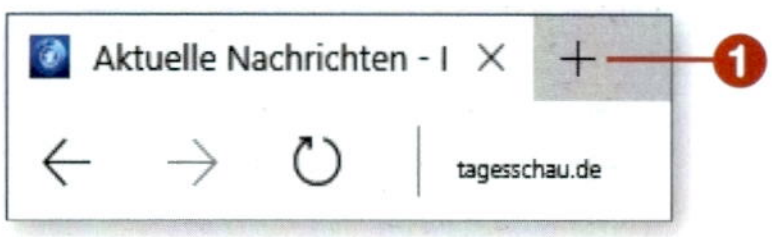

2. Auf der neuen Registerkarte (❷ auf Seite 159) erhalten Sie einige Vorschläge für weitere Apps, die Sie direkt per Mausklick oder durch Antippen herunterladen könnten. In unserem Beispiel soll aber eine neue

Webseite geöffnet werden. Geben Sie die Adresse einfach von Hand in das Adressfeld ein, im Beispiel »www.vierfarben.de« bzw. »vierfarben.de«, was ebenfalls zum Aufrufen der Seite ausreicht. Wird das Adressfeld nicht eingeblendet, klicken Sie auf die weiße Fläche ❸ rechts vom Aktualisieren-Symbol.

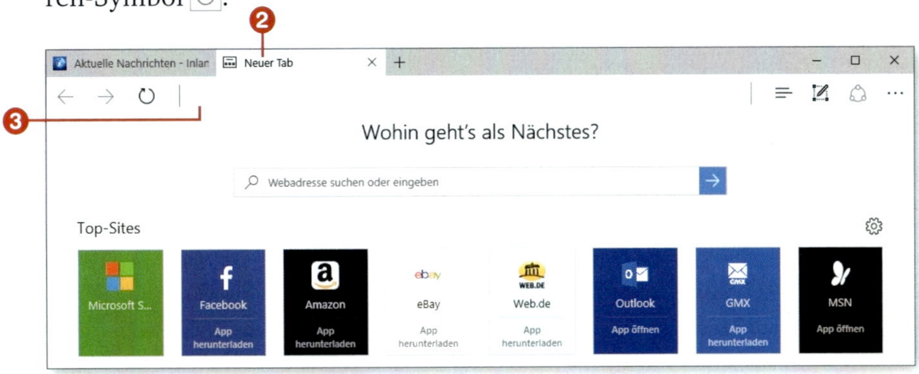

3. Bewegen Sie den Mauszeiger auf einen der Registerreiter, wird eine kleine Vorschau der Webseite eingeblendet ❹.

4. Mit einem Klick oder Tippen auf die Registerreiter ❺ können Sie zwischen den geöffneten Registerkarten wechseln.

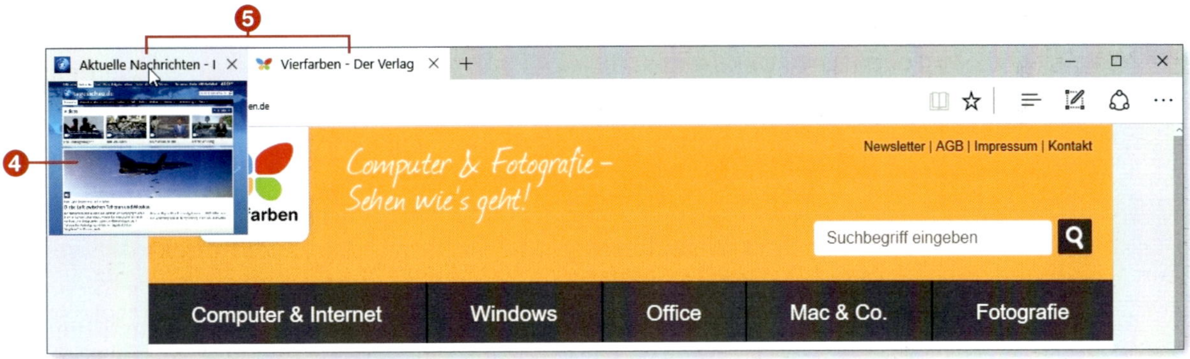

5. Um eine Registerkarte wieder zu schließen, klicken oder tippen Sie auf das kleine Kreuz ✕ an ihrem rechten Rand. Wenn nur noch eine Registerkarte, sprich eine Webseite, geöffnet ist, wird durch das Klicken oder Tippen auf das Symbol ✕ der Browser Edge geschlossen.

In unserem Beispiel haben Sie selbst eine neue Registerkarte geöffnet. Manchmal geschieht dies aber auch automatisch nach einem Klick oder Tippen auf einen Link.

Registerkarten für Schnellzugriff anheften

Das Anniversary Update hat dem Browser Edge noch eine weitere Neuerung beschert: Haben Sie eine beliebte Webseite auf einer Registerkarte geöffnet, können Sie diese Registerkarte fest im Programmfenster verankern. Hierzu klicken Sie einfach mit der rechten Maustaste auf die entsprechende Registerkarte und wählen im Kontextmenü den Befehl **Anheften**. Die Registerkarte wird nun am linken Rand des Programmfensters eingeblendet. Wann immer Sie zukünftig Edge aufrufen, finden Sie die angeheftete Registerkarte an dieser Position. Ein Klick darauf und die dazugehörige Webseite wird geöffnet. Um die Registerkarte wieder zu entfernen, klicken Sie erneut mit der rechten Maustaste auf die Registerkarte und wählen nun **Loslösen**.

Für unsere beiden bisherigen Beispiele, Tagesschau und Vierfarben Verlag, waren die Webadressen jeweils bekannt. Doch das ist bei Weitem nicht immer der Fall. Das Internet bietet eine riesige Fülle an Informationen. Hier gleich das Gewünschte zu finden ist gar nicht so einfach. Die bekannteste Suchmaschine im Internet ist *Google* (*www.google.de*). Aber auch Microsoft bietet einen eigenen Suchdienst an: *Bing*. Haben Sie die Edge-App bereits geöffnet, gibt es eine pfiffige Möglichkeit, eine Suche über Bing zu starten:

1. Klicken oder tippen Sie in das Adressfeld, wird die dort aktuell angezeigte Webadresse markiert.

2. Statt einer Webadresse geben Sie in das Adressfeld direkt den gewünschten Suchbegriff ein, etwa »Mallorca«, wenn Sie auf der Suche nach Informationen rund um das beliebte Urlaubsziel sind. Auch hier erhalten Sie bereits während der Eingabe einige Vorschläge. Ist der gewünschte Suchbegriff dabei, klicken oder tippen Sie ihn einfach an. Wenn Sie den Begriff selbst vollständig eingeben müssen, schließen Sie die Eingabe durch Drücken der Taste [↵] ab oder indem Sie auf **Gehe zu** auf der Bildschirmtastatur tippen.

Es wird nun automatisch die Webseite des Bing-Suchdienstes geöffnet, und alle gefundenen Ergebnisse zu *Mallorca* werden angezeigt.

Möchten Sie einen der aufgeführten Links auf einer neuen Registerkarte öffnen, klicken Sie mit der rechten Maustaste auf den Link, und wählen Sie im Kontextmenü **In neuem Tab öffnen** ❶. Nutzen Sie einen Touchscreen, halten Sie den Finger etwas länger auf dem Link gedrückt, bis der Befehl in einer Leiste am unteren Seitenrand erscheint.

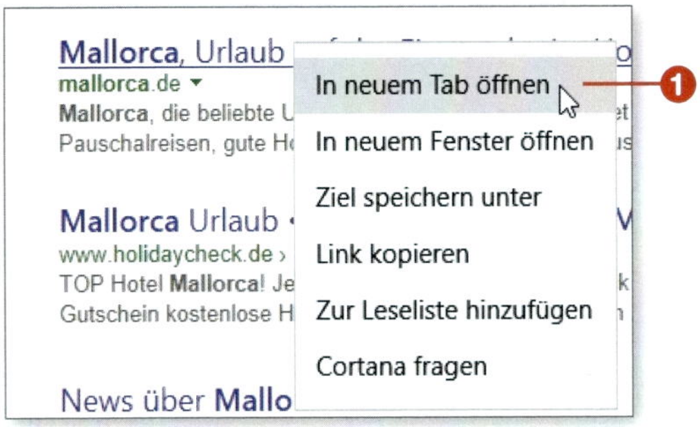

^ *Nach einem Rechtsklick auf einen Link klappt das Kontextmenü auf.*

Statt eine Suchanfrage über das Adressfeld im Browser Edge zu starten, können Sie auch die Suchfunktion der Taskleiste nutzen. Nach einem Klick oder Tipp in das Suchfeld geben Sie den Suchbegriff (❷ auf Seite 162) ein. Bereits während der Eingabe erhalten Sie einige Suchvorschläge angezeigt. Ist das Gewünschte nicht dabei, geben Sie den Text selbst vollständig ein und klicken oder tippen dann auf das Lupen-Symbol ❸.

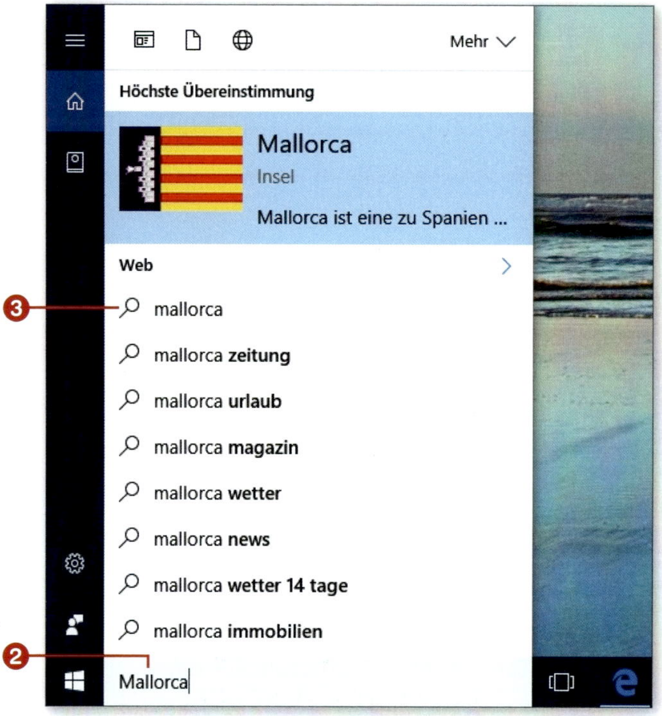

> Über die Taskleiste können Sie eine Suche im Web starten.

Auf einer Webseite suchen

Sie sind auf einer Webseite auf der Suche nach einem ganz bestimmten Begriff, können ihn aber nicht finden? Klicken oder tippen Sie in der Navigationsleiste am rechten oberen Rand des Programmfensters auf [...] und in der aufklappenden Liste auf **Auf Seite suchen**. Unterhalb der Navigationsleiste wird links nun ein Suchfeld eingeblendet, in das Sie den gewünschten Suchbegriff eingeben. Bestätigen Sie die Eingabe durch Drücken der Taste [↵] oder durch Antippen von **Gehe zu**. Die aktuelle Webseite wird nach dem Suchbegriff durchforstet. Die Ergebnisse werden auf der Seite in leuchtendem Gelb hervorgehoben. Mit einem Klick oder durch Tippen auf das Kreuz [X] innerhalb der Suchleiste blenden Sie diese wieder aus.

Die Edge-App wird nun automatisch gestartet. Sollte sie bei Ihnen bereits geöffnet sein, werden die Suchergebnisse Ihrer Anfrage in diesem Fall auf einer neuen Registerkarte angezeigt. Ein Klick oder Tipp auf einen Link reicht, und es wird die gewünschte Webseite geöffnet.

Aufgepasst: Werbung

Wie auch Google finanziert sich Bing durch Werbung. Starten Sie eine Suchanfrage, werden noch vor den eigentlichen Suchergebnissen entsprechende Anzeigen aufgelistet. Diese sind nicht nur durch einen entsprechenden Hinweis gekennzeichnet. Unterhalb vom Anzeigenbereich wird zusätzlich eine dünne Linie eingeblendet.

Manche Webseiten sind überhäuft mit Inhaltsverzeichnissen, Werbung und mehr. Manchmal fällt es hier schwer, sich auf den eigentlichen Artikel zu konzentrieren. Für solche überfüllten Webseiten bringt Microsoft Edge eine wunderbare Funktion mit: die *Leseansicht*. Aktiviert wird diese Ansicht per Klick oder Tipp auf das Symbol 📖 **4** in der Navigationsleiste. Anschließend bekommen Sie eine übersichtliche Webseite zu Gesicht, die lediglich den wichtigen Teil des Artikels zeigt. Mit einem erneuten Klick auf 📖 schalten Sie die Leseansicht wieder aus. Die Leseansicht ist leider nicht für alle Webseiten verfügbar. Lässt sie sich für eine Seite nicht einrichten, wird ein entsprechender Hinweis unterhalb des Symbols 📖 eingeblendet.

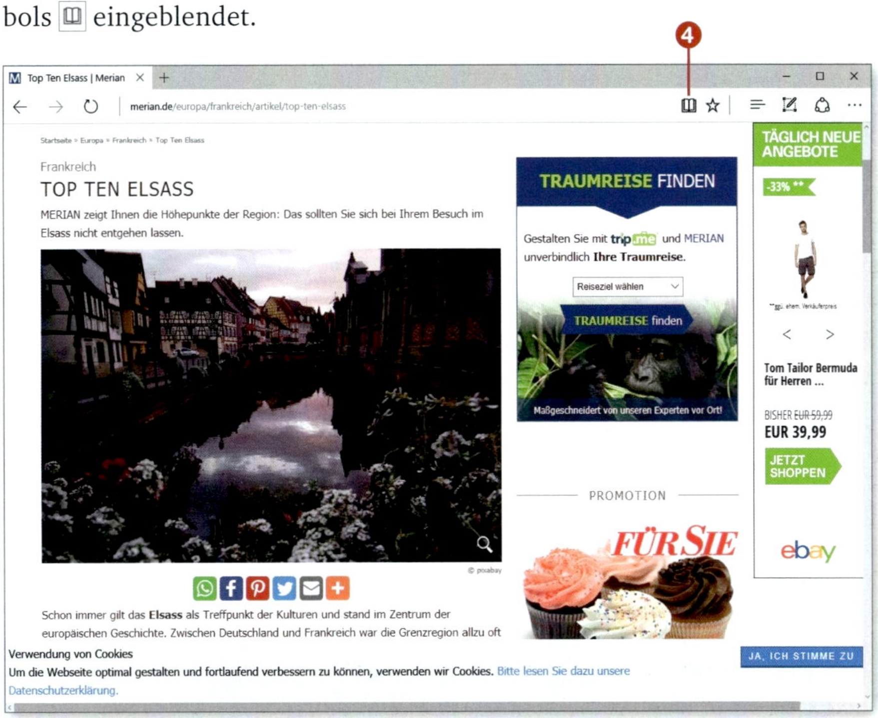

< *Die Webseite in der normalen Ansicht …*

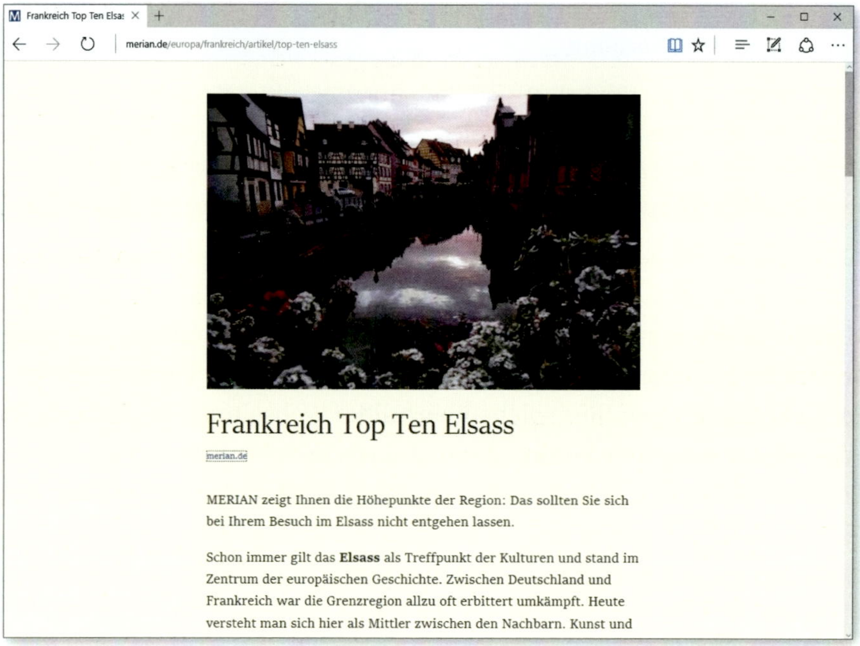

> *... und in der übersichtlichen Leseansicht*

Die Leseansicht ist eine der Funktionen des neuen Internetbrowsers, die der Internet Explorer nicht zu bieten hat. Eine weitere Funktion, die nur in Microsoft Edge zu finden ist, ist die sogenannte *Webseitennotiz*. Wie der Name bereits deutlich macht, können Sie sich mit dieser pfiffigen Funktion auf interessanten Webseiten Notizen machen. Das Vorgehen hierzu ist ganz einfach.

1. Rufen Sie zunächst die gewünschte Webseite in Microsoft Edge auf, die Sie gleich mit Notizen versehen möchten. Geben Sie dazu wie gewohnt die Adresse in das Adressfeld ein, oder lassen Sie sich zuvor über einen Suchbegriff entsprechende Vorschläge zu Webseiten machen.

2. Aktivieren Sie, nachdem die Seite geöffnet wurde, die Funktion **Webseitennotiz erstellen** durch einen Klick auf das Symbol in der Navigationsleiste ❶.

Statt der Navigationsleiste wird am oberen Fensterrand nur die lila Symbolleiste der Webseitennotiz-Funktion eingeblendet.

Solange der Notiz-Modus aktiviert ist, können Sie wie gewohnt auf der Webseite blättern. Ein Aufruf anderer Webseiten ist dagegen nicht möglich. Sehen wir uns die einzelnen Notizmöglichkeiten kurz an:

3. Möchten Sie bestimmte Wörter unterstreichen oder Abschnitte auf der Webseite umranden? Am einfachsten gelingt dies mit dem Stift ❷. Sobald Sie ihn per Mausklick oder Antippen ausgewählt haben, wird in der rechten unteren Ecke des Symbols ein kleines Dreieck eingeblendet. Mit einem Klick hierauf klappt eine Farbpalette aus, in der Sie die Schriftfarbe sowie die Größe des Stifts auswählen.

4. Halten Sie nun die linke Maustaste gedrückt, während Sie mit dem Mauszeiger wie mit einem echten Stift den gewünschten Text markieren. Arbeiten Sie mit einem Touchscreen, führen Sie die Bewegung einfach mit dem Finger aus.

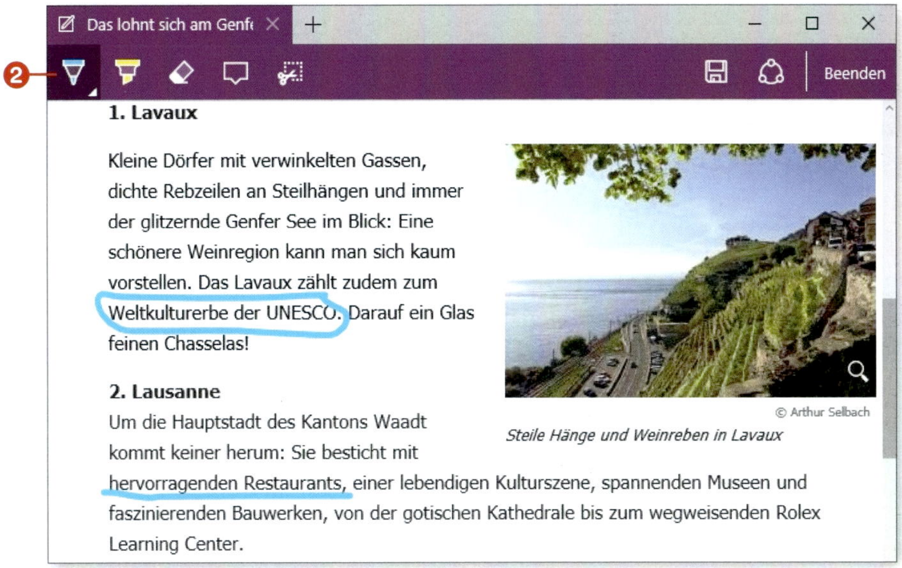

5. Ähnlich wie der Stift funktioniert auch der Textmarker (❸ auf Seite 166). Auch hier wird das kleine Dreieck eingeblendet, sobald Sie das Textmarker-Symbol angeklickt oder angetippt haben. Ein Klick auf das Dreieck und Sie können in der aufklappenden Palette wieder Farbton und Stiftbreite auswählen.

6. Fahren Sie nun mit dem Mauszeiger bei gedrückter linker Maustaste oder mit dem Finger den Webseiten-Abschnitt entlang, den Sie markieren möchten.

Speziell mit dem Mauszeiger ist das Markieren von Texten gar nicht so einfach. Hier verrutscht der Zeiger schon mal schnell. Mit dem Radierer lassen sich solche Malheurs schnell korrigieren.

7. Um eine zuvor erstellte Markierung wieder zu entfernen, klicken Sie in der Symbolleiste auf das Symbol des Radiergummis ❹. Bewegen Sie nun den Mauszeiger oder Finger über die Markierung, die Sie entfernen möchten. Sie müssen dabei nicht den gesamten Schriftzug nachfahren, eine kurze Bewegung über einen kleinen Bereich der Markierung reicht, und schon wird die Markierung entfernt.

8. Möchten Sie alle vorgenommenen Textmarkierungen löschen, klicken Sie auf das kleine Dreieck in der rechten unteren Ecke des Radiergummi-Symbols, nachdem Sie dieses aktiviert haben. Mit einem Klick auf **Freihand vollständig löschen** werden alle Markierungen entfernt.

Stift und Textmarker eignen sich wunderbar für Markierungen, Texte lassen sich damit aber nur schwer schreiben. Doch auch hierfür bietet Microsoft Edge das passende Werkzeug.

9. Möchten Sie gerne eine kleine Notiz auf der Webseite hinterlegen? Auch das ist in Edge möglich. Klicken oder tippen Sie dazu auf das Symbol für **Getippte Notiz hinzufügen** ❺.

10. Klicken oder tippen Sie nun an die Stelle auf der Webseite, an der Sie die Notiz ergänzen möchten. In dem anschließend eingeblendeten Textfeld tippen Sie den gewünschten Text ein. Haben Sie den Text falsch positioniert oder benötigen ihn doch nicht, können Sie ihn über das Papierkorb-Symbol im Textfeld ❻ löschen.

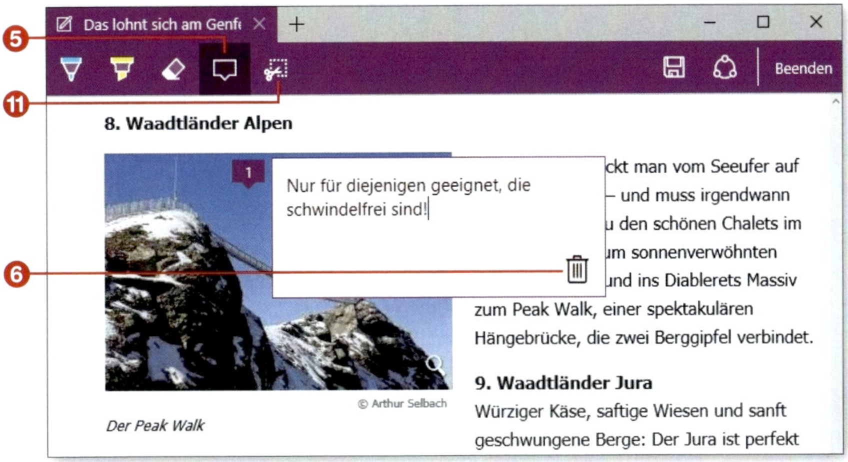

Haben Sie alle gewünschten Notizen und Markierungen auf der Webseite vorgenommen, stehen Ihnen mehrere Möglichkeiten zur Weiterverarbeitung zur Auswahl. So können Sie die markierte Webseite beispielsweise in der Liste Ihrer Favoriten oder in der Leseliste ablegen.

1. Klicken oder tippen Sie in der Symbolleiste oben rechts auf das Speichern-Symbol 💾.

Den Dialog, der nun aufklappt, haben Sie bereits im Zusammenhang mit den Favoriten kennengelernt.

2. Möchten Sie die Internetadresse der Webseite in Ihrer Favoritenliste aufnehmen, sollte **Favoriten** blau hervorgehoben sein ❼. Für einen Eintrag in Ihrer Leseliste aktivieren Sie entsprechend die **Leseliste** ❽.

3. In das Feld **Name** können Sie eine neue Bezeichnung für die Webseite eingeben, sollte Ihnen der Vorschlag von Windows nicht gefallen.

4. Haben Sie bereits Ordner zur Organisation Ihrer Favoritenliste eingerichtet, klicken Sie auf den Pfeil rechts vom Feld **Speichern in** ⑨ und wählen den gewünschten Ordner aus. Über die Schaltfläche **Neuen Ordner erstellen** ⑩ können Sie auch ein neues Verzeichnis einrichten. Die Leseliste lässt sich nicht mit Ordnern organisieren.

5. Mit einem Klick auf **Hinzufügen** übernehmen Sie Ihre Auswahl. Zukünftig können Sie, wie zuvor bereits für die Favoriten beschrieben, über die Schaltfläche **Hub** auf die gerade gespeicherten Adressen zugreifen.

6. Wenn Sie den Webnotiz-Modus wieder verlassen und zur normalen Webseiten-Ansicht zurückkehren möchten, klicken Sie in der Symbolleiste auf **Beenden**.

Abschnitt einer Webseite ausschneiden

Entdeckt man in einer Zeitung einen interessanten Artikel, den man gerne weiterreichen möchte, schneidet man ihn aus. Diese Möglichkeit steht Ihnen auch in der Webseitennotiz-Funktion zur Verfügung. Nach einem Klick auf das Symbol **Beschneiden** (⑪ in der Abbildung auf Seite 167) erscheint über der gesamten Webseite der leicht durchsichtige Vermerk **In den Kopierbereich ziehen**. Markieren Sie nun mit gedrückter linker Maustaste oder per Finger den Bereich, den Sie ausschneiden möchten. Dieser Bereich erscheint nun wieder in der normalen Farbe. Der markierte Abschnitt wird automatisch in die Zwischenablage kopiert. Von hier aus lässt sich die Kopie mithilfe der Tastenkombination Strg + V in vielen Programmen einfügen. So können Sie sie z. B. in einer E-Mail ergänzen oder in einem mit WordPad erstellten Brief.

Haben Sie einen interessanten Artikel entdeckt, den Sie gerne ausdrucken möchten? Wenn der entsprechende Drucker bereits angeschlossen (siehe den Abschnitt »Drucker, Lautsprecher und andere Geräte anschließen« ab Seite 134) und auch eingeschaltet ist, ist das Drucken schnell passiert.

1. Klicken oder tippen Sie in der Navigationsleiste ganz rechts auf das Symbol ··· und in der aufklappenden Liste auf **Drucken**.

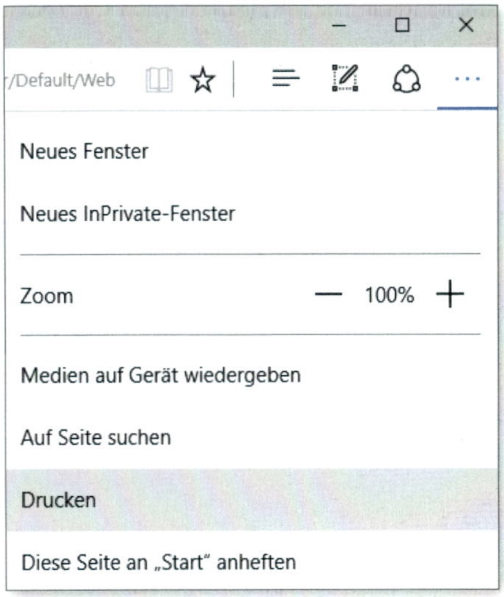

2. Im Drucken-Dialog, der nun geöffnet wird, wählen Sie nach einem Klick auf den Pfeil rechts vom Feld **Drucker** ❶ Ihren Drucker aus.

3. Nach einem Klick oder Tippen auf den Pfeil rechts neben dem Feld **Ausrichtung** ❷ bestimmen Sie, ob die Webseite im Hoch- oder im Querformat zu Papier gebracht werden soll.

Ist der Inhalt der Webseite länger und kann nicht auf einer Seite dargestellt werden, können Sie im Feld **Seiten** ❸ angeben, ob alle Seiten oder nur ein Seitenbereich ausgedruckt werden soll. Wählen Sie Letzteres, klappt ein weiteres Feld auf, in das Sie die gewünschte Seitenzahl eintragen.

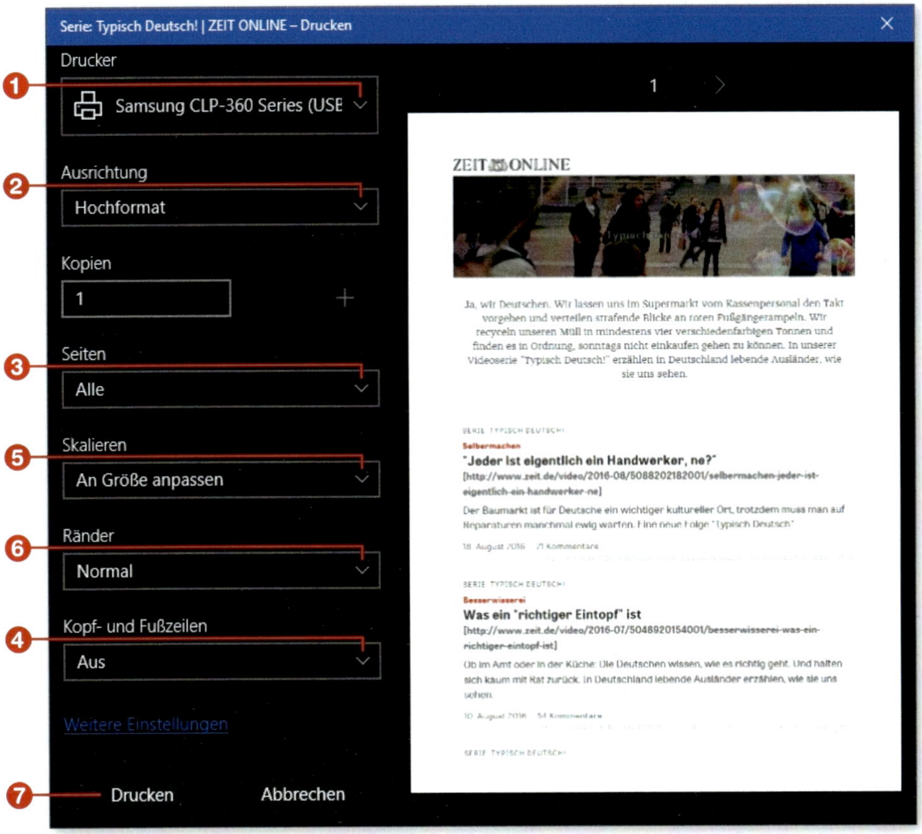

Interessant ist auch das Feld **Kopf- und Fußzeilen** ❹. Wählen Sie hier nach einem Klick auf den Pfeil rechts vom Feld **Ein** aus, erscheint am oberen Rand des Ausdrucks die Webadresse. Die Standardeinstellungen in den Feldern **Skalieren** ❺ sowie **Ränder** ❻ können Sie meist so übernehmen.

4. Mit einem Klick oder Tippen auf **Drucken** ❼ starten Sie den Druckvorgang.

Als Nächstes werde ich Ihnen zeigen, wie Sie Microsoft Edge Ihren Wünschen entsprechend einrichten. So können Sie unter anderem festlegen, welche Webseite nach dem Start des Browsers angezeigt werden soll. Um in den **Einstellungen**-Dialog zu gelangen, klicken Sie am rechten Rand der Navigationsleiste auf das Symbol [···] und im aufklappenden Menü auf **Einstellungen**. Am rechten Rand des Programmfensters wird nun die Spalte **Einstellungen** eingeblendet.

Wie zu Beginn dieses Abschnitts erwähnt, startet Microsoft Edge beim ersten Start mit der Website von MSN. Wenn Sie möchten, können Sie aber auch eine beliebige andere Startseite einrichten. Hierzu gehen Sie folgendermaßen vor:

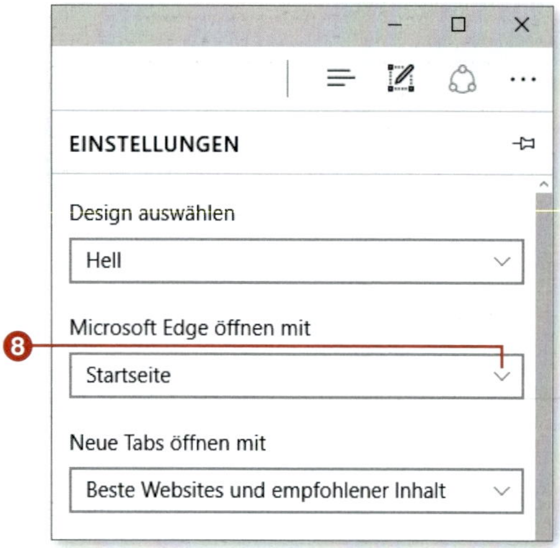

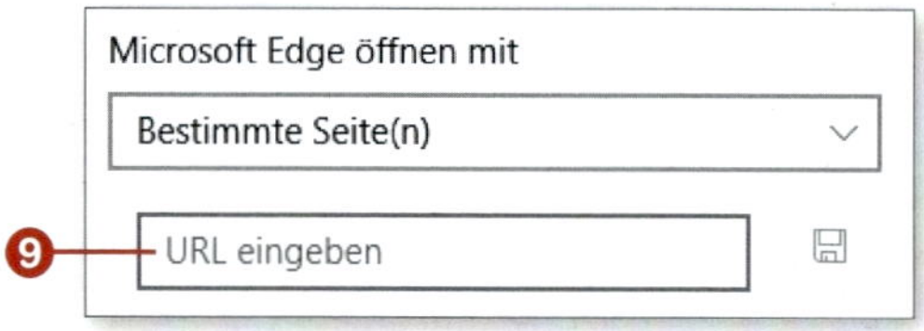

1. Klicken Sie auf den Pfeil ❽ rechts vom Feld **Microsoft Edge öffnen mit**. In der aufklappenden Liste markieren Sie **Bestimmte Seite(n)**.

Unterhalb des Feldes wird nun ein weiteres Feld eingeblendet.

2. Klicken Sie in das Feld **URL eingeben** ❾. Geben Sie hier die Adresse der von Ihnen gewünschten Startseite ein. Nutzen Sie beispielsweise die Suchmaschine Google häufiger, bietet sich als Startseite *www.google.de* an. Soll gar keine Seite angezeigt werden, tragen Sie den Text »about:blank« ein. Damit erscheint zukünftig nach dem Start von Microsoft Edge eine Leerseite.

3. Haben Sie die gewünschte Internetadresse eingetragen, speichern Sie sie mit einem Klick auf das Speichern-Symbol rechts vom Feld. Alternativ können Sie auch die Taste [↵] drücken.

Wem eine Startseite nicht ausreicht, der kann auch weitere einrichten. In diesem Fall öffnet Microsoft Edge nach dem Start mehrere Registerkarten mit den jeweils eingerichteten Startseiten.

4. Um eine weitere Startseite einzurichten, klicken Sie auf die Schaltfläche **Neue Seite hinzufügen** ⑩, die unterhalb der gerade angelegten Startseite angezeigt wird. Tragen Sie in das Feld die Adresse der zweiten gewünschten Startseite ein. Durch Drücken der Taste [↵] speichern Sie die Adresse.

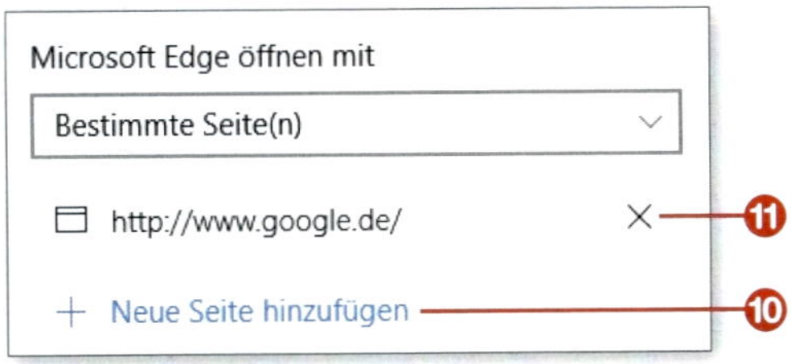

Analog können Sie weitere Startseiten einrichten. Benötigen Sie eine der Startseiten nicht mehr, klicken oder tippen Sie auf das Kreuz-Symbol ⑪ rechts von der zu löschenden Adresse.

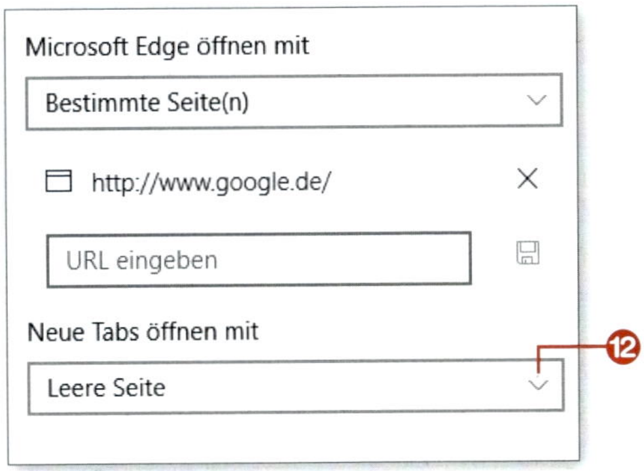

Wenn Sie mehrere Startseiten eingerichtet haben, werden diese nach dem Start von Microsoft Edge jeweils auf eigenen Registerkarten angezeigt. Wie Sie selbst eine neue Registerkarte öffnen, habe ich Ihnen bereits im Verlauf dieses Abschnitts, ab Seite 158, gezeigt. Per Standardeinstellung schlägt Ihnen der Browser nach dem Öffnen der neuen Registerkarte einige Websites vor. Wenn Sie möchten, können Sie eine neue Registerkarte aber auch mit einer leeren Seite starten. Klicken Sie hierzu in den **Einstellungen** auf den Pfeil ⑫ rechts vom Feld **Neue Tabs öffnen mit**. In der aufklappenden Liste wählen Sie den Eintrag **Leere Seite** aus.

Die Funktion **Leseansicht** habe ich Ihnen weiter oben, auf Seite 163, vorgestellt. Blättern Sie im **Einstellungen**-Dialog etwas weiter nach unten, können Sie den Stil der Leseansicht noch anpassen. Ein Text lässt sich beispielsweise bei einem dunklen Hintergrund leichter lesen.

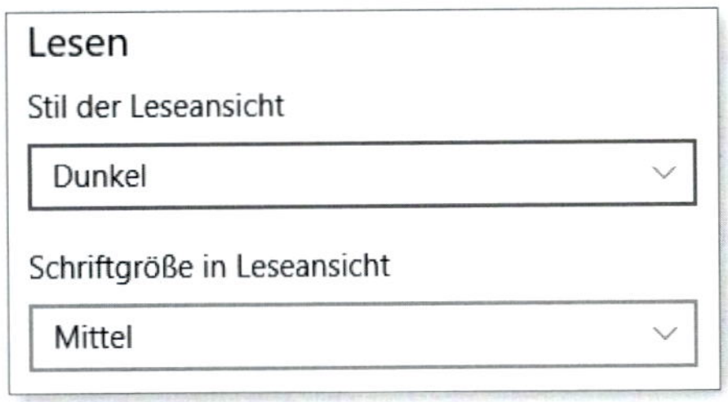

1. Um dies einzustellen, klicken Sie auf den Pfeil rechts vom Feld **Stil der Leseansicht**. In der aufklappenden Liste wählen Sie nun **Dunkel**.

2. Im Feld **Schriftgröße in Leseansicht** passen Sie die Größe des Textes an.

Wenn Sie nun das nächste Mal die Leseansicht per Klick auf das Symbol aktivieren, wird der Hintergrund schwarz eingefärbt und der Text in der gewählten Schriftgröße angezeigt.

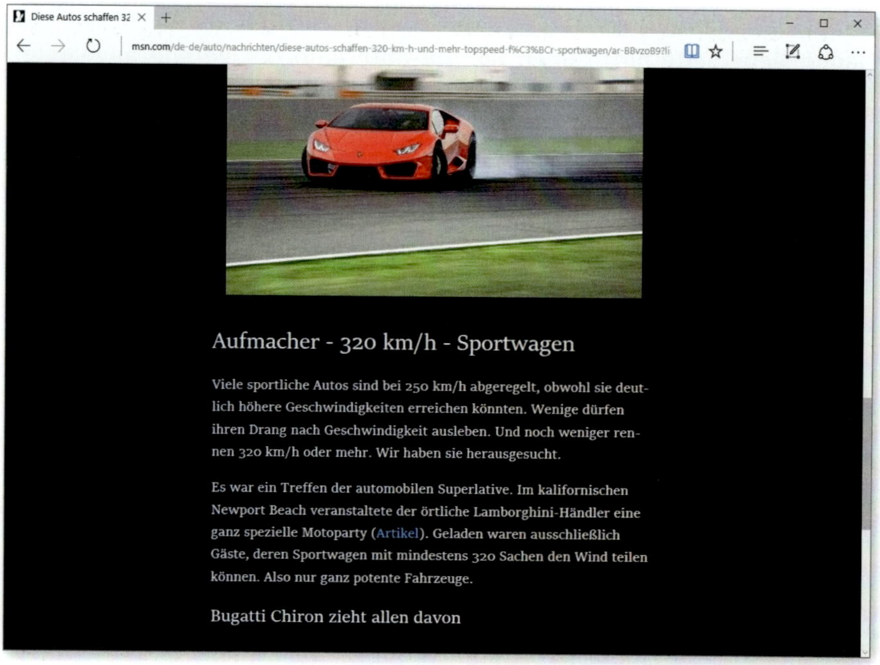

Wenn Ihnen die dunkle Darstellung zusagt, können Sie übrigens auch das ganze Design des Browsers Edge entsprechend anpassen. Blättern Sie hierzu in der Spalte **Einstellungen** ganz nach oben. Nach einem Klick auf den Pfeil rechts vom Feld **Design auswählen** markieren Sie **Dunkel**. Sofort werden die gesamte Einstellungen-Spalte sowie Titel- und Symbolleiste von Edge mit schwarzem Hintergrund und weißer Schrift angezeigt. Die Webseiten selbst werden wie gewohnt dargestellt. Ist Ihnen dieses Design doch etwas zu finster, wählen Sie einfach wieder die Einstellung **Hell** im Feld aus.

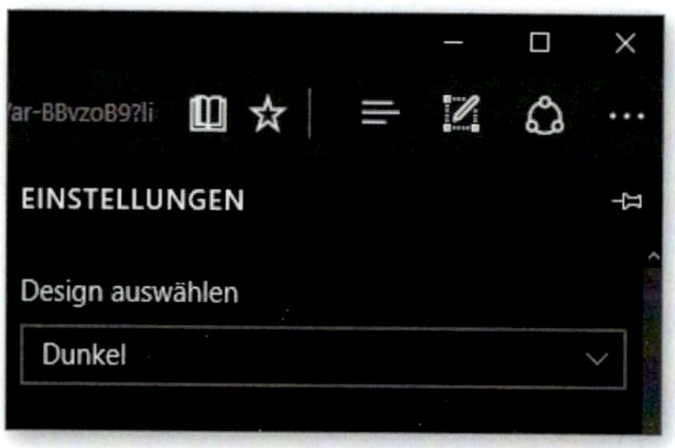

> *Die dunkle Darstellung lässt sich für das gesamte Programmfenster auswählen.*

Eine Webseite mit dem Internet Explorer öffnen

Manche ältere Webseiten wurden speziell für die Darstellung im Internet Explorer entwickelt. Öffnen Sie eine solche Seite mit Microsoft Edge, kann es passieren, dass die Webseite nicht korrekt angezeigt wird. So können beispielsweise Bilder auf der Seite verrutschen oder Texte überlagert angezeigt werden. Passiert dies einmal, öffnen Sie die Webseite einfach mit dem Internet Explorer. Hierzu müssen Sie nicht einmal umständlich den Browser öffnen. Klicken Sie einfach in der Navigationsleiste von Microsoft Edge auf das Symbol ··· und in der aufklappenden Liste auf **Mit Internet Explorer öffnen**. Windows startet nun automatisch den altbewährten Browser mit der aktuell in Edge geöffneten Webseite. Können Sie sich mit dem neuen Browser Microsoft Edge nicht anfreunden und wollen weiterhin mit dem Internet Explorer arbeiten, können Sie diesen auch über das Startmenü ⊞ und dann über **Windows-Zubehör ▸ Internet Explorer** aufrufen.

Neben den bereits dargestellten Funktionen gibt es weitere nützliche Einstellungen, etwa das sogenannte *InPrivate-Browsen*, mit dem Sie die Spuren, die Sie beim Surfen im Internet hinterlassen, verwischen können. Welche Funktionen der Browser Edge sonst noch zu bieten hat, erfahren Sie im nächsten Abschnitt. Ein besonderes Augenmerk gilt dabei den Sicherheitsfunktionen.

Sicher im Internet surfen

Gefahren lauern im Internet überall. Manche davon, wie etwa Viren, die Sie sich über heruntergeladene Dateien einfangen können, richten großen Schaden an. Anderes ist eher lästig als gefährlich, etwa immer wieder eingeblendete Werbefenster. Der Browser Microsoft Edge bringt einige Sicherheitsfunktionen mit, die ich Ihnen im Folgenden vorstellen werde.

Microsoft Edge protokolliert automatisch, welche Webseiten Sie bereits besucht haben. Geben Sie die Adresse erneut ein, müssen Sie die Eingabe meist gar nicht erst abschließen, da der Browser Ihnen die gewünschte Webadresse bereits vorschlägt. Neben der Adresse werden aber auch

Daten wie Passwörter, Cookies und anderes gespeichert. Bei *Cookies* (zu Deutsch: Kekse) handelt es sich um kleine Textdateien, die auf Ihrem Computer gespeichert werden. Dies ist beispielsweise nötig, wenn Sie im Internet einkaufen und Waren im Warenkorb ablegen. Das Unangenehme an Cookies ist aber, dass Sie nicht genau wissen, welche Daten gespeichert werden und was die Webserver mit diesen Daten, z. B. mit Ihrer während der Bestellung angegebenen E-Mail-Adresse, anstellen. Um Datenmissbrauch vorzubeugen, sollten Sie regelmäßig den *Browserverlauf* löschen.

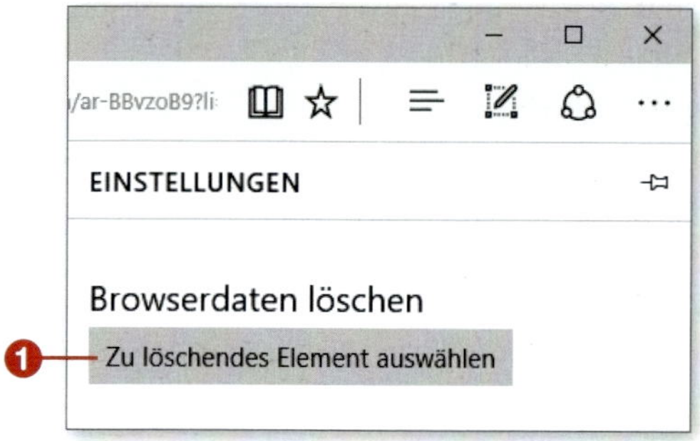

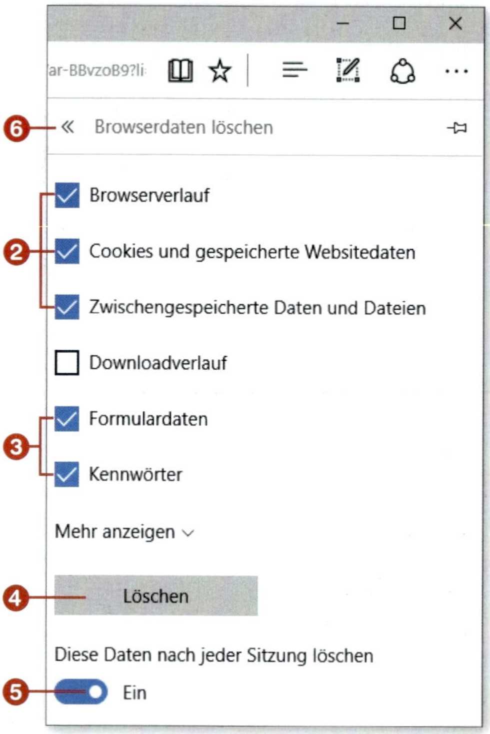

1. Klicken oder tippen Sie in der Symbolleiste von Microsoft Edge auf ···. Wählen Sie im aufklappenden Menü den Eintrag **Einstellungen**.

2. In der Spalte **Einstellungen**, die nun am rechten Fensterrand eingeblendet wird, blättern Sie nach unten bis zum Eintrag **Browserdaten löschen**. Klicken oder tippen Sie hier auf **Zu löschendes Element auswählen** ❶.

3. Im Dialog **Browserdaten löschen** sind die ersten drei Kontrollkästchen meist standardmäßig aktiviert und sollten es auch bleiben ❷. Zusätzlich versehen Sie **Formulardaten** und **Kennwörter** ❸ mit einem Häkchen. Diese Daten müssen Sie auf den entsprechenden Webseiten (etwa bei der Anmeldung bei einem Online-Shop) nun zwar jedes Mal neu eingeben, aber zugunsten der Sicherheit ist dies sicher zu verschmerzen.

4. Klicken oder tippen Sie auf **Löschen** ❹, wird der Browserverlauf gelöscht. Dies kann einen Moment dauern.

5. Damit zukünftig nach jedem Aufruf von Edge die Browserdaten gelöscht werden, ziehen Sie den Schieberegler unterhalb von **Diese Daten nach jeder Sitzung löschen** nach rechts auf **Ein** ❺.

6. Mit einem Klick auf den Doppelpfeil links von **Browserdaten löschen** kehren ❻ Sie anschließend wieder zum **Einstellungen**-Dialog zurück.

Da der Dialog **Einstellungen** bereits geöffnet ist, können Sie gleich weitere wichtige Einstellungen vornehmen bzw. prüfen.

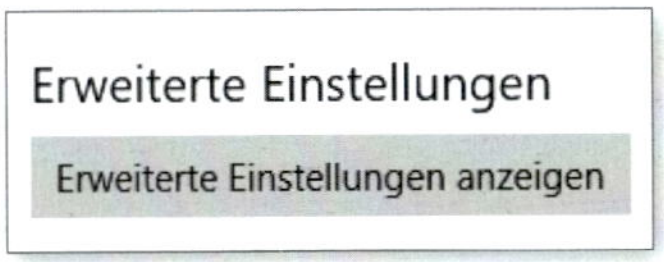

1. Blättern Sie in der Spalte **Einstellungen** nach unten bis zum Bereich **Erweiterte Einstellungen**, und klicken oder tippen Sie hier auf **Erweiterte Einstellungen anzeigen**.

Zu Beginn der Spalte **Erweiterte Einstellungen** finden Sie den Regler **Schaltfläche „Startseite" anzeigen**. Wie Sie selbst die Webseite festlegen, die nach dem Start des Browsers angezeigt werden soll, haben Sie bereits im vorherigen Abschnitt auf Seite 170 erfahren. Bei vielen Browsern wie etwa dem Internet Explorer oder Mozilla Firefox gibt es in der Symbolleiste eine Schaltfläche, über die Sie mit nur einem Klick oder Tippen diese Startseite auch im bereits geöffneten Browserfenster aufrufen können. In Microsoft Edge muss diese Schaltfläche erst eingeblendet werden. Und nicht nur das: Sie müssen auch hier nochmals die gewünschte Internetadresse bestimmen.

2. Schieben Sie den Regler **Schaltfläche „Startseite" anzeigen** nach rechts auf **Ein** ❶. In der Symbolleiste des Browsers wird sofort rechts von der **Aktualisieren**-Schaltfläche das Symbol ⌂ angezeigt ❷.

Per Standardeinstellung lädt Edge per Klick oder Tippen auf dieses Symbol die Informationsseite von MSN. Im Feld unterhalb von **Schaltfläche „Startseite" anzeigen** finden Sie entsprechend den Eintrag **Startseite**.

3. Um eine andere Webseite festzulegen, klicken oder tippen Sie zunächst auf den Pfeil rechts vom Feld. In der aufklappenden Liste markieren Sie dann **Bestimmte Seite** (❸ auf Seite 176).

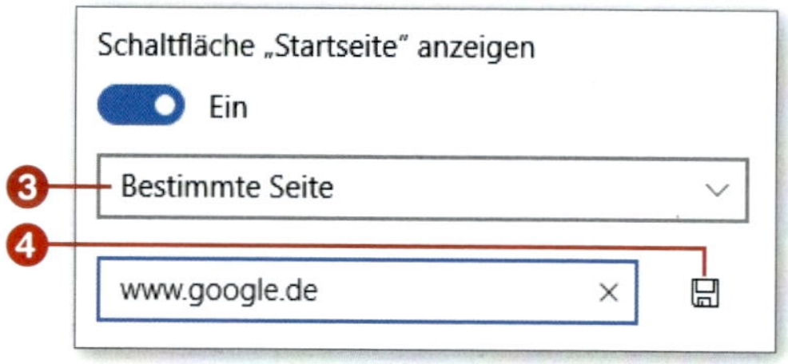

4. Geben Sie in das Feld **URL eingeben**, das nun eingeblendet wird, die gewünschte Adresse der Startseite ein, etwa »www.google.de«, und speichern Sie die Adresse mit einem Klick auf das Speichern-Symbol ❹.

Zukünftig wird nach einem Klick oder Tippen auf das Symbol die gerade festgelegte Startseite geladen.

Mit weiteren Einstellungen können Sie Ihre Aufenthalte im Internet erheblich angenehmer und vor allem sicherer gestalten. Die erste Einstellung, die Sie überprüfen sollten, betrifft das eher lästige Thema Werbung.

1. Stellen Sie sicher, dass der sogenannte *Pop-up-Blocker* eingeschaltet ist. Der Schieberegler zeigt entsprechend auf **Ein** ❺. Bei Pop-ups handelt es sich um zusätzliche Fenster, meist Werbung, die beim Aufruf einer Webseite angezeigt werden.

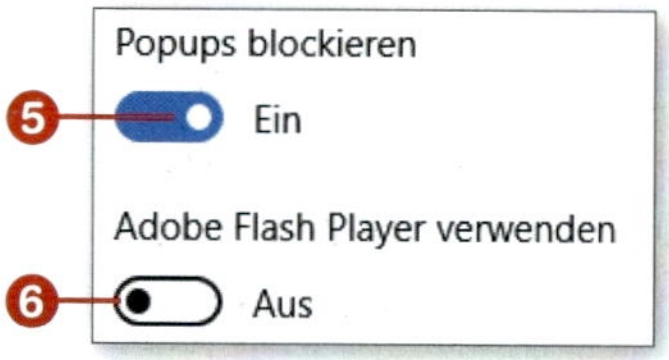

Versucht eine Webseite nun, ein Pop-up-Fenster zu öffnen, wird dies von Microsoft Edge blockiert. Am unteren Rand des Programmfensters erscheint ein entsprechender Hinweis. Sollten Sie sich das Pop-up ansehen wollen, klicken Sie auf **Einmal zulassen**.

Früher wurde für das Einbinden von Videos in Webseiten noch die Erweiterung *Adobe Flash Player* benötigt, die immer wieder durch immense Sicherheitslücken von sich reden macht. Mittlerweile kommt für die Darstellung von Filmen auf Webseiten eine andere Technik, nämlich HTML5 zum Einsatz. Der Adobe Flash Player wird somit nur noch auf wenigen Webseiten benötigt. Aus Sicherheitsgründen sollten Sie ihn im Browser Edge am besten deaktivieren.

2. Ziehen Sie den Schieberegler unterhalb von **Adobe Flash Player verwenden** nach links auf **Aus** ❻, um den Player zu deaktivieren.

Der nächste Bereich, den Sie genauer unter die Lupe nehmen sollten, ist der **Datenschutz**. Hier bestimmen Sie, welche Daten von Ihnen im Internet gespeichert werden dürfen.

3. Das Speichern von Kennwörtern ist zwar praktisch, aus Sicherheitsgründen aber nicht ratsam. Schieben Sie daher den Regler **Speichern von Kennwörtern anbieten** ❼ nach links auf **Aus**.

4. Gleiches gilt für die Angaben, die Sie in Formularen tätigen. Auch hier sollten Sie den Regler **Formulareinträge speichern** 8 nach links auf **Aus** ziehen.

Viele Websites verfolgen, welche Seiten Sie im Internet besuchen. Das Ziel ist, so viel wie möglich über Ihre Interessen herauszufinden und anschließend die perfekte Werbung für Sie auf den Webseiten einzublenden. Der Browser Microsoft Edge bietet einen sogenannten *Do Not Track*-Schutz, der in den **Erweiterten Einstellungen** per Standardeinstellung allerdings ausgeschaltet ist. Um ihn zu aktivieren, schieben Sie den Schieberegler unterhalb von **„Do Not Track"-Anforderungen …** nach rechts auf **Ein** 9. Eine Garantie, dass Websites diese Einstellung berücksichtigen, gibt es allerdings nicht. Denn nach wie vor gibt es leider Unternehmen, die es mit dem Datenschutz nicht so genau nehmen (lesen Sie hierzu auch den Kasten »Keine Hilfe von Cortana im Browser Edge nutzen«).

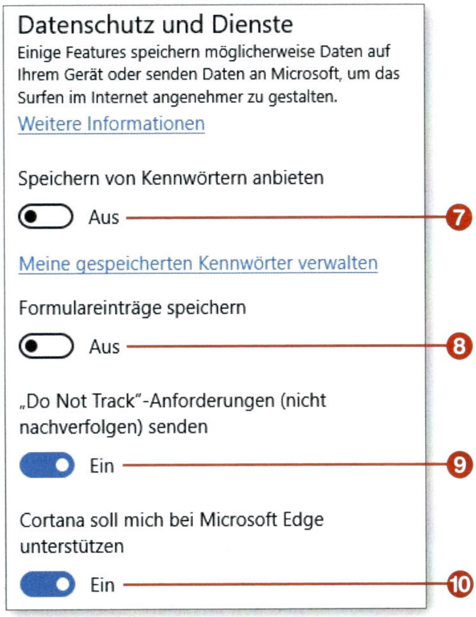

^ *Aus Sicherheitsgründen sollten weder Kennwörter noch Formulareinträge gespeichert werden.*

Keine Hilfe von Cortana im Browser Edge nutzen

Microsoft ist unter anderem mit der Sprachassistentin Cortana selbst in die Kritik von Datenschützern geraten. Wie neugierig diese Assistentin ist, zeige ich Ihnen im Abschnitt »Ihre ganz persönliche Assistentin Cortana« ab Seite 392.

Auch im Browser Edge bietet Cortana Ihnen ihre Hilfe an. Markieren Sie auf einer Webseite z. B. einen Begriff, und drücken Sie dann die rechte Maustaste. Im aufklappenden Kontextmenü wählen Sie **Cortana fragen**. Am rechten Fensterrand wird nun eine Spalte eingeblendet, in der Cortana Ihnen alle Suchergebnisse zum markierten Begriff anzeigt, die es mithilfe der Suchmaschine Bing im Internet gefunden hat. Wer die Dienste von Cortana nicht nutzen möchte, kann sie auch ausschalten. Klicken Sie hierzu auf das Symbol [···], rufen Sie die **Einstellungen** und dann die **Erweiterten Einstellungen** auf. Im Bereich **Datenschutz und Dienste** ziehen Sie den Schieberegler unterhalb von **Cortana soll mich bei Microsoft Edge unterstützen** nach links auf **Aus** 10.

Als Nächstes legen Sie fest, wie Microsoft Edge mit Cookies umgehen soll. Blättern Sie hierzu in der Spalte **Erweiterte Einstellungen** nach unten bis zum Feld **Cookies**. Auch wenn diese kleinen Dateien keine Viren enthalten, kann anhand der Daten immerhin Ihr Surfverhalten ausspioniert werden. Für bestimmte Aktionen, etwa das bereits erwähnte Einkaufen, sind Cookies wiederum zwingend nötig. Somit gilt es, bei der Einstellung einen guten Mittelweg zu finden. Die Voreinstellung **Keine Cookies blockieren** sollten Sie keinesfalls beibehalten. Meine Empfehlung:

1. Klicken Sie auf den Pfeil rechts vom Feld **Cookies**, und aktivieren Sie in der Liste **Nur Cookies von Drittanbietern blockieren** ❶.

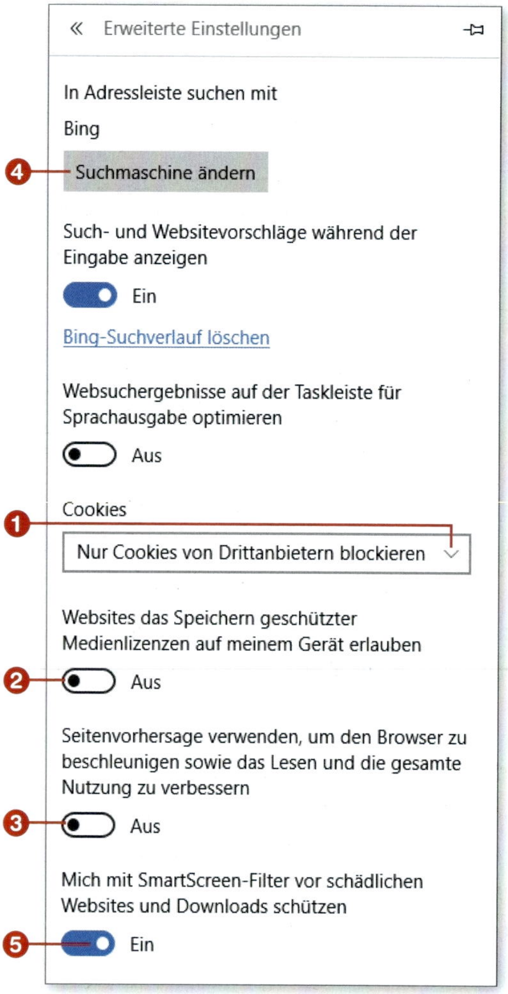

Mit dieser Einstellung werden die Cookies von Erstanbietern, also den Seiten, auf denen Sie sich gerade befinden, akzeptiert. Die von Drittanbietern (Werbefenster u.Ä.) werden dagegen gesperrt.

2. Das Speichern von geschützten Medienlizenzen sollten Sie nicht gestatten. Schieben Sie den Regler **Websites das Speichern geschützter Medienlizenzen auf meinem Gerät erlauben** daher nach links auf **Aus** ❷.

3. Die nächste Einstellung, die Seitenvorhersage, mag praktisch sein. Ist sie eingeschaltet, sendet der Browser aber alle Internetseiten, die Sie besucht haben, an Microsoft. Auch hier sollten Sie daher den Regler unterhalb von **Seitenvorhersage verwenden …** auf **Aus** stellen ❸.

Die Suchmaschine ändern

Per Standardeinstellung nutzt der Browser Edge den Microsoft-eigenen Suchdienst *Bing* für Suchanfragen. Wie dies funktioniert, haben Sie bereits im vorherigen Abschnitt auf Seite 160 gelernt. Wenn Sie bereits eine andere Suchmaschine, z. B. Google, als Startseite eingerichtet haben (siehe die Anleitung ab Seite 170), dann können Sie diese auch als Standardsuchdienst festlegen. Klicken Sie hierzu in den erweiterten Einstellungen unterhalb des Eintrags **In Adressleiste suchen mit Bing** auf **Suchmaschine ändern** ❹. Im Dialog **Suchmaschine ändern** werden nun sowohl Bing als auch die Google-Suche aufgeführt. Markieren Sie die **Google-Suche**, und bestätigen Sie die Auswahl mit **Als Standard**. Zukünftig wird Google als Suchmaschine für Ihre Suchanfragen genutzt.

Ein weiterer Sicherheitsmechanismus, den der Browser Microsoft Edge bietet, ist der sogenannte *SmartScreen-Filter*. Leider gibt es heutzutage zahlreiche Webseiten, die versuchen, sicherheitskritische Daten wie etwa Kreditkartendaten oder auch Passwörter auszuspionieren. Dem voran gehen meist E-Mails, angeblich von Banken versendet, in denen der Nutzer aufgefordert wird, zur Sicherheit eine bestimmte Webseite aufzurufen und dort die geforderten Daten einzugeben. Derartige Mails werden auch *Phishing-Mails* genannt. Wenn Sie tatsächlich auf den angegebenen Link klicken oder tippen, wird statt der Webseite der Bank eine ähnlich aussehende Seite eines Betrügers geöffnet.

Der SmartScreen-Filter warnt Sie, falls Sie auf eine derartige Webseite gelangen. Er ist per Standardeinstellung aktiviert ❺. Doch prüfen Sie besser nach, ob dies bei Ihnen auch wirklich der Fall ist! Den entsprechenden Eintrag finden Sie am unteren Rand der Spalte **Erweiterte Einstellungen**. Befindet sich der Schieberegler auf **Ein**, ist der SmartScreen-Filter aktiviert.

Die wichtigsten Sicherheitseinstellungen innerhalb des Browsers Edge haben Sie hiermit vorgenommen. Im Abschnitt »Windows 10 und der Datenschutz« ab Seite 319 werde ich das Thema Datenschutz nochmals aufgreifen. Um die Spalte am rechten Rand des Programmfensters wieder auszublenden, reicht ein Klick auf das Symbol [...] in der Symbolleiste.

Eine weitere Sicherheitsfunktion werde ich Ihnen aber noch vorstellen: das *InPrivate-Browsen*. Damit können Sie verhindern, dass während des Surfens im Internet Daten auf Ihrem Computer gespeichert werden. Damit sparen Sie sich quasi das zuvor vorgestellte Löschen des Browserverlaufs. Diesen speziellen Modus müssen Sie allerdings vor jedem Aufruf einer Webseite aktivieren. Doch das ist schnell erledigt.

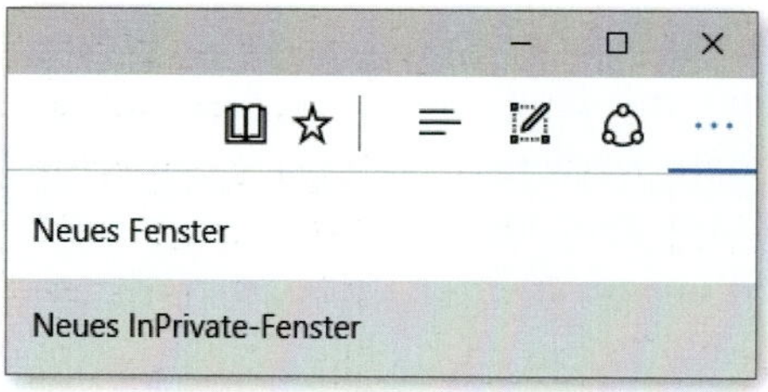

^ *Das InPrivate-Browsen ist schnell aktiviert.*

Zur Aktivierung klicken oder tippen Sie in der Navigationsleiste auf ··· in der Symbolleiste und anschließend auf **Neues InPrivate-Fenster**.

Es wird nun automatisch ein zweites Programmfenster von Microsoft Edge geöffnet. Links neben dem Adressfeld erscheint die Schaltfläche **InPrivate**.

Geben Sie nun wie gewohnt die Webadresse in das Adressfeld ein, und surfen Sie im Internet, wie Sie möchten. Um den Modus wieder zu beenden, schließen Sie einfach das Programmfenster per Klick oder Tippen auf die Schließen-Schaltfläche ✕.

Das InPrivate-Browsen ist vor allem immer dann sinnvoll, wenn Sie auf Webseiten sensible Daten wie etwa Kreditkarteninformationen oder Kennwörter eingeben müssen. Zusätzlich sollten Sie bei der Eingabe solcher Daten aber auch sicherstellen, dass die Datenübertragung über eine sichere Verbindung stattfindet. Dabei werden die Daten verschlüsselt übertragen. Bei einer sicheren Verbindung beginnt die Webadresse im Adressfeld mit **https://** ❶ und nicht wie sonst nur mit *http://*. Da der Browser Edge die Internetadresse im Adressfeld gekürzt anzeigt, müssen Sie einmal in das Adressfeld klicken oder tippen. Erst dann wird die vollständige Adresse angezeigt.

^ *Nutzen Sie das InPrivate-Browsen, wenn keine Surfspuren gespeichert werden sollen.*

Für den Einkauf in einem Online-Shop gibt es übrigens eine weitere Möglichkeit, auf Nummer sicher zu gehen: Prüfen Sie, ob er ein Prüfsiegel besitzt. Wenn ja, wurde der Shop von einem unabhängigen Prüfer untersucht und für sicher befunden. Die drei bekanntesten Prüfsiegel sind *Trusted Shops*, *S@fer Shopping* sowie *EHI – Ein geprüfter Online-Shop*.

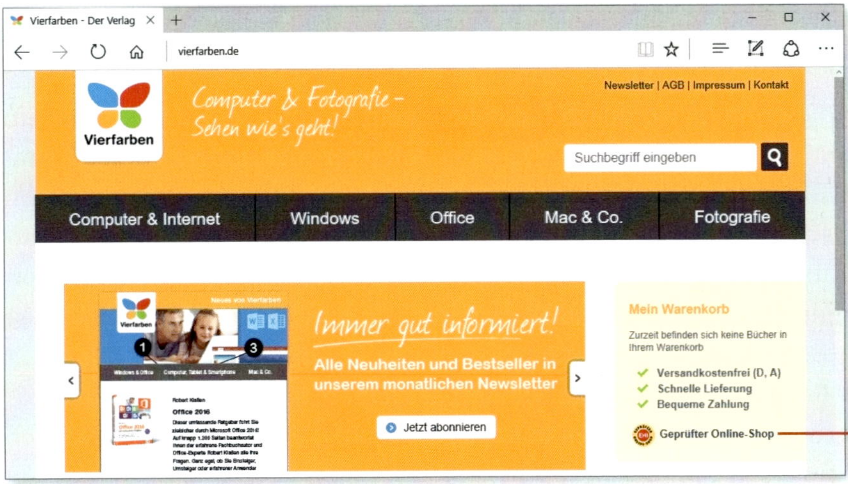

Auch der Online-Shop des Vierfarben Verlags trägt ein Gütesiegel – in diesem Fall EHI ❷.

Edge mit Plug-ins erweitern

Mit dem Anniversary Update stehen nun endlich auch für den Browser Edge Erweiterungen zur Verfügung. Viele sind es allerdings noch nicht (im September 2016 gerade mal ein Dutzend). Um eine Übersicht über die auch *Plug-ins* genannten Erweiterungen zu erhalten, klicken Sie im Browser Edge auf das Symbol ··· und in der aufklappenden Liste auf **Erweiterungen**. Nach einem Klick auf **Erweiterungen aus dem Store abrufen** wird automatisch der Windows Store geöffnet. Wie Sie Apps und Erweiterungen aus dem Windows Store auf Ihrem Computer installieren, zeige ich Ihnen im Abschnitt »Der Windows Store – noch mehr Apps für Sie« ab Seite 379.

Dateien aus dem Internet herunterladen und installieren

Das Internet bietet nicht nur eine Vielzahl an Informationen und ermöglicht das Buchen von Reisen, das Einkaufen und vieles mehr. Viele Software-Hersteller bieten mittlerweile auch Programme zum *Download* an. In diesem Fall müssen Sie keinen Datenträger (etwa eine CD oder DVD) erwerben, sondern können das gewünschte Programm gleich von einer Webseite auf Ihren Computer herunterladen. Es versteht sich von selbst, dass Sie dies nur tun sollten, wenn dem Anbieter bzw. Verkäufer absolut zu vertrauen ist.

An dieser Stelle werde ich Ihnen an einem Beispiel zeigen, wie solch ein Download aussehen kann. Da jeder Anbieter hier anders vorgeht, sind die folgenden Schritte leider nicht allgemeingültig. Als Programm soll die *Fotogalerie* von Microsoft heruntergeladen werden. Dieses Bildbearbeitungsprogramm war vor längerer Zeit einmal fester Bestandteil von Windows, mittlerweile steht es nur noch zum Download bereit. Es ist ein Bestandteil der Programmsammlung *Windows Essentials 2012*. Mit der Fotogalerie lassen sich wunderbar kleinere Schönheitsfehler in Fotos korrigieren, wie ich Ihnen in Kapitel 7, »Fotos, Videos und Musik«, noch genau zeigen werde. Bevor Sie das Programm nutzen können, müssen Sie es auf Ihren Computer herunterladen und installieren.

1. Rufen Sie in der Adresszeile des Browsers Microsoft Edge die Webseite *https://support.microsoft.com/de-de/help/18614/windows-essentials* auf, und klicken Sie dort auf die Schaltfläche **Downloadoptionen** ❶.

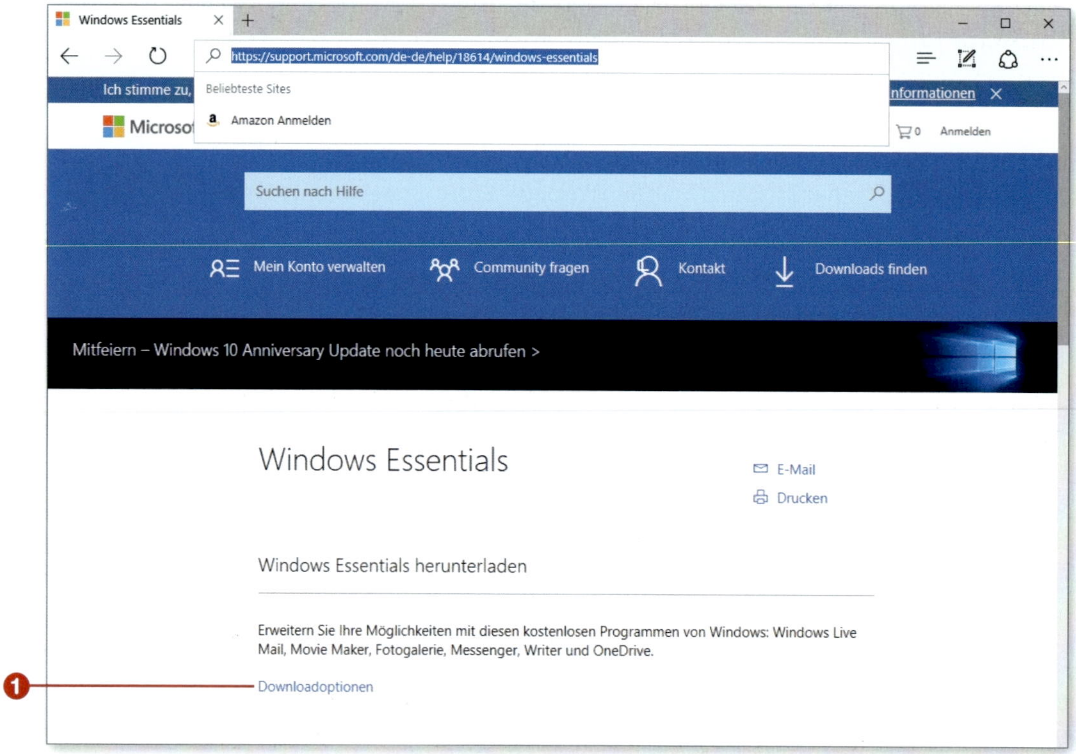

2. Auf der folgenden Webseite klicken Sie auf **Jetzt herunterladen** ❷. Am unteren Bildschirmrand wird eine Symbolleiste eingeblendet, in der Sie auf **Speichern** ❸ klicken. Windows 10 beginnt sofort, das Programm Windows Essentials herunterzuladen.

3. War der Download erfolgreich, erscheint in der Leiste am unteren Fensterrand die Schaltfläche **Downloads anzeigen** ❹, auf die Sie nun klicken oder tippen.

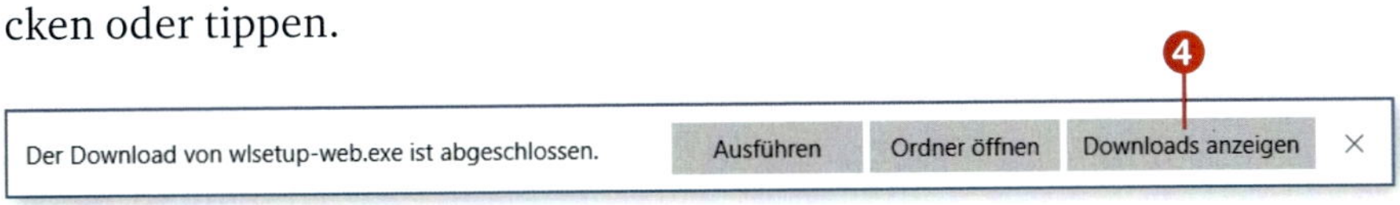

Die folgenden Schritte haben nun nichts mehr mit dem eigentlichen Download zu tun. Da wir das Programm aber später nutzen wollen, zeige ich an dieser Stelle auch gleich, wie Sie es installieren. Nach Schritt 3 wird am rechten Rand des Browserfensters der Bereich **Downloads** angezeigt. Dieser enthält die gerade heruntergeladene Installationsdatei, in unserem Beispiel *wlsetup-web.exe*.

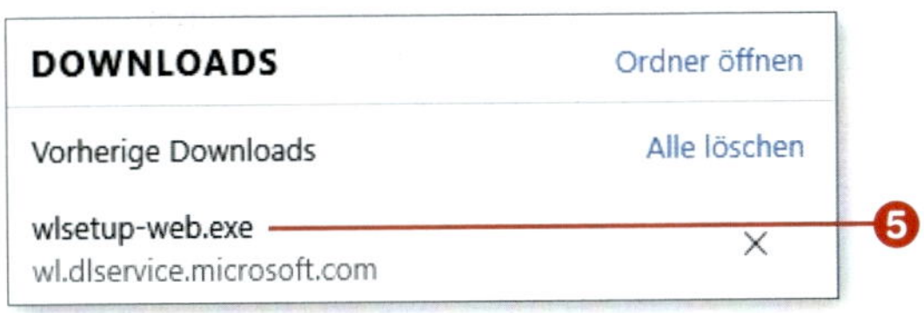

4. Klicken oder tippen Sie auf diese Datei ❺, um mit der Installation der Fotogalerie zu beginnen.

5. Bestätigen Sie die Nachfrage der Benutzerkontensteuerung mit **Ja**.

6. Im Dialog **Welche Programme möchten Sie installieren?** klicken oder tippen Sie auf **Wählen Sie die Programme aus, die Sie installieren möchten** ❻.

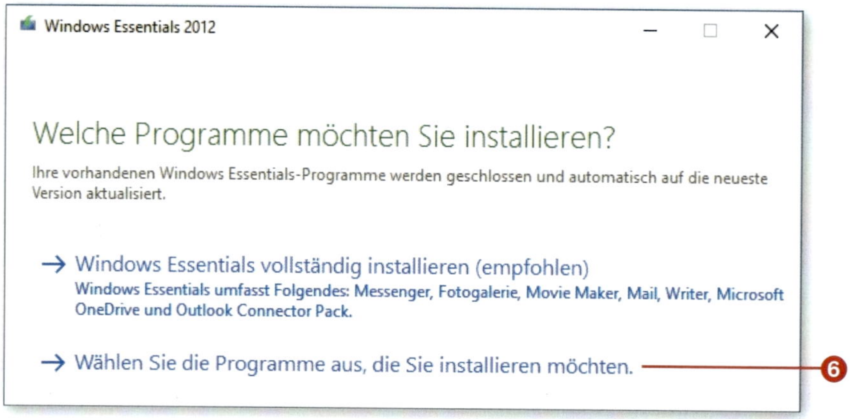

Installation später durchführen

Sie müssen ein Programm natürlich nicht im direkten Anschluss an den Download installieren. Möchten Sie es erst später einrichten, verzichten Sie auf Schritt 3 auf Seite 183. Um die Installation später zu starten, rufen Sie den Explorer per Klick oder Tippen auf das Symbol in der Taskleiste auf und klicken bzw. tippen dann in der linken Spalte auf **Downloads**. In diesem Ordner speichert Windows 10 automatisch alle Ihre aus dem Internet heruntergeladenen Dateien. Nach einem Doppelklick oder -tippen geht es bei Schritt 4 bzw. 5 weiter.

Die Fotogalerie ist Bestandteil der Programmsammlung *Windows Essentials 2012*. Im nächsten Dialog können Sie auswählen, welche der Anwendungen installiert werden sollen. In unserem Beispiel sind dies lediglich die Fotogalerie und der *Movie Maker*, ein praktisches Programm zum Bearbeiten Ihrer Videos; diese beiden Programme können nur gemeinsam ausgewählt werden.

7. Entfernen Sie jeweils per Mausklick oder durch Antippen die Häkchen in den Kontrollkästchen vor **Messenger**, **Mail** und **Writer**. Lediglich der Punkt **Windows Live Fotogalerie und Movie Maker** bleibt aktiviert 7.

8. Mit einem Klick oder Tippen auf **Installieren** 8 werden die beiden Programme auf dem Computer installiert. Auch dieser Vorgang dauert ein paar Sekunden.

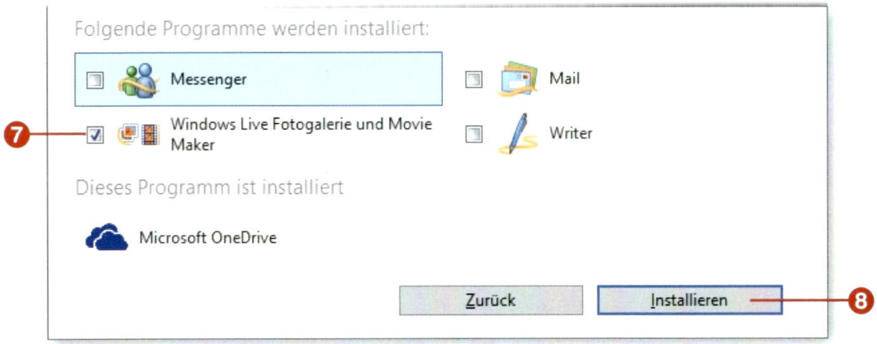

9. Mit einem Klick oder Tippen auf **Schließen** beenden Sie den Vorgang nach der erfolgreichen Installation.

Rufen Sie das Startmenü auf. In der Liste aller installierten Apps finden Sie unter dem Buchstaben **M** das Videoschnittprogramm **Movie Maker** und unter dem Buchstaben **P** den Eintrag für die **Photo Gallery** (zu Deutsch: Fotogalerie). Zur Erinnerung: Bei einem Tablet müssen Sie die Liste aller Apps mit einem Tipp auf das Symbol ☰ oben links zunächst einblenden. Weitere Informationen zur Fotogalerie erhalten Sie, wie schon erwähnt, in Kapitel 7, »Fotos, Videos und Musik«.

Als Nächstes stelle ich Ihnen einige Apps vor, mit denen Sie sich schnell über wichtige Nachrichten, Sport- oder Finanzmeldungen informieren können.

Die Informations-Apps von Windows 10

Die *Nachrichten*-App, mit der Sie einen Blick auf die neuesten weltweiten Ereignisse werfen können, haben Sie bereits kurz im Abschnitt »Programme und Apps starten und beenden« ab Seite 46 kennengelernt. Sie ist eine sogenannte *Live-Kachel*, die auf der Kachel angezeigten Schlagzeilen werden also regelmäßig aktualisiert. Auch die Apps *Finanzen* und *Sport* zählen zu dieser Kategorie. Wie Sie Live-Kacheln aktivieren und wieder deaktivieren, haben Sie bereits im Abschnitt »Das Startmenü anpassen« ab Seite 68 erfahren. An dieser Stelle zeige ich Ihnen am Beispiel der Nachrichten-App, welche Einstellungsmöglichkeiten die Informations-Apps zu bieten haben. Die Meldungen der Nachrichten-App werden von Bing bereitgestellt, dem Suchdienst von Microsoft, und stammen aus Quellen wie der *Tagesschau*, *Zeit Online*, *Süddeutsche.de* oder auch *Bunte*.

1. Rufen Sie die Nachrichten-App per Mausklick oder durch Antippen der entsprechenden Kachel im Startmenü auf.

2. Starten Sie die App das erste Mal, heißt Sie MSN Nachrichten zunächst willkommen. Dieses Fenster **überspringen** Sie mit einem Klick auf die gleichnamige Schaltfläche.

3. Anschließend werden Sie gefragt, ob Sie über wichtige Nachrichten benachrichtigt werden möchten. Sind Sie an solchen Meldungen nicht interessiert, sondern möchten sich lieber selbst regelmäßig auf Informationsportalen informieren, deaktivieren Sie die Benachrichtigungen.

4. Gegebenenfalls erscheint nun auch noch der Dialog **Nutzungsbedingungen**. Viel Wichtiges rund um das Thema Datenschutz erfahren Sie im Abschnitt »Windows 10 und der Datenschutz« ab Seite 319. An dieser Stelle können Sie den Dialog **Verabschieden**.

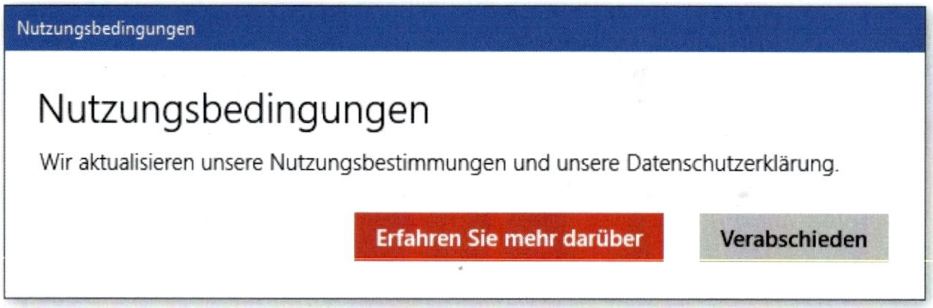

5. Um in der nun geöffneten App zu blättern, wischen Sie von unten nach oben oder umgekehrt. Wenn Sie mit der Maus arbeiten, nutzen Sie zum Blättern einfach die Bildlaufleiste ❶. Sie wird eingeblendet, sobald Sie die Maus bewegen. Verschieben Sie sie mit gedrückter Maustaste.

6. Möchten Sie zu einer der aufgeführten Schlagzeilen mehr erfahren, klicken oder tippen Sie einfach auf den Text. Nun wird der ausführliche Beitrag angezeigt. Über die Pfeil-Schaltfläche ← am oberen Bildschirmrand kehren Sie wieder zur Startseite zurück.

7. Am linken Rand der App finden Sie die Menüleiste ❷. Zunächst zeigt diese lediglich Symbole an. Um zu erfahren, was sich hinter den Schalt-

flächen verbirgt, klicken Sie auf das Symbol ☰. In der aufklappenden Leiste sehen Sie nun das Symbol inklusive Beschriftung. Ein erneuter Klick auf ☰ minimiert die Menüleiste wieder.

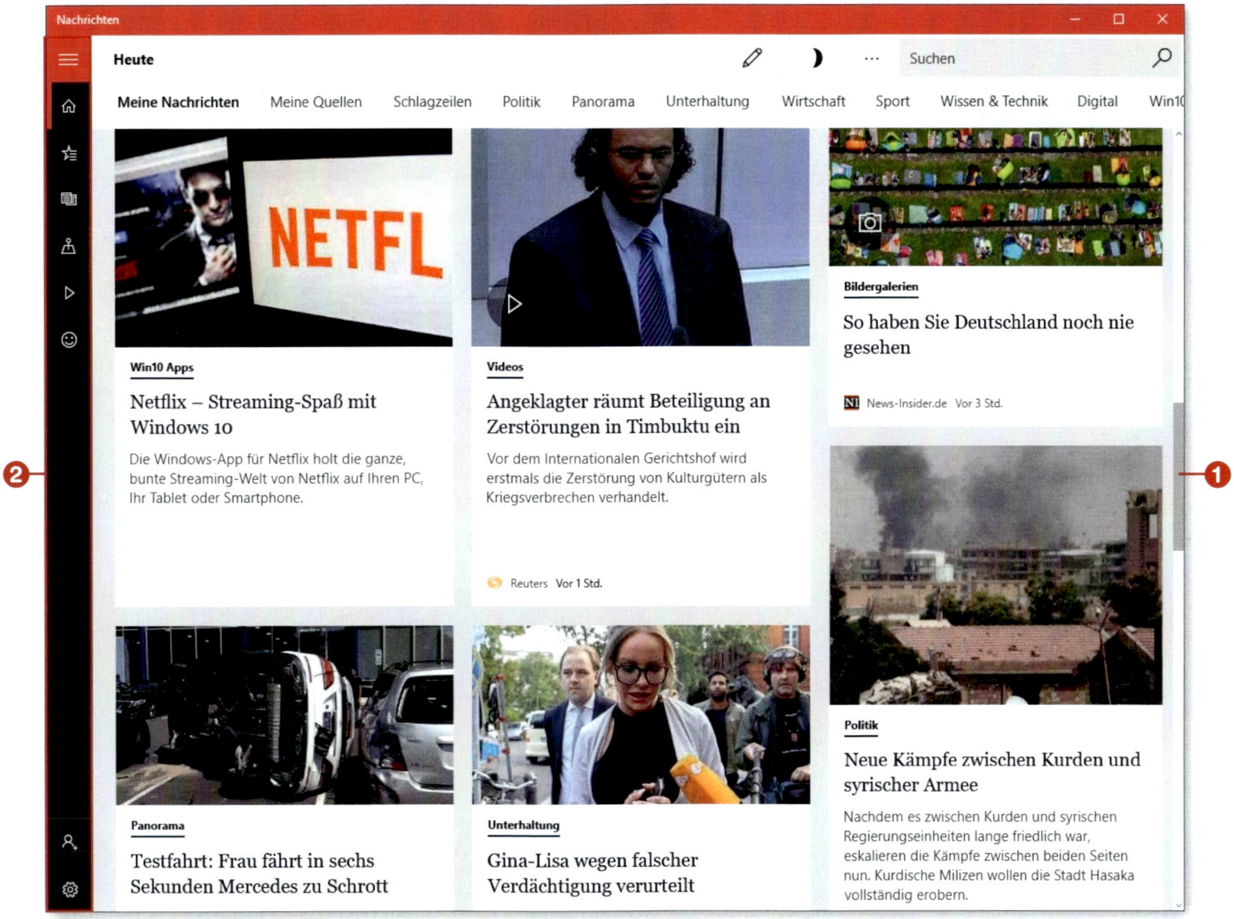

8. Wenn Sie zur Startseite der Nachrichten-App zurückkehren möchten, klicken Sie in der Menüleiste auf das Symbol ⌂ (3 auf Seite 188).

9. Die Meldungen der Nachrichten-App sind in verschiedene Rubriken aufgeteilt, z. B. **Schlagzeilen**, **Politik**, **Panorama**, **Unterhaltung** oder **Wirtschaft**. Mit einem Klick oder durch Tippen auf einen Rubriktitel am oberen Seitenrand gelangen Sie zu einer Übersicht über alle Beiträge innerhalb des gewählten Ressorts. Auch hier können Sie wieder einzelne Beiträge aufrufen. Um zur Startseite der Rubrik zurückzukehren, reicht ein Klick oder Tippen auf den Pfeil ←.

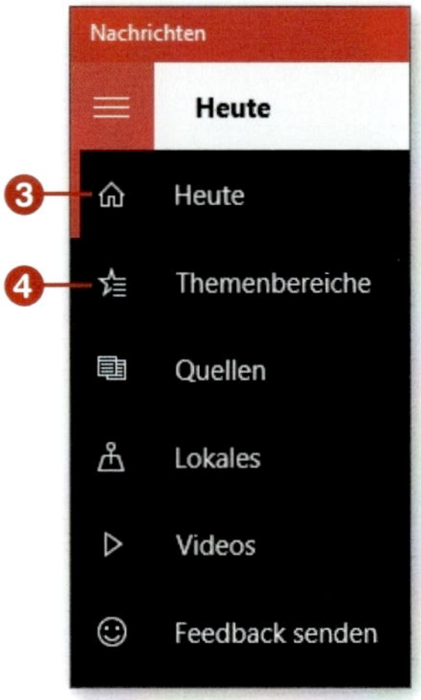

Die Nachrichten-App bietet eine Vielfalt von Themen an. Nicht alles davon interessiert einen. Mithilfe sogenannter *Themenbereiche* können Sie sich die Nachrichten-App ganz individuell einrichten, sodass nur noch die für Sie relevanten Meldungen erscheinen.

1. Klicken oder tippen Sie in der Menüleiste am linken Fensterrand auf das Symbol **Themenbereiche** ❹ .

2. Auf der nächsten Seite werden zunächst alle Rubriken aufgelistet, über die die Nachrichten-App Sie informiert. Ist hier bereits ein Thema dabei, das für Sie nicht von Interesse ist, klicken oder tippen Sie auf den grünen Stern in der entsprechenden Kachel. Der Stern erscheint jetzt grau ❺. Die Rubrik wird in der Nachrichten-App nun nicht mehr angezeigt.

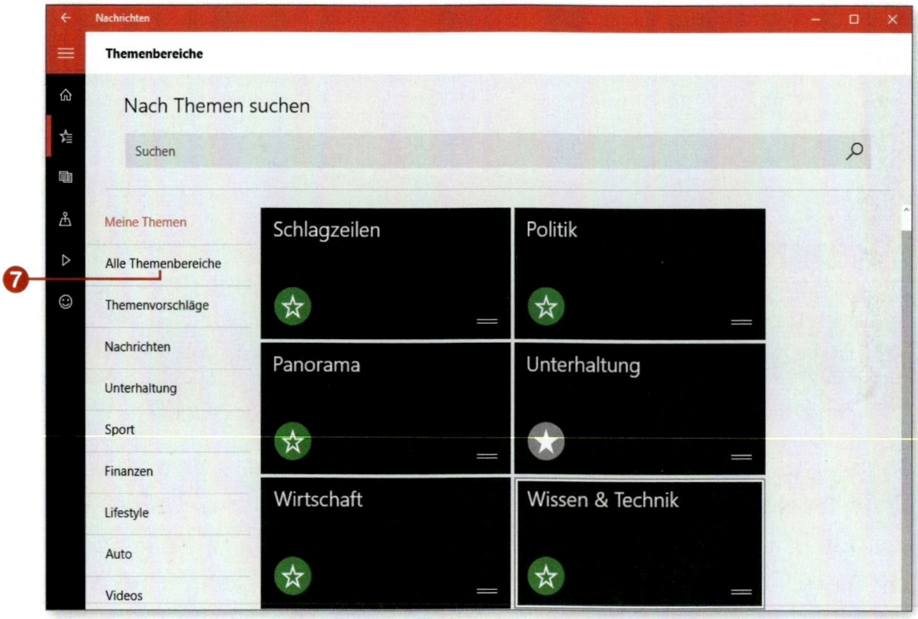

3. Wenn Sie später doch gerne wieder Informationen zum gerade ausgeblendeten Thema haben möchten, rufen Sie wieder die **Themenbereiche** per Klick oder Tipp auf das Symbol ❻ auf. Markieren Sie dann in der linken Spalte **Alle Themenbereiche** ❼. Per Mausklick oder Antippen wählen Sie nun die Themen aus, die Sie behalten bzw. die entfernt werden sollen. Die mit einem grünen Stern gekennzeichneten Elemente werden später in der Nachrichten-App angezeigt, der graue Stern zeigt, dass Sie hierzu keine Informationen erhalten werden.

Auf diese Weise können Sie nun alle Rubriken wie etwa **Unterhaltung** oder auch **Finanzen** durchgehen, die Sie in der linken Spalte finden. Das Prinzip ist jeweils gleich.

Ein Thema interessiert Sie besonders, wird in der Liste der Themenbereiche aber nicht aufgeführt? Das lässt sich leicht ändern.

4. Stellen Sie sicher, dass in der Menüleiste links **Themenbereiche** markiert ist, erkennbar an der roten Markierung ❽.

5. Am oberen Seitenrand finden Sie ein Suchfeld. Geben Sie hier das gewünschte Thema ein ❾. Bereits während der Eingabe werden wieder einige Vorschläge eingeblendet. Schließen Sie die Eingabe durch Drücken der Taste [↵] ab.

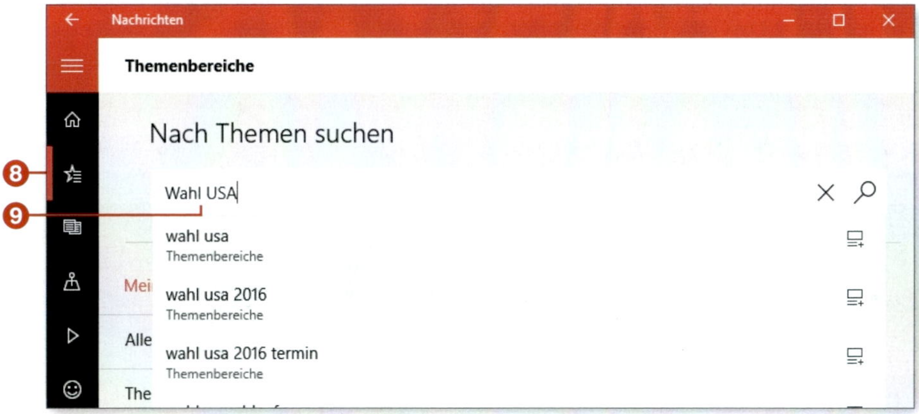

6. Rufen Sie zukünftig das Menü **Themenbereiche** auf, finden Sie am Ende der Rubrik **Meine Themen** das soeben von Ihnen hinzugefügte Thema. Ein Klick hierauf und es werden alle entsprechenden Schlagzeilen angezeigt.

Natürlich können Sie auch das Suchfeld am oberen Rand der Nachrichten-App auch immer dann nutzen, um gezielt nach bestimmten Themen zu suchen.

Sind Sie mit einem Microsoft-Konto am Computer angemeldet, übernimmt Windows die vorgenommenen Einstellungen automatisch auf allen Geräten, auf denen Sie sich mit diesem Konto anmelden. So müssen Sie nicht auf jedem Gerät neu Ihre Interessengebiete einrichten. Wenn

Sie dies nicht möchten, sollten Sie sich bei der Nachrichten-App abmelden. Klicken Sie hierzu am unteren Rand der linken Seitenleiste auf das Symbol Ihres Benutzerkontos ❶. Im folgenden Dialog markieren Sie Ihr Benutzerkonto und klicken dann auf **Abmelden** ❷. Sie werden nun für diese App – im Beispiel also die Nachrichten-App – vom Microsoft-Konto abgemeldet. Möchten Sie sich später doch wieder anmelden, reicht ein Klick auf das Symbol des Benutzerkontos, dann Benutzerkonto auswählen, Kennwort eingeben und schon sind Sie wieder angemeldet.

Wenn Sie keine weiteren Nachrichten mehr lesen und die App schließen möchten, klicken Sie oben rechts auf das Symbol ✕. Arbeiten Sie mit einem Touchscreen, positionieren Sie den Finger am oberen Bildschirmrand und ziehen ihn nach unten bis zum unteren Bildschirmrand. Ist die App nur noch zur Hälfte sichtbar, nehmen Sie den Finger vom Bildschirm. Die App ist damit beendet.

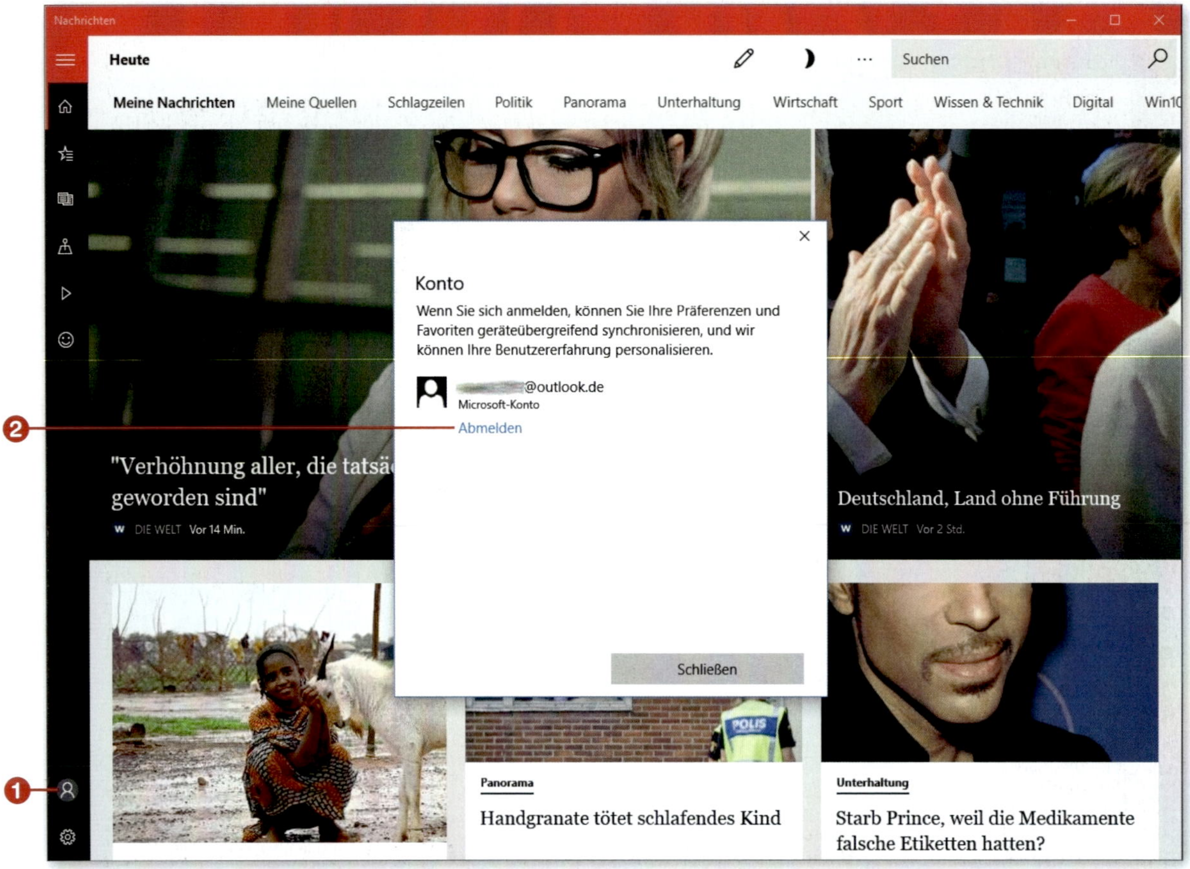

Die neuesten Finanznachrichten

Sie interessieren sich für die neuesten Nachrichten aus der Finanzwelt? Die wichtigsten Schlagzeilen hierzu liefert die *Finanzen*-App. Über das Menü, das Sie per Klick auf das Symbol ausklappen können, gelangen Sie zu weiteren interessanten Zusatzinformationen, etwa über **Währungen** oder auch zu einem **Darlehensrechner**.

Ein Bestandteil der Nachrichten-App ist die Rubrik **Sport**. Noch tiefer steigt aber die App *Sport* in das Thema ein. Auch sie wird, wie üblich, über die entsprechende Kachel im Startmenü aufgerufen oder, falls sie dort nicht aufgeführt wird, über **Start** ▸ **Sport**. Über die Menüleiste links ❸ gelangen Sie direkt zu Themen wie Bundesliga, Formel 1, Tennis oder auch NBA.

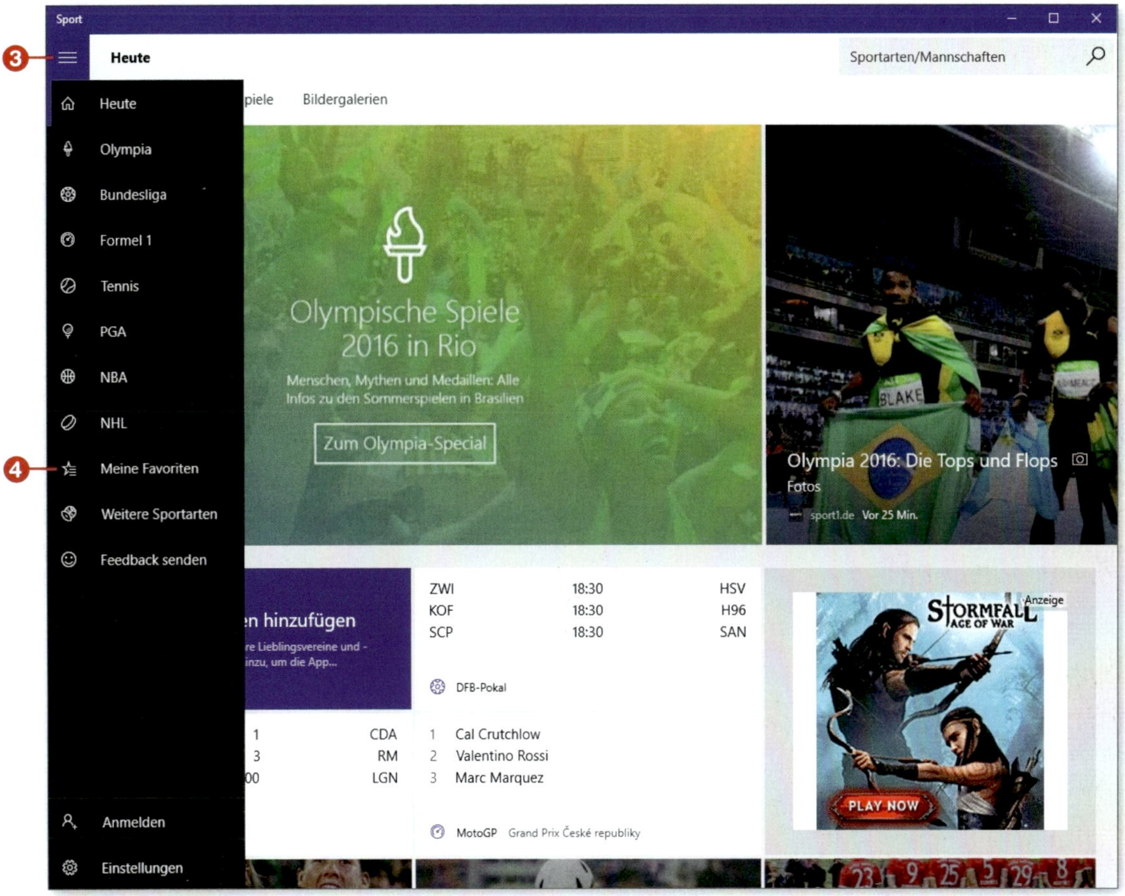

Auch hier können Sie die angezeigten Nachrichten Ihren Wünschen entsprechend anpassen. Haben Sie beispielsweise einen Lieblingsverein, den Sie immer im Blick behalten möchten? Mit der Sport-App ist das eine Leichtigkeit!

1. Klicken Sie in der Menüleiste links auf das Symbol **Meine Favoriten** (4 auf Seite 191). Es öffnet sich das gleichnamige Untermenü.

2. Auf dieser Seite klicken oder tippen Sie im Bereich **Lieblingsteams** auf das Plus-Symbol 5.

3. Geben Sie in das Feld **Zu Favoriten hinzufügen** den Namen des Vereins ein, und bestätigen Sie die Eingabe durch Drücken der Taste ↵.

4. Der Verein wird im Menü **Meine Favoriten** der Liste **Lieblingsteams** hinzugefügt. Handelt es sich bei dem Verein wie in unserem Beispiel etwa um einen Fußballverein, erhalten Sie nach einem Klick oder Tippen auf den Vereinsnamen im Bereich **Lieblingsteams** eine Übersicht über den Spielplan, eine Liste aller Spieler und vieles mehr.

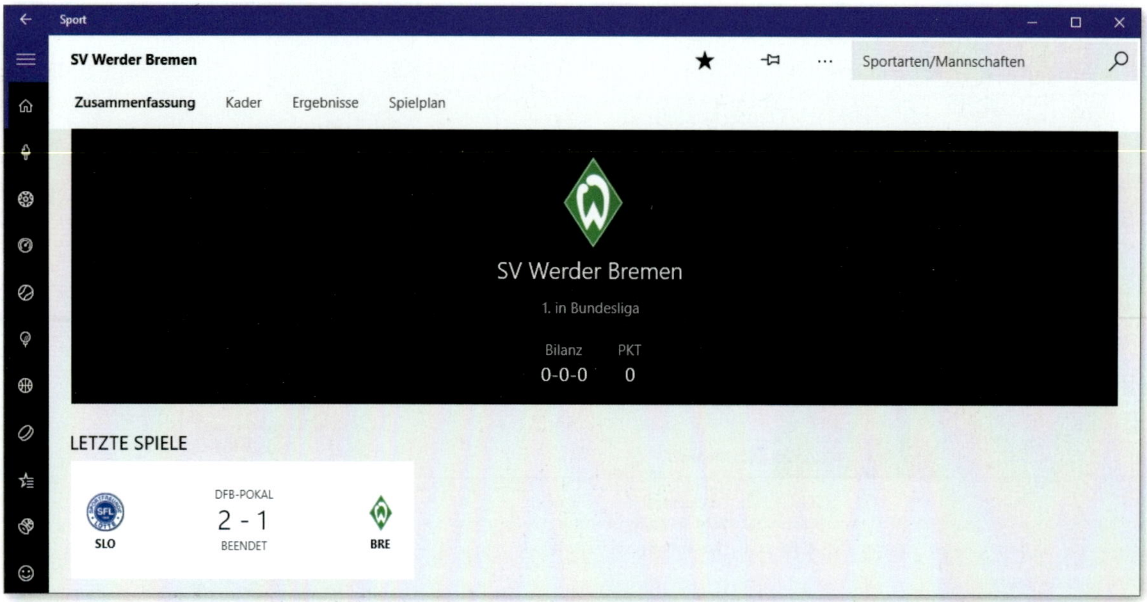

Jetzt stelle ich Ihnen noch eine weitere interessante App vor. Sie wollen wissen, ob es nächstes Wochenende mit dem Ausflug klappt oder ob er im wahrsten Sinne des Wortes ins Wasser fallen wird? Ein Blick auf die *Wetter*-App und Sie wissen Bescheid!

1. Starten Sie die Wetter-App per Mausklick oder Antippen der entsprechenden Kachel im Startmenü.

2. Nach dem ersten Aufruf der App müssen Sie zunächst ein paar Einstellungen vornehmen. Per Standardeinstellung zeigt die Wetter-App die Temperaturen in Celsius an. Sollten Sie die Einstellung **Fahrenheit** vorziehen, aktivieren Sie die Option ❶. Im Feld **Suchen** geben Sie den Ort an, dessen Wetterinformationen direkt in der Kachel im Startmenü angezeigt werden sollen ❷. Wird der gewünschte Ort vorgeschlagen, wählen Sie ihn per Klick oder Tipp aus. Bestätigen Sie Ihre Angaben dann mit **Starten**.

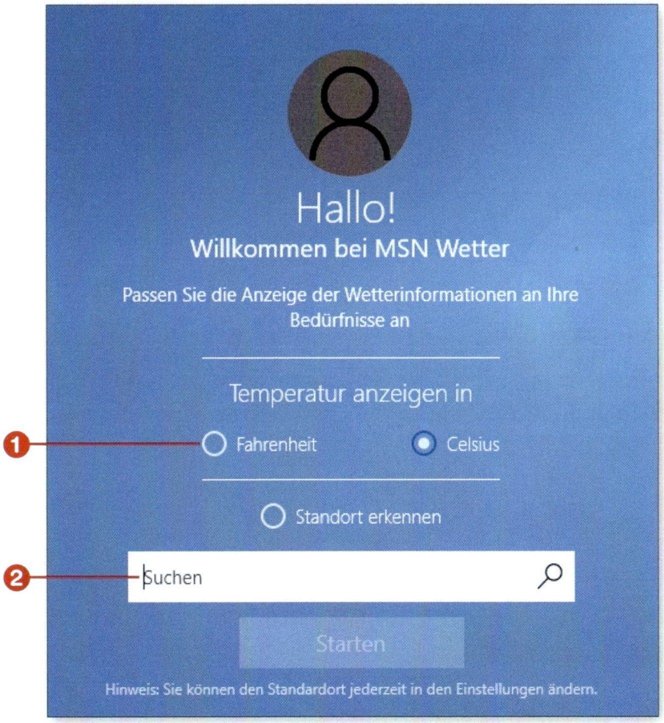

Sie erhalten nun ausführliche Informationen inklusive stündlicher Vorhersagen zum angegebenen Ort.

Bei kleineren Ortschaften kann es sein, dass die Ortssuche nicht das gewünschte Ergebnis bringt. Wird der gewünschte Ort nicht in der Liste vorgeschlagen, gehen Sie den Weg über die Karten, die Sie per Klick auf das Symbol **Karten** ❸ in der Menüleiste anzeigen. Sie bekommen nun eine Wetterkarte angezeigt, wie Sie sie von Nachrichtensendungen kennen. Der Kartenausschnitt lässt sich mit gedrückter linker Maustaste oder entsprechender Wischbewegung verschieben. Über das Plus- und Minus-Symbol oben rechts ❹ können Sie den Kartenausschnitt vergrößern oder auch verkleinern. Klicken oder tippen Sie am unteren Seitenrand auf das Wiedergabe-Symbol ❺, zeigt die Wetter-App, wie sich die Temperaturen in den nächsten 24 Stunden entwickeln werden. Über den Pfeil rechts vom Feld **Temperatur** ❻ können Sie am oberen Seitenrand auch die Einstellung **Niederschlag** auswählen. Nun erfahren Sie, ob Sie mit Regen rechnen müssen oder nicht.

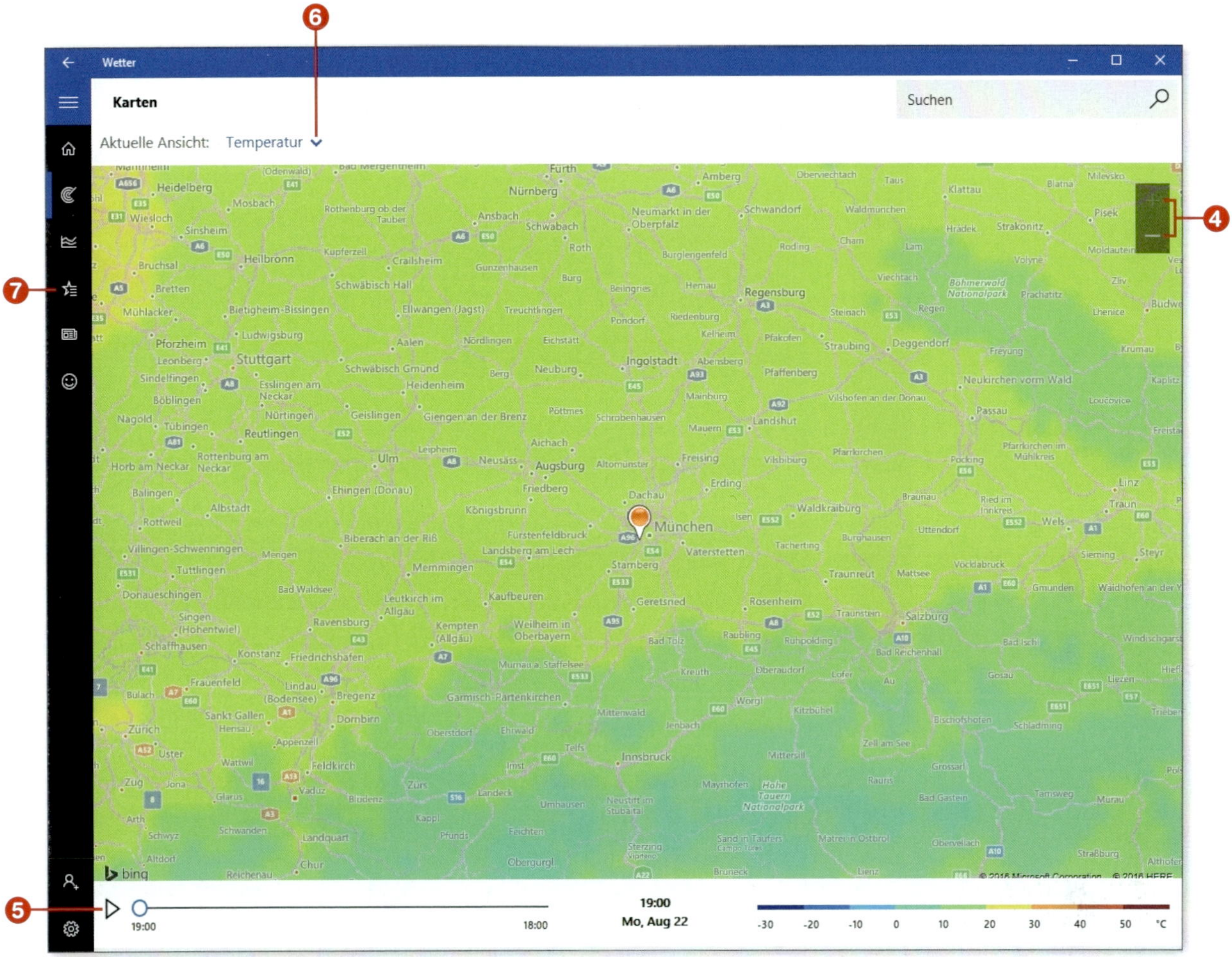

^ *Anhand der Kartenansicht können Sie die Temperaturentwicklung in den nächsten 24 Stunden prüfen.*

Wenn Sie weitere Orte in der Wetter-App ergänzen möchten, klicken oder tippen Sie in der Menüleiste links auf das Symbol **Favoriten** ❼. Nach einem Klick auf das Plus-Symbol unterhalb von **Favoriten** wird ein Feld eingeblendet, in dem Sie einen Ortsnamen ergänzen können. Sobald der gewünschte Ort vorgeschlagen wird, wählen Sie ihn per Mausklick oder Tipp aus. Wenn Sie später wissen möchten, ob es am eingetragenen Ort regnet oder die Sonne scheint, rufen Sie einfach den Menüpunkt **Favoriten** auf. Nun noch ein Klick auf den gewünschten Ort und es werden die entsprechenden aktuellen Wetterinformationen angezeigt.

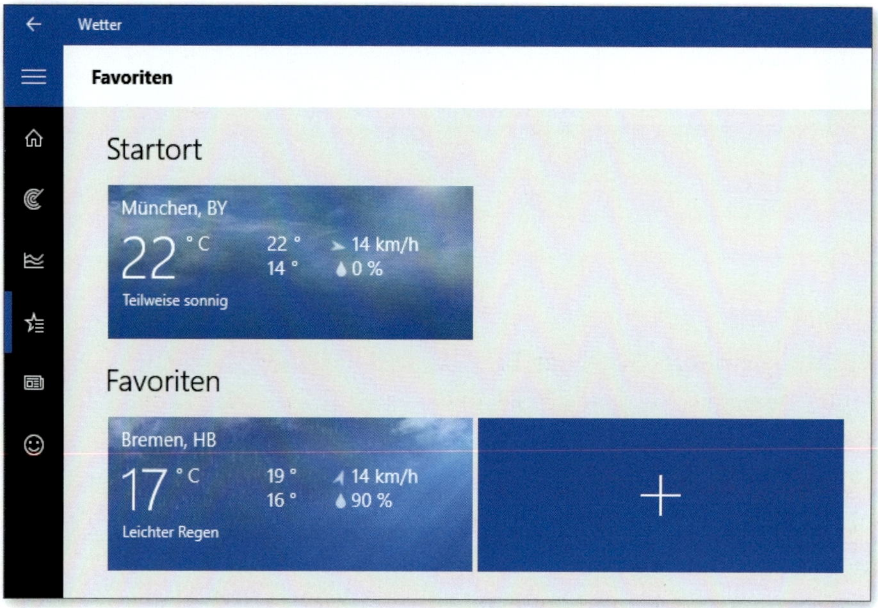

> *Erfassen Sie all Ihre Lieblingsorte als »Favoriten«, um mit nur einem Klick die Wettervorhersage zu prüfen.*

Ortssuche per Karten-App

Sind Sie auf der Suche nach einer bestimmten Straße in einem Ort oder benötigen eine Routenbeschreibung, leistet die Karten-App gute Dienste. Der Aufruf erfolgt nach einem Klick oder Tipp auf den entsprechenden Eintrag in der Liste aller installierten Anwendungen im Startmenü. Direkt nach dem Aufruf werden Sie aufgefordert, die Positionsdienste zu aktivieren. Dann nutzt die App Ihre IP-Adresse, also die Adresse Ihres Computers, und zeigt Ihren aktuellen Standort auf der Karte an. Wer dies nicht benötigt, lässt die Verwendung der Positionsdienste nicht zu, indem er auf **Nein** klickt oder tippt. Über das Plus- und das Minus-Symbol am rechten Fensterrand vergrößern bzw. verkleinern Sie den Kartenausschnitt. In der Menüleiste am oberen Seitenrand finden Sie unter anderem eine **Wegbeschreibung**. Nach einem Klick hierauf können Sie in die entsprechenden Felder den Start (Feld **Von**) und das Ziel (Feld **Bis**) einer Reise eingeben. Sobald Sie die Taste ↵ drücken, berechnet die Karten-App die Route für Sie. Per Standardeinstellung geht die App davon aus, dass Sie für die Tour einen Wagen nutzen. Möchten Sie zu Fuß gehen, klicken Sie oberhalb der beiden Felder auf das Fußgänger-Symbol. Auch die Suche nach öffentlichen Verkehrsmitteln ist nach Auswahl des entsprechenden Symbols mit der Karten-App möglich.

Kapitel 5

E-Mails, Adressen und Termine

Früher gratulierte man per Brief zum Geburtstag, heute wird schnell eine E-Mail geschickt. Auch das klassische Adressbuch gehört schon fast der Vergangenheit an, denn mit dem Computer lassen sich alle Daten weitaus bequemer auf dem aktuellen Stand halten. Kein Wunder, dass auch Windows 10 das Thema Kommunikation in seinen Apps aufgreift. In diesem Kapitel werden wir die drei Apps *Mail*, *Kontakte* und *Kalender* etwas genauer unter die Lupe nehmen. Neben dem Microsoft-Konto können Sie für die Anmeldung bei diesen Apps unter anderem auch Ihr Google- oder iCloud-Konto nutzen.

^ In diesem Kapitel geht es um die Apps Mail, Kontakte und Kalender.

E-Mails verschicken mit der Mail-App

Zum Öffnen der Mail-App reicht ein Klick oder Tipp auf die Kachel **Mail** auf dem Startbildschirm. Sollte nach dem ersten Start ein **Willkommen**-Dialog angezeigt werden, schließen Sie diesen mit einem Klick auf **Anfangen**.

Bevor Sie die Mail-App nutzen können, müssen Sie Ihre E-Mail-Konten in der Mail-App erfassen. Wenn Sie mit einem Microsoft-Konto am Computer angemeldet sind, wird dieses bereits im Dialog **Konten** angezeigt. Das Microsoft-Konto besteht, wie Sie wissen, aus einer E-Mail-Adresse und einem Kennwort. Zusammen mit dieser E-Mail-Adresse wurde also automatisch das erste E-Mail-Konto in der App angelegt.

Haben Sie sich mit einem lokalen Benutzerkonto angemeldet, müssen Sie selbst die Daten Ihres E-Mail-Kontos angeben. Wie dies funktioniert, zeige ich Ihnen nun. Die folgenden Schritte können Sie natürlich auch durchführen, wenn Sie über E-Mail-Adressen bei anderen Dienstanbietern (*Providern*) verfügen.

1. Klicken oder tippen Sie im Dialog **Konten** auf **Konto hinzufügen** ❶.

2. Wählen Sie als Nächstes in der Provider-Liste Ihren Anbieter aus (z. B. Google, wenn Sie über ein E-Mail-Konto bei Google verfügen). Wird Ihr Anbieter nicht aufgeführt, klicken oder tippen Sie auf **Anderes Konto** ❷.

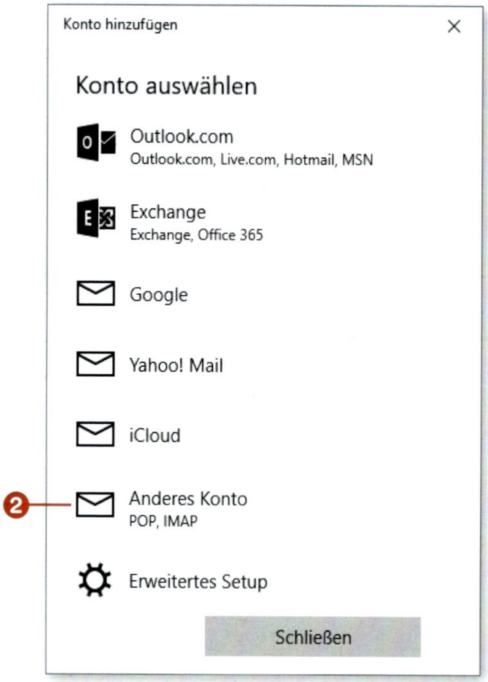

3. Ergänzen Sie in den beiden Feldern Ihre **E-Mail-Adresse** sowie das entsprechende **Kennwort** Ihres E-Mail-Kontos.

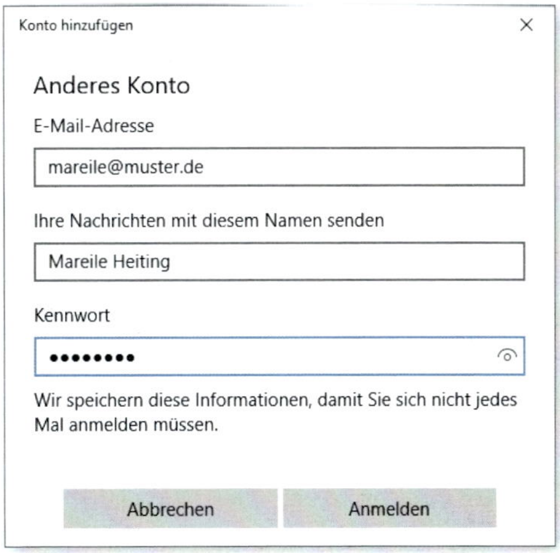

4. Im mittleren Feld **Ihre Nachrichten mit diesem Namen senden** tragen Sie den Namen ein, der beim Empfänger Ihrer Nachrichten angezeigt werden soll. Bestätigen Sie die Eingaben mit **Anmelden**.

5. Für den Fall, dass Sie mit einem lokalen Konto am Computer angemeldet sind und gerade ein E-Mail-Konto von Microsoft (z. B. eine outlook.de-, outlook.com- oder auch eine hotmail.com-Adresse) einrichten, werden Sie nun gefragt, ob Sie sich mit diesem Microsoft-Konto bei diesem Gerät anmelden möchten. Damit Ihr lokales Konto nicht in ein Microsoft-Konto umgewandelt wird, klicken Sie auf **Stattdessen nur bei dieser App anmelden**.

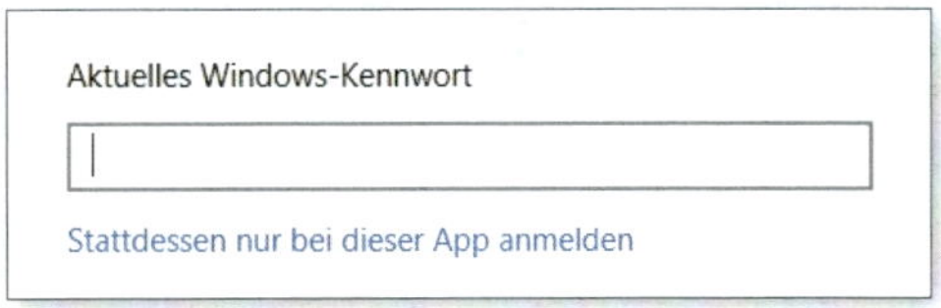

6. Die Erfolgsmeldung **Alles erledigt!** schließen Sie mit **Fertig**.

7. Wenn Sie möchten, können Sie noch weitere E-Mail-Konten ergänzen, indem Sie die Schritte 1 bis 5 wiederholen.

8. Haben Sie alle E-Mail-Adressen erfasst, schließen Sie den Dialog **Konten** mit einem Klick auf **Bereit** (❸ in der Abbildung auf Seite 198). Damit gelangen Sie zum eigentlichen Programmfenster der Mail-App.

Unterstützung von POP3

Beim Abrufen von E-Mails, das heißt beim Posteingang, unterstützt die Mail-App in Windows 10 nicht nur das Protokoll IMAP (Abkürzung für *Internet Message Access Protocol*). Das von vielen Providern meist sogar kostenlos unterstützte Protokoll POP3 (Abkürzung für *Post Office Protocol 3*) kann ebenfalls verwendet werden. Das Einrichten der E-Mail-Konten übernimmt Windows 10 automatisch. Wie Sie die entsprechenden Kontoeinstellungen selbst vornehmen können, erfahren Sie im Kasten »Weitere Kontoeinstellungen vornehmen« auf Seite 214. Dort lesen Sie auch, wie Sie Ihr Kennwort korrigieren können, falls Sie sich bei der Ersteinrichtung vertippt haben.

Die Mail-App stellt nun automatisch eine Verbindung zu Ihren gerade eingerichteten E-Mail-Konten her und prüft regelmäßig, ob eine neue Nachricht eingegangen ist. Natürlich können Sie auch zu einem späteren Zeitpunkt weitere E-Mail-Adressen ergänzen. Wie dies funktioniert, werde ich Ihnen im Verlauf dieses Abschnitts zeigen. Doch zunächst wollen wir einen kurzen Blick auf das Fenster der Mail-App werfen.

In der linken Spalte des Fensters finden Sie Ihre zuvor eingerichteten Konten sowie diverse Ordner, die wir gleich noch etwas genauer betrachten werden. In der mittleren Spalte werden die Mails angezeigt, die sich im links markierten Ordner befinden. Ist der **Posteingang** aktiv, finden Sie hier z. B. alle empfangenen Mails. In der rechten Spalte können Sie den Inhalt der in der Mitte ausgewählten E-Mail lesen. Wenn Sie noch keine E-Mails erhalten oder in der mittleren Spalte keine E-Mail markiert haben, ist hier lediglich ein Hintergrundbild zu sehen. Alle markierten Elemente sind gut am hellblauen Hintergrund zu erkennen. Neue Nachrichten sind durch einen blauen Balken am linken Rand gekennzeichnet.

Fenstergröße der Mail-App anpassen

Wenn Sie mit einem Tablet arbeiten, wird das Fenster einer App immer im Vollbildmodus, also über den gesamten Bildschirm hinweg, angezeigt. Dies ist bei einem Desktop-PC oder Notebook nicht der Fall. Die Fenstergröße lässt sich hier individuell einstellen. Soll das Programmfenster auch hier die volle Bildschirmgröße einnehmen, klicken Sie oben rechts auf das Symbol ☐. Über das Symbol ⧉ können Sie das Fenster anschließend wieder verkleinern. Bewegen Sie dann den Mauszeiger auf einen der Fensterränder, nimmt der Zeiger die Form eines Doppelpfeils an. Ziehen Sie ihn nun mit gedrückter linker Maustaste in eine Richtung, verändert sich die Fenstergröße. Der Inhalt der Mail-App wird entsprechend angepasst. Verkleinern Sie das Fenster, wird beispielsweise die linke Spalte so stark minimiert, dass dann nur noch die Symbole zu sehen sind.

Am oberen Rand der linken Spalte finden Sie wie bei allen Apps das Menü-Symbol ❶. Ein Klick oder Tipp hierauf minimiert und maximiert den Inhalt der linken Spalte. Unterhalb des Menü-Symbols befindet sich die Schaltfläche, über die Sie eine neue E-Mail erstellen ❷. Wenn Sie in der mittleren Spalte eine E-Mail markiert haben, werden oberhalb der rechten Spalte einige Schaltflächen eingeblendet. Über diese können Sie ganz bequem auf eine erhaltene Nachricht antworten ❸, diese an andere Personen weiterleiten ❹ oder die zuvor markierte E-Mail löschen ❺.

Alle E-Mail-Konten, die Sie in der Mail-App eingerichtet haben, werden in der linken Spalte im Bereich **Konten** angezeigt. Jedes der Konten erhält einen eigenen Namen. Die Bezeichnung des Microsoft-Kontos lautet beispielsweise **Outlook** ❻. Per Mausklick auf einen Kontonamen wechseln Sie zwischen diesen Konten. Am Ende dieses Abschnitts zeige ich Ihnen, wie Sie für die Konten eingängigere Namen vergeben können.

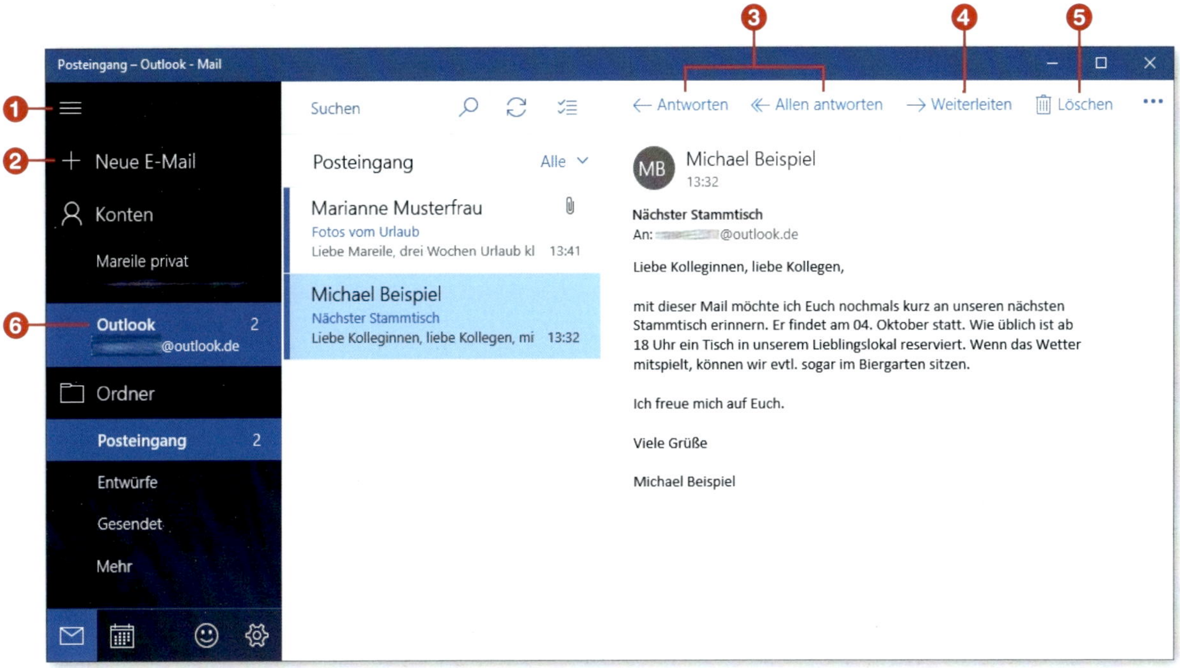

Übersicht über das Fenster der Mail-App

So einfach der Fensteraufbau der Mail-App ist, genauso einfach ist auch die Bedienung. Möchten Sie eine neue E-Mail schreiben, gehen Sie folgendermaßen vor:

1. Haben Sie mehrere E-Mail-Konten eingerichtet, markieren Sie in der linken Spalte zunächst das Konto, das Sie für das Versenden der Nachricht nutzen möchten ❼.

2. Klicken oder tippen Sie oben auf **Neue E-Mail** ❽. In der rechten Spalte erscheint nun die Maske zum Erstellen einer neuen Mail.

3. Im Feld **Von** ❾ wird bereits die E-Mail-Adresse des Kontos angezeigt, das Sie zuvor für das Versenden der E-Mail ausgewählt haben. Geben Sie in das Feld **An** ❿ die E-Mail-Adresse des Empfängers ein. Während der Eingabe wird der Hinweis **Diese Adresse verwenden** eingeblendet. Er verschwindet, sobald Sie die Adresse vollständig eingetragen und durch Drücken der Taste [↵] bestätigt haben. Lesen Sie hierzu auch den Kasten »Kontakte aus dem Adressbuch verwenden« auf Seite 203.

4. Möchten Sie einer Person eine Kopie der Mail zukommen lassen, klicken oder tippen Sie auf die Schaltfläche **Cc und Bcc** ⓫.

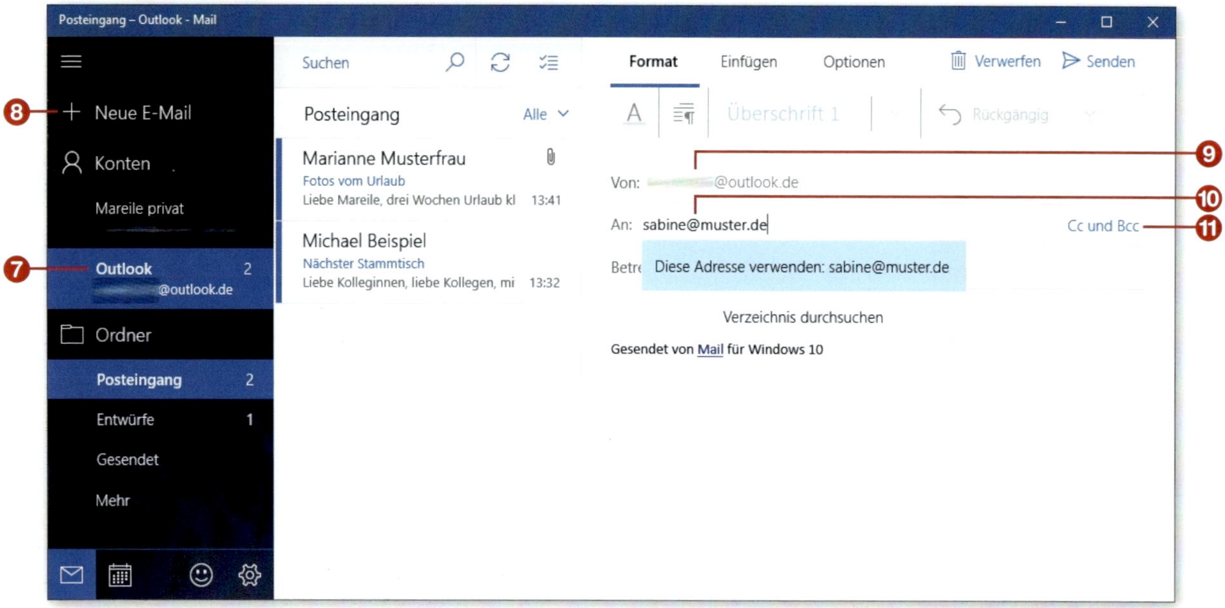

5. Tragen Sie die entsprechende E-Mail-Adresse in das Feld **Cc** ⓬ ein. Möchten Sie in eines der beiden Felder **An** oder **Cc** mehrere Adressen eintragen, trennen Sie diese einfach durch ein Semikolon (;) voneinander. Dieses wird bereits automatisch hinter eine E-Mail-Adresse gesetzt, sobald Sie die Taste [↵] drücken. Das Feld **Bcc** ⓭ ist nur dann interessant, wenn Sie jemandem eine Kopie der E-Mail senden möchten, ohne dass die anderen Empfänger dies mitbekommen.

6. Klicken oder tippen Sie als Nächstes in das Feld **Betreff** ⓮, und geben Sie einen Titel für die E-Mail ein.

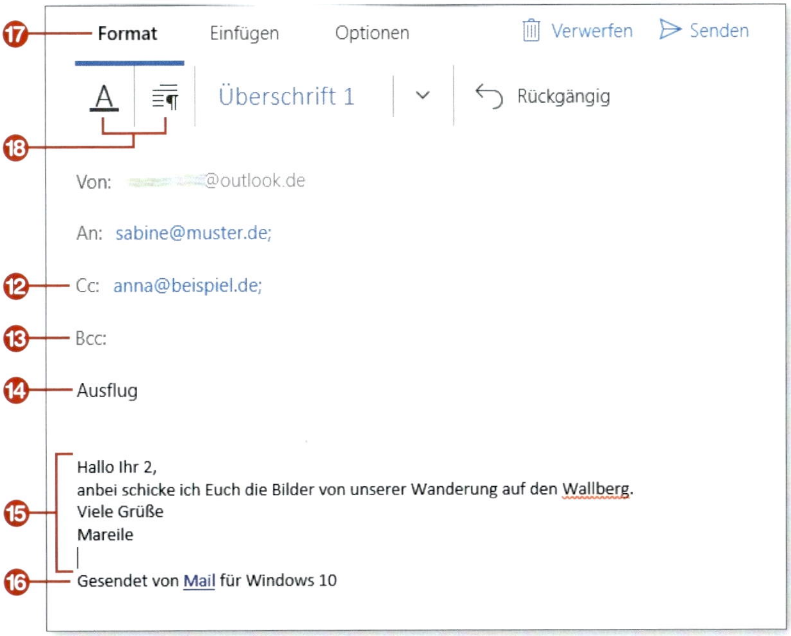

7. Den eigentlichen Text Ihrer Mail ⑮ ergänzen Sie im Feld unterhalb des **Betreff**-Feldes. Windows 10 ergänzt hier automatisch die Signatur **Gesendet von Mail für Windows 10** ⑯. Wenn Sie möchten, können Sie diesen Text löschen. Etwas später werde ich Ihnen noch zeigen, wie Sie eine eigene Signatur einrichten.

Gibt es ein Wort in der Mail, das Sie hervorheben möchten? Die entsprechenden Befehle finden Sie im Register **Format** ⑰. Über die beiden Symbole [A] und [¶] ⑱ lassen sich in den anschließend aufklappenden Listen weitere Formatierungen wie Schriftfarbe oder auch Absatzformatierungen auswählen.

Kontakte aus dem Adressbuch verwenden

Haben Sie in Windows 10 bereits Kontaktdaten erfasst – etwa über die App *Kontakte*, die ich Ihnen im Abschnitt »Adressen verwalten mit der Kontakte-App« ab Seite 215 vorstelle –, wird die Adresseingabe noch bequemer. Sobald Sie die ersten Buchstaben einer E-Mail-Adresse eingeben, werden bereits Vorschläge mit passenden Adressen eingeblendet, und Sie müssen nur noch die gewünschte Adresse auswählen.

Möchten Sie Fotos und andere Dokumente mit einer E-Mail verschicken? Wie dies funktioniert, zeige ich Ihnen im Folgenden:

1. Klicken oder tippen Sie in der rechten Spalte der Mail-App, oberhalb Ihrer E-Mail, auf **Einfügen** ❶.

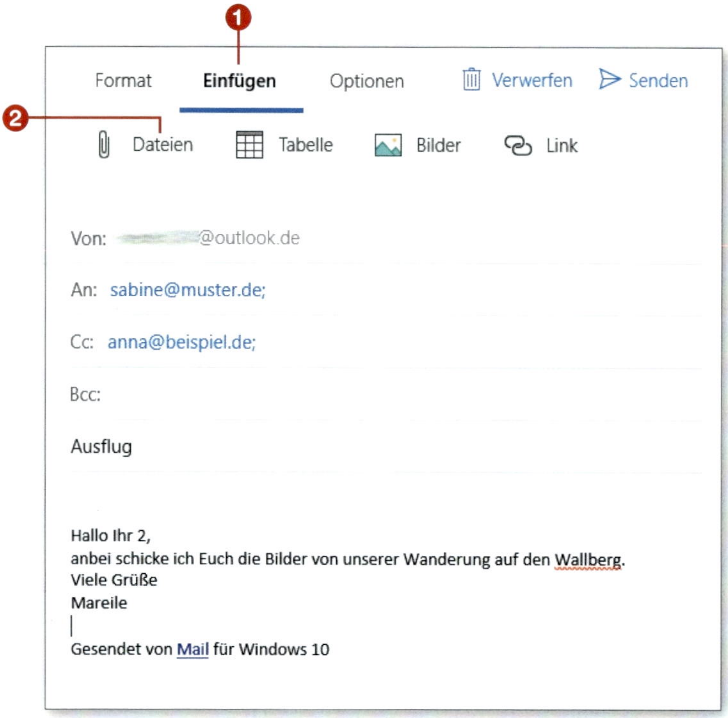

2. Klicken oder tippen Sie auf die nun sichtbare Schaltfläche **Dateien** ❷.

3. Es öffnet sich das Fenster des Explorers. Wechseln Sie im Navigationsbereich links in den Ordner, in dem sich die zu versendenden Dateien befinden, in unserem Beispiel im Unterordner *Urlaub_2015* im Ordner *Bilder*.

4. Markieren Sie im Inhaltsbereich rechts die Dateien. Halten Sie hierzu die Taste `Strg` gedrückt, während Sie nacheinander alle gewünschten Bilder per Mausklick markieren.

5. Haben Sie alle Dateien ausgewählt, was Sie an der blauen Markierung erkennen, übernehmen Sie sie mit einem Klick auf **Öffnen** ❸ in Ihre Mail.

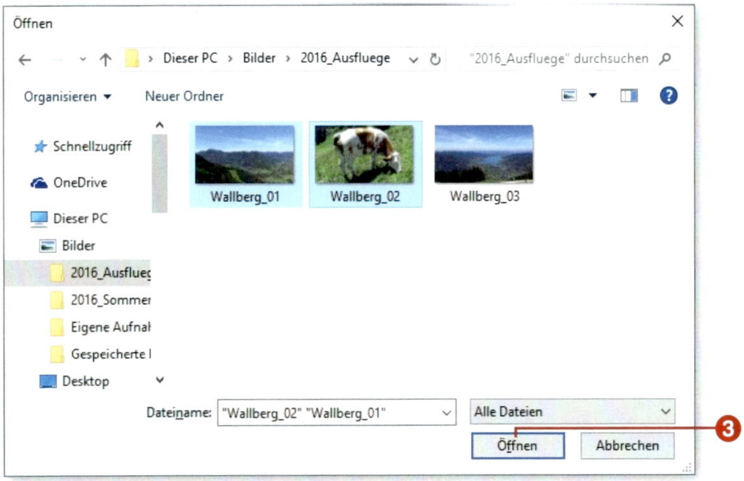

Die Dateien werden nun oberhalb Ihres Nachrichtentextes als **Anlagen** eingeblendet. Möchten Sie eine der Dateien doch wieder entfernen, tippen Sie auf das kleine Kreuz-Symbol ❹, das in der rechten oberen Ecke der Datei angezeigt wird.

6. Mit einem Klick oder Fingertipp auf das **Senden**-Symbol ❺ in der rechten oberen Ecke des Fensters verschicken Sie die Nachricht.

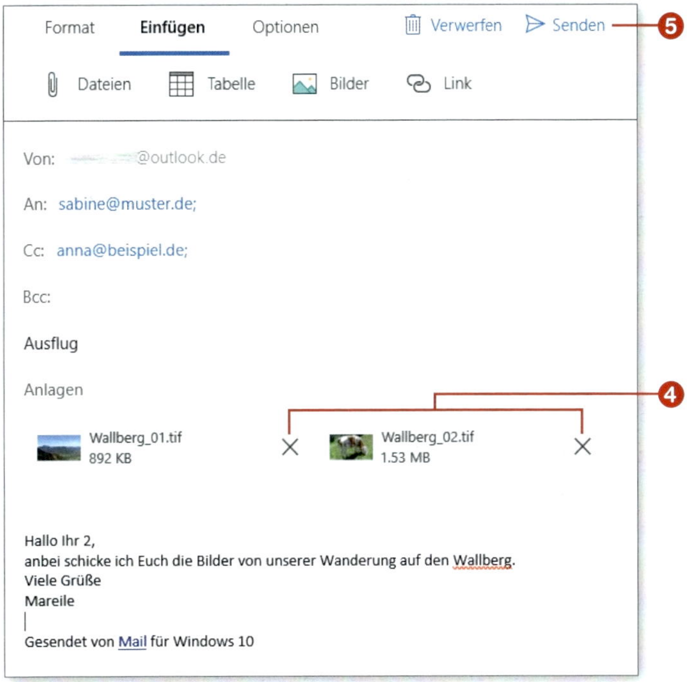

Wurde die Nachricht erfolgreich verschickt, finden Sie sie links im Ordner **Gesendet**.

Tabellen, Bilder oder Links versenden

Neben der Schaltfläche zum **Datei anfügen** können Sie über das Register **Einfügen** auch noch eine **Tabelle**, **Bilder** oder einen **Link** unmittelbar in Ihrer E-Mail selbst ergänzen. Wählen Sie **Tabelle**, wird im Nachrichtentext an der Position der Einfügemarke eine leere Tabelle mit drei Zeilen und drei Spalten eingeblendet. Das Einfügen von **Bildern** erfolgt ähnlich wie das zuvor gezeigte Anfügen von Dateien. Allerdings werden die Fotos nicht als Anlagen an die E-Mail angehängt, sondern direkt im Nachrichtentext selbst eingefügt. Der Empfänger tut sich beim Betrachten der meist sehr großen Bilder allerdings schwer. Dieser Weg ist für Fotos also nicht zu empfehlen. Dagegen bietet die Option **Link** eine gute Möglichkeit, um es dem Empfänger Ihrer E-Mail leicht zu machen. Unter einem *Link* versteht man einen Verweis auf eine Internetseite. Manche Links sind aber sehr komplex aufgebaut und daher vielleicht auch etwas verwirrend. Statt nun eine ellenlange Internetadresse im Nachrichtentext anzuzeigen, können Sie sie durch einen alternativen eingängigen Text ersetzen, der gleich benennt, worum es geht. Klicken Sie hierzu im Register **Einfügen** auf **Link**. Im aufklappenden Dialog geben Sie in das Feld **Anzuzeigender Text** den Alternativtitel ein und in das Feld **Adresse** die eigentliche Internetadresse. Per Klick auf **Einfügen** wird der Link in Ihrer E-Mail ergänzt. Der Empfänger muss nur auf den Alternativtext klicken, und schon öffnet sich automatisch der Browser mit der eigentlichen Internetadresse.

Alle empfangenen Mails landen, wie bereits erwähnt, im Ordner **Posteingang**. Um darauf zugreifen zu können, müssen Sie zuvor gegebenenfalls in der linken Spalte das entsprechende E-Mail-Konto markieren. Mit einem Klick auf das Symbol am oberen Rand der mittleren Spalte ❶ prüft Windows 10 für Sie, ob für das ausgewählte Konto neue E-Mails eingegangen sind.

> *Sie können selbst prüfen, ob Sie neue Mails erhalten haben.*

Neue Mails werden in der mittleren Spalte immer ganz oben eingefügt. Um eine Mail lesen zu können, markieren Sie sie. Der Nachrichtentext wird nun in der rechten Spalte eingeblendet. Hat der Absender ein Bild an die Mail angehängt, wie Sie es gerade selbst beim Senden einer E-Mail gelernt haben, wird in der E-Mail oberhalb des eigentlichen Nachrichtentextes jeweils eine Miniaturansicht des Bildes gezeigt ❷.

Um eine mitgeschickte Datei auf Ihrem Computer zu speichern, klicken Sie mit der rechten Maustaste auf das Bild (oder auf das Dateisymbol, falls es sich bei dem Anhang beispielsweise um ein Word-Dokument handelt). Falls Sie einen Touchscreen verwenden, halten Sie den Finger etwas länger auf dem Bild oder Symbol gedrückt, bis das Kontextmenü eingeblendet wird. Um die Datei zu speichern, wählen Sie den Befehl **Speichern**.

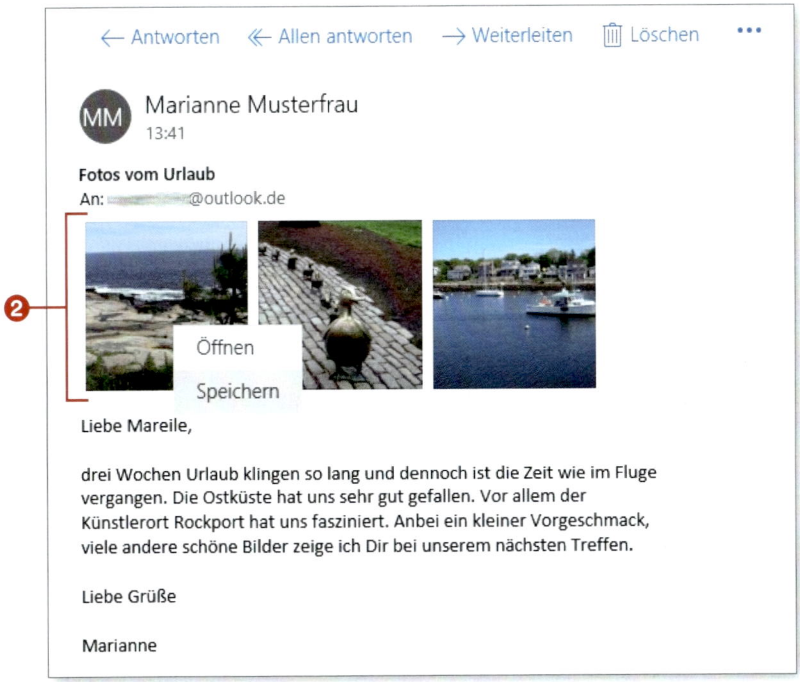

^ *Wenn Sie möchten, speichern Sie die Fotos auf Ihrem PC.*

Nach der Auswahl des **Speichern**-Befehls erscheint das Fenster des Explorers, das Sie bereits beim Einfügen von Dateien in eine E-Mail kennengelernt haben. Wählen Sie den Ordner aus, in dem die Datei abgelegt werden soll – *Bilder* oder auch *Dokumente*. Klicken oder tippen Sie dann am unteren Bildschirmrand auf **Speichern** (❸ auf Seite 208).

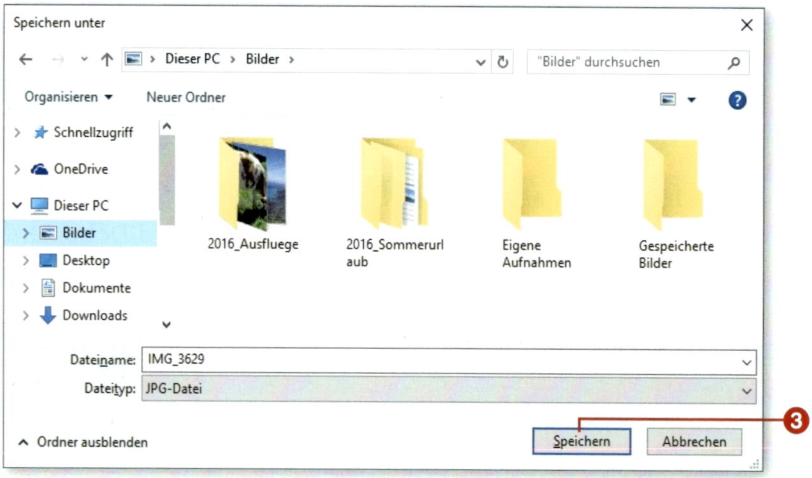

Um auf eine E-Mail zu antworten, markieren Sie die gewünschte Mail in der mittleren Spalte. Klicken oder tippen Sie dann oberhalb der rechten Spalte auf die Schaltfläche **Antworten**. Wurde die Mail an mehrere Personen verschickt, denen Sie Ihre Antwort ebenfalls zukommen lassen möchten, klicken oder tippen Sie auf **Allen antworten**. Gleich rechts von dieser Schaltfläche finden Sie auch den Befehl **Weiterleiten**, über den Sie die E-Mail an eine weitere Person verschicken können.

Nicht mehr benötigte E-Mails löschen

Im Laufe der Zeit sammeln sich zahlreiche E-Mails im Postfach. Sich hier noch zurechtzufinden wird immer schwieriger. Ab und an sollten Sie daher aufräumen. Löschen Sie beispielsweise nicht mehr benötigte E-Mails. Markieren Sie die Mail hierzu in der mittleren Spalte, und tippen Sie dann oben rechts auf **Löschen**. Wenn Sie gleich mehrere E-Mails entfernen möchten, tippen Sie am oberen Rand der mittleren Spalte mit der Übersicht über die E-Mails eines Ihrer Ordner auf das Symbol , das sich gleich neben der Aktualisierungsschaltfläche befindet (siehe die Abbildung auf der folgenden Seite 209). Innerhalb der Spalte wird nun vor jeder Nachricht ein kleines Kästchen eingeblendet. Per Mausklick oder Antippen setzen Sie nun vor den E-Mails, die Sie löschen möchten, ein Häkchen in das Kästchen. Nun noch ein Klick auf das Löschen-Symbol  und die Nachrichten werden zunächst in den Ordner *Gelöscht* verschoben, den Sie nach einem Klick oder Tipp auf **Mehr** erreichen. Denken Sie daran, auch diesen regelmäßig zu leeren.

In allen drei Fällen – **Antworten**, **Allen Antworten** oder auch **Weiterleiten** – erscheint anschließend das Nachrichtenfenster, das Sie bereits beim Versenden einer Mail kennengelernt haben. Die E-Mail-Adresse ❶ (bei mehreren Empfängern dann entsprechend die E-Mail-Adressen) wurde im Falle eines Antwortschreibens bereits automatisch ergänzt, bei einer Weiterleitung müssen Sie sie noch selbst in das Feld **An** einfügen. Der Titel der E-Mail wird ebenfalls automatisch im Feld **Betreff** übernommen, allerdings jeweils um ein Präfix ergänzt: Bei einem Antwortschreiben finden Sie hier ein **AW**, bei einer Weiterleitung wiederum **WG**. Ihren persönlichen Text der E-Mail ergänzen Sie oberhalb des alten Textes ❷. Mit einem Klick oder Fingertipp auf **Senden** ❸ schicken Sie die Mail ab.

Sie können auf eine E-Mail antworten oder sie an andere weiterleiten.

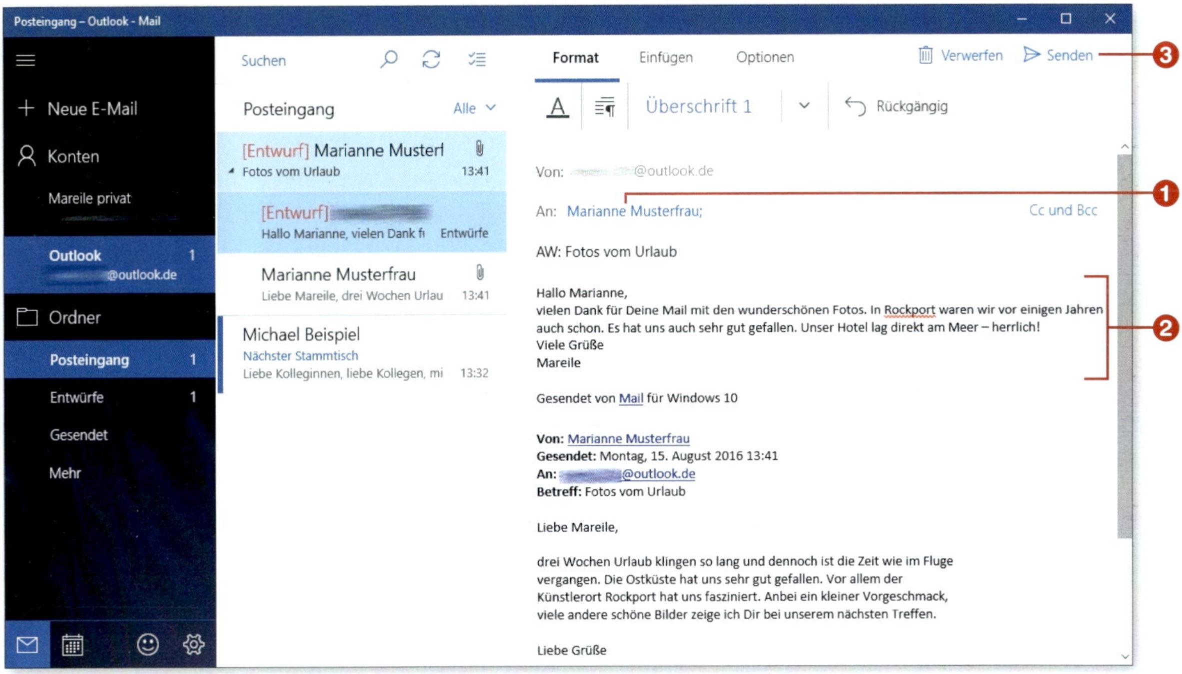

Wie Sie zuvor gesehen haben, ergänzt Windows automatisch in Ihren Nachrichtentexten die Signatur **Gesendet von Mail für Windows 10**. Dabei handelt es sich um eine sogenannte *Signatur*, also um eine digitale Unterschrift für Ihre Mail. Sie können diese Werbung für Windows 10 direkt in der E-Mail löschen, was auf Dauer allerdings etwas nervig sein dürfte. Stattdessen sollten Sie besser eine persönliche Signatur einrichten, die entweder nur eine Grußformel enthalten kann oder beispielsweise auch Ihre Adressdaten wie Postanschrift und Telefonnummer. Diese Signatur wird dann jeweils automatisch unterhalb Ihrer Nachricht eingeblendet. Um in der Mail-App eine eigene Signatur einzurichten, gehen Sie folgendermaßen vor:

1. Wählen Sie in der linken Spalte zunächst das E-Mail-Konto aus, für das Sie eine Signatur erstellen möchten. Der Name dieses Kontos ist anschließend blau markiert ❶. Klicken Sie dann am unteren Ende der Spalte auf das Symbol ❷.

2. In der Spalte, die nun am rechten Bildschirmrand eingeblendet wird, klicken Sie auf **Unterschrift** ❸.

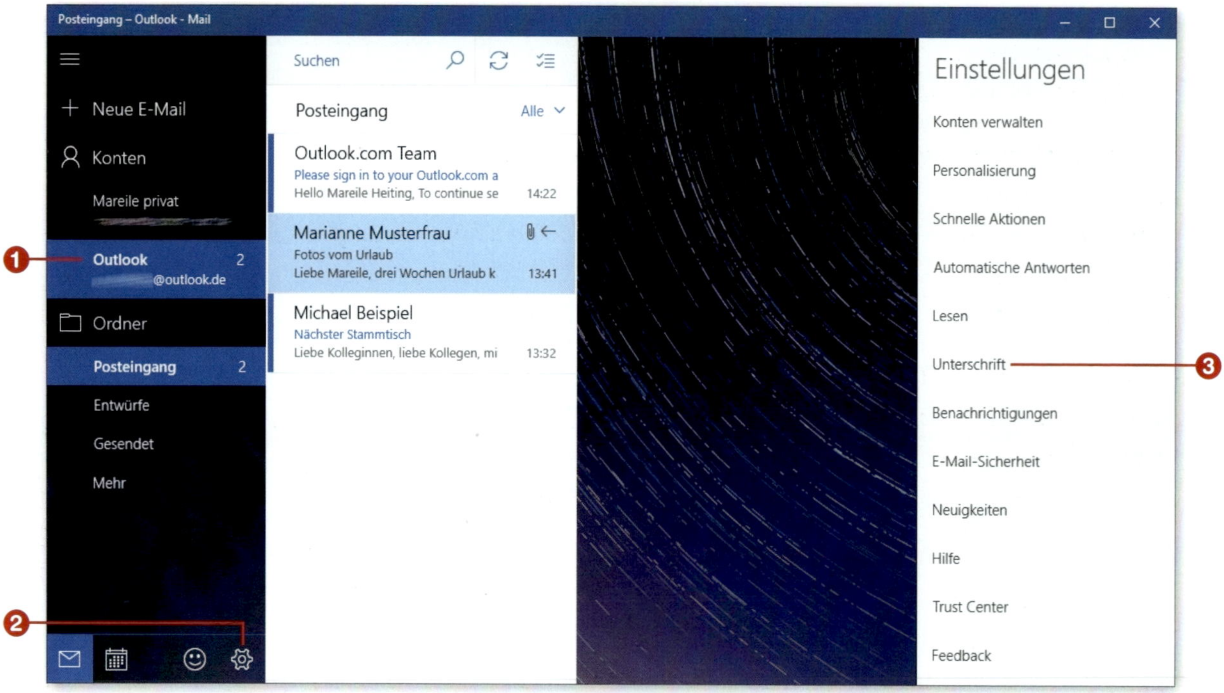

3. Überschreiben Sie im Feld unterhalb von **E-Mail-Signatur verwenden** den Text **Gesendet von Mail mit Windows 10** mit einer Grußformel oder auch Ihren persönlichen Adressdaten ❹.

4. Wenn Sie die Signatur für alle Ihre in der Mail-App eingerichteten E-Mail-Konten verwenden möchten, versehen Sie das Kästchen **Auf alle Konten anwenden** mit einem Häkchen ❺.

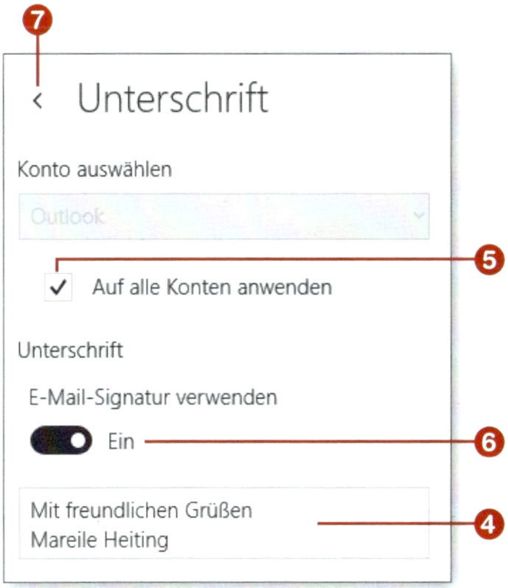

5. Natürlich können Sie auch ganz auf eine Signatur verzichten. In diesem Fall ziehen Sie den Schieberegler unter **E-Mail-Signatur verwenden** nach links auf **Aus** (6).

Wenn Sie möchten, informiert Windows 10 Sie über alle eingegangenen E-Mails. Wie die Benachrichtigung erfolgen soll, legen Sie selbst fest.

1. Ist die rechte Spalte bei Ihnen noch geöffnet, klicken Sie oben links auf das Pfeil-Symbol (7). Falls die Spalte in der Zwischenzeit ausgeblendet wurde, reicht ein Klick auf das Symbol ⚙, und sie wird wieder angezeigt.

2. Sie gelangen wieder zur Liste **Einstellungen**, in der Sie den Eintrag **Benachrichtigungen** auswählen.

3. Befindet sich der Schieberegler unter **Benachrichtigungen im Wartungscenter anzeigen** auf **Ein** (8), wird in der Benachrichtigungsleiste ein kurzer Hinweis eingeblendet. Zur Erinnerung: Die Benachrichtigungsleiste, unter Windows 10 auch *Info-Center* genannt, blenden Sie per Klick oder Tipp auf das Symbol im Infobereich der Taskleiste ein.

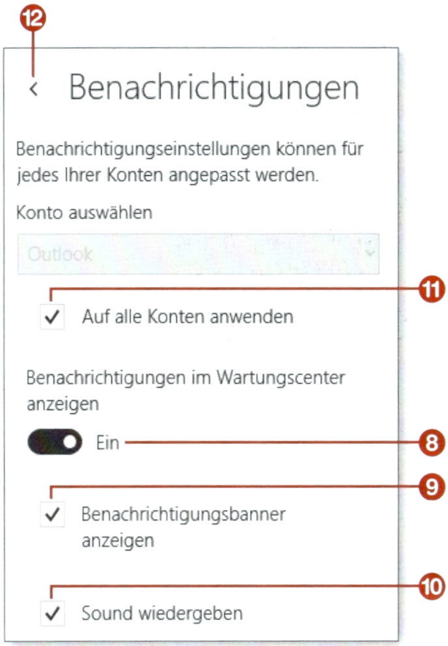

4. Die Hinweise im Info-Center sind leicht zu übersehen. Versehen Sie das Kästchen **Benachrichtigungsbanner anzeigen** (9) mit einem Häkchen, wird zusätzlich ein kurzer Hinweis in der rechten unteren Ecke des Bildschirms eingeblendet.

5. Wenn Sie das Kästchen **Sound wiedergeben** aktivieren (10), weist Sie zusätzlich ein akustisches Signal auf eine eingegangene E-Mail hin.

6. Auch bei den Benachrichtigungen können Sie Ihre Einstellungen wieder auf alle eingerichteten E-Mail-Konten übernehmen, indem Sie das Kästchen **Auf alle Konten anwenden** aktivieren (11).

Viele Werbemails enthalten mittlerweile Bilder. Allerdings werden diese oft nicht direkt in die E-Mail eingefügt, wie Sie es selbst in diesem Abschnitt ausprobieren konnten.

Stattdessen enthalten die E-Mails Verknüpfungen (auch *Links* genannt) zu den eigentlich extern gespeicherten Bildern. Diese Bilder können im schlimmsten Fall infiziert sein. Aus diesem Grund sollten Sie diese Bilder nicht laden. Nur wenn Sie dem Absender wirklich trauen, können Sie nach einem Klick oder Fingertipp auf den angezeigten Link die fehlenden Dateien laden. Um das Laden der externen Inhalte zu verhindern, gehen Sie folgendermaßen vor:

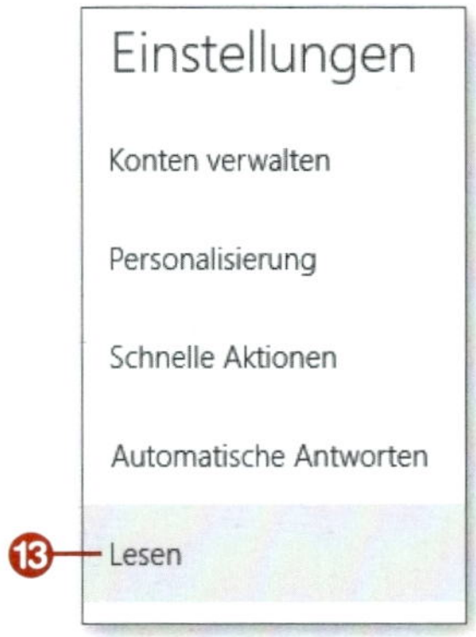

1. Kehren Sie über das Pfeil-Symbol (⓬ auf Seite 211) am oberen linken Rand der rechten Spalte wieder zu den **Einstellungen** zurück.
2. Wählen Sie hier den Eintrag **Lesen** ⓭ aus.
3. Blättern Sie in der rechten Spalte etwas nach unten bis zum Bereich **Externer Inhalt** ⓮.
4. Um die Einstellung gleich in einem Rutsch für alle E-Mail-Konten zu übernehmen, aktivieren Sie wieder das Kästchen **Auf alle Konten anwenden** ⓯.

5. Deaktivieren Sie die Option, indem Sie den Schalter **Externe Bilder und Formate automatisch herunterladen** nach links auf **Aus** ziehen ⓰.

Wie bereits erwähnt, nimmt Windows 10 die Bezeichnung der E-Mail-Konten automatisch vor. Die Namen sind nicht immer sehr eingängig. Als Nächstes werde ich Ihnen zeigen, wie Sie eigene Bezeichnungen für Ihre E-Mail-Konten wählen.

1. Wird die Spalte **Einstellungen** am rechten Rand nicht mehr eingeblendet, klicken oder tippen Sie am unteren Rand der linken Spalte auf das Symbol ⚙.
2. In der Spalte **Einstellungen**, die nun wieder am rechten Fensterrand eingeblendet wird, wählen Sie den Eintrag **Konten verwalten**.
3. Wählen Sie per Mausklick oder Antippen das Konto aus, dessen Namen Sie als Erstes ändern möchten.

4. Im folgenden Dialog zeigt die Mail-App im Feld **Kontoname** den Namen des von Ihnen verwendeten E-Mail-Servers an, etwa **Outlook** oder auch **Live**. Um Ihre unterschiedlichen E-Mail-Konten in der Übersicht besser unterscheiden zu können, überschreiben Sie diesen Namen mit einer aussagekräftigeren Bezeichnung ❶.

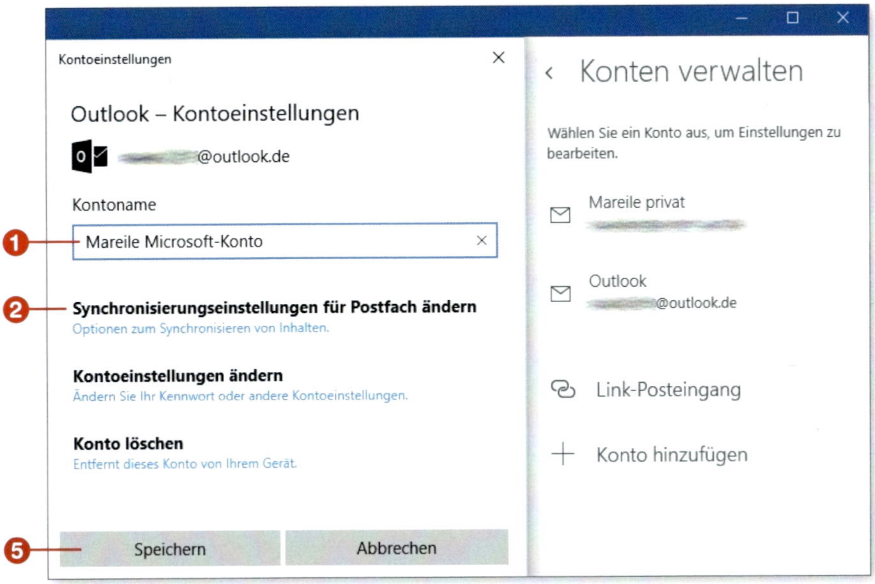

Unter Windows 10 beobachtet die Mail-App sehr genau, wie häufig Sie Ihre E-Mails abrufen. Sollten Sie Ihre Nachrichten nur alle paar Tage lesen, werden die E-Mails entsprechend selten vom E-Mail-Server heruntergeladen. So sieht es zumindest die Voreinstellung **Je nach Nutzung** vor. Selbstverständlich können Sie diese Vorgaben auch ändern.

1. Klicken oder tippen Sie im Dialog **Kontoeinstellungen** auf **Synchronisierungseinstellungen für Postfach ändern** ❷.

2. Nach einem Klick auf den Pfeil rechts vom Feld **Neue Inhalte herunterladen** bzw. **Neue E-Mail herunterladen** (❸ auf Seite 214) wählen Sie aus, wann die Mail-App neue E-Mails herunterladen soll. Die Auswahl reicht hier von **Bei Eintreffen** (also sofort, wenn eine E-Mail eintrifft) bis hin zu **Täglich** (sprich nur einmal am Tag).

3. Wenn Sie die gewünschten Einstellungen vorgenommen haben, schließen Sie die beiden geöffneten Dialoge **Synchronisierungseinstellun-**

gen sowie **Kontoeinstellungen** mit **Fertig** ❹ sowie **Speichern** (❺ in der Abbildung auf Seite 213).

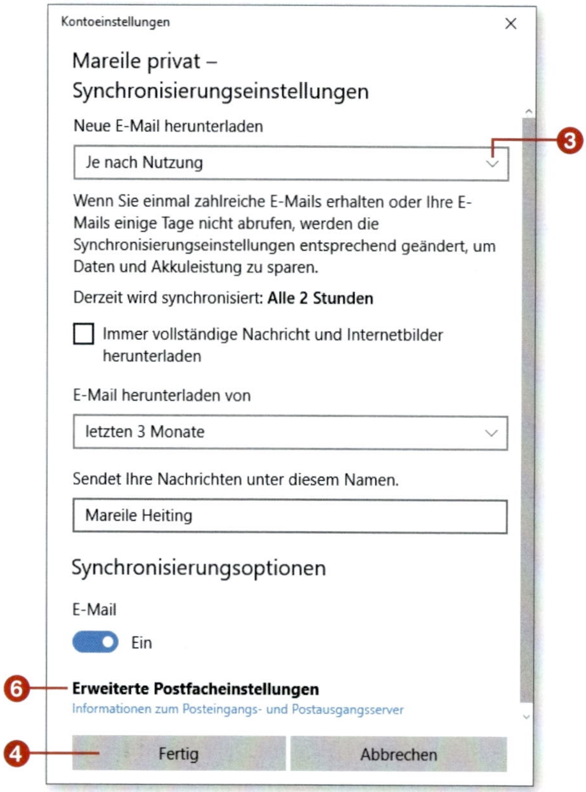

Weitere Kontoeinstellungen vornehmen

Sie benötigen ein E-Mail-Konto nicht mehr und möchten es gerne in der Mail-App löschen? Oder haben Sie das Kennwort des Kontos geändert? Beides lässt sich im Dialog **Kontoeinstellungen** erledigen. Allerdings gilt dies nur für Ihre selbst eingerichteten Konten. Im Falle des Microsoft-Kontos fehlen diese Einstellungen. Bei Ihren selbst eingerichteten Konten können Sie zusätzlich den Posteingangs- und Postausgangsserver selbst festlegen. Die entsprechenden Felder blenden Sie im Dialog **Synchronisierungseinstellungen** nach einem Klick auf **Erweiterte Postfacheinstellungen** ❻ ein.

Damit sind wir am Ende unserer Informationen zur Mail-App angelangt. Im nächsten Abschnitt stelle ich Ihnen die App *Kontakte* vor.

Adressen verwalten mit der Kontakte-App

Name, Straße, Postleitzahl, Ort und Telefonnummer, das waren früher die einzigen Daten, die man sich von Freunden und Familienangehörigen merken musste. Heute sieht das Ganze etwas anders aus. Neben der Postanschrift und Telefonnummer kommen jetzt noch Handynummer und E-Mail-Adresse hinzu, und das alles womöglich auch noch in doppelter Ausführung – privat und beruflich. Hier den Überblick zu bewahren ist gar nicht so einfach. Mein Tipp: Nutzen Sie die *Kontakte*-App als Adressbuch. Einmal erfasste Daten lassen sich anschließend wunderbar in anderen Apps wie etwa der Mail-App verwenden.

Die Kontakte-App erreichen Sie über das Startmenü.

Zum Aufruf der Kontakte-App öffnen Sie das Startmenü und blättern in der Liste aller installierten Anwendungen bis zum Buchstaben K. Mit einem Klick oder Tipp auf **Kontakte** starten Sie die App. Wenn Sie mit Ihrem Microsoft-Konto angemeldet sind, werden Ihre Kontaktdaten automatisch auf allen Geräten, die Sie mit diesem Konto nutzen, synchronisiert. Wie bereits bei der Mail-App wird dieses Konto automatisch beim Start der Kontakte-App hinzugefügt. Sind Sie dagegen aktuell mit einem lokalen Benutzerkonto angemeldet, können Sie nach dem Start der Kontakte-App ein Konto nach einem Klick auf **Konten hinzufügen** ❶ ergänzen.

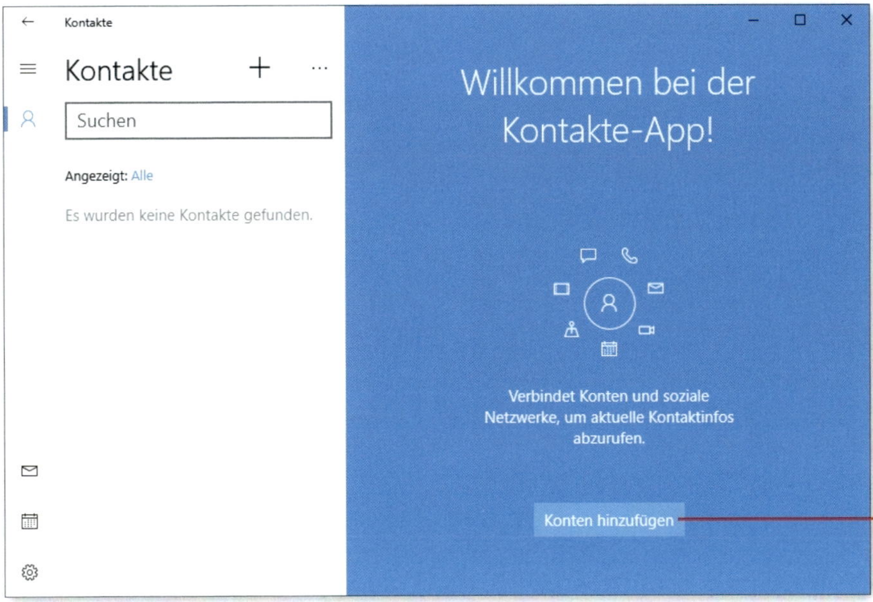

Nach dem Start der App können Sie ein Microsoft-Konto hinzufügen.

Die dann folgenden Schritte kennen Sie bereits vom Einrichten der Mail-App. Da sie identisch sind mit den Schritten 2 bis 5 ab Seite 198, werde ich sie an dieser Stelle nicht nochmals aufführen.

Nach der Anmeldung kann es direkt losgehen mit der Pflege Ihrer Kontaktdaten. Um einen neuen Kontakt in der App zu erfassen, gehen Sie folgendermaßen vor:

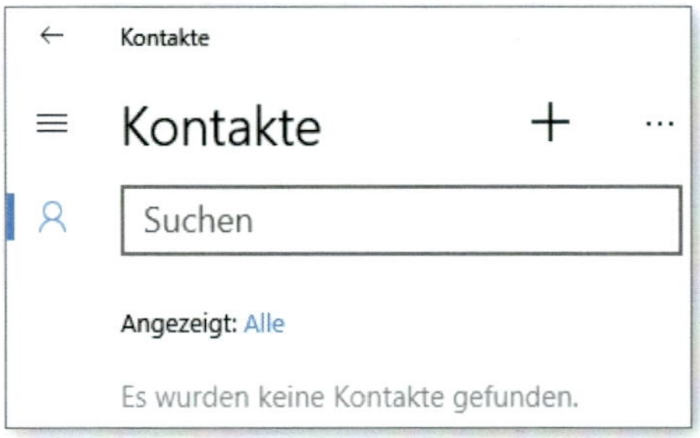

1. Klicken bzw. tippen Sie oben links auf das Plus-Symbol +.

2. Der Dialog **Neuer Kontakt …** wird nun eingeblendet. Nach einem Klick auf das Stift-Symbol rechts vom Feld **Name** ❷ klappt ein weiterer Dialog auf, in dem Sie in den entsprechenden Feldern **Vorname**, **Nachname** oder auch **Spitzname** des ersten Kontakts eintragen. Bestätigen Sie Ihre Eingaben mit **Fertig** ❸.

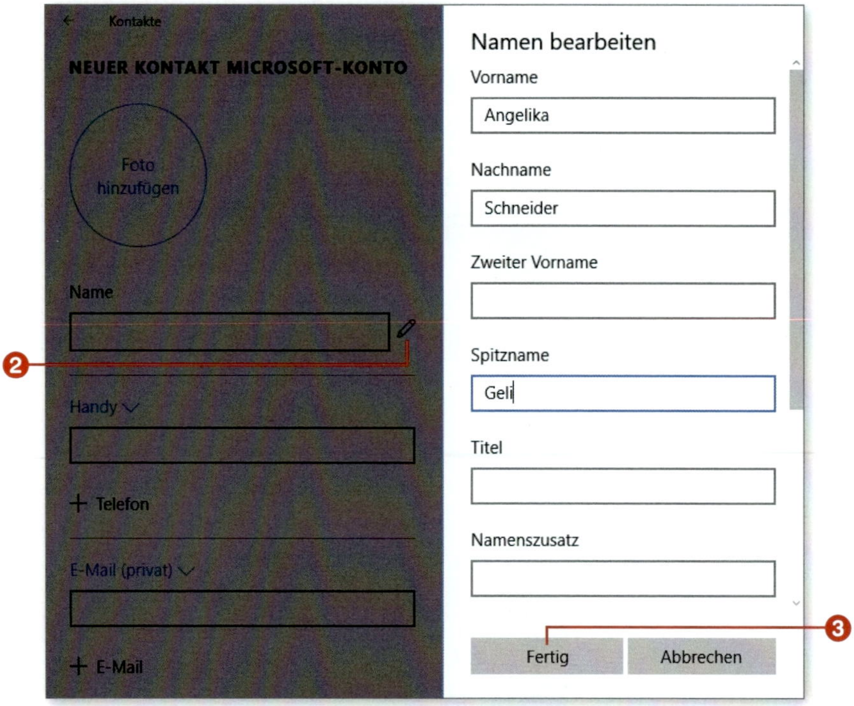

3. Zurück im Dialog **Neuer Kontakt …** ergänzen Sie in den übrigen Feldern die bekannten Kontaktdaten wie Handynummer und E-Mail-Adresse.

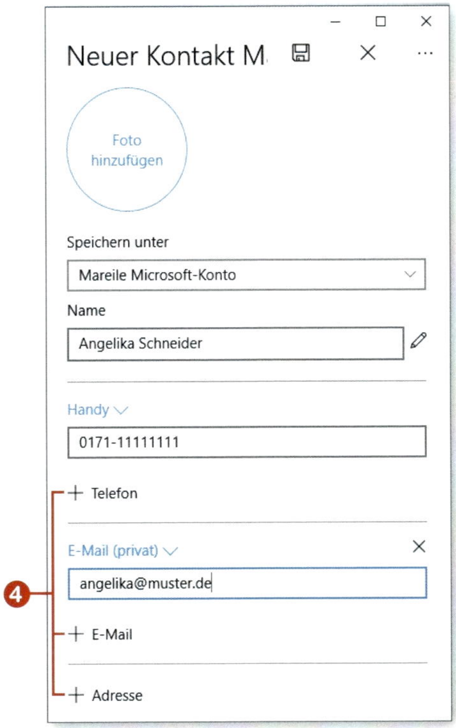

4. Über die Schaltflächen + **4** lassen sich in den angegebenen Kategorien – etwa **E-Mail** oder **Adresse** – weitere Adressfelder einblenden. Ein Klick oder Tipp darauf und es klappt eine entsprechende Liste auf, aus der Sie das gewünschte Element auswählen.

5. Haben Sie alle Adressdaten eingegeben, klicken oder tippen Sie in der oberen rechten Ecke des Dialogs auf das Speichern-Symbol.

6. Ergänzen Sie nun weitere Kontakte, wie in den Schritten 1 bis 5 gezeigt. Die Kontakte werden in der App alphabetisch nach Vornamen sortiert angezeigt.

Kontaktliste nach Nachnamen sortieren

Ihre Kontakte werden in der App alphabetisch nach Vornamen sortiert angezeigt. Wenn Sie eine Sortierung dem Nachnamen nach vorziehen, klicken Sie unten links auf das Symbol. Im Dialog **Einstellungen** aktivieren Sie unter **Kontaktliste sortieren nach** die Option **Nachname**. Über den Pfeil oben links gelangen Sie wieder zur Kontaktliste zurück.

In der Kontakte-App werden die Initialen ❶ der Kontakte angezeigt sowie rechts davon die Namen. Per Mausklick oder Tipp lassen sich die vollständigen Kontaktdaten in der mittleren Fensterhälfte einblenden. Die rechte Spalte **Zeitachse**, in der Sie Informationen über zuletzt ausgetauschte Nachrichten und Anrufe erhalten, wird übrigens nur angezeigt, wenn das Fenster der Kontakte-App groß genug ist.

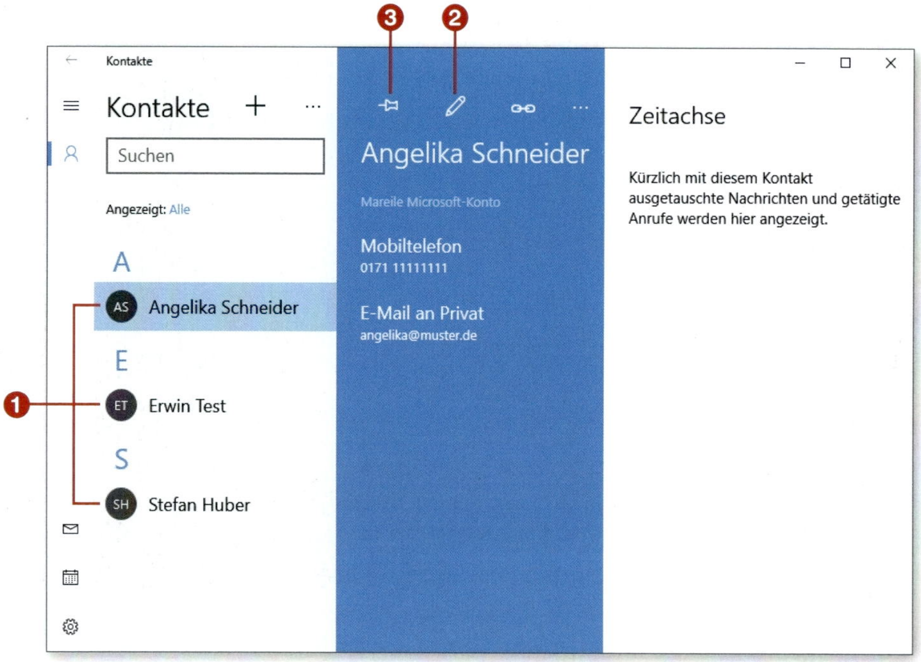

> *Die Adressdaten des links markierten Kontakts werden in der rechten Spalte angezeigt.*

Sollte sich die Adresse oder auch die Telefonnummer einer Person ändern, markieren Sie den entsprechenden Kontakt in der App. In der Symbolleiste, die nun am oberen Rand der mittleren Spalte eingeblendet wird, klicken Sie auf das Stift-Symbol ❷. Nun können Sie die entsprechenden Kontaktdaten korrigieren und mit einem Klick auf 🖫 speichern.

Über das Pinnadel-Symbol ❸ in der Symbolleiste lässt sich ein Kontakt blitzschnell im Startmenü anheften. Dies ist praktisch, wenn Sie häufiger auf die Adressdaten einer Person zugreifen müssen: Einfach das Startmenü per Klick auf das Windows-Logo in der linken unteren Ecke der Taskleiste aufrufen, dann ein Klick auf die Kachel der Person ❹ und schon wird die Kontakte-App mit den Kontaktdaten der Person geöffnet. Wie Sie eine Kachel auf dem Startmenü verschieben oder auch ganz entfernen, haben Sie im Abschnitt »Das Startmenü anpassen« ab Seite 68 erfahren.

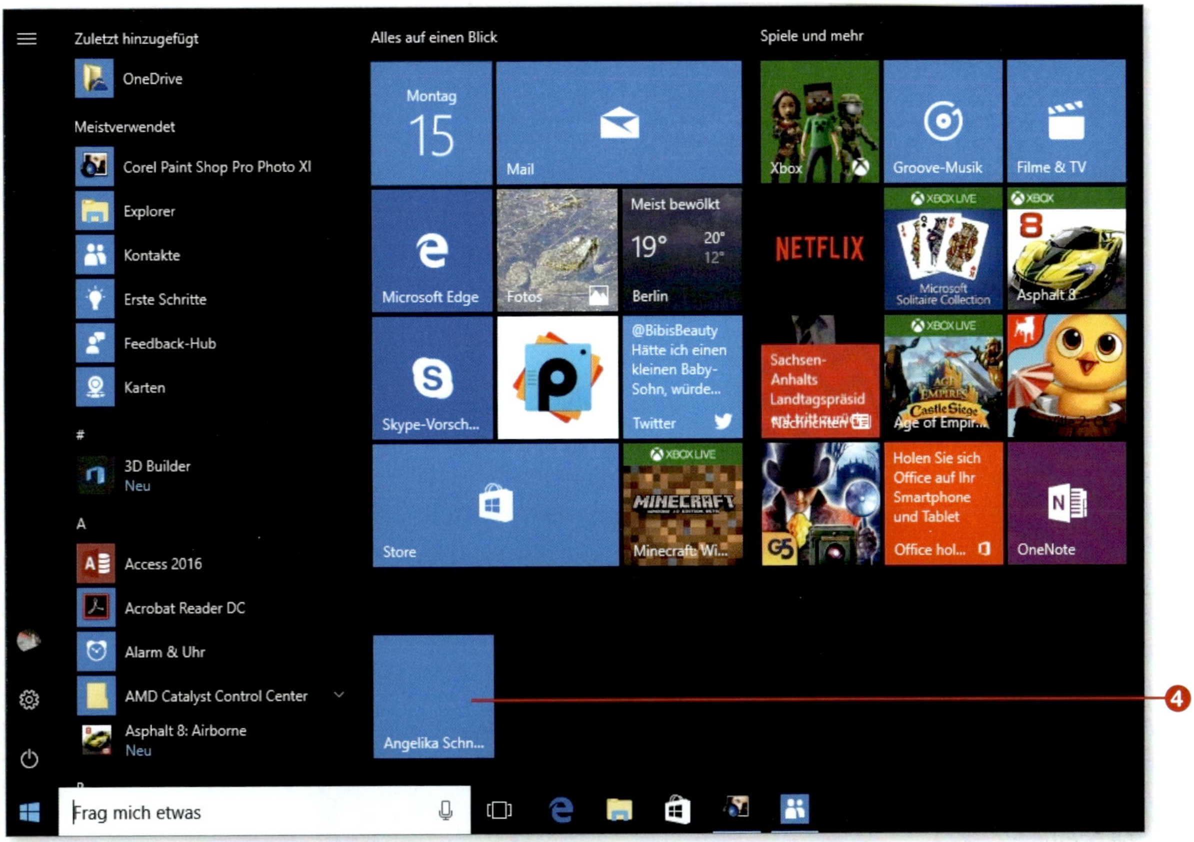

^ *Wichtige Kontakte können Sie an das Startmenü heften.*

+ E-Mail versenden

Angenommen, Sie befinden sich gerade in der Kontakte-App und möchten einem Ihrer Freunde eine E-Mail schicken. Markieren Sie in der Kontaktübersicht einfach den gewünschten Namen, und klicken oder tippen Sie rechts auf **E-Mail an ...** Der Dialog **Wie soll dieses Element geöffnet werden?** erscheint. Markieren Sie hier die App **Mail**, wenn Sie diese App für das Versenden Ihrer E-Mails nutzen. Nach einem Klick auf **OK** müssen Sie gegebenenfalls noch das Konto zum Senden der E-Mail auswählen. Anschließend öffnet sich das bereits aus dem vorangegangenen Abschnitt bekannte Fenster der Mail-App, in dem Sie nur noch den Nachrichtentext ergänzen müssen, bevor Sie die Mail versenden. Beide Fenster – die Kontakte-App und die Mail-App – werden gleichzeitig angezeigt. Wenn Sie die E-Mail verschickt haben, können Sie die Mail-App etwa über die Schließen-Schaltfläche [X] in der Titelleiste schließen.

Termine im Blick mit der Kalender-App

Viele von uns hetzen von einem Termin zum nächsten. Mithilfe der *Kalender*-App behalten Sie alle wichtigen Verabredungen im Auge. Der Aufruf der Kalender-App erfolgt wie üblich über die entsprechende Kachel auf dem Startbildschirm. Sollte diese Kachel bei Ihnen nicht angezeigt werden, rufen Sie die App im Startmenü über die Liste aller installierten Anwendungen auf.

Nach dem ersten Start klicken oder tippen Sie im **Willkommen**-Dialog auf **Anfangen**. Auch bei der Kalender-App ist wieder die Anmeldung mittels eines Kontos erforderlich. Sind Sie mit einem Microsoft-Konto am Computer angemeldet, wird dieses Konto bereits nach dem Start der Kalender-App angezeigt ❶. Wenn Sie dagegen mit einem lokalen Benutzerkonto arbeiten, klicken Sie auf **Konto hinzufügen** ❷. Die weiteren Schritte erfolgen wie für das Einrichten eines E-Mail-Kontos ab Seite 198 in den Schritten 2 bis 5 gezeigt. Haben Sie das Konto ergänzt, können Sie die Kalender-App nach einem Klick auf **Bereit** ❸ nutzen.

> *Ergänzen Sie gegebenenfalls weitere Konten.*

Nach dem Öffnen sehen Sie zunächst die Übersicht über den aktuellen Monat. Wem die tagesaktuelle oder wöchentliche Darstellung lieber ist, der kann die Ansicht schnell umstellen.

Klicken oder tippen Sie hierzu einfach in der oberen Symbolleiste auf die Ansicht, die Ihnen am angenehmsten ist: **Tagesansicht**, **Arbeitswoche**, **Woche** oder **Monat**.

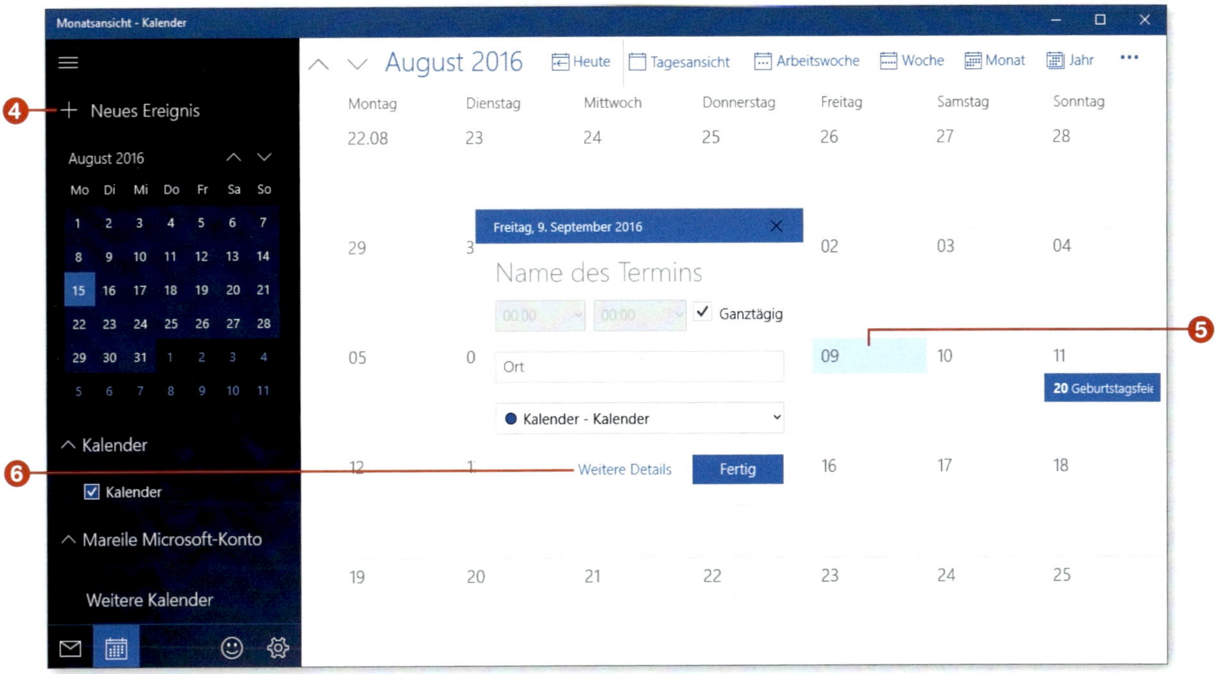

^ *Die Ansicht des Kalenders lässt sich anpassen.*

Um einen neuen Termin im Kalender einzutragen, haben Sie zwei Möglichkeiten:

- Klicken oder tippen Sie in der linken Spalte auf **Neues Ereignis** ❹.
- Klicken oder tippen Sie rechts im Kalender selbst auf das Datum ❺, an dem die Verabredung ansteht.

Wählen Sie den zweiten Weg, öffnet sich eine Art Maske, in der Sie bereits ein paar Angaben zum Termin eintragen können. Bequemer geht es allerdings, indem Sie hier auf **Weitere Details** ❻ klicken oder tippen. Hierdurch gelangen Sie zum Dialog, der auch nach einem Klick auf **Neues Ereignis** angezeigt wird (siehe die folgende Abbildung).

1. In das Feld **Name des Termins** (❶ auf Seite 222) tragen Sie zunächst einen Titel für die Verabredung ein.
2. Wenn Sie möchten, tragen Sie in das Feld **Ort** ❷ den Ort des Geschehens ein.
3. Prüfen Sie, ob in den Feldern **Beginn** und **Ende** ❸ bereits das richtige Datum eingetragen ist. Ist dies nicht der Fall, klicken oder tippen Sie auf

das Kalender-Symbol, das jeweils rechts in den beiden Feldern angezeigt wird. Über die beiden Pfeiltasten rechts vom Monatsnamen, der dann eingeblendet wird, können Sie zum gewünschten Monat blättern. Den Tag markieren Sie einfach durch Anklicken oder Antippen.

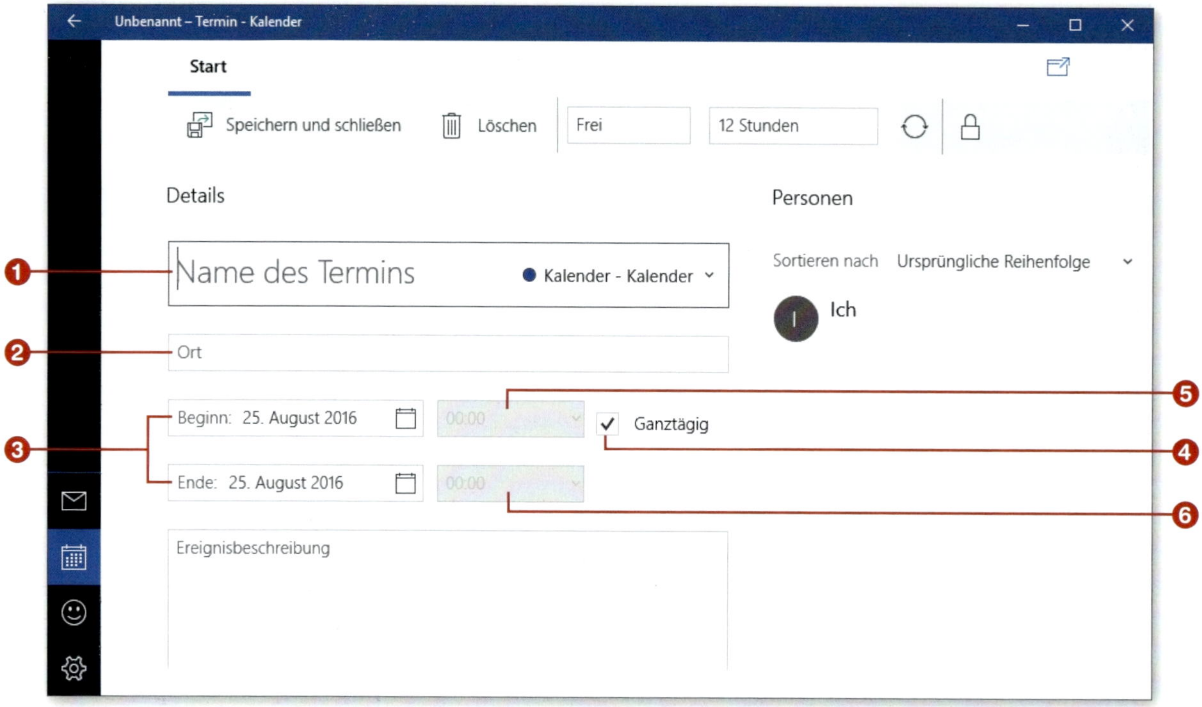

4. Nimmt der Termin nicht den ganzen Tag in Anspruch, entfernen Sie das Häkchen vor **Ganztägig** ❹.

5. Rechts vom Feld **Beginn** ❺ können Sie nun die Uhrzeit festlegen, zu der der Termin beginnt. Im Feld rechts von **Ende** ❻ geben Sie an, wann der Termin voraussichtlich beendet sein wird.

Einen Termin im Kalender einzutragen ist eine Sache, aber dann auch rechtzeitig daran zu denken eine andere. Um etwa eine Verabredung nicht zu vergessen, können Sie sich von der Kalender-App rechtzeitig erinnern lassen.

1. Soll die App rechtzeitig einen Hinweis einblenden, wenn der Termin ansteht? Wenn ja, bestimmen Sie im Feld **Erinnerung** ❼, wann dieser Hinweis erscheinen soll. Voreingestellt sind hier 15 Minuten vor dem Beginn.

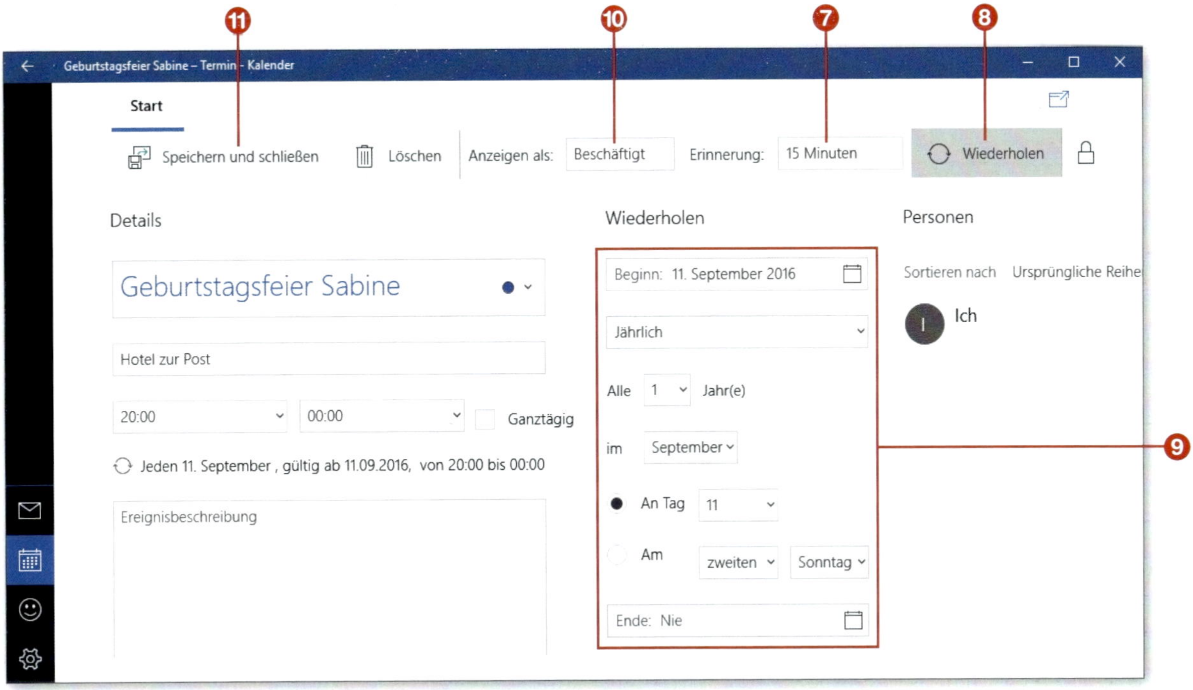

2. Klicken Sie auf die Schaltfläche **Wiederholen** ❽, werden weitere Felder ❾ eingeblendet. Hier können Sie beispielsweise festlegen, ob der Termin täglich oder immer an einem bestimmten Wochentag, etwa jeden Freitag, stattfindet.

3. Vor allem für Berufstätige dürfte das Feld **Anzeigen als** ❿ von Interesse sein, denn hier legen Sie fest, ob Sie zum Zeitpunkt des Termins beschäftigt oder abwesend sind oder einen anderen Status haben. Da Sie Ihre Termine mit Ihren Kontakten austauschen können, ist diese Angabe durchaus interessant.

4. Haben Sie alle wichtigen Angaben ergänzt, übernehmen Sie den Termin mit **Speichern und schließen** ⓫ in Ihren Kalender.

Hat sich eine Verabredung verschoben, klicken oder tippen Sie im Kalender einfach auf den entsprechenden Eintrag und nehmen die Korrekturen vor. Vergessen Sie nicht, die Änderungen mit **Speichern und schließen** zu speichern. Mit einem Klick oder Fingertipp auf **Löschen** können Sie einen Termin auch ganz entfernen.

Um einen Blick in den Kalender zu werfen, reicht übrigens auch ein Klick oder Tipp auf die Uhrzeit im Infobereich der Taskleiste (❶ auf Seite 224)

Denn mit dem Anniversary Update zeigt Windows 10 hier nun auch alle im Kalender eingetragenen Termine an. Existiert für das zuvor im Kalender markierte Datum ❷ ein Termin, wird dieser unterhalb des Kalenders eingeblendet ❸. Wenn Sie einen neuen Termin eintragen möchten, klicken oder tippen Sie auf das Plus-Symbol ❹. Es wird nun automatisch die Kalender-App gestartet, in der Sie alle Daten zur Verabredung erfassen.

> *Termine werden nun auch im Kalender angezeigt, den Sie per Klick auf die Uhrzeit im Infobereich der Taskleiste aufrufen.*

Damit haben Sie die wichtigsten Informationen rund um die Apps Mail, Kontakte und Kalender erhalten. Im nächsten Kapitel lernen Sie den Explorer genauer kennen.

Kapitel 6

Der Explorer – mit Dateien und Ordnern umgehen

Urlaubsbilder und Videos der letzten Familienfeier, Briefe oder auch Musik – auf dem Computer wird mittlerweile fast alles gespeichert. Immer wieder kommen neue Dateien hinzu, nicht mehr benötigte werden gelöscht, und wichtige Daten werden zusätzlich auf externe Festplatten kopiert oder auf CD gebrannt. Das Programm, das für all diese Aktionen die passenden Funktionen bereithält, ist bereits seit vielen Versionen fester Bestandteil von Windows. Die Rede ist vom *Explorer* (in älteren Versionen noch *Windows-Explorer* genannt). Für Windows 10 wurde er kräftig aufpoliert. So erscheinen die Ordner- und Dateisymbole beispielsweise in neuem Gewand. Was sich beim Explorer weiter an Neuerungen ergeben hat und wie Sie mit ihm all Ihre Dateien perfekt organisieren, werde ich Ihnen in diesem Kapitel zeigen.

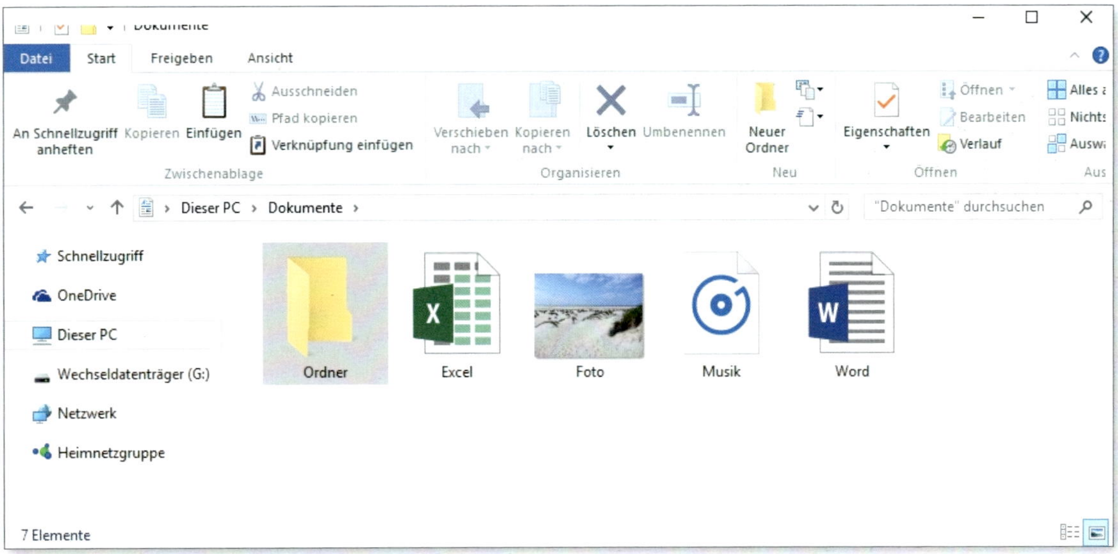

Die Ordner- und Dateisymbole haben einen moderneren Anstrich erhalten.

Erste Schritte mit dem Explorer

Für den Aufruf des Explorers stehen Ihnen mehrere Möglichkeiten zur Verfügung:

- Arbeiten Sie mit einem Desktop-PC oder Notebook, finden Sie auf der Desktop-Oberfläche in der Taskleiste am unteren Bildschirmrand das Symbol des Explorers. Ein Klick oder Tipp darauf und das Programmfenster wird geöffnet.

- Unabhängig vom verwendeten Gerät lässt sich der Explorer auch über das Startmenü aufrufen, das nach einem Klick oder Tippen auf das Windows-Logo aufklappt. Klicken oder tippen Sie auf das Symbol des **Explorers**.

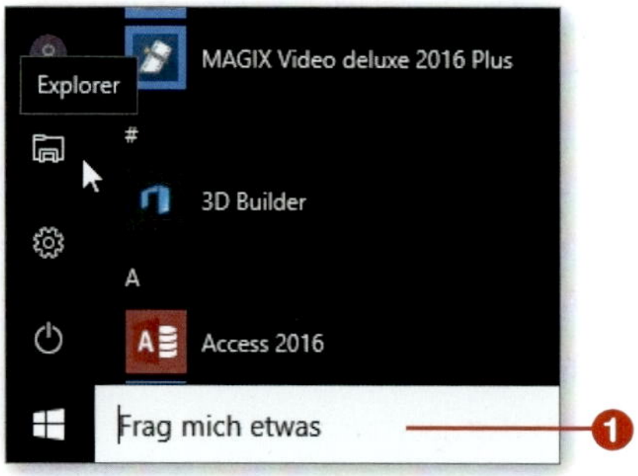

- Statt den Weg über das Startmenü zu wählen, können Sie auch die Suchfunktion von Windows 10 nutzen. Diese Variante bietet sich vor allem für Tablet-Nutzer an. Klicken oder tippen Sie in der Taskleiste in das Suchfeld ❶. Arbeiten Sie mit einem Tablet, müssen Sie zuvor auf das Symbol tippen und einmal in das nun sichtbare Suchfeld. Erst dann klappt die virtuelle Tastatur auf. Geben Sie in das Suchfeld »Explorer« ein. Wird das gewünschte Ergebnis **Explorer Desktop-App** angezeigt, reicht ein Mausklick oder Antippen ❷, um den Explorer zu starten.
- Die schnellste Möglichkeit zum Schluss: Einmal die Tastenkombination [Win] + [E] gedrückt und schon öffnet Windows 10 automatisch den Explorer.

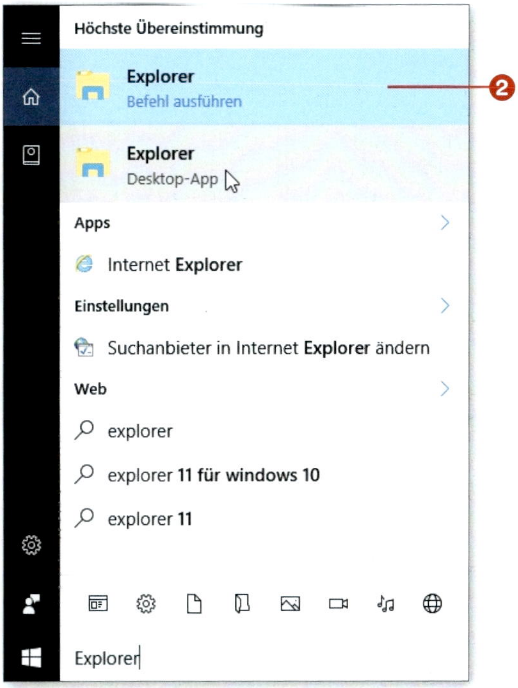

Sie sehen, viele Wege führen zum Explorer – und dabei habe ich noch nicht mal alle erwähnt. Wie sich Ihnen das Programm anschließend präsentiert, ist abhängig davon, wie Sie es aufgerufen haben. Der grundsätzliche Aufbau, den ich im Folgenden kurz vorstellen werde, ist aber in allen Fällen identisch.

Die Abbildung auf Seite 228 zeigt den Explorer direkt nach dem Start über das Ordnersymbol  in der Taskleiste des Desktops bzw. über den Eintrag **Explorer** im Startmenü. Am oberen Rand des Programmfensters befindet sich die *Titelleiste* (3 auf Seite 228). Sie trägt den Namen des Ordners bzw. der Bibliothek (siehe auch den Kasten »Bibliotheken kurz vorgestellt«), die im *Navigationsbereich* 4 am linken Fensterrand markiert ist – im Falle des **Schnellzugriffs** lautet der Titel *Explorer*. Dieser mit Windows 10 neu hinzugekommene Schnellzugriff zeigt die häufig verwendeten Ordner und zuletzt genutzten Dateien. Sie werden ihn im Verlauf des Kapitels noch näher kennenlernen.

Bibliotheken kurz vorgestellt

Das Prinzip der Bibliotheken wurde bereits unter Windows 7 neu eingeführt. Mit ihrer Hilfe lassen sich Dateien und Ordner thematisch zusammenfassen. Der Clou daran: Die Daten müssen sich nicht am gleichen Speicherort befinden, sondern können über diverse Festplatten o.Ä. verteilt sein. Im Gegensatz zu früheren Windows-Versionen werden die Bibliotheken nach dem ersten Start des Explorers nicht mehr angezeigt. Wie Sie dies ändern und mit den Bibliotheken sinnvoll arbeiten, werden Sie innerhalb dieses Kapitels noch ausführlich erfahren.

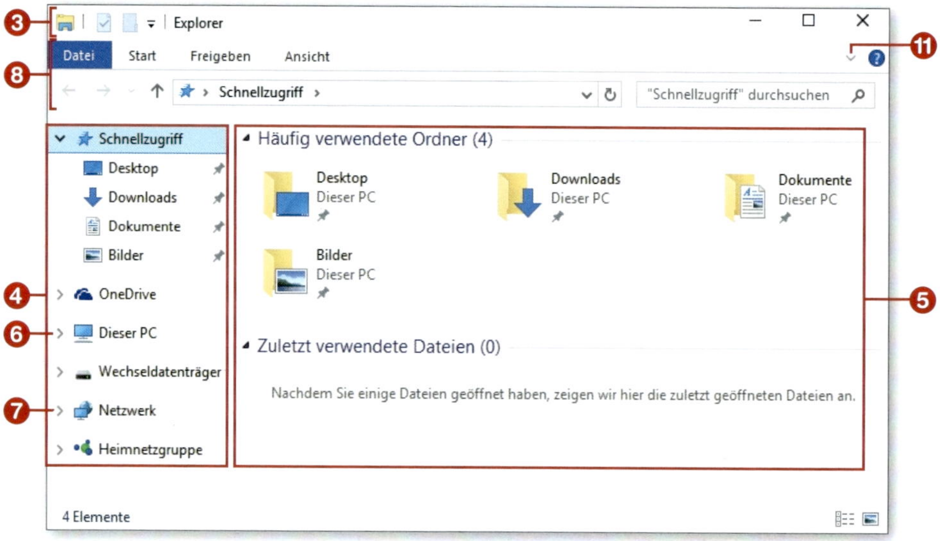

> Übersicht über den Explorer direkt nach dem Programmaufruf

Über den Navigationsbereich öffnen Sie die gewünschten Ordner, Bibliotheken oder auch Datenträger, wie Sie später noch sehen werden. Rechts neben dem Navigationsbereich befindet sich der *Inhaltsbereich* ❺, in dem der Inhalt des links markierten Elements eingeblendet wird. In unserem Beispiel handelt es sich dabei um den Inhalt des **Schnellzugriff**-Bereichs.

Klicken oder tippen Sie im Navigationsbereich links auf **Dieser PC** ❻, erhalten Sie eine Übersicht über alle auf Ihrem Computer verfügbaren *Laufwerke*. Dabei handelt es sich um Festplatten, CD-/DVD-Laufwerke, USB-Sticks etc. (USB-Sticks sind kleine Speichermedien, die über die USB-Schnittstelle mit dem Computer verbunden werden). Auch über das **Netzwerk** ❼ verfügbare Geräte werden eingeblendet. Diejenigen, die bereits mit einer älteren Windows-Version gearbeitet haben, kennen den Ordner *Dieser PC* noch unter der Bezeichnung *Computer*.

Mithilfe des Explorers lassen sich Dateien ordnen, umbenennen, kopieren, verschieben, löschen etc. Die hierfür nötigen Funktionen sind in einem sogenannten *Menüband* ❽ versteckt, das sich direkt unterhalb der Titelleiste befindet. Wenn Sie zuvor den Ordner **Dieser PC** markiert haben, sehen Sie am linken Rand des Menübands die drei *Registerreiter* **Datei**, **Computer** und **Ansicht** (siehe die Abbildung auf Seite 229). Wenn Sie zuvor einen anderen Ordner im Navigationsbereich ausgewählt haben, können hier auch andere Reiter erscheinen (siehe die Abbildung oben).

Dynamischer Explorer

Der Platz auf einem Bildschirm und damit auch im Programmfenster ist begrenzt. Der Explorer bietet eine so große Funktionsvielfalt, dass nicht alle Befehle zeitgleich eingeblendet werden können. Die Registerreiter werden daher kontextabhängig angezeigt. Es erscheinen also nur die Befehle, die für das gerade markierte Element von Bedeutung sind. Beispiele hierfür lernen Sie im Verlauf dieses Kapitels kennen.

Klicken oder tippen Sie auf einen der Reiter, wird das Menüband nach unten erweitert, und die Registerkarte wird mit all ihren Funktionen eingeblendet ❾. In der Abbildung sehen Sie das Register **Ansicht** ❿. (Mit Ausnahme des blauen Registers **Datei** ist das gerade aktive Register übrigens immer an der leicht grauen Hintergrundfarbe erkennbar.)

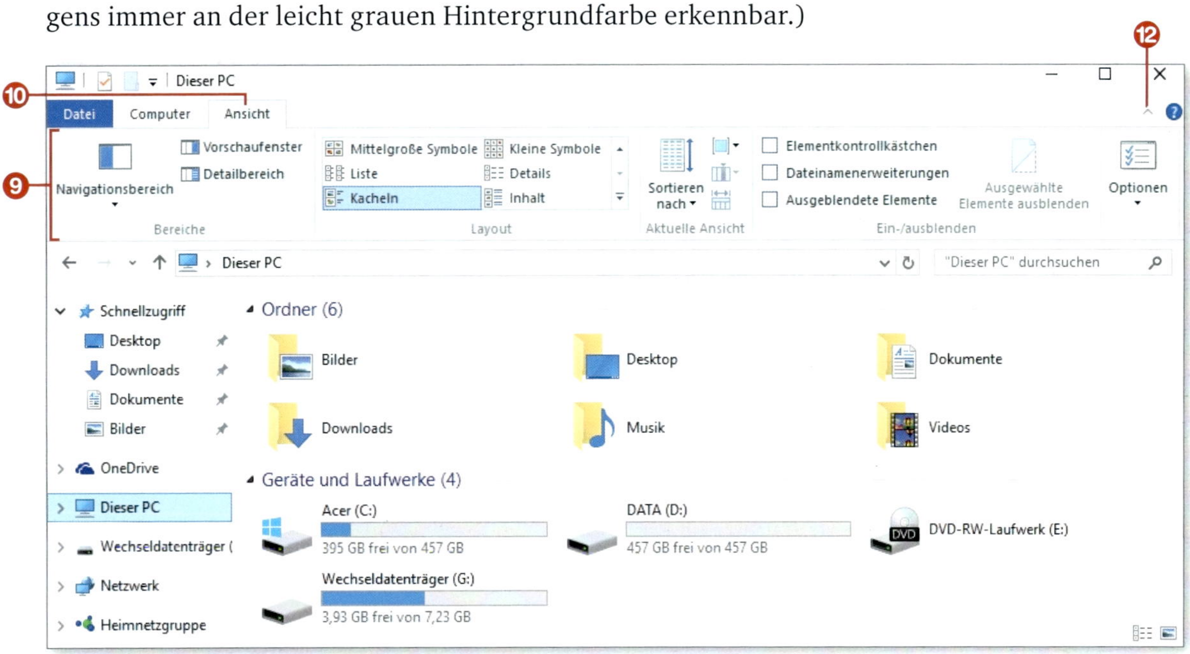

Nach einem Klick oder Tipp auf einen Registerreiter wird die dazugehörige Registerkarte aufgeklappt.

Sobald Sie in einen Bereich außerhalb der Registerkarte klicken oder tippen, verschwindet die Registerkarte wieder; nur die Registerreiter oberhalb bleiben bestehen. Das wirkt zwar aufgeräumt, ist aber gerade anfangs, wenn man mit dem Explorer noch nicht so vertraut ist, eher unpraktisch. Hinzu kommt, dass das Menüband leider den oberen Rand des Navigations- und Inhaltsbereichs überdeckt. Damit das Menüband immer sichtbar bleibt, ohne wichtige Elemente zu überlagern, klicken oder tippen Sie am rechten Rand des Menübands auf den kleinen nach unten weisenden Pfeil (⓫ in der Abbildung auf Seite 228). Möchten Sie das Menüband später wieder ausblenden, reicht ein erneuter Klick bzw. Tipp auf den nun nach oben weisenden Pfeil (⓬ auf Seite 229).

Jede Registerkarte ist in Gruppen aufgeteilt. Im Register **Ansicht**, in das Sie per Klick oder Tipp auf den gleichnamigen Reiter wechseln, finden Sie beispielsweise die Gruppen **Bereiche**, **Layout**, **Aktuelle Ansicht** und **Ein-/ausblenden**. Jede Gruppe enthält wiederum diverse Befehle in Form von Symbolen und teilweise auch Beschriftungen.

Was im Einzelnen angezeigt wird, hängt von der Größe des Programmfensters und vom zur Verfügung stehenden Platz ab. Ist das Fenster groß genug, sind alle Symbole inklusive Beschriftung zu sehen. Bei kleineren Fenstern verzichtet der Explorer zunächst auf die Anzeige der Beschriftungen; reduzieren Sie das Fenster noch weiter, beschränkt sich die Anzeige sogar nur noch auf die Gruppenbezeichnungen.

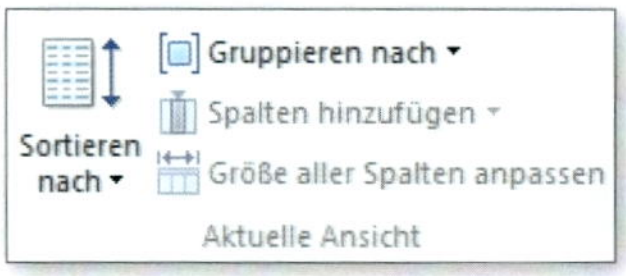

Die gleichen Befehle mit Beschriftung

Eine auf die Symbole reduzierte Gruppe

Die Größe des Programmfensters verändern

Wenn Sie noch nicht so vertraut im Umgang mit dem Explorer sind, sollten Sie sich das Programmfenster in voller Bildschirmgröße anzeigen lassen. Den hierfür nötigen Befehl **Maximieren** finden Sie am rechten Rand der Titelleiste. Ein erneuter Klick oder Tipp auf das mittlere Symbol verkleinert das Programmfenster wieder. Mit **Minimieren**, dem linken der drei Symbole, wird das Programmfenster ganz ausgeblendet. Um es wieder einzublenden, klicken oder tippen Sie in der Taskleiste auf das Symbol des Explorers. Möchten Sie den Explorer beenden, klicken oder tippen Sie auf das Schließen-Symbol.

Welche Registerkarten im Menüband angezeigt werden, hängt, wie gesagt, von dem Element ab, das Sie zuvor im Navigationsbereich markiert haben. Der Navigationsbereich zeigt sich anfangs noch sehr aufgeräumt. Abgesehen von den Bereichen **Schnellzugriff**, **OneDrive**, **Dieser PC**, **Netzwerk** und **Heimnetzgruppe** ist in der Standardeinstellung nichts zu sehen. Bewegen Sie den Mauszeiger in den Navigationsbereich, werden jeweils links neben den Elementen kleine nach unten offene Dreiecke eingeblendet. Mit einem Klick auf eines dieser Symbole blenden Sie die Unterordner des jeweiligen Elements ein. Wenn Sie einen Touchscreen nutzen, tippen Sie jeweils direkt links neben eines der Elemente, damit die Unterordner angezeigt werden. Ein erneuter Klick oder Tipp auf das Dreieck lässt die Unterordner wieder verschwinden.

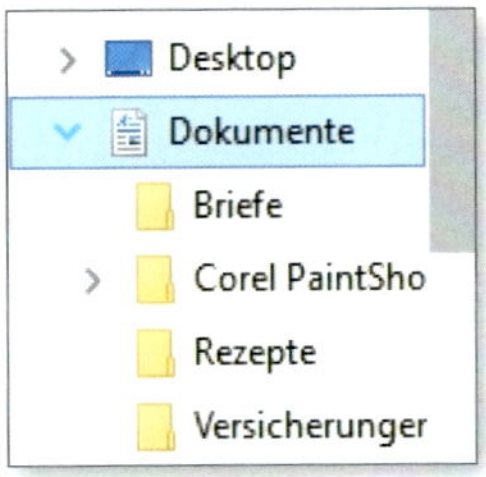

Über die kleinen Dreiecke blenden Sie die Unterordner ein und wieder aus.

Klicken oder tippen Sie im Navigationsbereich auf einen Ordner, wird dessen Inhalt rechts im Inhaltsbereich eingeblendet. Auf diese Art und Weise können Sie sich von Ordner zu Ordner hangeln, bis Sie bei der gewünschten Datei angelangt sind.

Dateien direkt aus dem Explorer heraus öffnen

Doppelklicken Sie im Explorer auf eine Datei, öffnet sich automatisch das der Datei zugeordnete Programm. Handelt es sich bei der Datei etwa um einen mit Microsoft *Word* verfassten Brief, wird also entsprechend direkt aus dem Explorer heraus Microsoft Word gestartet. Im Falle eines Fotos startet automatisch die *Fotos*-App. Wie Sie selbst festlegen, welches Programm für welchen Dateityp gewählt wird, erfahren Sie im Kasten »Ein Standard-Fotoprogramm auswählen« auf Seite 298.

Eine ähnliche Navigation wie der Navigationsbereich ermöglicht auch das *Adressfeld* ❶, das sich unterhalb des Menübands befindet. Auch hier finden Sie wieder die kleinen Dreiecke. Mit einem Klick oder Tipp auf das Dreieck rechts neben einem Ordnernamen blenden Sie dessen Unterordner ein. Klicken oder tippen Sie dagegen auf das Dreieck links neben einem Ordnernamen, klappt eine Liste mit den übergeordneten Verzeichnissen auf.

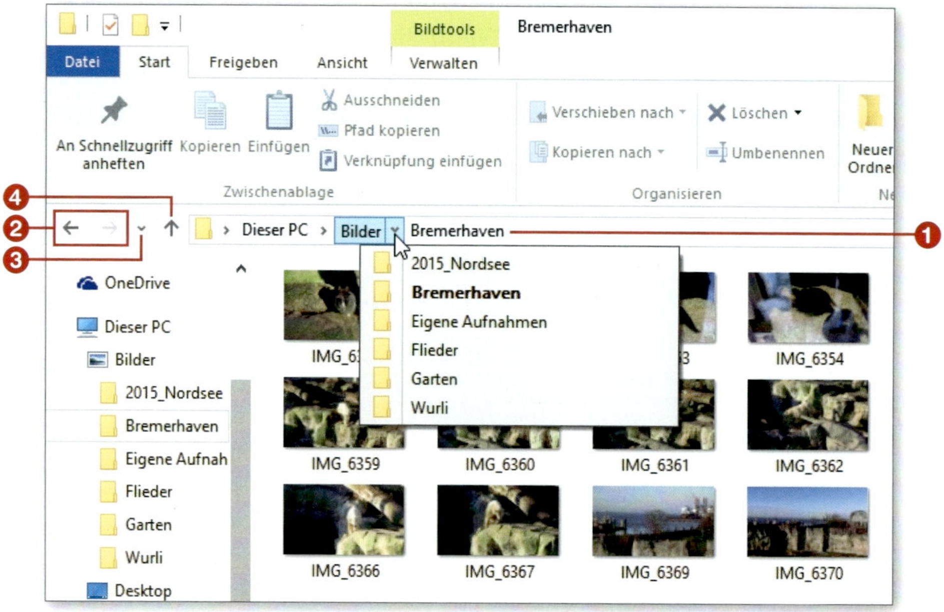

^ *Auch das Adressfeld lässt sich zum Navigieren in den Ordnern nutzen.*

Die beiden Pfeiltasten [←] und [→] links neben dem Adressfeld ❷ ermöglichen den schnellen Wechsel zwischen zuvor aufgerufenen Ordnern. Klicken oder tippen Sie auf den kleinen nach unten weisenden Pfeil [⌄] ❸, klappt eine Liste mit den zuletzt besuchten Verzeichnissen auf. Über das Symbol [↑] ❹ gelangen Sie wieder zum übergeordneten Ordner.

Wer direkt von Windows XP oder einer älteren Windows-Version auf Windows 10 umgestiegen ist, wird im Navigationsbereich Elemente wie den *Papierkorb*, die *Bibliotheken* oder die *Systemsteuerung* vermissen. Wie Sie diese einblenden und den Explorer individuell anpassen, zeige ich Ihnen im folgenden Abschnitt.

Klassische Pfadangaben einblenden

Wenn Sie in den weißen Bereich im Adressfeld klicken oder tippen, sieht die Pfadangabe plötzlich anders aus. Die Dreiecke sind verschwunden, stattdessen erscheint eine Angabe wie *C:\Users\Mareile\Pictures\2011_Paris*. Dabei handelt es sich um die exakte Angabe des Speicherortes, unter dem der im Navigationsbereich markierte Ordner auf Ihrem Computer zu finden ist. *C:* ist beispielsweise die Bezeichnung der Festplatte des Computers, *Users* steht für Benutzer. Um welchen Benutzer es sich genau handelt, erfahren Sie anschließend (hier: *Mareile*). *Pictures* ist der Ordner *Bilder*, in dem beispielsweise die Fotos abgelegt werden, die Sie von Ihrer Digitalkamera auf den PC überspielen. *2011_Paris* ist der Name eines selbst angelegten Ordners.

Diese Darstellung wird Ihnen auch häufig bei der Installation eines Programms begegnen, wenn es gilt, den Speicherort für die Programmdateien auszuwählen. Um im Explorer wieder zur ursprünglichen Pfadanzeige zu gelangen, klicken oder tippen Sie einmal in den Inhaltsbereich des Programmfensters.

< *Die Pfadangabe kennzeichnet den Speicherort des Ordners »2011_Paris«.*

Den Explorer individuell anpassen

Im Explorer wird die Anzeige auf das Allernotwendigste beschränkt – das ist schon seit Windows 7 der Fall. Der Navigationsbereich wirkt deshalb anfangs auch ausgesprochen aufgeräumt. Beliebte Elemente wie etwa der Papierkorb, die Bibliotheken oder auch die Systemsteuerung fehlen ganz. Um auch diese einzublenden, gehen Sie folgendermaßen vor:

1. Klicken oder tippen Sie im Menüband auf den Registerreiter **Ansicht** (❶ auf Seite 234), um in das gleichnamige Register zu wechseln.

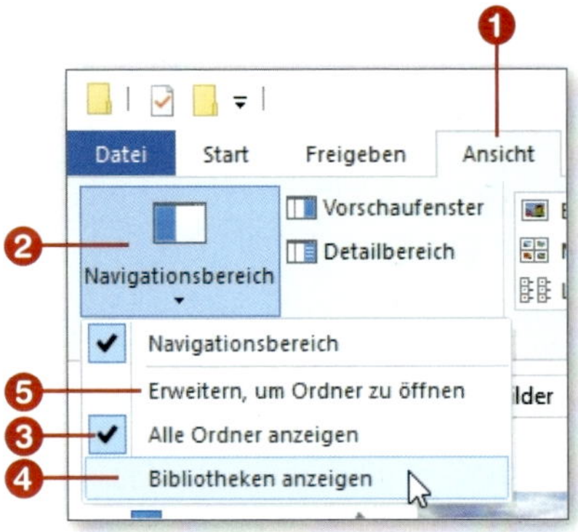

2. Ganz links finden Sie die Gruppe **Bereiche**. Klicken oder tippen Sie hier auf die Schaltfläche **Navigationsbereich** ❷.

3. In der aufklappenden Liste ist der Eintrag **Navigationsbereich** bereits mit einem Häkchen versehen – ein Zeichen dafür, dass dieses Element auch im Programmfenster des Explorers angezeigt wird. Aktivieren Sie per Mausklick oder durch Antippen die Option **Alle Ordner anzeigen** ❸.

4. Wiederholen Sie Schritt 2, und wählen Sie auch die Option **Bibliotheken anzeigen** ❹ aus.

Nun sind auch der Papierkorb, die Bibliotheken und die Systemsteuerung wieder über den Explorer erreichbar.

Um in einen Ordner zu wechseln, nutzen Sie, wie im vorherigen Abschnitt beschrieben, entweder den Navigationsbereich oder das Adressfeld. Sobald ein Ordner im Inhaltsbereich eingeblendet wird, können Sie ihn hier auch per Doppelklick oder durch doppeltes Antippen öffnen. In diesem Fall passt Windows 10 jedoch leider den Navigationsbereich nicht entsprechend an. Der aktuelle Pfad lässt sich damit nur über das Adressfeld feststellen.

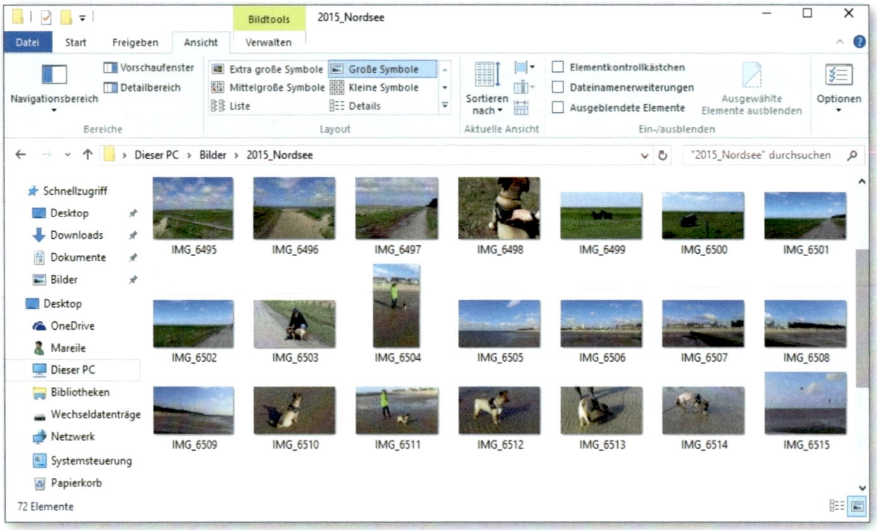

> *Dass der Ordner »2015_Nordsee« geöffnet ist, ist nur über das Adressfeld zu erkennen.*

Damit der ausgewählte Ordner auch im Navigationsbereich angezeigt wird, klicken oder tippen Sie erneut auf die Schaltfläche **Navigations-**

bereich auf der Registerkarte **Ansicht**. Aktivieren Sie schließlich in der aufklappenden Liste den Eintrag **Erweitern, um Ordner zu öffnen** (❺ auf Seite 234). Sofort wird der Navigationsbereich erweitert, und die zuvor ausgeblendeten Ordner werden angezeigt.

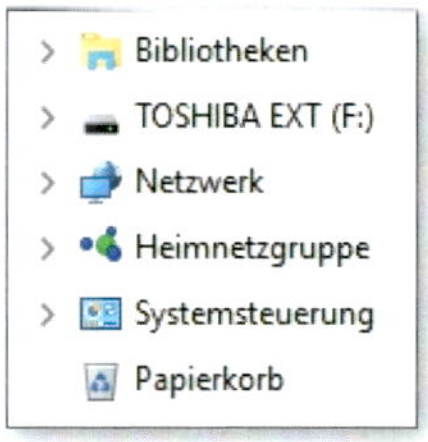

∧ Nun sind auch die zuvor ausgeblendeten Ordner im Navigationsbereich sichtbar.

Nicht nur die Ansicht des Navigationsbereichs lässt sich verändern. Sie können auch bestimmen, wie die Elemente im Inhaltsbereich dargestellt werden sollen. Gehen Sie dazu wie folgt vor:

1. Wechseln Sie, falls noch nicht geschehen, in das Register **Ansicht** ❻. (Das gerade aktive Register erkennen Sie an der hellgrauen Farbe.)

2. Im Bereich **Layout** stehen Ihnen acht verschiedene Ansichten zur Auswahl. Können aus Platzgründen nicht alle gleichzeitig angezeigt werden, klicken oder tippen Sie auf das Symbol **Mehr** ⊽. Daraufhin klappt eine Palette mit allen Schaltflächen auf.

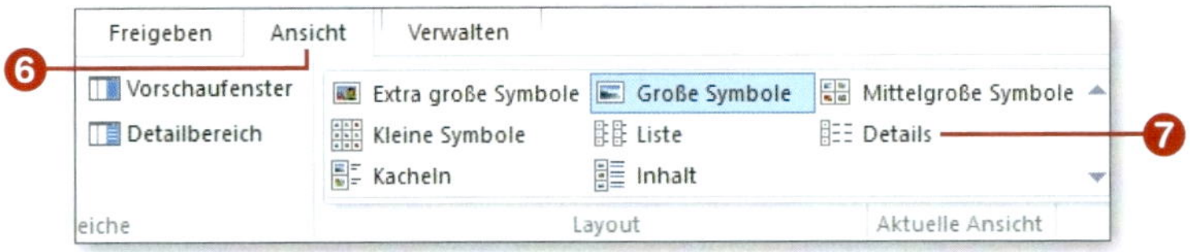

3. Wählen Sie per Mausklick oder durch Antippen eine der acht Ansichten aus. Die in unterschiedlichen Größen verfügbaren Symbole sind vor allem im Zusammenhang mit Fotos interessant, da in diesem Fall im Inhaltsbereich jeweils eine Miniaturansicht des Bildes erscheint. Wählen Sie dagegen die Ansicht **Details** ❼, werden neben dem Dateinamen interessante Informationen wie das Erstellungsdatum und die Dateigröße eingeblendet. (In den beiden folgenden Abbildungen sehen Sie z. B. links die Einstellung **Große Symbole** und rechts die Einstellung **Details**.)

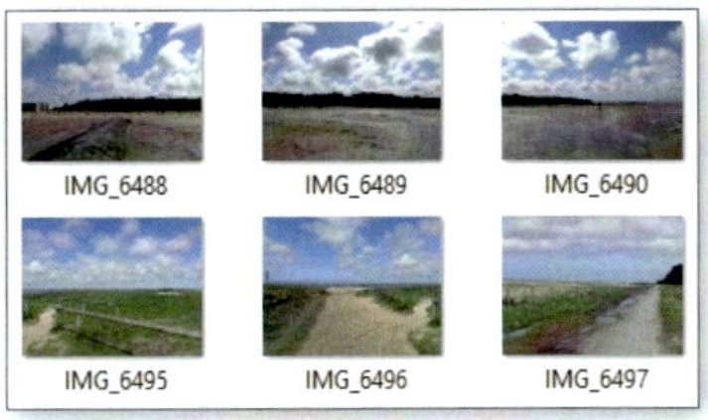

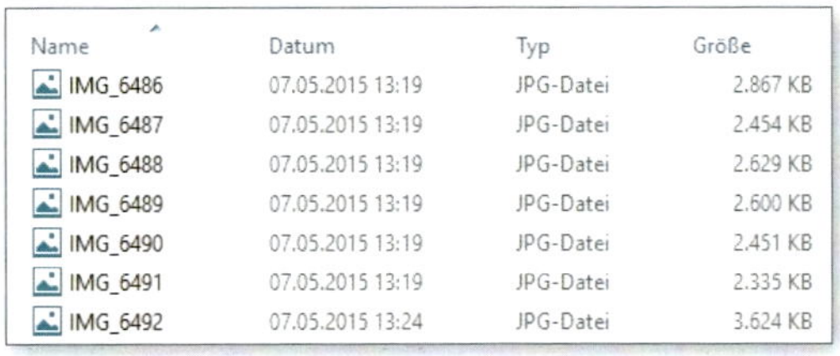

In der Detailansicht werden die verschiedenen Informationen spaltenweise angezeigt. Das ist besonders praktisch, wenn Sie die Dateien (z. B.

Fotos im Ordner **Bilder**) schnell sortieren möchten. Klicken oder tippen Sie beispielsweise auf die Spaltenüberschrift **Datum**, werden die Dateien nach dem Aufnahmedatum sortiert. Die Sortierreihenfolge – die jüngsten oder umgekehrt die ältesten Dateien zuerst – kehren Sie durch einen erneuten Klick bzw. Fingertipp auf **Datum** um. Wenn Sie im Register **Ansicht** in der Gruppe **Aktuelle Ansicht** auf die Schaltfläche **Sortieren nach** klicken, werden weitere Sortierkriterien eingeblendet.

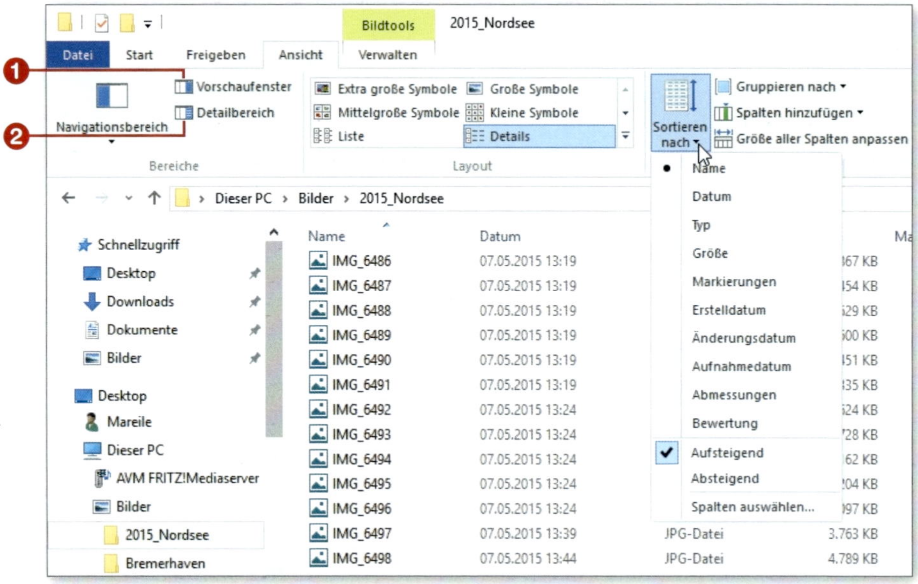

> *Über die Schaltfläche »Sortieren nach« können Sie weitere Sortierkriterien einblenden.*

Das Vorschaufenster und der Detailbereich

Beim Speichern von Dateien sollten Sie immer auf aussagekräftige Dateinamen achten. Was sich hinter *Brief_10* versteckt, wird Ihnen vielleicht nach wenigen Tagen noch klar sein, doch ob Sie sich auch noch nach zwei Monaten daran erinnern, ist fraglich. Sollten Sie doch einmal einen unglücklichen Dateinamen gewählt haben, finden Sie im Register **Ansicht** eine interessante Funktion: **Vorschaufenster** ❶. Nach einem Klick oder Tipp darauf wird am rechten Fensterrand der Inhalt der zuvor markierten Datei angezeigt. Handelt es sich bei der Datei um ein Foto, ist die Alternative **Detailbereich** ❷ interessant: In diesem Fall werden rechts Informationen zum Kameramodell oder zur Belichtungszeit angezeigt. Mit einem erneuten Klick oder Tipp auf die jeweilige Schaltfläche blenden Sie den Bereich rechts wieder aus.

Je mehr Dateien sich auf dem Computer ansammeln, desto wichtiger wird die richtige Organisation der Daten. Im folgenden Abschnitt zeige ich Ihnen, wie einfach unter Windows 10 das Anlegen von Ordnern sowie das Verschieben, Kopieren und Löschen von Dateien ist.

Ordner und Bibliotheken anlegen, verwalten und löschen

Im letzten Abschnitt habe ich häufiger die sogenannten *Bibliotheken* erwähnt. Wer mit einer älteren Windows-Version gearbeitet hat, kennt das Prinzip bereits. Für alle anderen erkläre ich, was sich dahinter verbirgt.

Letztlich sind Bibliotheken nichts anderes als Verzeichnisse, in denen Dateien und Ordner zusammengefasst werden. Das Besondere ist, dass sich die Daten an unterschiedlichen Speicherorten befinden können, etwa auf internen (also im Computer integrierten) oder externen Festplatten, auf USB-Sticks etc. Die Bibliotheken enthalten lediglich eine Verknüpfung zum Originalspeicherort der Daten. Auf diese Weise lassen sich Dateien zu speziellen Themen zusammenfassen, ohne dass Sie die Daten selbst verschieben oder kopieren müssen.

Windows 10 bringt bereits vier Standardbibliotheken mit: *Bilder*, *Dokumente*, *Musik* und *Videos*. Sind Sie mit einem Microsoft-Konto bei Windows 10 angemeldet, erscheinen außerdem die beiden Bibliotheken **Eigene Aufnahmen** sowie **Gespeicherte Bilder**. Jede dieser Bibliotheken enthält jeweils einen Ordner. Dies können Sie schnell prüfen, indem Sie, wie zuvor beschrieben, im Navigationsbereich auf das kleine Dreieck vor Bibliotheken und dann jeweils auf einen der Bibliotheksnamen klicken oder tippen. Der Eintrag **Bibliotheken** ist nur dann sichtbar, wenn Sie, wie auf Seite 234 beschrieben, die entsprechende Option im Register **Ansicht** aktiviert haben.

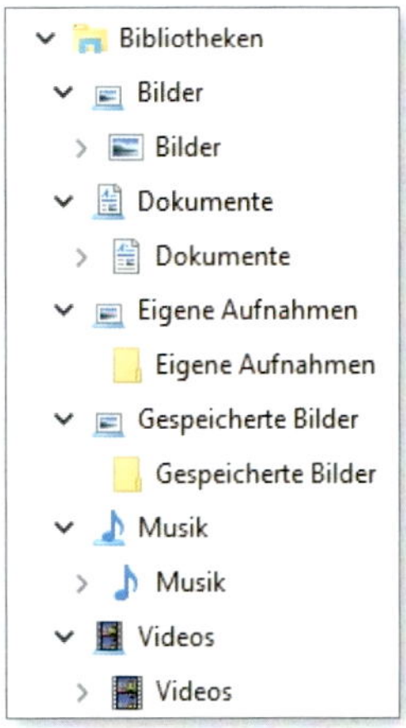

Jede Bibliothek enthält einen Ordner.

Öffentliche Ordner gut versteckt

In älteren Windows-Versionen enthielt jede der Standardbibliotheken zwei Ordner: einmal mit dem Zusatz *Öffentliche* und einmal ohne, also etwa *Öffentliche Bilder* und *Bilder*. Auf die eigenen Ordner *Bilder*, *Dokumente*, *Musik* und *Videos* (in früheren Windows-Versionen übrigens auch entsprechend mit dem Adjektiv *Eigene* versehen) hat nur der angemeldete Benutzer Zugriff. Wenn mehrere Personen mit Ihrem Computer arbeiten, die aber keinen Zugriff auf Ihre Dateien haben sollen, müssen Sie Ihre Daten also jeweils in den eigenen Verzeichnissen ablegen. Wollen Sie bestimmte Dateien dagegen allen Anwendern zur Verfügung stellen, legen Sie sie in einem der öffentlichen Ordner ab. Diese öffentlichen Ordner erscheinen unter Windows 10 zwar nicht mehr in den Bibliotheken, sie sind aber nach wie vor vorhanden. Um zu ihnen zu gelangen, rufen Sie im Navigationsbereich des Explorers nacheinander **Dieser PC ▸ (C:) ▸ Benutzer ▸ Öffentlich** auf. Wie Sie Ordner in den Bibliotheken aufnehmen, erfahren Sie ab Seite 241 in diesem Abschnitt.

Programme wie Microsoft Word oder Paint wählen als Standardspeicherort automatisch die relevanten Verzeichnisse aus. Im Falle von Word handelt es sich dabei um den Ordner *Dokumente*, Paint wiederum nutzt das Verzeichnis *Bilder*.

Wenn Sie diese Voreinstellungen übernehmen und all Ihre Dateien immer nur in den vorgegebenen Verzeichnissen speichern, sind diese bald überflutet. Sich hier noch zurechtzufinden wird immer schwieriger. Um den Überblick zu bewahren, sollten Sie weitere Unterordner anlegen. Für den Ordner *Dokumente* bieten sich etwa Unterkategorien wie *Briefe*, *Finanzen*, *Gesundheit* oder *Versicherungen* an. Letzteres greife ich als Beispiel auf, um Ihnen zu zeigen, wie Sie mithilfe des neuen Menübands einen neuen Ordner anlegen.

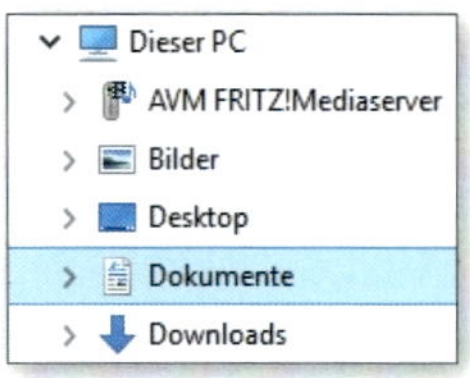

1. Rufen Sie im Explorer zunächst den Eintrag **Dieser PC** und dann den Ordner **Dokumente** auf, indem Sie im Navigationsbereich die entsprechenden Einträge per Mausklick oder durch Antippen markieren.

2. Wechseln Sie im Menüband zum Register **Start**, und klicken oder tippen Sie in der Gruppe **Neu** auf die Schaltfläche **Neuer Ordner** ❶.

3. Im Inhaltsbereich wird nun ein neuer Ordner eingeblendet. Überschreiben Sie den blau markierten Text **Neuer Ordner** mit der neuen Bezeichnung, für unser Beispiel also mit »Versicherungen«. Drücken Sie zum Schluss die Taste [↵], oder tippen Sie auf **Eingabe**.

Bildschirmtastatur auf dem Desktop einblenden

Die Desktop-Oberfläche und alle Windows-Anwendungen, die auf ihr basieren, sind ein Relikt aus alten Windows-Versionen. Sie wurden ursprünglich nur auf die Bedienung mit Maus und Tastatur ausgelegt. Entsprechend schwierig ist es, beispielsweise im Explorer mit dem Finger zu navigieren. Muss ein Text eingegeben werden, kann es zudem passieren, dass die Bildschirmtastatur nicht automatisch geöffnet wird. Um im Falle eines Falles trotzdem auf sie zugreifen zu können, sollten Sie im Infobereich ein Symbol für die Bildschirmtastatur hinterlegen. Wie dies funktioniert, erfahren Sie im Kasten »Bildschirmtastatur gezielt einblenden« auf Seite 27. Das Antippen des Tastatur-Symbols reicht dann zukünftig aus, um die Bildschirmtastatur einzublenden.

Auf die beschriebene Weise lassen sich beliebig viele Ordner und Unterordner anlegen. Haben Sie eine externe Festplatte an Ihren Computer angeschlossen, können Sie selbstverständlich auch auf ihr weitere Verzeichnisse einrichten. Das Gleiche gilt für USB-Sticks, Speicherkarten etc. Diese *Wechseldatenträger* erreichen Sie im Explorer über den Eintrag **Dieser PC**.

Gerade externe Festplatten sind aufgrund ihrer hohen Speicherkapazität vor allem für Datensicherungen ausgesprochen beliebt. Sollte Ihr Computer einmal den Geist aufgeben, stehen Ihnen Ihre Daten immer noch auf dem externen Speichermedium zur Verfügung. Nähere Informationen zum Thema Datensicherung erhalten Sie in Kapitel 8, »Windows 10 und die Sicherheit«.

> Externe Festplatten eignen sich hervorragend zur Datensicherung. (Quelle: Verbatim)

An dieser Stelle interessieren uns die externen Festplatten aber im Zusammenhang mit den zuvor erwähnten Bibliotheken. Auch Bibliotheken enthalten Ordner, wie Sie bereits an den Standardbibliotheken gesehen haben. Der Originalspeicherort der eigenen und der öffentlichen Ordner befindet sich auf der internen Festplatte Ihres Computers. Das muss bei Bibliotheken aber nicht zwangsläufig so sein. Sie können in eine Bibliothek auch Ordner einbinden, die sich auf einem externen Speichermedium befinden. Im Folgenden zeige ich Ihnen, wie Sie zunächst eine eigene Bibliothek namens *Urlaub* anlegen und darin anschließend verschiedene Ordner aufnehmen.

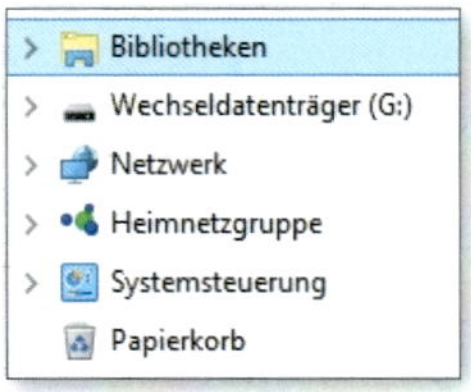

1. Um eine Bibliothek anzulegen, markieren Sie im Navigationsbereich des Explorers den Eintrag **Bibliotheken**.

2. Wechseln Sie im Menüband zum Register **Start** ❶. In der Gruppe **Neu** finden Sie die Schaltfläche **Neues Element** ❷. Klicken oder tippen Sie darauf, und markieren Sie in der aufklappenden Liste den Eintrag **Bibliothek**.

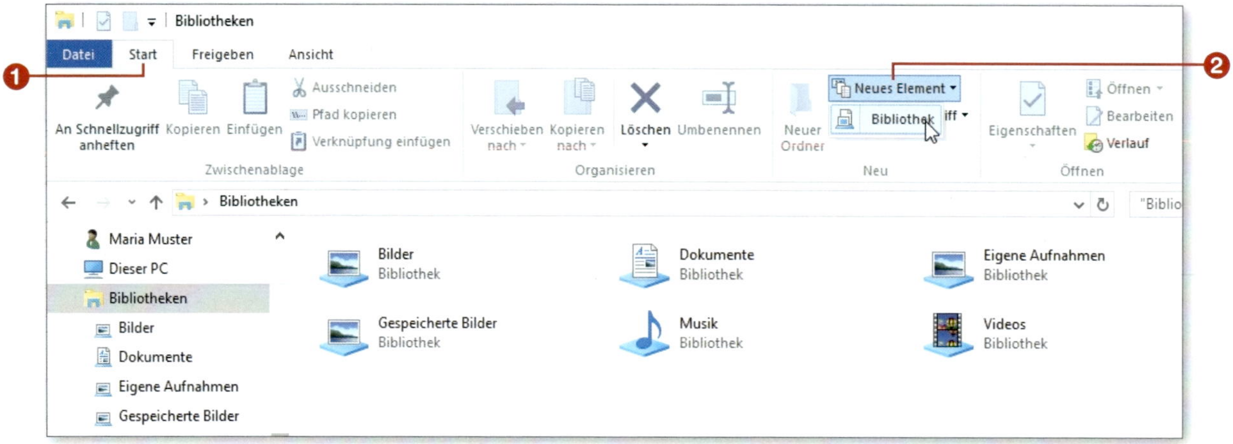

Denken Sie daran: Je nach verfügbarem Platz auf dem Bildschirm kann das Menüband bei Ihnen etwas anders aussehen als auf den Abbildungen hier im Buch. Eventuell wird nur das Symbol angezeigt, der Text **Neues Element** dagegen nicht. Eine kleine Hilfestellung erhalten Sie in diesem Fall durch die *QuickInfos*, die jeweils eingeblendet werden, wenn Sie mit dem Mauszeiger über die einzelnen Elemente des Menübands fahren und kurz verharren.

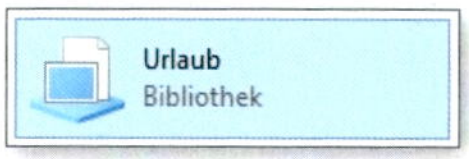

3. Nach Schritt 2 wird im Inhaltsbereich ein neues Bibliothek-Symbol eingeblendet. Überschreiben Sie auch hier den vorgegebenen Namen **Neue Bibliothek** mit einer neuen Bezeichnung. Die Eingabe schließen Sie ab, indem Sie die Taste [↵] drücken oder – auf einem Tablet – auf **Eingabe** tippen.

4. Die neu angelegte Bibliothek ist noch leer. Windows 10 zeigt Ihnen dies an, wenn Sie im Inhaltsbereich auf die neu angelegte Bibliothek doppelklicken oder doppelt darauf tippen.

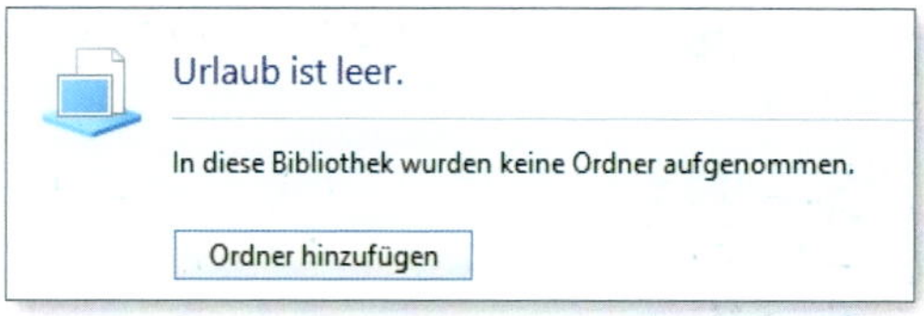

5. Um jetzt Ordner einzubinden, klicken oder tippen Sie auf die Schaltfläche **Ordner hinzufügen**.

6. Ein quasi verkleinerter Dialog des Explorers mit Navigationsbereich, Inhaltsbereich und Adressfeld klappt auf. Über den Navigationsbereich können Sie nun zu dem Ordner navigieren, den Sie in die Bibliothek aufnehmen möchten. Dieser Ordner kann sich auf der Festplatte Ihres Computers befinden oder auf einem externen Datenträger.

7. Markieren Sie den gewünschten Ordner ❸, und klicken oder tippen Sie dann auf **Ordner aufnehmen** ❹.

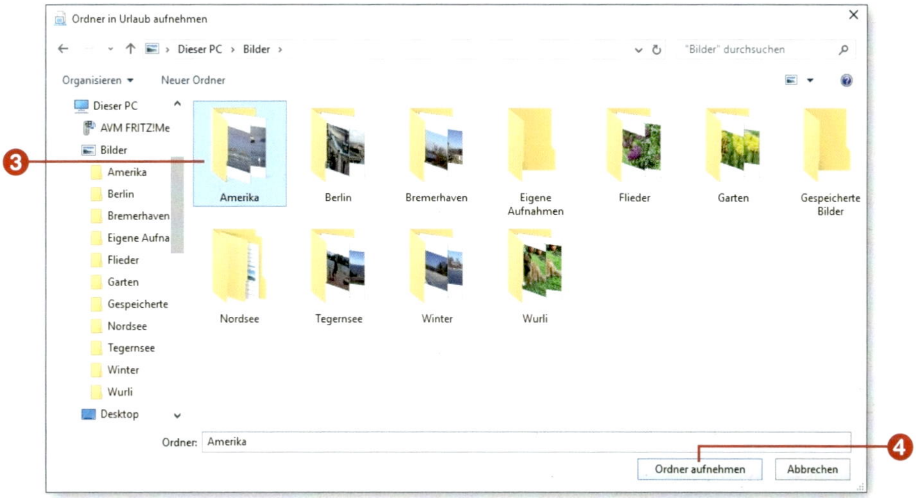

Der Ordner wird in die Bibliothek aufgenommen und sein Inhalt im Inhaltsbereich angezeigt. Um der Bibliothek weitere Ordner hinzuzufügen, gehen Sie folgendermaßen vor:

8. Stellen Sie sicher, dass im Navigationsbereich die gewünschte Bibliothek markiert ist, im Beispiel also **Urlaub** ❺.

9. Wechseln Sie im Menüband zum Register **Start** ❻, und klicken oder tippen Sie hier in der Gruppe **Öffnen** auf **Eigenschaften ▸ Eigenschaften** ❼.

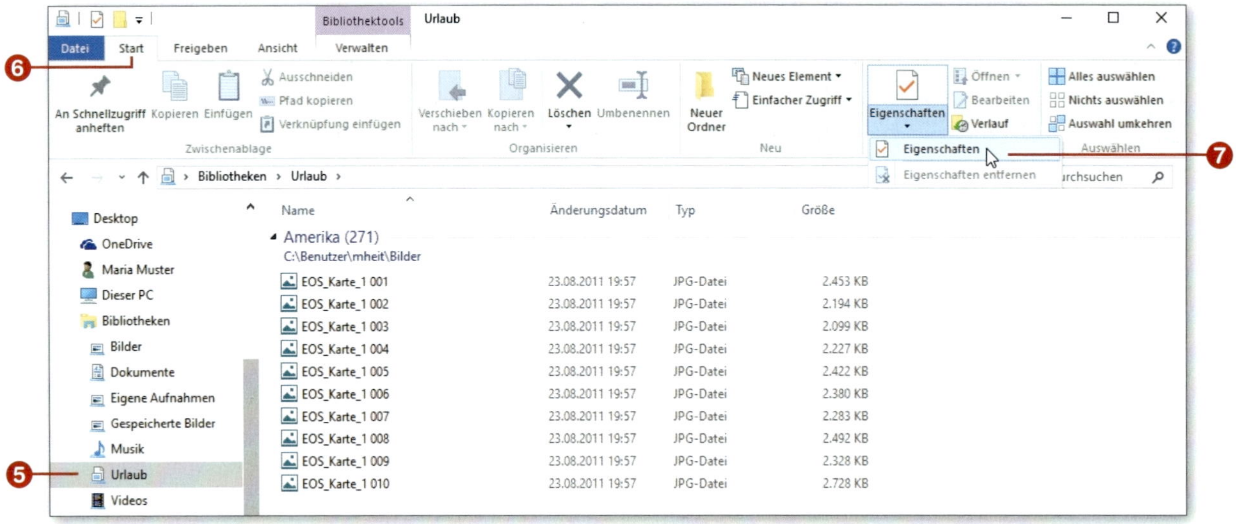

10. Klicken oder tippen Sie im Dialog **Eigenschaften von Urlaub** auf **Hinzufügen** ❽.

11. Wiederholen Sie die Schritte 6 und 7 für den nächsten Ordner, den Sie in die Bibliothek aufnehmen möchten.

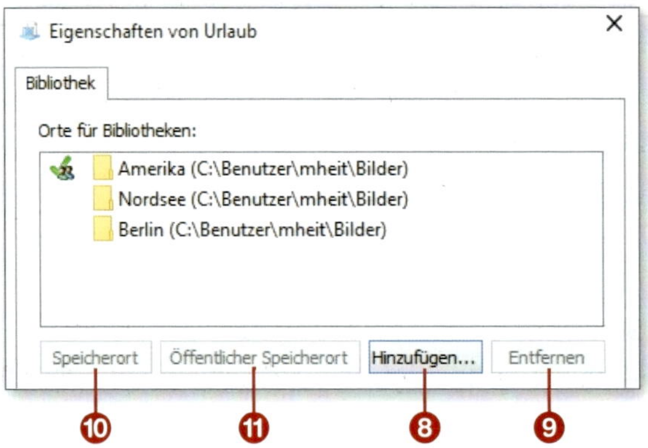

12. Um einen Ordner wieder aus der Bibliothek zu entfernen, markieren Sie ihn einfach im Feld **Orte für Bibliotheken** und klicken oder tippen anschließend auf **Entfernen** ❾. Wichtig: Der eigentliche Ordner bleibt dabei bestehen; lediglich die Verknüpfung zu ihm wird gelöscht.

Bevor Sie den **Eigenschaften**-Dialog schließen, sollten Sie noch ein paar Einstellungen für die Bibliothek vornehmen. So lässt sich die neu angelegte Bibliothek beispielsweise für bestimmte Dateitypen optimieren. Möchten Sie später den Inhalt Ihrer Bibliothek sortieren, bietet Ihnen der Explorer Auswahlkriterien an, die optimal auf den Dateityp zugeschnitten sind. So können Sie Musiktitel dann etwa nach Interpret oder Album sortieren und Bilder nach Aufnahmedatum etc. Klicken oder tippen Sie im **Eigenschaften**-Dialog auf den Pfeil rechts neben dem Feld **Diese Bibliothek optimieren für**, und wählen Sie in der aufklappenden Liste den gewünschten Dateityp aus, im Beispiel **Bilder**.

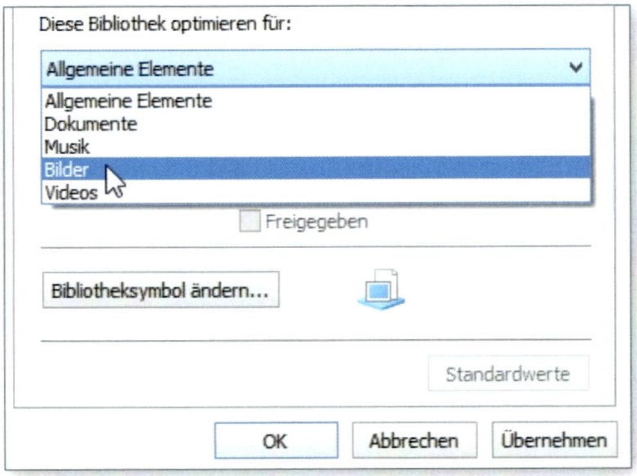

Die neu angelegte Bibliothek können Sie, ebenso wie die vier Standardbibliotheken *Bilder*, *Dokumente*, *Musik* und *Videos*, zum Speichern Ihrer Dateien nutzen. Möchten Sie einen Ordner innerhalb der Bibliothek bevorzugt als Speicherort für alle neuen Dateien verwenden, sollten Sie ihn als Standardspeicherort festlegen. Geben Sie nichts anderes vor, wählt Windows automatisch den Ordner aus, den Sie als Erstes der Bibliothek hinzugefügt haben. Favorisieren Sie einen anderen Ordner, gehen Sie wie folgt vor:

1. Markieren Sie den als Standardordner bevorzugten Ordner im Feld **Ordner für Bibliotheken**, und klicken oder tippen Sie dann auf die Schaltfläche **Speicherort** (❿ auf Seite 242).

2. Soll ein Ordner nicht nur Ihnen, sondern auch allen anderen Benutzern Ihres Computers zur Verfügung stehen, markieren Sie den Punkt **Öffentlicher Speicherort** (⓫ auf Seite 242).

3. Wenn Sie alle gewünschten Einstellungen vorgenommen haben, beenden Sie den Dialog **Eigenschaften von …** mit **Übernehmen** und **OK**.

Möchten Sie zu einem späteren Zeitpunkt Änderungen an einer Ihrer Bibliotheken vornehmen, rufen Sie einfach, wie in den Schritten 8 und 9 ab Seite 242 beschrieben, den **Eigenschaften**-Dialog auf. Anschließend können Sie Ordner hinzufügen, entfernen oder auch die Einstellungen ändern.

Zugriff auf externe Ordner

Haben Sie Ihrer Bibliothek Ordner hinzugefügt, die sich auf externen Festplatten befinden? Um darauf zugreifen zu können, muss die Festplatte natürlich mit dem Computer verbunden sein. Ist dies nicht der Fall, zeigt der Explorer zwar den Ordner in der Bibliothek an, allerdings behauptet er, der Ordner wäre leer. Sobald Sie das externe Speichermedium wieder an den PC anschließen, erscheint auch der Ordnerinhalt wieder.

Dateien und Ordner kopieren, verschieben und löschen

Im vorangegangenen Abschnitt haben Sie gelernt, wie Sie neue Ordner und Bibliotheken anlegen. Bei der Vergabe eines Namens vertippt man sich leicht einmal. Zum Glück lassen sich solche Fehler jederzeit korrigieren. Den entsprechenden Befehl rufen Sie ganz bequem über das Menüband auf:

1. Navigieren Sie zunächst über den Navigationsbereich des Explorers zu dem Element, das Sie umbenennen möchten. Dabei kann es sich um eine Bibliothek, einen Ordner oder auch eine Datei handeln.

2. Markieren Sie das gewünschte Element entweder im Navigationsbereich oder im Inhaltsbereich ❶.

3. Wechseln Sie im Menüband zum Register **Start** ❷, und klicken oder tippen Sie hier in der Gruppe **Organisieren** auf **Umbenennen** ❸.

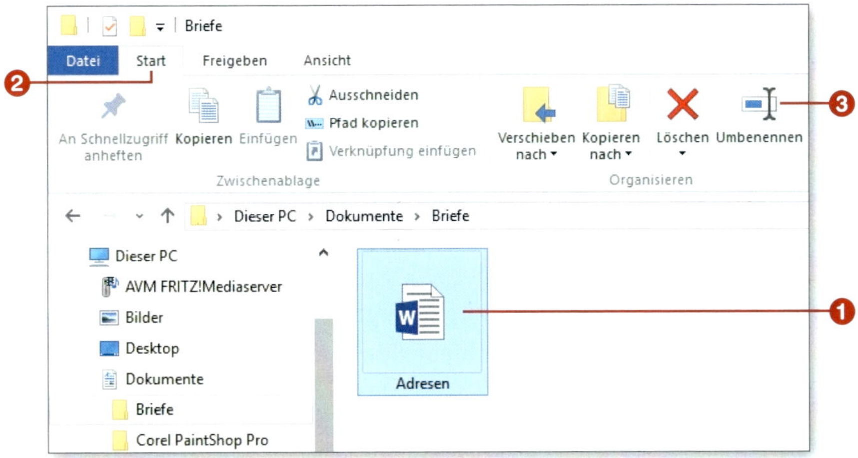

4. Der Name des markierten Elements – in unserem Beispiel das Word-Dokument mit dem falsch geschriebenen Namen »Adresen« – wird nun blau markiert. Korrigieren Sie den Text, oder überschreiben Sie ihn mit einem neuen Namen ❹. Schließen Sie die Eingabe wie gewohnt durch Drücken der Taste [↵] ab.

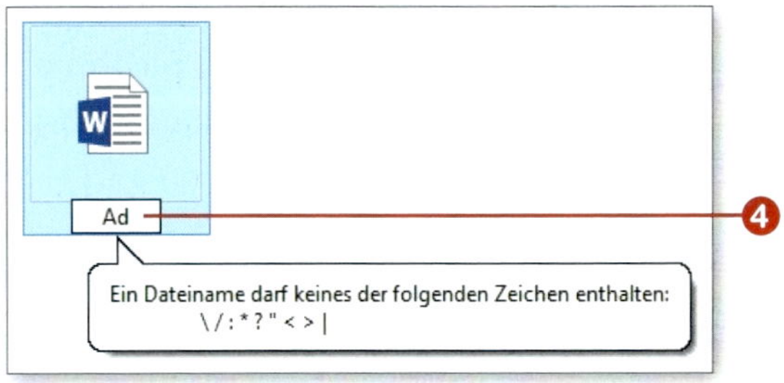

Sollten Sie bei der Namenswahl nicht erlaubte Sonderzeichen wie \ und , oder ? verwendet haben, erhalten Sie einen entsprechenden Hinweis. Wählen Sie in diesem Fall einfach einen neuen Namen oder eine andere Schreibweise.

∧ Sonderzeichen sind in Datei- und Ordnernamen nicht gestattet.

Von »diesem PC« zurück zum Computer

Über die letzten Windows-Versionen hinweg hatte sich die Bezeichnung *Computer* für die Übersicht über alle Laufwerke, Bibliotheken und Ordner eingebürgert. Seit Windows 8.1 ist von *Dieser PC* die Rede. Ziehen Sie den alten Namen vor, benennen Sie ihn einfach um.

Haben Sie eine Datei versehentlich im falschen Ordner gespeichert? Kein Problem! Mithilfe des Menübands lassen sich Dateien und auch Ordner schnell an einen neuen Ort verschieben. Zuvor müssen Sie die entsprechenden Daten im Inhaltsbereich des Explorers per Mausklick oder durch Antippen markieren. Möchten Sie mehrere Dateien oder auch Ordner kennzeichnen, halten Sie einfach die Taste [Strg] gedrückt, während Sie nacheinander auf die gewünschten Elemente klicken oder tippen. Ein erneutes Anklicken bzw. Antippen (bei immer noch gedrückter [Strg]-Taste) hebt die Markierung eines Elements wieder auf. Alle gekennzeichneten Elemente sind an einem hellblauen Hintergrund erkennbar. Haben Sie das oder die gewünschten Elemente markiert, geht es folgendermaßen weiter:

1. Klicken oder tippen Sie in der Gruppe **Organisieren** auf der Registerkarte **Start** auf die Schaltfläche **Verschieben nach**.

2. In der aufklappenden Liste werden zunächst die Ordner aufgeführt, die Sie in letzter Zeit häufiger genutzt haben. Ist der angestrebte neue Speicherplatz für die markierte Datei oder den Ordner bereits dabei, wählen Sie ihn einfach durch Anklicken oder durch Fingertipp aus. Falls er nicht aufgelistet wird, wählen Sie **Speicherort auswählen** ❶.

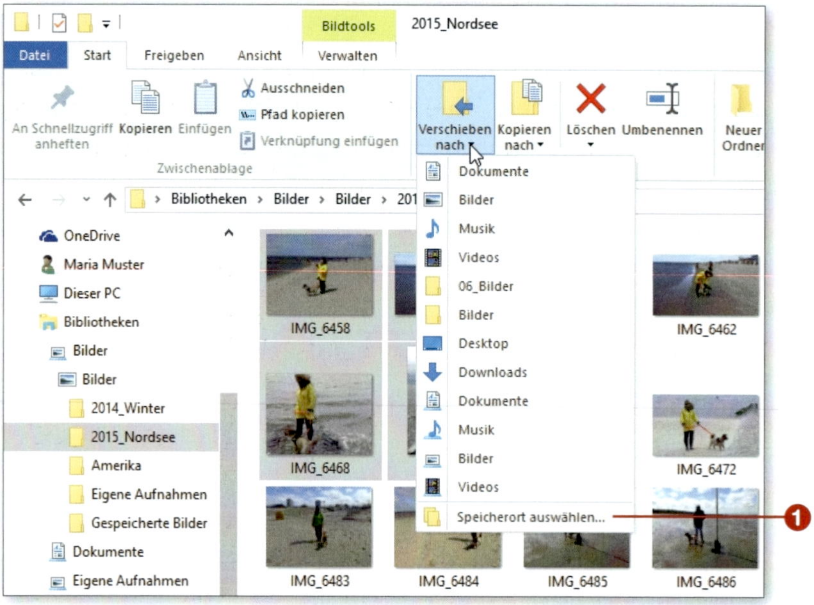

3. Im nächsten Dialog **Elemente verschieben** legen Sie den neuen Speicherort fest. Mit einem Klick oder Tipp auf das kleine Dreieck ❷ links neben einem Ordnernamen blenden Sie die Unterordner ein.

4. Haben Sie einen Ordner markiert, können Sie darin über die Schaltfläche **Neuen Ordner erstellen** ❸ sogar noch ein Extraverzeichnis anlegen, in dem das zu verschiebende Element dann abgelegt wird. In diesem Fall erscheint wieder das bekannte Feld **Neuer Ordner** ❹, in das Sie nur noch den Namen für den neuen Ordner eintragen müssen.

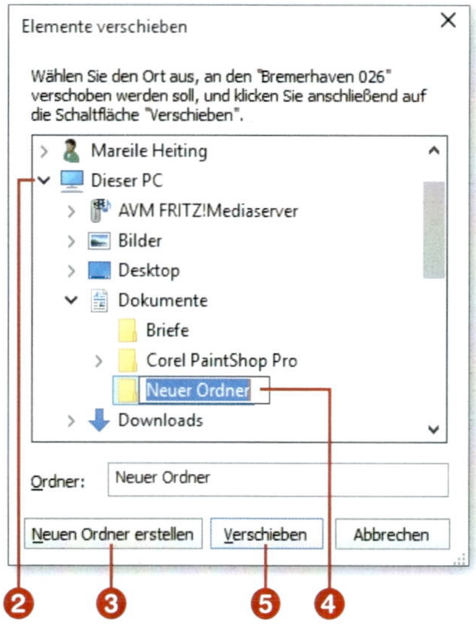

5. Mit einem Klick oder Tipp auf **Verschieben** ❺ legen Sie die Datei am angegebenen Ort ab und schließen den Dialog **Elemente verschieben**.

Entsprechend lassen sich Daten auch kopieren. Das Kopieren wird häufig für Datensicherungen eingesetzt, wenn beispielsweise die Urlaubsbilder auf einer externen Festplatte gesichert, aber trotzdem auch auf dem Computer zugänglich bleiben sollen. Den Befehl **Kopieren nach** finden Sie ebenfalls im Register **Start** in der Gruppe **Organisieren**.

Werden nur kleine Datenmengen kopiert oder verschoben, etwa eine einzelne Datei, ist der Vorgang in beiden Fällen schnell erledigt. Bei größeren Datenmengen dagegen dauert das Ganze schon etwas länger. Windows 10 blendet während dieser Zeit einen kleinen Dialog mit einer Fortschrittsanzeige ein. Klicken oder tippen Sie darin auf den Pfeil vor **Mehr Details** ❻, erhalten Sie weitere Informationen zum Verschiebe- oder Kopiervorgang, beispielsweise die geschätzte Dauer des gesamten Vorgangs. Seit Windows 8.1 können Sie das Kopieren oder Verschieben jederzeit unterbrechen. Hierzu reicht ein Klick auf die Schaltfläche **Vorgang anhalten** ❚❚ ❼. Diese Funktion ist vor allem dann praktisch, wenn Sie die gesamte Rechenleistung für eine andere wichtige Aktion benötigen.

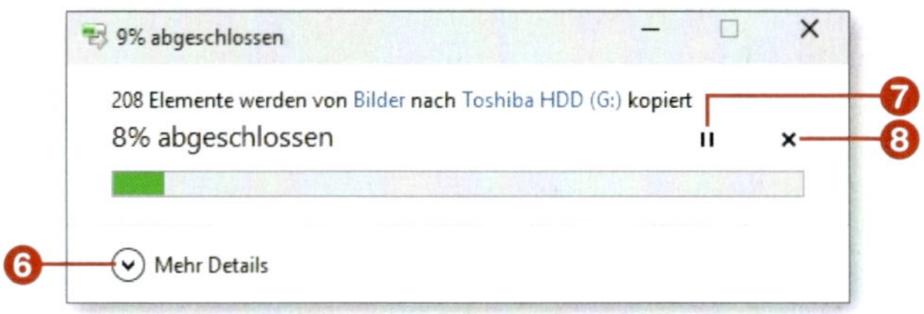

< Kopier- und Verschiebeaktionen können Sie jederzeit unterbrechen.

Sobald Sie mit dem Kopieren oder Verschieben fortfahren möchten, reicht ein Klick auf die Schaltfläche **Vorgang fortsetzen** ►. Über das Schließen-Symbol × ❽ können Sie den Vorgang auch ganz abbrechen.

Konflikte beim Kopieren und Verschieben

Wenn Sie versuchen, Dateien oder Ordner an einen Ort zu verschieben, an dem bereits Daten mit gleichem Namen vorhanden sind, warnt Windows 10 Sie entsprechend. Sie haben nun folgende Optionen:

Datei im Ziel ersetzen. In diesem Fall wird die Datei im Zielordner durch die kopierte oder verschobene Datei ersetzt.

Soll die Datei im Zielordner dagegen behalten werden, wählen Sie **Diese Datei überspringen**. Das Element wird nicht kopiert bzw. verschoben und die alte Datei somit nicht überschrieben.

Falls Sie sich nicht sicher sind, welches der beiden Elemente Sie behalten möchten, wählen Sie den dritten Befehl: **Info für beide Dateien vergleichen**. In diesem Fall blendet Windows ein kleines Fenster mit zusätzlichen Informationen zum Speicherdatum und zur Dateigröße ein. Versehen Sie das Kontrollkästchen vor der Datei, die Sie beibehalten möchten, mit einem Häkchen, und setzen Sie den Kopier- oder Verschiebevorgang dann mit **Weiter** fort.

Es gibt immer wieder Dateien oder auch Ordner, auf die man häufig zugreift. In früheren Windows-Versionen gab es im Explorer hierfür den Bereich *Favoriten*, in dem Sie eine Verknüpfung auf diese Daten hinterlegen konnten. Unter Windows 10 gibt es diese Favoriten nun nicht mehr. Dafür ist ein neuer Bereich hinzugekommen: der *Schnellzugriff*. Markieren Sie den entsprechenden Eintrag im Navigationsbereich, werden im Inhaltsbereich rechts alle kürzlich genutzten Ordner und Dateien angezeigt. Ähnlich den früheren Favoriten können Sie aber auch selbst festlegen, welche Ordner und Dateien im Schnellzugriff erscheinen sollen.

1. Navigieren Sie zunächst über den Navigationsbereich des Explorers zu dem Ordner, in dem sich das Element befindet, das Sie im Schnellzugriff aufnehmen möchten. Bei diesem Element kann es sich um einen Ordner oder auch eine Datei handeln.

2. Markieren Sie das gewünschte Element entweder im Navigationsbereich ❶ oder im Inhaltsbereich ❷.

3. Wechseln Sie im Menüband zum Register **Start** ❸, und klicken oder tippen Sie hier in der Gruppe **Zwischenablage** auf die Schaltfläche **An**

Schnellzugriff anheften ❹. Wird das gewünschte Element bereits im **Schnellzugriff** aufgelistet, ist die Schaltfläche hellgrau und lässt sich nicht auswählen.

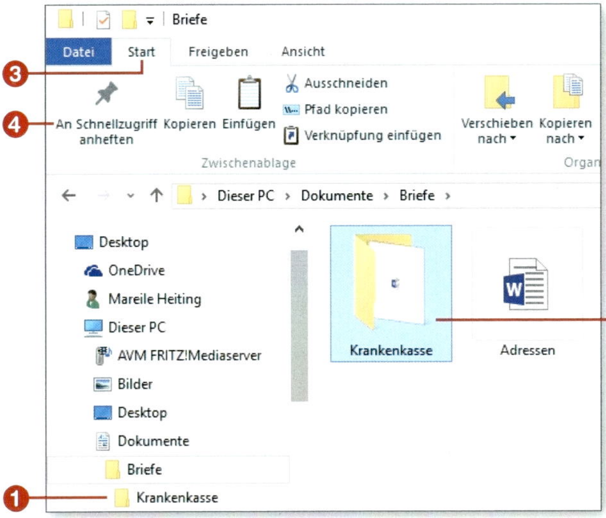

4. Um einen im Schnellzugriff aufgenommenen Ordner oder eine Datei zu öffnen, klicken oder tippen Sie im Navigationsbereich des Explorers einfach auf **Schnellzugriff**. Die von Ihnen zuvor angehefteten Elemente sind mit einer Pinnadel ❺ gekennzeichnet.

5. Per Doppelklick oder -tippen öffnen Sie den Ordner oder die Datei.

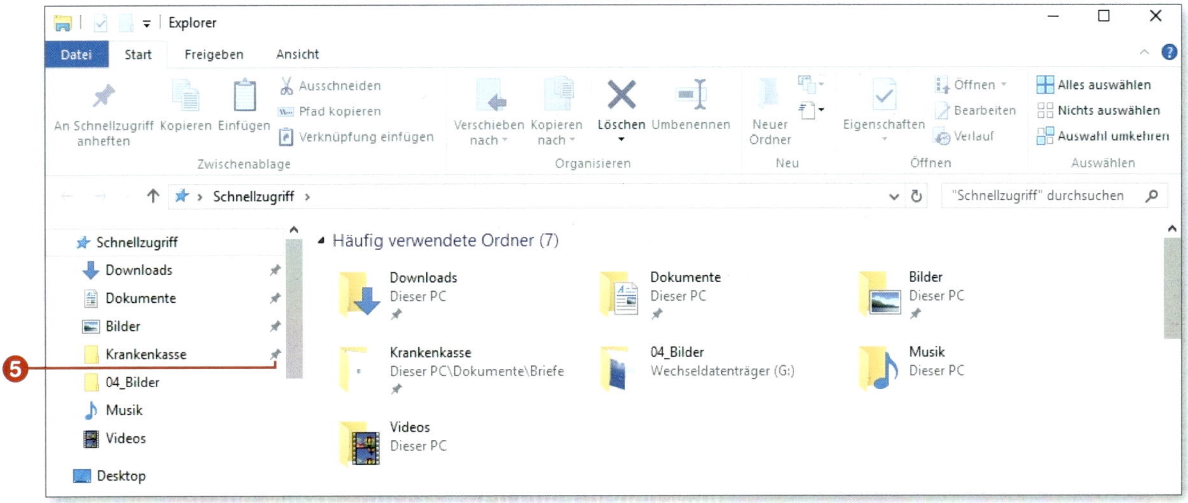

Werden im Schnellzugriff Dateien oder Ordner aufgeführt, die Sie nicht mehr so häufig nutzen, können Sie diese natürlich auch entfernen. Keine Sorge: Damit wird nur der entsprechende Eintrag im Schnellzugriff gelöscht, die eigentliche Datei bzw. der Ordner bleiben nach wie vor bestehen und können etwa über den Eintrag **Dieser PC** im Navigationsbereich aufgerufen werden.

Um ein Element aus dem Schnellzugriff zu entfernen, gehen Sie folgendermaßen vor:

1. Rufen Sie über den Navigationsbereich den **Schnellzugriff** ❶ auf.
2. Klicken Sie im Inhaltsbereich mit der rechten Maustaste auf das zu entfernende Element ❷. Arbeiten Sie mit einem Touchscreen, halten Sie den Finger etwas länger auf dem Element gedrückt, bis ein kleines Quadrat eingeblendet wird.
3. Im nun eingeblendeten *Kontextmenü* wählen Sie den Befehl **Aus Schnellzugriff entfernen**. Wenn es sich bei dem ausgewählten Element um einen der Standardordner *Bilder*, *Desktop*, *Dokumente* oder *Downloads* bzw. ein von Ihnen angeheftetes Element handelt, wird Ihnen stattdessen der Befehl **Von Schnellzugriff lösen** angeboten.

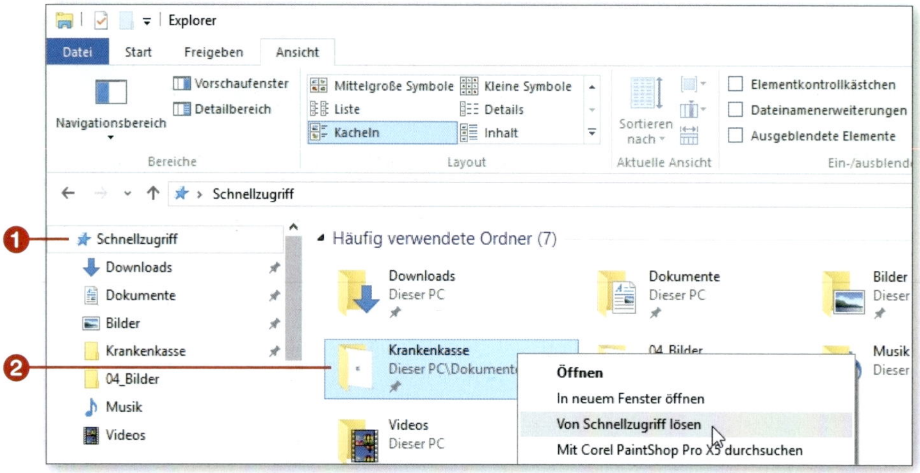

Sobald Sie den entsprechenden Befehl ausgewählt haben, wird der Ordner oder die Datei nicht mehr im Schnellzugriff angezeigt.

Startordner des Explorers festlegen

Wenn Sie den Explorer starten, wird in Windows 10 zunächst immer der Inhalt des Schnellzugriffs angezeigt. Dies ist nicht jedermanns Geschmack. Wenn Sie möchten, können Sie den Explorer stattdessen auch mit **Dieser PC** öffnen. Um die entsprechende Einstellung vorzunehmen, wechseln Sie im Explorer in das Register **Ansicht**. Klicken oder tippen Sie im Menüband ganz rechts auf das Symbol **Optionen** . Der Dialog **Ordneroptionen** wird geöffnet. Klicken oder tippen Sie im Register **Allgemein** auf den Pfeil rechts vom Feld **Datei-Explorer öffnen für**, und wählen Sie in der Liste **Dieser PC** aus. Der Schnellzugriff verschwindet damit nicht, er ist auch weiterhin über den Navigationsbereich erreichbar. Sollen zukünftig im Schnellzugriff beispielsweise nur häufig verwendete sowie selbst angeheftete Ordner, aber keine Dateien mehr angezeigt werden, entfernen Sie im Register **Allgemein** des Dialogs **Ordnerdateien** im Bereich **Datenschutz** das Häkchen vor **Zuletzt verwendete Dateien im Schnellzugriff anzeigen**. Vergessen Sie nicht, Ihre Einstellungen mit **OK** zu übernehmen.

Im Laufe der Zeit sammeln sich auf dem Computer viele Daten, von denen man nur einen Bruchteil wirklich benötigt. Um eine Datei oder auch einen Ordner zu löschen, können Sie folgendermaßen vorgehen:

1. Wechseln Sie in den Ordner, in dem sich das gewünschte Element befindet, und markieren Sie es im Inhaltsbereich (❸ auf Seite 252).

2. Holen Sie im Menüband das Register **Start** ❹ in den Vordergrund.

3. Im Bereich **Organisieren** finden Sie die Schaltfläche **Löschen** ❺. Wenn Sie direkt auf das Kreuz ✗ klicken oder tippen, wird die markierte Datei oder der Ordner am aktuellen Speicherort entfernt. Endgültig gelöscht wird das Element aber nicht, stattdessen landet es im Papierkorb, aus dem es sich auch wiederherstellen lässt (wie das geht, erfahren Sie gleich).

4. Falls Sie sich ganz sicher sind, dass Sie die Datei nicht mehr benötigen, klicken oder tippen Sie auf den kleinen Pfeil unterhalb oder rechts neben der **Löschen**-Schaltfläche (die Position ist abhängig von der Größe des Programmfensters). Wählen Sie nun in der aufklappenden Liste den

Befehl **Endgültig löschen** ❻. Ein Wiederherstellen der Datei oder des Ordners ist damit nicht mehr möglich.

∧ *Den Papierkorb rufen Sie über das Desktop-Symbol oder …*

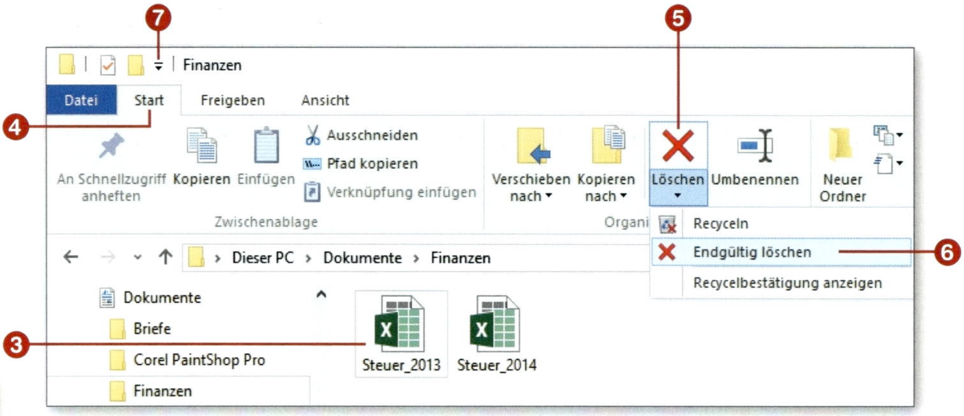

∧ *… direkt im Explorer auf.*

Haben Sie sich für das sogenannte *Recyceln* eines Elements entschieden, bei dem das gelöschte Element zunächst im Papierkorb landet? In diesem Fall können Sie es wieder an den Originalspeicherort zurückholen, sollten Sie es nur versehentlich entfernt haben.

Den Papierkorb rufen Sie per Doppelklick auf das Papierkorb-Symbol auf der Desktop-Oberfläche auf. Wenn Sie den Papierkorb bereits im Navigationsbereich des Explorers eingeblendet haben, wie im Abschnitt »Den Explorer individuell anpassen« ab Seite 233 gezeigt, können Sie ihn auch direkt im Explorer auswählen.

+ Letzte Schritte rückgängig machen

Alle im Explorer vorgenommenen Schritte lassen sich übrigens auch sofort wieder rückgängig machen. Die hierfür notwendige Schaltfläche finden Sie in der *Symbolleiste für den Schnellzugriff* am linken Rand der Titelleiste. Wird das Rückgängig-Symbol mit dem nach hinten gebogenen Pfeil ↶ hier nicht direkt angezeigt, klicken Sie zunächst auf die Schaltfläche ⏷ ❼ und markieren in der aufklappenden Liste den Eintrag **Rückgängig**. In der Liste finden Sie auch die Symbole für das Löschen oder Umbenennen von Dateien und Ordnern.

Im Inhaltsbereich des Explorers werden nun alle gelöschten Elemente aufgelistet. Markieren Sie die Datei oder den Ordner, und klicken oder tippen Sie dann im Register **Papierkorbtools** ❶ auf **Ausgewählte Elemente**

wiederherstellen ❷. Soll der gesamte Inhalt des Papierkorbs zurückgeholt werden, wählen Sie **Alle Elemente wiederherstellen** ❸. Die gelöschten Elemente werden in diesem Fall aus dem Papierkorb entfernt und wieder an den Originalspeicherort geschoben. Befinden sich im Papierkorb nur noch Elemente, die Sie wirklich nicht mehr benötigen, sollten Sie auch hier ab und an mit **Papierkorb leeren** ❹ aufräumen. Diese Aufräumaktion sollten Sie regelmäßig durchführen, um unnötig belegten Speicherplatz freizugeben.

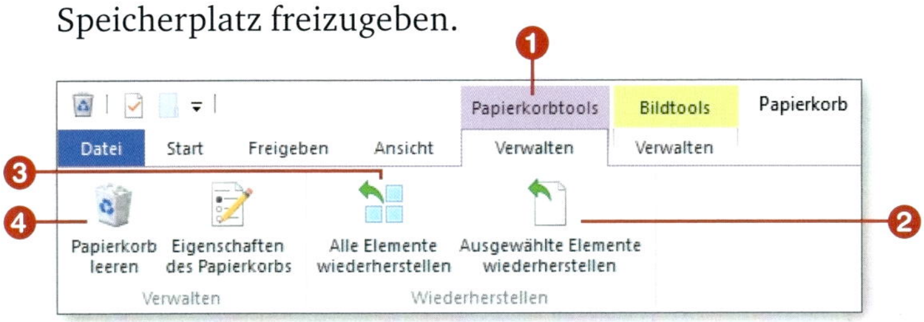

Im Register »Papierkorbtools« finden Sie alle wichtigen Befehle zum Wiederherstellen von Elementen.

Standardbibliothek wiederherstellen

Haben Sie im Eifer des Gefechts einmal versehentlich eine der Standardbibliotheken gelöscht? Kein Problem! Setzen Sie im Navigationsbereich einfach einen Rechtsklick auf **Bibliotheken**. Über den Befehl **Standardbibliotheken wiederherstellen** können Sie die Bibliothek wieder zurückholen. Für die selbst angelegten Bibliotheken funktioniert dies leider nicht. In diesem Fall führt der Weg über den Papierkorb wie zuvor beschrieben.

Dateien auf CD/DVD brennen

Möchten Sie gerne für Freunde eine CD, DVD oder Blu-ray-Disc mit den Bildern des letzten gemeinsamen Ausflugs zusammenstellen? Auch Windows 10 bringt eine eigene Brennfunktion mit, die sich am besten über den Explorer aufrufen lässt. Voraussetzung für die Nutzung ist natürlich, dass Ihr Computer über einen entsprechenden CD/DVD- oder Blu-ray-Brenner verfügt. Vorsicht allerdings, wenn Sie Letzteren verwenden: Nicht jeder verfügt über einen Player, der auch Blu-ray-Datenträger lesen kann. Mit CDs oder DVDs sind Sie auf der sicheren Seite.

1. Wechseln Sie im Explorer zu dem Ordner, in dem sich die Daten befinden, die Sie auf CD, DVD oder Blu-ray brennen möchten. Markieren Sie die gewünschten Dateien oder Ordner.

2. Rufen Sie im Menüband das Register **Freigeben** ❶ auf, und klicken oder tippen Sie hier im Bereich **Senden** auf die Schaltfläche **Auf Datenträger brennen** ❷.

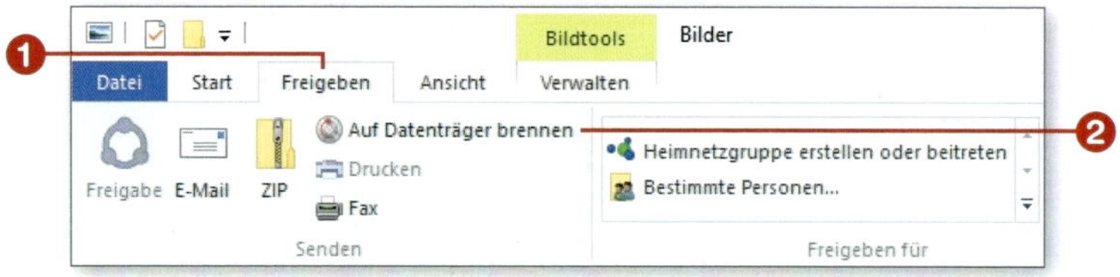

3. Es wird nun automatisch die Schublade des Brenners geöffnet und das Dialogfenster **Auf Datenträger brennen** eingeblendet. Legen Sie den CD- oder DVD-Rohling in das Laufwerk, und schließen Sie die Schublade. Das Fenster wird wieder automatisch ausgeblendet.

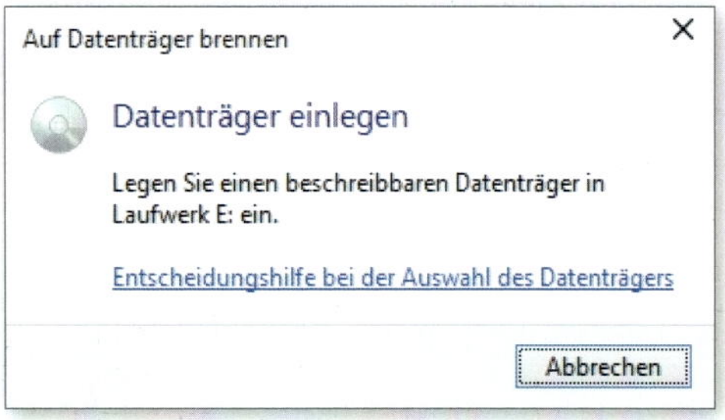

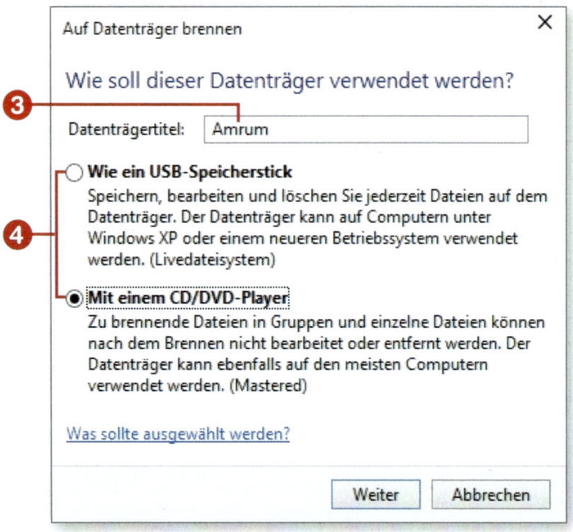

4. Nun erscheint der Dialog **Auf Datenträger brennen**. Geben Sie in das Feld **Datenträgertitel** ❸ einen Namen für die CD oder DVD ein.

Als Nächstes legen Sie fest, wie der Datenträger (CD, DVD oder Blu-ray) verwendet werden soll ❹. Zur Auswahl stehen **Wie ein USB-Speicherstick** und **Mit einem CD/DVD-Player**. Wenn Sie die zweite Option wählen, lässt sich der Datenträger auf einem handelsüblichen DVD-Player abspielen, der beispielsweise an einem Fernseher angeschlossen ist. Dies ist bei der ersten Option (USB-Speicherstick) nicht möglich. Dafür können Sie in diesem Fall die Dateien auf der CD oder DVD anschließend wieder löschen oder nachträglich weitere Dateien hinzufügen. Derartig gebrannte Datenträger lassen sich allerdings nur auf Windows-Rechnern weiterverarbeiten.

5. Für die anfangs erwähnte Weitergabe von Urlaubsfotos empfiehlt sich die Option **Mit einem CD/DVD-Player**. Soll der Datenträger hingegen nur der

vorübergehenden Datensicherung dienen, entscheiden Sie sich besser für die Option **Wie ein USB-Speicherstick**.

6. Bestätigen Sie Ihre Auswahl mit **Weiter**.

Es wird nun ein weiteres Programmfenster des Explorers geöffnet. Im Infobereich der Taskleiste erscheint außerdem der Hinweis **Auf CD/DVD zu brennende Dateien sind vorhanden**, den Sie aber ignorieren können. Wenn Sie möchten, wählen Sie noch weitere Daten für das Brennen des Datenträgers aus. Hierzu gehen Sie vor, wie im vorangegangenen Abschnitt für das Kopieren von Elementen beschrieben:

7. Wechseln Sie zu dem Ordner, der ebenfalls auf CD oder DVD gebrannt werden soll, und markieren Sie im Inhaltsbereich des Explorers die gewünschten Dateien.

8. Klicken oder tippen Sie im Register **Start** ❺ auf die Schaltfläche **Kopieren nach** ❻, und wählen Sie **Speicherort auswählen**.

9. Im nächsten Dialog **Elemente kopieren** markieren Sie das Brennerlaufwerk ❼ und bestätigen dann mit **Kopieren** ❽.

10. Wiederholen Sie die Schritte 7 bis 9 für alle weiteren Ordner und Dateien, die auf CD oder DVD gebrannt werden sollen.

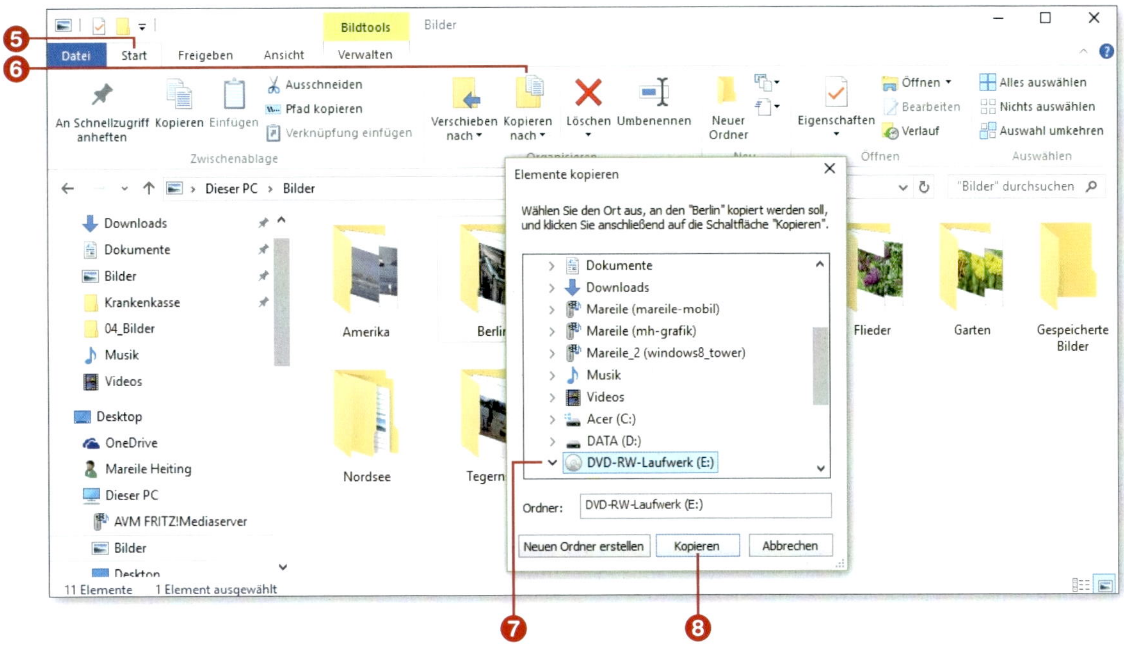

11. Haben Sie alle Daten zusammengestellt, klicken oder tippen Sie im Navigationsbereich auf das CD/DVD-Laufwerk.

12. Stellen Sie sicher, dass sich im Menüband das Register **Laufwerktools ▸ Verwalten** im Vordergrund befindet. Klicken oder tippen Sie hier auf die Schaltfläche **Brennvorgang abschließen** ❾.

13. Wird der Dialog **Auf Datenträger brennen** eingeblendet, können Sie nach einem Klick oder Tipp auf den Pfeil rechts neben dem Feld **Aufnahmegeschwindigkeit** die gewünschte Brenngeschwindigkeit auswählen ❿.

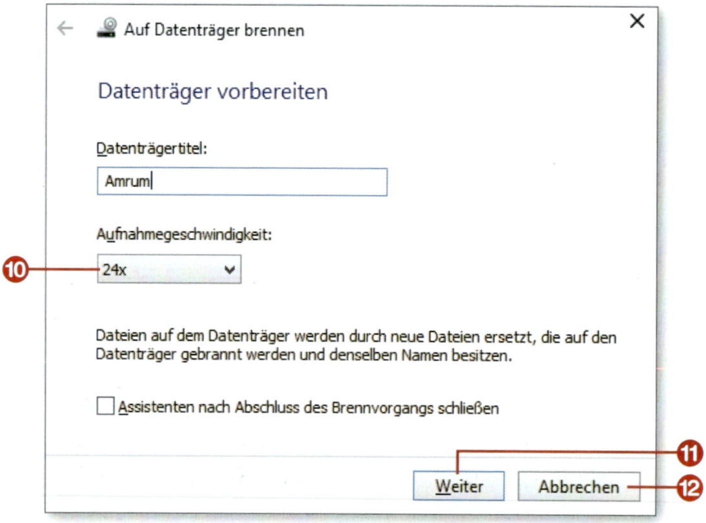

14. Bestätigen Sie mit **Weiter** ⓫.

15. Reicht der verfügbare Speicherplatz auf dem Datenträger für die ausgewählten Daten nicht aus, erhalten Sie jetzt einen entsprechenden Hinweis. Brechen Sie den Brennvorgang mit einem Klick oder Tipp auf **Abbrechen** ⓬ ab, und löschen Sie im Inhaltsbereich gegebenenfalls nicht unbedingt benötigte Dateien (siehe die Anleitung auf Seite 251), bevor Sie die Schritte 12 bis 14 wiederholen.

Windows 10 startet nun den Brennvorgang. Je nach Datenumfang kann dies etwas dauern. Nach erfolgreichem Brennvorgang wird wieder automatisch die Schublade des Brenners geöffnet, und Sie können den Datenträger entnehmen. Das eventuell noch geöffnete Fenster **Auf Datenträger brennen** schließen Sie mit **Fertig stellen**.

ISO-Dateien auf DVD brennen

Viele Software-Hersteller bieten ihre Programme mittlerweile im Internet zum Download an. Als Dateiformat wird häufig das ISO-Format, ein sogenanntes *Datenträgerabbild*, gewählt. Früher konnten diese Dateitypen nur mit spezieller Software auf DVD gebrannt werden, mittlerweile ist dies aber auch in Windows 10 möglich. Markieren Sie hierzu einfach die gewünschte ISO-Datei. Aus dem Internet heruntergeladene Dateien finden Sie meist im Ordner **Downloads**. Klicken Sie dann im Register **Datenträgerimagetools** auf das Symbol **Brennen**. Wählen Sie das DVD-Laufwerk aus, und starten Sie den Brennvorgang mit **Brennen**.

Platz sparen mit ZIP-Archiven

Im Kasten oben bin ich bereits kurz auf das Herunterladen von Dateien aus dem Internet eingegangen. Abgesehen vom dort erwähnten ISO-Format finden Sie hier häufig auch sogenannte *ZIP-Dateien*. Diese Dateien enthalten selbst wiederum Dateien, die aber stark verkleinert und in der ZIP-Datei »verpackt« wurden. In dieser stark komprimierten Form lassen sie sich besser im Internet übertragen. Bevor Sie die Dateien innerhalb eines solchen ZIP-Archivs nutzen können, müssen sie wieder »entpackt« werden.

Damit ich Ihnen zeigen kann, wie das Entpacken funktioniert, werden Sie zunächst selbst eine ZIP-Datei erstellen, die Sie dann später (siehe die Anleitung ab Seite 258) wieder »entpacken«. Wie das Erstellen einer ZIP-Datei funktioniert, erfahren Sie in der folgenden Anleitung. Das ist ausgesprochen praktisch, wenn Sie größere Dateien, z. B. Fotos, per E-Mail versenden möchten.

1. Markieren Sie wie gewohnt im Inhaltsbereich des Explorers die Dateien, die komprimiert, also in einer ZIP-Datei zusammengefasst werden sollen.

2. Wechseln Sie im Menüband in das Register **Freigeben**, und klicken oder tippen Sie hier auf die Schaltfläche **ZIP** ❶.

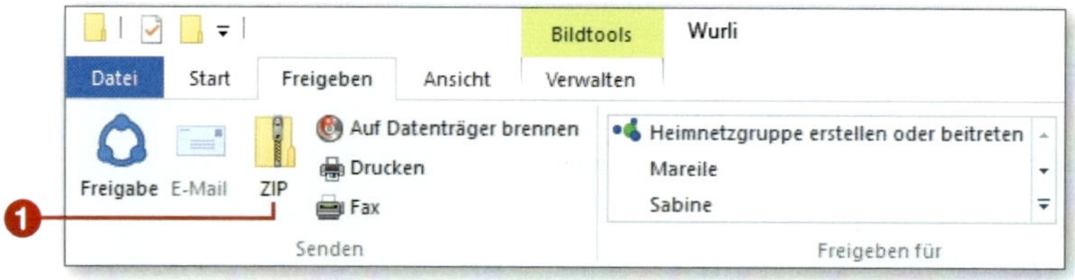

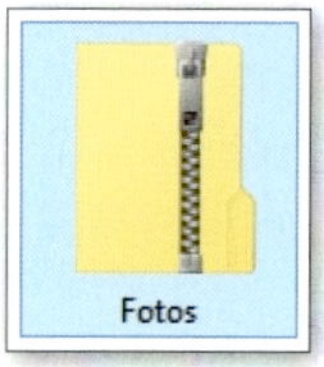

3. Die Dateien werden nun »gezippt«. Anschließend erscheint im Inhaltsbereich eine weitere Datei, die den Namen der zuletzt markierten Datei erhält. Diese Datei können Sie wie gewohnt umbenennen. Fertig ist das ZIP-Archiv!

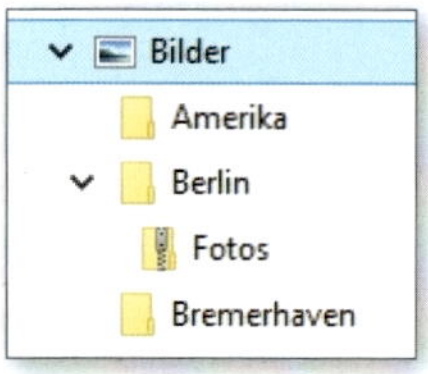

Die ZIP-Datei wird nicht nur im Inhaltsbereich angezeigt. Markieren Sie im Navigationsbereich den Ordner, in dem sich das ZIP-Archiv befindet, wird es hier ebenfalls aufgeführt. Eine ZIP-Datei erkennen Sie übrigens immer an dem Ordnersymbol mit dem Reißverschluss. Um zu sehen, welche Daten eine ZIP-Datei enthält, reicht im Navigationsbereich ein einfacher Klick oder Tipp auf die Datei, im Inhaltsbereich doppelklicken oder -tippen Sie darauf. Im Explorer wird im Inhaltsbereich nun der Inhalt des ZIP-Archivs angezeigt. Für das Entpacken eines ZIP-Archivs gehen Sie folgendermaßen vor:

1. Sofern der Inhalt der ZIP-Datei nicht von selbst angezeigt wird, markieren Sie zunächst die ZIP-Datei im Inhaltsbereich des Explorers.

2. Im Menüband wird nun das Register **Tools für komprimierte Ordner** eingeblendet. Klicken oder tippen Sie hier auf **Alle extrahieren**.

3. Als Nächstes legen Sie fest, an welchem Ort die entpackten Dateien gespeichert werden sollen. Windows 10 bietet hierfür das Verzeichnis an, in dem sich auch die ZIP-Datei befindet ❷. Per Standardeinstellung legt es in diesem Ordner einen weiteren, diesmal aber entpackten Ordner mit dem Namen des ZIP-Archivs an. Wenn Sie damit nicht einverstanden sind, können Sie nach einem Klick oder Tipp auf **Durchsuchen** ❸ auch selbst einen Speicherort für die entpackten Dateien festlegen.

4. Mit einem Klick oder Tipp auf **Extrahieren** ❹ werden die Dateien entpackt und können anschließend über den zuvor festgelegten Ordner geöffnet werden.

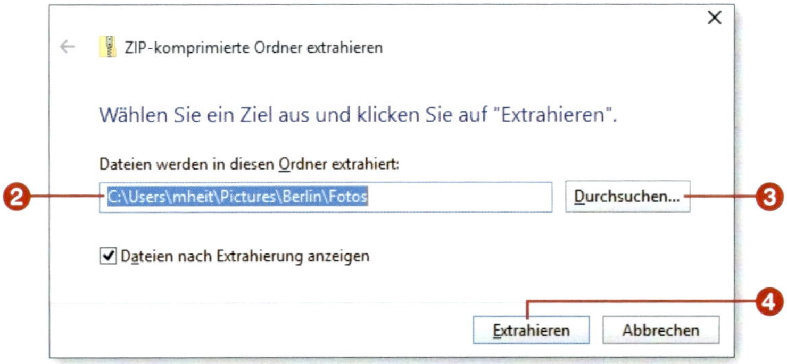

Bei all den kopierten, verschobenen, umbenannten oder entpackten Dateien verliert man leicht den Überblick. Im folgenden Abschnitt werde ich Ihnen deshalb die Suchfunktion des Explorers vorstellen, mit der Sie vermeintlich verloren gegangenen Dateien schnell auf die Spur kommen.

Mit dem Explorer auf der Suche

Wie Sie unter Windows 10 Apps und Windows-Anwendungen suchen, haben Sie schon öfter im Verlauf dieses Buches erfahren. Wie Sie innerhalb einer App suchen, ist Ihnen ebenfalls bekannt. Der Weg führt meist über das Suchfeld in der Taskleiste am unteren Bildschirmrand. Neben dieser Suchfunktion können Sie aber auch den Explorer nutzen, wenn Sie eine Datei nicht wiederfinden.

Das Suchfeld, in das Sie den gewünschten Suchbegriff eingeben, finden Sie direkt unterhalb des Menübands rechts neben dem Adressfeld. Der Explorer durchsucht jeweils das gerade ausgewählte Verzeichnis. Bevor Sie eine Suchanfrage starten, sollten Sie also zunächst im Navigationsbereich links den gewünschten Ordner oder eine Bibliothek markieren. Windows durchsucht in letzterem Fall alle in der Bibliothek enthaltenen

> Bevor Sie eine Suche starten, markieren Sie das gewünschte Verzeichnis, hier »Dieser PC«.

Ordner – egal, wo diese tatsächlich gespeichert sind. Soll der gesamte Computer durchforstet werden, markieren Sie den Eintrag **Dieser PC**; im Falle eines externen Speichermediums wählen Sie genau dieses aus.

Sobald Sie das Verzeichnis oder Laufwerk ausgewählt haben ❶, geben Sie in das Suchfeld einen Suchbegriff ein ❷. Alle gefundenen Ergebnisse werden im Inhaltsbereich eingeblendet, der Suchbegriff wird dabei gelb hervorgehoben. Windows 10 orientiert sich bei der Suche nicht nur am Datei- oder Ordnernamen, es berücksichtigt auch Dateiinhalte oder E-Mails.

v Der Suchbegriff wird in den Ergebnissen gelb markiert.

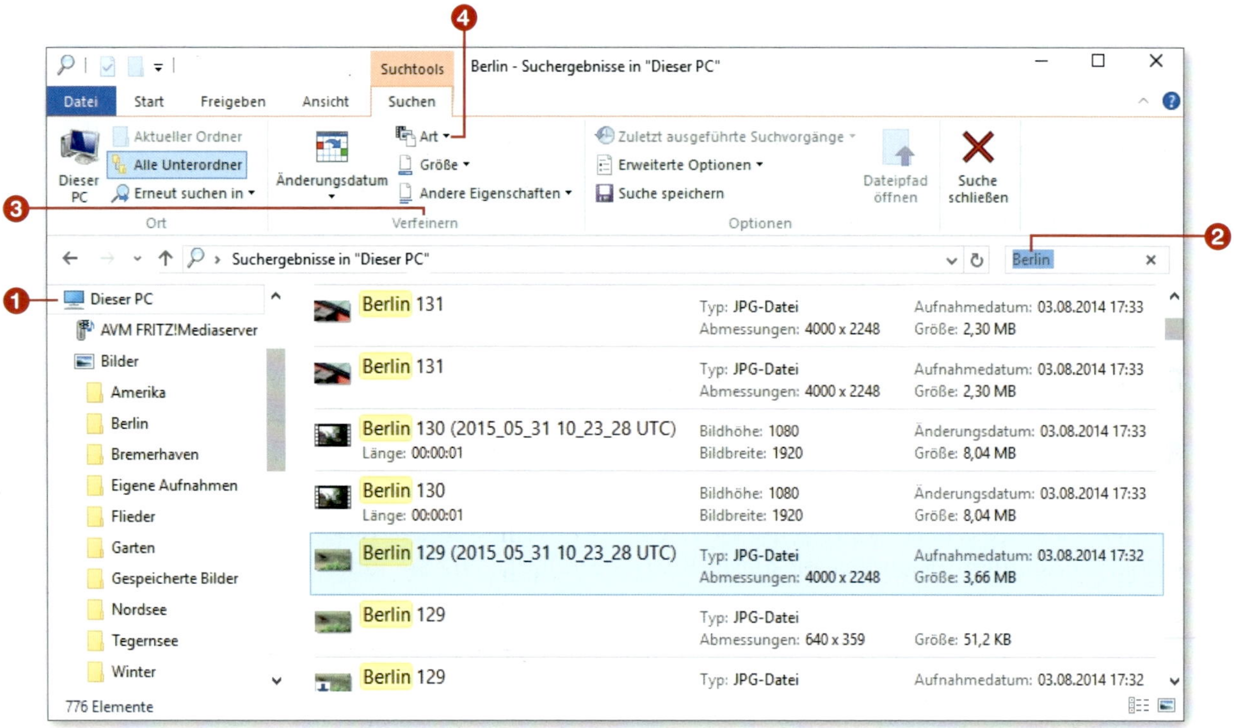

Hat die Suche zu viele Ergebnisse geliefert, können Sie diese auch weiter filtern. Bereits während der Suche wurde im Menüband das Register **Suchtools** eingeblendet. Hier finden Sie in der Gruppe **Verfeinern** ❸ diverse Möglichkeiten zum Einschränken der Suchergebnisse. Sind Sie beispielsweise auf der Suche nach einem Foto, klicken oder tippen Sie auf die Schaltfläche **Art** ❹ und markieren in der aufklappenden Liste den

Eintrag **Bild**. Die Suchergebnisse werden sofort entsprechend gefiltert. Analog können Sie die Suche auch auf ein bestimmtes **Änderungsdatum** oder die **Größe** einer Datei einschränken.

Suchbegriffe umschreiben

Sind Sie sich nicht ganz sicher, welche Schreibweise Sie vor langer Zeit für eine Datei gewählt haben? In diesem Fall können Sie auch mit Platzhaltern arbeiten. Das Fragezeichen ? steht beispielsweise für einen einzelnen Buchstaben. Geben Sie also »M?ier« ein, wird sowohl »Meier« als auch »Maier« gefunden. Beliebig viele Buchstaben ersetzen Sie mithilfe des Sternchens *, also etwa »Schmi*« für »Schmidt« oder »Schmitt«.

Bei den bisherigen Themen in diesem Kapitel haben wir uns auf die Daten beschränkt, die sich auf Ihrem Computer oder auf externen Speichermedien befinden. Mittlerweile gibt es aber noch eine weitere Speichermöglichkeit für Ihre Daten: den Online-Speicher *OneDrive*. Worum es sich dabei handelt, zeige ich Ihnen im folgenden Abschnitt.

Dateien online speichern auf OneDrive

Haben Sie, wie in Kapitel 3, »Ihr ganz persönliches Windows 10«, beschrieben, ein Microsoft-Konto eingerichtet, steht Ihnen ein kostenloser Online-Speicher zur Verfügung, *OneDrive* genannt. Nicht nur Microsoft bietet einen solchen auch als *Cloud* bezeichneten Online-Speicher an. Auch Google, Amazon, Telekom und viele andere Hersteller mischen bei diesem Hype mit. Der Vorteil liegt auf der Hand: Sie können von überallher auf die online, also im Internet gespeicherten Daten – z. B. auf Fotos oder wichtige Dokumente – zugreifen. Vorausgesetzt natürlich, Sie haben einen Zugang zum Internet.

Werfen Sie einen Blick in den Explorer, finden Sie in der Navigationsleiste den Eintrag **OneDrive**. Der Online-Speicher verhält sich hier wie ein ganz normaler Ordner auf der Festplatte Ihres Computers oder auch einer externen Festplatte. Das heißt, es stehen Ihnen alle Funktionen des Explorers – wie etwa Kopieren, Verschieben und Löschen – zur Verfügung.

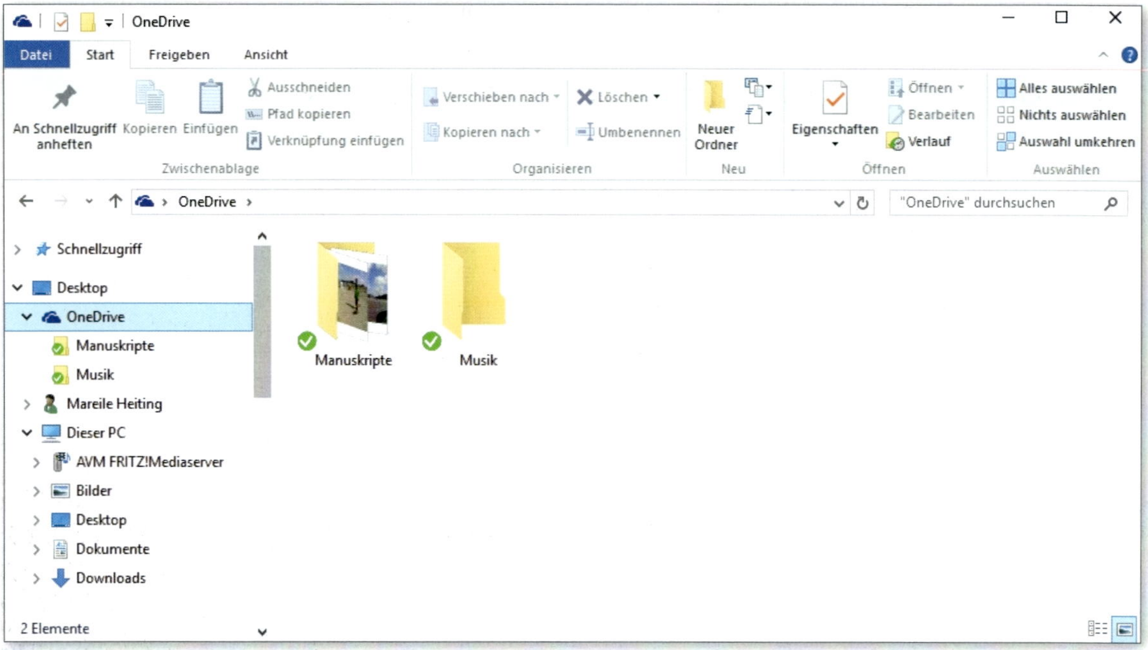

Der Zugriff auf die Cloud OneDrive ist über den Explorer möglich.

Das erste Mal beim Online-Speicher OneDrive anmelden

Wenn Sie mit Ihrem lokalen Benutzerkonto bei Windows 10 angemeldet sind, müssen Sie deshalb nicht auf den Online-Speicher verzichten. Beim ersten Zugriff auf den Cloud-Speicher OneDrive müssen Sie sich für die Nutzung der App mit den Benutzerdaten Ihres Microsoft-Kontos anmelden. Diese Anmeldung ist schnell erfolgt. Nach dem Aufruf des Eintrags **OneDrive** im Startmenü bzw. im Explorer wird der Dialog **OneDrive einrichten** eingeblendet. Im Feld **Geben Sie Ihre E-Mail-Adresse ein** tragen Sie die E-Mail-Adresse Ihres Microsoft-Kontos ein. Klicken oder tippen Sie dann auf **Anmelden**. Im Dialog **Anmelden** ergänzen Sie nun noch im Feld **Kennwort** das entsprechende Passwort. Bestätigen Sie Ihre Eingabe mit **Anmelden**. Nach der Anmeldung bei OneDrive werden Ihnen einige Einstellungsmöglichkeiten angeboten, die Sie jeweils mit **Weiter** übernehmen. Nach einem Klick oder Tipp auf **Meinen OneDrive-Ordner öffnen** wird der Browser Edge gestartet, in dem Sie einige Informationen zu OneDrive erhalten. Das Programmfenster können Sie wie üblich schließen. Nun können Sie, wie in diesem Abschnitt beschrieben, über den Explorer auf den Cloud-Speicher OneDrive zugreifen.

Statt über den Explorer auf den Online-Speicher OneDrive (bis Anfang 2014 übrigens unter dem Namen *SkyDrive* bekannt) zuzugreifen, können Sie auch den Weg über das Startmenü wählen. Wie dies funktioniert, zeige ich Ihnen auf Seite 264.

Um OneDrive nutzen zu können, müssen Sie mit Ihrem Microsoft-Konto am Computer angemeldet sein. Sind Sie mit einem lokalen Konto angemeldet, müssen Sie sich nach dem Aufruf des Online-Speichers zunächst mit Ihren Benutzerdaten des Microsoft-Kontos beim Cloud-Speicher anmelden. Wie dies funktioniert, lesen Sie im Kasten »Das erste Mal beim Online-Speicher OneDrive anmelden« auf Seite 262.

Den Online-Speicher OneDrive rufen Sie über den entsprechenden Eintrag im Startmenü auf.

In den Online-Speicher OneDrive gelangen Sie, wie bereits erwähnt, entweder über den Explorer oder über das Startmenü. Für Letzteres rufen Sie das Startmenü ⊞ auf. Bei einem Tablet tippen Sie oben links auf das Symbol **Alle Apps** ☰. Blättern Sie in der Liste aller installierten Apps bis zum Buchstaben **O**, unter dem Sie den gewünschten Eintrag **OneDrive** finden.

Auch hier wird nun der Explorer geöffnet. Im Inhaltsbereich sehen Sie gleich den Inhalt des Online-Speichers.

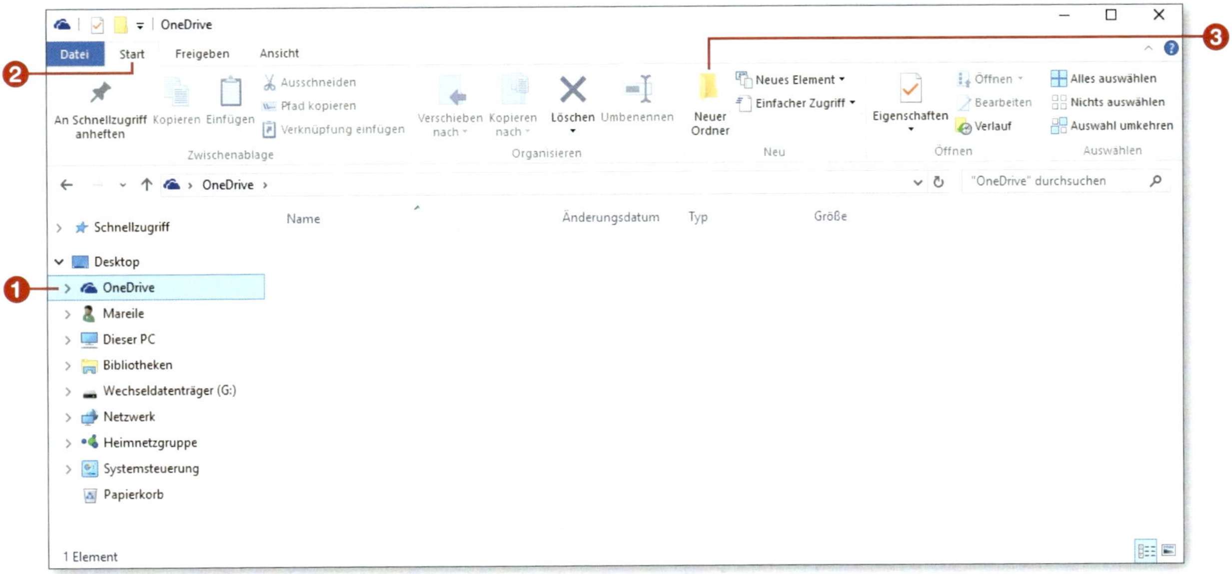

Nach dem ersten Aufruf ist der Online-Speicher noch leer.

Um Dateien, etwa Bilder Ihres letzten Urlaubs, in die Cloud hochzuladen, gehen Sie folgendermaßen vor:

1. Wenn Sie möchten, legen Sie zunächst im Online-Speicher einen neuen Ordner an. Stellen Sie hierfür sicher, dass im Navigationsbereich der Eintrag **OneDrive** ❶ markiert ist. Wechseln Sie dann im Menüband in das Register **Start** ❷, und klicken Sie hier auf **Neuer Ordner** ❸.

2. Überschreiben Sie den blau markierten Text **Neuer Ordner** mit dem Namen des neuen Ordners, etwa »Urlaubsbilder« ❹. Drücken Sie die Taste [↵], oder tippen Sie auf **Eingabe**.

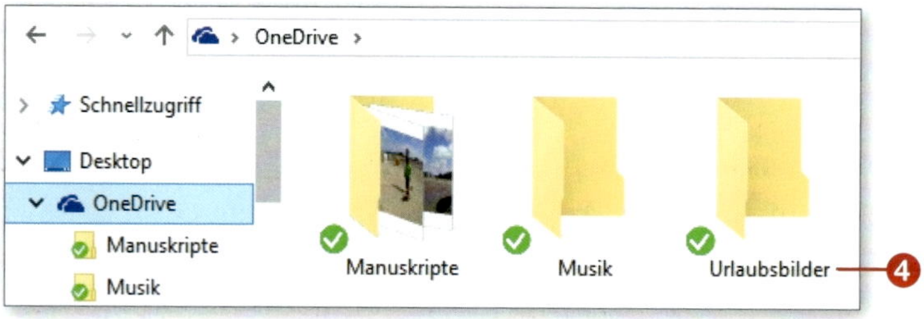

Das weitere Vorgehen haben Sie bereits im Abschnitt »Dateien und Ordner kopieren, verschieben und löschen« ab Seite 244 kennengelernt.

3. Wechseln Sie im Navigationsbereich in den Ordner, in dem sich die Daten befinden, die Sie online speichern wollen, etwa **Bilder**.

4. Möchten Sie einen gesamten Ordner in die Cloud übertragen, markieren Sie diesen per Mausklick oder durch Antippen.

5. Sollen lediglich einzelne Dateien des Ordners online zur Verfügung gestellt werden, öffnen Sie den Ordner, der diese Dateien enthält ❺. Halten Sie nun die Taste [Strg] gedrückt, während Sie nacheinander alle gewünschten Dateien anklicken oder antippen. Alle gekennzeichneten Elemente sind am hellblauen Hintergrund erkennbar.

6. Sobald Sie alle gewünschten Dateien innerhalb des Ordners ausgewählt haben, klicken oder tippen Sie nun im Register **Start** auf **Kopieren nach** ❻ und in der aufklappenden Liste auf **Speicherort auswählen** ❼.

7. Im Dialog **Elemente kopieren** klicken oder tippen Sie auf das kleine Dreieck links von **OneDrive** ❽. Es werden nun alle Ordner angezeigt, die

Sie in der Cloud bereits angelegt haben. Markieren Sie den gewünschten Ordner, im Beispiel etwa **Urlaubsbilder**. Bestätigen Sie die Auswahl mit **Kopieren**.

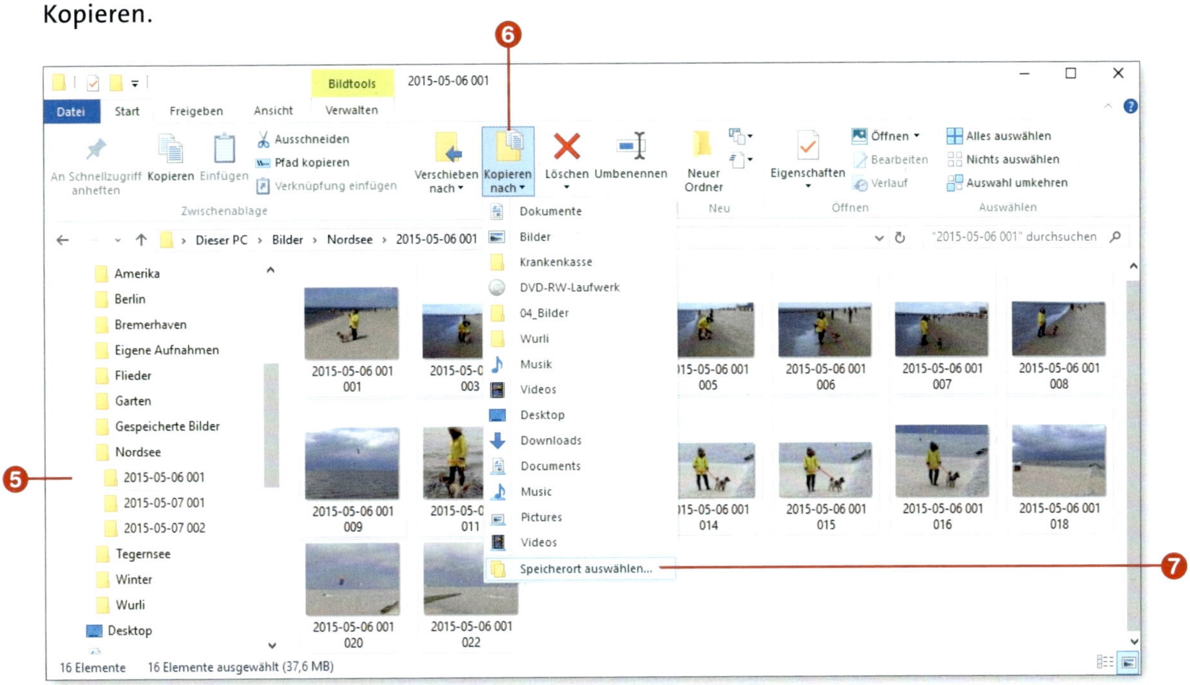

Die ausgewählten Daten werden nun in den Online-Speicher hochgeladen. Je nach Datenmenge kann dies einen Moment dauern. Rufen Sie im Explorer über den Navigationsbereich die Ordner **OneDrive** und dann **Urlaubsbilder** auf, werden die kopierten Dateien aufgeführt.

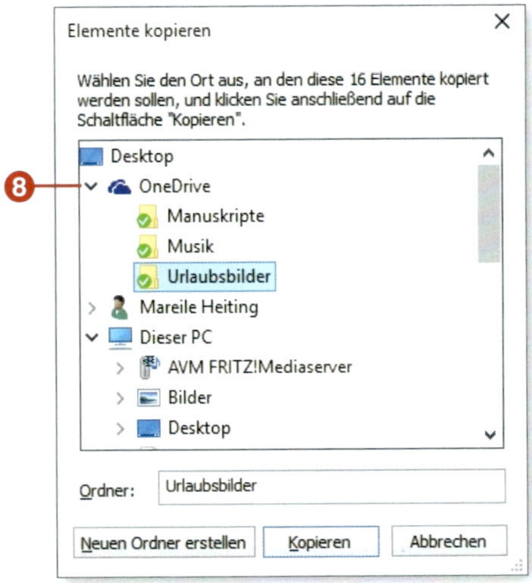

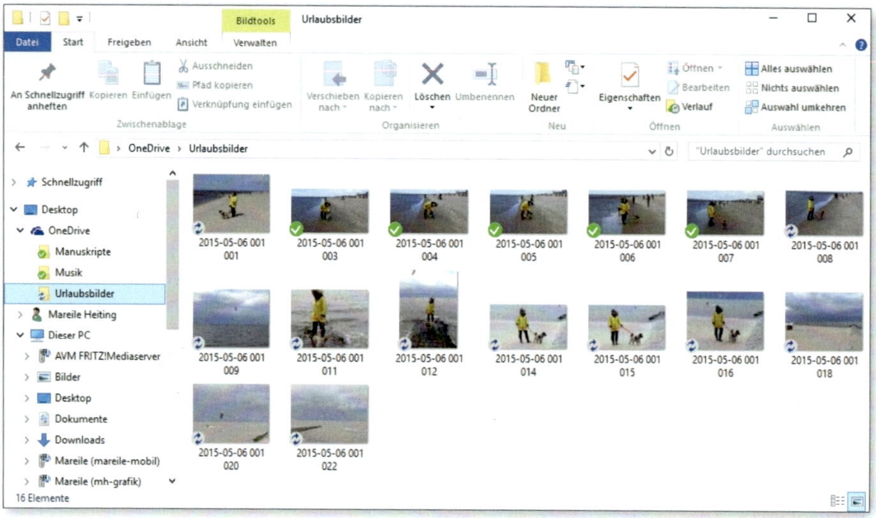

Alle erfolgreich übertragenen Bilder werden mit einem grünen Häkchen gekennzeichnet.

Alle bereits erfolgreich übertragenen Daten sind mit einem grünen Häkchen versehen. Läuft die Übertragung in die Cloud noch, wird stattdessen das Symbol angezeigt. Melden Sie sich an einem anderen Computer mit Ihrem Microsoft-Konto an, können Sie von diesem aus ganz bequem auf die soeben hochgeladenen Urlaubsbilder in der Cloud zugreifen.

Fotos mit Freunden teilen

Die Cloud OneDrive eignet sich auch wunderbar dafür, Fotos mit anderen zu teilen. Wenn Sie Freunden beispielsweise gerne die letzten Urlaubsbilder zeigen möchten, sie aber zu weit entfernt wohnen und ein Treffen deshalb in der nächsten Zeit nicht infrage kommt, laden Sie die Bilder einfach auf OneDrive hoch. Starten Sie den Browser *Microsoft Edge*, und rufen Sie die Internetadresse *https://onedrive.live.com/about/de-de* auf (siehe auch Kapitel 4, »Im Internet unterwegs«). Nachdem Sie sich mit der E-Mail-Adresse und dem Kennwort Ihres Microsoft-Kontos angemeldet haben, erhalten Sie nun Zugriff auf Ihren Online-Speicher. Markieren Sie hier die Bilder, die Sie Freunden zeigen möchten. Sobald Sie diese ausgewählt haben, wird am oberen Seitenrand der Befehl **Teilen** angezeigt. Ein Klick oder Tipp hierauf und Sie können im nächsten Dialog die E-Mail-Adresse des Freundes eingeben und ihm eine kurze Nachricht hinterlassen. Klicken oder tippen Sie auf **Teilen**, erhält der Freund per E-Mail eine Einladung, Ihre Bilder anzusehen. Vergessen Sie nicht, sich nach einem Klick auf Ihren Benutzernamen wieder bei OneDrive abzumelden.

Kapitel 7
Fotos, Videos und Musik

Erinnern Sie sich noch an die Zeiten, in denen Sie Ihre Urlaubsbilder erst umständlich zum Entwickeln bringen mussten? Nicht selten erhielt man zu den Strandaufnahmen auch noch Fotos vom letzten Weihnachtsfest zurück, an die man schon gar nicht mehr gedacht hatte. Von den nicht gelungenen Fotos einmal ganz abgesehen.

Dank Digitalkamera und Computer gehören diese Zeiten der Vergangenheit an. Ruck, zuck können Sie nun Fotos und Videos direkt von der Kamera auf Ihren Computer überspielen und sofort betrachten. Wenn Sie dabei kleine Schönheitsfehler wie die berühmten roten Augen entdecken, lassen sich diese sofort korrigieren. Möchten Sie die Fotos anschließend selbst ausdrucken? In diesem Kapitel zeige ich Ihnen, wie all dies funktioniert. Auch das Thema Musik wird dabei nicht vergessen, denn schließlich macht das Bearbeiten der meist großen Fotosammlung mit etwas Musikuntermalung gleich viel mehr Spaß.

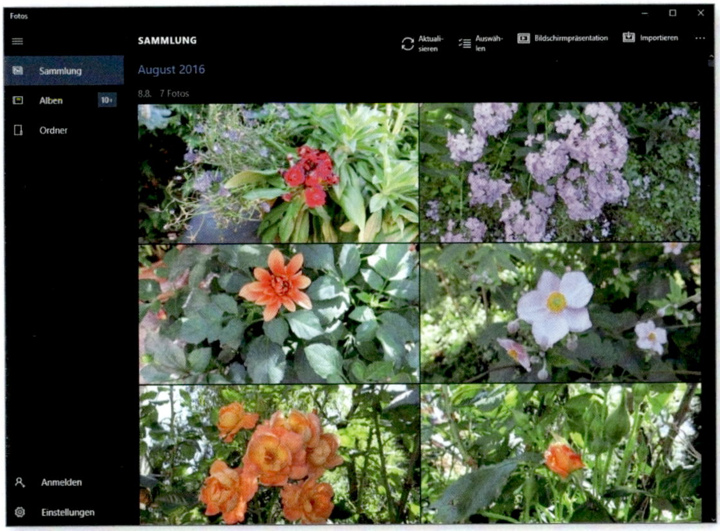

Mit Windows 10 haben Sie Ihre Fotos gut im Blick.

Fotos und Videos auf den PC überspielen

Das Fotografieren, aber auch das Filmen ist mit einer Digitalkamera ein Vergnügen. Selbst mit Smartphones gelingen tolle Schnappschüsse. Das Ergebnis können Sie zwar sofort auf dem Display der Kamera bewundern, doch noch besser zur Geltung kommen die Bilder natürlich auf einem großen Bildschirm.

Windows 10 hat eine spezielle App für Fotos an Bord, mit der Sie Bilder nicht nur betrachten, sondern auch auf den Computer überspielen. Seit dem Anniversary Update können Sie nun endlich auswählen, welche Fotos und Videos von der Kamera auf den Computer überspielt werden sollen. Der Dateiname lässt sich leider immer noch nicht bestimmen. Meine Empfehlung lautet daher: Nutzen Sie für das Überspielen der Dateien besser die *Fotogalerie*, die ich Ihnen ab Seite 281 im Abschnitt »Fotos und Videos mit der Fotogalerie übertragen« vorstellen werde.

^ *Die Fotos-App ist das Standardprogramm für den Import und die Bearbeitung Ihrer Bilder.*

Unter Windows 10 ist die Fotos-App das Standardprogramm für all Ihre Bildaktionen (wie Sie ein anderes Standardprogramm festlegen, erfahren Sie auf Seite 298 im Kasten »Ein Standard-Fotoprogramm auswählen«). Deshalb wird die Fotos-App auch automatisch für den Datenimport genutzt. Bevor aber das Programm aktiv werden kann, müssen Sie Kamera und Computer zunächst miteinander verbinden.

Viele Digitalkameras können Sie direkt per USB-Kabel mit dem PC verbinden. Sobald Sie die Kamera anschließend einschalten und, falls das bei Ihrem Gerät nötig ist, in den Wiedergabemodus wechseln, meldet sich Windows 10 auch schon zu Wort.

Kartenlesegerät nutzen

Sie finden das USB-Kabel Ihrer Kamera nicht mehr? Viele Computer besitzen ein Kartenlesegerät, in das Sie die Speicherkarte Ihrer Kamera stecken können. Alternativ lässt sich auch ein externes Lesegerät nutzen, das ebenfalls über die USB-Schnittstelle an den PC angeschlossen wird. Sobald Sie die Speicherkarte eingesteckt haben, reagiert Windows 10. Die nächsten Schritte sind identisch mit dem ab Seite 269 vorgestellten Prozedere für die direkte Verbindung von Kamera und Computer.

Windows 10 erkennt das angeschlossene Gerät automatisch und installiert bei der ersten Verwendung die nötigen Treiber. Dies gilt übrigens nicht nur für Digitalkameras oder Kartenlesegeräte, sondern ist beim Anschluss einer externen Festplatte oder eines USB-Sticks genauso.

Datenimport manuell starten

Wird bei Ihnen nach Schritt 2 (siehe unten) die Fotos-App nicht automatisch mit einer Übersicht über die Dateien auf der Speicherkarte geöffnet? In diesem Fall öffnen Sie die App selbst über die entsprechende Kachel im Startmenü. Klicken oder tippen Sie nun oben rechts auf **Importieren**. Wählen Sie die gewünschte Kamera oder Speicherkarte aus. Anschließend geht es bei Schritt 3 weiter.

1. Sobald die Treiber eingerichtet sind, erscheint in der rechten unteren Bildschirmecke für wenige Sekunden ein kleines Dialogfenster mit dem Titel des verwendeten Geräts, in unserem Beispiel also die an den Computer angeschlossene Digitalkamera. Klicken oder tippen Sie auf den Text unterhalb des Titels.

Es klappt daraufhin ein weiteres Fenster auf, in dem Ihnen verschiedene Aktionen für das Gerät angeboten werden.

2. In unserem Fall sollen Fotos und Videos auf den Computer überspielt werden. Klicken Sie daher auf **Fotos und Videos importieren**.

Diese beiden Fenster werden Ihnen nur beim ersten Anschluss des Geräts an den Computer angeboten. Windows 10 merkt sich, welche Aktion Sie gewählt haben, und geht zukünftig gleich nach dem Verbinden der Geräte zum nächsten Schritt über.

3. Windows 10 startet automatisch die Fotos-App. Wenn Sie mit einem lokalen Benutzerkonto am Computer angemeldet sind, erscheint eventuell die Meldung **Konto auswählen**, die Sie mit einem Klick auf **Schließen** ausblenden.

4. Im folgenden Dialog zeigt Ihnen die Fotos-App alle Fotos und Videos an, die noch nicht von der Kamera auf Ihren Computer überspielt wurden. Wenn Sie alle Daten sehen möchten, die sich auf der Speicherkarte der Kamera befinden, klicken Sie auf **Alle auswählen** ❶.

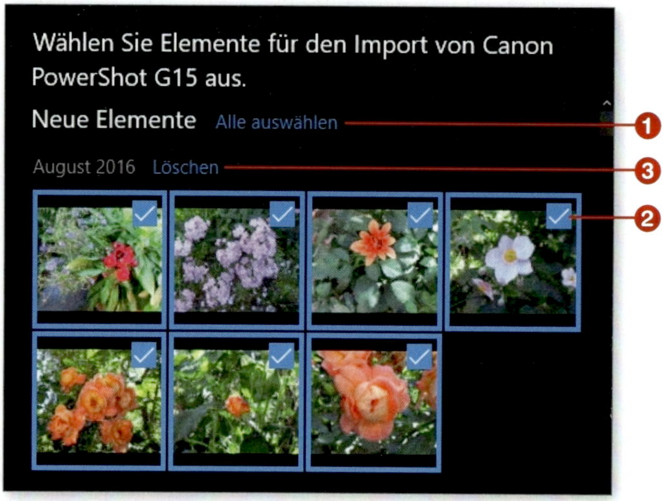

5. In der rechten oberen Ecke eines jeden Elements sehen Sie ein blaues Kästchen, das mit einem Häkchen versehen ist ❷. Alle derart gekennzeichneten Elemente werden beim Import berücksichtigt. Möchten Sie einige der Fotos oder Videos nicht auf den Computer überspielen, entfernen Sie per Mausklick auf das entsprechende Kästchen das Häkchen. Alle Elemente werden im Dialog nach Monat sortiert angezeigt. Um die Fotos und Videos eines ganzen Monats vom Import auszuschließen, klicken Sie rechts vom Monatsnamen auf **Löschen** ❸. Mithilfe der Bildlaufleiste blättern Sie im Dialog.

6. Sind nur noch die Elemente mit einem Häkchen versehen, die auch übertragen werden sollen, klicken Sie auf **Fortfahren** ❹.

7. Als Nächstes sehen Sie den Dialog **Import starten?**, in dem Sie erfahren, wie viele Fotos und Videos Sie für den Import ausgewählt haben. Soll Windows 10 die Fotos und Videos nicht automatisch in den Bilderordner importieren, klicken oder tippen Sie auf **Ordner für den Import ändern** ❺.

8. Im Dialog **Ordner auswählen** wählen Sie im Navigationsbereich links den Ordner aus, in dem die importierten Daten abgelegt werden sollen. Nach einem Klick auf die Schaltfläche **Neuer Ordner** ❻ können Sie einen neuen Ordner anlegen. Überschreiben Sie die Bezeichnung **Neuer Ordner** mit einem aussagekräftigen Namen ❼. Per Doppelklick auf den neu erzeugten Ordner öffnen Sie diesen. Schließen Sie den Dialog **Ordner auswählen** mit einem Klick auf **Diesen Ordner zu „ …“ hinzufügen** ❽.

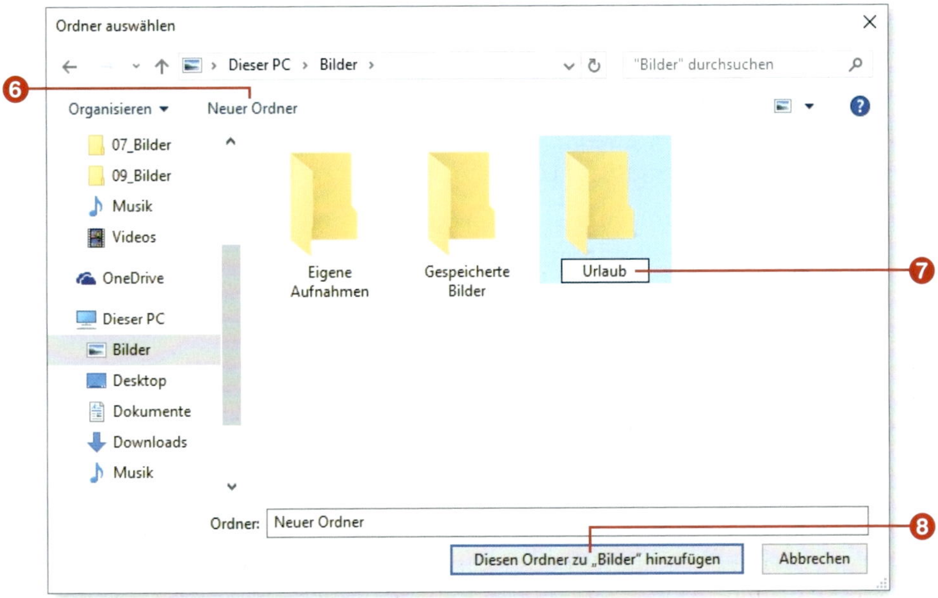

9. Der gerade ausgewählte Ordner wird nun im Dialog **Import starten?** angezeigt. Mit einem Klick oder Tippen auf **Importieren** (9 auf Seite 271) starten Sie den Importvorgang.

Ihre Fotos und Filme werden jetzt von der Digitalkamera oder der Speicherkarte auf den Computer überspielt. Dieser Vorgang dauert je nach Datenumfang ein paar Sekunden oder auch länger. Im nächsten Abschnitt zeige ich Ihnen, wie Sie mit der Fotos-App Ihre Bilder optimieren können.

Für jeden Monat ein neuer Unterordner

Windows 10 legt die Dateien während des Imports automatisch in dem von Ihnen festgelegten Ordner ab. Wurden die Fotos und Videos in unterschiedlichen Monaten aufgenommen, erzeugt es außerdem Unterordner, die als Bezeichnung den Monatsnamen sowie die Jahreszahl erhalten. Die Bezeichnung für Oktober 2016 lautet z. B. **2016-10**. Dies entdecken Sie allerdings erst, wenn Sie sich den Bilderordner im Explorer ansehen. Wie Sie den Explorer aufrufen und darin zum gewünschten Bilderordner wechseln, habe ich im Abschnitt »Erste Schritte mit dem Explorer« ab Seite 226 ausführlich beschrieben. Das Anlegen der Unterordner lässt sich leider nicht verhindern. Seit dem Anniversary Update haben Sie nur die Möglichkeit, im Dialog **Import starten?** nach einem Klick auf den Pfeil rechts vom Feld **In Ordner importieren nach** als Alternative **Tag** auszuwählen. In diesem Fall legt die Fotos-App für jeden Tag, an dem Sie Fotos und Videos aufgenommen haben, einen eigenen Ordner an. Diese Einstellung ist z. B. interessant, wenn Sie im Urlaub an verschiedenen Tagen Ausflüge unternommen haben, denn so werden alle Fotos und Videos eines Ausflugs gleich in einem Ordner zusammengefasst. Wenn Sie möchten, können Sie nach dem Datenimport über den Explorer den Ordner umbenennen und ihm statt des Datums den Namen des Ausflugsziels geben.

Fotos und Videos mit der Fotos-App bearbeiten

Mit der Fotos-App können Sie Ihre Bilder nach dem Import nicht nur betrachten, sondern auch kleinere Schönheitsfehler ausbessern. Sollten

Sie die App nach dem Import geschlossen haben, rufen Sie sie über das Startmenü wieder auf. Die entsprechende Kachel ❶ finden Sie in der rechten Spalte des Startmenüs, das Sie per Klick auf das Windows-Logo ⊞ ❷ in der Taskleiste einblenden.

Die Kachel der Fotos-App zeigt eine Diashow Ihrer Bilder.

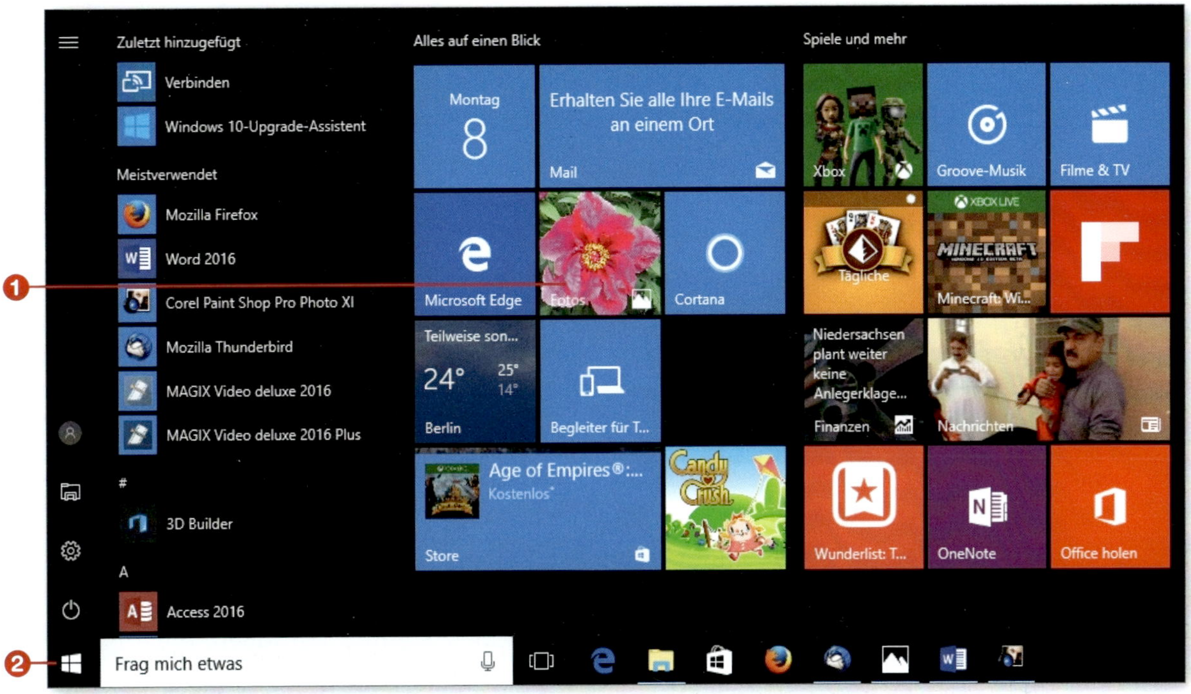

Bei der Kachel handelt es sich um eine *Live-Kachel*, deren Aussehen sich regelmäßig ändert. Im Fall der Fotos-App werden in der kleinen Vorschau nacheinander die Fotos Ihrer Bilder-Bibliothek eingeblendet. Befinden sich auf Ihrem Computer noch gar keine Fotos, sehen Sie hier lediglich eine mit **Fotos** beschriftete App.

Sobald Sie die Fotos-App per Klick oder Tipp auf die entsprechende Kachel öffnen, erhalten Sie auch schon eine Übersicht über Ihre Fotosammlung. Wenn Sie mit einem Microsoft-Konto bei Windows 10 angemeldet sind, wird automatisch der Online-Speicher *OneDrive* durchsucht, und auch diese Bilder werden eingeblendet. Die Fotos sind chronologisch sortiert. Mithilfe der Bildlaufleiste (❸ auf Seite 274) oder des Scrollrads der Computermaus blättern Sie in der **Sammlung** und gelangen so zu den älteren Aufnahmen. Arbeiten Sie mit einem Tablet, führen Sie einfach eine entsprechende Wischbewegung aus.

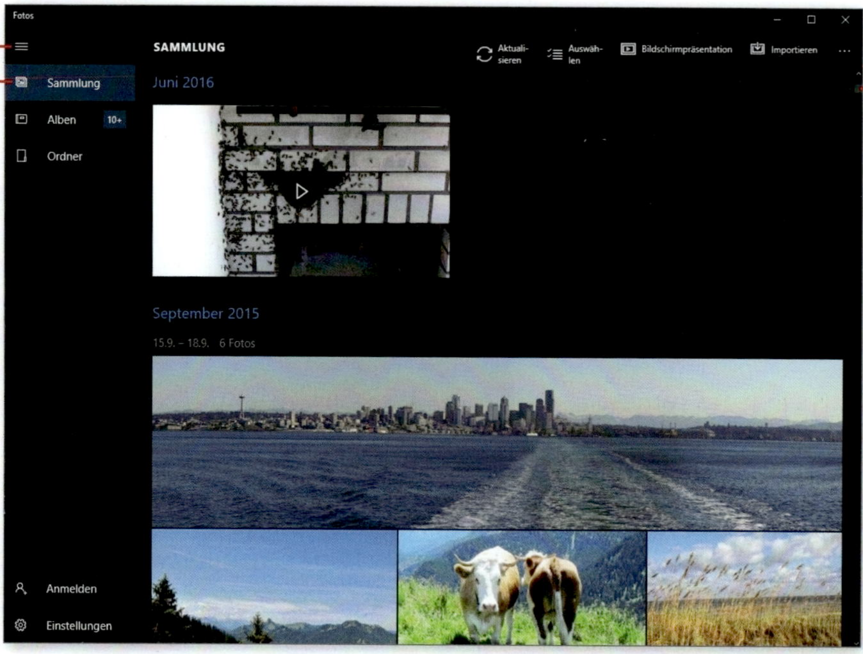

> *Die Sammlung Ihrer Fotos wird in der App nach Datum sortiert angezeigt.*

Über die Schaltfläche ☰ oben links ❹ lässt sich das Menü in der linken Fensterhälfte minimieren, sodass lediglich die Symbole der Kategorien angezeigt werden. Ein erneuter Klick auf ☰ blendet das ausführliche Menü wieder ein. Klicken oder tippen Sie hier auf **Alben**, erhalten Sie nicht, wie der Name vermuten lässt, all Ihre Bilderordner angezeigt. Stattdessen werden Ihre Bilder nach Datum sortiert zusammengefasst. Klicken Sie auf ein Datum, sehen Sie nur noch die Fotos, die am entsprechenden Tag aufgenommen wurden. Über den Pfeil oben links ❺ gelangen Sie wieder zur Übersicht zurück.

> *Die Kategorie »Alben« fasst Ihre Fotos nach Datum sortiert zusammen.*

Die Fotos-App wurde in erster Linie für die Nutzung auf einem Tablet entwickelt. Ihr Funktionsumfang ist daher nicht sehr spektakulär, sondern beschränkt sich auf das Nötigste. Dem einen oder anderen mag es aber ausreichen. Ein paar dieser Funktionen werde ich Ihnen im Folgenden vorstellen.

1. Um ein Foto zu bearbeiten, klicken oder tippen Sie es an. Zur Auswahl des Bildes kehren Sie gegebenenfalls in die Kategorie **Sammlung** (❻ auf Seite 274) zurück und blättern dann zum gewünschten Foto.

2. Nicht jedes Foto gelingt auf Anhieb. So verrutscht etwa der Horizont, oder auch die Farben wirken nicht sehr kräftig. Über das **Erweitern**-Symbol ❼ in der Symbolleiste lässt sich ein Bild mit nur einem Mausklick oder Tipp automatisch optimieren. Arbeiten Sie mit einem Tablet, finden Sie in der Symbolleiste lediglich die Symbole selbst, die Beschriftungen, wie Sie im Bild unten zu sehen sind, fehlen. Tippen Sie auf das Foto, wird die Symbolleiste übrigens ausgeblendet. Ein erneutes Antippen des Bildes blendet sie wieder ein.

3. Sagt Ihnen die automatische Korrektur, die Windows 10 vorgenommen hat, nicht zu, machen Sie sie per erneuten Klick auf das **Erweitern**-Symbol rückgängig.

4. Wenn Sie selbst Hand an das Bild legen möchten, markieren Sie in der Symbolleiste das **Bearbeiten**-Werkzeug (❽ auf Seite 275) das die Form eines Stifts aufweist. Links und rechts vom Foto werden nun einige Schaltflächen eingeblendet, über die Sie diverse Korrekturfunktionen erreichen.

5. Möchten Sie ein Foto zuschneiden, stellen Sie sicher, dass links vom Bild die Schaltfläche **Allgemeine Korrekturen** ❾ aktiviert ist. Ist dies der Fall, finden Sie rechts das Symbol **Zuschneiden** ❿.

6. Nach einem Klick hierauf wird das Foto um einen Rahmen ergänzt, der den zuzuschneidenden Bildausschnitt kennzeichnet. Bevor Sie das Bild zuschneiden, sollten Sie auf das Symbol **Seitenverhältnis** ⓫ klicken oder tippen. In der aufklappenden Liste legen Sie fest, welches Seitenverhältnis das zugeschnittene Bild haben soll. Wählen Sie **Original**, wird das Seitenverhältnis des Originalbildes übernommen.

7. Nun geht es an das Zuschneiden des Bildes. Die Größe des Rahmens lässt sich über die vier Eckpunkte ⓬ verändern, indem Sie den Mauszeiger oder Finger auf einem der Punkte positionieren und diesen dann mit gedrückter linker Maustaste oder dem Finger verschieben. Positionieren Sie den Mauszeiger oder Finger auf einer beliebigen Stelle des Fotos, verschieben Sie stattdessen den gesamten Bildausschnitt. Sind Sie mit dem umrahmten Bildbereich zufrieden, klicken Sie in der Symbolleiste auf das kleine Häkchen mit der Bezeichnung **Anwenden** ⑬. Wenn Sie die Korrektur doch nicht übernehmen möchten, brechen Sie den Vorgang über das **Kreuz**-Symbol ⑭ ab.

8. Bevor Sie die Änderungen am Foto speichern, können Sie noch weitere Korrekturen vornehmen. Wenn Sie mit den Farben eines Fotos nicht zufrieden sind, markieren Sie links vom Bild das Symbol **Farbe** (⑮ auf Seite 278) Klicken Sie dann rechts auf eines der vier Symbole, etwa **Sättigung**, wird eine kreisrunde Schaltfläche mit einem Ring ⑯ eingeblendet. Fahren Sie diesen Ring mit gedrückter linker Maustaste oder dem Finger im Uhrzeigersinn nach, erhöht sich der Wert und somit im Beispiel die Sättigung. Die Farben des Fotos wirken hierdurch kräftiger.

Eine Bewegung entgegen dem Uhrzeigersinn reduziert den Wert wiederum, die Farben des Fotos wirken somit kühler. Entsprechend führen Sie auch die weiteren Korrekturen aus. Über die Kategorie **Licht** ⑰ lassen sich z. B. Kontrast und Helligkeit eines Bildes anpassen. Probieren Sie die verschiedenen Werkzeuge einfach aus.

9. Über die **Rückgängig**-Schaltfläche ⑱ in der oberen Symbolleiste können Sie jede Korrektur ungeschehen machen.

10. Sind Sie sich nicht mehr sicher, wie das Originalbild aussah, klicken oder tippen Sie auf das Symbol **Vergleichen** ⑲. Solange Sie die Maustaste gedrückt halten bzw. den Finger auf dem Symbol belassen, ist das Original zu sehen. Sobald Sie die Taste loslassen oder den Finger vom Bildschirm nehmen, wird das korrigierte Foto angezeigt.

11. Wenn Sie mit dem Ergebnis Ihrer Bildbearbeitung zufrieden sind, müssen Sie die Korrekturen noch speichern. Benötigen Sie das Originalbild nicht mehr, reicht ein Klick auf das Symbol **Speichern** ⑳. Möchten Sie dagegen das Original ohne Korrekturen beibehalten, wählen Sie das Symbol **Kopie speichern** ㉑. Wenn Sie den Bearbeitungsdialog dagegen schließen möchten, ohne die Korrekturen zu übernehmen, klicken Sie auf das Kreuz-Symbol ㉒ ganz rechts.

Sie befinden sich nun wieder in der Einzelansicht des Fotos. Gefällt Ihnen das ausgebesserte Foto so gut, dass Sie es als Sperrbildschirm verwenden möchten, können Sie dies gleich in der Fotos-App veranlassen.

12. Klicken oder tippen Sie in der Symbolleiste am oberen Fensterrand auf das Symbol ··· ㉓ und in der aufklappenden Liste auf **Festlegen als**. Wählen Sie den Befehl **Sperrbildschirm**, wird das ausgewählte Foto nun auf Ihrem Sperrbildschirm angezeigt.

Ein Foto ausdrucken

Fotos auf dem Bildschirm zu betrachten ist ganz nett, aber manchmal möchte man ein Bild doch lieber ausgedruckt in den Händen halten. Ist die Fotos-App bereits geöffnet, können Sie den Druckvorgang gleich aus der App heraus starten. Voraussetzung hierfür ist natürlich, dass Sie bereits einen Drucker an den Computer angeschlossen haben. Wie Sie hierzu vorgehen, erfahren Sie im Abschnitt »Drucker, Lautsprecher und andere Geräte anschließen« ab Seite 134. In der Fotos-App selbst wählen Sie das auszudruckende Bild in der Sammlung aus. Klicken Sie dann in der Symbolleiste auf ··· und in der aufklappenden Liste auf **Drucken**. Im nächsten Dialog wählen Sie im Feld **Drucker** den gewünschten Drucker aus. Wurde das Foto im Querformat aufgenommen, sollten Sie im Feld **Ausrichtung** ebenfalls **Querformat** einstellen. Mit einem Klick auf **Drucken** starten Sie den Druckvorgang.

Gefällt Ihnen eines der Bilder trotz vorgenommener Schönheitskorrektur gar nicht, und Sie möchten es sofort entfernen?

1. Klicken oder tippen Sie dazu in der Symbolleiste auf das **Löschen**-Symbol ❶, und bestätigen Sie erneut mit **Löschen**. Das Foto wird nun entfernt und automatisch das nächste Bild der Fotosammlung angezeigt.

2. Bewegen Sie den Mauszeiger etwas auf dem Bild, erscheint am rechten Rand ein kleiner Pfeil ❷, über den Sie das nächste Bild innerhalb des Ordners aufrufen. Wenn Sie einen Touchscreen nutzen, wischen Sie einfach von rechts nach links, um von einem Foto zum nächsten, und umgekehrt, um zum vorherigen Foto zu blättern. Ist bei den Aufnahmen ein Video dabei, können Sie dies per Tipp auf das **Wiedergabe**-Symbol ❸ in der Bildmitte abspielen.

3. Nach einem Klick auf den Befehl **Diashow** ❹ werden alle Fotos innerhalb des Ordners nacheinander eingeblendet, und Filme werden entsprechend abgespielt. Durch Drücken der Taste Esc lässt sich die Diashow jederzeit beenden.

4. Möchten Sie wieder zur Übersicht über alle Dateien innerhalb des Ordners zurückkehren, klicken oder tippen Sie in der linken oberen Bildschirmecke auf den Pfeil ← ❺. Bei einem Tablet wird dieser Pfeil erst nach einer kurzen Wischbewegung vom oberen Seitenrand Richtung Bildmitte eingeblendet.

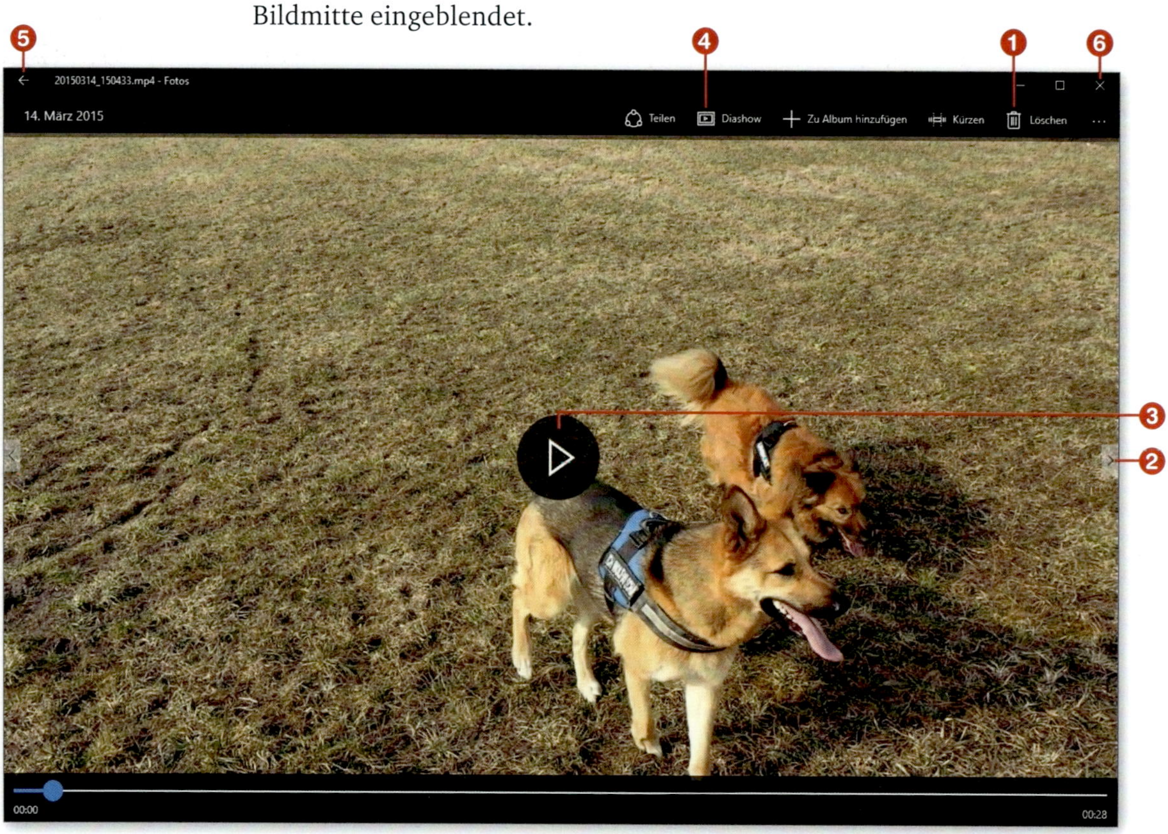

5. Zum Beenden der Fotos-App klicken Sie in der rechten oberen Ecke des Programmfensters auf das **Schließen**-Symbol ❻. Wenn Sie einen Touchscreen nutzen, wischen Sie mit dem Finger vom oberen Bildschirmrand ganz nach unten, bis die Fotos-App auf diese Weise geschlossen wird.

Damit haben Sie einige Funktionen, die die Fotos-App zu bieten hat, kennengelernt. Im Abschnitt »Kleine Schönheitsfehler selbst korrigieren« ab Seite 293 zeige ich Ihnen, wie Sie Ihre Fotos mithilfe der *Fotogalerie* optimieren. Die Fotogalerie ist auch im nächsten Abschnitt Thema, wenn es darum geht, Fotos und Videos von der Kamera auf den Computer zu übertragen.

Fotos und Videos mit der Fotogalerie übertragen

Eine Alternative zur Fotos-App stellt die Fotogalerie dar. Mit ihr können Sie Ihre Aufnahmen nicht nur komfortabel auf den Computer übertragen, sie bietet auch zahlreiche interessante Funktionen für die Organisation und Bearbeitung Ihrer Bildersammlung. Die Fotogalerie ist kein fester Bestandteil von Windows 10, Sie müssen das Programm zunächst kostenlos von einer Webseite von Microsoft herunterladen und installieren. Wie dies funktioniert, habe ich Ihnen bereits im Abschnitt »Dateien aus dem Internet herunterladen und installieren« ab Seite 181 gezeigt. Der Installationsaufwand ist nicht groß, dafür steht Ihnen anschließend ein wirklich pfiffiges Programm zur Verfügung.

Über den Eintrag »Photo Gallery« im Startmenü rufen Sie die Fotogalerie auf.

Die Fotogalerie rufen Sie über den Eintrag **Photo Gallery** im Startmenü auf. Starten Sie das Programm das erste Mal, werden Sie aufgefordert, dem **Vertrag über Microsoft-Dienste** zuzustimmen. Klicken Sie hierzu auf **Annehmen**. Sollte sich die Benutzerkontensteuerung anschließend zu Wort melden, bestätigen Sie sie mit **Ja** oder durch die Eingabe Ihres Administratorkennwortes. Für die Nutzung der Fotogalerie ist kein Microsoft-Konto nötig. Erscheint der Hinweis zur Anmeldung mit Ihrer E-Mail-Adresse, können Sie ihn also per Klick auf die gleichnamige Schaltfläche getrost abbrechen (❶ auf Seite 282).

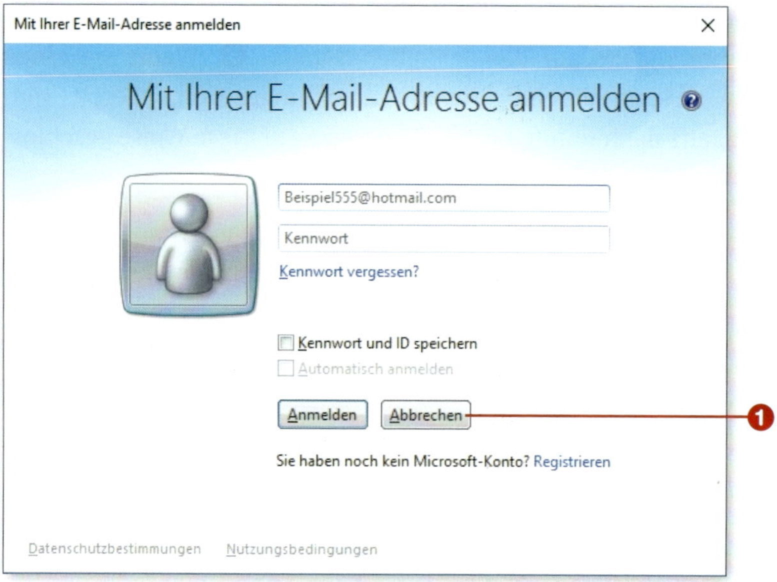

Diesen Dialog können Sie per Klick auf »Abbrechen« schließen.

Die Programmoberfläche der Fotogalerie hat große Ähnlichkeit mit der des Explorers. Auch hier gibt es am linken Fensterrand einen *Navigationsbereich* ❷ und rechts davon einen *Inhaltsbereich* ❸. Zwischen den Ordnern navigieren Sie wie im Explorer über die kleinen Dreiecke, die jeweils links neben einem Ordnernamen eingeblendet werden, sofern dieser Unterordner enthält. Im Inhaltsbereich wird jeweils der Inhalt des links markierten Ordners angezeigt. Die im Navigationsbereich zur Verfügung stehenden Ordner beschränken sich im Unterschied zum Explorer auf die Bibliotheken *Bilder* und *Videos*.

Unterhalb der Titelleiste befindet sich das *Menüband* ❹, das auch hier aus einzelnen Registern besteht. Das Menüband können Sie über das kleine Pfeil-Symbol ⌄ ❺ am rechten Rand erweitern bzw. wieder minimieren (dann weist der Pfeil nach oben). Jede Registerkarte ist in mehrere Gruppen unterteilt, die wiederum wichtige Befehle zur Verfügung stellen. Wie beim Explorer hängt die Anzeige der Befehle – als Symbol mit Text, nur als Symbol oder nur mit der Gruppenbezeichnung – von der Größe des Programmfensters ab. Um optimal mit der Fotogalerie arbeiten zu können, sollten Sie das Fenster über die Schaltfläche ☐ ❻ in der rechten oberen Ecke des Programmfensters maximieren.

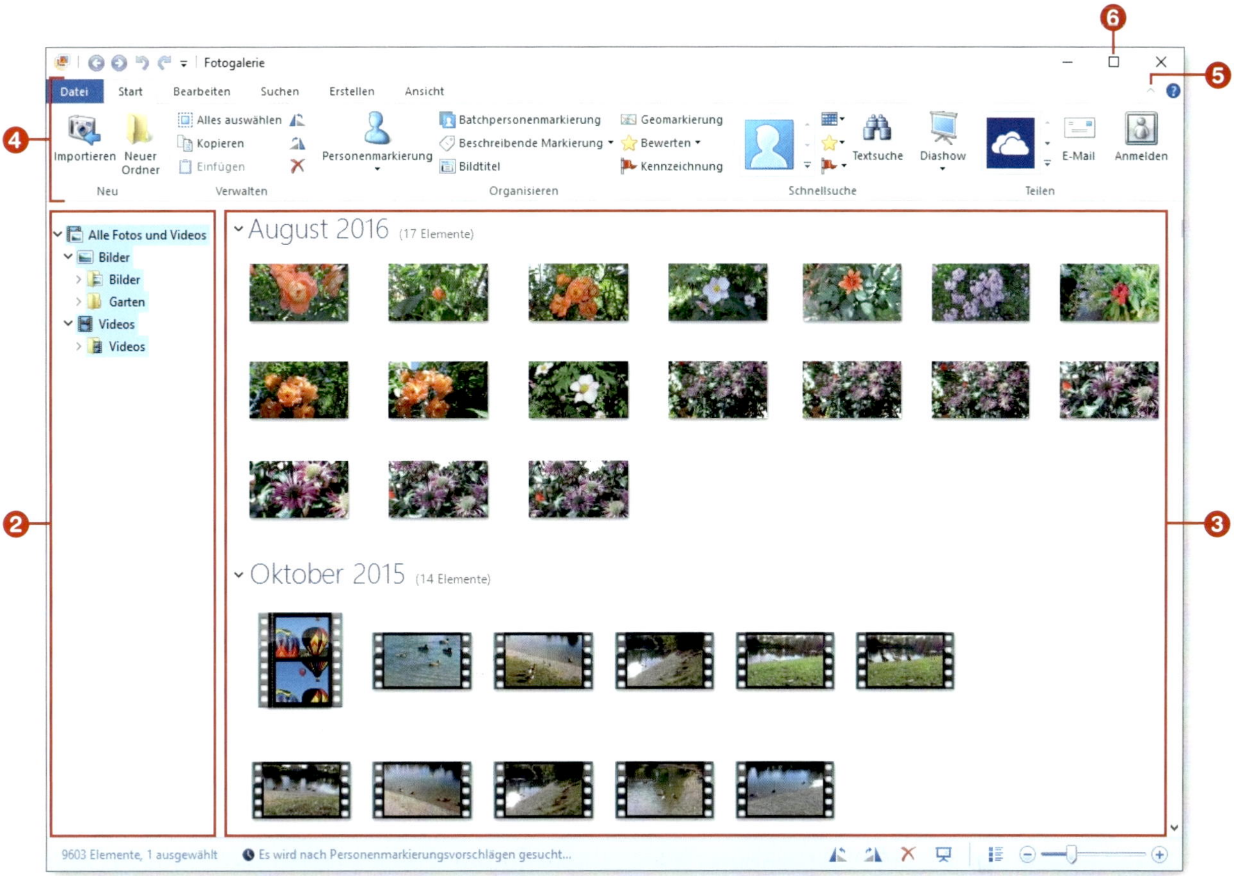

Übersicht über die Programmoberfläche der Fotogalerie

Möchten Sie Ihre Fotos und Videos mithilfe der Fotogalerie auf den Computer übertragen, müssen Sie zunächst die Digitalkamera mit dem Computer verbinden.

Viele Digitalkameras können Sie direkt per USB-Kabel mit dem PC verbinden. Sobald Sie die Kamera anschließend einschalten und, falls das bei Ihrem Gerät nötig ist, in den Wiedergabemodus wechseln, meldet sich Windows 10 auch schon zu Wort.

Windows 10 erkennt das angeschlossene Gerät automatisch und installiert bei der ersten Verwendung die nötigen Treiber. Dies gilt übrigens nicht nur für Digitalkameras oder Kartenlesegeräte, sondern ist beim Anschluss einer externen Festplatte oder eines USB-Sticks genauso.

Sobald die Treiber eingerichtet sind, erscheint in der rechten unteren Bildschirmecke für wenige Sekunden ein kleines Dialogfenster mit dem Titel des verwendeten Geräts, in unserem Beispiel also der an den Computer angeschlossenen Digitalkamera. Die anschließend eingeblendete Aufforderung, die gewünschte Aktion für dieses Gerät auszuwählen, ignorieren Sie einfach. Der Hinweis verschwindet nach einem kurzen Moment von selbst. Sollte sich automatisch die Fotos-App öffnen, beenden Sie sie einfach.

Für die Datenübertragung nehmen Sie in der Fotogalerie nun folgende Schritte vor:

1. Stellen Sie sicher, dass sich das Register **Start** im Vordergrund befindet (zu erkennen ist das an der leicht grauen Hintergrundfarbe des Registerreiters).

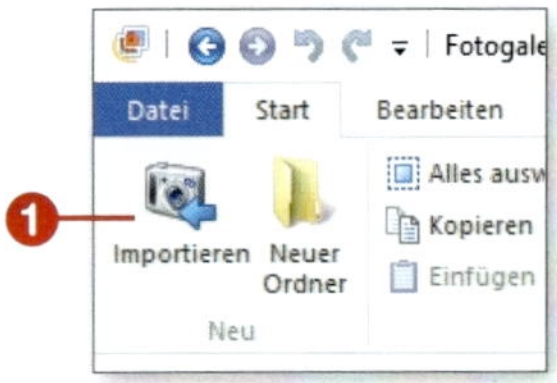

2. Klicken oder tippen Sie in der Gruppe **Neu** auf die Schaltfläche **Importieren** ❶.

3. Markieren Sie im nächsten Dialog die gewünschte Kamera oder im Falle eines Kartenlesegeräts den gewünschten Wechseldatenträger, und fahren Sie mit einem Klick oder Tipp auf **Importieren** fort.

Die Fotogalerie analysiert nun die Daten auf der Speicherkarte. Eine intelligente Funktion stellt dabei fest, welche der Bilder und Videos bereits auf den Computer übertragen wurden. Um die Daten nicht doppelt hinzuzufügen, fahren Sie folgendermaßen fort:

4. Aktivieren Sie im nächsten Dialog die Option **Alle neuen Elemente jetzt importieren** ❷.

5. Geben Sie in das Textfeld darunter einen Namen für die Bilder ein. Ich habe hier den Namen »Nordsee« gewählt.

Im vorangegangenen Kapitel haben Sie bereits die Suchfunktion des Explorers kennengelernt. Diese nutzt für ihre Suche nicht nur Dateinamen und Ordner, sondern auch Markierungen. Dabei handelt es sich um Schlagwörter, also kleine Beschreibungen, die Sie Ihren Bildern und Videos hinzufügen können. Um sich später viel Arbeit zu sparen, sollten Sie diese bereits während des Imports ergänzen.

6. Klicken oder tippen Sie auf **Markierungen hinzufügen**. Im Textfeld, das sich daraufhin öffnet ❸, können Sie die Stichwörter ergänzen, die die importierten Bilder und Videos noch näher beschreiben. Die einzelnen Schlagwörter trennen Sie durch ein Semikolon (;) voneinander.

7. Weitere Einstellungen folgen nach einem Klick oder Tipp auf **Weitere Optionen** ❹.

Im nächsten Dialog legen Sie den Ordner sowie die Dateinamen für die importierten Bilder und Videos fest.

8. Per Standardeinstellung speichert die Fotogalerie die Daten im Ordner *Bilder*. Sind Sie dabei, ausschließlich Filme auf den Computer zu überspielen, klicken oder tippen Sie auf den Pfeil rechts neben dem Feld **Importieren nach** (❺ auf Seite 286) und wählen den Ordner **Videos** aus. Wenn Sie sowohl Bilder als auch Filme übertragen, wählen Sie einfach einen der beiden Ordner aus. Wie Sie später Dateien aus einem Ordner in einen anderen verschieben, zeige ich Ihnen im Kasten »Videos und Fotos schnell verschieben« auf Seite 287.

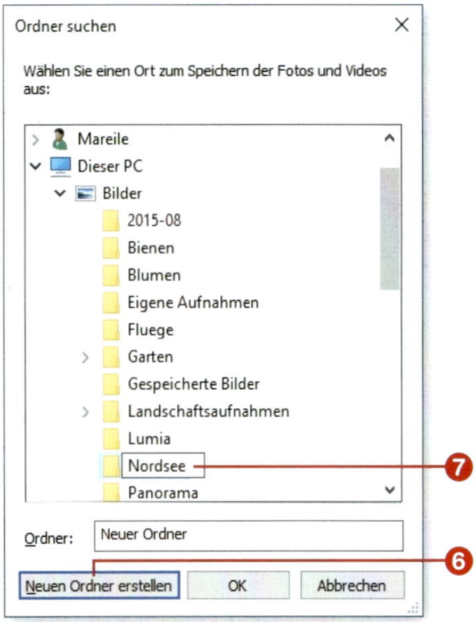

9. Möchten Sie innerhalb des ausgewählten Ordners einen neuen Unterordner anlegen, klicken oder tippen Sie auf **Durchsuchen**. Das weitere Vorgehen kennen Sie bereits: Blenden Sie per Klick oder Tipp auf das Dreieck-Symbol gegebenenfalls weitere Unterordner ein, und markieren Sie das gewünschte Verzeichnis.

10. Mit einem Klick oder Tipp auf **Neuen Ordner erstellen** ❻ können Sie innerhalb des markierten Verzeichnisses nun einen neuen Ordner anlegen. Überschreiben Sie den blau markierten Text mit dem gewünschten Ordnernamen ❼, und schließen Sie den Dialog mit **OK**.

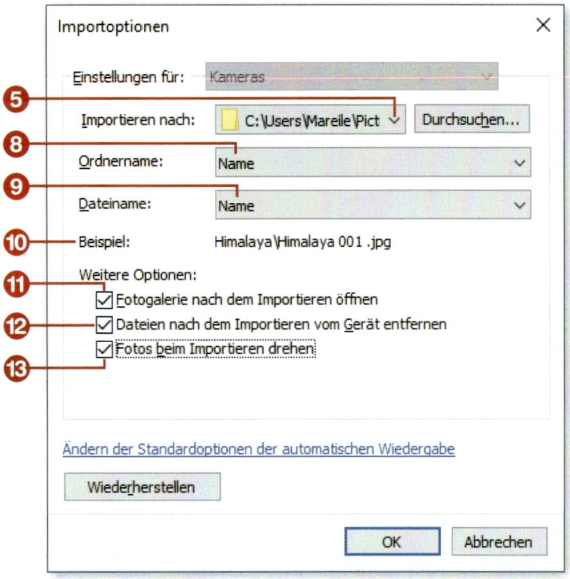

11. Kehren Sie zurück zum Dialog **Importoptionen**, können Sie im Feld **Ordnername** ❽ die zuvor festgelegte Ordnerbezeichnung um die Angaben **Aufnahmedatum** oder **Importdatum** ergänzen. Dies ist aber nicht unbedingt nötig, Sie können es also auch bei der Einstellung **Name** belassen.

12. Weit interessanter ist das Feld **Dateiname** ❾. Hier sollten Sie keinesfalls die Voreinstellung **Originaldateiname** verwenden, denn dann werden alle Dateien mit den zuvor erwähnten kryptischen Dateinamen versehen. Damit Sie keine allzu langen Dateinamen erhalten, reicht auch hier normalerweise die Einstellung **Name**. Dann übernimmt die Fotogalerie die Ordnerbezeichnung für den Dateinamen. Unterhalb des Feldes wird nun ein Beispiel für Ihre Auswahl angezeigt ❿. Der Name **Himalaya**, den Sie hier in der Abbildung sehen, wird später durch die von Ihnen gewählte Bezeichnung ersetzt.

13. Möchten Sie nach dem erfolgreichen Import einen Blick auf Ihre Bilder werfen, stellen Sie sicher, dass das Kästchen **Fotogalerie nach dem Importieren öffnen** ⓫ mit einem Häkchen versehen ist.

14. Wenn Sie möchten, löscht die Fotogalerie nach dem Import alle Dateien von der Speicherkarte. Voraussetzung hierfür ist, dass das entsprechende Kontrollkästchen ⓬ aktiviert ist.

15. Haben Sie einige Fotos hochkant aufgenommen? In diesem Fall sollten Sie auch **Fotos beim Importieren drehen** ⓭ aktivieren, damit die Bilder später in der Fotogalerie korrekt angezeigt werden.

16. Sind alle Einstellungen vorgenommen, schließen Sie den Dialog **Importoptionen** mit **OK**.

17. Starten Sie nun die Übertragung Ihrer Fotos und Videos mit einem Klick oder Tipp auf **Importieren** ⓮.

18. Nach dem erfolgreichen Import können Sie mit einem Klick oder Tipp auf den Ordnernamen in der Navigationsleiste in den Ordner mit Ihren gerade übertragenen Daten wechseln.

Die Vorbereitungen für den Datenimport dauern in der Fotogalerie zwar etwas, dafür haben Sie aber auch bereits einen großen Schritt in Richtung einer guten Bilderverwaltung unternommen. Welche weiteren Möglichkeiten Ihnen die Fotogalerie bietet, Ihre Fotosammlung zu organisieren, zeige ich Ihnen im folgenden Abschnitt.

Videos und Fotos schnell verschieben

Sie haben sowohl Fotos als auch Videos überspielt, die sich nun alle beispielsweise im Ordner *Bilder* befinden? Kein Problem, die Dateien sind schnell verschoben. Stellen Sie sicher, dass im Navigationsbereich der Ordner zu sehen ist, in den die Dateien verschoben werden sollen, etwa **Videos**. Die Dateien selbst sollten im Inhaltsbereich angezeigt werden. Bewegen Sie den Mauszeiger auf eine der Dateien, und ziehen Sie sie dann mit gedrückter linker Maustaste auf den Ordner **Videos** im Navigationsbereich. Sobald die QuickInfo **Nach Videos verschieben** erscheint, lassen Sie die Maustaste los. Die Datei wird nun automatisch von dem einen in den anderen Ordner geschoben. Natürlich können Sie zuvor auch mehrere Dateien markieren, indem Sie die Taste `Strg` beim Klicken gedrückt halten. Bei einem Touchscreen ziehen Sie die Fotos oder Videos einfach mit dem Finger in den gewünschten Ordner. Dieses Verfahren funktioniert übrigens auch im Explorer.

So halten Sie Ordnung in Ihrer Sammlung

Die Fotogalerie bedienen Sie ähnlich wie den Explorer, wie Sie bereits am Anfang des vorherigen Abschnitts gesehen haben. Im Gegensatz zum Explorer bietet das Programm aber weitaus mehr Möglichkeiten, Ihre Fotos und Videos sinnvoll zu organisieren. So können Sie beispielsweise Personen oder Tiere auf Bildern kennzeichnen oder auch Ortsmarkierungen ergänzen. Auch die Bewertung Ihrer Aufnahmen ist schnell erledigt. Das ist besonders praktisch, wenn Sie aus einer großen Bildersammlung nur besonders gelungene Aufnahmen für ein Fotobuch auswählen möchten.

In diesem Abschnitt zeige ich Ihnen, wie Sie Ihre Bilder sinnvoll kennzeichnen. Später können Sie Ihre Bildersammlung anhand dieser Markierungen gezielt und vor allem schnell durchsuchen. Beginnen wir mit der Personenmarkierung:

1. Markieren Sie per Mausklick oder Antippen im Inhaltsbereich ein Foto, auf dem das Gesicht einer Person gut zu erkennen ist.

2. Klicken oder tippen Sie im Register **Start** ❶ in der Gruppe **Organisieren** auf die Schaltfläche **Personenmarkierung** und in der nun aufklappenden Liste auf **Person markieren** ❷.

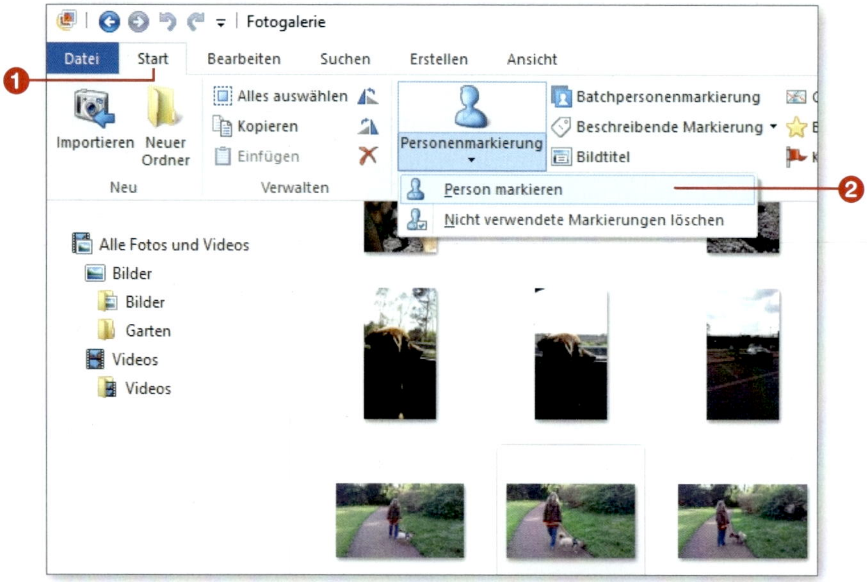

Am rechten Fensterrand werden nun eine weitere Spalte und zugleich ein kleines Hinweisfenster eingeblendet.

3. Klicken oder tippen Sie in das Textfeld, und geben Sie den Namen der Person **3** ein. Mit einem Klick oder Tipp auf **Neue Person hinzufügen** schließen Sie die Eingabe ab.

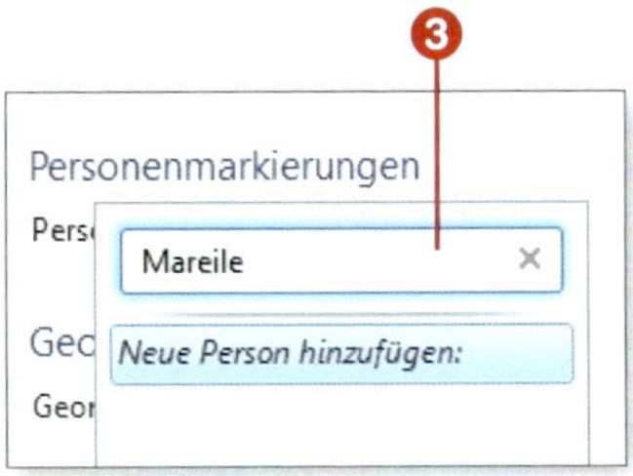

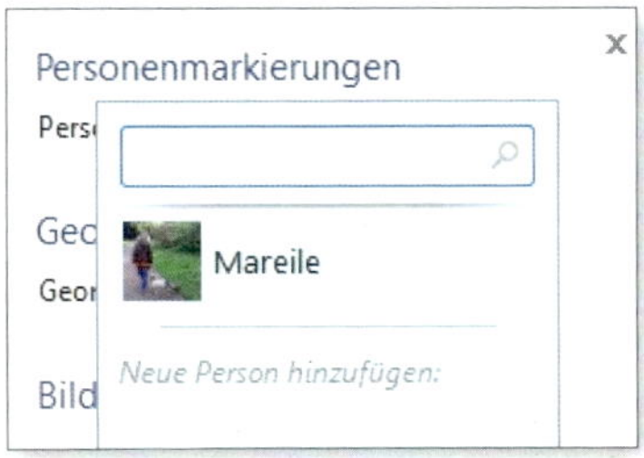

4. Markieren Sie nun das nächste Personenbild. Klicken oder tippen Sie in der Spalte rechts auf **Personenmarkierungen hinzufügen** (siehe **4** auf Seite 290). In der aufklappenden Liste wird der zuvor eingetragene Name bereits angezeigt. Ist auf dem Foto dieselbe Person zu sehen, wählen Sie den Namen einfach per Mausklick oder durch Antippen aus. Handelt es sich um eine »neue«, sprich zuvor noch nicht markierte Person, geben Sie in das Textfeld ihren Namen ein und bestätigen wieder mit **Neue Person hinzufügen**.

5. Ist eine Person auf einem zuvor markierten Foto besonders gut zu erkennen, zeigt die Fotogalerie in der rechten Spalte bereits das Gesicht an. Nun reicht ein Klick oder Tipp auf **Wer ist das?** **5**, und Sie können den Namen der Person ergänzen. Bestätigen Sie die Eingabe wieder mit **Neue Person hinzufügen**.

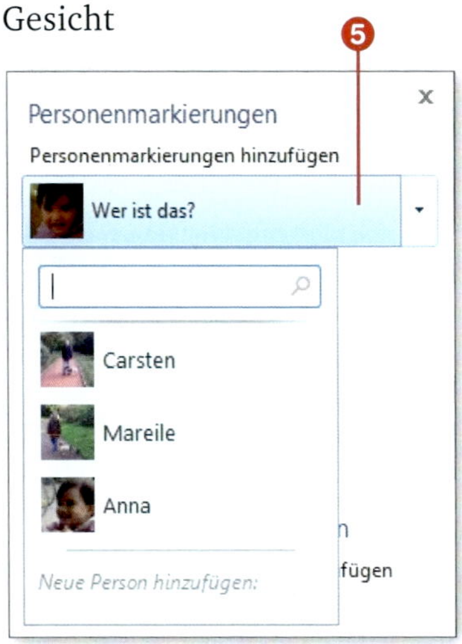

Wie ganz zu Anfang erwähnt, lassen sich sogar Tiere auf Bildern kennzeichnen. Hierzu wenden Sie bei der Markierung einen kleinen Trick an – er lässt sich natürlich auch bei Personenbildern nutzen.

6. Doppelklicken oder -tippen Sie auf das Foto des Tieres oder der Person. Es wird nun in voller Größe angezeigt. Klicken oder tippen Sie dann rechts auf **Personenmarkierungen hinzufügen** **4**.

7. Der Mauszeiger nimmt die Form eines Plus-Symbols an. Ziehen Sie nun mit gedrückter linker Maustaste ein Rechteck um den Kopf des Tieres oder der Person auf ❻.

8. Rechts neben dem Gesicht wird anschließend der Dialog **Jemanden markieren** angezeigt. Wählen Sie entweder einen der bereits angezeigten Namen aus ❼, oder geben Sie einen neuen ein ❽, und bestätigen Sie mit **Neue Person hinzufügen** ❾.

9. Mit einem Klick oder Tipp auf **Datei schließen** ❿ kehren Sie wieder zur Übersicht über Ihre Fotosammlung zurück.

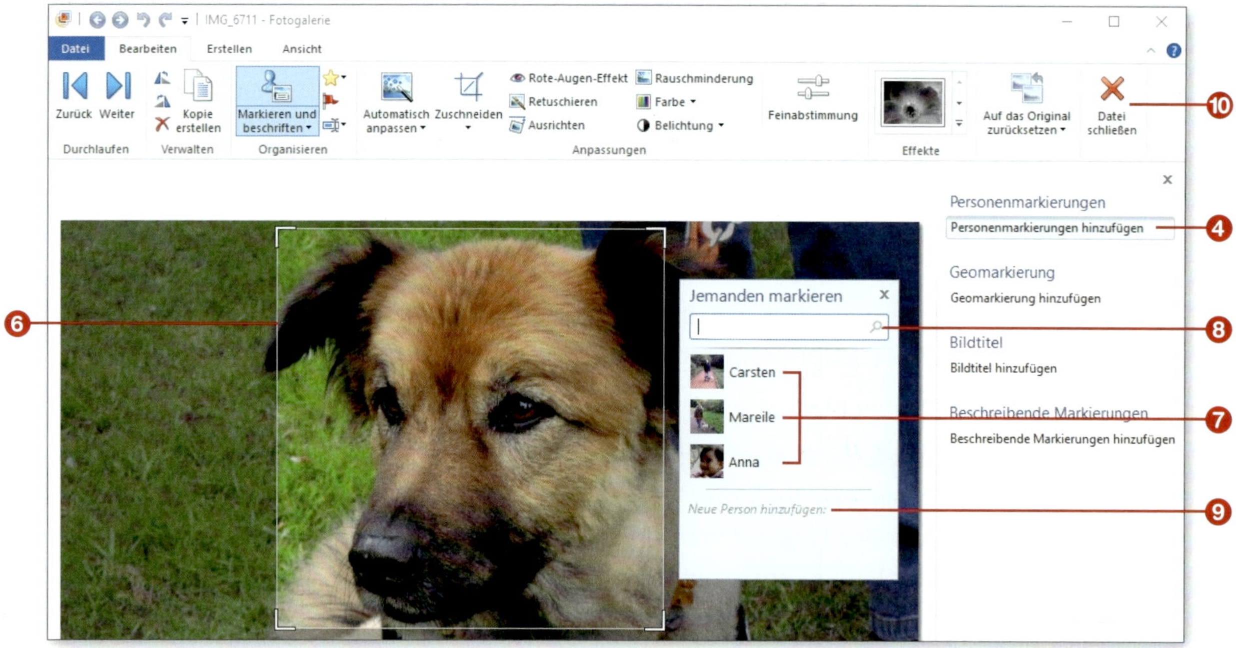

Nicht nur Personenbilder lassen sich besonders kennzeichnen. Sie können Ihre Fotos auch um Ortshinweise ergänzen.

1. Markieren Sie wieder das gewünschte Bild im Inhaltsbereich, und klicken oder tippen Sie dann in der rechten Spalte auf **Geomarkierung hinzufügen** ⓫. Wird die Spalte rechts nicht angezeigt, klicken oder tippen Sie im Register **Start** in der Gruppe **Organisieren** auf **Geomarkierung** ⓬.

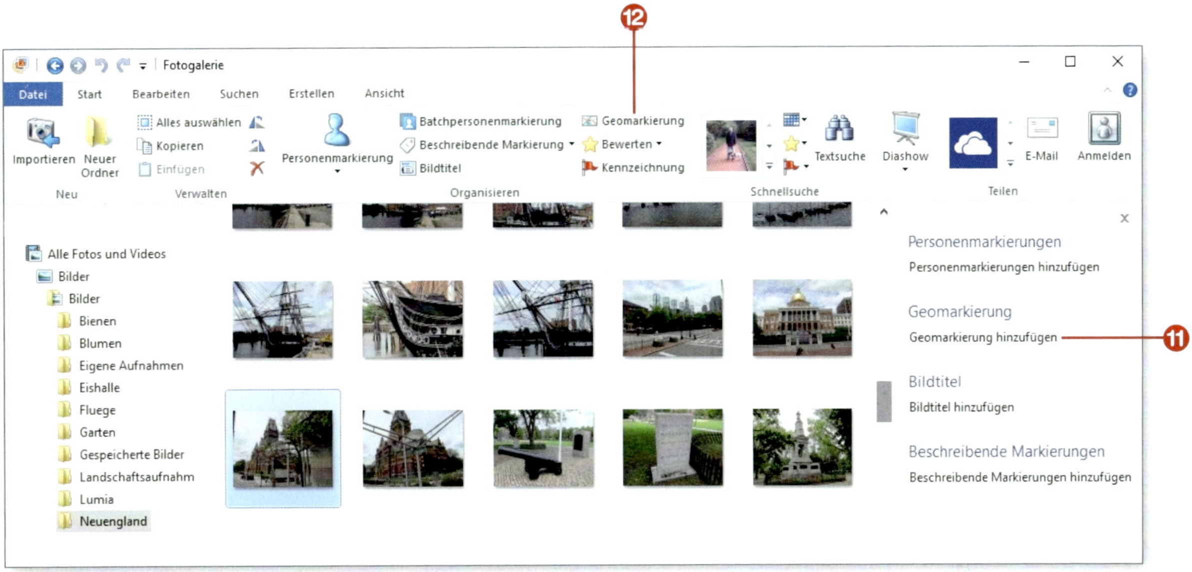

2. Geben Sie den Ortsnamen ein. Dabei kann es sich um eine Adresse inklusive Straßennamen und Hausnummer handeln, nur um eine Stadtbezeichnung oder auch um ein Land. Die Fotogalerie durchsucht die Datenbank nach passenden Orten. Wählen Sie aus den Vorschlägen den richtigen aus.

3. Ist der eingegebene Ortsname bei den Vorschlägen nicht dabei, klicken Sie auf **Beschreibende Markierungen hinzufügen** ⓭ und geben den Ort im zugehörigen Textfeld von Hand ein.

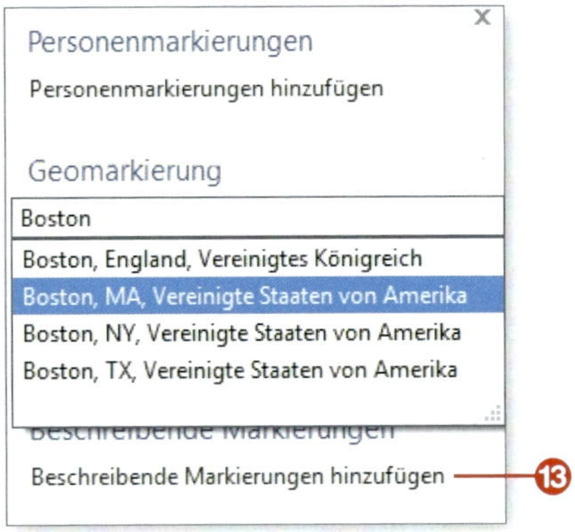

Planen Sie z. B., die schönsten Urlaubsbilder in einem Fotobuch festzuhalten? Um die besonders gelungenen Bilder zu kennzeichnen, bietet sich die Bewertung an. Gehen Sie dazu wie folgt vor:

1. Markieren Sie wieder im Inhaltsbereich das gewünschte Foto, und klicken oder tippen Sie im Register **Start** in der Gruppe **Organisieren** auf **Bewerten** ❶.

2. In der aufklappenden Liste können Sie nun zwischen null und fünf Sternen auswählen. Je schöner ein Bild ist, desto mehr gelbe Sterne sollten Sie vergeben.

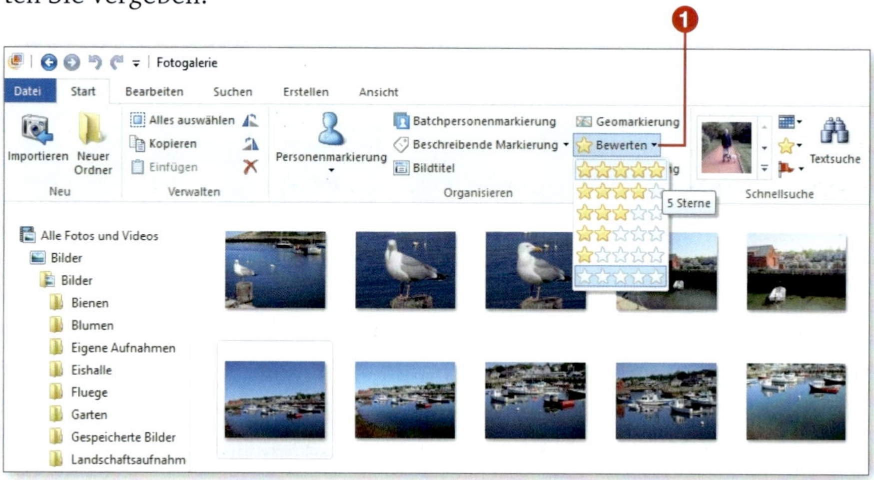

Wenn Sie sich einmal die Arbeit gemacht haben, Ihre Fotosammlung sorgfältig zu markieren, ist die Bildersuche zukünftig ein Leichtes. Sie können dabei entweder den Weg über die Funktion **Schnellsuche** auf dem Register **Start** gehen oder – für etwas komplexere Suchanfragen – zum Register **Suchen** wechseln.

1. Markieren Sie zunächst im Navigationsbereich links den gewünschten Ordner, beispielsweise **Bilder**.

2. Sind Sie auf der Suche nach einem bestimmten Personenfoto? Klicken oder tippen Sie im Register **Start** in der Gruppe **Schnellsuche** direkt auf das Bild der Person. Wird kein solches Bild angezeigt, klicken oder tippen Sie zunächst auf das Symbol ⏷. In der aufklappenden Liste klicken oder tippen Sie auf das passende Gesicht, und schon zeigt die Fotogalerie alle entsprechend gekennzeichneten Bilder an.

3. Um beispielsweise alle mit fünf Sternen markierten Bilder zu finden, klicken oder tippen Sie in der Gruppe **Schnellsuche** auf **Bewertet** ❷ und anschließend auf die gewünschte Sternenanzahl.

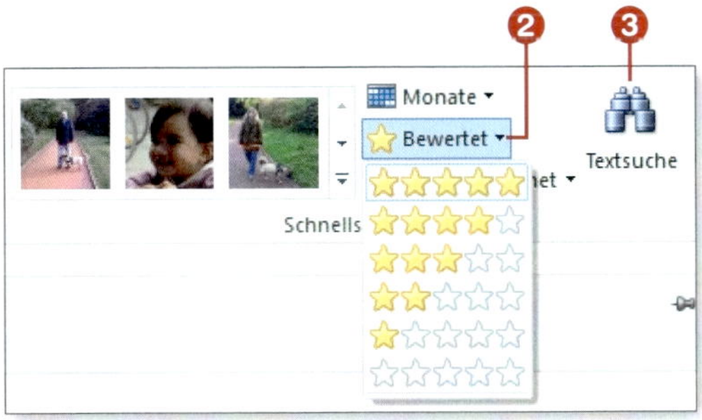

4. Für die Suche nach Geomarkierungen oder nach beschreibenden Markierungen nutzen Sie die Funktion **Textsuche** ❸. Nach einem Klick oder Tipp auf diese Schaltfläche geben Sie Ihren Suchbegriff ein, etwa »Boston«, und schon listet die Fotogalerie alle Fotos auf, die diese Markierung enthalten.

Dabei werden übrigens auch die Markierungen berücksichtigt, die Sie bereits während des Datenimports vergeben haben (siehe dazu den Abschnitt »Fotos und Videos mit der Fotogalerie übertragen« ab Seite 281). Auf dem Register **Suchen** finden Sie weitere Suchkriterien, z. B. **Aufnahmedatum** und **Medientyp** (Fotos oder Videos). Auch die Suche nach Fotos, auf denen gleich mehrere zuvor markierte Personen zu sehen sind, ist möglich.

Kleine Schönheitsfehler selbst korrigieren

Selbst Starfotografen gelingen nicht alle Bilder auf Anhieb. Es passiert immer mal, dass sich ein kleiner Schönheitsfehler in die Fotos einschleicht. Bevor Sie das Bild deswegen löschen, sollten Sie einen Korrekturversuch starten. Auch hierfür bringt die Fotogalerie ein paar interessante Funktionen mit. Natürlich können diese nicht mit einem professionellen Bildbearbeitungsprogramm wie etwa Adobe Photoshop mithalten. Aber vergessen Sie nicht: Die Fotogalerie ist kostenlos! In diesem Abschnitt stelle ich Ihnen die wichtigsten Korrekturfunktionen vor.

1. Doppelklicken oder -tippen Sie in der Fotogalerie auf das Bild, das Sie bearbeiten möchten. Es wird nun in voller Größe angezeigt.

2. Klicken oder tippen Sie auf dem Register **Bearbeiten** in der Gruppe **Anpassungen** auf **Feinabstimmung** (❶ auf Seite 294). Rechts wird nun eine zusätzliche Spalte mit diversen Korrekturmöglichkeiten eingeblendet.

3. Nach einem Klick oder Tipp auf eine der Schaltflächen, etwa **Farbe anpassen** ❷, werden weitere Einstellungsmöglichkeiten angezeigt. Verschieben Sie die Schieberegler ❸ einfach mit gedrückter linker Maustaste. Das Ergebnis können Sie nach einem kurzen Moment links in der Bildvorschau begutachten.

4. Gefällt Ihnen eine vorgenommene Einstellung anschließend doch nicht, klicken oder tippen Sie im Programmfenster oben links auf das **Rückgängig**-Symbol ❹.

5. Mit einem Klick oder Tipp auf **Auf das Original zurücksetzen** ❺ versetzen Sie das Bild wieder in den ursprünglichen Zustand zurück, das heißt, alle Bearbeitungsaktionen werden rückgängig gemacht.

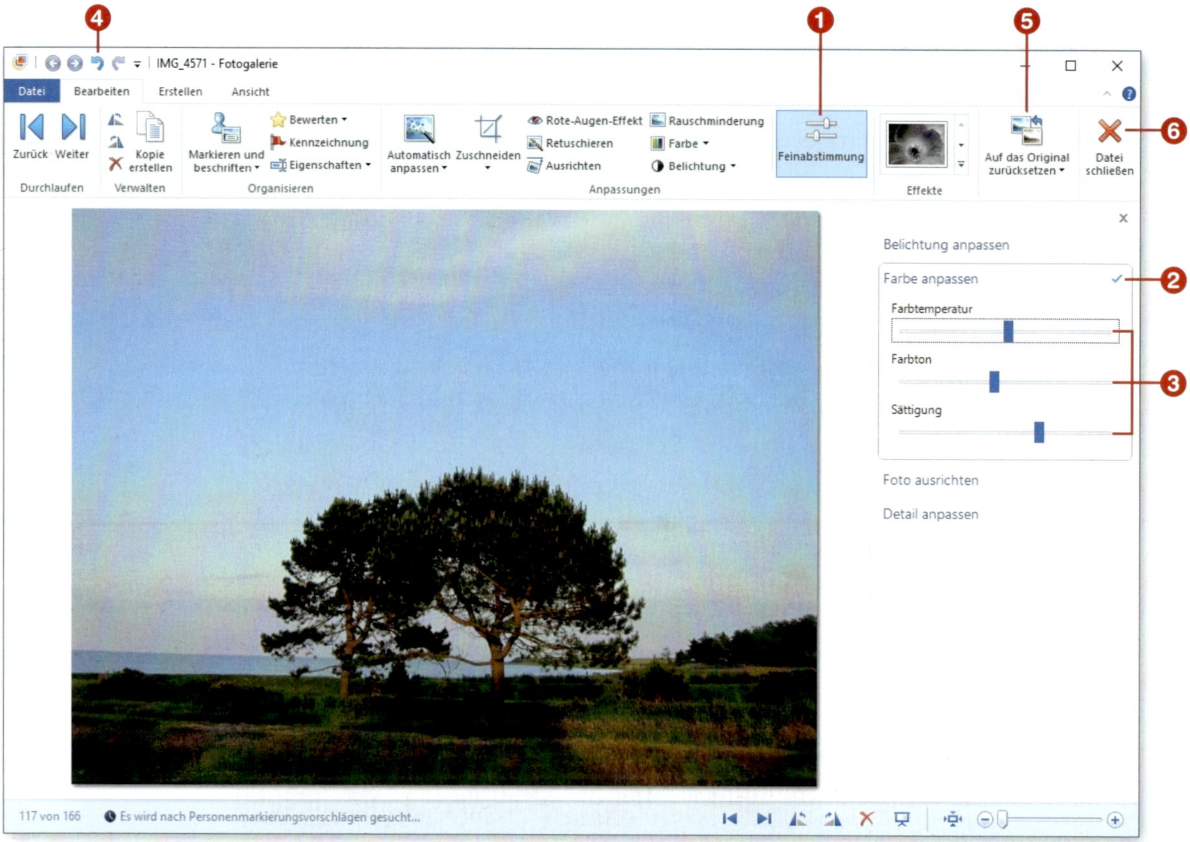

6. Mit einem Klick oder Tipp auf **Datei schließen** ❻ kehren Sie wieder zur Übersicht über alle Fotos zurück. Die vorgenommenen Änderungen werden automatisch übernommen – außer natürlich, Sie haben sie rückgängig gemacht (siehe Schritt 5). Bestätigen Sie den darauf folgenden Hinweis mit **OK**.

Bei Blitzlichtaufnahmen kann es schnell passieren, dass eine Person plötzlich rote Augen hat. Auch hierfür bietet die Fotogalerie eine Korrekturfunktion an.

1. Öffnen Sie das gewünschte Foto wieder mit einem Doppelklick oder per doppelten Fingertipp.

2. Wenn Sie möchten, vergrößern Sie über den Schieberegler unten rechts den Bildausschnitt ❼, indem Sie ihn mit gedrückter linker Maustaste oder per Finger nach rechts verschieben.

3. Sind die Augen gut erkennbar, klicken oder tippen Sie auf dem Register **Bearbeiten** in der Gruppe **Anpassungen** auf **Rote-Augen-Effekt** ❽.

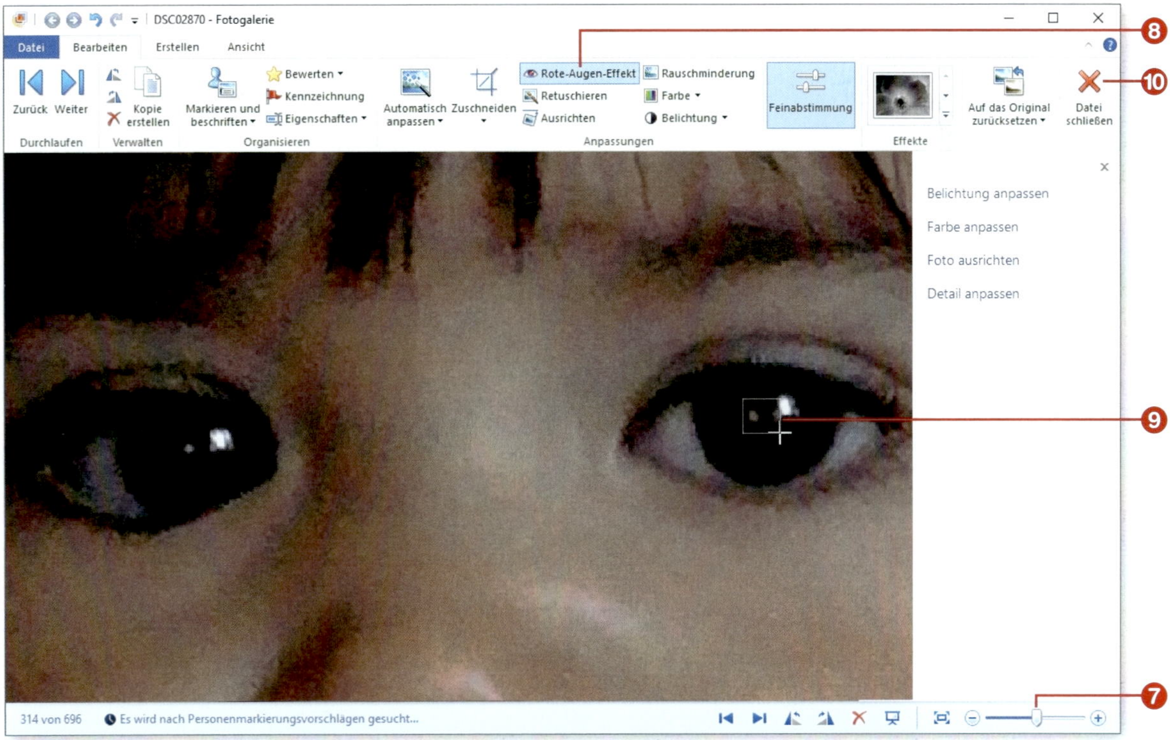

4. Ziehen Sie nun mit gedrückter linker Maustaste um die rote Fläche des Auges ein Rechteck (❾ auf Seite 295) auf. Sobald Sie die Maustaste loslassen, korrigiert die Fotogalerie die Farbe automatisch.

5. Mit **Datei schließen** ❿ werden Ihre Korrekturen wieder übernommen, und mit einem Klick auf **OK** kehren Sie zur Übersicht zurück.

Es gefällt Ihnen nur ein kleiner Teil des Fotos? Dann schneiden Sie das Bild einfach entsprechend zurecht.

1. Auch hierfür wählen Sie das gewünschte Foto wieder per Doppelklick oder per doppelten Fingertipp aus.

2. Klicken oder tippen Sie einfach auf dem Register **Bearbeiten** auf die Schaltfläche **Zuschneiden** ⓫.

3. Im Foto wird nun ein Rahmen mit acht kleinen Markierungspunkten am Rand eingeblendet. Verschieben Sie diese Punkte mit gedrückter linker Maustaste, um den gewünschten Ausschnitt festzulegen.

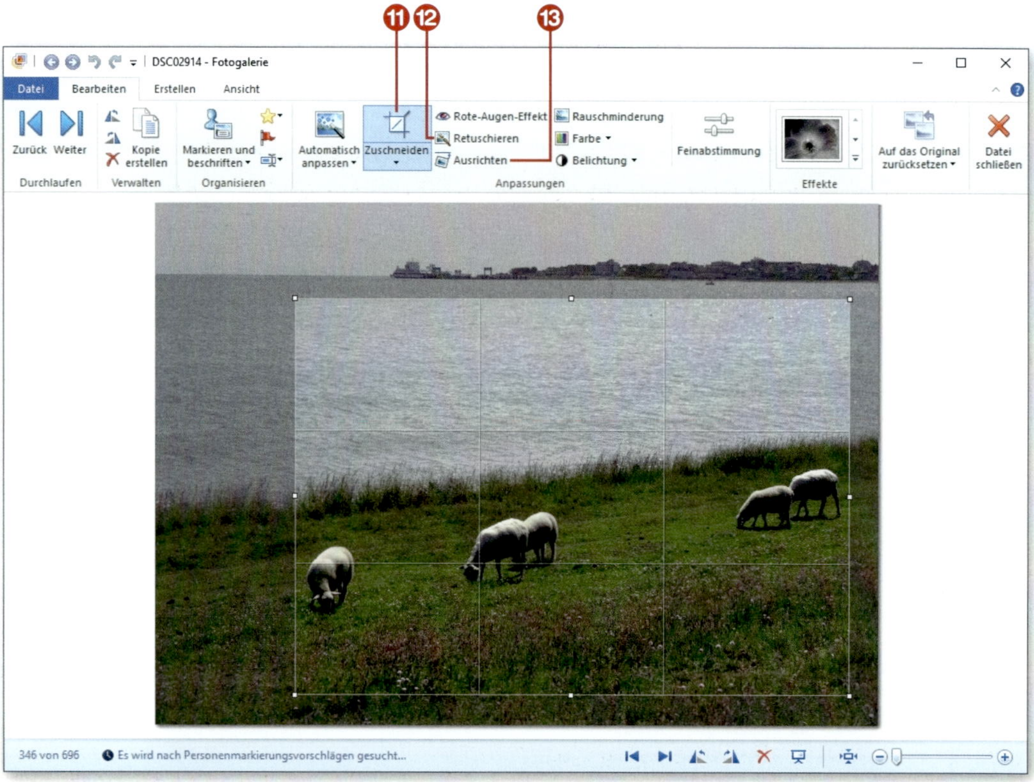

4. Anschließend klicken oder tippen Sie erneut auf die Schaltfläche **Zuschneiden** ⑪, und das Foto wird auf den markierten Ausschnitt reduziert.

Die Fotogalerie hat noch weit mehr Korrekturmöglichkeiten zu bieten, die ich Ihnen aus Platzgründen aber leider nicht alle vorstellen kann. Probieren Sie es einfach selbst einmal aus. Mit der Funktion **Retuschieren** ⑫ können Sie beispielsweise Flecken aus Bildern entfernen, mit **Ausrichten** ⑬ korrigieren Sie einen verrutschten Horizont. Denken Sie daran: Sie können alle Aktionen über **Auf das Original zurücksetzen** links neben dem Feld **Datei schließen** jederzeit wieder ungeschehen machen.

Fotos ausdrucken

Schöne Aufnahmen möchte man nicht nur allein genießen, sondern auch anderen zeigen. Wer die Fotos nicht im nächsten Fachgeschäft oder online entwickeln lassen möchte, kann sie auch schnell auf dem eigenen Drucker ausdrucken. Möchten Sie für die Bilder ein Fotopapier verwenden, achten Sie darauf, dass es auch für Ihren Druckertyp (Tinten- oder Laserdrucker) geeignet ist.

Letztlich verfügt jedes Programm, mit dem Sie Ihre Fotos ansehen können, auch über eine Druckfunktion. Allerdings ist diese nicht immer gleich komfortabel. Wie Sie mit der Fotos-App ein einzelnes Bild ausdrucken, haben Sie im Kasten »Ein Foto ausdrucken« auf Seite 279 erfahren.

Möchten Sie gleich mehrere Fotos in einem Rutsch ausdrucken, lässt sich dies sehr gut über die Fotogalerie erledigen:

1. Rufen Sie die Fotogalerie beispielsweise über das Startmenü auf, indem Sie auf den Eintrag **Photo Gallery** in der Liste aller auf dem Computer installierten Apps klicken oder tippen.

2. Wechseln Sie in den Ordner, in dem sich die Bilder befinden, die Sie ausdrucken möchten. Markieren Sie das erste Bild mit einem Mausklick oder Fingertipp, drücken Sie die Taste `Strg`, und halten Sie diese gedrückt, während Sie alle weiteren Fotos per Klick oder Tipp markieren. Erst dann lassen Sie die Taste `Strg` los.

Ein Standard-Fotoprogramm auswählen

Wenn Sie im Explorer auf ein Foto doppelklicken oder es doppelt antippen, wird normalerweise automatisch die Fotos-App gestartet. Zählt die Fotos-App nicht zu Ihren bevorzugten Programmen, lässt sich schnell ein anderes Standardprogramm zum Betrachten und Bearbeiten Ihrer Bilder bestimmen.

Klicken Sie im Explorer eine beliebige Fotodatei mit der rechten Maustaste an. Falls Sie mit einem Touchscreen arbeiten, halten Sie den Finger wieder etwas länger auf das Bild gedrückt, bis das bekannte Quadrat eingeblendet wird. Wählen Sie im Kontextmenü den Befehl **Öffnen mit**. In der aufklappenden Liste werden alle Programme aufgeführt, die auf Ihrem Computer zum Öffnen einer Fotodatei zur Verfügung stehen. Um ein Bild lediglich für den nächsten Arbeitsschritt mit einem speziellen Programm zu öffnen, markieren Sie das gewünschte Programm direkt in der Liste. Soll das Programm dagegen zukünftig als Standardprogramm für Fotodateien dienen, klicken oder tippen Sie auf **Andere App auswählen** ❶.

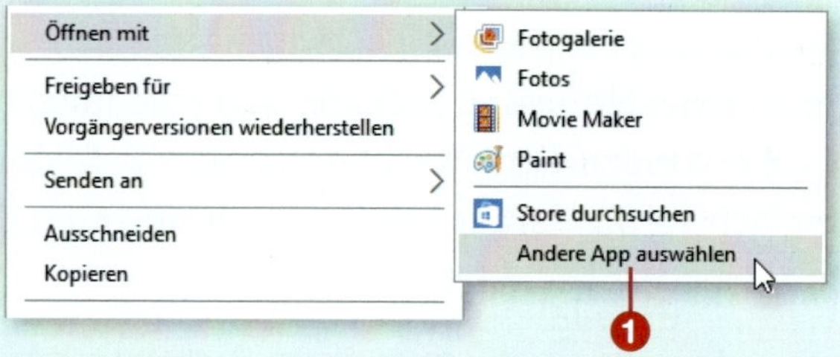

Aktivieren Sie im nächsten Dialog den Punkt **Immer diese App zum Öffnen von .JPG-Dateien verwenden** ❷, sofern Ihr Foto in diesem Fotoformat vorliegt, und markieren Sie das gewünschte Programm, etwa die Fotogalerie. Wann immer Sie nun im Explorer auf eine JPG-Datei doppelklicken oder -tippen, wird nicht mehr die Fotos-App, sondern die Fotogalerie geöffnet. (Analog können Sie ein Standardprogramm für jeden beliebigen Dateityp auswählen.)

3. Wechseln Sie zum Register **Datei**, und klicken oder tippen Sie in der aufklappenden Liste auf **Drucken** ❶ und dann auf **Abzüge** ❷.

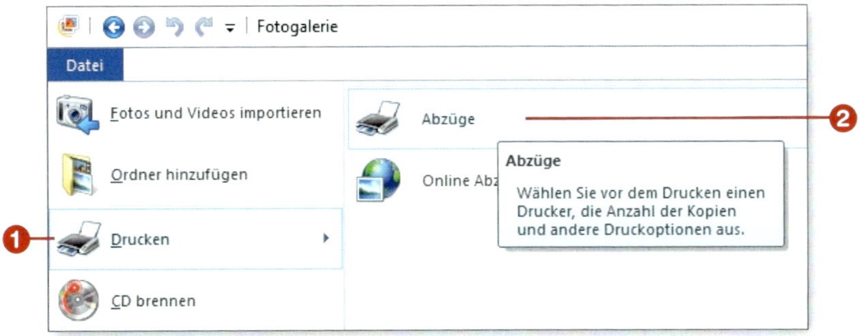

4. Der Dialog **Bilder drucken** wird geöffnet. Legen Sie zunächst in den entsprechenden Feldern den **Drucker** ❸ und dann die **Papiergröße** ❹ und die **Qualität** ❺ fest.

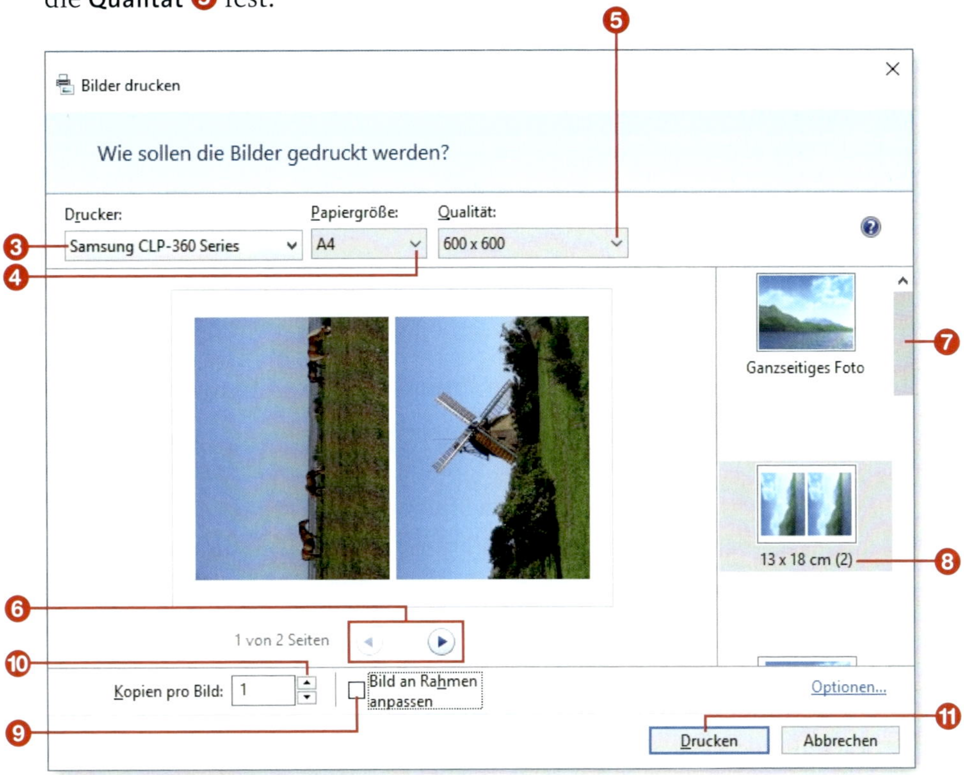

5. In der Vorschau wird das erste der markierten Bilder angezeigt. Über die kleinen Pfeiltasten ❻ blättern Sie zwischen den einzelnen Fotos.

6. Am rechten Rand des Dialogfensters finden Sie verschiedene Layoutvorschläge. Blättern Sie mithilfe der Bildlaufleiste ❼ in der Liste, um sich einen Überblick über alle Formate zu verschaffen.

7. Sobald Sie ein Format per Mausklick oder Fingertipp auswählen ❽, wird die Vorschau entsprechend aktualisiert.

8. Ist das Kontrollkästchen **Bild an Rahmen anpassen** ❾ aktiviert, kann es sein, dass etwas vom Rand der Bilder abgeschnitten wird. Probieren Sie deshalb auch die Einstellung ohne aktiviertes Kästchen aus, und entscheiden Sie, welche Variante Ihnen in der Vorschau besser gefällt.

9. Im Feld **Kopien pro Bild** ❿ geben Sie schließlich noch an, wie oft Sie die Fotos ausdrucken möchten.

10. Wenn Sie alle Einstellungen vorgenommen haben, sollten Sie noch prüfen, ob das gewünschte Papier (für Fotos beispielsweise spezielles Fotopapier) im Papierfach des Druckers liegt, bevor Sie den Druckvorgang mit **Drucken** ⓫ starten.

Fotografieren und Filmen mit der Kamera-App

Arbeiten Sie mit einem Tablet mit integrierter Webcam? In diesem Fall könnte die *Kamera*-App für Sie von Interesse sein, denn mit ihr können Sie direkt Fotos aufnehmen und Videos aufzeichnen.

1. Zum Aufruf der App tippen Sie im Startmenü auf das Symbol **Alle Apps** . In der Übersicht über alle Apps blättern Sie dann bis zum Buchstaben **K**. Per Tipp auf den Eintrag **Kamera** ❶ starten Sie die App.

2. Nach dem ersten Aufruf kommt eventuell die Frage, ob die Kamera Ihren Standort verwenden darf. Diese Frage beantworten Sie mit **Nein**.

3. Bestätigen Sie gegebenenfalls, dass die Kamera-App die Webcam nutzen darf.

Haben Sie alle Fragen beantwortet, wird die eigentliche Oberfläche der Kamera-App sichtbar.

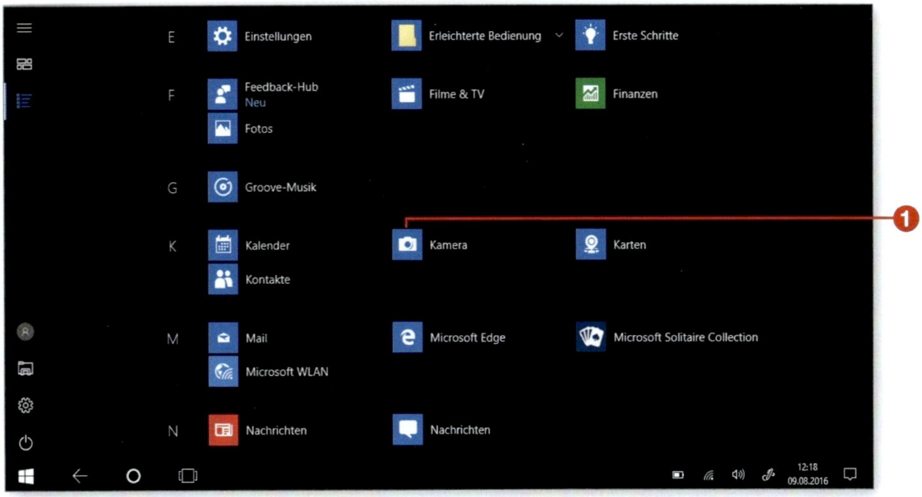

In einigen Tablets sind zwei Kameras eingebaut. Eine zeigt quasi in Ihre Richtung, sodass Sie sich selbst filmen können, die andere befindet sich an der Tablet-Rückseite.

4. Per Tipp auf das kleine Kamera-Symbol ❷ am oberen Fensterrand wechseln Sie zwischen diesen beiden Kameras.

5. Bevor Sie mit dem Fotografieren oder Filmen beginnen, sollten Sie einen Blick in die Einstellungen der Kamera-App werfen. Tippen Sie oben rechts auf das Symbol mit den drei kleinen Punkten ··· (❸ auf Seite 301) und dann auf **Einstellungen**. Am rechten Bildrand wird der Bereich **Einstellungen** angezeigt.

6. Sind Sie noch etwas ungeübt beim Fotografieren oder Filmen mit dem Tablet? Klicken Sie auf den Pfeil rechts vom Feld **Bildschirmraster** ❹, werden Ihnen verschiedene Hilfsmittel angeboten. Wählen Sie beispielsweise **Drittel** aus, werden nach Rückkehr zur Kameradarstellung (siehe Schritt 9) zwei vertikale und zwei horizontale Linien auf dem Bildschirm angezeigt. Diese erleichtern Ihnen die Ausrichtung des Tablets auf das gewünschte Motiv. Lesen Sie hierzu auch den Kasten »So bringen Sie mehr Spannung in Ihre Fotos« auf Seite 303.

7. Per Standardeinstellung werden die Fotos und Videos in der Kamera-App im Bildverhältnis **16:9** aufgenommen. Nach einem Tipp auf den Pfeil rechts vom Feld **Seitenverhältnis** ❺ steht Ihnen aber auch das Verhältnis **4:3** zur Auswahl.

8. Für die Video-Aufzeichnung wählt die Kamera-App automatisch die für Ihr Tablet höchstmögliche Auflösung, etwa **1920 × 1080p/30 fps** ❻. Wem dies zu hoch ist, der stellt im Feld **Videoaufzeichnung** einfach einen geringeren Wert ein.

9. Wenn Sie alle Einstellungen vorgenommen haben, tippen Sie auf den linken Bereich des Bildschirms, um zum Hauptfenster der Kamera-App zurückzukehren.

10. Um ein Foto mit der Webcam aufzunehmen, tippen Sie einfach am rechten Bildschirmrand auf das Fotoapparat-Symbol 📷 (❼ auf Seite 301). Möchten Sie filmen, markieren Sie zunächst das kleine **Filmkamera**-Symbol ❽. Wird dieses nun größer dargestellt, reicht ein Tipp darauf, um die Filmaufnahme zu starten. Mit einem erneuten Antippen des **Filmkamera**-Symbols beenden Sie das Filmen.

Alle aufgenommenen Fotos und Filme werden automatisch im Ordner *Eigene Aufnahmen* in der Bibliothek *Bilder* abgelegt. Tippen Sie in der Kamera-App auf das kleine Symbol oben links ❾, wird automatisch die

Fotos-App geöffnet, und Sie können die gerade aufgenommenen Bilder begutachten. Mit einer Wischbewegung von links nach rechts blenden Sie die Übersicht über alle geöffneten Apps ein. Möchten Sie weitere Fotos aufnehmen, wählen Sie hier die Kamera-App ⑩ durch Antippen aus. Zum Beenden der Kamera-App wischen Sie wieder vom oberen Bildschirmrand ganz nach unten.

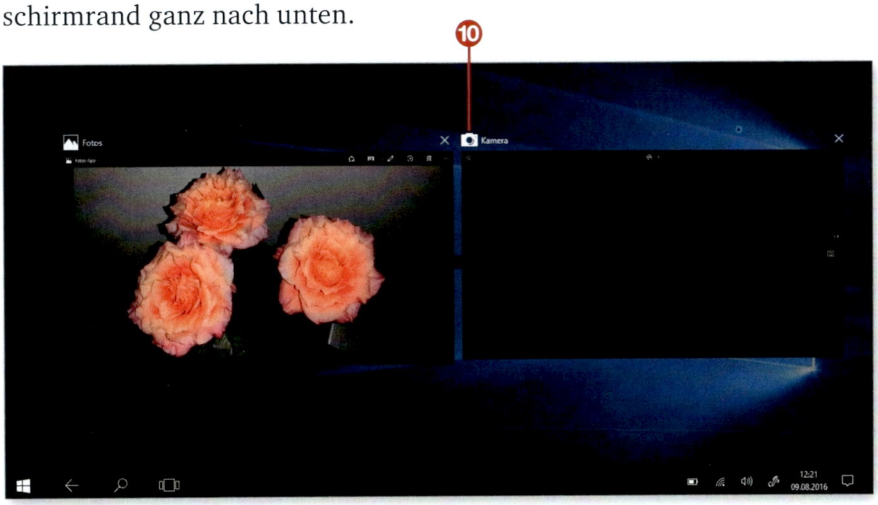

Per Wischbewegung vom linken Bildschirmrand können Sie alle geöffneten Apps einblenden.

So bringen Sie mehr Spannung in Ihre Fotos

Die Farben des Fotos sind kräftig, das Motiv selbst wunderschön. Trotzdem wirkt die Aufnahme irgendwie langweilig? Dies liegt häufig daran, dass ein Motiv zu gleichmäßig aufgebaut wurde. So wird die Kamera beispielsweise nicht selten so ausgerichtet, dass sich der Horizont exakt in der Bildmitte befindet. Dabei lässt sich mit ein paar kleinen Tricks ganz schnell mehr Spannung in ein Bild bringen. Eine klassische Regel beim Fotografieren ist beispielsweise der sogenannte *Goldene Schnitt*. Hierbei wird ein Foto mit dem Verhältnis ⅔ zu ⅓ aufgeteilt, also etwa ⅔ Strand und ⅓ Himmel. Fotografieren Sie die beste Ehefrau von allen (oder natürlich den besten Ehemann von allen), achten Sie darauf, dass die Person nicht in der Bildmitte steht, sondern im linken oder rechten Drittel. Durch eine Diagonale im Bildmotiv können Sie zusätzlich die Stimmung, die ein Foto beim Betrachter hervorruft, beeinflussen. Ein kleiner Busch in der linken Bildhälfte und ein hoher Baum in der rechten wirken wie eine aufsteigende Linie und können so für eine fröhliche Ausstrahlung sorgen. Die umgekehrte Aufteilung (also hoher Baum links, kleiner Busch rechts) wirkt dagegen häufig traurig.

Musik hören mit Windows 10

Über diese Kachel rufen Sie die Musik-App von Windows 10 auf.

Die kleinen handlichen Tablets eignen sich wunderbar, um unterwegs Musik oder auch Videos zu genießen. In früheren Windows-Versionen übernahm der *Windows Media Player* diese Aufgaben. Den gibt es immer noch, allerdings lässt er sich nur schwer über einen Touchscreen bedienen. Deshalb bringt Windows 10 zwei speziell für den Musik- und Videogenuss optimierte Apps mit. Beide Apps greifen automatisch auf die Bibliotheken *Musik* bzw. *Video* zu. Wie Sie selbst gedrehte Videos auf den PC übertragen, haben Sie bereits im Abschnitt »Fotos und Videos mit der Fotogalerie übertragen« ab Seite 281 erfahren. Für die Übertragung Ihrer CD-Musiksammlung auf den Computer benötigen Sie immer noch den Windows Media Player oder ein alternatives Programm, weil die *Groove-Musik*-App hierfür keinerlei Funktion anbietet. Wie Sie den Windows Media Player zu diesem Zweck benutzen, zeige ich Ihnen im Abschnitt »Der Windows Media Player« ab Seite 312. Doch zunächst werde ich Ihnen kurz die beiden neuen Apps vorstellen. Los geht es mit der Groove-Musik-App.

Rufen Sie die Groove-Musik-App mit einem Klick oder Tipp auf die entsprechende Kachel im Startmenü auf. Die Kachel zeigt entweder das an einen Plattenspieler erinnernde Symbol an, das Sie rechts in der Abbildung sehen, oder das gerade abgespielte Album. Nach dem ersten Start wird die App zunächst eingerichtet. Nach einem kurzen Moment erscheint dann die Schaltfläche **Los geht's**. Ein Klick hierauf oder Antippen und Sie gelangen zum eigentlichen Programmfenster der Groove-Musik-App.

Nach dem Öffnen der App sehen Sie am linken Rand zunächst diverse Kategorien. Über die **Menü**-Schaltfläche ❶ lässt sich die Spalte minimieren, sodass lediglich die Symbole der Kategorien angezeigt werden. Per erneuten Klick darauf blenden Sie die Bezeichnungen der Kategorien inklusive Symbolen wieder ein.

Wechseln Sie nach dem Start zunächst in die Kategorie **Alben** ❷. Sie bietet eine Übersicht über die Alben, die sich auf Ihrem Computer in der Bibliothek *Musik* befinden. Haben Sie noch keine CDs auf Ihren Computer übertragen oder Alben über das Internet erworben, erscheint hier lediglich der Text **Fügen Sie Musik hinzu**. Wenn Sie eigene Musik-CDs auf den Computer überspielen möchten, benötigen Sie, wie gesagt, ein Programm wie etwa den Windows Media Player. Ab Seite 316 zeige ich Ihnen, wie Sie hierzu vorgehen.

Über die Schaltfläche **Musik im Store holen** ❸ können Sie aus der Groove-Musik-App heraus den Windows Store aufrufen und dort Musikalben kaufen. Wie der Einkauf im Store erfolgt, erfahren Sie im Abschnitt »Der Windows Store – noch mehr Apps für Sie« ab Seite 379. Ich beschränke mich daher hier auf die Musik, die sich bereits auf Ihrem Computer befindet, und zeige Ihnen nun, wie Sie einzelne Titel oder auch alle Alben abspielen und eigene Wiedergabelisten mit Ihren Lieblingssongs anlegen.

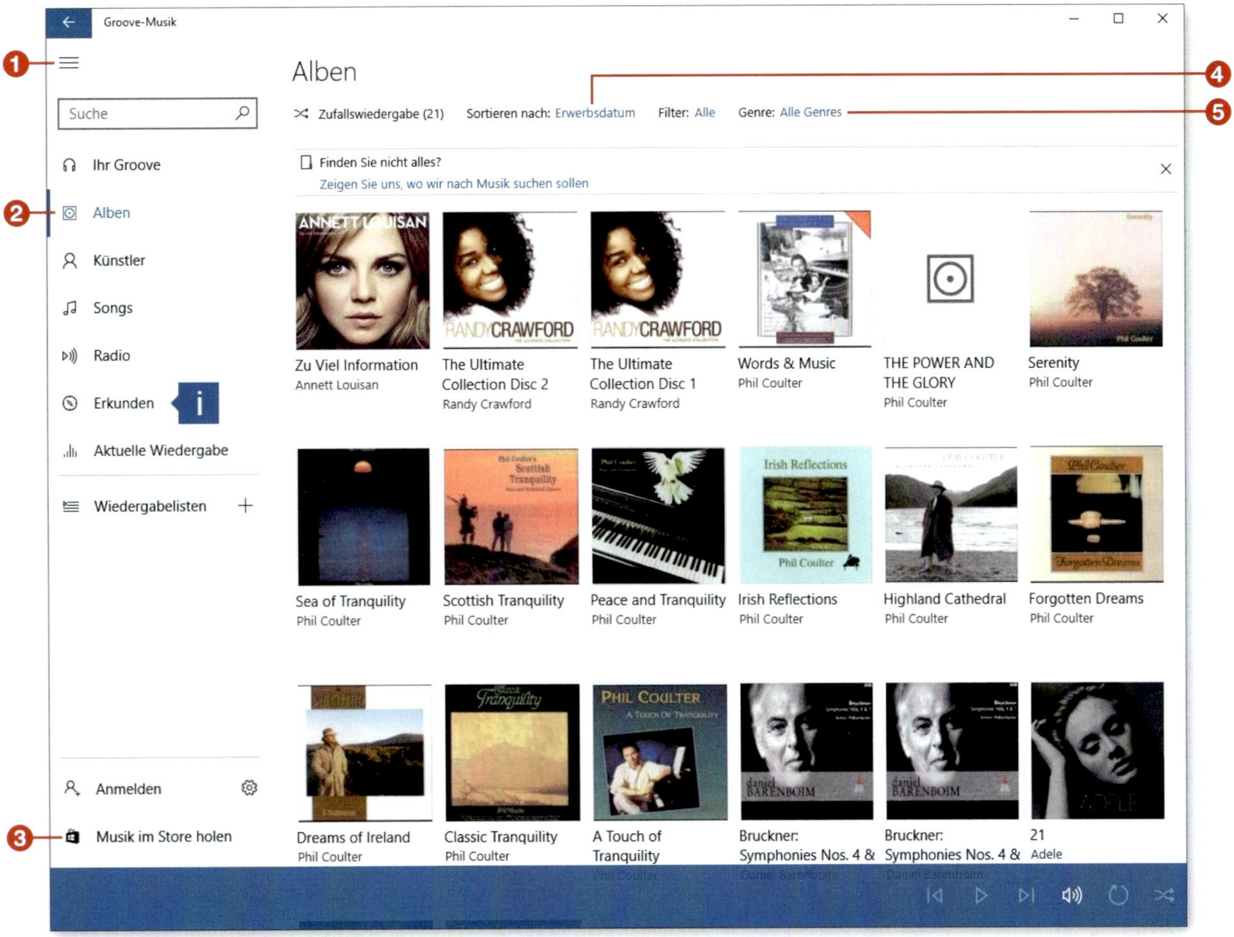

^ *Die Kategorie »Alben« zeigt den Inhalt der Musikbibliothek an.*

Musiktitel individuell sortieren

Mit dem Anniversary Update lässt sich die Musiksammlung in der Groove-Musik-App nun auch nach diversen Kriterien sortieren. Statt die Alben z. B. in der Reihenfolge des Erwerbsdatums anzuzeigen, wie es die Standardeinstellung vorsieht, können Sie sie auch alphabetisch, nach dem Veröffentlichungsdatum oder nach Künstlern sortieren. Das entsprechende Feld **Sortieren nach** ❹ finden Sie am oberen Rand der Albenübersicht. Pfiffig ist auch die Möglichkeit, sich nur die Alben eines bestimmten Genres anzeigen zu lassen. Steht Ihnen etwa der Sinn nach klassischer Musik, klicken Sie oberhalb der Albenübersicht auf den Pfeil rechts vom Feld **Genre** ❺ und wählen in der aufklappenden Liste **Classical**. Der Eintrag wird allerdings nur aufgeführt, wenn in Ihrer Musikbibliothek klassische Musik zu finden ist. Um wieder alle Alben angezeigt zu bekommen, wählen Sie im Feld **Genre** den Eintrag **Alle Genres** aus.

1. Der Inhalt der Musikbibliothek wird, wie zuvor erwähnt, zunächst nach **Alben** sortiert angezeigt. Alternativ können Sie aber auch **Künstler** oder **Songs** wählen. Zu den weiteren Sortiermöglichkeiten in der Groove-Musik-App lesen Sie den Kasten »Musiktitel individuell sortieren«.

2. Unabhängig davon, für welche Anzeige Sie sich entscheiden – klicken oder tippen Sie auf ein Album oder auch einen Künstler, wird eine Liste aller Musiktitel des Albums oder des Künstlers angezeigt. Zum Blättern wischen Sie in der Liste von oben nach unten oder drehen am Scrollrad Ihrer Computermaus. Alternativ können Sie auch die Bildlaufleiste nutzen, die am rechten Rand eingeblendet wird, sobald Sie den Mauszeiger etwas bewegen. Sie erscheint natürlich nur, wenn der Bildschirm nicht für die Anzeige aller Musiktitel ausreicht.

3. Sie können nun per Klick auf das entsprechende Symbol ▷ **alle wiedergeben** ❻. Möchten Sie lediglich einen einzelnen Titel anhören, markieren Sie ihn und klicken dann auf das Symbol ▷ ❼.

4. Möchten Sie die Wiedergabe anhalten, klicken oder tippen Sie in der Leiste am unteren Bildschirmrand auf **Pause** ❽.

5. Geben Sie nichts anderes vor, wird nach Wiedergabe des markierten Titels automatisch der nächste Song abgespielt. Über die beiden Pfeiltasten ❾ rechts und links von der Pause-Taste rufen Sie selbst den nächsten bzw. vorherigen Titel auf.

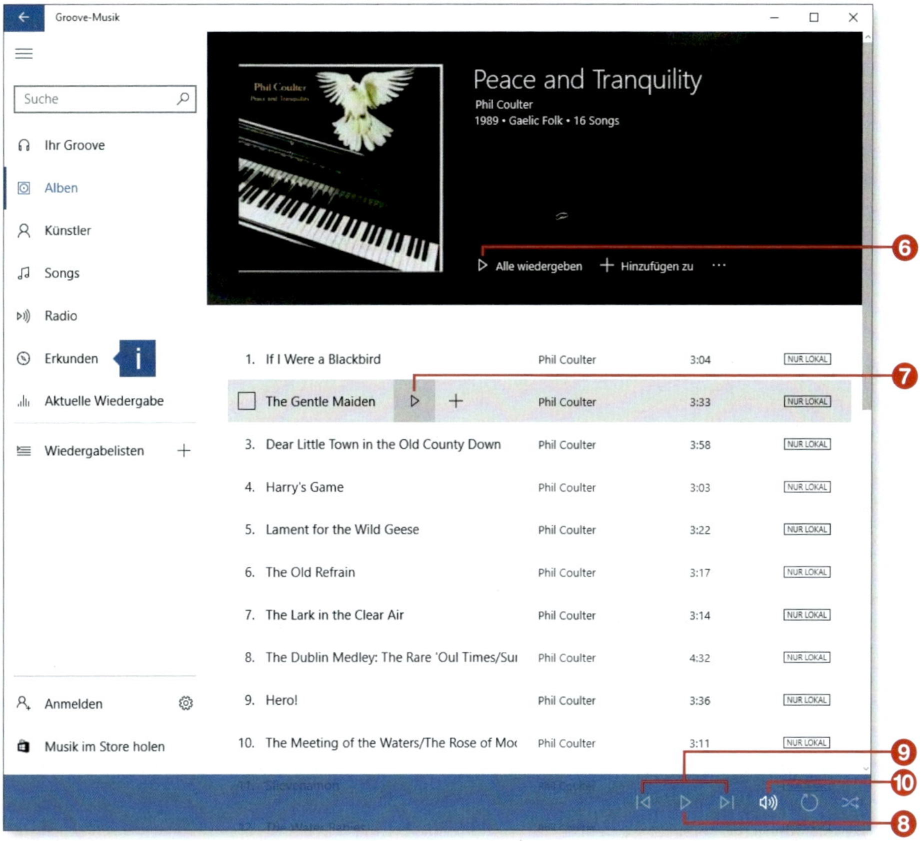

6. Klicken oder tippen Sie auf das **Lautsprecher**-Symbol ❿, klappt ein Schieberegler auf, über den Sie die gewünschte Lautstärke einstellen.

7. Um zur Übersicht über Ihre Musikbibliothek zurückzukehren, reicht ein Klick oder Tipp auf die Kategorie **Alben**.

Es ist eher selten, dass einem jeder Song auf einem Album gefällt. Statt mühselig jeden Titel einzeln auszuwählen und dann abzuspielen, können Sie sich auch eine Wiedergabeliste mit Ihren Lieblingssongs zusammenstellen:

1. Wechseln Sie in den Ordner, in dem sich der erste Musiktitel befindet, den Sie zur Wiedergabeliste hinzufügen möchten, und markieren Sie diesen Titel.
2. Klicken oder tippen Sie auf das Plus-Symbol + rechts vom Titel ❶.
3. In der daraufhin aufklappenden Liste wählen Sie **Neue Wiedergabeliste**.

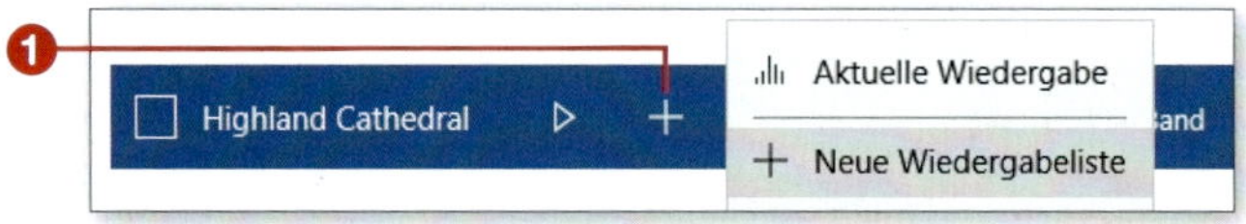

4. Vergeben Sie einen Namen ❷ für die Wiedergabeliste, und bestätigen Sie ihn mit **Speichern**.

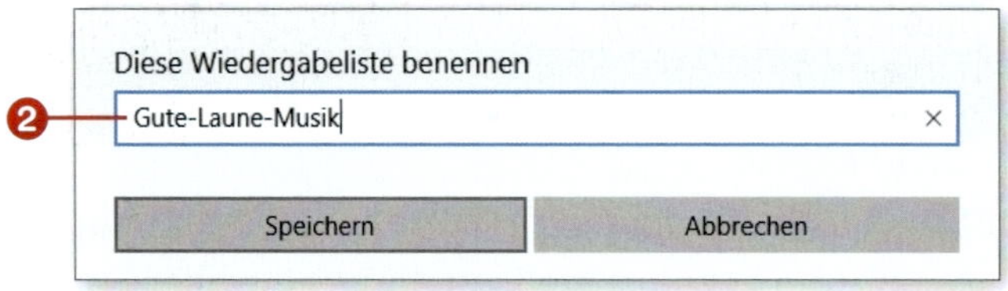

5. Wiederholen Sie die Schritte 1 und 2 für den nächsten Titel. In der aufklappenden Liste wird Ihnen der zuvor angelegte Name der Wiedergabeliste ❸ angeboten, den Sie nun per Mausklick oder Fingertipp auswählen.

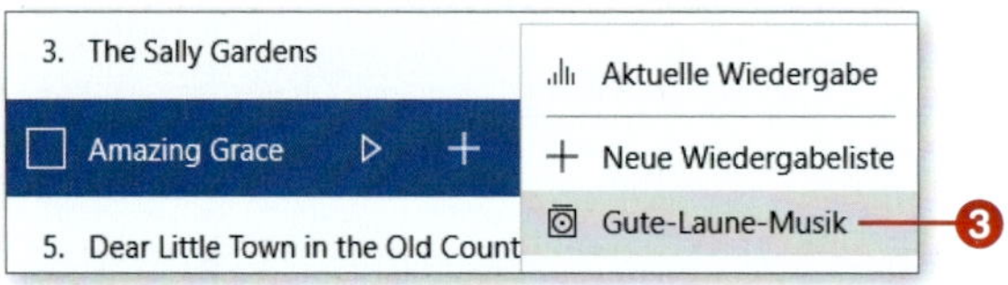

Analog können Sie der Wiedergabeliste beliebig viele Musiktitel hinzufügen oder natürlich auch eine neue Liste anlegen.

6. Um Ihre Lieblingssongs anzuhören, klicken Sie auf die gewünschte Liste in der linken Spalte ❹.

7. Mit einem Klick oder Tipp auf das Symbol ▷ ❺ spielen Sie schon Ihre Lieblingssongs ab.

8. Möchten Sie einen der Musiktitel wieder aus der Liste entfernen, markieren Sie den Song in der Wiedergabeliste und klicken oder tippen rechts vom Titel auf das Minus-Symbol – ❻. Schon wird der Song aus der Liste gelöscht.

9. Wenn Sie einen Song in der Liste an eine andere Position verschieben möchten, positionieren Sie den Mauszeiger auf den Musiktitel und ziehen ihn mit gedrückter linker Maustaste an die gewünschte Position. Arbeiten Sie mit einem Touchscreen, führen Sie die Bewegung einfach mit dem Finger aus.

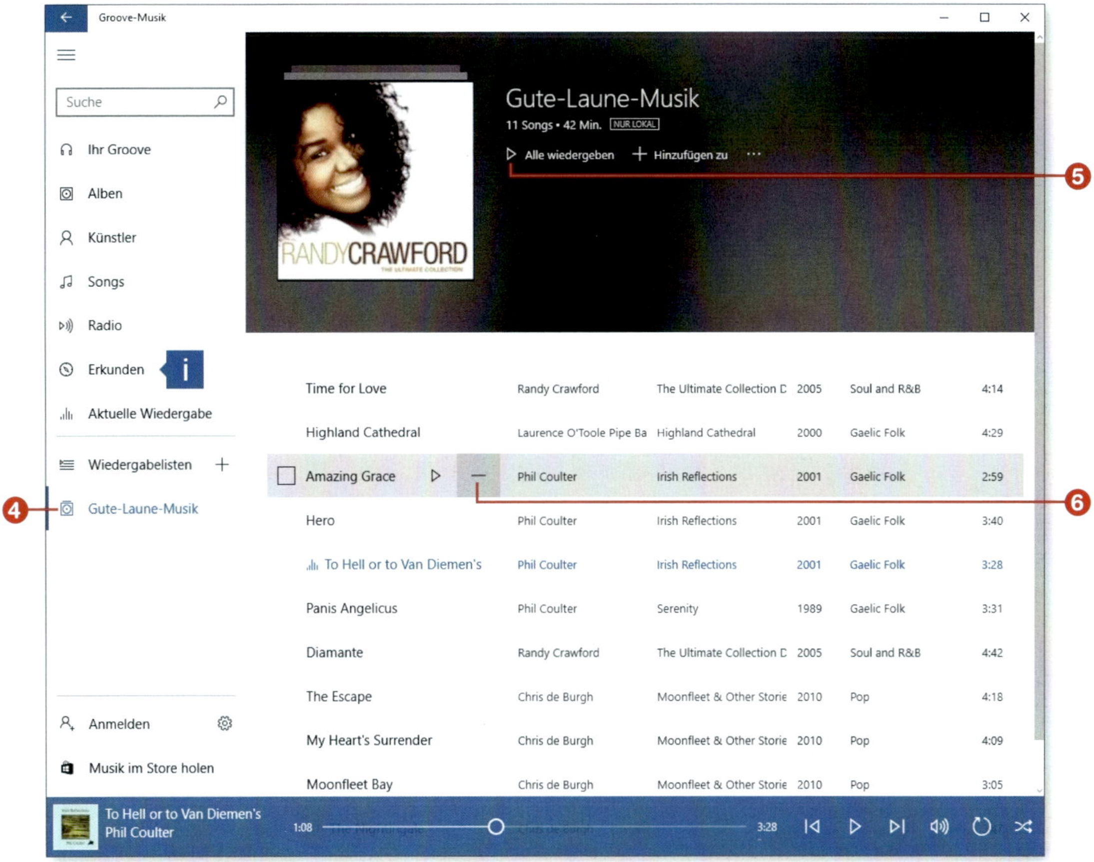

Während Ihre Musiktitel abgespielt werden, können Sie natürlich bequem am Computer weiterarbeiten. Drücken Sie beispielsweise die Taste [Windows-Taste], um das Startmenü einzublenden und von dort aus weitere Programme aufzurufen. Um die Wiedergabe zu beenden, rufen Sie die Musik-App wieder auf und klicken oder tippen in der App-Leiste auf **Pause**.

> *Die Groove-Musik-App lässt sich auch über den Sperrbildschirm steuern.*

Sollten Sie eine Zeit lang nicht am Computer arbeiten, erscheint automatisch der Sperrbildschirm. Die Musikwiedergabe wird dabei aber fortgesetzt. Auf dem Sperrbildschirm selbst wird unten rechts der aktuell abgespielte Song eingeblendet. Über die drei Schaltflächen unterhalb des Titels springen Sie zum vorherigen Song, pausieren die Wiedergabe oder springen zum nächsten Titel.

Sobald Sie das Fenster der Musik-App ganz schließen (Sie erinnern sich: per Wischbewegung vom oberen Bildschirmrand bis ganz nach unten oder per Klick auf das Symbol [X] in der Titelleiste der App), wird auch die Musikwiedergabe beendet.

Videos abspielen

^ *Zum Aufruf der App Filme & TV klicken oder tippen Sie auf diese Kachel.*

Als Nächstes wollen wir noch einen schnellen Blick auf die *Filme & TV*-App werfen. Die Bedienung entspricht in etwa der der Fotos-App. Haben Sie die Filme-&-TV-App per Klick oder durch Tippen auf die entsprechende Kachel im Startmenü aufgerufen, erhalten Sie zunächst eine Übersicht über die Filme, die Sie im Store gekauft haben. Wenn Sie auch TV-Sendungen über den Store bezogen haben, finden Sie diese in der Kategorie **TV-Sendungen**. Um sich den Inhalt der Bibliothek *Videos* anzusehen, klicken oder tippen Sie in der linken Spalte auf **Videos** ❶.

Per Mausklick oder Antippen wechseln Sie in einen Ihrer Videoordner. Klicken oder tippen Sie dann auf eine Videokachel, wird das gewünschte Video direkt abgespielt.

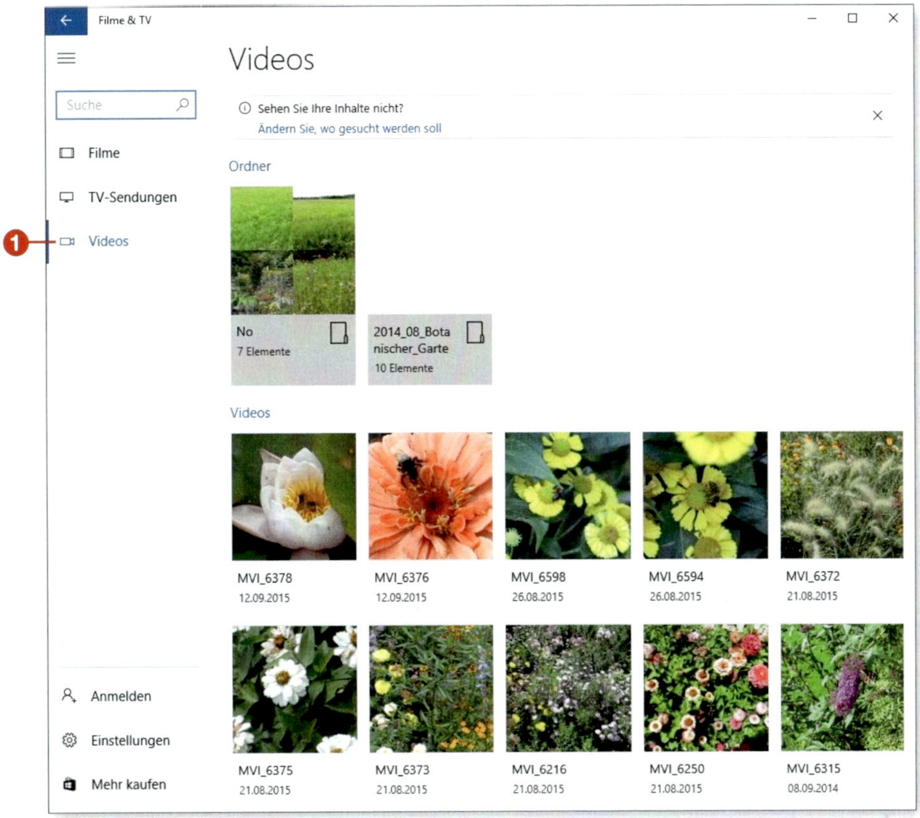

In der Kategorie »Videos« werden alle Ordner und Filme angezeigt, die in Ihrer Videobibliothek abgelegt sind.

Am unteren Bildschirmrand wird ein Pause-Symbol (2 auf Seite 312) eingeblendet. Ein Klick oder Tipp darauf und die Filmwiedergabe wird unterbrochen. Über die beiden Pfeile links 3 und rechts 4 vom Pause-Symbol springen Sie im Film rück- bzw. vorwärts.

Wenn Sie die Maus nicht bewegen, wird die Symbolleiste während der Filmwiedergabe ausgeblendet, sodass der Filmgenuss ungestört bleibt. Sobald Sie etwas mit der Maus ruckeln, erscheint die Leiste aber direkt wieder, und Ihnen stehen die Bedienelemente zur Verfügung. Auf einem Touchscreen wischen Sie dazu etwas auf dem Bildschirm.

Arbeiten Sie mit einem Desktop-PC oder Notebook und möchten das Video gerne in voller Schönheit sehen, tippen Sie in der Symbolleiste auf das Symbol ⤢ 5. Mit einem Klick auf ⤡ minimieren Sie das App-Fenster wieder. Bei einem Tablet startet die Video-App automatisch im Vollbildmodus. Über den Pfeil oben links 6 kehren Sie wieder zur Übersicht über Ihre private Filmsammlung zurück.

> *Die Filmwiedergabe können Sie jederzeit unterbrechen.*

Damit haben Sie erst einmal genug über die Apps Groove-Musik und Filme & TV gelernt, um die beiden gut nutzen zu können. Im nächsten Abschnitt zeige ich Ihnen, wie Sie mithilfe des Windows Media Players Ihre Musik-CDs auf den Computer überspielen.

Der Windows Media Player

Das Programm *Windows Media Player* ist seit vielen Versionen fester Bestandteil von Windows. An ihm wurden keinerlei Aktualisierungen vorgenommen, das heißt, die Bedienung erfolgt genauso wie unter Windows 7 und Windows 8. Aus diesem Grund werden wir uns auch nicht allzu intensiv mit ihm auseinandersetzen, sondern ich werde nur in groben Zügen die Programmoberfläche vorstellen. Praktisch ist der Windows Media Player vor allem, wenn Sie Ihre eigenen Musik-CDs auf den Computer überspielen möchten.

Um den Windows Media Player aufzurufen, klicken Sie nacheinander auf **Start ▸ Windows-Zubehör ▸ Windows Media Player**. Wie Sie für den Windows Media Player ein Desktop-Symbol anlegen, haben Sie bereits im Abschnitt »Verknüpfungen zu Programmen und Ordnern anlegen« ab Seite 55 erfahren.

Nach dem ersten Programmstart werden Sie aufgefordert, einige Einstellungen vorzunehmen. Aktivieren Sie die Option **Empfohlene Einstellungen** ❶, und bestätigen Sie mit **Fertig** ❷.

∧ *Den Windows Media Player rufen Sie über die App-Übersicht auf.*

< *Nach dem ersten Start müssen Sie ein paar Einstellungen vornehmen.*

Nun wird das eigentliche Programmfenster geöffnet. Links befindet sich der Navigationsbereich, den Sie ebenso bedienen wie den des Explorers. Mit dem Windows Media Player können Sie Musik hören oder Videos und Bilder ansehen. Wir beschränken uns hier auf das Thema Musik.

> **i** **Keine DVD-Wiedergabe mehr möglich**
>
> In früheren Versionen konnten mit dem Windows Media Player noch Video-DVDs abgespielt werden. Dies ist seit Windows 8 nicht mehr möglich. Wer seine DVDs trotzdem am Computer genießen möchte, muss zunächst ein entsprechendes Programm wie etwa den kostenlosen *VLC Media Player* installieren.

Nach dem Start ist links automatisch die Kategorie **Musik** ❸ markiert. Rechts neben dem Navigationsbereich werden nun alle Alben angezeigt, die sich auf Ihrem Computer bereits in der Bibliothek **Musik** befinden. Mithilfe der Bildlaufleiste am rechten Bildschirmrand blättern Sie in der Liste.

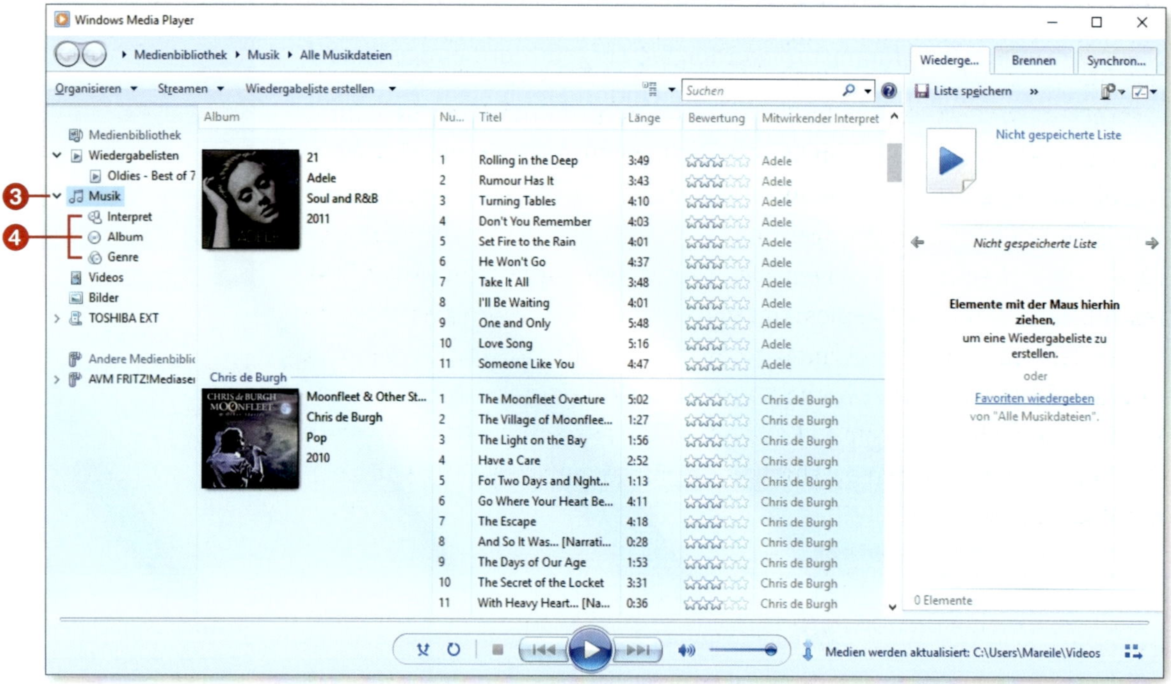

^ Ist im Navigationsbereich »Musik« markiert, werden alle Alben in der Übersicht rechts angezeigt.

Wem diese Darstellung zu unübersichtlich ist, der kann per Klick oder durch einen Fingertipp auf einen der drei Kategorienamen **Interpret**, **Album** oder auch **Genre** ❹ die Anzeige verändern. Doppelklicken oder -tippen Sie dann auf ein Album-Cover, wird in der Fenstermitte nur noch der Inhalt dieses Albums eingeblendet.

Ansicht verändern

In der Abbildung oben sehen Sie den Windows Media Player in der sogenannten *Bibliotheksansicht*. Das Fenster lässt sich aber auch per Klick oder Tipp auf das Symbol [Symbol] in der rechten unteren Ecke des Programmfensters verkleinern. Mit einem Klick oder Tipp auf das Symbol [Symbol] kehren Sie wieder zur großen Ansicht zurück. Das minimierte Fenster zeigt sich übrigens auch automatisch, wenn Sie über den Windows Media Player ein Video abspielen. Die Schaltflächen zur Wiedergabesteuerung werden am unteren Rand des kleinen Programmfensters eingeblendet, sobald Sie den Mauszeiger etwas bewegen.

Am unteren Rand des Programmfensters finden Sie die Schaltflächen zur Wiedergabesteuerung. Haben Sie zuvor ein Album oder einen einzelnen Musiktitel in der Übersicht markiert, können Sie ihn per Klick oder Tipp auf das **Wiedergabe**-Symbol abspielen. An gleicher Stelle erscheint nun das Anhalten- bzw. Pause-Symbol ❺, mit dem Sie eine Wiedergabe unterbrechen können. Sollen die Titel eines Albums in zufälliger Reihenfolge abgespielt werden, klicken Sie auf **Zufällige Wiedergabe einschalten** ❻. Mit einem Klick auf **Wiederholung aktivieren** ❼ werden die ausgewählten Musiktitel immer wieder abgespielt. Über die beiden Schaltflächen **Zurück** ❽ und **Weiter** ❾ gelangen Sie jeweils zum vorherigen bzw. nächsten Musiktitel innerhalb eines Albums. Über den Schieberegler ❿ rechts neben dem Lautsprecher-Symbol regulieren Sie die Lautstärke; wenn Sie direkt auf den Lautsprecher klicken, wird die Wiedergabe stummgeschaltet. Erst nach einem erneuten Klick oder Tipp auf das Symbol können Sie der Musik wieder lauschen. Über die Schaltfläche **Stopp** ⓫ beenden Sie die Wiedergabe ganz.

^ *Die Schaltflächen zur Wiedergabesteuerung*

Im Gegensatz zur Musik-App *Groove-Musik* lassen sich mit dem Windows Media Player auch Musik-CDs wiedergeben. Legen Sie eine entsprechende CD in das CD/DVD-Laufwerk Ihres Computers ein, dann wird der Inhalt der CD automatisch im Media Player angezeigt.

Windows Media Player automatisch starten

Der Windows Media Player ist beim Einlegen der Musik-CD noch nicht geöffnet? In diesem Fall blendet Windows 10 in der rechten unteren Bildschirmecke einen kleinen Hinweis ein. Klicken oder tippen Sie darauf, und wählen Sie dann im nächsten Fenster **Audio-CD wiedergeben**. Es wird nun automatisch der Windows Media Player auf der Desktop-Oberfläche geöffnet und die Musik-CD abgespielt. Das Programmfenster wird dabei minimiert angezeigt. Mit einem Klick oder Tipp auf das Symbol ▪ wechseln Sie zur Bibliotheksansicht.

Möchten Sie die Musik-CD nicht nur abspielen, sondern zugleich die Musiktitel auf Ihren Computer überspielen? Mit dem Windows Media Player ist das schnell erledigt.

Links neben jedem Musiktitel sehen Sie ein kleines Kontrollkästchen. Über diese Kästchen legen Sie fest, welches Lied auf den Computer überspielt werden soll und welches nicht. Nur die mit einem Häkchen versehenen Titel werden kopiert. Per Mausklick oder Fingertipp entfernen Sie die Häkchen oder setzen sie wieder. Haben Sie entsprechend alle Musiktitel markiert, sollten Sie noch verschiedene Angaben unter **Kopiereinstellungen** ❶ machen. Klicken oder tippen Sie hierzu in der Symbolleiste am oberen Rand des Programmfensters auf den Pfeil rechts neben der gleichnamigen Schaltfläche. Es klappt eine kleine Liste auf. Unter **Format** bestimmen Sie beispielsweise, ob die Musiktitel im Format *Windows Media Audio* (WMA) oder im Format *MP3* gespeichert werden sollen.

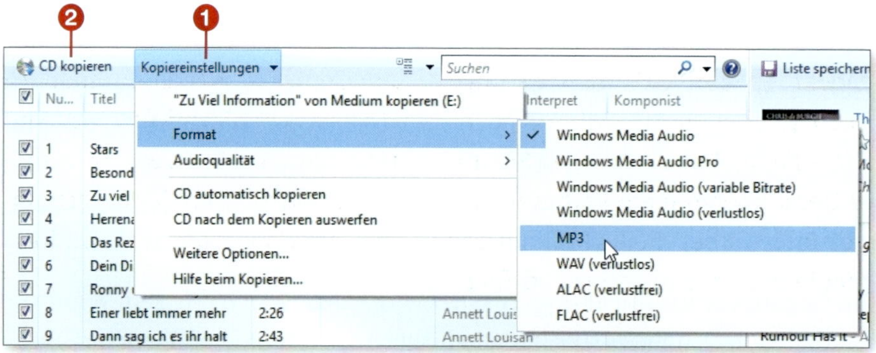

^ *Wählen Sie das Format aus, in dem die Musikdateien auf dem Computer gespeichert werden sollen.*

Haben Sie die nötigen Einstellungen vorgenommen, klicken oder tippen Sie in der Symbolleiste auf **CD kopieren** ❷ (die Schaltfläche wird dann in **Kopieren beenden** ❸ umbenannt). Das Programm beginnt nun mit dem Kopieren der Musiktitel. Den Fortschritt können Sie anhand eines grünen Balkens in der Spalte **Kopierstatus** ❹ verfolgen.

Wurde die CD erfolgreich kopiert, finden Sie das Album anschließend im Navigationsbereich in der Kategorie **Musik** ❺. Nun können Sie die Musiktitel auch mit der Groove-Musik-App abspielen.

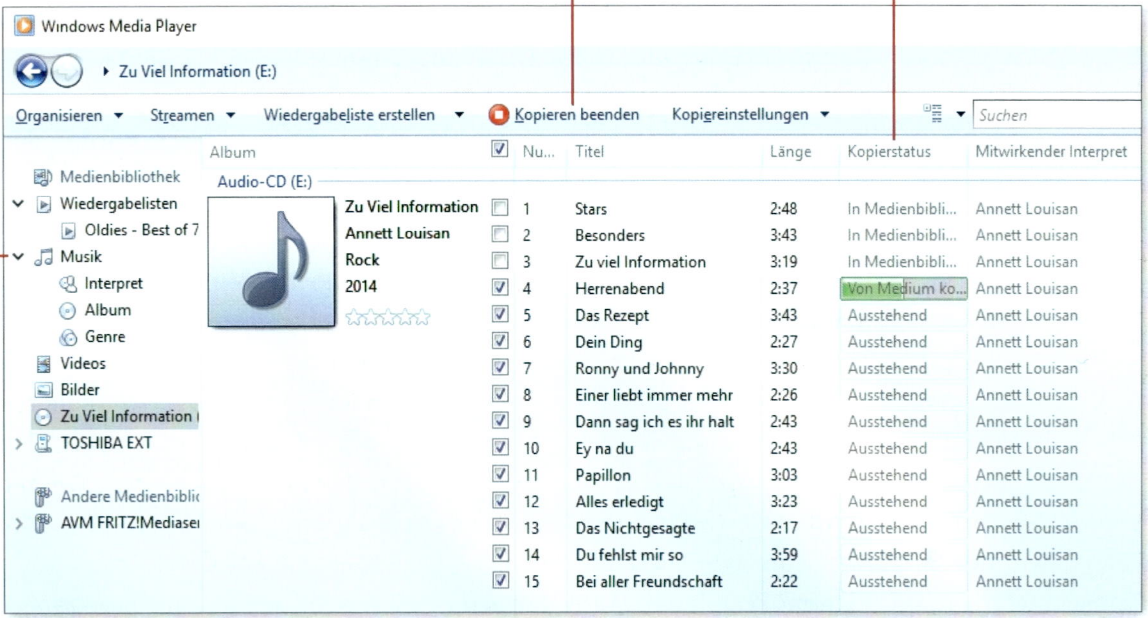

Möchten Sie Ihre Musik nicht nur auf dem Computer genießen, sondern auch auf einem MP3-Player oder dem Smartphone? Mithilfe des Windows Media Players können Sie Ihre Lieblingssongs schnell auf das mobile Gerät überspielen. Verbinden Sie den MP3-Player oder das Smartphone einfach über die USB-Schnittstelle mit dem Computer. Der Windows Media Player wird sofort geöffnet.

Den Kopierstatus können Sie anhand des grünen Balkens verfolgen.

1. Sobald das Gerät erkannt wird, wird am rechten Fensterrand automatisch das Register **Synchronisieren** ❻ angezeigt.

2. Wählen Sie nun links den ersten Musiktitel oder ein Album aus, das Sie auf das mobile Gerät überspielen möchten. Ziehen Sie es mit gedrückter linker Maustaste oder mit dem Finger nach rechts in die Synchronisierungsliste.

3. Wiederholen Sie Schritt 2 für alle weiteren Titel oder Alben. Oberhalb der Synchronisierungsliste erfahren Sie, wie viel freier Speicherplatz ❼ noch auf dem Gerät zur Verfügung steht.

4. Haben Sie alle Musiktitel in der Liste ergänzt, klicken oder tippen Sie auf **Synchronisierung starten** ❽, um die Dateien auf das Gerät zu übertragen.

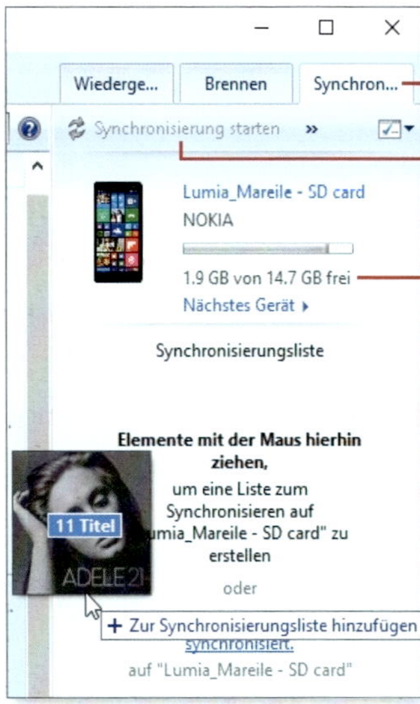

5. Ist die Synchronisierung erfolgreich abgeschlossen, können Sie das Gerät vom Computer trennen. Bevor Sie es aus der USB-Schnittstelle ziehen, sollten Sie einen Blick in den Infobereich der Taskleiste werfen. Klicken oder tippen Sie hier auf das kleine Dreieck-Symbol ❾. Wird in der aufklappenden Liste das **Hardware**-Symbol ❿ in Form eines stilisierten USB-Steckers angezeigt, klicken Sie darauf.

6. Klicken oder tippen Sie im nun eingeblendeten Menü auf das Gerät, das entfernt werden soll.

7. Sobald der Hinweis **Hardware kann jetzt entfernt werden** erscheint, können Sie das Gerät vom Computer trennen. Bei manchen Smartphones sind diese Schritte nicht notwendig. Wird das Hardware-Symbol (Schritt 5) nicht angezeigt, können Sie das Gerät auch direkt vom Computer trennen.

Externe Festplatten, USB-Sticks etc. sollten Sie immer auf diese Weise vom Computer trennen, um einen Datenverlust zu vermeiden. Dieser entsteht leicht, wenn das Gerät beispielsweise noch für eine Datensicherung verwendet wird und Sie diesen Vorgang durch die Abtrennung einfach unterbrechen. Wird das Gerät noch verwendet, erhalten Sie von Windows 10 einen entsprechenden Hinweis.

Mit dem vorgestellten Verfahren lassen sich Musiktitel übrigens nicht nur auf einen MP3-Player oder auch ein Smartphone übertragen. Da Tablets nicht über ein DVD-Laufwerk verfügen, können Sie Ihre Musikalben zunächst auch auf einen USB-Stick kopieren und sie anschließend damit auf das Tablet überspielen.

Kapitel 8
Windows 10 und die Sicherheit

Trotz der Konkurrenz durch Apple und mittlerweile auch Android ist Windows immer noch das am häufigsten eingesetzte Betriebssystem. Diese Beliebtheit bringt leider auch ihre Schattenseiten mit sich, Windows ist nämlich zugleich das Betriebssystem, das am häufigsten von Hackern angegriffen wird. Die Gefahren lauern vor allem im Internet, sei es bei dem Besuch einer Webseite, beim Download von Programmen oder auch beim Empfang von E-Mails. Schnell ist hier z. B. ein Virus eingefangen, der das gesamte System lahmlegt. Doch das sind nicht die einzigen Gefahren. So, wie der Toaster oder die Waschmaschine kaputtgehen können, kann auch ein Computer irgendwann den Geist aufgeben. In einem solchen Fall haben diejenigen gut lachen, die rechtzeitig vorgesorgt und eine Datensicherung angelegt haben. Damit auch Sie fröhlich und unbesorgt mit Ihrem Computer arbeiten können, werde ich Ihnen in diesem Kapitel die wichtigsten Sicherheitsfunktionen vorstellen, die Windows 10 bereits mit an Bord hat. Ganz zu Anfang beschäftigen wir uns aber mit einem Thema, das im Zusammenhang mit Windows 10 immer wieder diskutiert wird: dem Datenschutz.

Windows 10 und der Datenschutz

Hauptkritikpunkt an Windows 10 ist die große Datensammelwut von Microsoft. Ob besuchte Internetseiten, Ihr aktueller Standort, Kalendereinträge oder Ihre eingegebenen Texte – Windows 10 interessiert sich für fast alles. Als Grund für dieses Interesse gibt Microsoft an, man wolle anhand dieser Daten Windows 10 verbessern und ganz Ihren persönlichen Bedürfnissen anpassen. Fairerweise sei an dieser Stelle angemerkt, dass sich Microsoft damit nicht von anderen Betriebssystemherstellern wie etwa Google oder Apple unterscheidet. Denn auch diese Unternehmen sammeln fleißig Informationen über ihre Nutzer.

Doch zurück zu Windows 10: Ihr Computer sammelt per Standardeinstellung zwar emsig Informationen über Sie und reicht diese an Microsoft weiter. Sie haben aber durchaus ein gewisses Mitspracherecht, welche Daten erfasst werden dürfen und welche nicht. Alle Einstellungen kann ich hier aus Platzgründen leider nicht beschreiben, aber zumindest die wichtigsten Punkte sollen natürlich aufgezeigt werden.

Microsoft-Konto versus lokales Konto

Der wichtigste Tipp im Zusammenhang mit dem Thema Datenschutz lautet: Melden Sie sich nur dann mit Ihrem Microsoft-Konto bei Windows 10 an, wenn Sie dieses auch zwingend benötigen. Für das Surfen oder Einkaufen im Internet sowie klassische Aufgaben wie die Bearbeitung Ihrer Fotos oder das Schreiben von Briefen reicht ein lokales Benutzerkonto vollkommen aus.

Viele der folgenden Einstellungen können bereits während der Installation von Windows 10 angepasst werden (siehe auch den Abschnitt »Windows 10 zum ersten Mal starten« ab Seite 27). Wenn Sie hier den schnellen Weg über die Express-Einstellungen gewählt haben, sollten Sie möglichst bald einen Blick auf die Datenschutz-Einstellungen werfen.

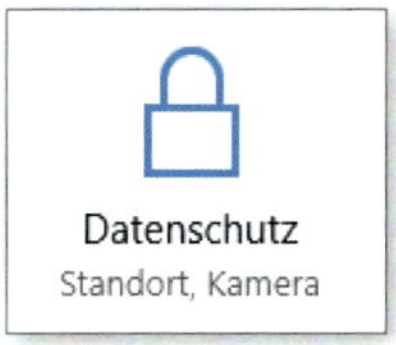

1. Rufen Sie das Startmenü per Klick auf das Windows-Logo auf, und klicken oder tippen Sie auf **Einstellungen**.
2. Im folgenden Dialog markieren Sie **Datenschutz**.
3. Stellen Sie sicher, dass links die Kategorie **Allgemein** aktiviert ist.
4. In der rechten Spalte ist nun lediglich eine aktivierte Einstellung sinnvoll: **SmartScreen-Filter einschalten, um von Windows Store-Apps verwendete Webinhalte (URLs) zu überprüfen** ❶. Diesen Regler sollten Sie bei **Ein** belassen, damit der Filter Programme prüfen und Sie vor schädlicher Software warnen kann.

5. Die weiteren fünf Regler, die Sie in der rechten Spalte sehen, sollten Sie wiederum ausschalten. Hierzu ziehen Sie den Regler jeweils mit gedrückter linker Maustaste oder per Finger nach links auf **Aus**.

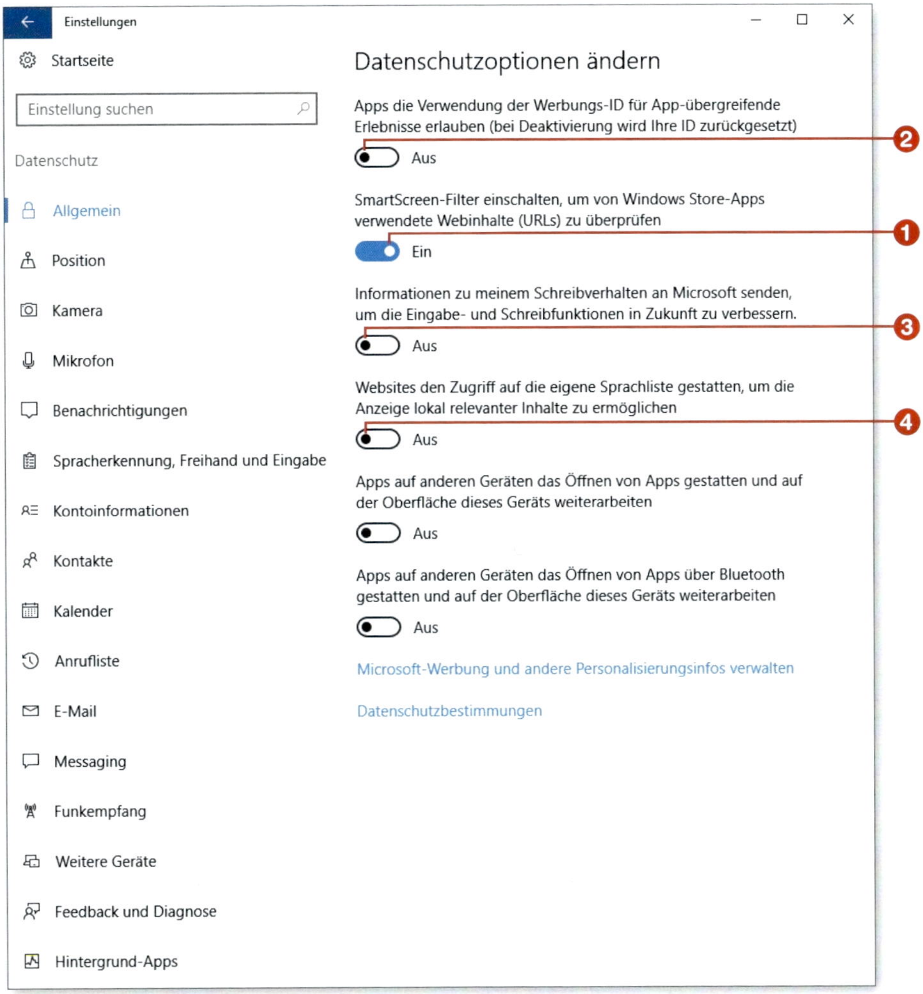

Durch die Deaktivierung des ersten Reglers ❷ verbieten Sie Microsoft, Ihnen personalisierte Werbung in Apps unterzujubeln. Der dritte Regler ❸ verhindert, dass Windows 10 Ihre Texteingaben verfolgt und an Microsoft weiterreicht. Dadurch entgehen Ihnen zwar verbesserte Eingabe- und Schreibfunktionen, doch das ist sicher gut zu verschmerzen. Auch auf lokal relevante Inhalte ❹ können Sie sicherlich verzichten. Mit den letzten beiden Reglern verhindern Sie, dass Apps auf andere Geräte, mit denen Sie verbunden sind, zugreifen können.

Bei den folgenden Einstellungen, die ich Ihnen nun vorstellen werde, geht es in erster Linie darum, welchen Apps Sie welche Zugriffe gestatten. Das Prinzip ist bei allen gleich, sodass ich nur einige Einstellungen beispielhaft herausgreifen werde.

1. Rufen Sie im Dialog **Datenschutz** in der linken Spalte die Kategorie **Position** ❶ auf.

2. Per Standardeinstellung ermittelt Microsoft Ihren aktuellen Standort. Das kann für Sie von Interesse sein, wenn Sie z. B. mit Ihrem Tablet oder Notebook unterwegs sind und etwa in der Karten-App Ihre aktuelle Position anzeigen lassen möchten. Wenn Ihnen der Datenschutz und Ihre Privatsphäre wichtiger sind, sollten Sie den Regler **Positionsdienst** auf **Aus** ❷ stellen.

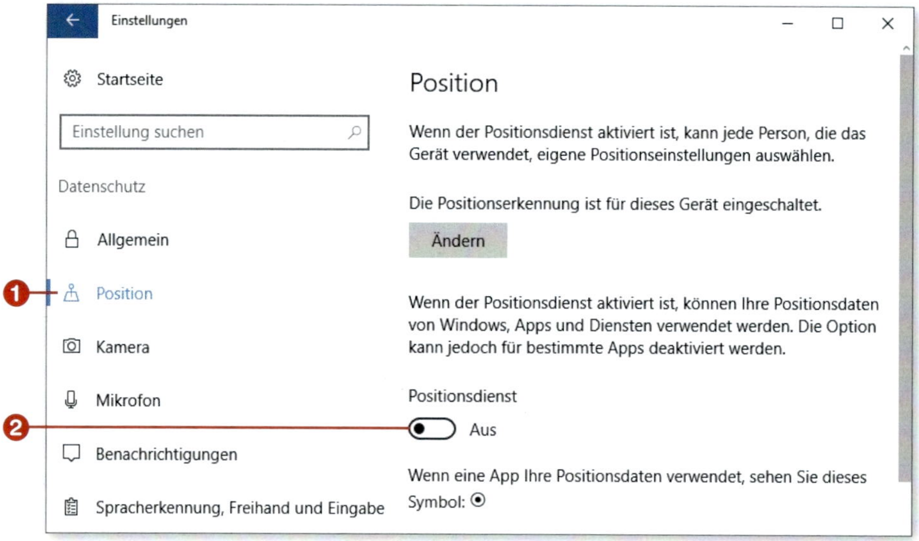

3. Wer nicht ganz so rigide vorgehen möchte, kann auch selbst bestimmen, welche Apps Ihren aktuellen Standort ermitteln dürfen und welche nicht. In diesem Fall belassen Sie den Regler **Positionsdienst** auf **Ein**.

4. Blättern Sie dann im Dialog **Datenschutz ▸ Position** nach unten bis zum Bereich **Apps auswählen, die Ihre genaue Position verwenden dürfen**. Stellen Sie nun sicher, dass sich der Regler bei den Anwendungen, die keinen Zugriff auf Ihren Standort erhalten dürfen, auf **Aus** befindet ❸.

Nur die Apps, die Ihre Position ermitteln dürfen (z. B. die Karten-App), werden eingeschaltet ❹.

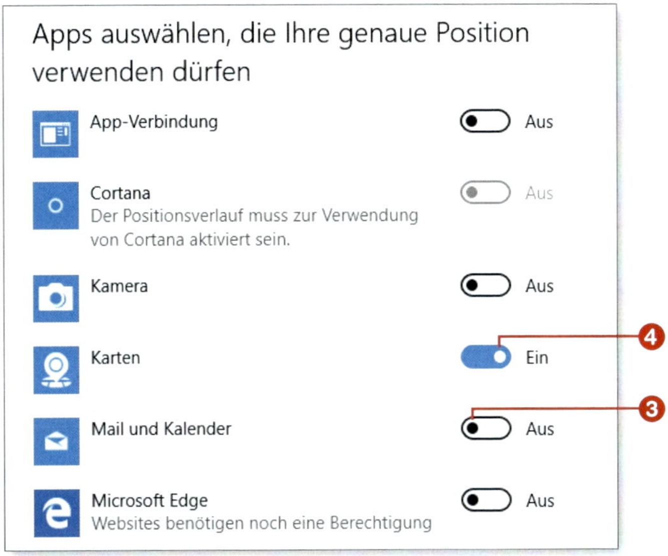

5. Blättern Sie im Dialog **Datenschutz ▸ Position** wieder etwas nach oben, und klicken oder tippen Sie auf **Löschen** ❺. Damit werden die bereits gespeicherten Positionsdaten von Ihrem Computer gelöscht.

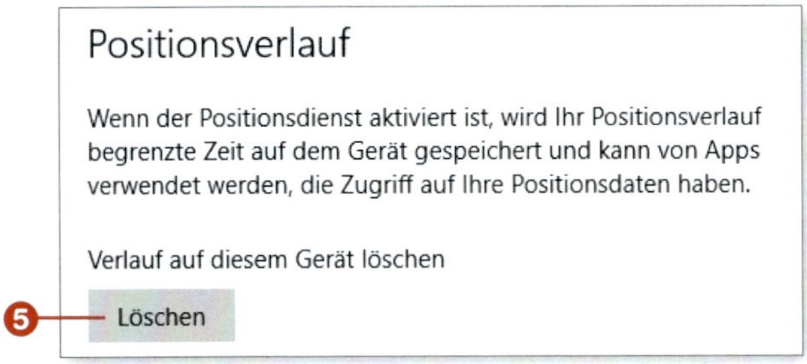

Arbeiten Sie mit einem Tablet oder Notebook mit integrierter Webcam, sollten Sie als Nächstes einen Blick in die Kategorie **Kamera** werfen.

1. Wechseln Sie im Dialog **Datenschutz** in die Kategorie **Kamera** (❻ auf Seite 324).

2. Im Bereich **Apps auswählen, die Ihre Kamera verwenden können** legen Sie individuell fest, welche App Zugriff auf die integrierte Webcam erhält. Nutzen Sie z. B. häufiger Skype für Videotelefonate, belassen Sie den Regler **Skype(-Vorschau)** auf **Ein** ❼. Für die Karten-App dagegen ist die Kamera eher unwichtig, sodass Sie den Regler **Karten** entsprechend auf **Aus** ❽ stellen können.

3. Wenn Sie allen aufgelisteten Apps den Zugriff auf die Kamera verweigern möchten, ziehen Sie den Regler **Apps die Verwendung meiner Kamera erlauben** ❾ auf **Aus**. Damit werden automatisch alle unten aufgeführten Apps ausgeschaltet.

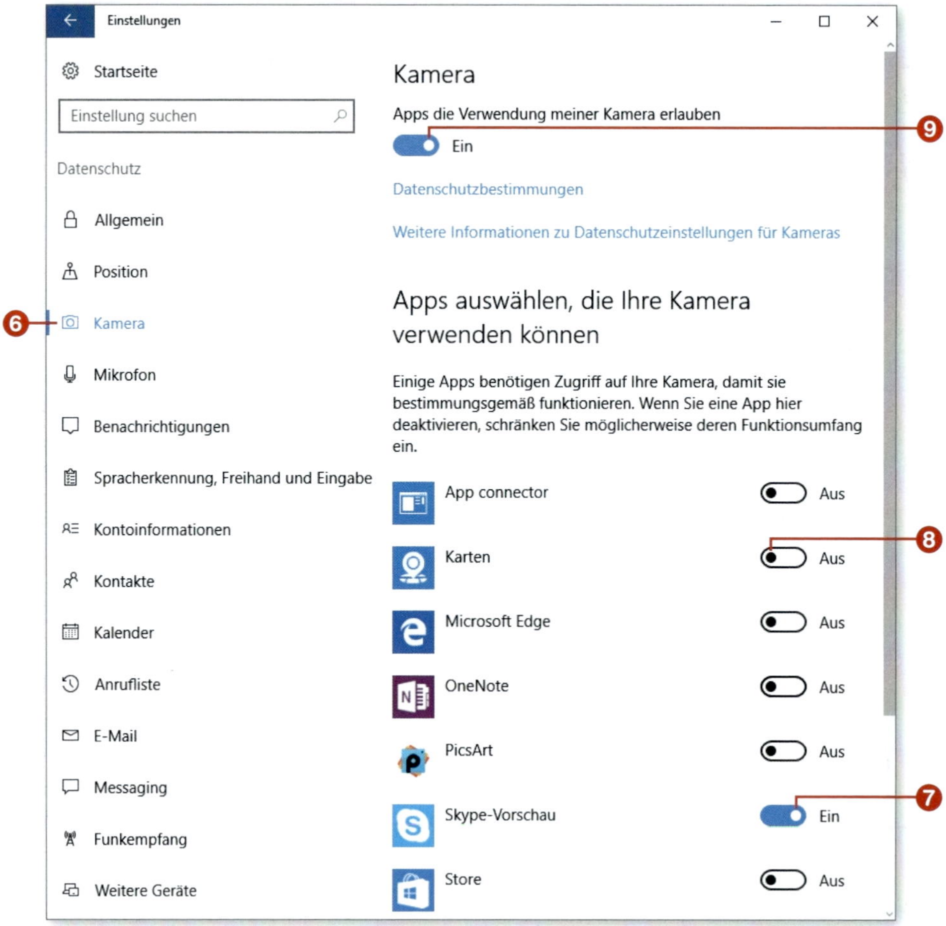

Analog können Sie nun alle weiteren Kategorien wie etwa **Mikrofon**, **Kontoinformationen**, **Kontakte**, **Kalender** und mehr individuell anpassen. Ein besonderes Augenmerk sollten Sie dabei auf die Kategorie **Feedback und Diagnose** legen. Denn dort bestimmen Sie, welche Diagnose- und Nutzungsdaten an Microsoft weitergereicht werden dürfen.

4. Klicken oder tippen Sie im Dialog **Datenschutz** in der linken Spalte auf die Kategorie **Feedback und Diagnose** ⑩.

5. Wenn Sie kein Feedback an Microsoft schicken möchten, klicken Sie auf den Pfeil rechts vom Feld **Mein Feedback soll von Windows angefordert werden**. In der aufklappenden Liste wählen Sie **Nie** ⑪.

6. Im Feld **Sendet Ihre Gerätedaten an Microsoft** wählen Sie nach einem Klick auf den Pfeil **Einfach** aus ⑫. Damit werden lediglich Informationen zur Hardware Ihres Computers sowie zu installierten Programmen an Microsoft geschickt. Informationen zur Nutzungshäufigkeit sowie zu Abstürzen von Apps werden dagegen nicht übermittelt.

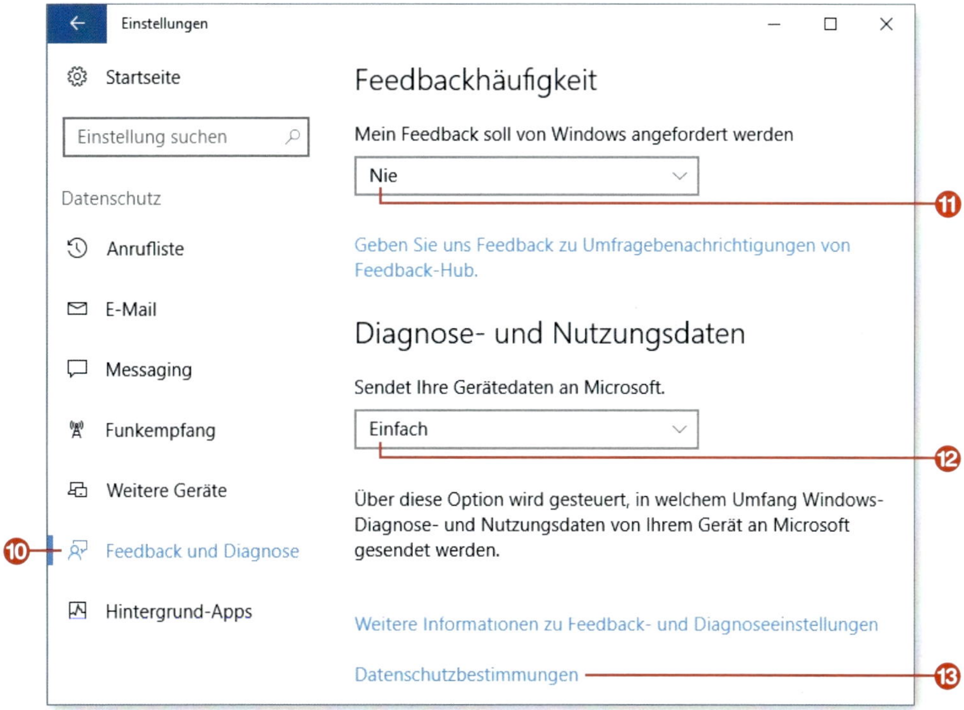

Wenn Sie an weiteren Informationen zum Thema **Datenschutz** im Zusammenhang mit Windows 10 interessiert sind, empfehle ich Ihnen, einen Blick in die **Datenschutzbestimmungen** ⑬ zu werfen. Diese können Sie mit einem Klick oder Tippen auf den Link im Dialog **Datenschutz ▸ Feedback und Diagnose** aufrufen.

Sicherheit in Windows 10 im Blick

In älteren Windows-Versionen wurde im Infobereich des Desktops recht klein und unscheinbar eine kleine Flagge angezeigt. Diese Flagge war mit dem sogenannten *Wartungscenter* verknüpft. Die Flagge ist unter Windows 10 zwar verschwunden, das Wartungscenter gibt es aber immer noch, nur unter einem neuen Namen: Es wird nun *Sicherheit und Wartung* genannt.

Das Center Sicherheit und Wartung behält alles im Blick und schlägt Alarm, wenn das Antivirenprogramm nicht aktiviert ist, neue Sicherheits-Updates für Windows 10 verfügbar sind oder Sie dringend mal wieder eine Datensicherung durchführen sollten. Wird ein Problem entdeckt, erscheint nun allerdings nicht mehr das Flaggen-Symbol. Stattdessen wird lediglich für einen kurzen Moment ein Hinweis eingeblendet. Das Benachrichtigung-Symbol in der Taskleiste, das anzeigt, wenn im Info-Center neue Benachrichtigungen eingegangen sind, ändert sein Aussehen außerdem von (keine Nachrichten) zu (Nachrichten vorhanden).

Klicken oder tippen Sie im Infobereich der Taskleiste auf das Benachrichtigung-Symbol ❶, können Sie den Hinweis nochmals nachlesen ❷. Erscheint eine solche Warnung, lässt sich das Problem meist schnell aus der Welt schaffen. Im Fall der Windows-Firewall reicht z. B. ein Klick auf die Warnung im Info-Center, und Windows 10 aktiviert für Sie die Firewall. Dies gilt auch für die meisten anderen Sicherheitswarnungen, etwa wenn der Computer sinnvollerweise mal wieder durch den *Windows Defender* auf Viren überprüft werden sollte.

∧ *Der Hinweis wird lediglich für einen kurzen Moment eingeblendet.*

∧ *Mit einem Klick oder Tippen auf die Meldung wird das Problem sofort gelöst.*

In manchen Fällen führt Sie ein Klick auf eine Warnung auch direkt zum Dialog **Einstellungen**, wo Sie selbst aktiv werden können. Viele Hinweise im Info-Center dienen auch lediglich der Information, etwa wenn Sie eine neue E-Mail erhalten oder eine externe Festplatte am Computer angeschlossen haben. Solche Hinweise können von Ihnen getrost ignoriert werden.

Ruhe vor den Benachrichtigungen

Es gibt immer wieder Momente, in denen die Benachrichtigungen eher lästig als erwünscht sind, etwa wenn Sie sich in Ruhe einen Film ansehen oder mit einem Familienmitglied via Skype telefonieren möchten. In einem solchen Fall können Sie Windows 10 veranlassen, keinerlei Benachrichtigungen einzublenden. Klicken Sie hierzu einfach auf das Benachrichtigung-Symbol im Infobereich der Taskleiste. Im unteren Bereich des nun sichtbaren Info-Centers aktivieren Sie per Mausklick oder Antippen die Schaltfläche **Ruhezeiten**, die nun farbig hervorgehoben wird. Bei neuen Benachrichtigungen erscheint nun weder ein Banner, noch ertönt ein lautes Symbol. Nur das Benachrichtigung-Symbol selbst zeigt, dass Nachrichten vorhanden sind. Nach einem Klick auf das Symbol, werden die Benachrichtigungen wie gewohnt im Info-Center angezeigt. Wenn Sie den Ruhemodus nicht mehr benötigen, sollten Sie ihn wieder deaktivieren.

Wenn Sie unabhängig von Warnungen prüfen möchten, wie es um die Sicherheit Ihres Computers bestellt ist, gehen Sie folgendermaßen vor:

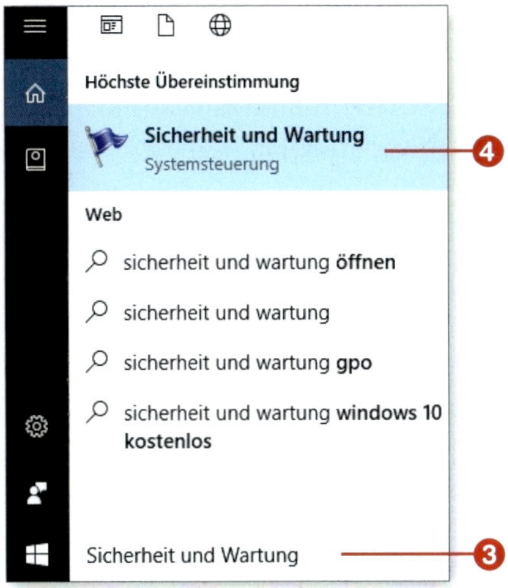

1. Klicken oder tippen Sie in das Suchfeld in der Taskleiste, und geben Sie als Suchbegriff »Sicherheit und Wartung« 3 ein.

2. Nach einem Klick oder auch Tippen auf **Sicherheit und Wartung** 4 wird die Systemsteuerung mit der Kategorie **Sicherheit und Wartung** geöffnet.

Die Kategorie ist, wie der Name schon sagt, in zwei wichtige Bereiche unterteilt: **Sicherheit** ❺ und **Wartung** ❻.

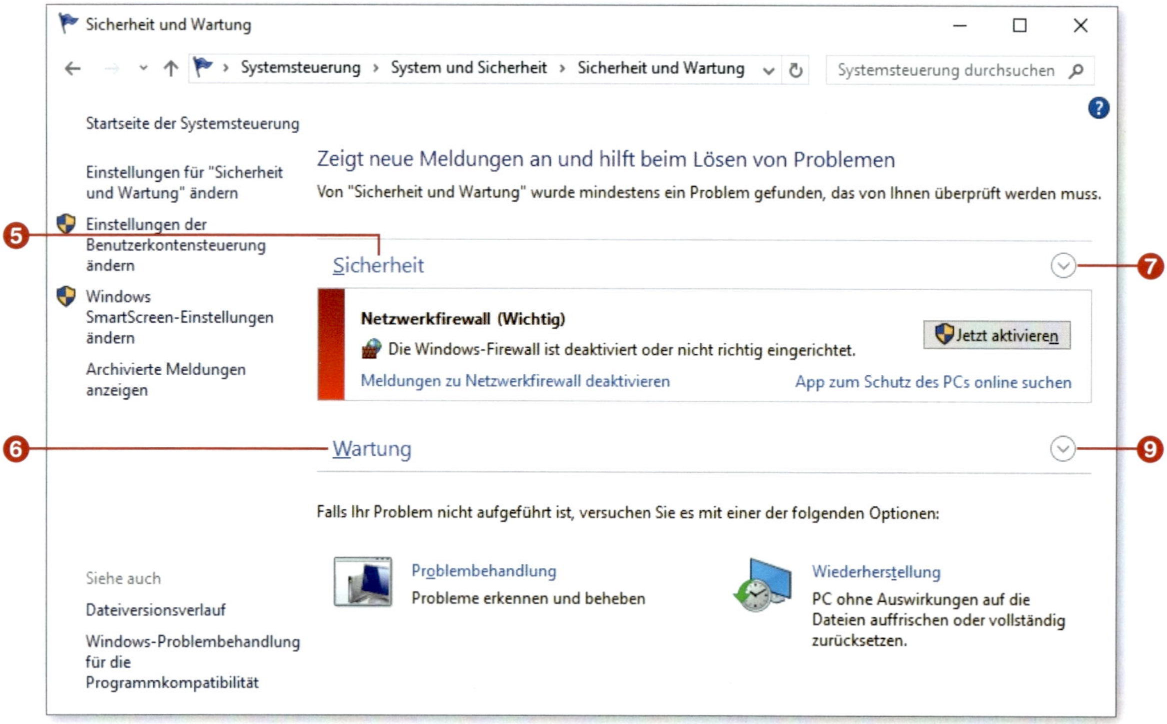

3. Sollte bei Ihnen noch keine Übersicht über alle wichtigen Sicherheitseinstellungen Ihres Computers angezeigt werden, klicken oder tippen Sie auf den nach unten weisenden Pfeil rechts neben **Sicherheit** ❼.

Zu den Sicherheitsfunktionen zählen beispielsweise die Firewall, Windows Update, der Virenschutz oder auch die Benutzerkontensteuerung. Im Laufe des Kapitels werde ich Ihnen diese kurz vorstellen. Dem Center für Sicherheit und Wartung können Sie entnehmen, ob die Funktionen eingeschaltet sind ❽.

4. Blättern Sie mithilfe der Bildlaufleiste etwas nach unten, um zum Bereich **Wartung** zu gelangen. Auch hier klappt nach einem Klick oder Fingertipp auf den nach unten weisenden Pfeil ❾ wieder die Liste wichtiger Wartungseinstellungen auf. (Nach dem Klicken bzw. Aufklappen der Liste zeigt der Pfeil übrigens nach oben.)

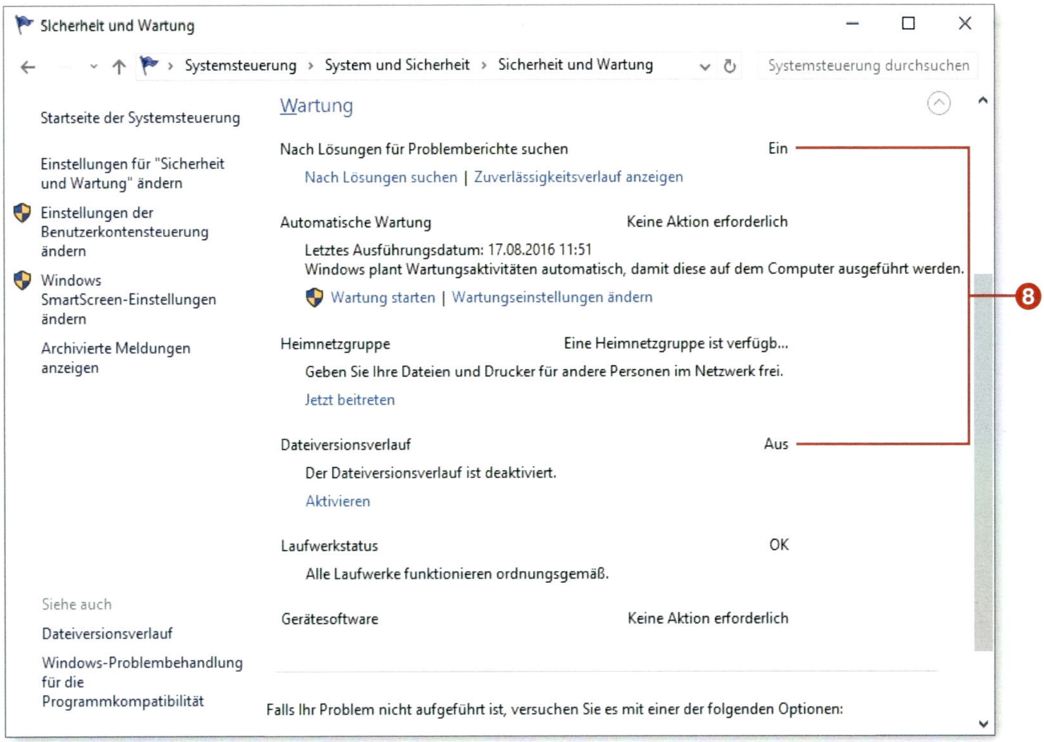

Bei der Wartung Ihres Computers geht es um die Lösung von Problemen. Funktioniert beispielsweise eine Software nicht mehr einwandfrei, bietet Windows 10 automatisch an, nach einer Lösung des Problems zu suchen. Sie erhalten an entsprechender Stelle jeweils ein Hinweisfenster, das Sie bestätigen müssen, bevor Windows 10 aktiv wird. Stimmen Sie der Lösungssuche zu, können Sie sich im Center für Sicherheit und Wartung über den aktuellen Status informieren. Windows 10 übernimmt außerdem automatisch bestimmte Wartungsaufgaben für Sie, etwa eine Systemanalyse oder das Aktualisieren von Windows. Auch hierüber informiert Sie das Center.

Eine wichtige Funktion von Windows 10 finden Sie ebenfalls im Wartungsbereich: den *Dateiversionsverlauf*. Ist diese Funktion aktiviert, lassen sich verschiedene Versionen Ihrer Dateien sichern und im Falle eines Problems wiederherstellen. Wie dies im Einzelnen funktioniert, zeige ich Ihnen am Ende dieses Kapitels im Abschnitt »So schützen Sie sich vor Datenverlust« ab Seite 349. Doch zuvor werden wir einige der Sicherheitsfunktionen von Windows 10 etwas genauer unter die Lupe nehmen.

Immer auf dem aktuellsten Stand mit Windows Update

Wie ganz zu Anfang bereits erwähnt, ist Windows leider immer wieder das Ziel von Hackerangriffen. Solche Sicherheitslücken gilt es schnell zu beheben, aber auch andere, nicht ganz so kritische Fehler sollten rasch ausgebügelt werden. Zuständig ist hierfür die Funktion *Windows Update*. Sie ist per Standardeinstellung aktiviert und lässt sich unter Windows 10 auch nicht mehr ausschalten. Das Betriebssystem prüft entsprechend regelmäßig, ob Aktualisierungen vorliegen, lädt diese automatisch auf Ihren Computer herunter und installiert sie. Abgesehen von einem kleinen Hinweisfenster, das Sie über die erfolgreiche Installation der Updates informiert, bekommen Sie von dieser Aktion kaum etwas mit. Nur in wenigen Fällen ist ein Neustart des Computers nötig.

Im Gegensatz zu früheren Windows-Versionen erreichen Sie die Windows-Update-Funktion nicht mehr über die *Systemsteuerung*, sondern über die mit Windows 8 neu eingeführten *Einstellungen*. Möchten Sie prüfen, welche Updates auf Ihrem Computer installiert wurden, gehen Sie daher folgendermaßen vor:

1. Rufen Sie per Klick oder Tippen auf das Windows-Logo das Startmenü auf, und wählen Sie hier die **Einstellungen**.

Alternativ können Sie auch auf das Benachrichtigung-Symbol im Infobereich der Taskleiste und anschließend auf **Alle Einstellungen** (1) klicken.

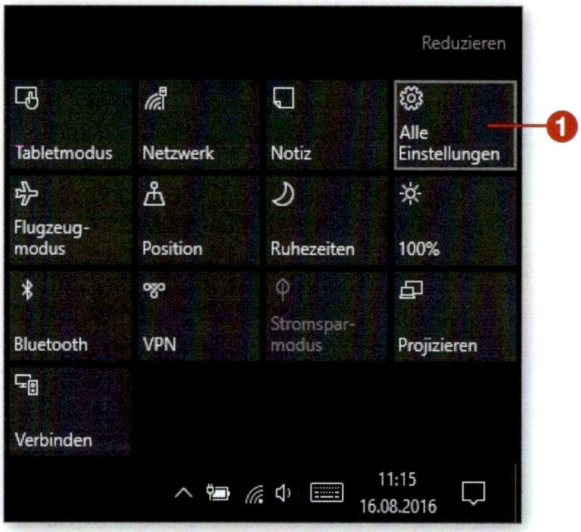

2. Klicken oder tippen Sie in den Einstellungen auf die Kategorie **Update und Sicherheit**.

Im nächsten Fenster wird bereits die Unterkategorie **Windows Update** angezeigt. In der rechten Spalte werden Sie über den aktuellen Status der Update-Funktion informiert. Per Standardeinstellung überprüft Windows automatisch, ob neue Updates verfügbar sind, und installiert diese anschließend ebenfalls ohne Ihr Zutun.

3. Wenn Sie möchten, können Sie die Überprüfung auch manuell starten. Klicken oder tippen Sie hierzu auf **Nach Updates suchen** ❷. Sind neue Updates vorhanden, lädt und installiert Windows diese sofort.

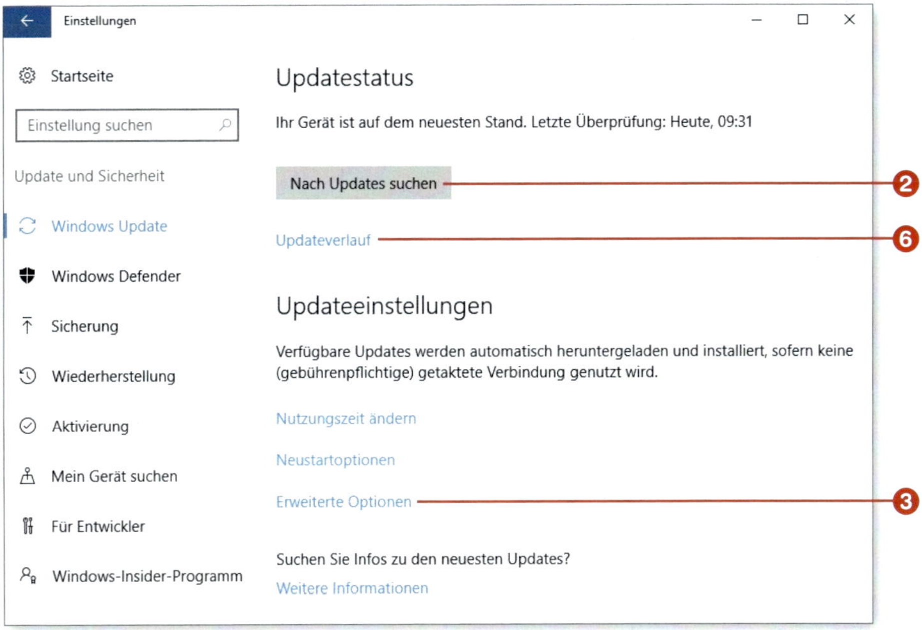

4. Möchten Sie, dass auch Programme wie *Microsoft Office* automatisch aktualisiert werden sollen? Dann klicken oder tippen Sie in der rechten Spalte auf **Erweiterte Optionen** ❸.

5. Stellen Sie im Dialog **Erweiterte Optionen** sicher, dass **Updates für andere Microsoft-Produkte bereitstellen, wenn ein Windows-Update ausgeführt wird** mit einem Häkchen (❹ auf Seite 332) versehen ist.

6. Mit einem Klick auf den Pfeil oben links ❺ kehren Sie zum Dialog **Updatestatus** zurück.

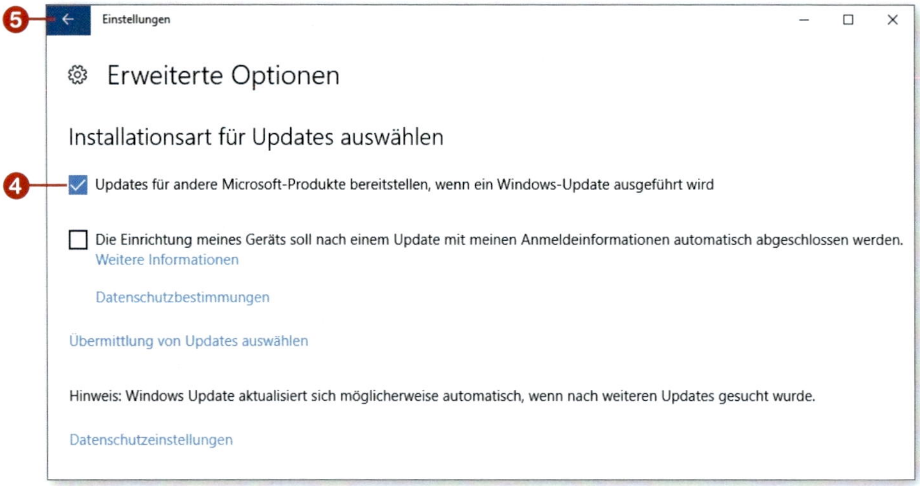

7. Interessiert es Sie, welche Updates bereits auf Ihrem Computer installiert wurden? Klicken oder tippen Sie auf **Updateverlauf** (❻ auf Seite 331).

8. Sie erhalten nun eine Übersicht über alle installierten Updates inklusive Status und Installationsdatum. Mit einem Klick oder durch Tippen auf das Pfeil-Symbol ❼ oben links kehren Sie zum Dialog **Updatestatus** zurück. Um zum Dialog **Einstellungen** zurückzukehren, klicken oder tippen Sie ebenfalls auf das Pfeil-Symbol.

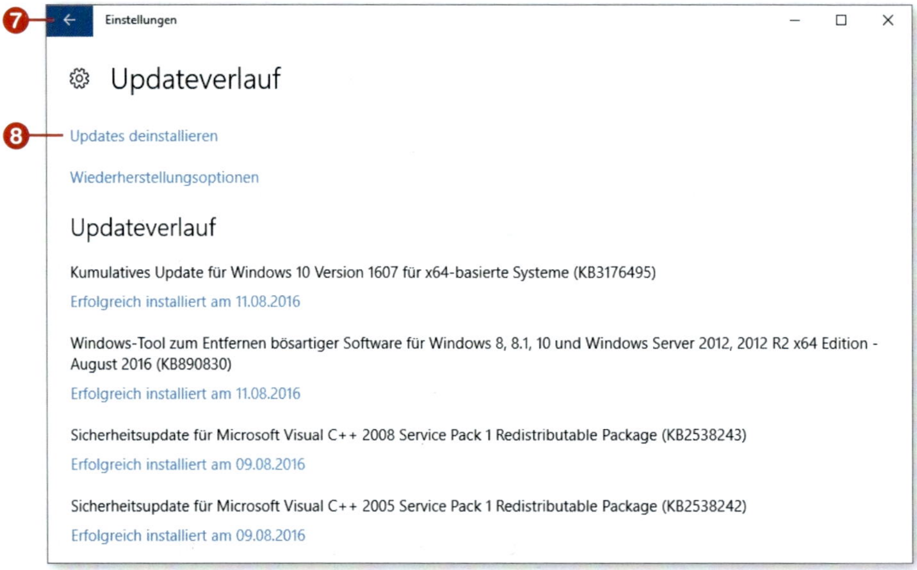

Die Updates stellen bereits einen wichtigen Schutz Ihres Computers dar. Als Nächstes werden wir einen Blick auf die Windows-Firewall werfen, die Ihren PC vor Angriffen aus dem Netz schützt.

Updates deinstallieren

Unter Windows 10 haben Sie nicht mehr die Möglichkeit, die Installation eines Updates abzulehnen, es wird auf jeden Fall auf Ihrem Computer eingespielt. Umfasst das Update größere Änderungen, wie es etwa beim Anniversary Update der Fall war, ist ein Neustart des Computers notwendig. Sie erhalten einen entsprechenden Hinweis. Alle Updates, die keinerlei Neustart benötigen, werden weiterhin im Hintergrund ohne Ihr Zutun installiert. Ganz selten kann die Installation eines Updates zu einem Problem bei einem Programm führen. Arbeitet eine Software nach einer Aktualisierung nicht mehr zuverlässig, haben Sie die Möglichkeit, ein Update wieder zu entfernen. Klicken oder tippen Sie hierzu am oberen Rand des Fensters **Updateverlauf** auf **Updates deinstallieren** (8 auf Seite 332). Markieren Sie das gewünschte Update in der Liste, und klicken Sie dann am oberen Rand auf **Deinstallieren**. Folgen Sie den weiteren Anweisungen, um das Update zu entfernen. Eventuell ist anschließend ein Neustart des Computers notwendig.

Hier kommt keiner hinein – die Windows-Firewall

Der Begriff *Firewall* bedeutet auf Deutsch *Brandschutzmauer*. Und als solche fungiert sie auch, denn die Firewall überprüft den gesamten ein- und ausgehenden Datenverkehr zwischen Computer und Internet. Wenn sie einen Angriff auf Ihren PC feststellt, verhindert sie ihn. Eine Gefahr stellen beispielsweise Programme dar, die sich heimlich – etwa beim Surfen im Internet oder bei der Installation eines neuen Programms – auf Ihrem System einnisten. Dort spionieren sie alle Kennworteingaben aus (z. B. Kreditkarteninformationen oder auch die Passwörter für das Homebanking) und reichen diese dann an eine bestimmte Webadresse weiter. Damit dies nicht passiert oder das Risiko zumindest ausgesprochen gering gehalten wird, sollte Ihr Computer immer durch eine Firewall geschützt sein.

In vielen Routern ist bereits eine Firewall integriert. Aber auch Windows 10 bringt eine eigene Firewall mit. Um die Einstellungen der Windows-Firewall zu überprüfen, gehen Sie folgendermaßen vor:

1. Blättern Sie im Startmenü in der Liste aller installierten Anwendungen bis zum Buchstaben **W**. Klicken oder tippen Sie hier auf **Windows-System**. In der aufklappenden Liste blättern Sie nach unten bis zum Eintrag **Systemsteuerung** ❶. Wählen Sie diesen per Mausklick oder Antippen aus.

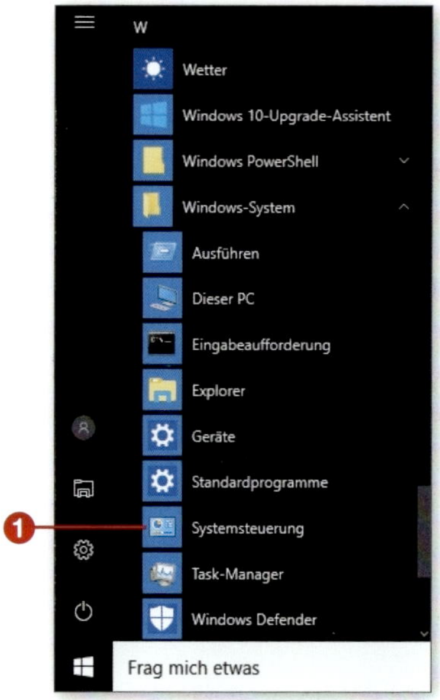

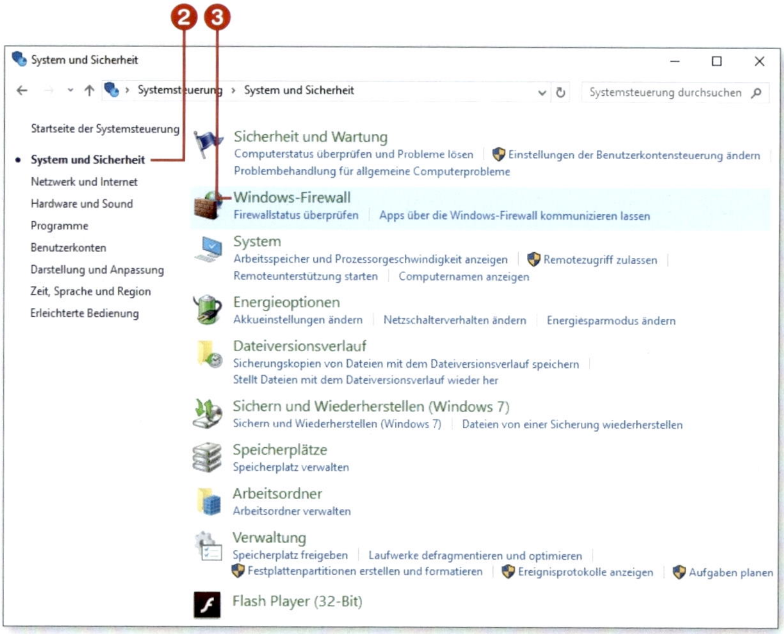

2. Wechseln Sie in die Kategorie **System und Sicherheit** ❷, und klicken Sie dort auf **Windows-Firewall** ❸.

Sie erhalten nun eine Übersicht über den aktuellen Status der Windows-Firewall, aufgeteilt in **Private Netzwerke** ❹ und **Gast oder öffentliche Netzwerke** ❺. Gerade Letztere spielen eine große Rolle, wenn Sie mit Ihrem Notebook oder Tablet häufiger unterwegs sind und beispielsweise *Hotspots* auf Flughäfen oder WLANs in Hotels nutzen (siehe dazu auch den Abschnitt »So kommen Sie ins Internet« ab Seite 145).

3. Um die Einstellungen der Windows-Firewall zu überprüfen, klicken oder tippen Sie links auf **Windows-Firewall ein- oder ausschalten** ❻. Eventuell müssen Sie den Hinweis der Benutzerkontensteuerung bestätigen.

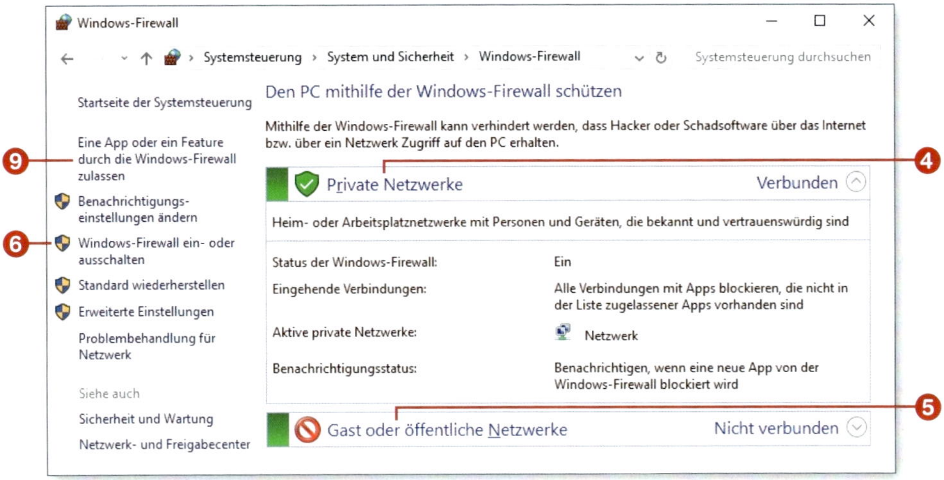

4. Sie können die Firewall nun für jeden Standort getrennt einstellen. Stellen Sie sicher, dass bei beiden Netzwerkvarianten (privat und öffentlich) das Kästchen **Benachrichtigen, wenn eine neue App von der Windows-Firewall blockiert wird** ❼ mit einem Häkchen versehen ist. In diesem Fall erhalten Sie sofort einen Hinweis, wenn die Firewall aktiv wird.

5. Sind Sie mit einem öffentlichen Netzwerk verbunden, sollten Sie zusätzlich **Alle eingehenden Verbindungen blockieren, einschließlich der in der Liste der zugelassenen Apps** ❽ aktivieren.

6. Nachdem Sie alle Einstellungen vorgenommen haben, schließen Sie den Dialog mit **OK**.

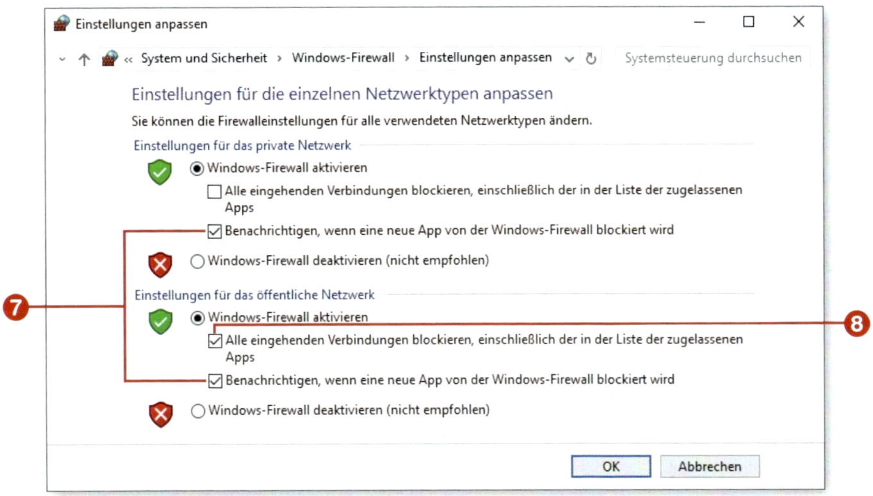

Weniger ist mehr: nur eine Firewall betreiben

Sie sollten die Windows-Firewall nur deaktivieren, sprich ausschalten, wenn Sie die Sicherheitssoftware eines anderen Anbieters installieren möchten. In diesem Fall ist die Deaktivierung sogar ein Muss, da sich mehrere aktivierte Firewalls auf dem System häufig ins Gehege geraten. Die in den Router integrierte Firewall dagegen stört nicht und kann gut parallel zur Windows-Firewall oder zu der eines Fremdanbieters genutzt werden.

Manchen Apps gestattet Windows automatisch die Kommunikation mit dem Internet, anderen nicht. Um eine Übersicht zu erhalten, welchen Apps was erlaubt ist, gehen Sie folgendermaßen vor:

1. Klicken oder tippen Sie im Dialog **Windows-Firewall** am linken Rand auf **Eine App oder ein Feature durch die Windows-Firewall zulassen** (9 auf Seite 335). Der zugehörige Dialog ist vor allem interessant, wenn Sie in einem öffentlichen Netzwerk angemeldet sind und bestimmten Anwendungen die Kommunikationserlaubnis entziehen möchten.

2. Soll die Firewall die Kommunikation einer App in einem öffentlichen Netzwerk unterbinden, deaktivieren Sie das entsprechende Kontrollkästchen in der Spalte **Öffentlich** 10. Umgekehrt können Sie durch Setzen eines Häkchens die Kommunikation natürlich auch erlauben.

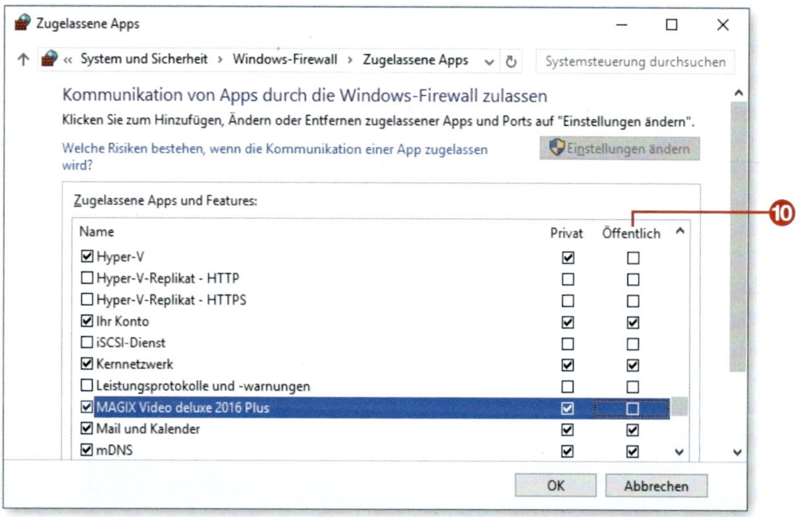

3. Sind alle Einstellungen vorgenommen, bestätigen Sie mit **OK**. Sie werden automatisch zum Dialog **Windows-Firewall** zurückgeführt.

+ Windows-Firewall mit erweiterten Einstellungen

Für Profis bietet die Windows-Firewall weitere Einstellungsmöglichkeiten, die erst nach einem Klick oder Fingertipp auf **Erweiterte Einstellungen** im Dialog **Windows-Firewall** sichtbar werden. Im nächsten Fenster, **Windows-Firewall mit erweiterter Sicherheit**, können Sie spezielle Regeln für den ein- oder ausgehenden Datenverkehr festlegen.

Im nächsten Abschnitt stelle ich Ihnen einen weiteren Verteidigungsmechanismus von Windows 10 vor: den *Windows Defender*. Hier hält sich unter anderem das zu Anfang erwähnte Antivirenprogramm versteckt.

Windows Defender verteidigt Ihren Computer

Überall lauern Viren und andere schädliche Programme, auch *Malware* genannt. Gerade Dateianhänge, die Sie per E-Mail erhalten, können infiziert sein. Kennen Sie den Absender einer Mail nicht, sollten Sie tunlichst darauf verzichten, den Anhang zu öffnen. Einen kleinen Schutz vor Viren und sonstiger Malware bietet ein Antivirenprogramm. In früheren Windows-Versionen musste dies extra installiert werden, seit Windows 8 ist es ein fester Bestandteil. Das Antivirenprogramm ist Teil des *Windows Defenders*. Dieser ist bereits aus früheren Windows-Versionen bekannt, war aber damals auf den Schutz vor *Spyware* (siehe Glossar) begrenzt.

Wie die Windows-Firewall ist auch der Windows Defender von Anfang an aktiviert. Damit prüft er beispielsweise automatisch alle eingehenden E-Mails auf Viren und andere Malware. Spürt das Programm eine infizierte Datei auf, erhalten Sie einen entsprechenden Hinweis. In regelmäßigen Abständen wird außerdem der gesamte Computer untersucht. Diese Untersuchungen können Sie auch gezielt selbst starten. Das geht so:

1. Starten Sie vom Startmenü aus über **Windows-System** den **Windows Defender**.

2. Falls bei Ihnen noch das Fenster der Windows-Firewall geöffnet ist, können Sie hier im Adressfeld auch auf **Systemsteuerung** ❶ klicken oder tippen. Geben Sie in das Suchfeld ❷ rechts neben dem Adressfeld »Windows Defender« ein, und drücken Sie die Taste [↵].

3. Mit einem Klick oder durch Tippen auf **Windows Defender** ❸ öffnen Sie das Sicherheitsprogramm.

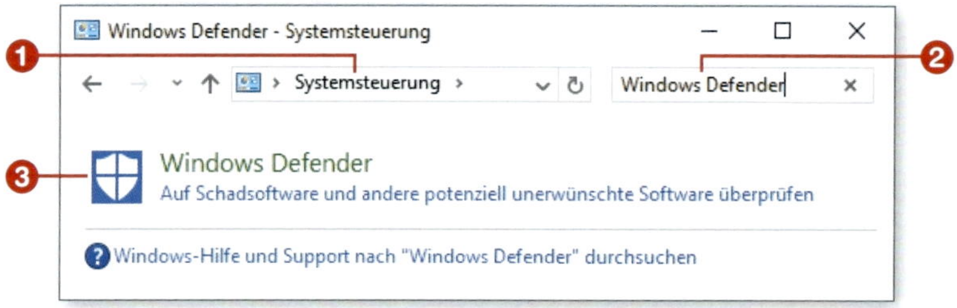

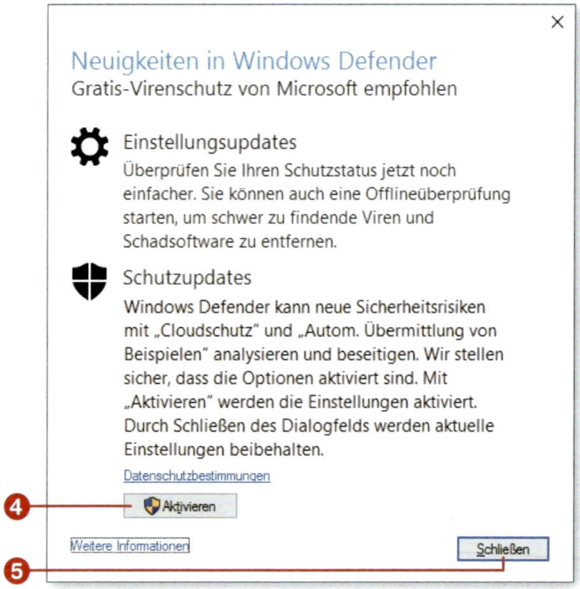

4. Sollte bei Ihnen der Dialog **Neuigkeiten in Windows Defender** erscheinen, klicken Sie auf **Aktivieren** ❹, um den Cloud-Schutz und die automatische Übermittlung von Beispielen zu aktivieren. Mit diesen beiden Einstellungen erhöhen Sie zwar nicht den Schutz, sorgen aber zumindest dafür, dass der Windows Defender stetig verbessert wird. Denn in beiden Fällen reicht der Windows Defender Informationen über potenzielle Sicherheitsrisiken an Microsoft weiter. Erscheint der Dialog bei Ihnen nicht, können Sie die Einstellungen auch zu einem späteren Zeitpunkt vornehmen, wie ich Ihnen gleich noch zeigen werde. Auch eine Deaktivierung der Einstellungen ist natürlich möglich.

5. **Schließen** ❺ Sie den Dialog.

6. Sie sehen nun das eigentliche Programmfenster des Windows Defenders. Das grüne Häkchen zeigt sofort, dass der sogenannte *Echtzeitschutz* aktiviert ist ❻, Ihr Computer also permanent überwacht wird.

Sollte der Windows Defender bei Ihnen nicht aktiviert sein, können Sie das nachholen. Wie das funktioniert, lesen Sie im Kasten »Windows Defender aktivieren« auf Seite 340. Aktivieren Sie das Programm aber nur dann, wenn Sie kein anderes Sicherheitsprogramm nutzen.

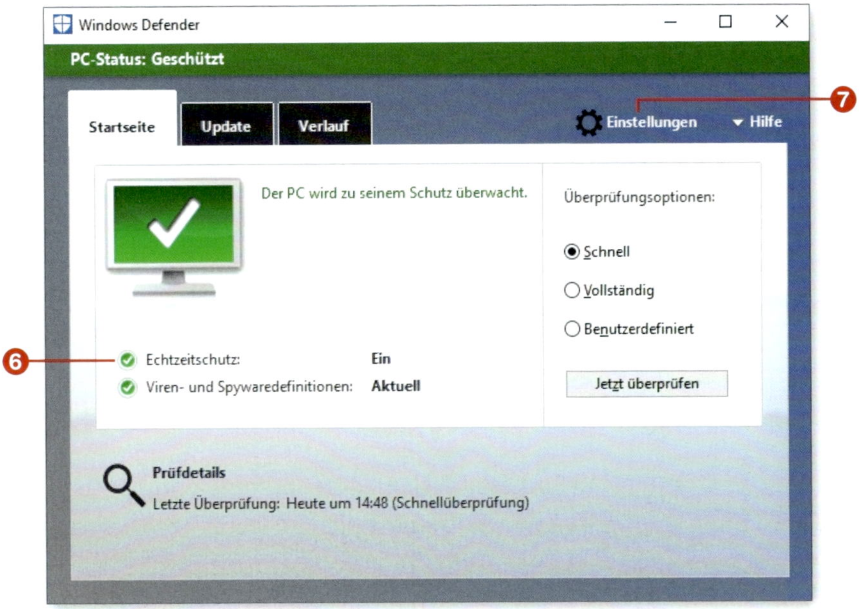

Den umgekehrten Weg, sprich die Deaktivierung des Windows Defenders, sollten Sie nur gehen, wenn Sie stattdessen ein anderes Programm von einem anderen Hersteller installieren möchten.

Damit der Windows Defender zuverlässig funktioniert und auch die neuesten Viren und sämtliche Malware aufspüren kann, müssen Sie ihn regelmäßig aktualisieren. Dies übernimmt automatisch die Windows-Update-Funktion, die Sie in diesem Kapitel bereits kennengelernt haben.

1. Wenn Sie zum Register **Update** (❶ auf Seite 340) wechseln, erfahren Sie, wann das letzte Mal die neuesten *Viren- und Spywaredefinitionen* heruntergeladen wurden.

2. Mit einem Klick oder Tipp auf **Aktualisieren** bzw. **Updatedefinitionen** ❷ können Sie das Update auch manuell durchführen.

Es werden meist mehrmals täglich neue Viren- und Spywaredefinitionen von Microsoft zur Verfügung gestellt. Die Schwachstelle des Windows Defenders im Vergleich mit anderen kostenlosen Antivirenprogrammen ist, dass diese Definitionen erst mit dem nächsten durchgeführten Update auf Ihrem Computer landen. Wenn Sie das Internet häufig nutzen und täglich viele E-Mails erhalten, sollten Sie die Aktualisierung deshalb durchaus ein- bis zweimal täglich durchführen.

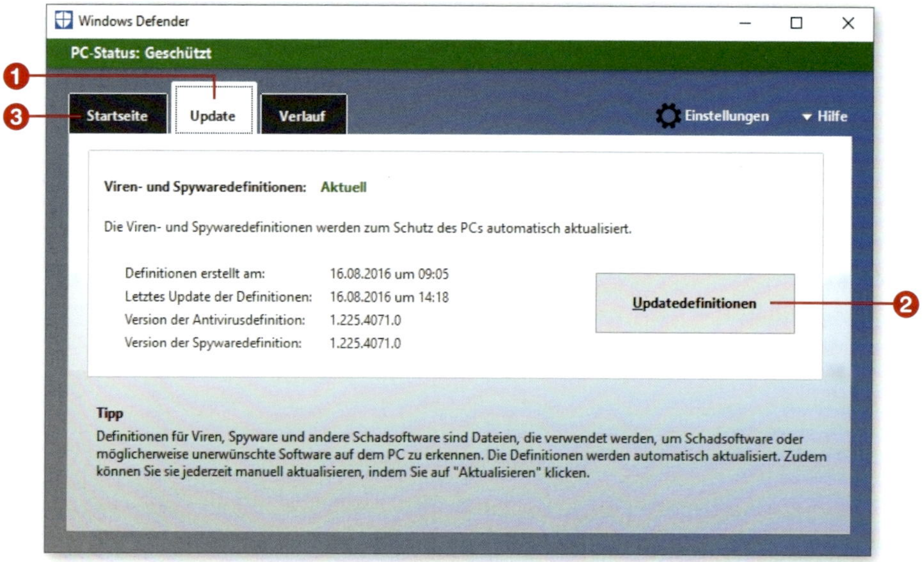

Windows Defender aktivieren

Im Vergleich zu einem kostenpflichtigen Sicherheitsprogramm wie etwa dem Bitdefender Internet Security, Kasperskys Internet Security oder ein Programm eines anderen Herstellers bietet der Windows Defender lediglich einen Basisschutz. Sollten Sie auf Ihrem Computer eine Sicherheitslösung eines anderen Herstellers installieren, wird während der Installation automatisch der Windows Defender deaktiviert. Dies ist auch nötig, denn wie bereits im Kasten »Weniger ist mehr: nur eine Firewall betreiben« auf Seite 336 beschrieben, richten mehrere Sicherheitsprogramme eher mehr Schaden an, als dass sie nutzen. Haben Sie keine andere Sicherheitslösung installiert, sollten Sie dagegen nicht auf den Schutz des Windows Defenders verzichten. Klicken oder tippen Sie oben rechts auf **Einstellungen** (7 auf Seite 339). Es wird nun automatisch der Dialog **Einstellungen** mit der Kategorie **Update und Sicherheit** geöffnet. In der linken Spalte ist bereits der **Windows Defender** ausgewählt. Um den Windows Defender zu aktivieren, ziehen Sie den Schieberegler unter **Echtzeitschutz** nach rechts auf **Ein**. Den Dialog **Einstellungen** können Sie anschließend mit einem Klick auf das Schließen-Symbol ✕ beenden.

Wie bereits erwähnt, überprüft der Windows Defender regelmäßig Ihren Computer. Dabei handelt es sich jedoch um eine Schnellsuche. Ab und an sollten Sie daher das System gründlich prüfen lassen, um mögliche Schadsoftware aufzuspüren.

1. Aktivieren Sie im Register **Startseite** ❸ die Option **Vollständig** ❹, damit der gesamte Computer nach einem Klick oder Tipp auf **Jetzt überprüfen** ❺ durchsucht wird.

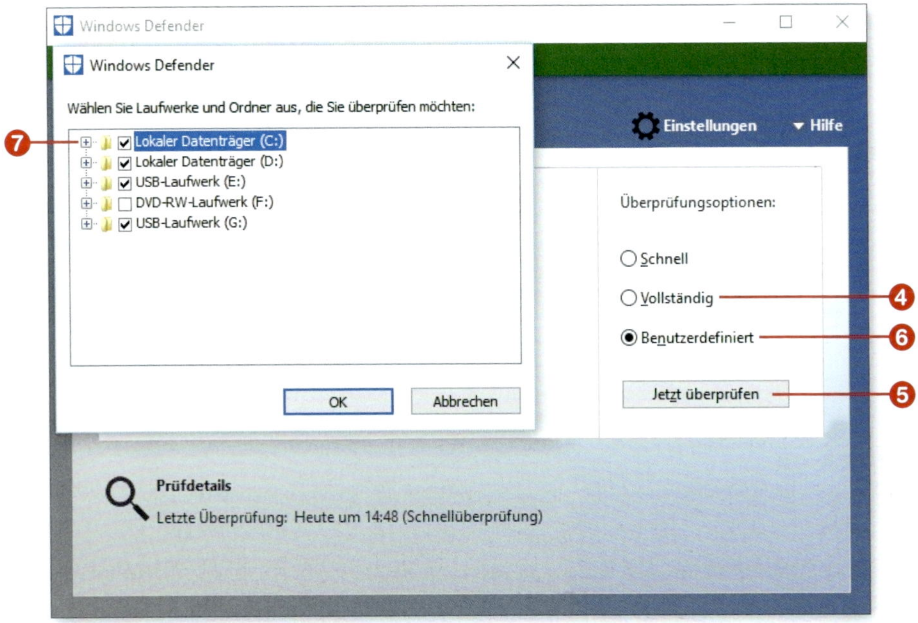

2. Wenn Sie **Benutzerdefiniert** ❻ wählen, können Sie nach einem Klick auf **Jetzt überprüfen** das Laufwerk oder auch den Ordner auswählen, der geprüft werden soll. Mit einem Klick oder durch Tippen auf das Plus-Symbol ❼ vor einem Eintrag blenden Sie jeweils die Unterordner ein. Versehen Sie das oder auch die Elemente, die geprüft werden sollen, mit einem Häkchen, und bestätigen Sie mit **OK**. Je nach ausgewählter Überprüfungsoption kann die Untersuchung des Computers länger dauern. Währenddessen können Sie aber problemlos weiterarbeiten.

Wird das Programm fündig, erscheint, wie bereits ausgeführt, nur eine kleine Warnung. Die Dateien, die der Windows Defender als infiziert einstuft, werden in einem speziellen Quarantäneordner abgelegt.

1. Wechseln Sie im Programmfenster des Windows Defenders zum Register **Verlauf** ❽.

2. Per Standardeinstellung ist hier die Option **Unter Quarantäne gestellte Elemente** ❾ aktiviert. Klicken oder tippen Sie unten auf **Details einblenden** ❿, werden alle als verdächtig angesehenen Elemente angezeigt. Eventuell müssen Sie zuvor noch den Hinweis der Benutzerkontensteuerung bestätigen.

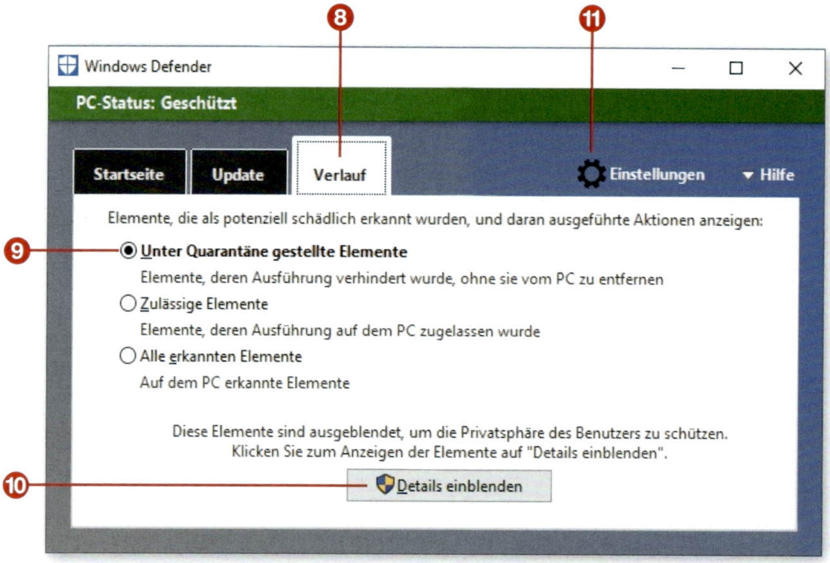

Als Nächstes entscheiden Sie, was mit den Elementen im Quarantäneordner geschehen soll.

3. Wenn Sie sich nicht sicher sind, ob eine Datei infiziert ist oder nicht, sollten Sie sie aus Sicherheitsgründen markieren – sprich mit einem Häkchen versehen – und sie anschließend mit **Entfernen** löschen.

4. Halten Sie eine Datei dagegen für unbedenklich, versehen Sie sie mit einem Häkchen und klicken oder tippen anschließend auf die Option **Wiederherstellen**.

Nicht alle Schadsoftware lässt sich so einfach im normalen Betrieb aufspüren. Haben Sie den Verdacht, dass sich ein Schädling auf Ihrem Computer eingenistet hat, obwohl der Windows Defender keinen entsprechenden Hinweis gibt, sollten Sie eine besondere Prüfung starten: den *Windows Defender Offline*. Diese Funktion ist mit dem Anniversary Update neu im Windows Defender hinzugekommen. Da bei der Ausführung von Windows Defender Offline der Computer neu gestartet wird, sollten Sie vor dem Aufruf der Funktion alle geöffneten Dateien speichern und Programme wie Microsoft Word oder auch die Mail-App schließen.

1. Um Windows Defender Offline zu starten, klicken Sie im Programmfenster des Windows Defenders auf **Einstellungen** ⓫. Es wird automatisch der Dialog **Einstellungen** geöffnet, in dem in der linken Spalte bereits der **Windows Defender** ⓬ markiert ist.

2. In der rechten Spalte finden Sie die beiden bereits zu Anfang dieses Abschnitts erwähnten Einträge **Cloudbasierter Schutz** sowie **Automatische Übermittlung von Beispielen**. Über den Schieberegler, den Sie jeweils unterhalb dieser Einträge finden, können Sie die Funktionen ein- oder auch wieder ausschalten ⓭.

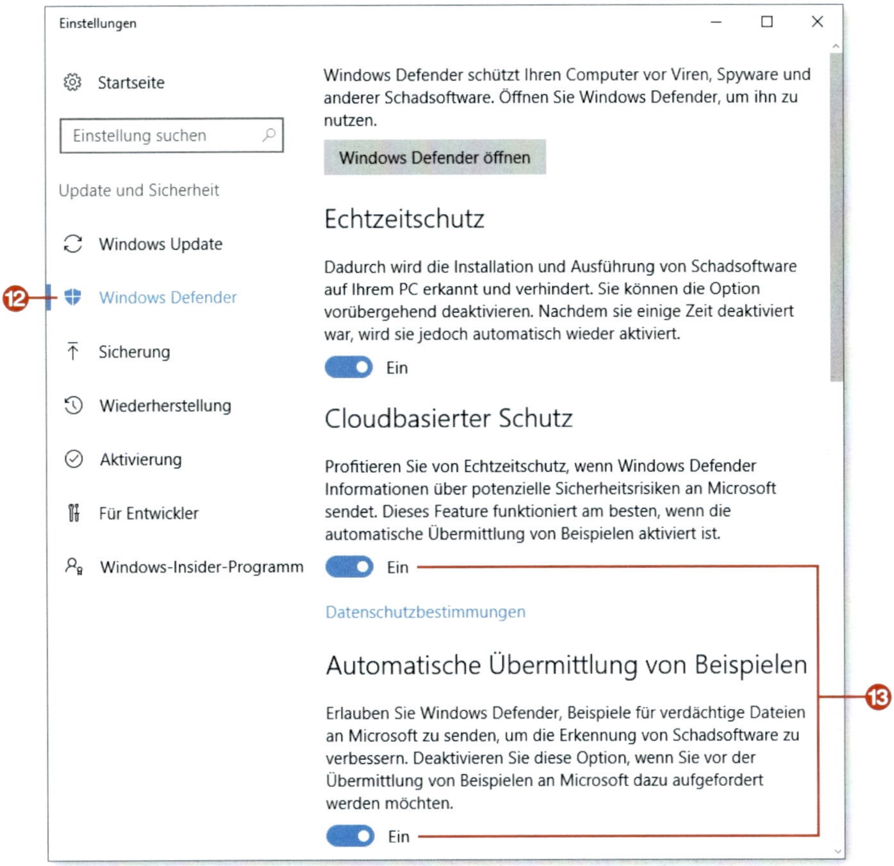

3. Blättern Sie im Dialog **Einstellungen** etwas weiter nach unten bis zum Bereich **Windows Defender Offline**. Mit einem Klick auf **Offline überprüfen** starten Sie die Funktion.

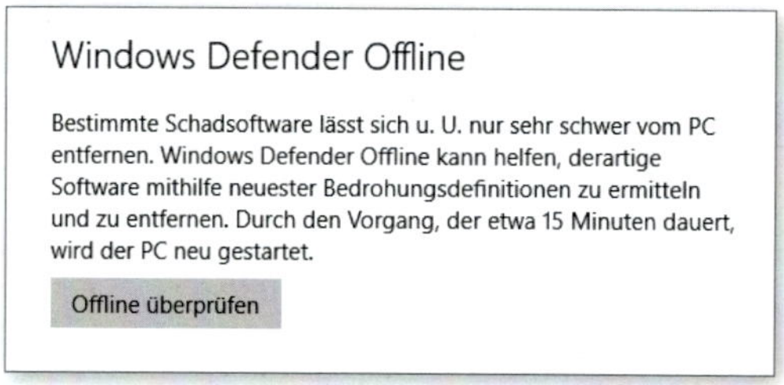

4. Der Computer wird nun zunächst heruntergefahren und direkt danach neu gestartet. Während des Hochfahrens wird auf dem blauen Bildschirm das Programmfenster des Windows Defenders angezeigt. Die Überprüfung des PCs kann einige Minuten in Anspruch nehmen. Ist sie beendet, melden Sie sich wie gewohnt am Computer an.

5. Um sich das Ergebnis der Untersuchung anzusehen, starten Sie den Windows Defender über das Startmenü, wie in Schritt 1 auf Seite 337 gezeigt.

6. Wechseln Sie in das Register **Verlauf** ⓮, und aktivieren Sie hier die Option **Alle erkannten Elemente** ⓯. Nach einem Klick auf **Details einblenden** ⓰ erfahren Sie, ob während der Überprüfung potenziell schädliche Elemente aufgespürt wurden.

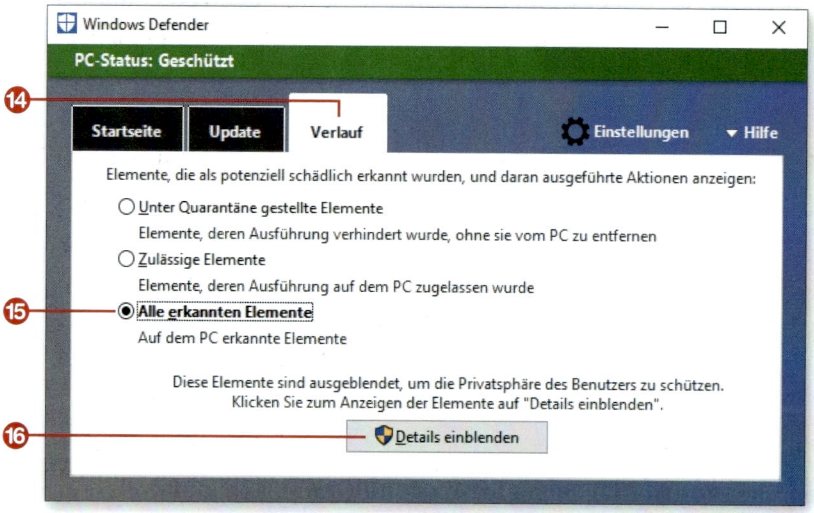

7. Um den Windows Defender zu beenden, reicht ein Klick auf das Schließen-Symbol ✕ in der rechten oberen Ecke des Programmfensters.

Mit dem Windows Defender und der Windows-Firewall besitzt Ihr Computer bereits einen Basisschutz. Für zusätzliche Sicherheit sorgt die *Benutzerkontensteuerung*, die Sie im folgenden Abschnitt kennenlernen.

Die Benutzerkontensteuerung: Wer darf was?

Arbeiten mehrere Personen an Ihrem Computer, sollten Sie für jede ein eigenes Benutzerkonto einrichten. Wie dies funktioniert, haben Sie bereits in Kapitel 3, »Ihr ganz persönliches Windows 10«, erfahren. Dabei haben Sie auch den Unterschied zwischen einem mit einem Microsoft-Konto verknüpften Benutzerkonto und einem lokalen Benutzerkonto kennengelernt.

Beide Kontenarten lassen sich aber nochmals unterteilen, nämlich in ein *Administratorkonto* und in ein *Standardkonto*. Der Administrator erhält volle Kontrolle über den PC, während Standardnutzer zwar Programme nutzen können, aber keinerlei sicherheitsrelevante Änderungen am Computer durchführen dürfen. Wann immer ein Anwender dies versucht, meldet sich die *Benutzerkontensteuerung*. Ein kleiner Dialog wird nun eingeblendet mit der Frage **Möchten Sie zulassen, dass durch das folgende Programm Änderungen an diesem Computer vorgenommen werden?**. Der restliche Bildschirm wird abgedunkelt und lässt keine weiteren Eingaben mehr zu. Erst wenn der Anwender sein Administratorkennwort eingegeben und mit **Ja** bestätigt hat, kann er weiterarbeiten. Erfolgt dagegen längere Zeit keine Eingabe, wird der Dialog automatisch ausgeblendet und die Änderung am Computer nicht durchgeführt. Verfügt der Anwender nicht über Administratorrechte, kann er den Dialog der Benutzerkontensteuerung auch selbst mit **Nein** beenden. Als Administrator begegnet Ihnen die Benutzerkontensteuerung ebenfalls ab und an, wie Sie beispielsweise bei der Installation der Fotogalerie in Kapitel 7, »Fotos, Videos und Musik«, erleben konnten. Allerdings reicht hier die Bestätigung durch einen Klick oder durch Tippen auf **Ja**; die Eingabe des Administratorkennworts ist nicht nötig.

Administratorkonto

Bei dem allerersten Konto, das auf dem Computer eingerichtet wird, handelt es sich automatisch um ein Administratorkonto; alle weiteren Konten richtet Windows 10 dagegen als Standardkonten ein.

Die Benutzerkontensteuerung ist nicht nur sinnvoll, um andere Personen daran zu hindern, Änderungen am Computer vorzunehmen. Auch Programmen, die auf Ihrem PC Schaden anrichten wollen, ist dadurch der Zugang verwehrt. Wie häufig sich die Benutzerkontensteuerung zu Wort melden darf, können Sie als Administrator selbst bestimmen. Klicken oder tippen Sie in das Suchfeld in der Taskleiste, und geben Sie hier »Sicherheit und Wartung« ein. Wird der gewünschte Eintrag in den Suchergebnissen angezeigt, wählen Sie ihn per Mausklick oder Fingertipp aus. Im Dialog **Sicherheit und Wartung** klicken Sie links auf **Einstellungen der Benutzerkontensteuerung ändern** ❶.

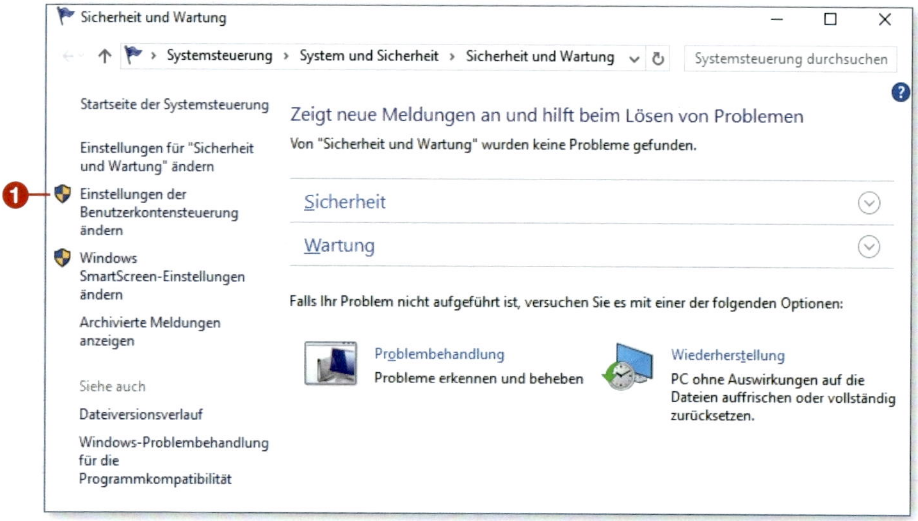

> *Den Befehl zum Ändern der Einstellungen der Benutzerkontensteuerung finden Sie im Dialog »Sicherheit und Wartung«.*

Im nächsten Dialog legen Sie fest, wann sich die Benutzerkontensteuerung einschalten und ein Warnhinweis eingeblendet werden soll. Die entsprechende Einstellung nehmen Sie über den Schieberegler ❷ vor:

- Ziehen Sie ihn ganz nach unten, ist die Benutzerkontensteuerung quasi ausgeschaltet. Diese Einstellung sollten Sie keineswegs wählen.

- Befindet sich der Schieberegler an der zweiten Position von unten, erhalten Sie zwar einen Hinweis, sobald Programme versuchen, Änderungen am System vorzunehmen, der Bildschirm wird aber nicht abgedunkelt. Diese Einstellung ist für erfahrene Benutzer geeignet.
- Die dritte Position von unten ist zugleich die Standardeinstellung. In diesem Fall meldet sich die Benutzerkontensteuerung nur zu Wort, wenn Programme Änderungen am Computer vornehmen; Windows-Einstellungen können Sie aber ohne Einschränkung verändern.
- Wenn Sie den Schieberegler an die oberste Position ziehen, haben Sie zwar die höchste Sicherheitsstufe, dafür meldet sich die Benutzerkontensteuerung allerdings auch sehr häufig zu Wort.

Haben Sie die gewünschte Einstellung vorgenommen, schließen Sie den Dialog mit **OK**. Je nach gewählter Einstellung ist schon jetzt die Bestätigung der Benutzerkontensteuerung mit einem Klick auf **Ja** nötig.

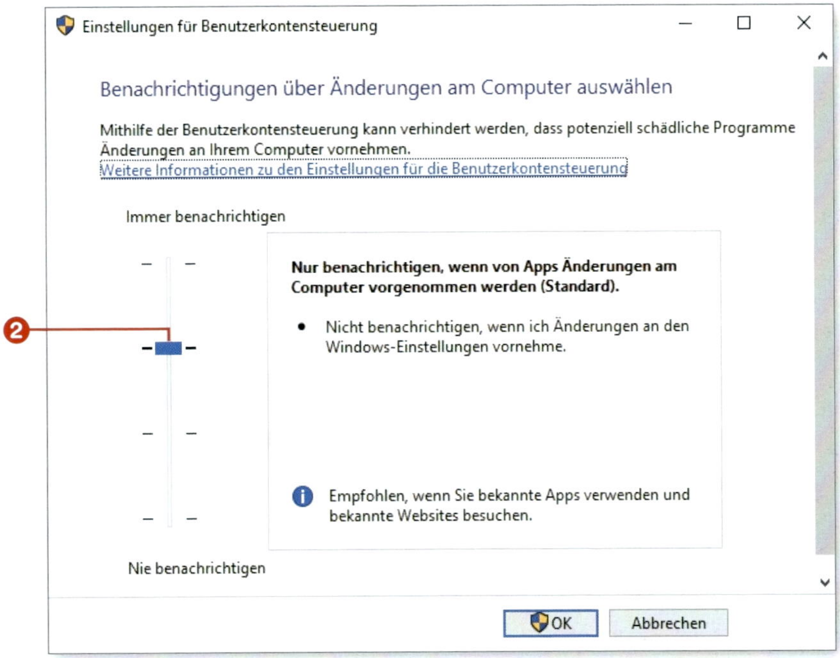

Sie bestimmen selbst, wie häufig sich die Benutzerkontensteuerung zu Wort meldet.

Wie im Kasten »Administratorkonto« auf Seite 346 bereits erwähnt, ist lediglich das erste Konto, das auf dem Computer eingerichtet wird, ein Administratorkonto. Möchten Sie den Kontotyp für ein später eingerichtetes Benutzerkonto ändern, gehen Sie folgendermaßen vor:

1. Rufen Sie über das Startmenü die **Einstellungen** ⚙ auf, wählen Sie die Kategorie **Konten**, und klicken oder tippen Sie hier links auf **Familie und weitere Kontakte** ❸.

2. Wählen Sie in der rechten Fensterhälfte im Bereich **Andere Personen** das Konto aus, dessen Kontotyp Sie von **Standard** auf **Administrator** setzen möchten ❹.

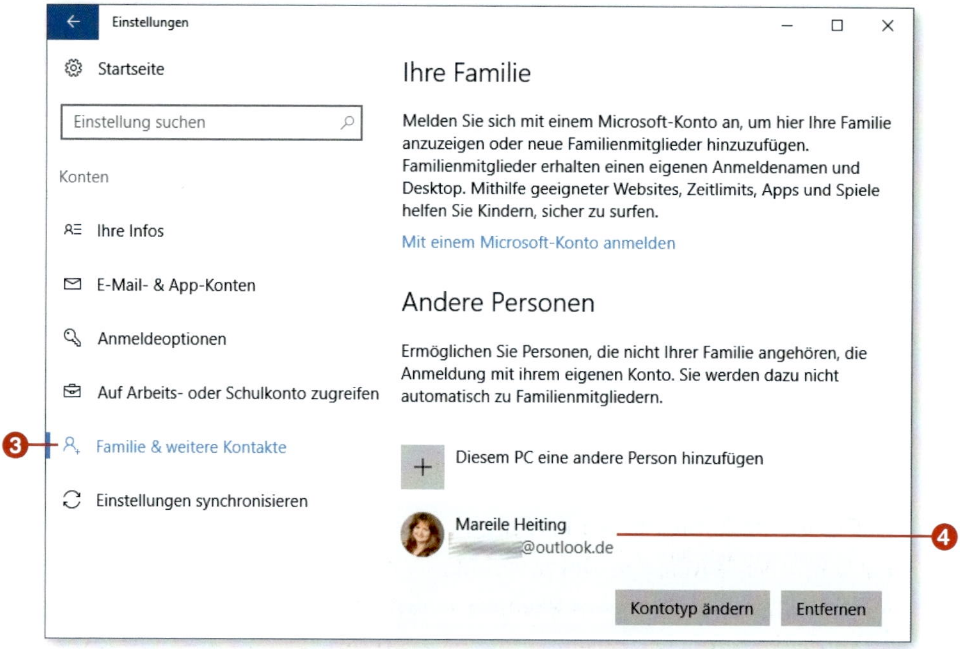

3. Unterhalb des Benutzernamens wird nun die Schaltfläche **Kontotyp ändern** angezeigt, auf die Sie klicken oder tippen.

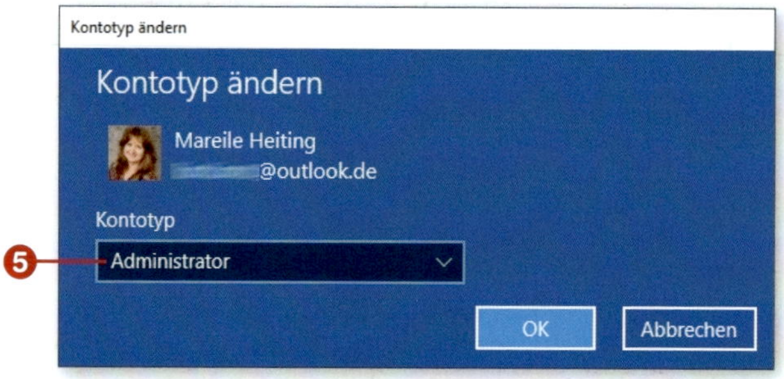

4. Im Dialog **Kontotyp ändern** klicken Sie auf den Pfeil rechts vom Feld **Kontotyp** ❺ und wählen **Administrator** aus. Bestätigen Sie mit **OK**.

Der Benutzer kann zukünftig mit Administratorrechten am Computer arbeiten. Die Änderungen werden wirksam, sobald er sich das nächste Mal am Computer anmeldet. Umgekehrt können Sie natürlich auch ein Administratorkonto in ein Standardkonto umwandeln. Allerdings muss mindestens eines der eingerichteten Benutzerkonten als Administratorkonto bestehen bleiben. Achten Sie aus Sicherheitsgründen immer darauf, dass Administratorkonten mit einem Kennwort gesichert sind.

So schützen Sie sich vor Datenverlust

Wenn der Kühlschrank kaputtgeht, ist das zwar ärgerlich und meist auch kostspielig, doch ein neues Gerät ist schnell gekauft, und der Schaden dürfte somit nicht allzu groß sein. Was aber, wenn Ihr Computer den Geist aufgibt? Wie sieht es mit all den Fotos, Filmen, der Musik oder auch mit den Adressdaten aus, die Sie auf dem PC gespeichert hatten? Die persönlichen Erinnerungen, die damit verbunden sind, sind jedenfalls unwiederbringlich verloren.

Viele Menschen sind sich zwar der Tatsache durchaus bewusst, dass auch der Computer kaputtgehen kann, doch die wenigsten schützen sich vor dem damit verbundenen Datenverlust. Dabei ist es so einfach, eine Datensicherung – auch *Backup* genannt – durchzuführen. Das Einzige, was Sie hierfür benötigen, ist eine externe Festplatte. Den Rest übernimmt Windows für Sie.

Bereits Windows 8 wurde mit einer gänzlich neuen Datensicherungsfunktion ausgestattet, dem *Dateiversionsverlauf*. Wenn diese Funktion einmal eingeschaltet ist, speichert Windows alle wichtigen Daten sowohl in regelmäßigen Abständen als auch immer dann, wenn Sie Änderungen vorgenommen haben. Wie der Name der Funktion bereits deutlich macht, steht Ihnen damit nicht nur der jeweils letzte Stand einer Datei zur Wiederherstellung zur Verfügung, Sie können auch auf eine beliebige ältere Version einer Datei zurückgreifen.

Im Gegensatz zur Windows-Firewall und zum Windows Defender ist die Funktion Dateiversionsverlauf nicht von Anfang an eingeschaltet, sondern muss erst aktiviert werden:

1. Schließen Sie zunächst die externe Festplatte an den Computer an. Alle Fenster, die eventuell geöffnet werden, können Sie schließen (z. B. die automatische Wiedergabe oder den Explorer).

2. Klicken Sie mit der rechten Maustaste auf das Windows-Logo ⊞, und wählen Sie im aufklappenden Menü den Eintrag **Systemsteuerung** aus. Im Dialog **Systemsteuerung** klicken oder tippen Sie im Bereich **System und Sicherheit** auf **Sicherungskopien von Dateien mit dem Dateiversionsverlauf speichern** ❶.

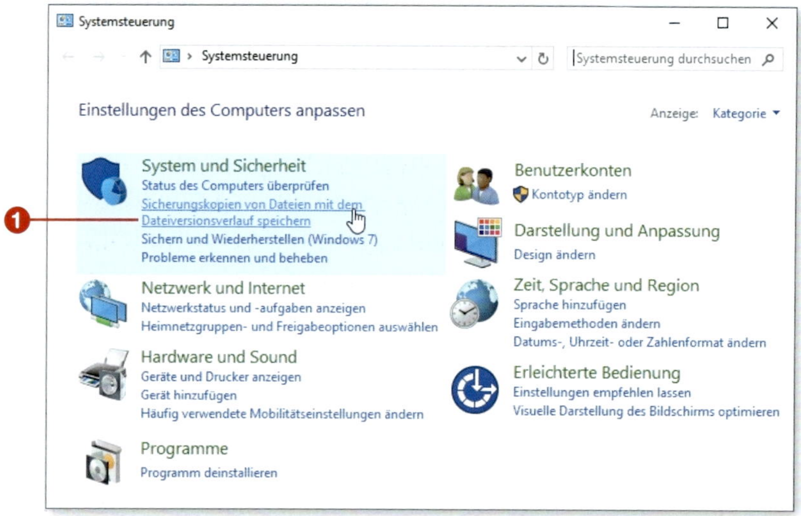

3. Im nächsten Dialog, **Dateiversionsverlauf**, wird die gerade angeschlossene Festplatte meist bereits angezeigt. Klicken oder tippen Sie unten rechts auf **Einschalten** ❷, um die Funktion zu aktivieren.

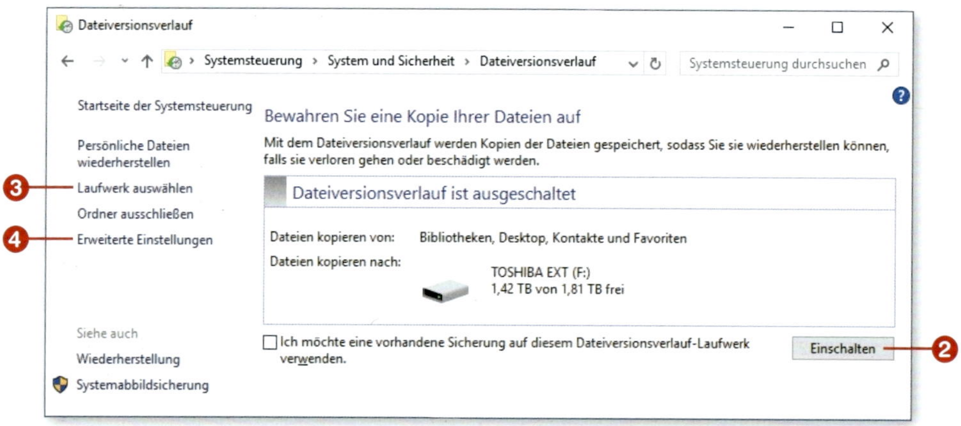

4. Eventuell werden Sie nun gefragt, ob auch andere Computer in Ihrem Netzwerk oder andere Benutzer das Laufwerk für ihre Datensicherung nutzen dürfen. Möchten Sie dies erlauben, bestätigen Sie den nächsten Dialog mit **Ja**.

Speicherort ändern

Möchten Sie nicht die im Dialog **Dateiversionsverlauf** angezeigte Festplatte verwenden, sondern eine andere? Klicken oder tippen Sie in diesem Fall im gleichen Dialog links auf **Laufwerk auswählen** ❸. Markieren Sie im nächsten Fenster das gewünschte neue Laufwerk, und bestätigen Sie die Auswahl mit **OK**.

Der Dateiversionsverlauf ist nun eingeschaltet und beginnt sofort mit der Datensicherung. Dabei werden alle Daten der Bibliotheken, des Desktops, der Kontakte und der Favoriten gespeichert. Ist der Dateiversionsverlauf einmal aktiviert, sichert die Funktion per Standardeinstellung einmal pro Stunde Ihre Daten. Sowohl während der Datensicherung als auch später, wenn Sie Daten wiederherstellen möchten, muss die externe Festplatte am Computer angeschlossen sein.

Jede Datensicherung verbraucht natürlich auch Speicherplatz. Reicht Ihnen eine einmalige Sicherung pro Tag, müssen Sie die entsprechende Einstellung ändern. Das gilt umgekehrt natürlich auch, wenn Sie gerade intensiv am Computer arbeiten und Ihnen eine Datensicherung in kürzeren Abständen lieber ist.

1. Klicken oder tippen Sie im Dialog **Dateiversionsverlauf** links auf **Erweiterte Einstellungen** ❹.

2. Im nächsten Dialog legen Sie im Feld **Speichern von Dateikopien** (❺ auf Seite 352) fest, wie häufig die Sicherung erfolgen soll. Für normale Tätigkeiten sollte die Einstellung **Alle 12 Stunden** ausreichen.

3. Im Feld **Aufbewahrung gespeicherter Versionen** ❻ bestimmen Sie, wie lange die Sicherungen aufbewahrt werden sollen. Voreingestellt ist hier **Für immer**. Meine Empfehlung: Wählen Sie **Bis Platz benötigt wird**. Steht für die Sicherung irgendwann nicht genügend Speicherplatz zur Verfü-

gung, löscht Windows 10 in diesem Fall automatisch die ältesten Versionen einer Datei.

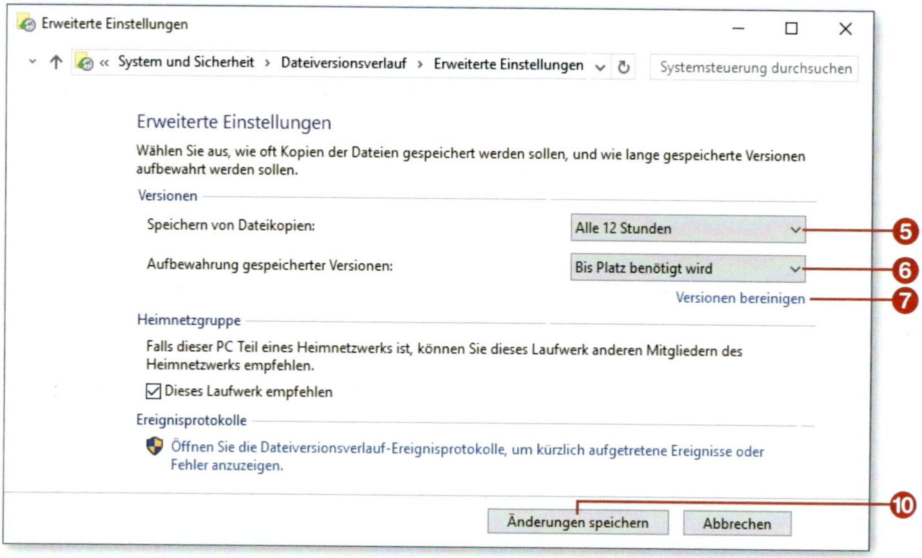

4. Möchten Sie selbst für freien Speicherplatz sorgen und ältere Dateiversionen löschen, wählen Sie **Versionen bereinigen** ❼.

5. Im Dialog **Bereinigung des Dateiversionsverlaufs** legen Sie im Feld **Dateien löschen** ❽ fest, welche Daten gelöscht werden sollen. Voreingestellt ist hier **Älter als 1 Jahr (Standard)**, das heißt, alle Dateiversionen, die älter als ein Jahr sind, werden damit gelöscht und nur die jüngeren Dateiversionen aufbewahrt.

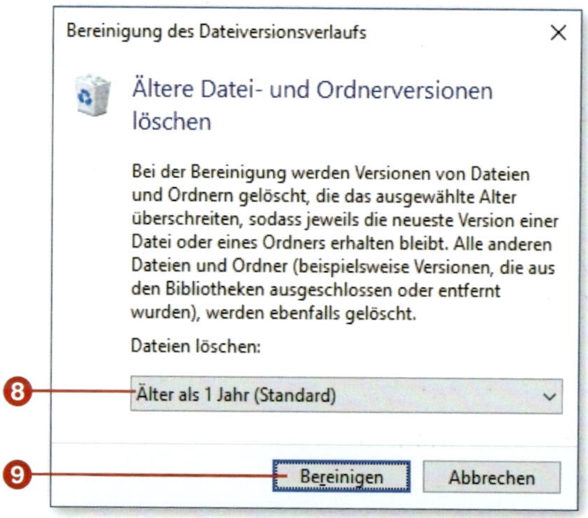

6. Nachdem Sie auf **Bereinigen** ❾ geklickt oder getippt haben, werden die zuvor festgelegten Daten gelöscht.

7. Schließen Sie anschließend den Dialog **Erweiterte Einstellungen** mit einem Klick auf **Änderungen speichern** ❿.

Sobald Sie alle Einstellungen vorgenommen haben, können Sie sich beruhigt zurücklehnen. Windows 10 kümmert sich nun automatisch um die Datensicherung.

Das Wiederherstellen von Dateien aus einer solchen Datensicherung ist ein Kinderspiel. Die Voraussetzung ist natürlich, dass die externe Festplatte, die die gesicherten Daten enthält, am Computer angeschlossen ist.

Benötigen Sie beispielsweise eine ältere Version einer Datei, nutzen Sie hierzu einfach den Explorer. Um ihn aufzurufen, klicken oder tippen Sie z. B. auf das entsprechende Ordnersymbol in der Taskleiste des Desktops.

1. Wechseln Sie zu dem Ordner, in dem sich die Datei befindet, von der Sie eine ältere Version benötigen.

2. Markieren Sie die Datei, und klicken oder tippen Sie auf dem Register **Start** ❶ in der Gruppe **Öffnen** auf **Verlauf** ❷.

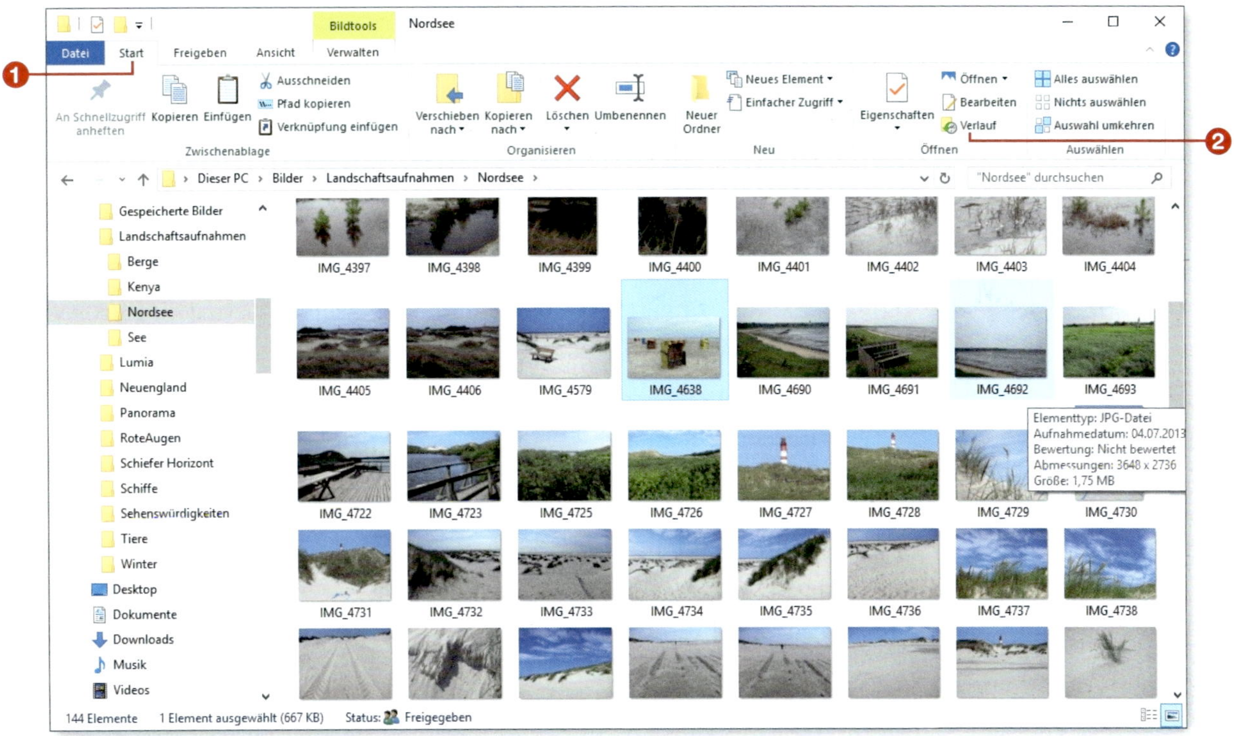

3. Im nächsten Fenster wird die zuletzt gesicherte Version der ausgewählten Datei angezeigt. Über die beiden Pfeil-Schaltflächen ❸ können Sie zwischen den verschiedenen Dateiversionen blättern.

4. Haben Sie die Version gefunden, die Sie wiederherstellen möchten, klicken oder tippen Sie auf den Pfeil im grünen Kreis ❹. Die aktuelle Dateiversion wird nun durch die ältere, gerade ausgewählte Version ersetzt.

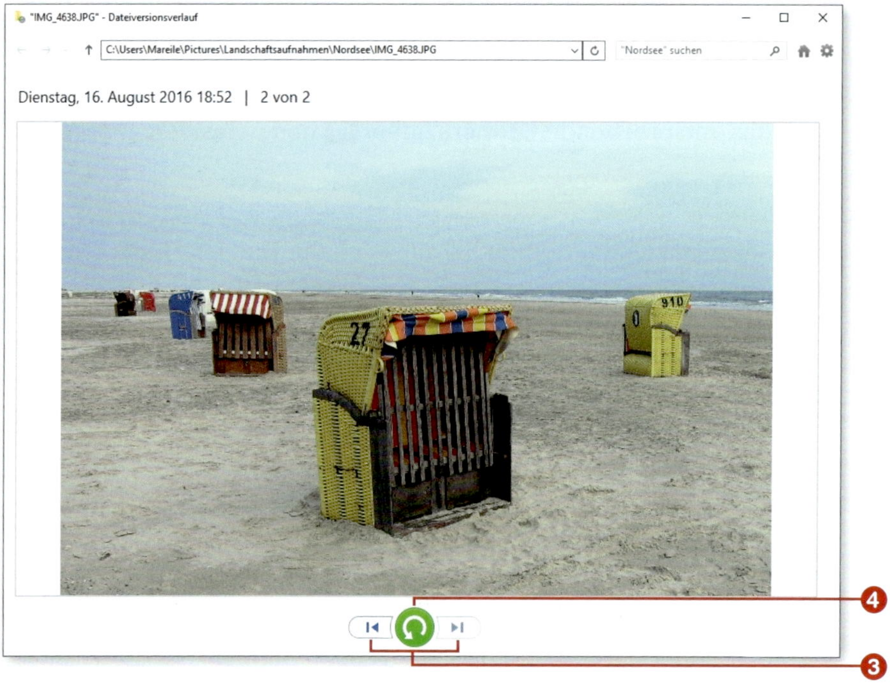

Auch wenn Sie eine Datei oder sogar einen ganzen Ordner versehentlich gelöscht haben, können Sie das Element selbstverständlich mithilfe des Dateiversionsverlaufs wiederherstellen. Auch hier führt Sie der Weg wieder über den Explorer, der für Sie auf die Datensicherung auf der externen Festplatte zugreift.

1. Markieren Sie im Navigationsbereich den Eintrag **Bibliotheken** ❺. Wie Sie die Bibliotheken unter Windows 10 im Explorer anzeigen, haben Sie im Abschnitt »Ordner und Bibliotheken anlegen, verwalten und löschen« ab Seite 237 erfahren.

2. Klicken oder tippen Sie anschließend auf dem Register **Start** auf die Schaltfläche **Verlauf** ❻.

3. Im nächsten Dialog erhalten Sie eine Übersicht über alle gesicherten Ordner. Per Doppelklick auf einen Ordner gelangen Sie zu dessen Unterordnern und anschließend zu den darin enthaltenen Dateien.

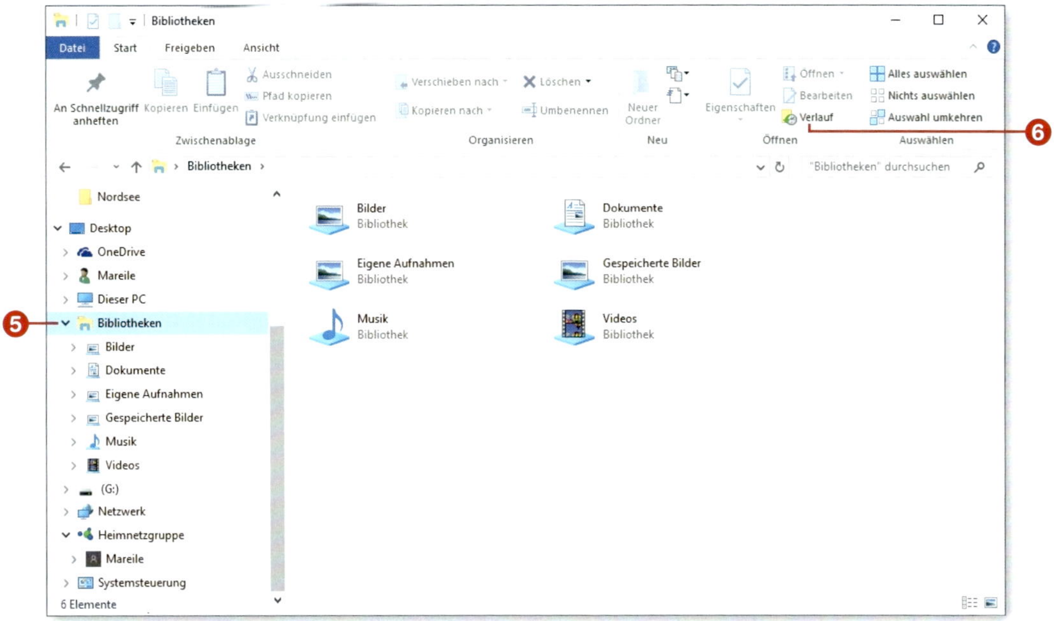

4. Über die Pfeiltasten ❼ am unteren Fensterrand können Sie wieder zwischen den verschiedenen Versionen blättern. Markieren Sie das gewünschte wiederherzustellende Element – also die Datei oder den Ordner.

5. Mit einem Klick oder durch Tippen auf den Pfeil im grünen Kreis ❽ wird das Element am Originalspeicherort wiederhergestellt.

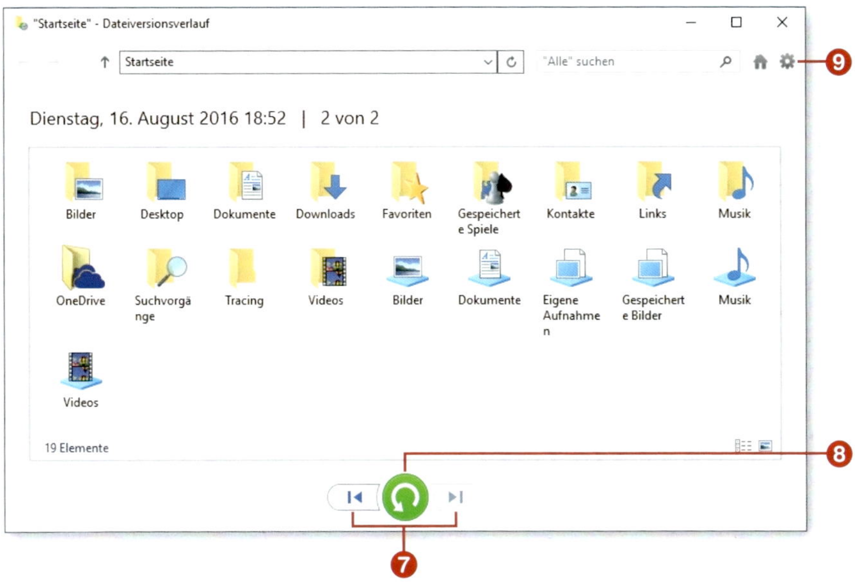

6. Möchten Sie die Datei oder den Ordner an einem anderen Ort als dem ursprünglichen wiederherstellen, klicken oder tippen Sie nach Schritt 4 auf das kleine Zahnrad-Symbol (❾ auf Seite 355) in der rechten oberen Ecke des Dialogs.

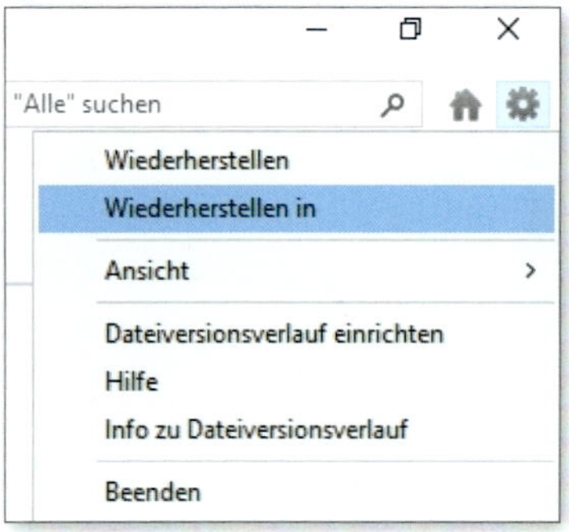

7. In der aufklappenden Liste wählen Sie den Befehl **Wiederherstellen in** aus.

8. Im nächsten Dialog wählen Sie über den Navigationsbereich links den Ordner aus, in dem die wiederhergestellten Daten abgelegt werden sollen, und bestätigen anschließend Ihre Auswahl mit einem Klick auf **Ordner auswählen**.

Übrigens können Sie natürlich auch direkt auf die gesicherten Daten auf der externen Festplatte zugreifen. Dies ist beispielsweise dann nötig, wenn der gesamte Computer kaputtgegangen ist und Sie die Daten auf einem neuen System wiederherstellen möchten. Gehen Sie dazu wie folgt vor:

1. Markieren Sie im Explorer, im Navigationsbereich unter **Dieser PC**, die externe Festplatte, die Sie zur Datensicherung nutzen.

2. Die Datensicherung befindet sich auf der externen Festplatte im Ordner **FileHistory** ❶. Doppelklicken Sie im Inhaltsbereich (dem rechten Fensterbereich) auf diesen Ordner, und arbeiten Sie sich anschließend jeweils per Doppelklick auf die weiteren Ordner bis zum Verzeichnis **Data** ❷ vor. Hier finden Sie in den verschiedenen Unterverzeichnissen alle gesicherten Dateiversionen.

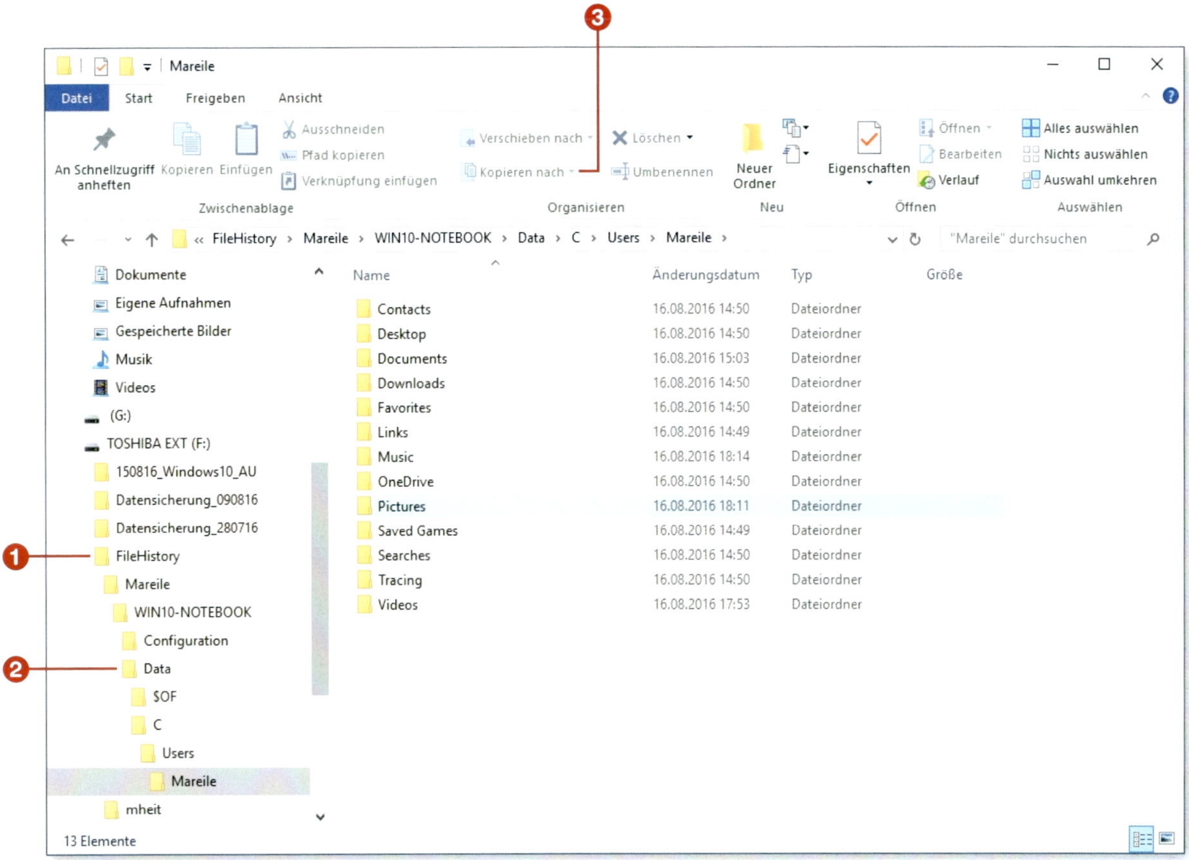

Alle gesicherten Dateien und Ordner können Sie so ganz bequem direkt über den Explorer wiederherstellen. Über den Befehl **Kopieren nach** ❸, den Sie bereits im Abschnitt »Dateien und Ordner kopieren, verschieben und löschen« ab Seite 244 kennengelernt haben, holen Sie die Daten einfach wieder auf die Festplatte Ihres Computers zurück.

Bei Problemen die Systemwiederherstellung nutzen

Nach der Installation einer Software oder eines Treibers für den neuen Drucker funktioniert der Computer nicht mehr reibungslos. Das ist eine sehr ärgerliche Situation, doch zum Glück bietet Windows eine praktische Funktion, mit der sich das System schnell wieder in den Zustand vor der fehlerhaften Installation zurückversetzen lässt. Bei dieser *Systemwiederherstellung* speichert das Betriebssystem in regelmäßigen Abständen die aktuelle Systemkonfiguration. Hierfür wird ein sogenannter *Wiederherstellungspunkt* angelegt. Dies geschieht automatisch alle 24 Stunden und immer dann, wenn Sie ein neues Programm oder einen neuen Treiber installieren. Wer bei der Installation von Software auf Nummer sicher gehen möchte, kann aber auch selbst einen Wiederherstellungspunkt setzen. Wie dies funktioniert und wie Sie zu einem früheren Systemzustand zurückkehren können, zeige ich Ihnen in diesem Abschnitt. Los geht es mit dem Aufruf der Systemwiederherstellungsfunktion.

1. Rufen Sie das Startmenü auf, und klicken oder tippen Sie in der Liste aller installierten Anwendungen nacheinander auf **Windows-System** und **Systemsteuerung** ❶.

2. Wechseln Sie im folgenden Dialog **Systemsteuerung** in die Kategorie **System und Sicherheit** und dann in **System**.

3. Sie erhalten nun einige interessante Informationen zu Ihrem Computer angezeigt. Klicken oder tippen Sie in der linken Spalte auf **Computerschutz** ❷.

Sollte sich die Benutzerkontensteuerung zu Wort melden, bestätigen Sie Ihr Benutzerkonto.

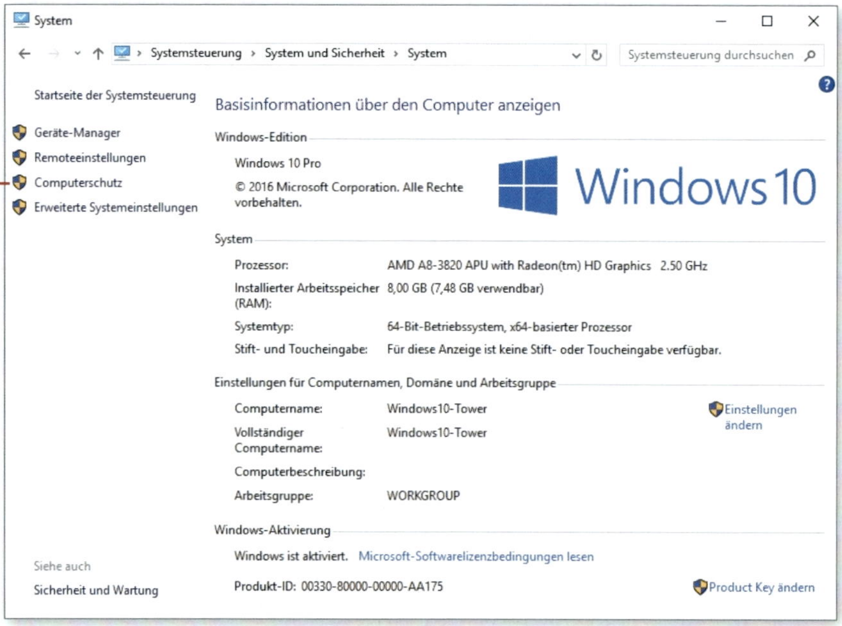

Im folgenden Dialog **Systemeigenschaften** (siehe die folgende Abbildung) befindet sich das Register **Computerschutz** bereits im Vordergrund. Im Bereich **Schutzeinstellungen** ❸ erfahren Sie, welche Laufwerke von der Systemwiederherstellung überwacht werden.

Systemwiederherstellung aktivieren

Die Systemwiederherstellung ist per Standardeinstellung unter Windows 10 aktiviert. Um zu überprüfen, ob dies auf Ihrem Computer auch tatsächlich der Fall ist, tippen Sie im Dialog **Systemeigenschaften** auf **Konfigurieren**. Im Bereich **Einstellungen wiederherstellen** sollte die Option **Computerschutz aktivieren** eingeschaltet sein. Ist dies nicht der Fall, aktivieren Sie die Option und bestätigen den Dialog mit **OK**.

Möchten Sie selbst einen Wiederherstellungspunkt setzen, gehen Sie folgendermaßen vor:

1. Klicken oder tippen Sie im Register **Computerschutz** des Dialogs **Systemeigenschaften** auf **Erstellen** ❹.

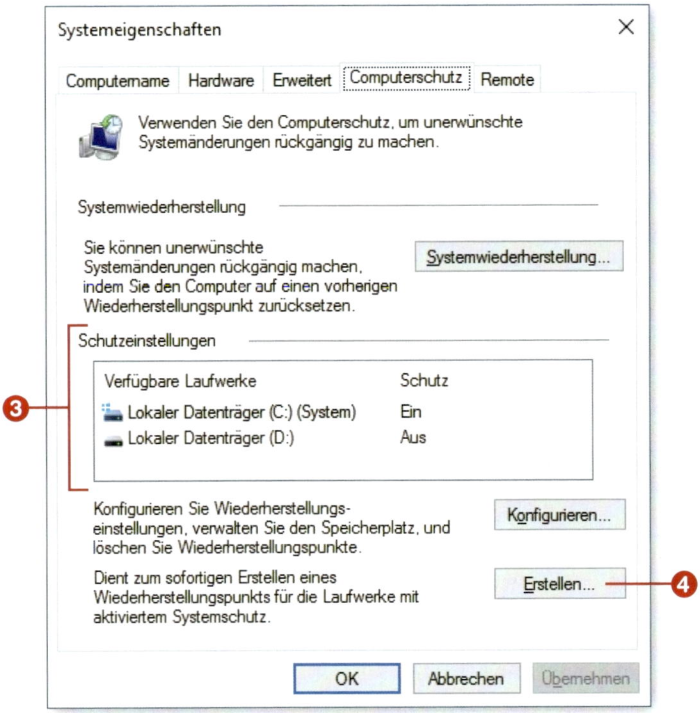

2. Im nächsten Dialog geben Sie eine aussagekräftige Bezeichnung für den Wiederherstellungspunkt ein. Möchten Sie anschließend beispielsweise ein Videoschnittprogramm installieren, bietet sich die Bezeichnung »Installation Videoschnittprogramm« an.

3. Bestätigen Sie die Eingabe mit **Erstellen**.

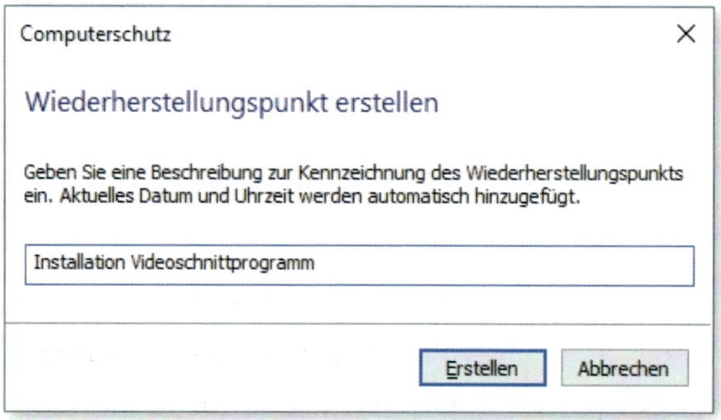

4. Windows 10 erstellt nun den Wiederherstellungspunkt. Dabei wird der aktuelle Systemzustand gesichert. War die Erstellung erfolgreich, erhalten Sie einen entsprechenden Hinweis. Sie können jetzt alle geöffneten Dialoge mit **Schließen** und **OK** beenden.

Sie können nun ganz entspannt und in Ruhe die neue Software oder den Treiber installieren. Sollte Ihr Computer nach der Installation tatsächlich nicht mehr reibungslos funktionieren, kehren Sie einfach zu dem zuvor gespeicherten Systemzustand zurück. Bevor Sie mit der Wiederherstellung beginnen, sollten Sie alle eventuell geöffneten Dateien sichern und schließen. Dies gilt auch für Programme wie etwa ein E-Mail-Programm.

Bei der Systemwiederherstellung wird nicht nur die Software oder der Treiber wieder vom System entfernt, die zu den Problemen geführt haben. Sollten Sie seit Erstellen des Wiederherstellungspunktes noch weitere Programme oder Treiber eingerichtet haben, fallen diese ebenfalls der Systemwiederherstellung zum Opfer. Auf persönliche Dateien wie etwa Ihre Bilder hat das Zurücksetzen des Systems keine Auswirkung.

Mit folgenden Schritten führen Sie die Systemwiederherstellung durch:

1. Rufen Sie, wie zuvor beschrieben, den Dialog **Systemeigenschaften** mit dem Register **Computerschutz** ❶ auf.

2. Klicken oder tippen Sie anschließend auf die Schaltfläche **Systemwiederherstellung** ❷. Bestätigen Sie den folgenden Hinweis mit **Weiter**.

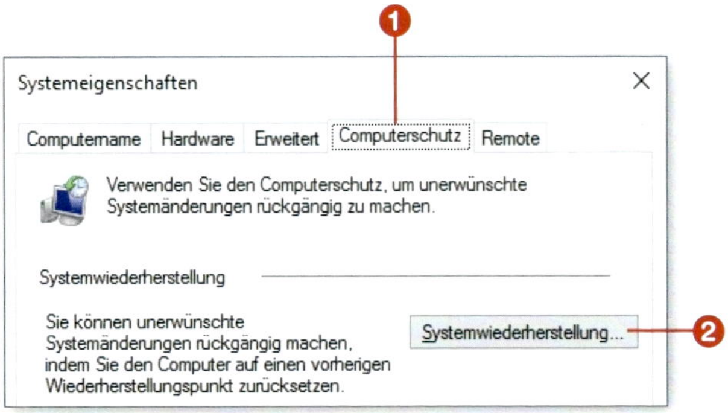

3. Ist der von Ihnen erstellte Wiederherstellungspunkt in der folgenden Liste noch nicht enthalten, versehen Sie das Kästchen **Weitere Wiederherstellungspunkte anzeigen** ❸ mit einem Häkchen. Sobald der von Ihnen gesetzte Wiederherstellungspunkt aufgeführt wird, markieren Sie ihn.

4. Wenn Sie möchten, können Sie sich per Klick auf **Nach betroffenen Programmen suchen** ❹ eine Liste anzeigen lassen, welche Anwendungen sowie Treiber durch das Zurücksetzen des Systems deinstalliert werden. Mit einem Klick auf **Schließen** blenden Sie die Liste wieder aus. Fahren Sie nun mit einem Klick auf **Weiter** ❺ fort.

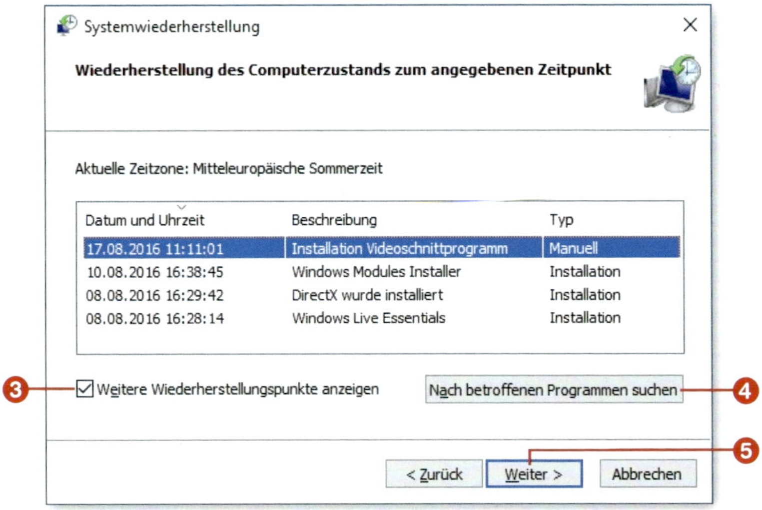

5. Als Nächstes werden Sie aufgefordert, den Wiederherstellungspunkt mit einem Klick auf **Fertig stellen** (❻ auf Seite 362) zu bestätigen.

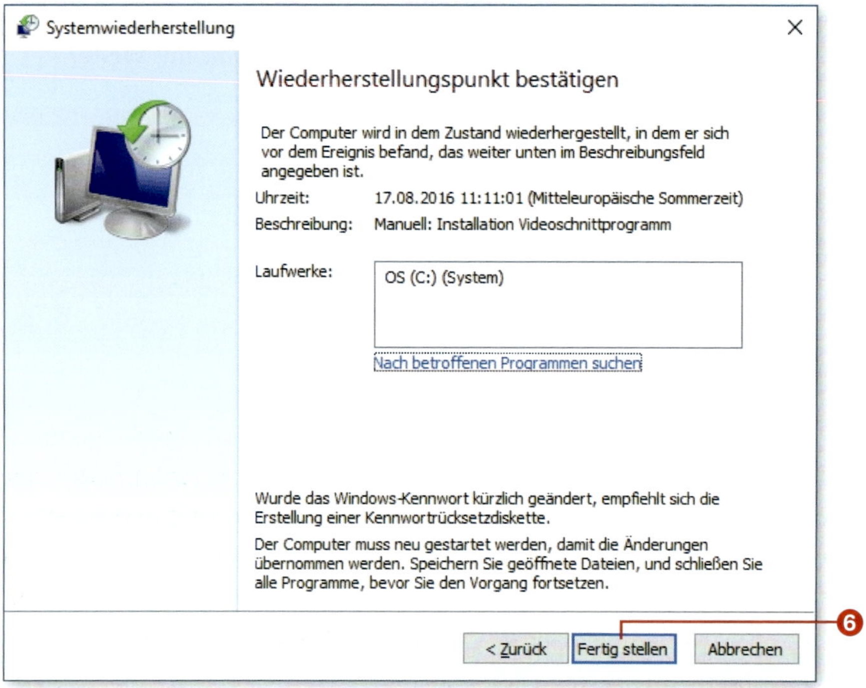

6. Bestätigen Sie noch den folgenden Hinweis mit **Ja**.

Windows 10 setzt das System nun in den Zustand zurück, den es hatte, als Sie den Wiederherstellungspunkt gesetzt haben. Der Computer wird hierzu heruntergefahren und anschließend neu gestartet.

Für den Fall, dass durch die Systemwiederherstellung das eigentliche Problem mit Ihrem Computer nicht gelöst wurde, bietet Windows 10 noch die Möglichkeit, den PC aufzufrischen oder Windows 10 gänzlich neu zu installieren. Wie dies funktioniert, zeige ich Ihnen im Abschnitt »Den PC auffrischen oder Windows neu installieren« ab Seite 402. Doch zuvor werde ich Ihnen noch einige weitere interessante Windows-Anwendungen und Apps vorstellen und Ihnen zeigen, wie Sie über den Windows Store neue Apps erwerben.

Kapitel 9

Nützliche Windows-Anwendungen und Apps

Der Computer wird mittlerweile für eine Vielzahl von Aufgaben genutzt. Ob Sie einen Brief schreiben, Ihre Fotos sortieren und bearbeiten oder im Internet surfen und einkaufen möchten, Windows 10 hält immer das passende Programm bereit. Auf die Bereiche Internet und Foto bin ich bereits ausführlich eingegangen. In diesem Kapitel werde ich Ihnen zeigen, welche nützlichen Programme noch in Windows 10 versteckt sind.

Im Laufe dieses Kapitels werden wir uns ausführlich mit dem *Windows Store* beschäftigen. Denn auf dem Online-Marktplatz von Microsoft erwartet Sie ein großes Angebot an Apps – von lustigen Spielen bis hin zu hilfreichen Werkzeugen ist hier alles zu finden.

Briefe schreiben mit WordPad

Das kleine nützliche Textverarbeitungsprogramm *WordPad* ist seit vielen Jahren Bestandteil von Windows. Auch wenn es in puncto Funktionalität mit seinem großen Bruder Microsoft Word nicht mithalten kann, für kleine Schreib- und Formatierungsaktionen reicht es allemal aus. Zum Aufruf des Programms gehen Sie wie bereits im Abschnitt »Programme und Apps starten und beenden« ab Seite 46 gezeigt vor:

1. Öffnen Sie das Startmenü.

2. Blättern Sie in der Liste aller installierten Apps nach unten bis zum Eintrag **Windows-Zubehör**, und markieren Sie ihn. In der aufklappenden Liste wählen Sie per Mausklick oder Fingertipp **WordPad** aus.

Bereits für Windows 8 wurde die Oberfläche von WordPad überarbeitet. Unterhalb der Titelleiste ❶ finden Sie nun auch hier ein Menüband ❷, wie Sie es bereits beim Explorer oder auch bei der Fotogalerie gesehen haben. Das Menüband ist in verschiedene Register aufgeteilt und kann über die Schaltfläche ⌄ ❸ erweitert oder auch minimiert werden – in letzterem Fall zeigt der Pfeil wie in der folgenden Abbildung nach oben.

Nach dem Programmstart befindet sich das Register **Start** ❹ im Vordergrund. Hier finden Sie alle wichtigen Befehle zum Formatieren, das heißt zum Gestalten Ihres Textes. Bewegen Sie den Mauszeiger langsam über die einzelnen Symbole, wird jeweils eine kleine *QuickInfo* eingeblendet, der Sie die Bedeutung des jeweiligen Symbols entnehmen können.

Rechts neben einigen Symbolen sehen Sie eine kleine Pfeil-Schaltfläche. Nehmen wir z. B. einmal das Textfarbe-Symbol ❺. Wenn Sie auf den kleinen Pfeil klicken oder tippen, klappt eine Palette mit weiteren Einstellungsmöglichkeiten auf, in diesem Fall eine Farbpalette, aus der Sie die gewünschte Farbe für Ihren Text auswählen. Den Text selbst geben Sie in WordPad wie gewohnt im weißen Dokumentbereich unterhalb der Menüleiste ein.

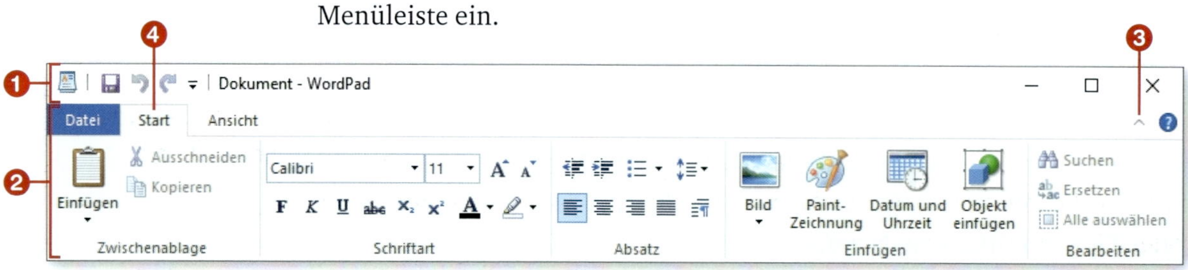

∧ *Das erweiterte Menüband von WordPad*

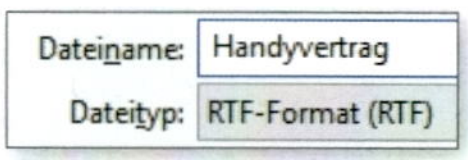

∧ *Dateien werden im RTF-Format gesichert.*

Besonders interessant ist die Gruppe **Einfügen**. Über den Befehl **Bild** ❻ können Sie beispielsweise ein Foto aus Ihrer Bildbibliothek auswählen und in Ihrem Dokument ergänzen. Falls Sie versehentlich das falsche Bild ausgewählt haben: In der Schnellstartleiste in der linken oberen Ecke des Programmfensters finden Sie das wichtige **Rückgängig**-Symbol ❼. Ein Klick oder Tipp darauf und die zuletzt vorgenommene Aktion wird ungeschehen gemacht. Links neben diesem Symbol finden Sie die Schaltfläche **Speichern** ❽ zum Sichern Ihrer Datei. Für die Dateisicherung nutzt WordPad das *Rich Text Format*, kurz RTF. Sein großer Vorteil ist, dass es sich mit jedem Textverarbeitungssystem öffnen lässt.

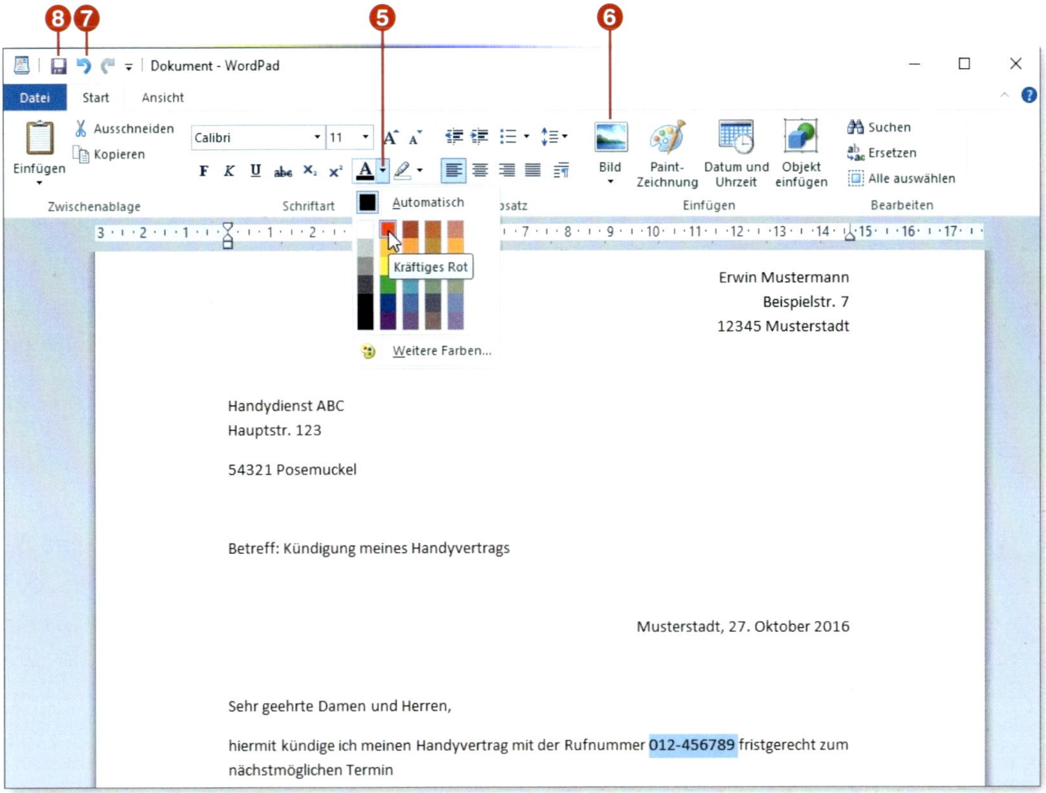

Das Programmfenster von WordPad in der Übersicht

Um Ihren Brief auszudrucken, wechseln Sie zum Register **Datei** und wählen hier nacheinander **Drucken** ⑨ und nochmals **Drucken** ⑩. Im nächsten Dialog können Sie wie gewohnt den Drucker bestimmen, sofern Sie mehrere zur Verfügung haben, bevor Sie den Druckvorgang mit einem Klick oder Tipp auf **Drucken** starten.

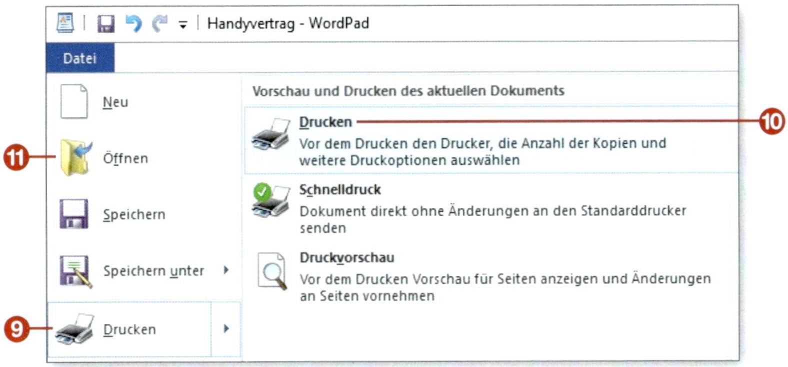

Den Befehl zum Ausdrucken Ihrer Dokumente finden Sie im Register »Datei«.

Über das Register **Datei** gelangen Sie auch zum Befehl **Öffnen** ⑪, den Sie benötigen, wenn Sie bereits gespeicherte Dateien aufrufen möchten.

Nicht nur für Tablet-Nutzer: der neue Arbeitsbereich Windows Ink

Geräte, die über einen Touchscreen verfügen, wie etwa Tablet oder Smartphone, werden immer beliebter. Sie lassen sich nicht nur per Finger bedienen, sondern auch mit einem speziellen Digitalstift. Genau für diesen Einsatz hat Microsoft Windows 10 mit einem neuen Arbeitsbereich ausgestattet, dem sogenannten *Windows Ink*. *Ink* ist die englische Bezeichnung für Tinte. Der neue Arbeitsbereich, der seit dem Anniversary Update zur Verfügung steht, enthält drei Funktionen: Mit den *Kurznotizen* legen Sie kleine Notizzettel auf dem Bildschirm an, auf denen Sie wichtige Dinge notieren können, die Sie nicht vergessen wollen. Die Funktion *Skizzenblock* macht aus Ihrem Bildschirm einen Skizzenblock, auf dem Sie wunderbar zeichnen können. Mit der dritten Funktion, der *Bildschirmskizze*, wird ein Screenshot, also ein Foto des Bildschirms erstellt, den Sie anschließend beschriften können.

Zumindest zwei Funktionen, nämlich die Kurznotizen sowie die Bildschirmskizze, lassen sich nicht nur per Finger oder Digitalstift bedienen, sondern auch wunderbar per Maus. Darum werde ich Ihnen den neuen Arbeitsbereich im Folgenden kurz vorstellen. Der Aufruf von Windows Ink erfolgt über ein kleines Symbol im Infobereich der Taskleiste. Bei einem Desktop-PC oder Notebook muss es allerdings erst eingeblendet werden.

1. Um Windows Ink aufzurufen, klicken oder tippen Sie im Infobereich der Taskleiste auf das Symbol ❶.

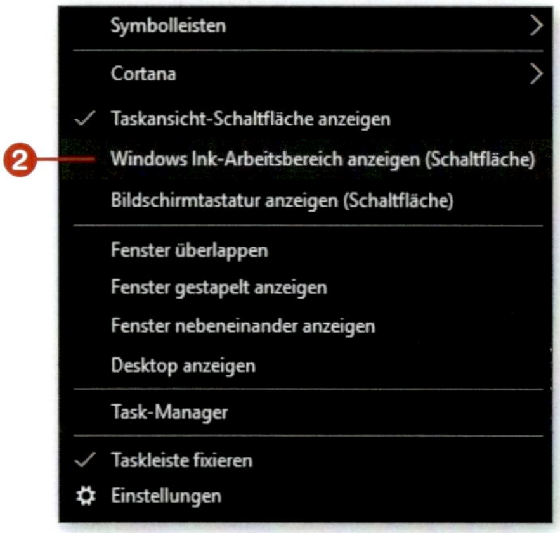

2. Wird das Symbol bei Ihnen nicht angezeigt, klicken Sie mit der rechten Maustaste auf einen freien Bereich der Taskleiste. Nutzen Sie ein Tablet, halten Sie den Finger etwas länger auf der Taskleiste gedrückt, bis das Quadrat eingeblendet wird. Im aufklappenden Kontextmenü versehen Sie den Eintrag **Windows Ink-Arbeitsbereich anzeigen (Schaltfläche)** ❷ per Mausklick oder Antippen mit einem Häkchen. Nun können Sie den Arbeitsbereich über das Symbol im Infobereich aufrufen.

Am rechten Bildschirmrand erscheint nun der Windows Ink-Arbeitsbereich mit den drei zuvor erwähnten Funktionen. Sowohl das Anlegen von Kurznotizen als auch das Erzeugen von Bildschirmskizzen werde ich Ihnen nun kurz vorstellen. Da sich der Skizzenblock nur schwer per Maus bedienen lässt, lasse ich ihn hier aus. Beginnen wir mit den Kurznotizen.

Kurznotizen mit der neuen Sticky-Notes-App erstellen

Mit dem Anniversary Update hält eine neue Anwendung in Windows 10 Einzug: Die *Sticky Notes*-App, die Sie wie gewohnt über das Startmenü aufrufen, hat sehr große Ähnlichkeit mit der Kurznotizen-Funktion des Windows-Ink-Arbeitsbereichs. Nach dem Start der App wird ebenfalls ein Post-it auf der Desktop-Oberfläche angezeigt, in das Sie einen Erinnerungstext eingeben. Das Post-it lässt sich ebenso wie die Kurznotiz verschieben oder auch wieder löschen.

1. Demnächst steht der Geburtstag eines lieben Menschen an, den Sie keineswegs vergessen sollten. Um ein Post-it als kleine Erinnerungsstütze auf der Desktop-Oberfläche anzulegen, klicken Sie in dem Windows-Ink-Arbeitsbereich auf **Kurznotizen** ❸.

2. Der Desktop-Hintergrund wird ausgeblendet, stattdessen sehen Sie auf dem Bildschirm ein gelbes Post-it. Tippen Sie den gewünschten Erinnerungstext ein, etwa »Geburtstag Sabine« (❹ auf Seite 368).

3. Mit einem Klick oder Tippen auf das Kreuz-Symbol ❺ in der rechten oberen Bildschirmecke blenden Sie die Desktop-Oberfläche wieder ein.

4. Wenn Sie möchten, können Sie den Notizzettel nun noch weiterbearbeiten. Um das Post-it zu verschieben, bewegen Sie den Mauszeiger auf die Titelleiste des Notizzettels ❻ und ziehen ihn dann mit gedrückter linker Maustaste an die gewünschte Position. Arbeiten Sie mit einem Touchscreen, verschieben Sie den Zettel einfach per Finger.

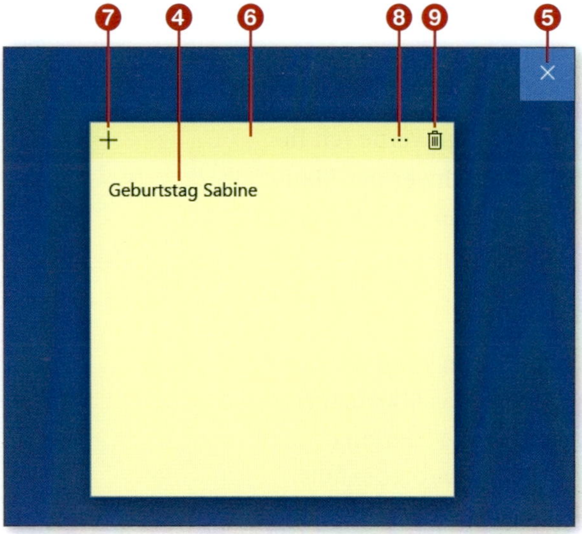

5. Benötigen Sie noch weitere Post-its? Ein Mausklick oder Antippen des Plus-Symbols ❼ in der Symbolleiste des Notizzettels erzeugt ein weiteres Post-it, das Sie nun ebenfalls beschriften und verschieben können. Sollte die Symbolleiste nicht sichtbar sein, klicken oder tippen Sie einmal auf die Kurznotiz.

6. Sollte Ihnen die gelbe Farbe des Post-its nicht gefallen, klicken Sie in der Symbolleiste auf die drei kleinen Punkte ❽. Markieren Sie in der kleinen Farbpalette den gewünschten neuen Farbton. Sobald Sie in den Notizbereich des Post-its klicken oder tippen, werden die Farben wieder ausgeblendet.

7. Benötigen Sie einen Notizzettel nicht mehr, reicht ein Klick oder Tippen auf das Papierkorb-Symbol ❾. Den folgenden Hinweis bestätigen Sie mit **Löschen**.

Als Nächstes werfen wir einen Blick auf die Funktion Bildschirmskizze. Sicherlich haben Sie sich auch schon das ein oder andere Mal über eine Fehlermeldung eines Programms geärgert, mit der Sie nichts anfangen konnten. Mithilfe der Bildschirmskizze fotografieren Sie die Fehlermeldung blitzschnell ab. Den Screenshot können Sie anschließend beschneiden, beschriften und dann entweder abspeichern oder z. B. per E-Mail versenden. Umgekehrt können Sie mithilfe einer Bildschirmskizze natürlich auch Freunden helfen, sollten die einmal am Computer Hilfe benötigen.

Bildschirmfotos mit dem Snipping Tool erstellen

Bereits seit vielen Versionen ist das Snipping Tool ein fester Bestandteil von Windows. Mit ihm können Sie ähnlich wie mit der Bildschirmskizze von Windows Ink einen Screenshot erstellen, beschriften und dann per E-Mail versenden. In Windows 10 erreichen Sie die Anwendung über **Start ▸ Windows-Zubehör ▸ Snipping Tool**.

1. Um mithilfe der Bildschirmskizzen-Funktion einen Screenshot anzufertigen und anschließend zu bearbeiten, blenden Sie zunächst per Klick oder Tipp auf das Symbol ❶ den Windows-Ink-Arbeitsbereich ein.

2. Klicken oder tippen Sie auf **Bildschirmskizze** ❷.

Statt der Desktop-Oberfläche mit den geöffneten Programmen wird ein Screenshot der Oberfläche angezeigt. In der rechten oberen Bildschirmecke finden Sie eine Symbolleiste. Die vier Werkzeuge **Kugelschreiber** ❸, **Stift** ❹, **Textmarker** ❺ sowie den **Radiergummi** ❻ haben Sie bereits im Zusammenhang mit der Kurznotizen-Funktion von Microsoft Edge im Abschnitt »Mit dem Browser Microsoft Edge im Internet surfen« ab Seite 152 kennengelernt. Die Bedienung erfolgt hier bei der Bildschirmskizze analog, sodass ich sie an dieser Stelle nicht mehr beschreiben werde.

3. Wenn Sie nicht den gesamten Screenshot, sondern lediglich einen Ausschnitt benötigen, können Sie ihn zuschneiden. Aktivieren Sie hierzu in der Symbolleiste per Mausklick oder Antippen das Werkzeug **Zuschneiden** ❼.

4. Auf dem Bildschirm erscheint nun ein Rechteck mit vier Markierungspunkten ❽. Diese Punkte können Sie mit gedrückter linker Maustaste oder per Finger verschieben. Markieren Sie so den Bereich, den Sie beibehalten möchten.

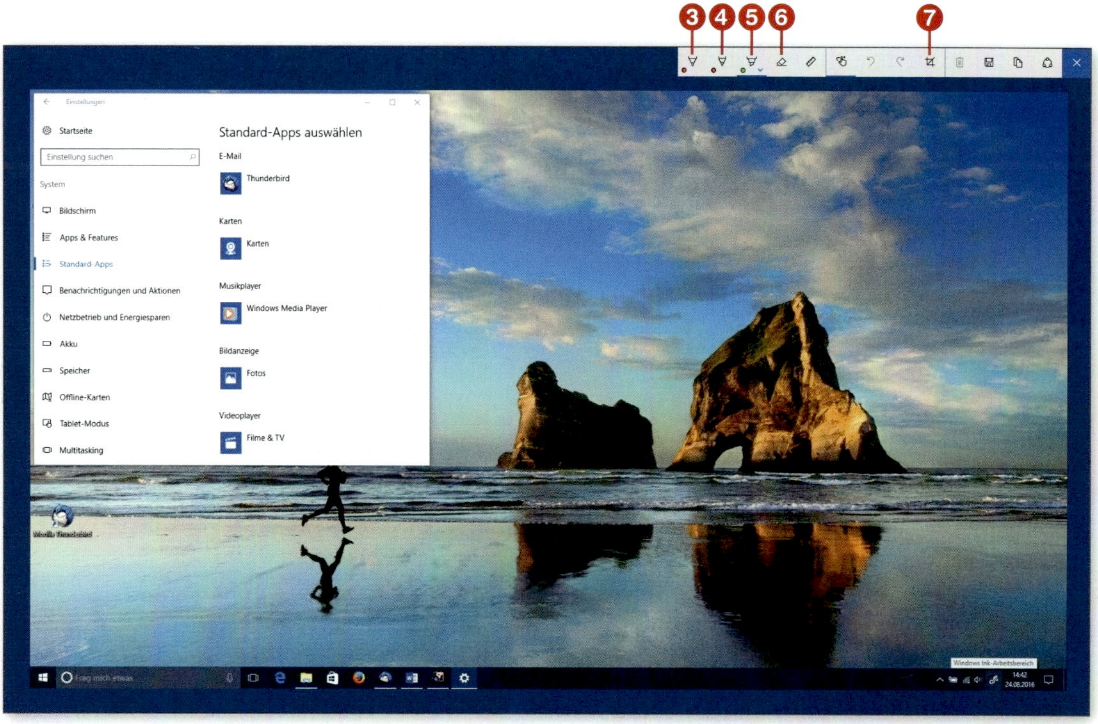

5. Nach einem Klick oder Tipp auf das Häkchen **9** oben rechts wird der Screenshot nach Ihren Vorgaben zugeschnitten.

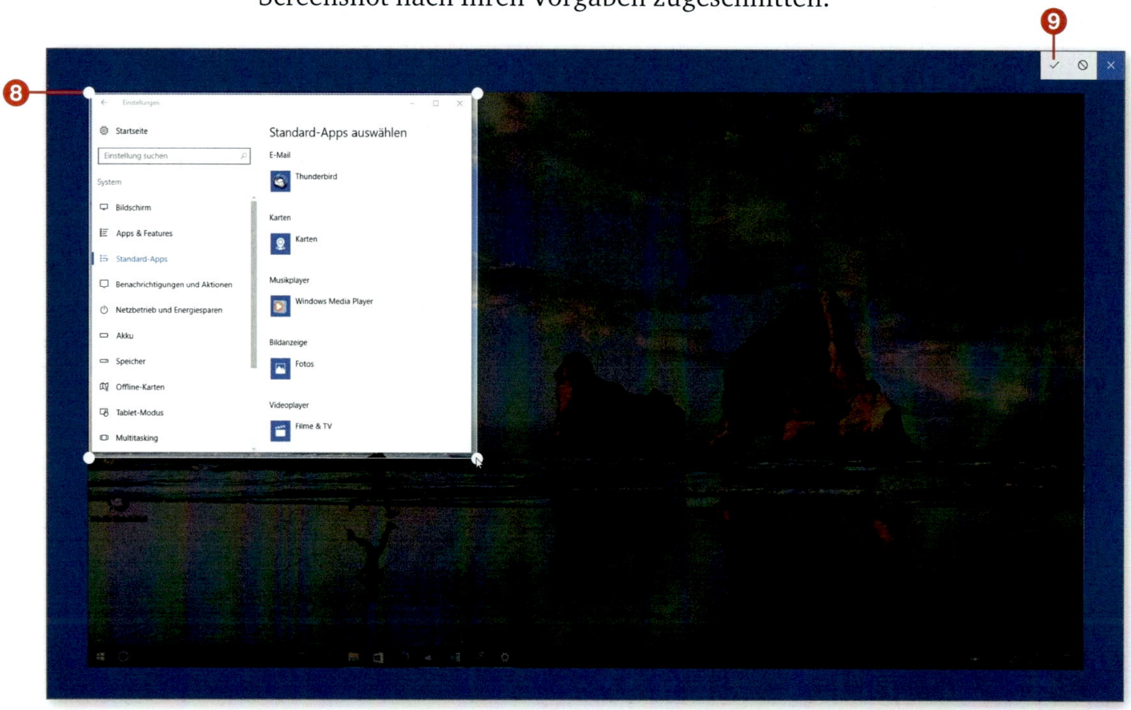

6. Möchten Sie die Bildschirmskizze auf Ihrem Computer speichern, klicken Sie in der Symbolleiste auf das Speichern-Symbol ⑩.

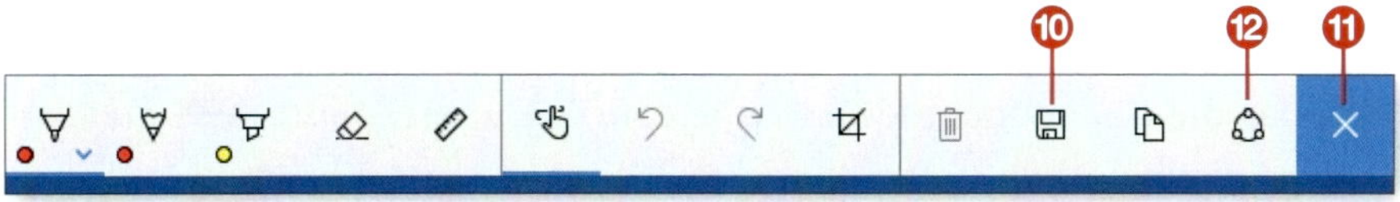

7. Wechseln Sie im Dialog **Speichern unter** in den Ordner, in dem das Bild gespeichert werden soll, und bestätigen Sie mit **Speichern**.

8. Mit einem Klick auf das Kreuz-Symbol ⑪ am rechten Rand der Symbolleiste beenden Sie die Bildschirmskizzen-Funktion und gelangen wieder zur Desktop-Oberfläche zurück.

Screenshot per E-Mail versenden

Sie möchten die Bildschirmskizze gerne per Mail an Freunde versenden? Voraussetzung hierfür ist, dass Sie bereits ein E-Mail-Programm wie etwa die Mail-App auf Ihrem Computer eingerichtet haben (siehe Abschnitt »E-Mails verschicken mit der Mail-App« ab Seite 197). Ist dies der Fall, ist der Screenshot schnell verschickt. Klicken Sie hierzu in der Symbolleiste der Bildschirmskizzen-Funktion auf das Symbol **Teilen** ⑫. In der Spalte **Teilen** markieren Sie das gewünschte E-Mail-Programm, etwa **Mail**. Es wird automatisch das Dialogfenster zum Verschicken einer E-Mail geöffnet. Die Bildschirmskizze wird bereits als Dateianhang angezeigt. Sie müssen lediglich die Adresse des Empfängers sowie einen Nachrichtentext eingeben und die E-Mail dann versenden.

Nützliche Programme zur Systempflege

Verglichen mit älteren Versionen zeigt sich Windows 10 sehr stabil und zuverlässig. Doch wie beim Auto, das regelmäßig zur Inspektion gebracht werden sollte, benötigt auch der Computer etwas Pflege. Im Laufe der Zeit sammeln sich beispielsweise viele Dateien auf dem System, die gar nicht mehr benötigt werden. Dazu zählen Überbleibsel von unsauber deinstallierten Programmen oder auch temporäre Dateien, die während des Surfens im Internet auf Ihrem Computer gespeichert werden. All diese Dateien nehmen nicht nur unnötig Speicherplatz in Anspruch, im Laufe der Zeit wirken sie sich auch negativ auf die Systemleistung aus.

Windows bringt bereits seit vielen Versionen ein praktisches Werkzeug mit, das die unangenehme Putzarbeit für Sie übernimmt: die *Datenträgerbereinigung*. Auch unter Windows 10 ist sie – optisch etwas aufbereitet – wieder mit an Bord. Der Zugriff auf die Funktion erfolgt wie früher über den Explorer.

1. Starten Sie den Explorer per Klick oder Tipp auf das Explorer-Symbol ❶ in der Taskleiste. Arbeiten Sie mit einem Tablet, öffnen Sie das Startmenü und tippen hier unten links auf das Explorer-Symbol.

2. Markieren Sie im Navigationsbereich links **Dieser PC** ❷.

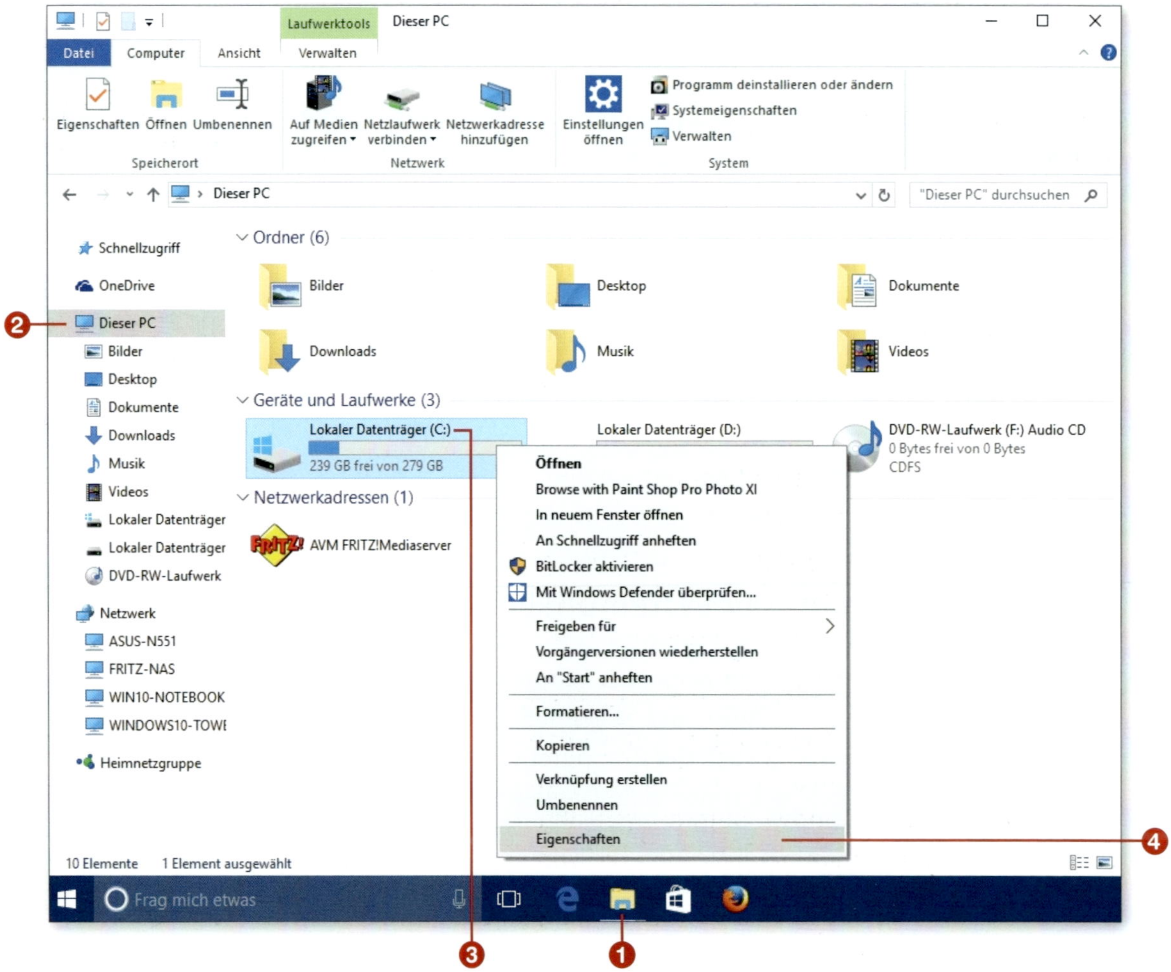

3. Klicken Sie mit der rechten Maustaste auf das Laufwerk, das Sie bereinigen möchten, etwa **(C:)** ❸. Im Kontextmenü wählen Sie den Befehl **Eigenschaften** ❹. Um bei einem Tablet das Kontextmenü einzublenden, halten Sie den Finger so lange auf das Symbol der gewünschten Festplatte, bis ein kleines Quadrat eingeblendet wird.

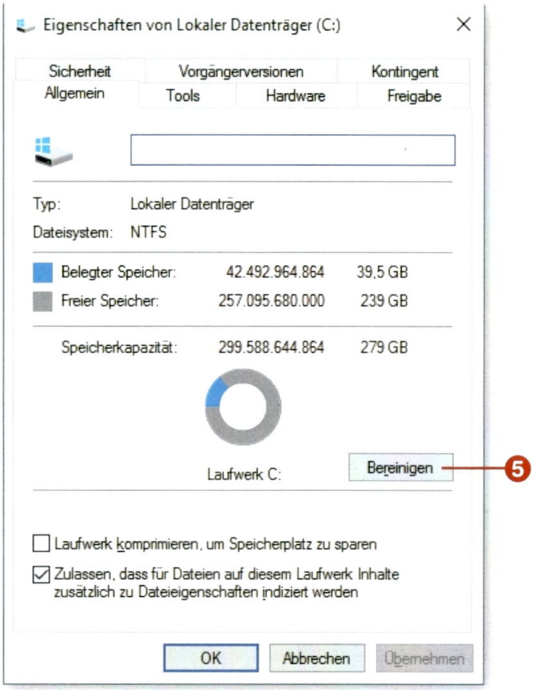

4. Im Dialog **Eigenschaften von …** erfahren Sie im Register **Allgemein**, wie viel Speicherplatz auf dem ausgewählten Laufwerk bereits belegt und wie viel noch frei ist. Mit einem Klick oder Tipp auf **Bereinigen** ❺ starten Sie die Datenträgerbereinigung.

Windows 10 prüft nun, wie viel Speicherplatz auf dem Laufwerk freigegeben werden kann. Dieser Vorgang kann einen Moment dauern. Anschließend erfahren Sie, welche Dateien gelöscht werden können.

5. Markieren Sie in der Liste **Zu löschende Dateien** einen Eintrag ❻, erfahren Sie im Bereich **Beschreibung** ❼, was sich dahinter verbirgt und welche Auswirkungen das Löschen eventuell hat.

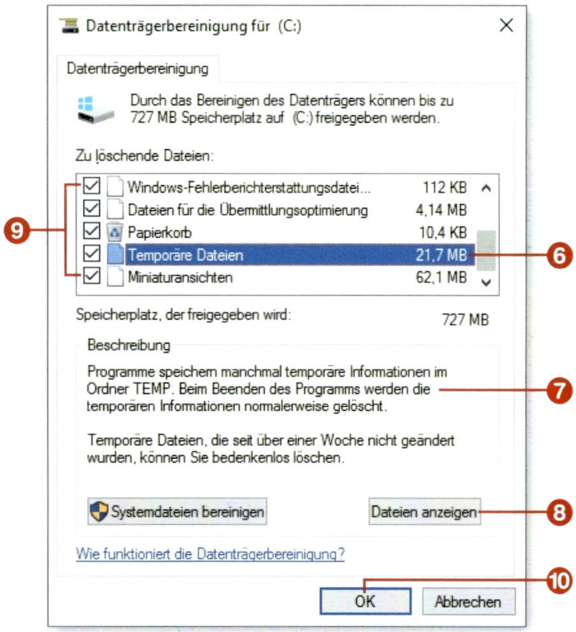

6. Sind Sie sich nicht sicher, ob die Daten wirklich gelöscht werden sollen, klicken Sie auf **Dateien anzeigen** ❽. Es wird nun der Explorer mit einer Übersicht über die Löschkandidaten des zuvor im Dialog **Datenträgerbereinigung** ausgewählten Eintrags angezeigt. Mit einem Klick auf das Symbol ☒ oben rechts schließen Sie den Explorer wieder.

7. Zurück im Dialog **Datenträgerbereinigung** versehen Sie alle Komponenten, die gelöscht werden sollen, mit einem Häkchen ❾. Möchten Sie von den Einträgen, die Windows automatisch aktiviert hat, Daten beibehalten, entfernen Sie wiederum das Häkchen.

8. Bestätigen Sie Ihre Auswahl mit **OK** (❿ auf Seite 373). Im folgenden Sicherheitshinweis klicken Sie auf **Dateien löschen**.

Windows 10 bereinigt nun das Laufwerk. Je nach Anzahl der zu löschenden Dateien kann dieser Vorgang etwas dauern.

Im Laufe der Zeit werden immer mehr Dateien gespeichert und wieder gelöscht. Je voller nun eine Festplatte wird, desto weniger Speicherplatz steht einer Datei am Stück zur Verfügung. So muss sie zerstückelt über die gesamte Festplatte verteilt gespeichert werden. Es dauert also auch immer länger, bis auf die Datei zugegriffen wird. Wie auch die früheren Versionen bringt Windows 10 eine Funktion mit, mit der sich das Laufwerk wieder optimieren lässt. Bei dieser sogenannten *Defragmentierung* werden die fragmentierten Dateien wieder zusammengeführt, sodass der Dateizugriff anschließend deutlich flotter erfolgt. Auch diese Funktion erreichen Sie über den Explorer.

1. Markieren Sie nach dem Start des Explorers im Navigationsbereich **Dieser PC**, und klicken Sie dann im Inhaltsbereich mit der rechten Maustaste auf das zu optimierende Laufwerk, etwa **(C:)**.

2. Rufen Sie per Klick auf **Eigenschaften** den Dialog **Eigenschaften von ...** auf, und wechseln Sie hier in das Register **Tools** ❶.

3. Klicken Sie im Bereich **Laufwerk optimieren und defragmentieren** auf **Optimieren** ❷.

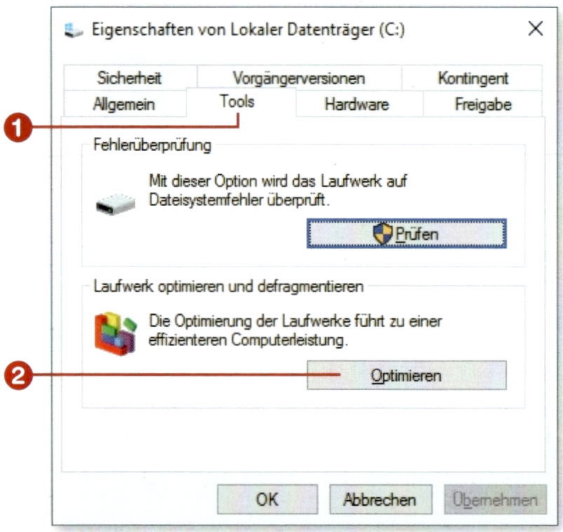

4. Im nächsten Dialog **Laufwerke optimieren** erhalten Sie eine Übersicht über alle verfügbaren Laufwerke ❸ und den aktuellen Status der Fragmentierung ❹. Um diesen auf den neuesten Stand zu bringen, klicken Sie auf **Analysieren** ❺. Ist in Ihrem Desktop-PC, Notebook oder Tablet ein *Solid-State-Laufwerk* eingebaut, erhalten Sie als Statusangabe **Optimierung nicht verfügbar.** Eine häufige Defragmentierung würde die Lebensdauer dieser Art von Speichermedien verkürzen und ist daher nicht zu empfehlen. Im Gegensatz zu älteren Versionen erkennt Windows 10 den Medientyp und bietet die Funktion automatisch nicht an.

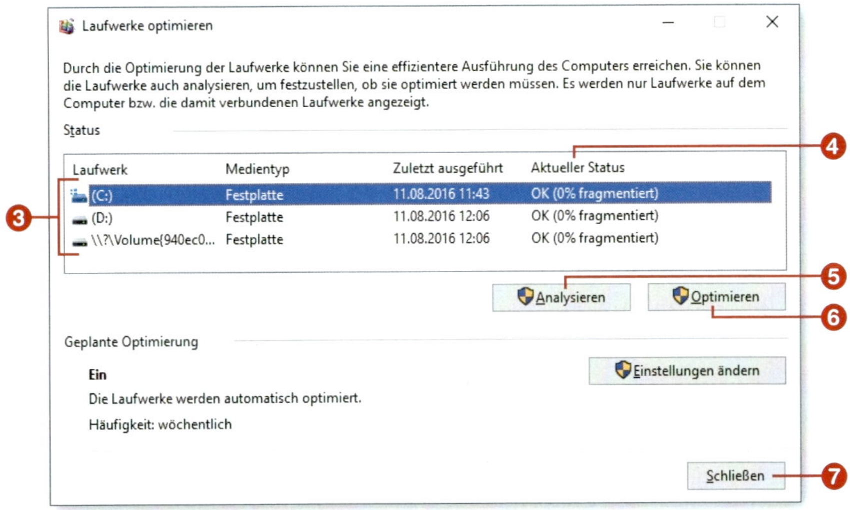

Je älter Ihr Computer ist und je länger die letzte Defragmentierung zurückliegt, desto stärker wird auch die Fragmentierung sein. Liegt der Wert im einstelligen Bereich, ist noch kein Handeln angesagt. Bei höheren Werten sollten Sie dagegen eine Optimierung anstoßen. Auch wenn Sie während dieses durchaus mehrere Stunden andauernden Vorgangs parallel weiterarbeiten könnten, sollten Sie besser darauf verzichten. Warten Sie stattdessen in Ruhe ab, bis die Defragmentierung abgeschlossen ist. Die Laufwerksoptimierung erfolgt ganz ohne Ihr Zutun und lässt sich somit sehr gut über Nacht durchführen.

5. Mit einem Klick auf **Optimieren** ❻ starten Sie die Defragmentierung.

Wurde die Defragmentierung erfolgreich durchgeführt, schließen Sie den Dialog über die gleichnamige Schaltfläche ❼ und beenden alle weiteren geöffneten Dialoge mit **OK**.

Zahlen im Blick: Rechner- und Wecker-App

^ Auch die vorinstallierte Rechner-App rufen Sie über das Startmenü auf.

Kleinere Rechenaufgaben kann man noch gut im Kopf bewältigen, bei komplexeren Aufgaben wird es für die meisten von uns schon schwieriger. Wer gerade an seinem Windows-10-Computer sitzt, kann diese Arbeit dem bereits vorinstallierten Taschenrechner überlassen, der mit Windows 10 vollständig überarbeitet wurde.

Die *Rechner*-App finden Sie im Startmenü in der Liste aller installierten Apps unter dem Buchstaben **R**. Nach dem Programmstart erscheint der Rechner in der Standardansicht und zeigt hier lediglich die Standard-Rechenfunktionen.

Klicken oder tippen Sie oben links auf das Symbol ☰, klappt ein Menü mit weiteren Kategorien auf. Wechseln Sie beispielsweise in die Ansicht **Wissenschaftlich**, werden zahlreiche Spezialfunktionen eingeblendet. Doch damit nicht genug – die Rechner-App übernimmt für Sie auch das Umrechnen von Einheiten, wie etwa Kalorien in Joule, Zoll in Zentimeter oder auch Meilen pro Stunde in Kilometer pro Stunde. Auch diese Funktionen erreichen Sie über die Menü-Schaltfläche ☰. Werden nicht alle Funktionen sofort eingeblendet, blättern Sie mithilfe der Bildlaufleiste in der Liste.

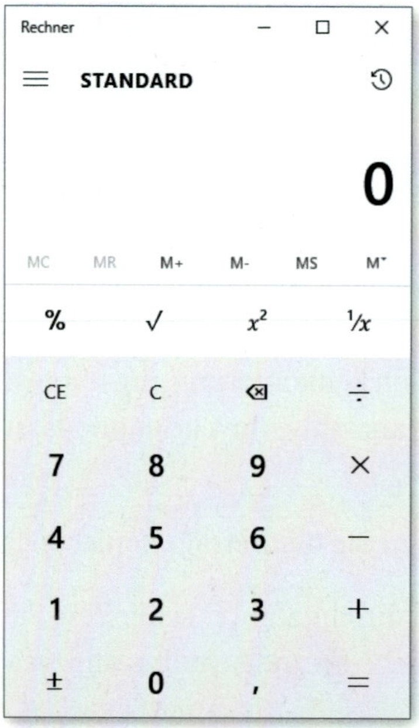

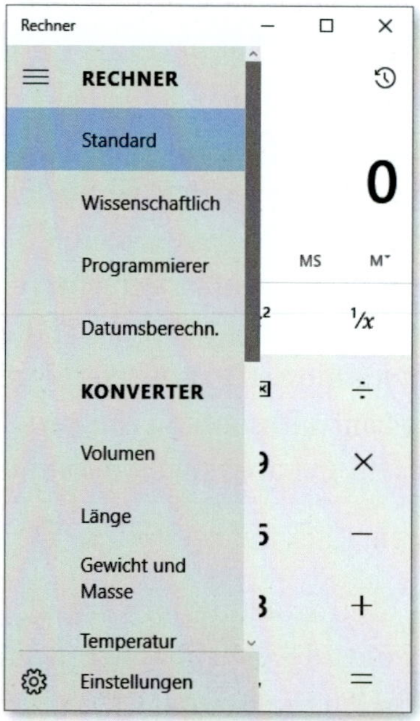

> In der Standardansicht stehen nur wenige Rechenfunktionen zur Auswahl.

>> Hinter dem vermeintlich simplen Taschenrechner verbirgt sich ein wahres Rechengenie.

Windows 10 bringt aber noch weitere spannende Apps mit. Eine davon ist die *Alarm & Uhr*-App. Mit ihr können Sie sich nicht nur wecken lassen, die App enthält zugleich einen **Zeitgeber** ❶ sowie eine **Stoppuhr** ❷. Auch die Alarm-&-Uhr-App erreichen Sie über die Liste aller installierten Apps im Startmenü. Nach dem Start werden Sie gleich mit einem freundlichen **Guten Morgen** begrüßt.

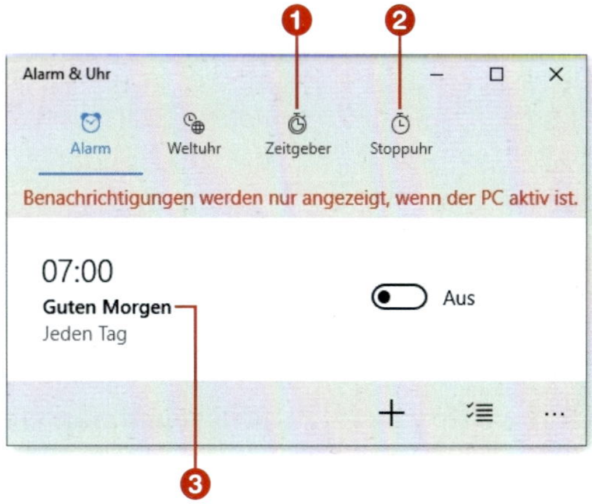

1. Um die gewünschte Weckzeit einzustellen, klicken Sie auf diesen Schriftzug ❸.

2. Im folgenden Dialog legen Sie zunächst die Weckzeit fest. Hierzu stellen Sie in der linken Spalte die gewünschte Stunde und in der rechten Spalte die Minutenzahl ein ❹. Zum Blättern klicken Sie auf die Pfeiltasten, die sich jeweils am oberen und unteren Rand der Spalten befinden. Sie werden allerdings erst dann eingeblendet, wenn sich der Mauszeiger über der entsprechenden Spalte befindet. Arbeiten Sie mit einem Touchscreen, führen Sie einfach eine vertikale Wischbewegung in der jeweiligen Spalte aus.

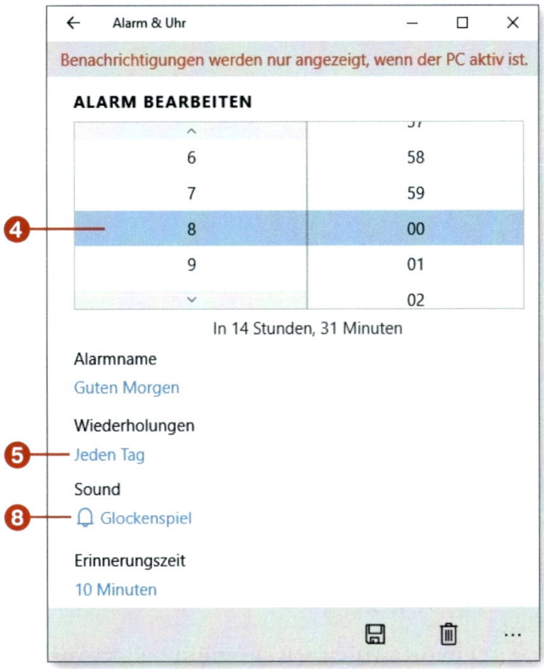

3. Per Standardeinstellung weckt Sie der Wecker an jedem Wochentag zur eingestellten Uhrzeit. Benötigen Sie den Wecker nur an einem Tag der Woche, tippen Sie in das Feld **Wiederholungen** ❺. Entfernen Sie nun jeweils das Häkchen vor den Wochentagen, an denen der Alarm nicht ausgelöst werden soll ❻. Stellen Sie sicher, dass die Tage aktiviert sind, an denen Sie geweckt werden möchten ❼.

4. Nach einem Klick auf **Glockenspiel** (❽ auf Seite 377) unterhalb vom Feld **Sound** wählen Sie den gewünschten Klingelton aus. Klicken oder tippen Sie auf das kleine **Wiedergabe**-Symbol ❾ vor einem Sound, wird der Klingelton zweimal abgespielt.

Ist Ihnen das Klingeln zu leise oder laut, stellen Sie die Lautstärke später über die **Einstellungen** oder auch das **Lautsprecher**-Symbol in der Taskleiste auf dem Desktop ein (siehe auch den Abschnitt »Der Infobereich der Taskleiste« ab Seite 87).

5. Ist die gewünschte Weckzeit eingestellt, klicken Sie in der Symbolleiste am unteren Fensterrand auf das Symbol **Speichern** ❿.

6. Haben Sie den Wecker nur zum Test aufgerufen, beenden Sie ihn mit einem Klick auf das **Schließen**-Symbol ⓫ oben rechts.

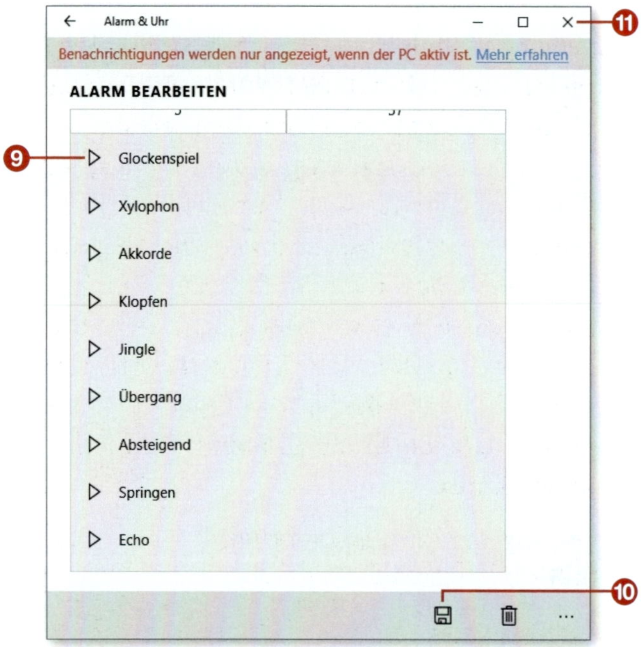

Ihr Computer wird Sie nun zum gewünschten Zeitpunkt wecken. Voraussetzung hierfür ist natürlich, dass sowohl der Computer als auch die Lautsprecher eingeschaltet sind. Ertönt der Weckruf, erscheint in der oberen rechten Bildschirmecke ein kleiner Hinweis. Mit einem Klick oder Tippen können Sie sich **Erneut erinnern** lassen oder den Weckruf **Ignorieren**. Um den Wecker ganz auszuschalten, rufen Sie die Alarm-&-Uhr-App wie zuvor beschrieben auf. Im Programmfenster schieben Sie den kleinen Regler nach links auf **Aus**.

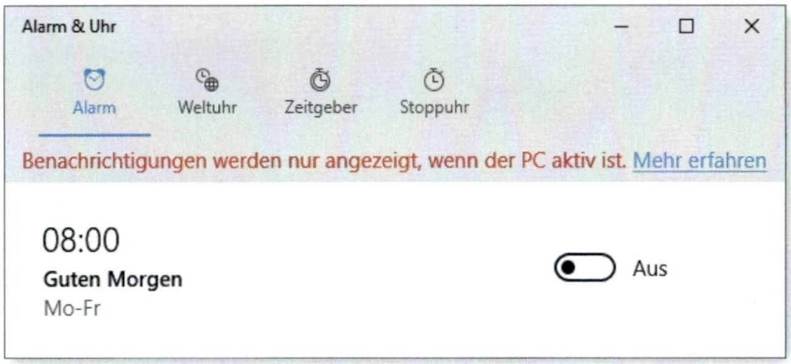

^ *Über den Schieberegler schalten Sie den Wecker wieder aus.*

Der Windows Store – noch mehr Apps für Sie

Windows 10 hat einige interessante Apps mit an Bord, wie Sie in den letzten Kapiteln und Abschnitten erfahren haben. Dabei handelt es sich aber nur um eine kleine Auswahl. Im *Windows Store* – kurz *Store* genannt, zu Deutsch: Geschäft – finden Sie ein weitaus größeres Angebot an Apps, das mit jedem Tag wächst. Viele Apps werden sogar kostenlos zur Verfügung gestellt; ein Blick in den Store rentiert sich also auf jeden Fall. Um zum Store zu gelangen, klicken oder tippen Sie im Startmenü einfach auf die Kachel **Store**. Alternativ können Sie auch auf das entsprechende Symbol in der Taskleiste ❶ klicken, sofern Sie das Symbol in einer Aufräumaktion nicht bereits entfernt haben (siehe auch den Abschnitt »Die Taskleiste in Aktion« ab Seite 83). In beiden Fällen gelangen Sie automatisch zur Startseite des Windows Stores.

^ *Für den Windows Store gibt es eine eigene Kachel auf dem Startbildschirm …*

^ *… und ein eigenes Symbol in der Taskleiste.*

Die Startseite des Shops ist in verschiedene Kategorien unterteilt. Ganz oben präsentiert Microsoft zunächst seine neuesten Empfehlungen. Blättern Sie mithilfe der Bildlaufleiste am rechten Bildschirmrand oder per Wischgeste weiter nach unten, finden Sie hier Kategorien wie **Top kostenlos**, **Neue Musik** oder auch **Neue Filme**. Blättern Sie zurück nach oben, können Sie über den Menüpunkt **Top-Apps** ❷ nach Themen sortierte Kategorien wie **Fotos & Videos**, **Musik**, **Reise**, **Shopping** und mehr aufrufen.

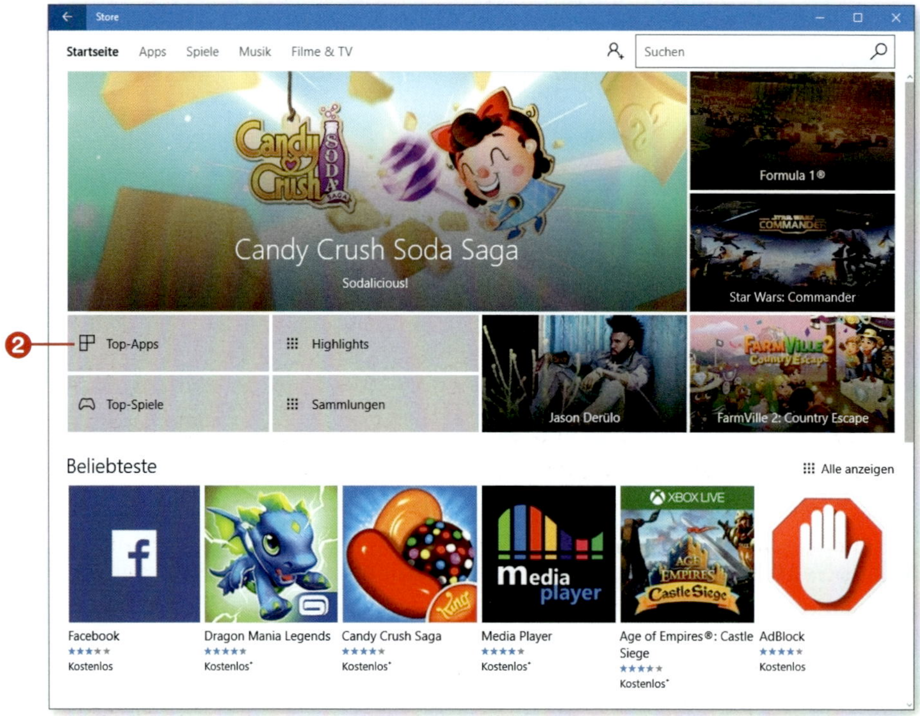

> *Die Startseite der App Store*

Mit einem Klick oder Tipp auf einen der Kategorienamen, etwa **Bildung**, gelangen Sie zur entsprechenden Kategorieübersicht. Viele Apps sind kostenlos, andere wiederum müssen Sie käuflich erwerben. Die entsprechende Auswahl können Sie unter anderem über die entsprechenden Einträge (❸ auf Seite 381) in der linken Spalte vornehmen. Den Preis für eine App entnehmen Sie der jeweiligen Kachel. Die Anzahl der ausgefüllten Sterne zeigt an, wie eine App von anderen Benutzern bewertet wurde. Um in der linken Spalte wieder alle Kategorien zu sehen, klicken Sie auf **Filter zurücksetzen** ❹. Auch über den Pfeil ← links oben ❺ kehren Sie immer wieder zur vorherigen Übersicht zurück.

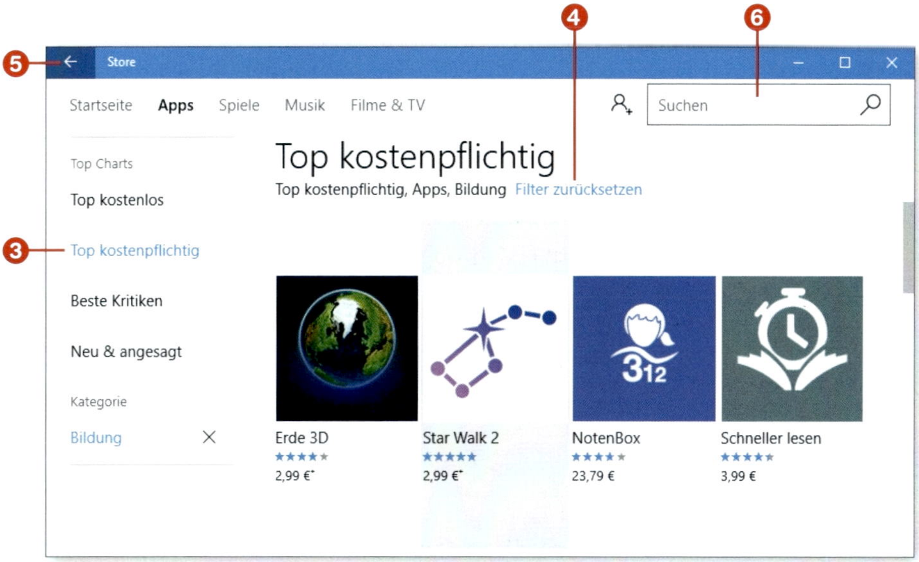

Unterhalb des App-Namens erfahren Sie den Preis einer App sowie die Bewertung.

Apps gezielt suchen

Sie wissen genau, welche App Sie suchen? Dann müssen Sie natürlich nicht erst mühselig die diversen Kategorien durchforsten, um sie zu finden. Geben Sie einfach in das Suchfeld oben rechts ❻ den Namen der App ein, etwa »Tageschau« für die beliebte App zur *Tageschau* der ARD, und starten Sie die Suche durch Drücken der Taste ↵. Anschließend werden diverse Ergebnisse angezeigt, aus denen Sie die richtige App einfach per Mausklick oder durch Antippen auswählen.

Speziell die Kategorie **Spiele**, die Sie direkt über das Menü **Spiele** ❼ aufrufen können, enthält ein großes Angebot an Apps. Die Kategorie ist nochmals in Unterkategorien wie etwa **Top kostenlos** oder auch **kostenpflichtige Top-Spiele** unterteilt. Nach einem Klick oder Tipp auf **Alle anzeigen** rechts von einer dieser Unterkategorien erhalten Sie eine Übersicht über alle in dieser Unterkategorie vorhandenen Apps. Diese Unterkategorien lassen sich noch weiter einschränken etwa in Unterkategorien wie **Action & Adventure**, **Puzzle- & Ratespiele** oder auch **Sport**. Ein ähnliches Prinzip finden Sie auch in anderen Themenkategorien. Möchten Sie einen Filter wieder aufheben und zur vorherigen Übersicht zurückkehren, klicken oder tippen Sie entweder in der linken Spalte auf das Kreuz-Symbol X ❽ oder am oberen Seitenrand auf **Filter zurücksetzen** ❾.

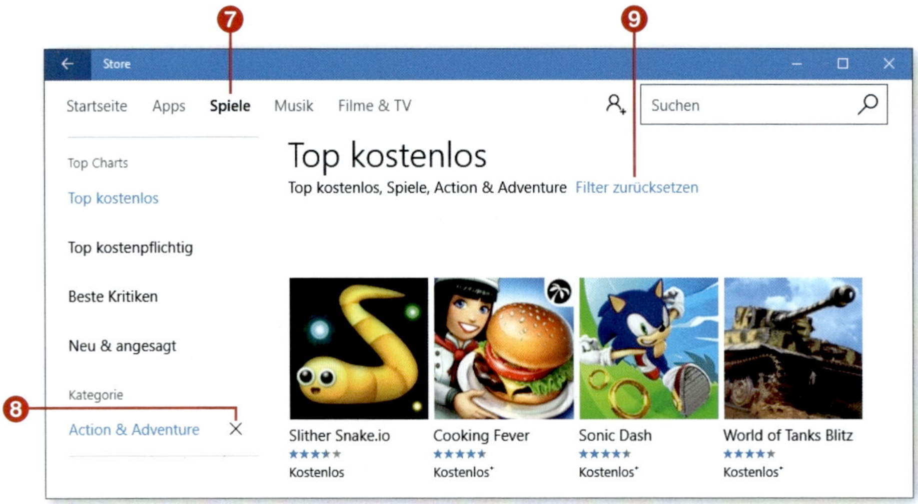

> *Filter heben Sie über das Kreuz-Symbol auf.*

Um mehr Informationen zu einer App zu erhalten, klicken oder tippen Sie auf die Kachel der App. Hier erhalten Sie dann eine erste Übersicht und können einen Blick auf die App-Oberfläche werfen. Mit einem Klick auf **Mehr** ⑩ können Sie eine ausführliche Beschreibung einblenden. Mit einem Klick außerhalb dieser Beschreibung blenden Sie die Hinweise wieder aus. Blättern Sie etwas nach unten, erhalten Sie Informationen zur Download-Größe, Altersfreigabe und anderem.

> *Diese Seite bietet wichtige Informationen zur ausgewählten App.*

Nicht alle Apps sind deutschsprachig. Welche Sprachen eine Anwendung jeweils unterstützt, erfahren Sie ebenfalls am Ende der Seite. Bevor Sie eine App kaufen, sollten Sie unbedingt einen Blick in die **Bewertungen und Prüfungen** werfen, um herauszufinden, welche Erfahrungen andere Nutzer mit dem jeweiligen Programm gemacht haben.

Haben Sie sich genau über eine App informiert und möchten diese installieren, hängt das weitere Vorgehen davon ab, ob es sich um eine kostenlose oder eine kostenpflichtige App handelt. Im Falle einer Gratis-App reicht ein Klick oder Tipp auf die Schaltfläche **Kostenlos** ⓫.

Sollten Sie noch nicht mit einem Microsoft-Konto angemeldet sein, erscheint der Hinweis **Fügen Sie Ihr Microsoft-Konto dem Store hinzu**. Tragen Sie die E-Mail-Adresse sowie das Kennwort Ihres Microsoft-Kontos in die entsprechenden Felder ein, und bestätigen Sie mit **Anmelden**.

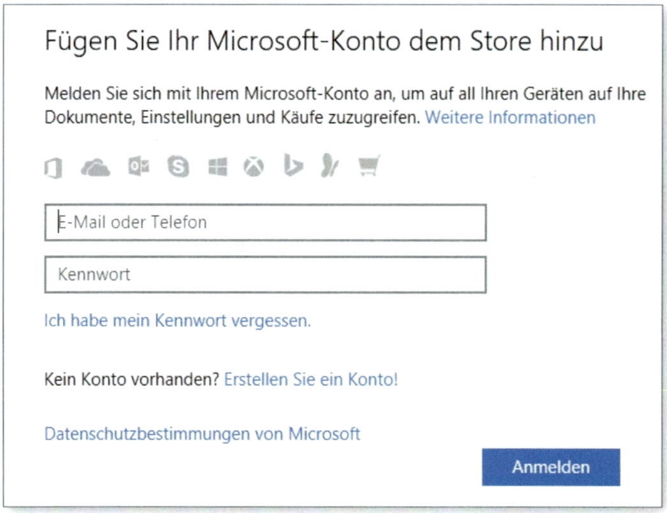

Für die Anmeldung im Store benötigen Sie ein Microsoft-Konto.

Der nächste Dialog **Möchten Sie sich mit Ihrem Microsoft-Konto bei diesem Gerät anmelden?** ist sehr wichtig. Damit Ihr lokales Benutzerkonto nicht in ein Microsoft-Konto umgewandelt wird, klicken Sie am unteren Rand des Dialogs auf **Stattdessen nur bei dieser App anmelden** (⓬ auf Seite 384). Ist die Schaltfläche bei Ihnen nicht sichtbar, müssen Sie im Dialog etwas nach unten blättern. Die hierfür nötige Bildlaufleiste wird eingeblendet, sobald Sie den Mauszeiger etwas über dem Dialog bewegen. Arbeiten Sie mit einem Touchdisplay, reicht eine Wischbewegung, um im Dialog zu blättern. Sobald Sie auf die Schaltfläche geklickt oder getippt haben, beginnt Windows 10 mit dem Herunterladen der App. Wurde die App erfolgreich installiert, erscheint der Hinweis **Dieses Produkt ist installiert**.

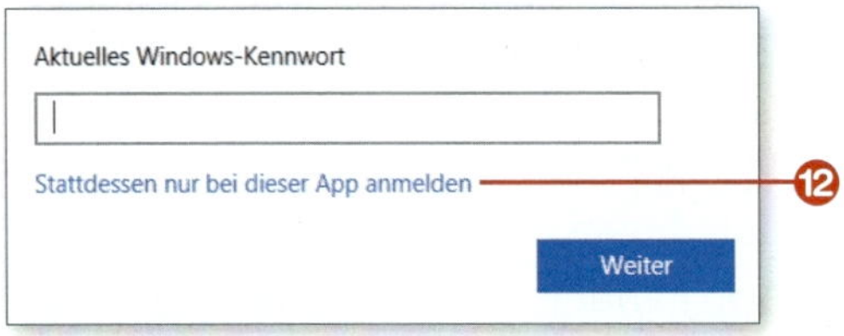

> Klicken Sie hier auf »Stattdessen nur bei dieser App anmelden«, damit Ihr lokales Benutzerkonto bestehen bleibt.

Für die installierte App wird im Startmenü ein entsprechender Eintrag eingerichtet. Zur Erinnerung: Das Startmenü rufen Sie per Klick auf das Windows-Logo unten links auf. In der linken Spalte finden Sie eine Übersicht über alle auf Ihrem Computer installierten Apps. Auf einem Tablet müssen Sie die Liste per Tipp auf das Symbol oben links erst einblenden. Die Liste, in der Sie mithilfe der Bildlaufleiste blättern, ist alphabetisch sortiert, sodass ein Aufspüren des Eintrags schnell möglich ist. Neu installierte Apps werden sogar zu Beginn der Liste im Bereich **Zuletzt hinzugefügt** angezeigt. Zum Start der App reicht ein Klick oder Tippen auf den Eintrag. Wie Sie die Kacheln in der rechten Hälfte des Startmenüs anheften, erfahren Sie im Abschnitt »Verknüpfungen zu Programmen und Ordnern anlegen« auf Seite 55.

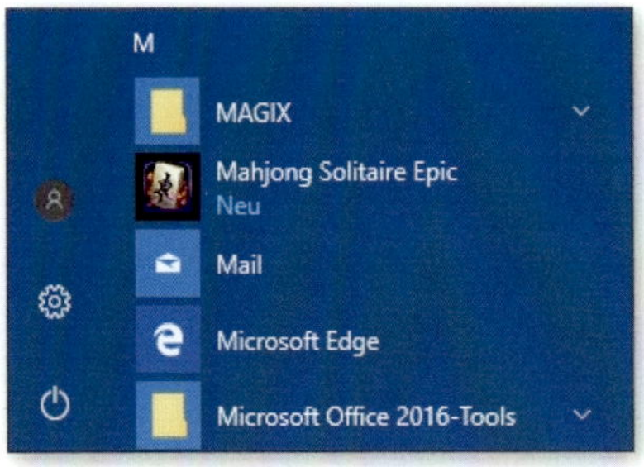

> Eine neu installierte App wird alphabetisch einsortiert.

Um eine kostenpflichtige App zu erwerben, steht Ihnen auf der Übersichtsseite der App nicht die Schaltfläche **Kostenlos** zur Verfügung. Stattdessen finden Sie dort den Preis der App vor sowie die Schaltfläche **Kaufen**.

> Bei kostenpflichtigen Apps finden Sie die Schaltfläche »Kaufen«.

Wenn Sie eine App kaufen möchten, klicken oder tippen Sie auf **Kaufen**. Meist werden nun nochmals Ihre Microsoft-Kontoinformationen abgefragt. Falls Sie noch nicht am Microsoft-Konto angemeldet sind, werden die entsprechenden Daten zur Anmeldung gefordert. Im nächsten Dialog klicken oder tippen Sie auf **Los geht's! Neue Zahlungsmethode hinzufügen**. Wählen Sie nun eine Zahlungsmethode aus. Zur Auswahl stehen Kreditkarte, das sichere Online-Zahlungssystem *PayPal*, Bezahlung per Handyrechnung (derzeit nur mit dem Anbieter O_2 möglich) sowie per Geschenkgutschein (lesen Sie hierzu auch den Kasten »Mit Geschenkgutschein im Windows Store einkaufen« auf dieser Seite). Geben Sie die entsprechenden Daten ein. Sobald Sie mit **Absenden** bzw. **Kaufen** bestätigen, beginnt die Installation der App. Auch hier wird nach der erfolgreichen Installation ein entsprechender Hinweis eingeblendet.

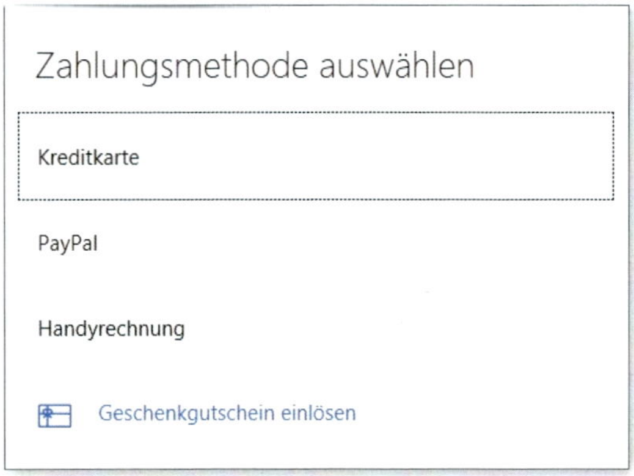

Sie können kostenpflichtige Apps per Kreditkarte, PayPal, Handyrechnung oder Geschenkgutschein bezahlen.

Mit Geschenkgutschein im Windows Store einkaufen

Die Angabe Ihrer Kreditkarten-Daten ist Ihnen zu riskant, ein PayPal-Konto besitzen Sie nicht, und Ihr Handyvertrag läuft nicht über O_2? Es gibt noch eine weitere Methode, wie Sie Ihre Einkäufe im Windows Store bezahlen können: per Geld- & Geschenkgutschein. Diese Gutscheine können Sie mit unterschiedlichen Kartenwerten (z. B. 15 € oder auch 25 €) unter anderem in Drogerie-, Super- und Technomärkten oder auch Tankstellen erwerben. Um einen Gutschein einzulösen, klicken oder tippen Sie im Dialog **Zahlungsmethode auswählen** auf **Geschenkgutschein einlösen**. Sie werden nun aufgefordert, den Code Ihres Gutscheins einzugeben. Sie finden ihn auf der Kartenrückseite, müssen ihn dort allerdings erst freikratzen, damit er sichtbar wird. Sobald Sie den 25-stelligen Code korrekt eingegeben und auf **Einlösen** geklickt oder getippt haben, können Sie auch schon in Höhe des Gutscheinwertes im Store einkaufen.

Stellt sich bei der Nutzung einer App heraus, dass sie doch nicht so interessant ist, wie Sie gehofft haben, können Sie die App natürlich jederzeit wieder deinstallieren.

1. Rufen Sie per Klick oder Tipp auf das Windows-Logo unten links das Startmenü auf.

2. Klicken Sie den Eintrag der zu entfernenden App in der Liste mit der App-Übersicht mit der rechten Maustaste an. Arbeiten Sie mit einem Touchscreen, halten Sie den Finger etwas länger auf dem Eintrag gedrückt.

3. Im daraufhin sichtbaren Kontextmenü klicken oder tippen Sie auf **Deinstallieren**. Den nächsten Hinweis bestätigen Sie ebenfalls mit einem Klick oder Tippen auf **Deinstallieren**.

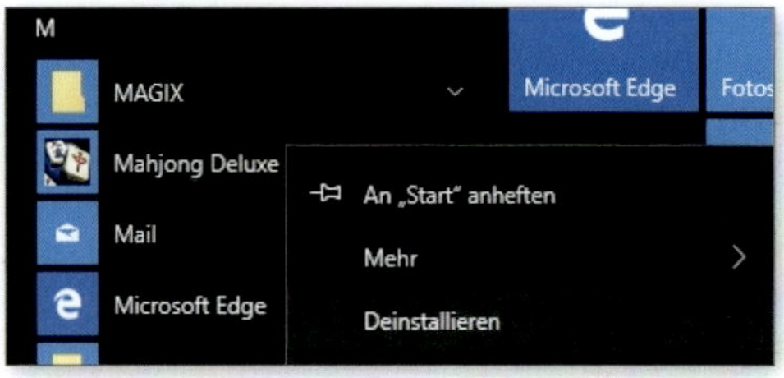

Auch wenn Sie eine App deinstalliert haben, über den Windows Store steht sie Ihnen immer noch zur Verfügung, was vor allem bei käuflich erworbenen Apps praktisch ist. Sollten Sie die App doch irgendwann wieder benötigen, müssen Sie sie nicht erneut kaufen.

1. Geben Sie im Windows Store in das Suchfeld oben rechts den Namen der gewünschten App ein. Werden anschließend mehrere Apps zur Auswahl gestellt, markieren Sie die gewünschte App per Mausklick.

2. Auf der Informationsseite der App wird statt des Kaufpreises nun der Hinweis eingeblendet, dass Sie diese App bereits erworben haben. Klicken oder tippen Sie auf **Installieren**, um die App wieder auf Ihrem Computer zu installieren.

Wie Sie gesehen haben, kommen Sie jederzeit wieder an Ihre einmal gekauften Apps heran, selbst wenn Sie sie schon von Ihrem Computer gelöscht hatten. Wenn Sie im Windows Store nicht weiter einkaufen möchten, sollten Sie nicht vergessen, sich abzumelden. Klicken oder tippen Sie hierzu in der Symbolleiste am oberen Fensterrand auf das Logo Ihres Benutzerkontos ❶. Markieren Sie in der aufklappenden Liste Ihr Microsoft-Konto, und klicken oder tippen Sie dann auf **Abmelden** ❷.

> *Vergessen Sie nicht, sich beim Windows Store abzumelden.*

Apps in den Originalzustand zurücksetzen

Funktioniert eine App nicht mehr so, wie sie soll, müssen Sie sie nicht gleich deinstallieren. Denn seit dem Anniversary Update von Windows 10 haben Sie die Möglichkeit, eine App wieder in den Originalzustand zurückzusetzen. Rufen Sie hierzu **Start ▸ Einstellungen ▸ System** auf. Markieren Sie in der linken Spalte **Apps & Features**. Rechts werden nun alle auf Ihrem Computer installierten Apps und Windows-Anwendungen aufgeführt. Wählen Sie die gewünschte App aus, und klicken Sie dann auf **Erweiterte Optionen**. Im nächsten Dialog finden Sie die Schaltfläche **Zurücksetzen**, über die Sie die App wieder in den Originalzustand zurücksetzen können. Beim Zurücksetzen werden alle Einstellungen und Anmeldeinformationen, die Sie in dieser App bisher vorgenommen haben, gelöscht. Ein Häkchen rechts neben der Schaltfläche **Zurücksetzen** zeigt an, dass der Vorgang erfolgreich vorgenommen wurde.

Mit Skype telefonieren und chatten

Eine der beliebtesten Anwendungen ist *Skype*. Mit ihr können Sie weltweit über das Internet telefonieren und mit Freunden Textnachrichten austauschen. Damit Sie Ihren Gesprächspartner hören können, benötigen Sie einen Lautsprecher; ein Mikrofon ist wiederum Voraussetzung dafür, dass auch die Gegenseite Sie hören kann. Zusätzlich ist der Einsatz einer Webcam, also einer kleinen Kamera, nützlich, denn so können Sie Ihren Gesprächspartner sogar sehen. In den meisten Notebooks und Tablets sind diese Elemente bereits integriert.

Nutzen beide Gesprächsteilnehmer Skype, sind die Gespräche kostenlos, was vor allem bei sonst doch recht teuren Auslandsgesprächen interessant ist. Bei Gesprächen ins Fest- oder Mobilfunknetz fallen dagegen Gebühren an. Wie hoch diese sind, erfahren Sie auf der entsprechenden Website *www.skype.de* im Menü **Tarife**.

Für Windows 10 stellt Microsoft dem Anwender mehrere Skype-Varianten zur Auswahl. So können Sie mit der App *Nachrichten* z. B. Textnachrichten an andere Skype-Nutzer versenden und mit der *Skype-Vorschau-*

App Videotelefonate führen. Die Bezeichnung »Vorschau« deutet bereits daraufhin: An dieser App arbeitet Microsoft noch fleißig (Stand September 2016). Da sich die App aber bereits gut nutzen lässt, werde ich sie Ihnen an dieser Stelle kurz vorstellen. Es ist anzunehmen, dass mit der Fertigstellung der App die Bezeichnung »Vorschau« wegfällt und die App kurz und knapp »Skype« heißt.

Zur Nutzung der Skype-Vorschau-App benötigen Sie ein Microsoft-Konto. Sind Sie an Ihrem lokalen Benutzerkonto angemeldet, erhalten Sie nach dem ersten Start der App die Aufforderung, Ihr Microsoft-Konto hinzuzufügen.

1. Die Skype-Vorschau-App rufen Sie über die gleichnamige Kachel im Startmenü auf. Finden Sie dort keine Kachel, führt Sie der Weg über die Liste aller installierten Anwendungen.

2. Skype heißt Sie nun willkommen. Geben Sie im Feld **Skype oder Microsoft-Konto** die E-Mail-Adresse Ihres Microsoft-Kontos an. Klicken oder tippen Sie auf **Weiter**.

3. Auf der folgenden Seite tragen Sie im Feld **Kennwort** ❶ das Kennwort des Microsoft-Kontos ein. Mit einem Klick auf den blauen Pfeil ❷ werden Sie bei Skype angemeldet.

4. Eventuell bietet Skype Ihnen nun an, Ihr Adressbuch nach Skype-Kontakten zu durchsuchen. Wer dies nicht möchte, lehnt das Angebot ab. Wie Sie selbst nach Kontakten suchen, zeige ich Ihnen gleich.

5. Sollte Skype sich für Ihre Telefonnummer interessieren, damit Kontakte Sie leichter finden können, müssen Sie diese nicht angeben. Auch diese Anfrage lehnen Sie also ab.

Bevor Sie mit einem Freund oder Familienmitglied über Skype telefonieren können, müssen Sie die Person in Ihre Kontaktliste aufnehmen. Um die Person im Skype-Nutzerverzeichnis ausfindig zu machen, gehen Sie folgendermaßen vor:

6. Klicken Sie im Anwendungsfenster am oberen Rand der linken Spalte in das Feld **Skype durchsuchen** ❸.

7. Geben Sie den Namen, den Skype-Namen oder auch die E-Mail-Adresse der gesuchten Person an. Mit einem Klick oder Antippen der Schaltfläche **Skype durchsuchen** ❹ oder durch Drücken der Taste [↵] starten Sie die Suche.

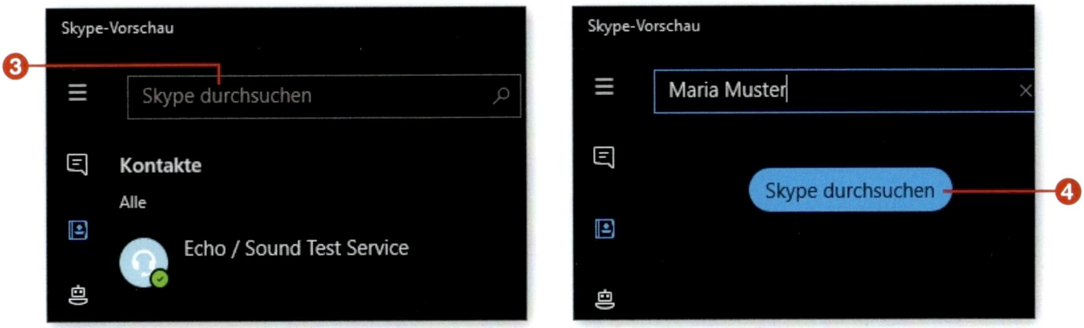

8. Wird die Person in der nächsten Übersicht aufgeführt, markieren Sie den Eintrag per Mausklick oder Antippen ❺. Der Name wird nun am oberen Rand der rechten Spalte eingeblendet ❻.

9. Für manche Suchanfragen gibt es mehrere Einträge im Skype-Nutzerverzeichnis. Sind Sie sich nicht sicher, ob Sie die richtige Person gefunden haben, klicken oder tippen Sie auf den Namen. Am rechten Fensterrand wird nun das Profil der ausgewählten Person eingeblendet.

10. Um die Person in Ihre Kontaktliste aufzunehmen, müssen Sie ihr eine Kontaktanfrage schicken. Klicken Sie hierzu am unteren Fensterrand in das Feld **Nachricht eingeben** ❼.

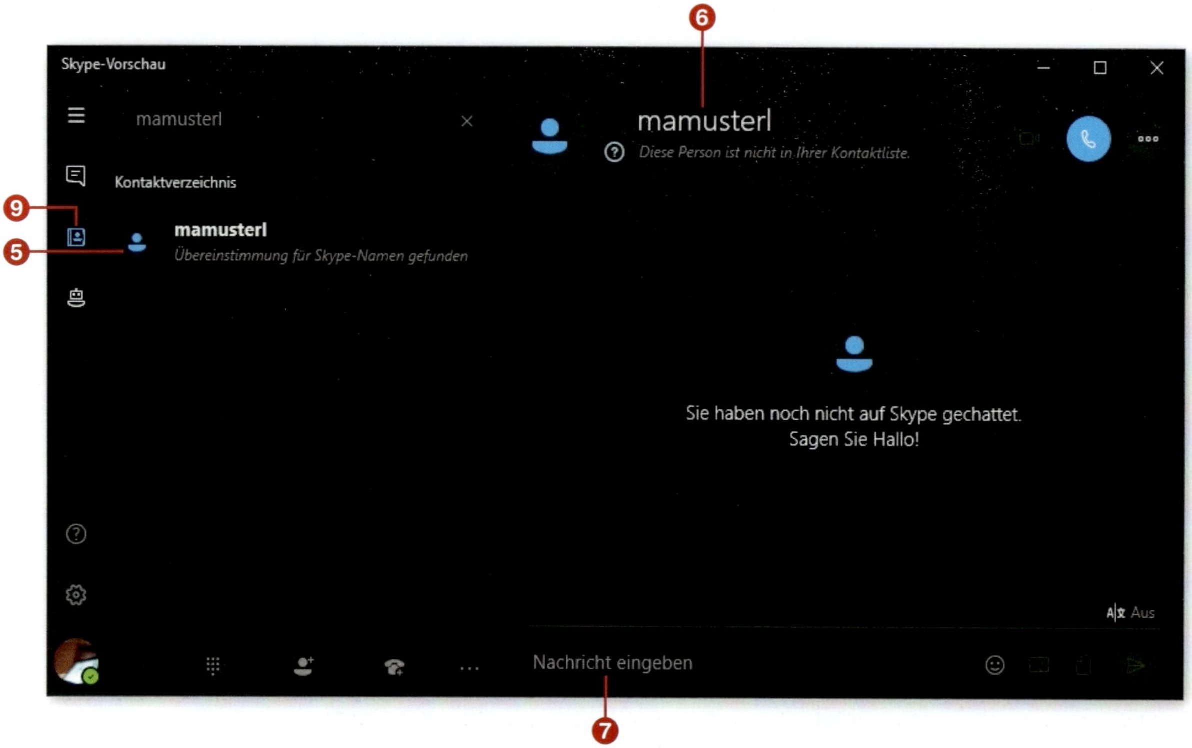

Tragen Sie dann einen kleinen Begrüßungstext ein, etwa: »Hallo …, ich würde Dich gerne in meine Kontaktliste aufnehmen. Gruß …« Mit einem Klick auf das Symbol **Senden** 8 wird die Kontaktanfrage an den ausgewählten Skype-Kontakt verschickt. Meldet sich die Person das nächste Mal bei Skype an, wird Ihre Kontaktanfrage eingeblendet.

11. Eine Übersicht über all Ihre Kontakte erhalten Sie nach einem Klick oder Antippen des Symbols 9. Auch der neu hinzugefügte Kontakt wird hier nun aufgeführt.

Damit Sie mit dem Freund oder Familienmitglied über Skype telefonieren können, muss die Person natürlich ebenso wie Sie am Computer sitzen und bei Skype angemeldet sein. Ob der gewünschte Kontakt angemeldet ist, erkennen Sie am kleinen grünen Häkchen im Profilbild. Sobald Sie den Kontakt markieren, wird in der rechten Fensterhälfte unterhalb des Namens der Vermerk **Online** eingeblendet. Um nun ein Telefonat zu beginnen, klicken oder tippen Sie auf den Personennamen in der Kontaktliste. Am oberen rechten Rand des Anwendungsfensters finden Sie zwei Schaltflächen. Klicken oder tippen Sie auf **Videoanruf** ❶, startet Skype einen Videoanruf, bei dem Sie den Gesprächspartner über die Webcam sehen können und auch Sie selbst gesehen werden. Möchten Sie einen Anruf ohne Kamera tätigen, wählen Sie **Anrufen** ❷.

Ist der Gesprächspartner online, können Sie mit ihm telefonieren.

In beiden Fällen ertönt bei Ihrem Gesprächspartner ein Klingelton. Er hat nun mehrere Möglichkeiten, auf Ihren Anruf zu reagieren. Möchte er ein Videotelefonat mit Ihnen führen, reicht ein Klick oder Tipp auf **Video**. Wenn er ein Gespräch ohne Kamera vorzieht, ist ein Klick auf **Audio** nötig. Natürlich kann er Ihren Anruf auch **ignorieren**. Findet das Telefonat statt, beenden Sie das Gespräch mit einem Klick oder Tippen auf den roten Telefonhörer. Sollte dieser bei Ihnen nicht angezeigt werden, bewegen Sie den Mauszeiger etwas über dem Anwendungsfenster von Skype, und schon erscheint wieder die Symbolleiste am unteren Fensterrand. Nach dem Telefonat werden Sie eventuell aufgefordert, die Skype-Vorschau-App zu bewerten. Diesen Dialog können Sie **schließen**. Anschließend sehen Sie wieder die Startseite von Skype.

Mit Skype chatten

Wer keine Zeit zum Telefonieren hat oder wenn die Umgebung kein Gespräch zulässt, kann über die Skype-Vorschau-App mit seinen Kontakten auch kurze schriftliche Nachrichten austauschen (auch *chatten* genannt). Sobald Sie die gewünschte Kontaktperson in Ihrer Kontaktliste markiert haben, tippen Sie in das Feld **Nachricht eingeben** Ihren Text ein, den Sie mit einem Klick auf **Senden** verschicken. Einen Blick wert ist auf jeden Fall die Liste der Emoticons, die Sie über das Symbol erreichen. Von fröhlichen oder traurigen Gesichtern, Handgesten, Tiersymbolen oder auch Gegenständen ist alles dabei.

Wenn Sie die Skype-Vorschau-App beenden möchten, klicken oder tippen Sie in der linken unteren Fensterecke auf das Symbol Ihres Microsoft-Kontos ❸. In der rechten Fensterhälfte wird nun der Befehl **Abmelden** ❹ eingeblendet. Mit einem Klick hierauf beenden Sie die Skype-Vorschau-App.

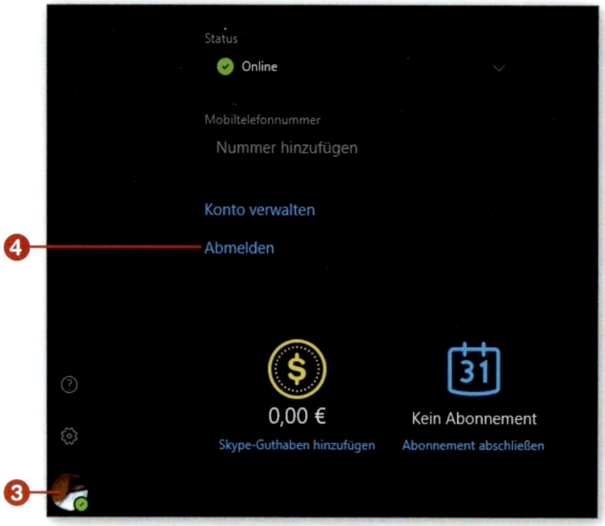

> *Melden Sie sich nicht bei Skype ab, sind Sie weiterhin für Ihre Kontakte erreichbar.*

Ihre ganz persönliche Assistentin Cortana

Möchten Sie ihren Computer nur per Sprachsteuerung und nicht über mühselige Menüaufrufe per Maus oder Fingergesten steuern? Mit Windows 10 und der integrierten Sprachassistentin Cortana ist das möglich. Ursprünglich wurde Cortana für das Windows Phone entwickelt, mit Windows 10 hält sie nun auch Einzug auf Desktop-PCs, Notebooks und Tablets. Die Sprachassistentin nimmt Sprachkommandos von Ihnen entgegen und führt diese für Sie aus. Mit jedem Befehl, den Sie Cortana geben, lernt Ihre persönliche Assistentin Sie näher kennen.

Mit dem Anniversary Update von Windows 10 wurde Cortana weiter entwickelt. Bisher haben Sie Cortana bereits im Zusammenhang mit Suchanfragen kennengelernt, die über das Suchfeld in der Taskleiste gestartet wurden. Diese Funktion steht Ihnen auch zur Verfügung, wenn Sie mit einem lokalen Benutzerkonto am Computer angemeldet sind. Auch viele andere Dienste von Cortana, wie etwa die Frage nach dem morgigen Wetter, sind nun mit einem lokalen Benutzerkonto möglich. Wenn Sie Cortana als Assistentin nutzen möchten, die Sie z. B. an Termine erinnert, benötigen Sie ein Microsoft-Konto. Cortana ist sehr neugierig und reicht viele Informationen, die sie über Sie erfährt, an Microsoft weiter.

Um Sie an Termine erinnern zu können, liest Cortana beispielsweise Ihre Kalendereinträge und E-Mails. Auch der Browserverlauf von Microsoft Edge sowie Ihre aktuelle Position sind für die Sprachassistentin von großem Interesse, denn anhand dieser Daten stellt sie Ihnen etwa Empfehlungen für Restaurants in Ihrer Nähe zusammen.

Cortana und der Datenschutz

Damit Cortana Sie umfassend informieren kann, benötigt sie viele Daten von Ihnen. Diese Informationen sucht sich die Sprachassistentin aus all Ihren Aktionen am Computer zusammen. Von Kalendereinträgen über E-Mails bis hin zu besuchten Internetseiten ist alles für Cortana von Interesse. Bevor Sie Cortana nutzen, sollten Sie sich genau informieren, welche Daten erfasst und wo diese gespeichert werden. Rufen Sie hierzu Cortana per Klick oder Tippen in das Suchfeld in der Taskleiste auf. Klicken oder tippen Sie hier in der linken Spalte auf das Symbol **Einstellungen** ⚙ (1 auf Seite 394). Blättern Sie im Dialog **Einstellungen** ganz nach unten, finden Sie den Link **Weitere Informationen zu Cortana & Suche**. Nach einem Klick hierauf startet der Browser Edge mit einer Übersicht über häufig gestellte Fragen zu Cortana und dem Datenschutz. Auch wenn Sie nach dem Lesen dieser Informationen zu der Überzeugung gelangen, dass Cortana doch nichts für Sie ist: Seit dem Anniversary Update können Sie die Sprachassistentin leider nicht mehr deaktivieren. Sie können aber zumindest dafür sorgen, dass bereits gespeicherte persönliche Daten von Ihnen in der Cloud gelöscht werden. Rufen Sie hierzu wieder die Startseite von Cortana auf, klicken oder tippen Sie dann links auf **Einstellungen**. Ganz zu Beginn des Dialogs **Einstellungen** finden Sie den Link **Alles, was Cortana über mich weiß, in der Cloud verwalten**. Nach einem Klick hierauf erfahren Sie, welche persönlichen Informationen Cortana von Ihnen weiß. Blättern Sie im Dialog ganz nach unten, wird die Schaltfläche **Löschen** eingeblendet. Mit einem Klick hierauf werden Ihre Daten in der Cloud entfernt.

Bereits seit dem November-Update können Sie zwar Ihr lokales Benutzerkonto mit einem Microsoft-Konto verknüpfen, wie bereits zuvor für den Windows Store gezeigt. Ist Ihnen der Schutz der eigenen Daten wichtig, dann empfehle ich Ihnen allerdings, die Sprachassistentin nur dann zu nutzen, wenn Sie sich direkt mit Ihrem Microsoft-Konto am Computer angemeldet haben.

Seit dem Anniversary Update von Windows 10 ist es nicht mehr nötig, Cortana zu aktivieren. Die Sprachassistentin steht Ihnen sofort aktiv zur Seite.

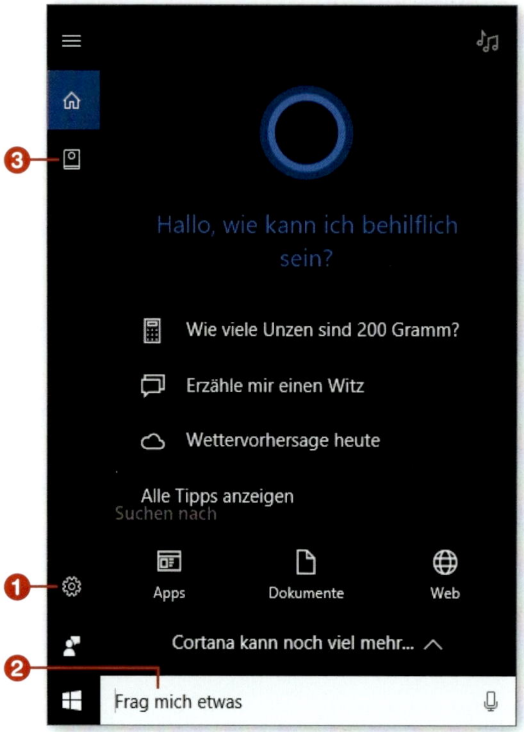

Die Startseite von Cortana

Bevor Sie die Sprachassistentin ausprobieren, sollten Sie einen Blick in ihr Notizbuch werfen. In diesem erfahren Sie nicht nur, welche Ihrer Daten und Aktionen von Cortana verfolgt werden. Sie können zugleich auch wichtige Einstellungen vornehmen. Lesen Sie hierzu bitte auch den Kasten »Cortana und der Datenschutz« auf Seite 393. Zum Öffnen des Notizbuches reicht ein Klick in das Suchfeld in der Taskleiste ❷. Bei einem Tablet müssen Sie zuvor noch auf das Symbol ○ tippen, um das Suchfeld einzublenden. Sobald Sie in das Feld geklickt oder getippt haben, klappt die Startseite von Cortana auf. Klicken oder tippen Sie hier links auf das Symbol ❸ und anschließend auf **Anpassen**. Es öffnet sich nun das Notizbuch.

Sie erhalten nun eine Liste mit diversen Kategorien, die von **Über mich** bis hin zum **Wetter** reichen. Auf alle Einträge kann ich aus Platzgründen leider nicht eingehen. Anhand von drei Beispielen zeige ich Ihnen, wie Sie die Einstellungen von Cortanas Notizbuch individuell anpassen.

1. Klicken oder tippen Sie im Notizbuch auf **Über mich**. Am unteren Rand des Dialogs erfahren Sie, wie Cortana Sie anspricht. Meist handelt es sich hier um den Namen Ihres Microsoft-Kontos.

2. Wenn Sie eine andere Anrede bevorzugen, klicken oder tippen Sie auf **Meinen Namen ändern.**

3. Nach einem Klick oder Tippen in das Feld **Wie soll ich dich nennen?** ❹ geben Sie den gewünschten Namen ein und bestätigen mit **OK**.

4. Nach einem Klick oder Antippen von **Höre meine Aussprache** können Sie prüfen, ob Cortana Ihren Namen korrekt ausspricht. Ist dies der Fall, bestätigen Sie mit **Klingt gut** und **Fertig**. Sie gelangen wieder zur Startseite von Cortana.

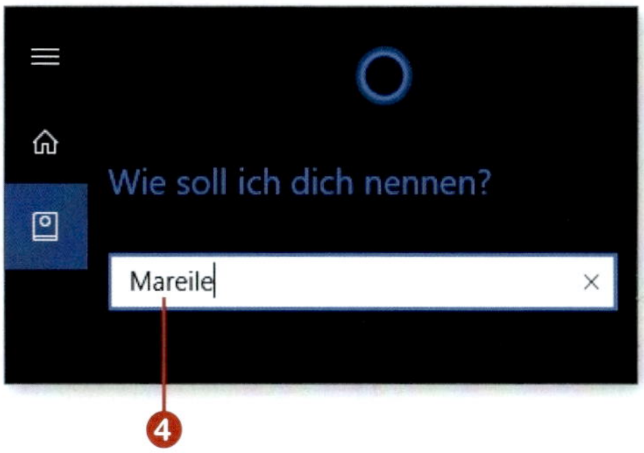

Wie bereits erwähnt, kann Cortana Ihnen Empfehlungen zu Restaurants in der näheren Umgebung geben. Wenn Sie kein Interesse an diesen Informationen haben, müssen Sie die entsprechende Einstellung deaktivieren. Rufen Sie hierzu wie zuvor beschrieben das Notizbuch von Cortana auf.

1. Wählen Sie im Notizbuch die Kategorie **Essen & Trinken** aus.

2. Im Dialog **Essen & Trinken** ziehen Sie den Regler **Alle Vorschläge zu Essen & Trinken** mit gedrückter linker Maustaste oder per Finger nach links auf **Aus** ❺. **Speichern** ❻ Sie die Einstellung.

3. Mit einem Klick auf den Pfeil ← ❼ gelangen Sie wieder zum Notizbuch zurück.

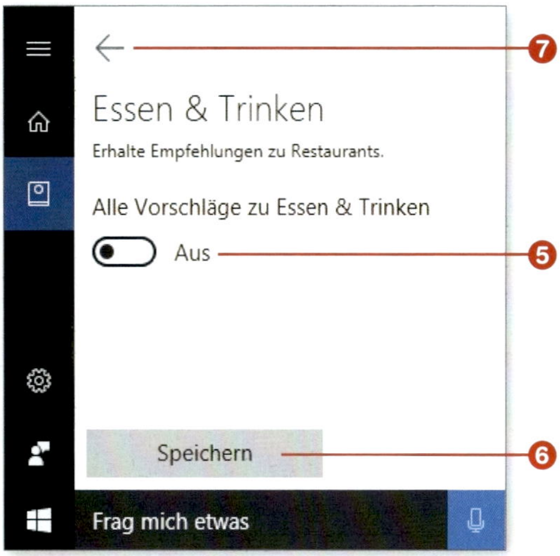

Sie haben Ihre Ersparnisse in Aktien angelegt und möchten nun den Aktienkurs im Blick behalten? Diese Aufgabe übernimmt Cortana sehr gerne für Sie. Um Sie perfekt informieren zu können, sollten Sie der Sprachassistentin mitteilen, welche Aktien verfolgt werden sollen.

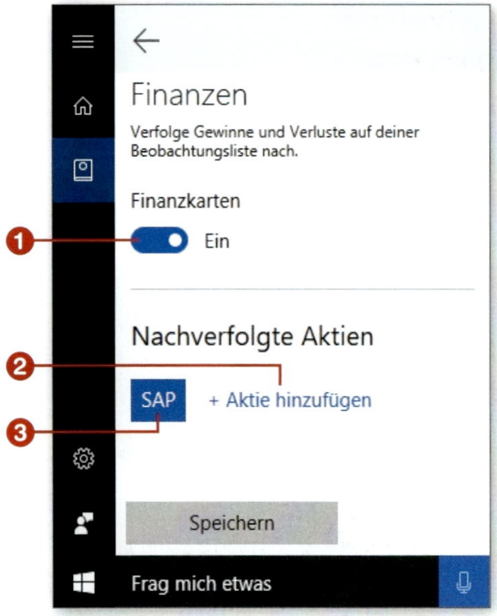

1. Rufen Sie im Notizbuch von Cortana die Kategorie **Finanzen** auf.

2. Stellen Sie im Dialog **Finanzen** sicher, dass der Regler **Finanzkarten** ❶ eingeschaltet ist. Klicken oder tippen Sie im Bereich **Nachverfolgte Aktien** auf **Aktie hinzufügen** ❷.

3. Im nächsten Dialog geben Sie in das entsprechende Feld das Symbol oder auch den Namen des Unternehmens ein, dessen Aktien Sie verfolgen möchten. Markieren Sie den gesuchten Eintrag in der Vorschlagsliste, und bestätigen Sie Ihre Auswahl schließlich mit **Hinzufügen**.

4. Die Aktie wird nun im Dialog **Finanzen** aufgeführt ❸. Mit einem Klick auf **Aktie hinzufügen** können Sie weitere Aktien ergänzen. Werden alle Aktien aufgeführt, sichern Sie die Einstellungen mit **Speichern**. Über die Pfeiltaste ← oben links gelangen Sie wieder zum Notizbuch zurück.

Analog können Sie nun die weiteren Kategorien des Notizbuches durchgehen und die gewünschten Einstellungen vornehmen. Um Cortana wieder auszublenden, reicht übrigens ein Klick außerhalb des Dialogs, also etwa auf einen freien Bereich in der Taskleiste.

Wichtige Einstellungen in Cortana vornehmen

Seit dem Anniversary Update von Windows 10 zeigt Cortana nun auch auf dem Sperrbildschirm wichtige Informationen an. Wünschen Sie dies nicht, sollten Sie die entsprechende Einstellung deaktivieren. Klicken Sie hierzu auf der Startseite von Cortana links auf das Symbol **Einstellungen**. Blättern Sie im Dialog **Einstellungen** etwas nach unten. Unterhalb von **Sperrbildschirm** ziehen Sie den Regler nach links auf **Aus**. Ab und an zeigt Cortana im Suchfeld der Taskleiste Tipps an. Wünschen Sie auch diese nicht, ziehen Sie den Regler unterhalb von **Tipps zur Taskleiste** ebenfalls nach links auf **Aus**. Analog sollten Sie auch die weiteren Einstellungen im Dialog anpassen.

Cortana ist eine Sprachassistentin, sie reagiert also auf Ihre gesprochenen Anweisungen. Damit dies funktioniert, benötigen Sie ein Mikrofon.

Bei einem Notebook oder auch Tablet ist dies normalerweise bereits integriert. Arbeiten Sie mit einem Desktop-PC, schließen Sie einfach ein externes Mikrofon an den entsprechend gekennzeichneten Anschluss am Computer an. Anschließend sollten Sie noch eine kleine Einstellung in Cortana vornehmen, und schon können Sie mit der Sprachassistentin kommunizieren.

1. Rufen Sie Cortana per Klick in das Suchfeld rechts vom Windows-Logo auf, und öffnen Sie die **Einstellungen** ⚙.

2. Blättern Sie im Dialog **Einstellungen** etwas nach unten bis zum Bereich **Hey Cortana**. Ziehen Sie den Regler unterhalb von **Cortana soll auf »Hey Cortana« reagieren** nach rechts auf **Ein**.

3. Den folgenden Hinweis, dass Cortana Ihr Mikrofon verwenden muss, bestätigen Sie mit **Sicher**.

4. Um den Dialog auszublenden, klicken oder tippen Sie auf einen beliebigen Bereich außerhalb des Dialogs.

Cortana ist nun bereit, Ihre Anweisungen entgegenzunehmen. Probieren Sie es gleich aus, und sprechen Sie deutlich »Hey Cortana« ins Mikrofon. Statt »Hey Cortana« zu sagen, können Sie auch auf das kleine Mikrofon-Symbol am rechten Rand des Suchfeldes klicken. Bereits nach einem kurzen Moment klappt oberhalb des Suchfeldes ein Dialog auf, und im Suchfeld wird **Zuhören aktiv** eingeblendet. Sie können nun Ihre erste Frage stellen, etwa: »Wie spät ist es?« Hat Cortana Sie richtig verstanden, sagt sie Ihnen nun die Uhrzeit. Diese hören Sie natürlich nur, wenn der Lautsprecher Ihres Computers auch eingeschaltet ist. Die Antwort auf Ihre Frage wird außerdem im Dialog eingeblendet. Mit einem Klick auf das kleine Kreuz-Symbol oben rechts blenden Sie den Dialog wieder aus. Wenn Sie die nächste Frage stellen möchten, beginnen Sie einfach wieder mit »Hey Cortana«. Je nachdem, welche Einstellungen Sie zuvor im Notizbuch vorgenommen haben, können Sie Cortana nun nach der Wettervorhersage fragen, den Aktienkurs oder Termine prüfen.

Bevor Sie Ihre Frage formulieren, starten Sie jeweils mit der Begrüßung »Hey Cortana«. Selbstverständlich hilft Ihnen Cortana auch beim Starten von Apps oder Einstellungen. Wenn Sie z. B. den Explorer öffnen möchten, gehen Sie folgendermaßen vor.

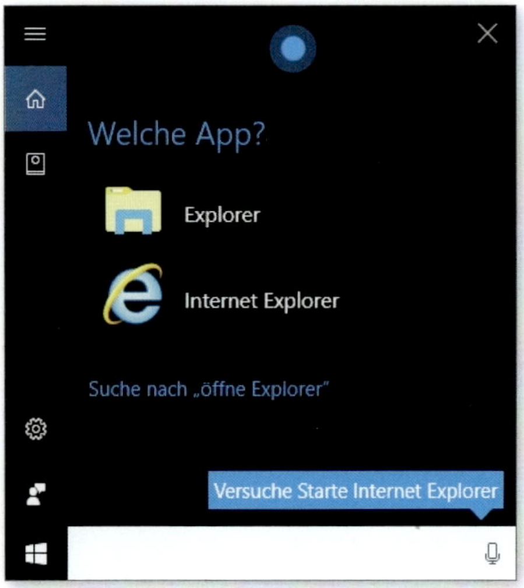

1. Rufen Sie die Sprachassistentin mit »Hey Cortana« auf.

2. Sagen Sie »Öffne Explorer«. Hat Cortana Ihre Anweisung verstanden, bietet sie Ihnen mindestens zwei Anwendungen zur Auswahl an: den Internet Explorer und den Explorer mit der Übersicht über Ihre Dateien und Verzeichnisse. Vor jeder Auswahl nennt sie eine Ziffer, also etwa »1« für den Explorer und »2« für den Internet Explorer. Um den Explorer zu starten, sagen Sie »1«. Cortana öffnet nun den Explorer für Sie.

Analog können Sie auch Suchanfragen in Bing starten, indem Sie zunächst »Suche« sagen, gefolgt vom Suchbegriff (z. B. »Suche Hundefotos«). Cortana startet damit automatisch den Browser Edge und zeigt die Suchergebnisse an, die die Suchmaschine Bing gefunden hat.

Sie hören gerade an Ihrem Computer Internetradio? Der aktuelle Musiktitel gefällt Ihnen sehr gut, und Sie wüssten gerne, um welchen Interpreten es sich handelt? Dann fragen Sie doch einfach Cortana. Direkt auf der Startseite von Cortana, die Sie per Klick oder Tipp in das Suchfeld in der Taskleiste aufrufen, wird in der rechten oberen Ecke ein kleines Noten-Symbol eingeblendet. Klicken oder tippen Sie es an, beginnt Cortana nach Musik zu suchen. Sobald sie den Song analysiert hat, werden auch schon der Musiktitel sowie der Interpret angezeigt.

Cortana ist sogar eine Musikexpertin.

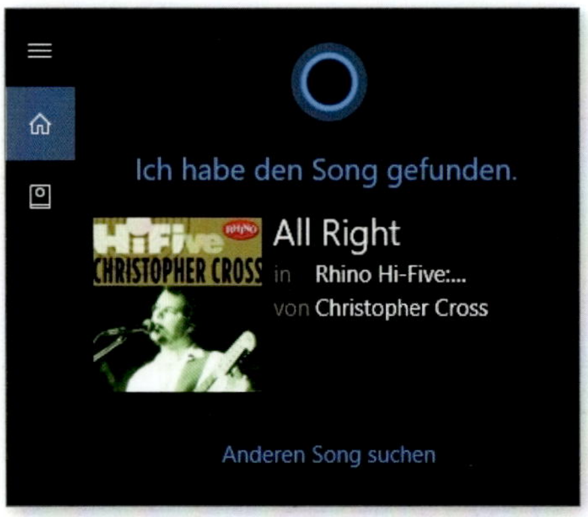

Neben diesen hilfreichen Anweisungen führt Cortana aber auch eher kuriose Forderungen aus, wie etwa »Sag ein Gedicht auf« oder auch »Sing ein Weihnachtslied«. Die Frage »Wie macht ein Hund?« bringt Cortana sogar zum Bellen. Probieren Sie es einfach aus.

Kapitel 10
Schnelle Hilfe bei Problemen

Die Arbeit mit einem Computer macht viel Spaß, vorausgesetzt, alles läuft problemlos. Doch das ist leider nicht immer der Fall. Manchmal spielt ein Programm verrückt, manchmal findet man einfach nicht die gewünschte Funktion. Nicht immer liegt das Problem beim Computer. Verweigert die Funkmaus den Dienst, muss eventuell nur die Batterie ausgetauscht werden. Auch locker gewordene Kabel sorgen schnell für Ärger. Sollten Sie bei einem Problem einmal nicht weiterwissen, bietet Ihnen Windows 10 diverse Hilfen an. Einige werde ich Ihnen noch zum Abschluss dieses Buches vorstellen.

Probleme erkennen und beheben

In Kapitel 8, »Windows 10 und die Sicherheit«, haben Sie bereits den Bereich **System und Wartung** kennengelernt, der permanent den Sicherheitszustand Ihres Computers überwacht. Dieser früher auch *Wartungscenter* genannte Bereich bietet aber noch eine andere interessante Funktion an: die *Problembehandlung*. Bereitet beispielsweise ein älteres Programm unter Windows 10 Schwierigkeiten, versucht die Problembehandlung, hierfür eine Lösung zu finden.

1. Um die Problembehandlung aufzurufen, klicken oder tippen Sie zunächst in das Suchfeld in der Taskleiste (❶ auf Seite 400). Arbeiten Sie mit einem Tablet, müssen Sie gegebenenfalls zuvor auf das Symbol ○ tippen, damit das Feld eingeblendet wird. Geben Sie dann in das Suchfeld »Sicherheit und Wartung« ein. Sobald die Suchbegriffe am oberen Rand der Ergebnisliste eingeblendet werden, klicken oder tippen Sie darauf ❷.

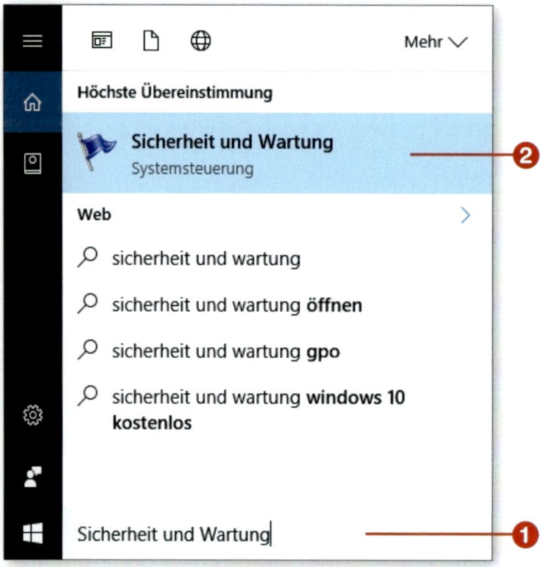

2. Klicken oder tippen Sie im Dialog **Sicherheit und Wartung**, der sich dann öffnet, am unteren Rand auf **Problembehandlung** ❸.

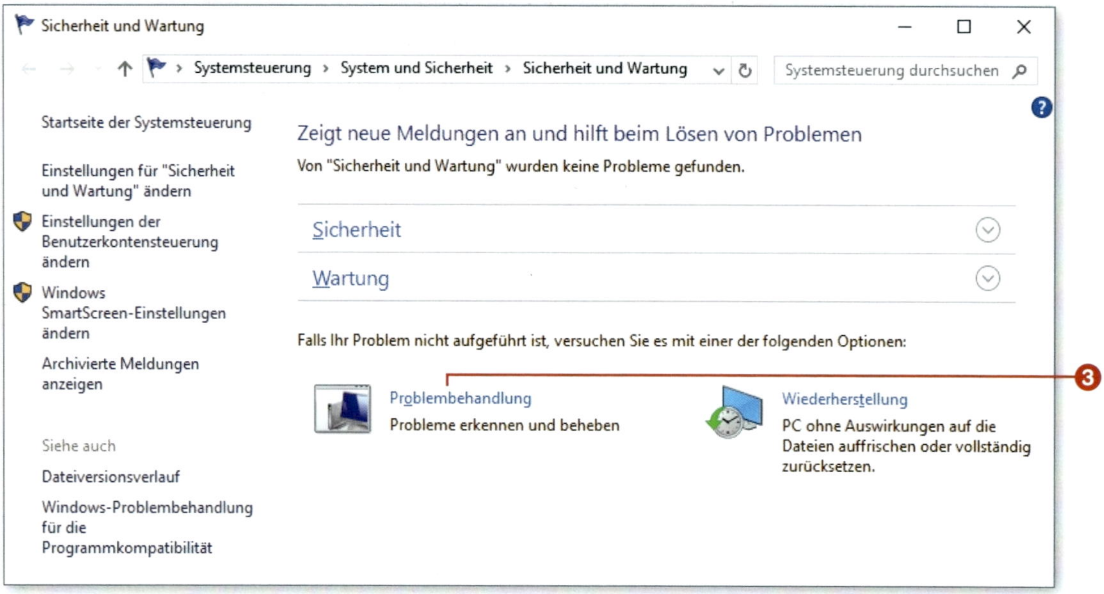

3. Im Dialog **Problembehandlung** finden Sie nun unterschiedliche Kategorien ❹. Wenn Sie auf einen Kategorietitel klicken oder tippen, etwa auf **Programme**, erhalten Sie eine ausführliche Liste mit unterschiedlichen Problembehandlungen.

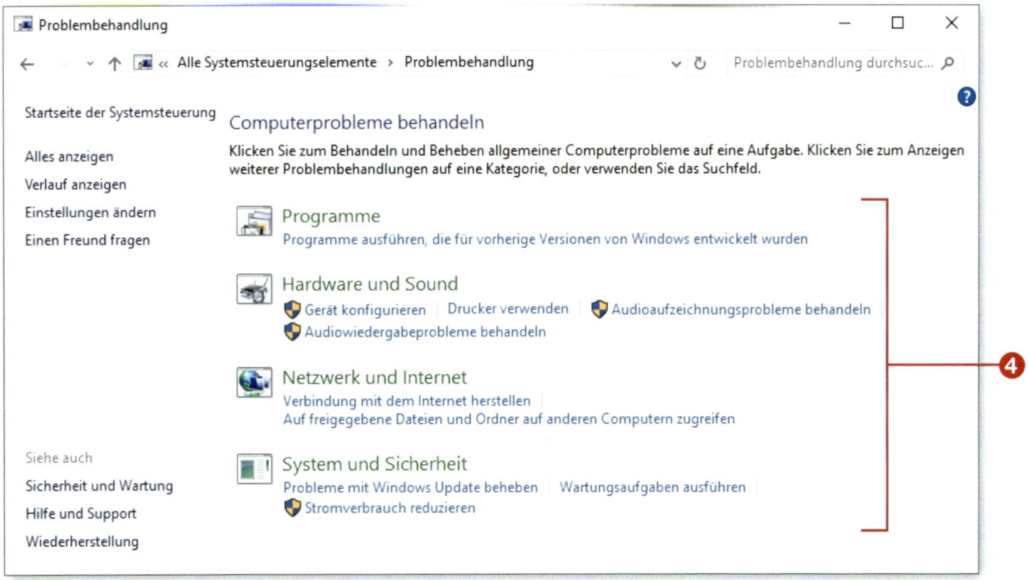

4. Mit einem Klick oder Tipp auf eine Aufgabe **5** startet jeweils ein Assistent, der Sie Schritt für Schritt bei der jeweiligen Problembehandlung begleitet. Leider kann ich Ihnen aus Platzgründen nicht alle Assistenten vorstellen. Probieren Sie es einfach selbst einmal aus. Die Problembehandlung lässt sich jederzeit über die Schaltfläche **Abbrechen** beenden.

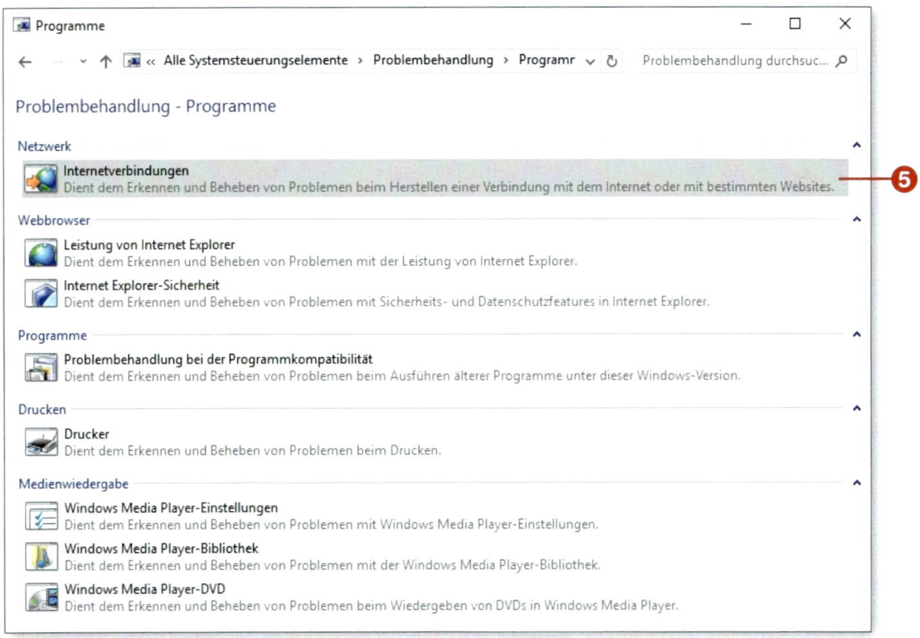

Abgestürzte Programme beenden

Ein Programm reagiert auf keine Ihrer Aktionen mehr? In der Titelleiste erscheint sogar der Hinweis **Keine Rückmeldung**? In diesem Fall hilft nur eines: Beenden Sie das Programm mithilfe des *Task-Managers*. Hierzu drücken Sie die Tastenkombination Strg + Alt + Entf. Wählen Sie im nächsten Dialog den Befehl **Task-Manager**. Klicken oder tippen Sie im Programmfenster des Task-Managers gegebenenfalls auf **Mehr Details**, um anschließend im Register **Prozesse** eine ausführliche Übersicht über alle laufenden Programme und Apps zu erhalten. Markieren Sie das Programm, das Probleme bereitet, und klicken oder tippen Sie auf **Task beenden**.

Sollte Ihnen die Problembehandlung nicht weiterhelfen, können Sie eine Suchanfrage über das Internet starten. Wie Sie hierzu vorgehen, haben Sie bereits im Abschnitt »Mit dem Browser Microsoft Edge im Internet surfen« ab Seite 152 erfahren. Interessante Informationen erhalten Sie auch über die Internetadresse *windows.microsoft.com/de-de/windows/support*, über die Sie den Support von Microsoft erreichen.

Den PC auffrischen oder Windows neu installieren

So richtig rund läuft Ihr Computer nicht, deshalb würden Sie ihn am liebsten in den ursprünglichen Zustand zurücksetzen? Unter Windows 10 ist dies ganz einfach möglich. Hierfür stehen Ihnen sogar gleich zwei Funktionen zur Verfügung. Mit der einen wird der Computer lediglich aufgefrischt, Ihre persönlichen Daten wie Fotos, Briefe und mehr bleiben aber bestehen. Die zweite Funktion dagegen setzt den Computer vollkommen neu auf. Zu finden sind beide Funktionen im Menü **Einstellungen**.

1. Rufen Sie das Startmenü über das Windows-Logo in der Taskleiste oder durch Drücken von auf Ihrer Tastatur auf.
2. Klicken oder tippen Sie auf **Einstellungen** und anschließend auf **Update und Sicherheit**.

3. Klicken Sie links auf **Wiederherstellung** ❶ und anschließend rechts unterhalb von **Diesen PC zurücksetzen** auf **Los geht's** ❷.

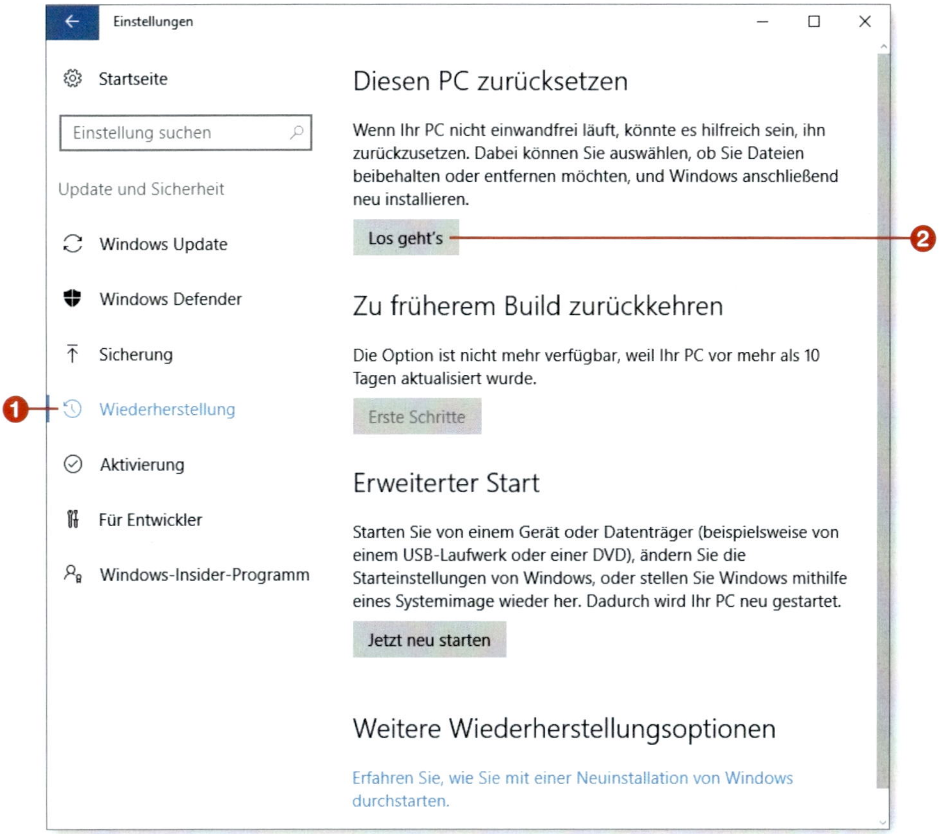

Es klappt der Dialog **Option auswählen** auf, in dem Sie nun festlegen, ob Sie **Eigene Dateien beibehalten** ❸ oder **Alles entfernen** ❹ möchten.

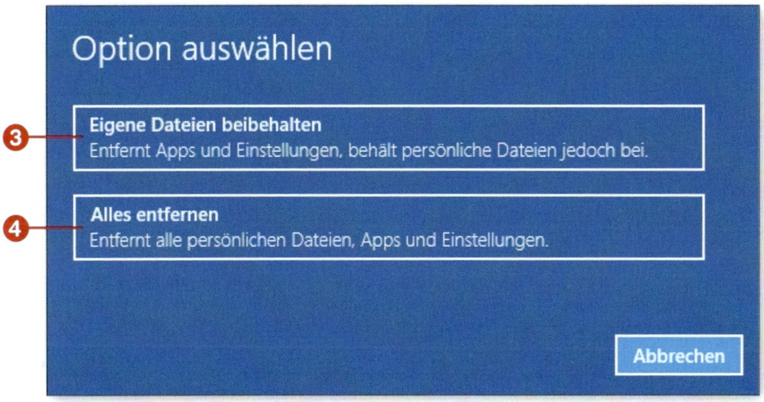

Bevor Sie alles entfernen und Windows 10 vollkommen neu installieren, sollten Sie die Auffrischungsfunktion ausprobieren. Häufig reicht sie bereits aus, um kleinere Probleme zu beheben oder einem zu langsam geratenen Computer wieder Beine zu machen. Alle persönlichen Daten bleiben dabei erhalten, lediglich die Windows-Einstellungen werden zurückgesetzt sowie Programme und Apps deinstalliert.

1. Mit einem Klick oder Tipp auf **Eigene Dateien beibehalten** (❸ auf Seite 403) starten Sie die Auffrischungsfunktion. Im nächsten Dialog wird eine Liste angezeigt mit all den Apps und Desktop-Anwendungen, die nach dem Auffrischen neu installiert werden müssen. Bestätigen Sie den Dialog mit **Weiter**.

2. Wenn Sie das kostenlose Upgrade von Windows 7 oder Windows 8.1 auf Windows 10 genutzt und bisher noch keine Auffrischung des PCs durchgeführt haben, erhalten Sie als Nächstes einen Warnhinweis. Bestätigen Sie die Warnung, dass Sie nicht mehr zu einer älteren Windows-Version zurückkehren können, mit **Weiter**.

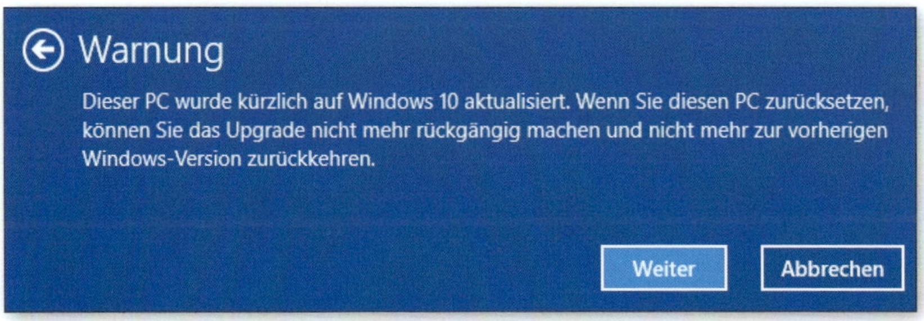

3. Klicken oder tippen Sie jetzt auf **Zurücksetzen**, beginnt Windows 10 mit der Auffrischung Ihres Computers. Dieser Vorgang kann einige Zeit in Anspruch nehmen.

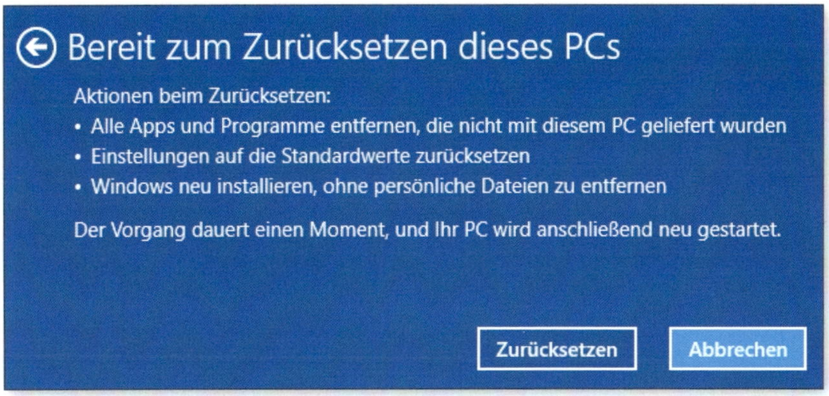

4. Nach der erfolgreichen Auffrischung ist ein Neustart des Computers nötig.

Hat das Auffrischen des Computers nicht den gewünschten Erfolg gebracht, können Sie Windows 10 auch vollkommen neu installieren. Bevor Sie diesen Schritt vornehmen, sollten Sie aber zunächst alle wichtigen Daten auf einer externen Festplatte sichern (siehe dazu auch den Abschnitt »So schützen Sie sich vor Datenverlust« ab Seite 349). Halten Sie außerdem den Installationsdatenträger sowie den Produktschlüssel bereit, da danach eventuell gefragt wird.

Bei einem Upgrade von Windows 7 oder Windows 8.1 auf Windows 10 können Sie den Produktschlüssel der Vorgängerversion nutzen.

1. Rufen Sie, wie zuvor gezeigt, den Dialog **Option auswählen** auf. Klicken oder tippen Sie auf **Alles entfernen** (4 auf Seite 403).

2. Verfügt Ihr Computer über mehrere Laufwerke, legen Sie im nächsten Fenster noch fest, ob nur auf dem Laufwerk, auf dem Windows installiert ist, oder auf allen Laufwerken die Daten entfernt werden sollen. Um einen Computer wieder flottzumachen, ist meist **Nur das Laufwerk, auf dem Windows installiert ist** die richtige Wahl.

3. Wenn Sie den PC anschließend etwa verschenken oder verkaufen möchten, sollten Sie im nächsten Fenster den Eintrag **Dateien entfernen und Laufwerk bereinigen** wählen. Behalten Sie den Computer, klicken Sie auf **Nur Dateien entfernen**.

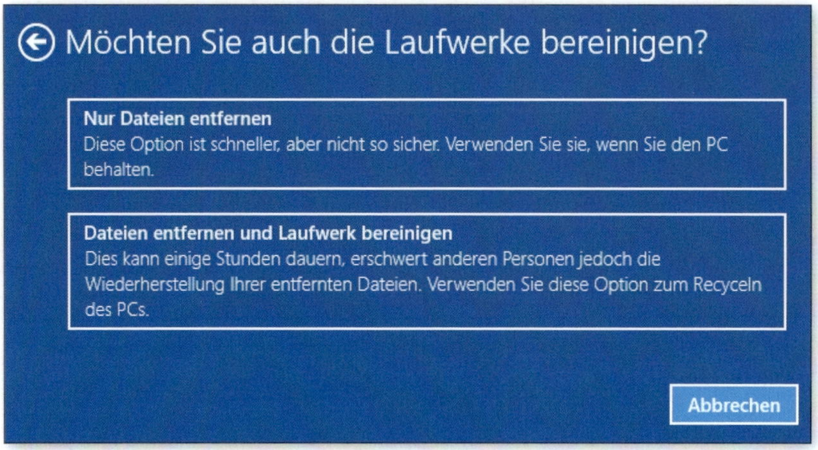

4. Nun fehlt nur noch ein Klick auf **Zurücksetzen**, und der Vorgang kann beginnen.

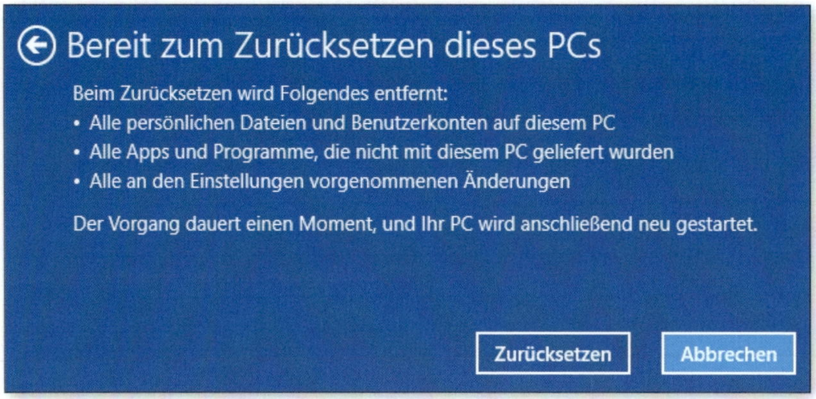

Am Ende dieser Aktion befindet sich Ihr Computer wieder im Originalzustand, also so, wie Sie ihn höchstwahrscheinlich auch beim ersten Start vorgefunden haben. Nun heißt es, wieder alle persönlichen Einstellungen vorzunehmen, Programme neu zu installieren, erforderliche Updates durchzuführen, die Internetverbindung einzurichten etc.

Wichtige Wischgesten und Tastenkürzel auf einen Blick

Das Bedienkonzept von Windows 10 ist teilweise schon etwas verwirrend. Im Verlauf dieses Buches haben Sie außerdem sehr viele Informationen erhalten, die man sich nicht immer gleich auf Anhieb merken kann. Aus diesem Grund habe ich für Sie nochmals die wichtigsten Tastenkombinationen und eine Erklärung ihrer jeweiligen Funktion in einer Tabelle zusammengefasst.

Taste/Tastenkombination	Funktion
⊞	Blendet das Startmenü ein bzw. wieder aus.
⊞ + ⇆	Blendet alle geöffneten Windows-Anwendungen und Apps ein.
⊞ + E	Öffnet den Explorer.
⊞ + H	Blendet die Spalte **Teilen** am rechten Bildschirmrand ein.
⊞ + I	Öffnet den Dialog **Einstellungen**.
⊞ + K	Blendet die Spalte **Verbinden** am rechten Bildschirmrand ein.
⊞ + L	Sperrt den Computer und blendet den Sperrbildschirm ein.
⊞ + U	Blendet das Center für erleichterte Bedienung ein.
⊞ + X	Blendet das Kontextmenü des Startmenüs ein, über das Sie wichtige Einstellungen (z. B. die Systemsteuerung oder auch den Task-Manager) direkt erreichen.
Alt + F4	Beendet eine App oder eine Windows-Anwendung.

In der folgenden Abbildung finden Sie die wichtigsten Wischgesten, die Sie mit dem Finger durchführen können:

1. Blendet eine Übersicht über die bereits geöffneten Apps ein.
2. Beendet eine geöffnete App.
3. Blendet die Benachrichtigungsleiste ein.

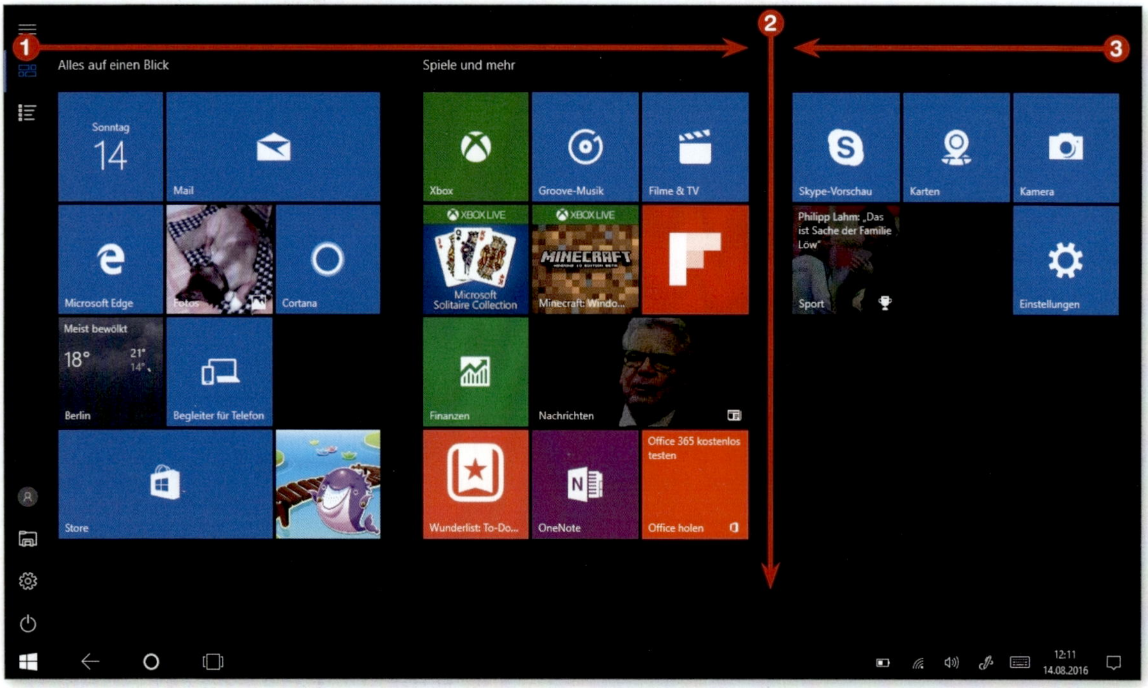

Glossar

Aktivierung
Freischaltung eines Programms durch Eingabe eines Aktivierungscodes, um das Programm nutzen zu können. Teilweise bieten Programme ohne Aktivierung eine nur eingeschränkte Nutzung. Auch Windows 10 muss freigeschaltet werden.

Anniversary Update
Eine Aktualisierung von Windows 10, die am 02. August 2016, also etwas mehr als ein Jahr nach dem Erscheinen von Windows 10, veröffentlicht wurde. Das Anniversary Update wird wie jedes **Update** (siehe dort) automatisch auf dem Computer installiert.

Antivirenprogramm
Software zum Schutz vor Computerviren und anderer Schadsoftware.

App
Abkürzung für **application**, zu Deutsch: Anwendung; eine neue Form von Programmen seit Windows 8. Im Gegensatz zu Windows-Anwendungen, die in Fenstern geöffnet werden, werden Apps auf einem Tablet im Vollbildmodus, also über den gesamten Bildschirm hinweg, eingeblendet.

Arbeitsspeicher
Speicherbereich innerhalb eines Computers, der Daten nur zeitlich befristet während der Betriebszeit des Computers speichert. Beim Herunterfahren geht der Speicherinhalt verloren.

Backup
Englische Bezeichnung für eine Datensicherung. Die Daten werden meistens auf externen Speichermedien wie Festplatten oder USB-Sticks gesichert.

Benutzerkontensteuerung
Teil des Betriebssystems von Windows Vista, Windows 7 und Windows 8 bzw. 8.1 sowie Windows 10, das mithilfe unterschiedlicher Zugriffsrechte steuert, welcher Nutzer welche Veränderungen am System vornehmen darf.

Benutzeroberfläche
Bezeichnet den Informationsaustausch zwischen Benutzer und Computer. Die meisten Systeme nutzen heute eine grafikbasierte Oberfläche mit Symbolen.

Beta-Version
Vorabversion einer Software, die Kunden zum Testen zur Verfügung gestellt wird.

Betriebssystem
Software zur Steuerung der Computeraktivitäten.

Bibliothek
Ablagestruktur seit Windows 7, in der Dateien geordnet nach Bildern, Dokumenten, Musik und Videos gespeichert werden.

Bing
Internetsuchmaschine von Microsoft.

Bit
Bezeichnung der Darstellung der Werte 0 oder 1 als kleinste mögliche Informationseinheit in der EDV.

Blog
Im Internet geführtes und damit meist öffentlich einsehbares »Tagebuch« bzw. Beiträge einer Person, häufig auch als **Weblog** bezeichnet.

Bluetooth
Kabellose Verbindung zwischen Computer und externen Geräten (z. B. Tastatur oder Maus) mittels Funktechnik.

Blu-ray
Digitales optisches Speichermedium, Nachfolger der DVD mit höherer Speicherkapazität.

Brenner
Im Computer integriertes oder externes Gerät zum Brennen von Daten auf CD, DVD oder Blu-ray.

Browser
Programm zur Darstellung von Internetseiten.

Bug
Englische Bezeichnung für einen Fehler in Programmen.

Button
Englische Bezeichnung für Schaltflächen, die Sie per Mausklick oder durch Antippen per Finger bedienen.

Byte
Maßeinheit in der Informationsverarbeitung. 8 Bit bilden 1 Byte.

Charms-Leiste
In Windows 8 neu eingeführte Befehlsleiste am rechten Bildschirmrand, über die Sie die Funktionen **Start**, **Suchen**, **Teilen**, **Geräte** und **Einstellungen** aufrufen konnten.

Client
Zu Deutsch: Kunde. Bezeichnung für einen Computer, der die Dienste in Anspruch nimmt, die von einem anderen Computer, dem sogenannten **Server** (siehe dort), zur Verfügung gestellt werden.

Cloud
Englische Bezeichnung für »Wolke«. Hier werden Programme und Daten abgelegt, die nicht mehr auf dem eigenen Rechner, sondern auf Servern des jeweiligen Anbieters gespeichert werden und über das Internet aufgerufen werden können. Siehe auch **OneDrive**.

Cookie
Kleine Datei, die beim Surfen auf Internetseiten auf Ihrem Computer gespeichert wird und eine Nachverfolgung des Surfverhaltens ermöglicht. Cookies sind deshalb aufgrund möglicher Datenschutzverletzungen kritisch zu sehen, häufig aber auch nicht zu umgehen, etwa beim Einkauf im Internet.

Copy & Paste
Englischer Ausdruck für Kopieren und Einfügen. Bezeichnet den Vorgang, Daten durch Ziehen mit gedrückter Maustaste oder mit dem Finger zu kopieren, zu verschieben und an anderer Stelle wieder einzufügen.

CPU
Abkürzung für **Central Processing Unit**. Die Zentraleinheit eines Computers steuert den Ablauf der einzelnen Verarbeitungsschritte, führt Rechenoperationen aus und speichert die notwendigen Daten.

Cursor
Englische Bezeichnung für Einfügemarke. Diese zeigt durch einen blinkenden Strich oder einen Pfeil die Position der Maus auf der grafischen Oberfläche an.

Dateiformat
Software wird in unterschiedlichen Formen angeboten. Die in den jeweiligen Programmen enthaltenen Daten müssen auf unterschiedliche Weise gelesen und interpretiert werden. Das Dateiformat dient dabei als Zuordnungskriterium (z. B. *.doc* für Textdateien in Word, *.xls* für Tabellen in Excel).

Datenschutz
Sammelbegriff für Gesetze und Maßnahmen zum Schutz von gespeicherten Daten vor missbräuchlicher Nutzung und zum Schutz der Privatsphäre.

Defragmentierung
Daten werden nicht immer in zusammenhängenden Blöcken auf Speichermedien gesichert. Dadurch erhöht sich die Zugriffszeit beim Lesen. Durch die Defragmentierung werden diese einzelnen Datenblöcke wieder zusammengeführt, was die Lesegeschwindigkeit wieder steigert.

Desktop
Englische Bezeichnung für a) die grafische Benutzeroberfläche eines Computers und b) einen im Gegensatz zu Note- oder Netbooks nicht mobilen Computer, der aus Computergehäuse, Bildschirm, Tastatur und Maus besteht.

DirectX
Software zur Multimediaunterstützung, z. B. bei der Darstellung komplexer Grafiken.

Dockingstation
Mobile Computer können mithilfe einer Dockingstation einfach mit zusätzlichen externen Geräten wie Bildschirm, Tastatur, Maus und Drucker verbunden werden.

Domain
Bezeichnung für einen im Internet eindeutig über einen Namen gekennzeichneten Bereich, der die **Website**, also den Internetauftritt einer Person oder Organisation, darstellt.

Download
Herunterladen von Daten und Programmen aus dem Internet oder von anderen Medien.

Drag & Drop
Technik, um Objekte mit gedrückter linker Maustaste oder per Wischgeste in Windows zu verschieben oder an anderer Stelle abzulegen.

DSL
Abkürzung für **Digital Subscriber Line**, ein Übertragungsstandard in der Telekommunikation, der mit bis zu 1.000 MBit/s deutlich leistungsstärker als analoge oder ISDN-Verbindungen ist.

DVD
Abkürzung für **Digital Video Disc**. Digitales optisches Speichermedium mit hoher Speicherkapazität.

Edge
Das unter Windows 10 neu eingeführte Programm zur Darstellung von Internetseiten (siehe auch **Internet Explorer**).

Editor
Ein im Leistungsumfang beschränktes Programm zur Bearbeitung einfacher Textdateien.

E-Mail
Elektronische Nachricht, die über entsprechende Programme am Computer gelesen, beantwortet und weitergeleitet werden kann.

Excel
Tabellenkalkulationsprogramm zur Verarbeitung größerer Datenmengen und Ausführung von Rechenoperationen. Teil von Microsoft Office.

EXE
Dateiformat für unter Windows ausführbare Programme.

Explorer
Neue Bezeichnung für den Windows-Explorer, ein Programm innerhalb von Windows, das die Verwaltung von Dateien ermöglicht. Diese können in unterschiedlichen Verzeichnissen unter anderem geordnet, verschoben und umbenannt werden.

FAQ
Abkürzung für **Frequently Asked Questions**, zu Deutsch: häufig gestellte Fragen, eine im Internet zur Verfügung gestellte Sammlung von Nutzerfragen mit den entsprechenden Antworten z. B. zur Bedienung von Computern oder Programmen.

FAT
Abkürzung für **File Allocation Table**, ein von Microsoft entwickeltes Dateisystem, mittlerweile durch **NTFS** ersetzt.

Favoriten
Interessante und häufig besuchte Webseiten können im Internet Explorer und anderen Browsern als Favoriten abgespeichert und dann ohne Eingabe der **URL** (siehe dort) schneller aufgerufen werden.

Festplatte
Medium zur Speicherung von Programmen und anderen Daten in einem Computer (auch als externes Gerät erhältlich).

Firewall
Programm, das Computer oder Computernetze durch das Blockieren gefährlicher Daten schützt. In Kombination mit einem Virenschutzprogramm Basis für eine sichere Computernutzung.

Flash Player
Programm, um in Internetseiten integrierte Effekte, Kurzfilme o. Ä. auf dem Computer abzuspielen.

Flatrate
Englische Bezeichnung für einen Pauschaltarif im Bereich der Telekommunikations-

dienstleistung, z. B. unbeschränkte Internetnutzung für einen monatlichen Festpreis.

Font
Englischer Begriff für Schriftart.

Freeware
Software, die kostenlos zur Nutzung angeboten wird.

GByte
Kurzform von Gigabyte, Maßeinheit in der Informationsverarbeitung. 1.024 MByte bilden 1 GByte.

Google
Internetsuchmaschine. Aufgrund des hohen Marktanteils hat sich **googeln** praktisch zum Synonym für den Ausdruck »im Internet suchen« entwickelt.

Grafikkarte
Hardware-Komponente des Computers, die die Bildschirmanzeige steuert.

Grafikprozessor
Elektronisches Bauteil; dient zur Berechnung der Bildschirmausgabe, meistens Teil der Grafikkarte.

Hacker
Bezeichnung für Personen, die durch Ausnutzen von Sicherheitslücken unerlaubt in fremde Computer oder Computernetzwerke eindringen.

Hardware
Sammelbegriff für alle »harten« Teile eines Computers, also Gehäuse, Prozessor, Grafikkarte, Tastatur, Bildschirm etc.

Hauptspeicher
Komponente der **CPU** (siehe dort), auch als **Arbeitsspeicher** bezeichnet.

Headset
Englische Bezeichnung für eine Kombination aus Kopfhörer und Mikrofon; wird über Kabel mit dem Computer verbunden.

Heimnetzgruppe
Gruppe von Computern und externen Geräten, z. B. Drucker, die über ein Netzwerk miteinander verbunden und durch ein Kennwort vor Zugriff von außen geschützt sind.

Herunterfahren
Prozess, der den Computer durch die Beendigung aller laufenden Programme ausschaltet oder in den Ruhemodus versetzt.

Homepage
Englische Bezeichnung für eine Internetseite, die als Startseite eines kompletten Internetauftritts mit diversen Folgeseiten fungiert.

Hotline
Englische Bezeichnung für Servicetelefonnummern von Dienstleistern und Anbietern, an die sich Nutzer mit Rückfragen oder Fehlermeldungen wenden können.

Hotspot
Englische Bezeichnung für öffentlich zugängliche **WLAN**-Zugriffspunkte (siehe dort). Über Hotspots kann man seinen PC mit dem Internet verbinden.

HTTP/HTTPS
Abkürzung für **Hypertext Transfer Protocol** bzw. **Hypertext Transfer Protocol Secure**; beides sind Protokolle zur Datenübertragung im Internet, wobei bei HTTPS die Daten zur sicheren Übertragung verschlüsselt werden.

Hub (USB-Hub)
Englische Bezeichnung für ein Gerät, das Anschlussmöglichkeiten vervielfacht. Ein USB-Hub wird per Kabel an die **USB**-Schnittstelle (siehe dort) des Computers angeschlossen und bietet seinerseits dann mehrere USB-Anschlüsse, sodass mehrere Geräte gleichzeitig angeschlossen werden können.

Hyperlink
Auch kurz **Link** genannt. Englische Bezeichnung für einen Verweis auf einer Internetseite. Durch einen Mausklick oder durch Antippen mit dem Finger wird eine andere Internetseite aufgerufen, oder die Ansicht springt zu einer anderen Stelle innerhalb der Internetseite.

Icon
Englische Bezeichnung für die grafischen Symbole auf der Desktop-Oberfläche und in Programmen.

Image
Abbild eines Speichers, z. B. einer Festplatte oder einer CD, in einer Datei.

IMAP
Abkürzung für **Internet Message Access Protocol**, Protokoll für den Zugriff auf und die Organisation von E-Mails.

Importieren
Bezeichnet das Einspielen von Daten aus externen Quellen, z. B. CD, DVD, USB-Stick oder Internet, auf den Computer.

Installation
Einrichten eines Software-Programms auf dem Computer, heute meist über Hilfsprogramme realisiert, die den Nutzer durch den Installationsvorgang führen.

Internet
Weltweites Netzwerk, über das Daten ausgetauscht werden.

Internetadresse
Eindeutiger Name, über den eine Internetseite gefunden und aufgerufen werden kann (siehe auch **Domain**).

Internet Explorer
Microsoft-eigenes Programm zur Darstellung von Internetseiten (siehe auch **Edge**).

IP-Adresse
Adresse in einem Computernetz, über die ein Computer eindeutig identifiziert werden kann.

ISDN
Abkürzung für **Integrated Services Digital Network**, ein Standard für digitale Kommunikationsnetze.

JPEG
Häufig genutztes Format für die Speicherung von Bildern und Grafiken.

Junk-E-Mail
Englische Bezeichnung für unerwünschte E-Mails, auch als **Spam** bezeichnet.

Kachel
Symbole im Startmenü von Windows 10 zum Aufrufen unter anderem von Apps und Windows-Anwendungen.

KByte
Kurzform von Kilobyte; Maßeinheit in der Informationsverarbeitung. 1.024 Byte bilden 1 KByte.

Klammeraffe, @
Das At-Zeichen @, umgangssprachlich als Klammeraffe bezeichnet, ist ein grundsätzlicher Bestandteil in E-Mail-Adressen und trennt den Nutzernamen vom Domainnamen.

Kontextmenü
Ein Menü, das nach einem Rechtsklick auf ein Element aufklappt und weitere Befehle im Zusammenhang (Kontext) mit dem ausgewählten Element anbietet.

LAN
Abkürzung für **Local Area Network**, ein lokales Rechnernetzwerk, das in seiner Ausdehnung begrenzt ist.

Laptop/Notebook
Bezeichnung für einen mobilen Computer, mittlerweile in der Leistung stationären Tischrechnern (siehe **Desktop**) durchaus ebenbürtig. Deutlich leistungsstärker als die kleineren Netbooks oder Tablet-Computer.

Laufwerk
Allgemeine Bezeichnung für in den Computer integrierte oder externe Geräte zum Lesen und Schreiben von Daten, z. B. Festplatte, CD- oder DVD-Laufwerk, USB-Stick.

Manual
Englische Bezeichnung für Handbuch. Wird im Zusammenhang mit Computern im Allgemeinen für die Betriebsanleitung und weiterführende Unterlagen verwendet.

MByte
Kurzform von Megabyte. Maßeinheit in der Informationsverarbeitung. 1.024 KByte bilden 1 MByte.

Media Player
Programm zum Abspielen von Audio- und Videodateien. Das in Windows integrierte Programm trägt den Namen **Windows Media Player**.

Microsoft-Konto
Neu in Windows 8 hinzugekommene Kontenart, die zur Nutzung einiger Apps sowie für den Erwerb zusätzlicher Apps über den Windows Store benötigt wird.

Mozilla Firefox
Programm zur Darstellung von Internetseiten; eine Alternative zum **Internet Explorer** bzw. **Edge** von Microsoft.

MP3
Format für die Speicherung von Audiodateien, das eine Verringerung des benötigten Speicherplatzes ohne signifikante Verluste der Audioqualität ermöglicht.

Netbook
Mobiler Computer, bei dem die Leistungsfähigkeit von Prozessor und Grafikkarte zugunsten längerer Akkulaufzeiten beschränkt ist.

Netzwerk
Sammelbegriff für den Zusammenschluss eigenständiger elektronischer Systeme zu einem Verbund, in dem die einzelnen Systeme miteinander kommunizieren können (siehe **LAN**, **WLAN**).

NTFS
Abkürzung für **New Technology File System**, ein Dateisystem mit erweiterten Funktionen; in Windows Nachfolger von **FAT**.

OEM-Software
Abkürzung für **Original Equipment Manufacturer**; bezeichnet in diesem Kontext die Software eines Herstellers (z. B. Microsoft), die dieser dem Handel kostengünstiger zur Verfügung stellt. Die Software darf nur in Kombination mit einem neuen PC verkauft werden.

OneDrive
Ein von Microsoft kostenlos zur Verfügung gestellter Speicherplatz im Internet; auch unter der älteren Bezeichnung **SkyDrive** bekannt.

Online-Banking/Homebanking
Sammelbegriff für die elektronische Abwicklung von Bankgeschäften mittels eines Computers oder anderer Geräte per Internet oder Telefon.

Online-Shop
Sammelbegriff für den Verkauf von Produkten über das Internet; das bekannteste Beispiel ist wohl Amazon.

Partition
Datenträger wie z. B. Festplatten können mittels entsprechender Software in unterschiedliche Bereiche unterteilt werden, die auch einzeln nutzbar sind.

PDF
Format für die Speicherung von Bildern, Grafiken und Texten.

Phishing-Mail
E-Mails mit gefälschten Absenderangaben und Inhalten mit dem Ziel, den Empfänger zur Angabe von persönlichen Daten (z. B. Bankdaten) zu veranlassen, um damit schädliche oder betrügerische Aktionen zu begehen.

PIN/TAN
System zur sicheren Authentifizierung bzw. Genehmigung von über das Internet abgewickelten Transaktionen, z. B. Online-Banking. Neben einer persönlichen Identifikationsnummer (PIN) wird zusätzlich eine sogenannte Transaktionsnummer (TAN) benötigt, die nur für einen Vorgang genutzt werden kann und heute meist elektronisch erzeugt wird.

Pixel
Englische Bezeichnung für Bildpunkt. Die Darstellung auf dem Bildschirm eines Computers erfolgt über eine unterschiedlich hohe Anzahl von Bildpunkten, z. B. 1.024 × 768. Je höher die Anzahl der Bildpunkte ist, desto schärfer ist auch die Darstellung.

Plug & Play
Sammelbegriff für die Installation neuer Geräte (z. B. Drucker) am Computer, ohne manuell einen Treiber installieren zu müssen. Der Computer erkennt das neue Gerät und installiert die notwendigen Treiber selbstständig.

POP3
Abkürzung für **Post Office Protocol 3**; Protokoll für den Zugriff auf E-Mails.

Pop-up
Sammelbegriff für zusätzliche Fenster, die durch Tippen auf oder Anklicken eines Symbols oder Textes mit der Maus eingeblendet werden. Auf Internetseiten enthalten Sie z. B. häufig unerwünschte Werbung.

Product Key
Englische Bezeichnung für Produktschlüssel. Meist eine längere Ziffern- und Buchstabenfolge, die zur Aktivierung von Programmen benötigt wird.

Provider
Englischer Begriff für Anbieter von Dienstleistungen wie Internet, Mobilfunk oder Telefon im Telekommunikationsbereich.

PS/2
Schnittstelle für den Anschluss von Tastatur und Maus an den Computer, heute bei den meisten Geräten durch **USB**-Schnittstellen (siehe dort) ersetzt.

RAM
Abkürzung für **Random-Access Memory**, ein Speicher, der gelesen und beschrieben werden kann; der Begriff wird häufig gleichbedeutend mit **Arbeitsspeicher** verwendet.

Registrierung
Anmeldung als Nutzer einer Software oder eines Gerätes, um Programmaktualisierungen und andere Informationen zu erhalten.

Registry
Grundsätzlich eine Datenbank zur Sammlung von Registrierungsdaten; die **Windows Registry** enthält eine Datensammlung zu allen auf dem Computer installierten Programmen.

ROM
Abkürzung für **Read-Only Memory**, ein Speicher, der nur gelesen, aber nicht beschrieben werden kann und seine Daten immer behält.

Router
Hardware, die innerhalb von Netzwerken für die Weiterleitung von Daten genutzt wird.

RSS
Abkürzung für **Rich Site Summary**, eine Gruppe von Formaten, die für die schnelle und einfache Dokumentation von Änderungen auf Webseiten und für die Verteilung von Kurznachrichten genutzt werden.

Scanner
Hardware zum Einlesen von Texten, Grafiken und Bildern, um diese dann im Computer weiterverarbeiten zu können.

Screenshot
Englische Bezeichnung für einen Schnappschuss des Computerbildschirms (auch Bildschirmbild genannt), der anschließend als Bilddatei auf dem Computer gespeichert wird.

Scrollen
Englische Bezeichnung für die Durchsicht von längeren Texten, Tabellen oder ande-

ren Bildschirminhalten durch Bewegen des Mauszeigers auf der Bildlaufleiste nach oben oder unten bzw. die Nutzung des bei den meisten Computermäusen verfügbaren Scrollrades.

Server
Sammelbegriff für die Computer in Netzwerken, die den angeschlossenen anderen Computern Dienste und Speicherplatz zur Verfügung stellen.

Set-up
Englischer Begriff für die Installation von Programmen.

Signatur
Bezeichnung für einen elektronischen Identitätsnachweis, quasi eine elektronische Unterschrift; in E-Mails enthält sie beispielsweise die Adressdaten des Absenders.

SkyDrive
Siehe **OneDrive**.

Smiley
Mithilfe von Zeichen wie Doppelpunkt, Strich, Klammern etc. dargestellte stilisierte Gesichter, die unterschiedliche Emotionen ausdrücken.

SMTP
Abkürzung für **Simple Mail Transfer Protocol**, ein Protokoll für den Versand von E-Mails.

Software
Sammelbegriff für alle Programme auf einem Computer.

Soundkarte
Hardware innerhalb eines Computers für die Verarbeitung von Audiosignalen.

Soziales Netzwerk
Bezeichnung für eine Gruppe von Nutzern, die sich auf einer gemeinsamen Plattform im Internet austauschen. Das größte soziale Netzwerk ist Facebook.

Spam-Mail
Englische Bezeichnung für unerwünschte E-Mails, auch als **Junk-E-Mail** bezeichnet.

Speicherkarte
Hardware zur Speicherung von Daten. Speicherkarten gibt es in unterschiedlichen Größen (CF, SD, Micro-SD) und mit unterschiedlich hohem Speicherplatz.

Spyware
Schadsoftware, die sich – vom Nutzer ungewollt – auf dem Computer installiert und persönliche Daten wie Passwörter ausspioniert oder das Surfverhalten dokumentiert und weitermeldet.

SSL
Abkürzung für **Secure Socket Layer**, ein Netzwerkprotokoll für die sichere verschlüsselte Übertragung von Daten.

Startbildschirm
Bezeichnung für den Bildschirm, der nach der Anmeldung bei Windows 8.1 erschien und Zugriff auf die installierten Windows-Anwendungen und Apps ermöglichte.

Startmenü
Menü, das per Klick oder Tippen auf das Windows-Logo in der linken unteren Ecke

des Bildschirms aufklappt. Über das Startmenü erreichen Sie alle Windows-Anwendungen, die Einstellungen und Apps. Das Startmenü gab es bereits unter Windows 7 und älteren Windows-Versionen, in Windows 8 und Windows 8.1 ersetzte Microsoft es durch den **Startbildschirm**.

Suchmaschine
Software zur Suche nach Inhalten oder Internetseiten. Nach Eingabe des Suchbegriffs listet die Suchmaschine Internetseiten auf, die den gesuchten Begriff enthalten. Die bekannteste Suchmaschine ist Google.

Systemsteuerung
Software innerhalb von Windows, um den Computer den persönlichen Vorlieben anzupassen, Programme und Hardware zu administrieren und Sicherheitseinstellungen vorzunehmen.

Tablet
Relativ neue Klasse von leichten tragbaren Computern ohne Tastatur, die mittels eines **Touchscreens**, eines berührungsempfindlichen Bildschirms, gesteuert werden.

Taskleiste
Leiste am unteren Bildschirmrand der Desktop-Oberfläche, die Symbole für den Zugriff auf verschiedene Programme enthält.

TFT-Display
Englische Bezeichnung für Flachbildschirm.

Touchpad
Berührungsempfindliche Fläche, die bei Notebooks als Ersatz für die Maus genutzt wird.

Touchscreen
Berührungsempfindlicher Bildschirm, über den Smartphones oder Tablets gesteuert werden können.

Treiber
Software, um Hardware-Komponenten oder externe Geräte (z. B. Drucker) zu installieren und zu nutzen.

Update
Bezeichnet die Aktualisierung von Software-Programmen. Updates dienen zur Fehlerbehebung und Leistungserweiterung von Programmen.

Upgrade
Im Gegensatz zum Update wird bei einem Upgrade ein Programm durch ein komplett neues Programm ersetzt, z. B. Windows 8 durch Windows 10. Upgrades sind für den Endkunden meist günstiger als eine »frische« neue Programmversion.

URL
Abkürzung für **Uniform Resource Locator**, wird hauptsächlich als Synonym für eine Internetadresse benutzt.

USB
Abkürzung für **Universal Serial Bus**, eine Schnittstelle zur Verbindung von Computern und externen Geräten wie Festplatten, DVD-Laufwerken und Druckern.

USB-Stick
Kompaktes Gerät, das über eine USB-Schnittstelle mit dem Computer verbunden wird. USB-Sticks werden hauptsächlich als Speichersticks genutzt und bilden damit

eine Alternative zur Speicherkarte, sind aber auch als Authentifizierungstools oder Adapter für die Verbindung des Computers mit Funknetzen im Einsatz.

User
Englische Bezeichnung für Benutzer, also die Person, die den Computer nutzt.

Verknüpfung
Verweis auf eine andere Datei oder einen anderen Teil innerhalb der gleichen Datei (siehe **Hyperlink**). Zudem können Programmverknüpfungen auf dem Desktop angelegt werden, durch welche sich das jeweilige Programm direkt aufrufen lässt.

Virus
Schadsoftware, die sich in andere Computerprogramme einschleust und die Sicherheit des Computers bedroht.

Webcam
Kamera innerhalb eines Computers oder als externes Gerät, um Videobilder aufzunehmen und zu senden.

Website
Bezeichnet den aus meist mehreren Internetseiten (auch Webseiten genannt) bestehenden Internetauftritt einer Person oder einer Organisation.

Windows Hello
Name des biometrischen Anmeldesystems von Windows 10, das eine Anmeldung per Gesichtserkennung oder Fingerabdruck bei Apps und Internetdiensten ermöglicht. Hierfür ist allerdings spezielle Hardware nötig, die in Deutschland bisher kaum verfügbar ist.

WLAN
Abkürzung für **Wireless Local Area Network**, ein drahtloses lokales Netzwerk, das zur Verbindung und Datenübermittlung Funk nutzt.

WWW
Abkürzung für **World Wide Web**, also einen zentralen Dienst des Internets.

ZIP
Dateiformat zum komprimierten Speichern von Daten, um Speicherplatz zu sparen. Es können einzelne Dateien oder ganze Dateiverzeichnisse speicherplatzsparend gesichert werden. Vor erneuter Nutzung der Dateien müssen diese erst wieder dekomprimiert werden.

Zoom
Möglichkeit, die Bildschirmdarstellung (auf Touchscreens etwa durch bestimmte Fingerbewegungen) größer oder kleiner erscheinen zu lassen.

Zwischenablage
Dient dem einfachen Datenaustausch bei **Copy & Paste**. Die Daten werden beim Kopieren (Copy) temporär in der Zwischenablage gespeichert und beim Einfügen (Paste) aus der Zwischenablage in eine andere Datei oder ein anderes Programm eingefügt.

Stichwortverzeichnis

B

C

F

- Für alle Windows-Editionen geeignet
- Fotos, Musik, Videos, Internet, E-Mails, Netzwerk u.v.m.
- Mit leicht verständlichen Schritt-für-Schritt-Anleitungen

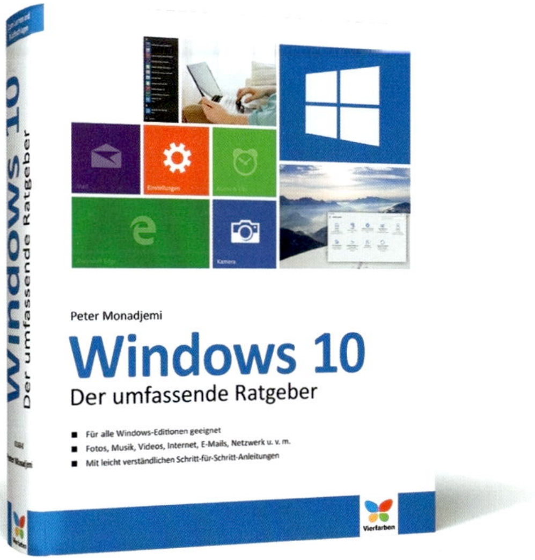

Peter Monadjemi

Windows 10

Der umfassende Ratgeber

Was immer Sie mit Windows 10 tun wollen, dieser Ratgeber gibt Ihnen verlässlich Antwort auf all Ihre Fragen. Peter Monadjemi zeigt Ihnen, wie Sie die Möglichkeiten des Betriebssystems richtig ausschöpfen. Von der Installation und Einrichtung der Hardware über die Dateiverwaltung mit Explorer und OneDrive bis zur Benutzerverwaltung und dem eigenen Heimnetzwerk. Anhand von leicht nachvollziehbaren Schrittanleitungen und farbigen Abbildungen lernen Sie so Windows 10 von Grund auf kennen, egal, ob Sie Einsteiger oder fortgeschrittener Nutzer sind.

832 Seiten, gebunden, in Farbe, 39,90 Euro
ISBN 978-3-8421-0163-0

www.vierfarben.de/3832

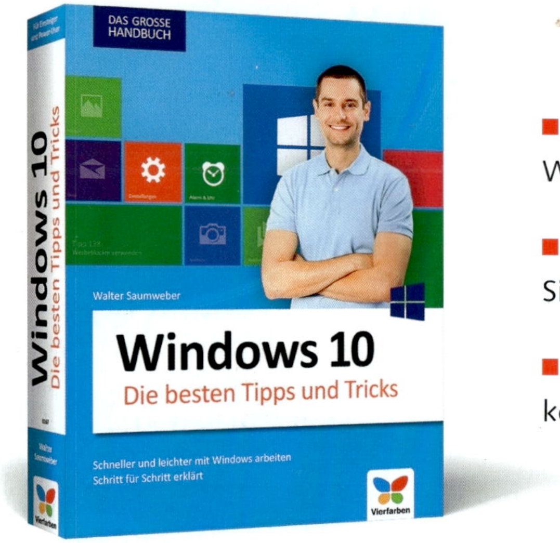

- Schneller und leichter mit Windows arbeiten
- Internet, E-Mail, Netzwerk, Sicherheit und vieles mehr
- Schritt für Schritt erklärt, keinerlei Vorwissen nötig

Walter Saumweber

Windows 10

Die besten Tipps und Tricks

Dieses Nachschlagewerk zu Windows 10 beantwortet alle Ihre Fragen. Was tun, wenn die Internetverbindung nicht läuft? Wie sichert man digitale Fotos am besten? Wie funktioniert der Wechsel zu Windows 10? Wie schützt man einen USB-Stick mit einem Passwort? In diesem Handbuch finden Sie alle Antworten und Hunderte weitere Tipps, die Ihnen die Arbeit mit Windows spürbar leichter machen. Walter Saumweber zeigt Ihnen, was Sie aus dem System alles herausholen können.

759 Seiten, broschiert, 19,90 Euro
ISBN 978-3-8421-0167-8

www.vierfarben.de/3852

Inhaltsverzeichnis im Web!